Jürgen Ellermeyer / Rainer Postel · Stadt und Hafen

29,80

Arbeitshefte zur Denkmalpflege
in Hamburg Nr. 8

Stadt und Hafen

Hamburger Beiträge zur Geschichte
von Handel und Schiffahrt

Herausgegeben von
Jürgen Ellermeyer
und Rainer Postel

Hans Christians Verlag, Hamburg 1986

Herausgeber: Kulturbehörde / Denkmalschutzamt

Zweite Veröffentlichung des Hamburger
Arbeitskreises für Regionalgeschichte

Abbildungen auf dem Einband
Titelseite:

Miniatur zum Hamburgischen Schiffrecht von 1497 (StAH)
«Vorsetzen» im Hamburger Hafen
(Photo 1888 von Friedrich Strumper,
Sammlung Fritz Lachmund)

Rückseite:

Hafenbecken mit Kaianlage
(Zeichnung aus dem Hagen-Dalmann'schen Hafenplan von 1860; StAH)
Schuppen 2/3 vom Sandtorhafen in Hamburg,
abgebrochen 1984 (Photo Denkmalschutzamt)

CIP-Kurztitelaufnahme der Deutschen Bibliothek

Stadt und Hafen: Hamburger Beitr. zur Geschichte von Handel u.
Schiffahrt / [Hrsg.: Kulturbehörde Denkmalschutzamt]. Hrsg. von
Jürgen Ellermeyer u. Rainer Postel. – Hamburg: Christians, 1986.
   (Arbeitshefte zur Denkmalpflege in Hamburg; Nr. 8)
   (... Veröffentlichung des Hamburger Arbeitskreises
   für Regionalgeschichte; 2)
   ISBN 3-7672-0951-9

NE: Ellermeyer, Jürgen [Hrsg.]; Hamburg/Denkmalschutz;
Hamburger Arbeitskreis für Regionalgeschichte: ...
Veröffentlichung des ... ; 1. GT

INHALT

DIE AUTOREN

Jürgen Ellermeyer, geb. 1942, Dr. phil., Leiter der Abteilung Stadtgeschichte im Helms-Museum Hamburg-Harburg

Wolfgang Erdmann, geb. 1945, Wissenschaftlicher Angestellter am Amt für Vor- und Frühgeschichte (Bodendenkmalpflege) der Hansestadt Lübeck

Manfred F. Fischer, geb. 1936, Prof. Dr. phil., Denkmalpfleger der Freien und Hansestadt Hamburg

Jörg Haspel, geb. 1953, Dipl.-Ing., Inventarisator im Denkmalschutzamt der Freien und Hansestadt Hamburg

Henning Henningsen, geb. 1913, Dr. phil. habil., Museumsdirektor a. D. (Handels- og Søfartsmuseet på Kronborg)

Hermann Hipp, geb. 1944, Dr. phil., Prof. am Kunstgeschichtlichen Seminar der Universität Hamburg

Alan Kramer, geb. 1954, M. A., Doktorand

Walter Kresse, geb. 1914, Dipl.-Volkswirt u. Dr. der Wirtschaftswissenschaften, ehem. Leiter der Schiffahrtsabteilung des Museums für Hamburgische Geschichte

Hans-Dieter Loose, geb. 1937, Dr. phil., Direktor des Staatsarchivs der Freien und Hansestadt Hamburg, Prof. am Historischen Seminar der Universität Hamburg

Karin Maak, geb. 1950, Dr. phil., Kunsthistorikerin

Dieter Maass, geb. 1952, Gymnasiallehrer, Doktorand

Günter Moltmann, geb. 1926, Dr. phil., Prof. am Historischen Seminar der Universität Hamburg

Rainer Postel, geb. 1941, Dr. phil., Prof. am Historischen Seminar der Universität Hamburg

Jürgen Rath, geb. 1943, Kapitän, Dipl.-Betriebswirt, Dipl.-Soz., Doktorand

Lars U. Scholl, geb. 1947, Dr. phil., Historiker am Deutschen Schiffahrtsmuseum und Lehrbeauftragter für Technikgeschichte an der Hochschule Bremerhaven

Helmut Stubbe-da Luz, geb. 1950, Studienrat

Gerhard Theuerkauf, geb. 1933, Dr. phil., Prof. am Historischen Seminar der Universität Hamburg

Siglenverzeichnis

BDLG	Blätter für Deutsche Landesgeschichte
HGbll	Hansische Geschichtsblätter
HGH	Hamburgische Geschichts- und Heimatblätter
HUB	Hamburgisches Urkundenbuch
MHG	Mitteilungen des Vereins für Hamburgische Geschichte
MusHG	Museum für Hamburgische Geschichte
StAH	Staatsarchiv der Freien und Hansestadt Hamburg
SUB	Staats- und Universitätsbibliothek Hamburg Carl von Ossietzky
VSWG	Vierteljahrschrift für Sozial- und Wirtschaftsgeschichte
ZHG	Zeitschrift des Vereins für Hamburgische Geschichte
ZLGA	Zeitschrift des Vereins für Lübeckische Geschichte und Altertumskunde
ZSHG	Zeitschrift der Gesellschaft für Schleswig-Holsteinische Geschichte

VORWORT

Der Band «Stadt und Hafen» vereinigt Beiträge zu einer gleichnamigen Tagung, die der «Hamburger Arbeitskreis für Regionalgeschichte» – eine Vereinigung von Historikern der Hamburger Universität, Museen und anderer Forschungseinrichtungen – vom 2. bis 4. Februar 1984 abgehalten hat. Darin wurde eine Zwischenbilanz laufender Forschungen gezogen, die verbreitete Vorstellungen über die Geschichte Hamburgs und anderer norddeutscher Hafenstädte ergänzen und zu weiteren Forschungen anregen sollte – dies besonders im Hinblick auf herannahende Jubiläen: 1988 feiert Hamburg das hundertjährige Bestehen seines Freihafens, 1989 das achthundertjährige Bestehen seines Hafens überhaupt.

Die Tagung führte Fachleute verschiedener Bereiche der Geschichtsforschung und -vermittlung – z. T. aus einiger Ferne – zusammen. Es kam zu einer vielseitigen Diskussion, an der sich auch die interessierte Öffentlichkeit beteiligte, und zu neuen wissenschaftlichen Kontakten, von denen weitere Erträge zu erhoffen sind. Nicht alle angekündigten Beiträge konnten vorgetragen werden: Zins und Profit im Hansehandel um 1400; Hafen- und Stadtentwicklung in Emden; Gesundheit an Bord; Hamburger Reedereipolitik im 19. und 20. Jahrhundert; der Hafen in der bildenden Kunst. Andererseits mußten die Herausgeber auf den Abdruck einiger wertvoller Vorträge verzichten, die bereits anderenorts erschienen oder in den Augen der Referenten ein zu vorläufiges Stadium ihrer Forschungen spiegelten: Funktionszusammenhänge zwischen Hafen- und Stadtentwicklung im Mittelalter (Detlev Ellmers); Schiffsverkehr im Hamburger Hafen um 1400 (Gerald Stefke); die Unterelbe als Wasserstraße und Handelsweg um 1600 im Lichte neuer Wrackfunde (Jörgen Bracker); Hamburger Handelsstatistik 1765–1845 (Otto-Ernst Krawehl). Immerhin ist nachträglich der Beitrag von Manfred F. Fischer hinzugekommen, der einen besonderen Bezug zum Themenkreis dieser Schriftenreihe herstellt.

Die vorliegenden Beiträge werden hier einigermaßen locker in fünf thematische Bereiche gruppiert: Anfänge – Hafen und Städtebau – Stadt- und Hafenbau – Menschen im Hafen und an Bord – Beobachter und Denkmalpfleger. Weder schien es sinnvoll, der Vielzahl hamburgischer und anderweitiger Hafenbücher hier nur ein neues hinzuzufügen, noch kann bei der Fülle von Fragen chronologische oder systematische Vollständigkeit angestrebt werden. Es kam darauf an, wichtige und weiterführende Forschungsansätze vorzustellen. Eine Gesamtdarstellung hätte sich – um Themen zu nennen, die weiterer Untersuchung bedürften – auch den folgenden Komplexen zu widmen: Hafenstadt, Umland und Hinterland, dazu auch der grenzübergreifenden Landesplanung und der Konkurrenz verschiedener Hafenstädte; dem Zusammenhang von Hafen, Gewerbe und Industrie; der technischen und organisatorischen Entwicklung im Schiffbau wie im Reederei- und Transportwesen; und gewiß auch der Frage nach dem Stellenwert des Hafens im Bewußtsein etwa der Hamburger selbst. Dafür, daß die zahlreichen Probleme der Hafenarbeit(er) hier nur am Rande behandelt werden, mag immerhin auf die vorangegangene Veröffentlichung des Hamburger Arbeitskreises für Regionalgeschichte hingewiesen werden (Arno Herzig, Dieter Langewiesche, Arnold Sywottek [Hrsg.], Arbeiter in Hamburg. Unterschichten, Arbeiter und Arbeiterbewegung seit dem ausgehenden 18. Jahrhundert, Hamburg [1983]).

Die Herausgeber, die die Tagung gemeinsam mit Prof. Dr. Gerhard Ahrens und Prof. Dr. Ulrich Troitzsch vorbereitet haben, danken allen, die mit Rat und Tat zu ihrem Gelingen beitrugen: dem Museum für Hamburgische Geschichte und der Hamburger Hafen- und Lagerhaus AG, die Räume und Gastlichkeit boten, der Hamburger Kulturbehörde für finanzielle Unterstützung und den Mitgliedern des Hamburger Arbeitskreises für organisatorische Hilfe. Sie danken ferner dem Denkmalschutzamt der Hamburger Kulturbehörde für die Aufnahme der Beiträge in die Reihe ihrer «Arbeitshefte», dem Hans Christians Verlag für gute Zusammenarbeit und Großzügigkeit in der Gestaltung, dem Hamburger Staatsarchiv, dem Museum für Hamburgische Geschichte sowie der kartographischen Abteilung und der Bibliothek von Strom- und Hafenbau für die Bereitstellung von Bildmaterial und nicht zuletzt den Autoren für ihre Beiträge und ihre Geduld bis zu deren Veröffentlichung.

Jürgen Ellermeyer   Rainer Postel

ANFÄNGE

Lübecks Entwicklung als Hafenstadt vom 12. bis 14. Jahrhundert – Jüngste Ergebnisse der archäologischen und baugeschichtlichen Forschung

von Wolfgang Erdmann

Es ist hinlänglich bekannt, daß mittelalterlicher Fernhandel sicherer Handelswege bedurfte. Diese stellten zumeist die jeweils kürzeste Verbindung zwischen den Handelsorten dar, wobei der Warentransport auf dem Wasser – sei es über See, sei es auf den Flüssen – bevorzugt wurde. In das Ostseegebiet nahm der Fernhandel zumeist zwei Wege: Der eine querte die jütische Halbinsel über Treene und Schlei; dort entstanden Haithabu und später Schleswig. Die andere Fernhandelsroute, von Südwest nach Nordost, war jene durch das Travemündungsgebiet. Sie stellte die kürzeste Landverbindung zwischen dem Straßensystem Sachsens und dessen Anbindung nach Westen zu den Schiffahrtsrouten der Ostsee dar. Zugleich war dies die kürzeste Verbindung zwischen den Lüneburger Salzfunden und der Ostsee, über die eben dieses Salz verschifft werden mußte, sollten die Gebiete ohne Salzvorkommen in Skandinavien, im Baltikum und Rußlands damit versorgt werden. So kommt dem Travemündungsgebiet mit den Fernhandels- und Hafenplätzen Alt Lübeck und Lübeck eine ähnliche Bedeutung für die Handels- und Seefahrtsgeschichte der Ostsee zu wie das Schleiende, nur zeitlich in das hohe Mittelalter und die nachfolgende Zeit verschoben.

Dementsprechend hat die Archäologie im Travemündungsgebiet ähnliche Aufgaben wie in Haithabu und Schleswig: Seit nunmehr etwa 130 Jahren geht man, wenn auch unter höchst unterschiedlichen Voraussetzungen und mit zeitbedingt divergierenden Methoden, das Problem der Entwicklung des Fernhandelsplatzes Lübeck auch archäologisch an. Jedwede Grabung in oder bei mittelalterlichen Siedlungsbereichen, die mit Ausnahme von Alt Lübeck unter der heutigen Großstadt liegen und deswegen besondere Grabungsprobleme mit sich bringen, trägt – und sei diese Grabung noch so kleinräumig – mit ihren jeweiligen Ergebnissen zur Vervollständigung des Bild-Mosaiks bei. Insbesondere sind es die Grabungen seit 1974, die unsere Vorstellungen vom Entstehen und der mittelalterlichen Entwicklung Lübecks nicht nur erweitert, sondern zu Teilen gänzlich revidiert haben, sind doch Baugeschichte und Archäologie in der Lage, jeweils neue Quellen in die Diskussion einzubringen.

Der Fernhandelsplatz Alt Lübeck ist der Vorgänger von («Neu-») Lübeck (Abb. 1); dies belegt schon allein die Namensübertragung im 12. Jahrhundert. Daher wären hier die beiden Fernhandelsplätze eigentlich gemeinsam zu betrachten. Im Hinblick auf die darzustellenden Überlegungen zur Entwicklung Lübecks als Hafenstadt vom 12. bis in das 14. Jahr-

hundert und wegen gebotener Beschränkungen müssen aber die in Alt Lübeck gewonnenen Ausgrabungsergebnisse vernachlässigt werden. So bleibt unsere Ansicht unerörtert, das dem Burgwall Alt Lübeck gegenüberliegende, südliche Traveufer sei als Platz des für 808 in den *Annales Francorum* genannten Handelsemporiums *Reric* anzusehen. Es kann ebensowenig ausgeführt werden, daß der Burgwall Alt Lübeck selbst nun als in den Jahren 818/819 errichtet nachgewiesen ist und von Westen her durch ein Tor zu betreten war. Weiterhin bleiben die ergrabenen Befunde und Funde sowie die Quellen unerörtert, die ein Auflassen der Burg im 9. wie auch ferner Wiedernutzung und stürmischen Ausbau im 11. und 12. Jahrhundert belegen. Hierbei spielt die wasserseitige Bebauung im ausgehenden 11. Jahrhundert, die sogenannte Handwerkersiedlung, eine ebenso wichtige Rolle wie die mutmaßlich zeitgleiche, neu angelegte Kaufleutesiedlung auf dem südlichen Traveufer, wo der Fernhandelsweg von Süden auf die Schiffahrtsroute stieß, ein Hafen ausgebaut wurde und sich die Kaufleute eine eigene Kirche errichteten. Ein derartig nutzungsteiliges Siedlungsgefüge darf als Vorform der hochmittelalterlichen Stadt bezeichnet werden und fand in («Neu-») Lübeck spätestens nach der Zerstörung von Alt Lübeck im Jahre 1138 seine Fortsetzung. Für all dies sei auf die jüngsten Veröffentlichungen verwiesen, in denen Hellmuth H. Andersen, Günter P. Fehring, Rolf Hammel, Joachim Herrmann, Wolfgang Hübener, Torsten Kempke und Werner Neugebauer Grabungsergebnisse vorlegen oder deren Interpretationen diskutieren.

Das bisherige Bild der frühen Geschichte der mittelalterlichen Stadt Lübeck ging von einer Stadtgründung 1143 und einer Wiedergründung 1158/59 aus und sah dies wie den ersten Ausbau der Stadt als nach Plan erfolgt an. Um beides haben Forschergenerationen zum Teil heftig und sehr kontrovers gestritten, wobei die Stadtgründungen selbst nicht in Frage gestellt wurden. Aufgrund intensiver Erst- und Neubearbeitungen unterschiedlichster Quellen einerseits und andererseits der Forschungsgrabungen, die das Amt für Vor- und Frühgeschichte (Bodendenkmalpflege) der Hansestadt Lübeck gemeinsam mit dem Sonderforschungsbereich 17 der Universität Kiel durchführte bzw. nun im Rahmen eines Forschungsprojektes der Deutschen Forschungsgemeinschaft auswertet, ergeben sich neue Gesichtspunkte. Der neuere Forschungsstand spiegelt sich in den Veröffentlichungen zu Geschichte, Baugeschichte und Archäologie Lübecks von Bernhard Am Ende, Günter P. Fehring,

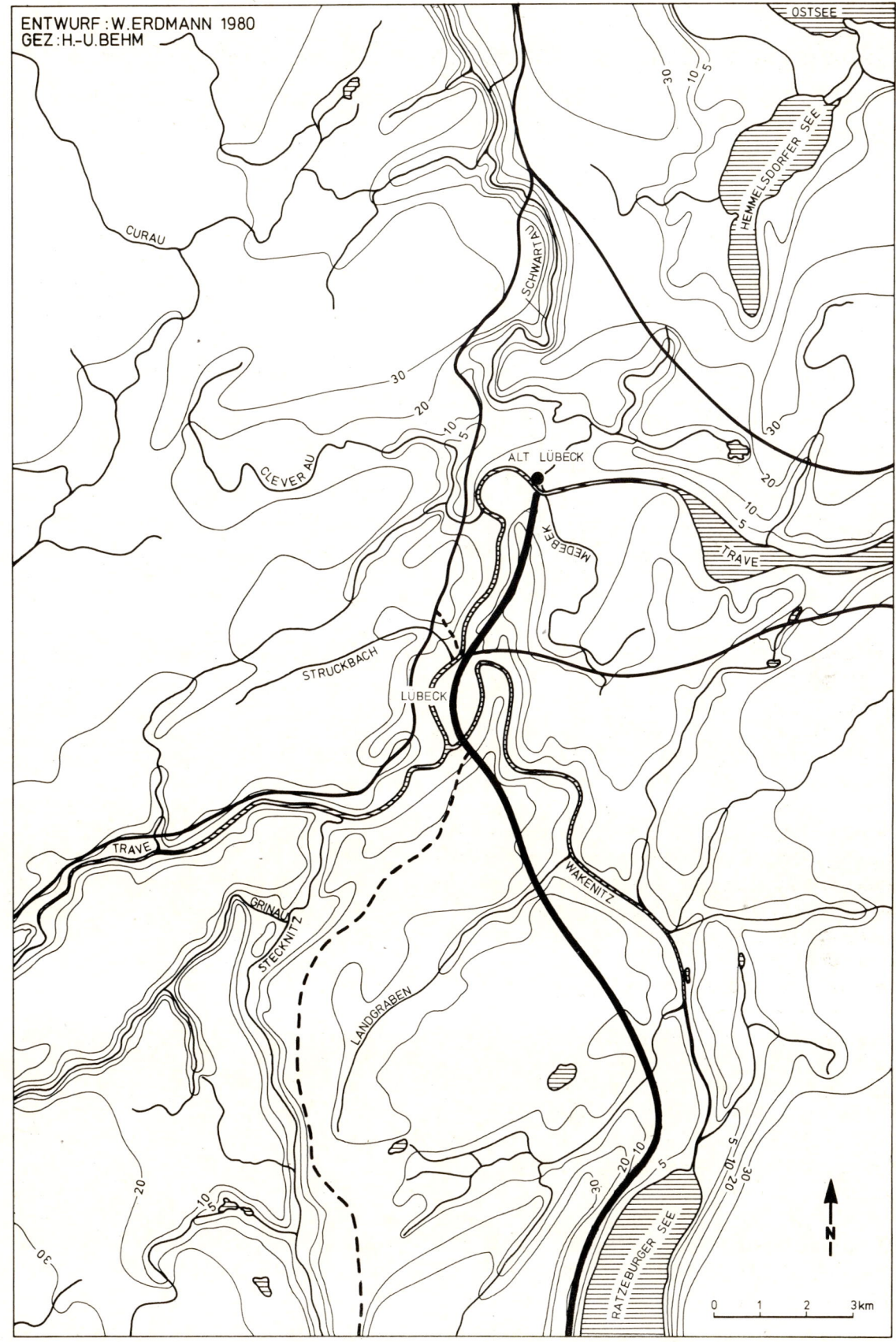

1 Lübeck und Alt Lübeck im Netz rekonstruierter slawischer Verkehrswege (Behm/Erdmann), M. 1:125000

Manfred Gläser, Rolf Hammel, Erich Hoffmann, Jens C. Holst, Heinz Stoob und des Verfassers wider. Schlagwortartig zugespitzt lassen sich die neuen Arbeitsergebnisse der Forschung auf folgende Thesen komprimieren, deren absolut scheinende Formulierung eher das Problem verdeutlichen soll, als daß sie auch schlüssig erwiesen sind:

– Das mittelalterliche Lübeck ist keine vollständige Neugründung «auf der grünen Wiese», sondern Graf Adolf II. von Schauenburg knüpft mit seiner Marktgründung an eine längere Vor-Geschichte des Platzes an, die auch früher in Bezug zum Handel aus dem Altreich in das Ostseegebiet zu sehen ist.

– Wie in Alt Lübeck kennzeichnen drei Siedlungskerne die frühe Stadtgeschichte; sie werden verlagert bzw. wachsen zusammen, zeigen aber zunächst unterschiedliche topographische und zeitliche Schwerpunkte: die Gebiete um die Burg, das spätere Domviertel mit der Mühlenstraße sowie einen westlichen Geländesporn mit dem Travehafen.

– Der spätere und heutige Markt ist nicht das siedlungsgenetische Zentrum Lübecks und damit Keimzelle der Hansestadt.

– Das scheinbar regelmäßige Straßenraster der spätmittelalterlichen Stadt ist nicht auf eine Gründungsplanung zurückzuführen. Vielmehr wurde es allmählich ausgebildet und lehnt sich an die vorgefundene verkehrsgeographische Situation an, verbindet ältere Siedlungskerne, wird mit dem Wachsen der Stadt ausgeweitet und nur zu kleineren Teilen mit regelmäßig angelegten Parallelstraßen geplant.

– Die Siedlungsfläche der Stadt wurde seit dem letzten Viertel des 12. Jahrhunderts bis fast zur Mitte des 13. Jahrhunderts durch Geländeaufschüttungen erheblich erweitert.

– Dabei wurden systematisch die an die Trave grenzenden Siedlungsteile vorgeschoben und so der Travehafen vergrößert.

– Durch bereits früh einsetzende Grundstücksteilungen von Großgrundstücken und eine sich verdichtende Besiedlung entstand das bekannte Lübecker Stadtbild geschlossener Straßenzeilen giebelständiger Dielenhäuser erst im 13. und 14. Jahrhundert; bestehende «Lücken» wurden auch noch im 15. und 16. Jahrhundert geschlossen.

Auf diese Aussagen wird im folgenden mit einer zusammenfassenden Befundwertung eingegangen, wobei mit Nachdruck auf die im Anhang aufgeführte Literatur hingewiesen sei, welche eben diese Befunde und deren Deutung im einzelnen vorstellte und begründete. Da aber die archäologisch-baugeschichtlichen Untersuchungen noch nicht abgeschlossen, die geschehenen zum großen Teil noch nicht ausgewertet sind sowie weitere, nicht gerade marginale Fragen überhaupt noch nicht archäologisch angegangen sind, da hierzu weder Gelegenheit noch Finanzierungsmöglichkeit

bestand, muß manches offen bleiben oder kann nur als Arbeitshypothese formuliert werden, um es später einer Klärung näher zu bringen. Die Bedingungen, unter denen eine mittelalterliche Großstadt archäologisch und baugeschichtlich in und unter der heutigen Großstadt untersucht werden können, lassen es nicht zu, die wünschenswerten Forschungsfragen zum Zeitpunkt ihres Auftretens sogleich zu beantworten.

Auf dem Lübecker Stadthügel hat die nachmals so bedeutende Hafen- und Handelsstadt, die schließlich ‹Haupt der Städtehanse› wurde, mehrere Siedlungsvorgänger. Die günstige Lage macht verständlich, warum bereits in der Vorgeschichte dieser Platz von Menschen aufgesucht wurde. Von besonderem Gewicht ist aber, daß im Norden der Stadt, unter den späteren Burgen (Abb. 3.1 u. 5.2) Reste eines Graben-Befestigungswerkes aus der Römischen Kaiserzeit zutage kamen (Abb. 12), die – in Verbindung mit der verkehrsgeographischen Lage (Abb. 1) und der besonderen fortifikatorischen Situation auf der Landbrücke zwischen Trave und Wakenitz sowie weiterer Funde dieser Zeitstellung auf dem Stadthügel – vermuten lassen, die spätere Handels-«Straße» von der Elbe in das Travemündungsgebiet sei bereits damals in entsprechender Weise genutzt worden.

Von gleichem Gewicht sind die archäologischen Befunde und Funde, die den Lübecker Stadthügel sodann in der slawischen Zeit zwischen dem 8./9. und dem 12. Jahrhundert als besiedelt erweisen; ob kontinuierlich und bis an die Schwelle der «deutschen» Stadtgründung im Jahre 1143, ist fraglich und bedarf weiterer Forschung (Abb. 3). Es fällt jedenfalls auf, daß in früh- und mittelslawischer Zeit – und auch hier stellt sich die Frage nach der Kontinuität – der Fernhandelsweg durch Funde begleitet wird. Und an der schon genannten Landenge im Norden wird er durch eine Burg kontrolliert, die an gleicher Stelle errichtet wurde wie die früheren Befestigungswerke (Abb. 3.1 u. 12). Südlich vorgelagert muß wohl ein zugehöriger *vicus* rekonstruiert werden – anders ließe sich die (relative) Häufung zeitgleicher Keramikfunde in späteren Kulturschichten dieses Gebietes kaum erklären. Demnach entspräche der slawisch besiedelte Lübecker Stadthügel zeitlich der Anlage der Burg Alt Lübeck, und deren erste Blüte und ist im gleichen System der Handelswege zu sehen, wobei freilich eine exakte Gleichzeitigkeit gegenwärtig weder belegt noch verneint werden kann.

Ungleich günstiger sind die Befundlage und deren Interpretation für die spätslawische Zeit des 11. und 12. Jahrhunderts (vgl. Abb. 3). Wiederum an exponierter Stelle im Norden ließ sich die Burg nachweisen; höchstwahrscheinlich ist es diejenige, die in den Quellen als vom Slawenfürst Cruto (1066–93) genutzt erwähnt wird und 1143 nachweislich ruinös lag (Abb. 3.1 u. 12). Topographisch weiter streuende Keramikfunde lassen G. P. Fehring auch für diese Zeit ein zugehöriges *suburbium* annehmen, das aber zur

Zeit der «deutschen» Stadtgründung 1143 als aufgelassen anzusprechen ist und kaum als Anknüpfungspunkt für eine Siedlungskontinuität betrachtet wird.

In gewisser Weise aussagekräftiger ist aber die Beobachtung, daß sich in den Aufschüttungen des späten 12. und frühen 13. Jahrhunderts in den Randbereichen des Stadthügels Hölzer aus spätslawischen Hauskonstruktionen erhalten haben, die damals – nicht mehr in ihrem ursprünglichen Konstruktionszusammenhang brauchbar – zusammen mit anderen Hölzern zur Stabilisierung von Geländeanschüttungen sekundär (oder tertiär?) genutzt wurden (Abb. 4). Da diese Hölzer relativ einheitlich zwischen etwa 1095 und 1109 datieren – ermittelt mit der Methode der Dendrochronologie am Lehrstuhl für Forstbotanik der Universität Hamburg –, hält G. P. Fehring dies für ein gewichtiges Indiz dafür, daß nach dem Tode Crutos der Slawenfürst Heinrich (1093–1127) nicht nur den Burgwall Alt Lübeck, das dortige «Handwerkerviertel» und die Siedlung der Fernkaufleute auf dem Südufer der Trave neu ausgebaut bzw. neu gegründet habe, sondern wahrscheinlich in nutzungsmäßigem Gleichschritt auch den Stadthügel. Wie und wo es geschah, ist aus dem Befund sekundär verlagerter Hölzer natürlich nicht ablesbar, allenfalls, daß zum Zeitpunkt ihres Verbaues in Konstruktionen zur Stabilisierung des feuchten Untergrundes diese Hölzer Ende des 12. und im beginnenden 13. Jahrhundert noch zur Verfügung standen. Aber dies ist, da sonst keine weiteren ungestörten Befunde zur spätslawischen Siedlung auf dem Stadthügel gefunden wurden, bis zum Zeitpunkt der Möglichkeit, solche aufzudecken, allein noch kein tragfähiger Beweis für eine Besiedlungskontinuität von der slawischen zur deutschen Zeit.

Gleiches gilt auch für die zahlreichen Keramikfunde, die – zumeist in verworfener Fundsituation, also in späterer Zeit gestört – auf dem Stadthügel haben geborgen werden können. Wenn man einmal vom Bereich der Burg Crutos absieht, gibt es derzeit keinen einzigen Keramikfund aus dieser Zeit, der nicht in einer solchen gestörten Fundsituation angetroffen wurde oder wo nicht fraglich ist, daß man ihn als ungestört werten darf. So stellt K.-H. Willroth fest, daß aus seiner Sicht nirgends mit einer Siedlungskontinuität zu rechnen sei. Gewiß dürfen Funde, wenn sie umgelagert und aus ihren ursprünglichen Siedlungszusammenhängen herausgerissen zutage kommen, kaum oder nur sehr bedingt im Hinblick auf eine historische Siedlungstopographie interpretiert werden. Für einige dieser Fundstellen spätslawischen Materials ist aber die Vergesellschaftung mit anderem Fundgut diesbezüglich von besonderem Interesse, nämlich am Dom, unter dem Speicher An der Untertrave 97 und unter dem Hause Alfstr. 38 (Abb. 3.6, 16): Hier wurden nämlich, zusammen mit den Scherben, Reste von Hüttenlehm gefunden, also jene Fragmente des glattgestrichenen Lehmbewurfs von Häusern, die bei deren Abbruch an Ort und Stelle in den Boden gelangten und bei Erdbewegungen dann selten weit bewegt werden. Rückschluß ist also, daß zumindest für diese beiden Fundstellen neben der Burg spätslawische Siedlungen, genauer: Häuser, zu lokalisieren sind oder Häuser, in denen ausschließlich spätslawische Keramik genutzt wurde. Letztere Einschränkung ist notwendig, da von der Art geborgener Keramik nicht unbedingt auf die ethnische Zugehörigkeit der Bewohner geschlossen werden darf, jedenfalls nicht unmittelbar. Wenn also nach der Möglichkeit gefragt werden muß, ob Graf Adolf II. von Schauenburg 1143 bei der von Helmold von Bosau überlieferten Gründung Lübecks bestehende slawische Siedlungen vorfand, wie es der Quellentext für das Hafengebiet nahezulegen scheint und auch von H. Stoob mit gänzlich anderer Begründung sowie für andere Teile des Stadthügels angenommen wird, wenn also bei der Stadtgründung slawische Siedlungsreste vorhanden gewesen sein sollten, dann wird sie zukünftige archäologische Forschung wohl dort erweisen müssen, wo eine Vor-Besiedlung auch tatsächlich indirekt über die Fundkombination zu rekonstruieren ist, nämlich im Domgebiet und im Umkreis von An der Untertrave 97/Alfstr. 38. Weitere Fundpunkte könnten durch neue Ausgrabungen oder die systematische Auswertung bereits abgeschlossener Grabungstätigkeiten durchaus noch hinzukommen.

Schließlich erbrachten die Ausgrabungen auf dem Schrangen (Abb. 3.4) einige spätslawische Scherben, die sich in Pflugspuren von Hakenpflügen fanden. Zwar ist auch dieses Scherbenmaterial – eben durch das Pflügen – als verworfen zu bezeichnen und damit keinesfalls sicher als direkter Niederschlag slawischer Siedlung bzw. Beackerung dieses Geländes zu werten, wie K.-H. Willroth ausführt. Dennoch zeigt eine Einordnung der Pflugspuren, daß diese eher zur spätslawischen Zeit entstanden sind als daß sie etwa nach der Stadtgründung von 1143 von deutschen Siedlern herrühren, die überwiegend – aber eben auch nicht ausschließlich – den Wendepflug bevorzugten. Dies hat E. Gringmuth-Dallmer im entsprechenden Zusammenblick gewichtet. So dürfen wir, zumindest bis neue eindeutige Befunde zu dieser Frage haben ergraben werden können, weiterhin vermuten, auf der Kuppe des Lübecker Stadthügels habe es in spätslawischer Zeit beackerte Flächen gegeben. Aber auch bei dieser Aussage ist einzuschränken, daß kaum festgelegt werden kann, ob die Äcker bis zum Eintreffen der deutschen Siedler auch genutzt wurden und nicht etwa bei der Stadtgründung im Jahre 1143 brach lagen.

Kurzum: Die Vor-Besiedlung des Lübecker Stadthügels ist eine durchaus lange. Und der letzte Besiedlungsstand darf in der Tat als durchstrukturiert bezeichnet werden, mit einer Burg, höchstwahrscheinlich mit einem zugehörigen *vicus*, weiterhin mutmaßlich mit einem Hafen und anschließenden Siedlungsbereichen, einem Siedlungskern nahe der Wakenitzfurt im späteren Domviertel, ferner Verkehrswegen und Ackerflächen. Ansatzweise dürfen diese Siedlungen auch als funktionsunähnlich gewertet werden – jedenfalls legt dies die topographische Streuung mit ihren spezifischen Lagen zu dem Flußsystem nahe – wie dies in ähnlicher Weise auch für Alt Lübeck festgestellt wurde. Ob aber diese spätslawische Siedlungslandschaft des ausgehenden 11. und beginnenden 12. Jahrhunderts als ganze oder in Teilen bis zur Stadtgründung Bestand hatte, also eine direkte Siedlungskontinuität zu vermuten ist, muß mangels entsprechender Befunde vorerst offen bleiben. Denkbar ist es; und wir halten diese Siedlungskontinuität für eine gute Arbeitshypothese – nur läßt sie sich durch archäologische Befunde derzeit eben nicht belegen. Auch andere Autoren gehen in ihren Denkmodellen von ihr aus und vermuten sogar, daß sich auch schon vor der Marktgründung durch Graf Adolf II. im Jahre 1143 Kaufleute auf dem nachmaligen Lübecker Stadthügel angesiedelt haben und den vorhandenen – oder gar einen eigenen, neuen – Hafen für ihre Zwecke nutzten.

Wenn wir uns nun dieser Marktgründung des Jahres 1143 sowie der Neugründung Lübecks nach einem ersten Stadtbrand und Verlegung an die Wakenitz – der «Löwenstadt» Herzog Heinrichs des Löwen – 1159/60 zuwenden, so wollen wir diesen und den unmittelbar nachfolgenden Zeitraum der frühen Entwicklung Lübecks im ausgehenden 12. und beginnenden 13. Jahrhundert mitnichten chronologisch betrachten. Vielmehr sei von einzelnen Grabungsstellen in Nähe der spätmittelalterlichen Häfen ausgegangen, um auch die topographische Entwicklung von Stadt und Hafen zu verdeutlichen.

Zuvor muß betont werden, daß gerade für die beiden Gründungsvorgänge der Jahre 1143 und 1159/60 bisher keinerlei archäologische Befunde vorliegen, die uns Auskunft über die anstehenden grundsätzlichen Fragen eben dieser Gründungsvorgänge und deren historische Topographie geben könnten. Erst weitere Grabungen werden sie uns in der Zukunft bescheren, falls es möglich wird, in den entsprechenden Bereichen auch wirklich graben zu können. Allein in der Burg ließ sich ein wesentlicher Befund dieser Zeitstellung archäologisch nachweisen: der Burgbrunnen. Er datiert auf 1155/1156. Für Stadt und Hafen können nur Vermutungen angestellt werden.

So muß von jüngeren Siedlungszuständen, die von den Archäologen haben nachgewiesen werden können, ausgegangen werden, um Vermutungen zum Lübeck um 1143 und 1159/60 zu formulieren. Hierzu geben die Grabungsergebnisse auf der Westhälfte des Stadthügels, nahe der Trave und den späteren Häfen, besonderen Anlaß. Darüber hinaus erschließt sich die Siedlungsgeschichte einer Fernhandels- und Hafenstadt natürlich durch die Geschichte ihrer Hafen- und Wasserseite. Diesbezüglich haben die Grabungen in der Großen Petersgrube unsere Kenntnisse zur Entwicklung Lübecks im 12. und 13. Jahrhundert erweitert (Abb. 3.9 u. 5.31). Es waren dies Grabungen, die nicht flächig durchgeführt werden konnten, sondern

die punktuell angesetzt in Betonbrunnenringen in größere Tiefen vorstießen, um mit den dort lagernden Hölzern dendrochronologische Datierungen zu gewinnen (Abb. 11).

Jener Teil des Lübecker Stadthügels, auf dem die St. Petri-Kirche liegt, war – so berichten die Schriftquellen – bereits vor 1170 besiedelt, so daß der Straßenzug der oberen Großen Petersgrube als bestehend angenommen werden darf. Der Petrihügel fällt zur Trave hin in einem Steilhang ab, vor dem sich bis zur Trave hin eine sumpfig-moorige Niederung ausdehnt. Diese Niederung begann man wahrscheinlich noch vor 1200 vom Hang aus aufzufüllen. Dazu nutzt man Abfälle aus der Stadt – eine «Müllkippe» sozusagen. Dies geschieht aber nicht planlos, sondern die Aufschüttung wird mit größerformatigem Holz befestigt, indem man es in mehr oder weniger horizontalen Lagen in die Müllaufschüttung einlagert. Es ist nicht erkennbar, daß der Gewinn an Bauland etwa grundstücksweise erfolgt; man scheint vielmehr grundstücksübergreifend vorzugehen. Die aus den Holzpackungen ermittelten dendrochronologischen Datierungen belegen Auffüllrichtung und Auffüllgeschwindigkeit: Die Auffüllung beginnt unter dem heutigen Hause Große Petersgrube 15, erreicht Nr. 19a um oder nach 1201, Nr. 21 um 1210, Nr. 23 um 1230 und Nr. 25 um oder nach 1243 (Abb. 11). Die Aufschüttung geschah also längerfristig in der ersten Hälfte des 13. Jahrhunderts; deren Beginn konnte nicht festgestellt werden, ist aber um oder noch vor 1200 zu vermuten, wie noch darzulegen.

Während die sumpfige Traveniederung aufgefüllt und damit der Stadthügel flußwärts verbreitert wurde, gab es aber in eben dieser Traveniederung auf einem leicht erhöhten Gelände bereits eine ältere Bebauung. Sie lag sicherlich nicht hochwasserfrei. Datiert ist sie um 1173 (Abb. 11 u. 9.1), und es handelt sich um ein größeres Gebäude, das mit seinen Fluchten den späteren Baufluchten der Backsteinbebauung des 13. Jahrhunderts entspricht; letztere beziehen sich also auf die frühe Bebauung. Das Hauptgebäude war ein Fachwerkbau; er war sicherlich mehrgeschossig (Abb. 10), ob ein Wohnhaus oder ein Speicher, muß offen bleiben, ein stattlicher Bau aber allemal. Er war auch mit Nebengebäuden umgeben. Jedoch sind aufgrund der äußerst kleinen Ausschnitte zur Rekonstruktion dieser Grundstücksbebauung nur wenige Aussagen der ergrabenen Befunde verwertbar. Es steht jedoch fest, daß die um 1173 und 1185 errichteten Gebäude zu Beginn des 13. Jahrhunderts niedergelegt wurden und man – nach geringer Geländeaufhöhung – um 1204 und 1215 neue Holz- und Fachwerkgebäude baute. Dabei in den Boden gekommene Abfallhölzer, insbesondere eine Holzgabel zur Auflage eines Bugsprietes einer Kogge, belegen, daß auch Abfallholz verwandt wurde, das beim Abwracken anfiel, eigentlich nicht weiter verwunderlich in unmittelbarer Flußnähe. Wir dürfen dies Fundstück wie auch die nicht gerade kleinen Fachwerkbauten als indirekten Niederschlag einer Hafentätigkeit werten, die Gebäude als sich vermehrenden Speicherraum eines Hafenausbaues unter Herzog Heinrich dem Löwen, die Holzgabel für frühen Lübecker Schiffbau. Sie ist zugleich ein wichtiger Befund zur Entwicklung des Koggenbaus.

Halten wir fest, daß der Lübecker Stadthügel im wesentlichen im ersten Drittel des 13. Jahrhunderts stark erweitert wurde, indem man anschüttete, andererseits aber in den nahezu wassergleichen Niederungen bereits Siedlungen bestanden, besser: Siedlungteile, von denen vermutet werden muß, daß es sich um eine Hafenrandbebauung handelte. Dies Grabungsergebnis in der Großen Petersgrube steht in Lübeck jedoch nicht allein, sowohl was die Anschüttungen angeht als auch die Bebauung relativ tiefliegender, travenaher – damit hafenzugewandter – und überschwemmungsgefährdeter Niederungsbereiche. Eine solche Holzbebauung wurde unter dem Speicher An der Untertrave 97 erfaßt, äußerst kleinräumig zwar und nur grob in die Zeit vor 1200 zu datieren, aber eben über Niederungstorf als Baugrund errichtet (Abb. 5.10). In den Schichten dieses Hauses wurden auch die oben erwähnten spätslawischen Scherben in Verbindung mit Hüttenlehm gefunden, umgelagert im späten 12. Jahrhundert also (Abb. 3.6).

Auch die Anschüttungen konnten anderwärts entlang der Trave nachgewiesen werden: Sowohl neuere Bohrungen des Amtes für Vor- und Frühgeschichte (Bodendenkmalpflege) der Hansestadt Lübeck als auch die Auswertungen zum Teil wesentlich älterer Bohrungen ergaben (vgl. Abb. 3 u. 5 mit schraffierten und fein gepunkteten Bereichen), daß ein Großteil der heutigen Wasserlinie Lübecks erst durch Auffüllen des Niederungsgeländes geschaffen und der Stadthügel vor allem zwischen Beckergrube und Großer Alte-fähre im Norden und in einem breiten Streifen auch südlich der Braunstraße erweitert wurde. Damit steht der ergrabene Befund in der Großen Petersgrube nicht singulär da, ist aber derjenige, der am besten beurteilt und gewichtet werden kann. Entsprechende Aufschüttungen konnte M. Gläser An der Untertrave 111/112 nachweisen, ohne allerdings die Möglichkeit zu haben, sie hinreichend zu datieren (Abb. 5.56). Auch wenn die Bohrungen uns in den seltensten Fällen Datierungsanhaltspunkte geliefert haben, so veranschaulichen sie doch das beachtenswerte Ausmaß der Geländegewinnungsmaßnahmen: Abb. 2 kartiert mit Höhenschichtlinien die Rekonstruktion der Oberkanten des gewachsenen Bodens. Dabei zeigt sich gegenüber der Trave ein sowohl stark «zerklüfteter» als auch weit zurücktretender Kern des Stadthügels, der durch die geologische Situation vorgegeben ist. Zum Flusse hin wurden die weicheren Torfmudden durch die späteren Überbauungen in deren Auflast so stark abgepreßt, daß geradezu «Löcher» in unserem Höhenlinienbild entstehen konnten, nämlich überall dort, wo ehemals eine nahezu wassergleiche, moorig-sumpfige Niederungslandschaft aufge-

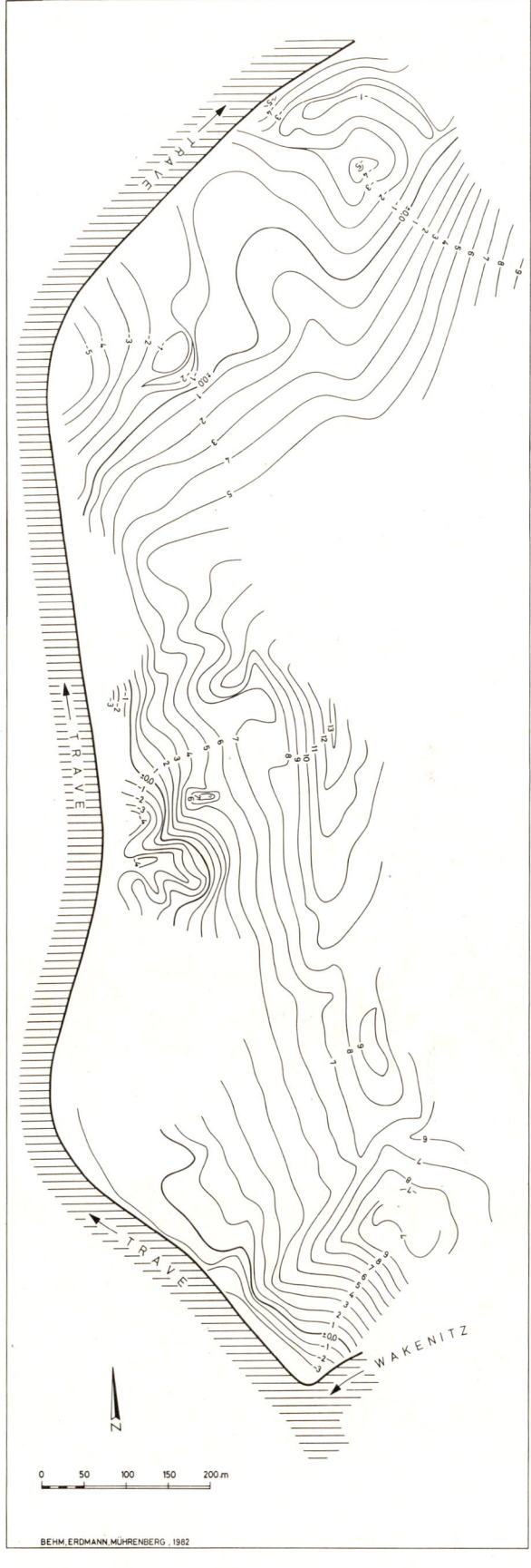

2 Lübeck, Innenstadt, Westteil, Höhenschichtenplan der Oberkante des »gewachsenen Bodens« aufgrund geologischer Bohrungen des 19./20. Jahrhunderts (Behm/Erdmann/ Mührenberg), M. ca. 1 : 8000

13

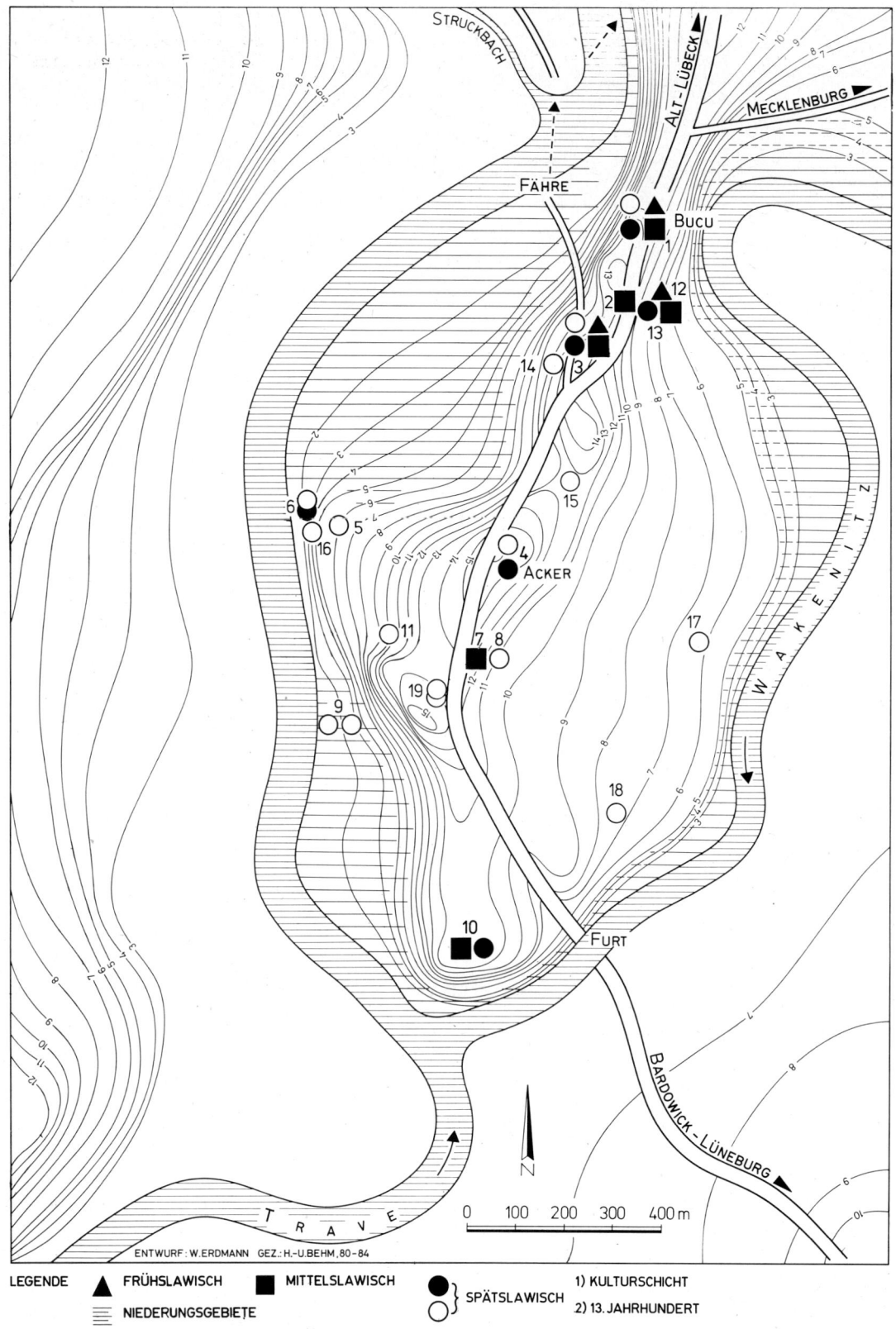

3 *Lübeck, Höhenschichtenplan aufgrund der gegenwärtigen Höhenverhältnisse mit erschlossenen slawischen Verkehrswegen und Fundpunkten slawischer Keramik (nach Erdmann 1982, ergänzt nach Willroth 1985, jeweils mit Legende der Fundorte), M. 1 : 12500*

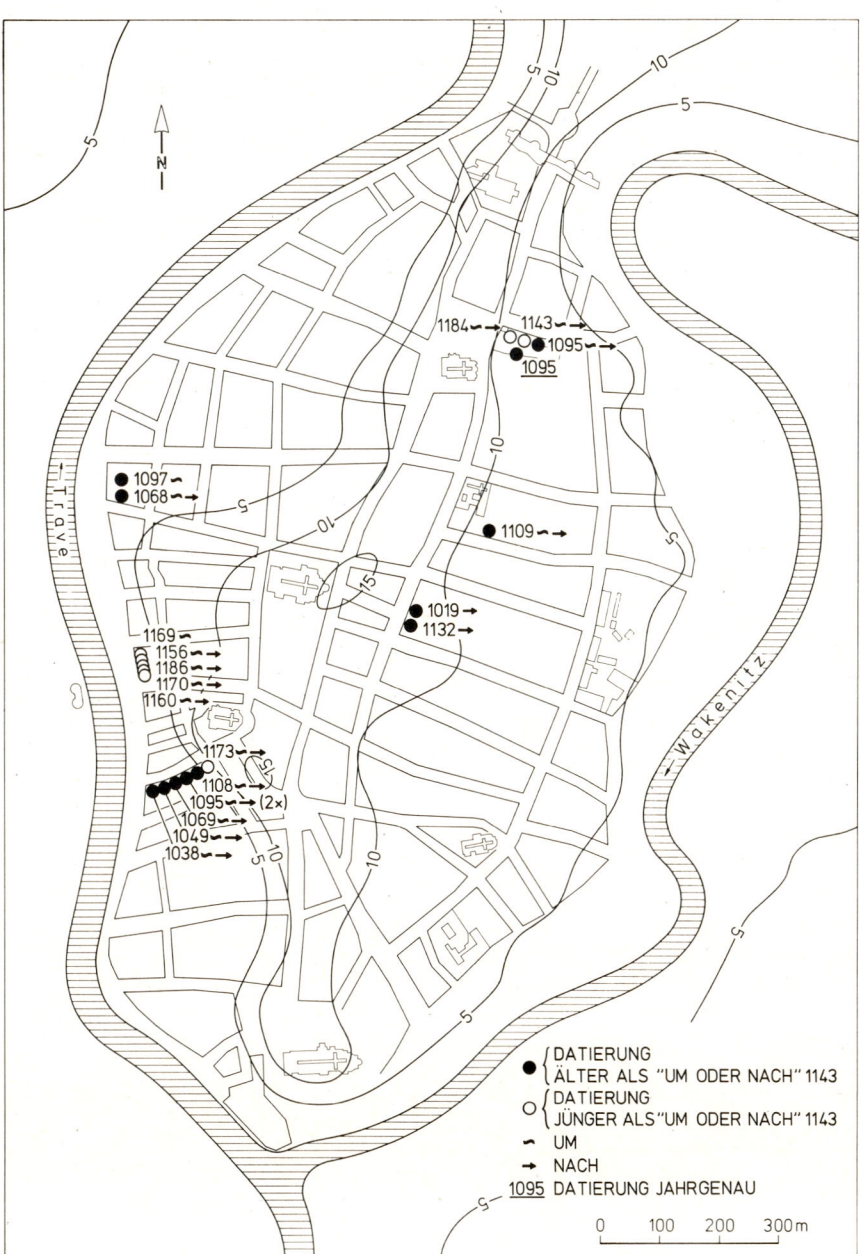

4 Lübeck, Innenstadt,
Dendrochronologisch datierte
Hölzer in Sekundärverwendung
des 12./13. Jahrhunderts
(nach Fehring 1984), M. 1 : 12500

füllt und dann im Laufe der Zeit und immer stärker unter den Wasserstand der Trave herabgedrückt wurde.

Unsere Kartenbilder (Abb. 3 u. 5) verdeutlichen so mit der Übernahme dieser Kartierung (Abb. 2) in besonderer Weise, daß die Hafengebiete Lübecks nur zum kleinen Teil unmittelbar und ohne Geländeverbesserung besiedelt werden konnten, nämlich nur auf einem Geländesporn, der in der Mitte des Stadthügels weit nach Westen, bis an die Trave vorragt und sanft zum Fluß hin abfällt. Zwar belegen die Grabungen auch Gebäude in der Flußniederung; aber diese dürften, anders als auf dem Geländesporn, kaum hochwasserfrei gelegen haben. Überdies war der Zugang

zu ihnen vom Stadthügel her durch unverhältnismäßig steile Hangkanten erheblich erschwert. Kurzum: Eine günstige Hafensituation bestand eigentlich nur auf dem an den Fluß herantretenden Geländesporn. Dies gilt sowohl für die spätslawische Zeit wie auch für die nachfolgende Marktgründung Adolfs II. 1143. Nur haben die Grabungen bisher in diesem Gebiet weder von der einen Siedlung noch von der anderen irgendeinen materiellen Befund erbracht, der in diese angedeutete Entwicklungsgeschichte des Lübecker Hafens und seiner Hafensiedlung hineinführen könnte. Dies mag forschungsgeschichtlich begründet sein; in den späteren Jahrhunderten ist hier so oft gebaut und dabei recht gründlich für die Keller ausgeschachtet wor-

15

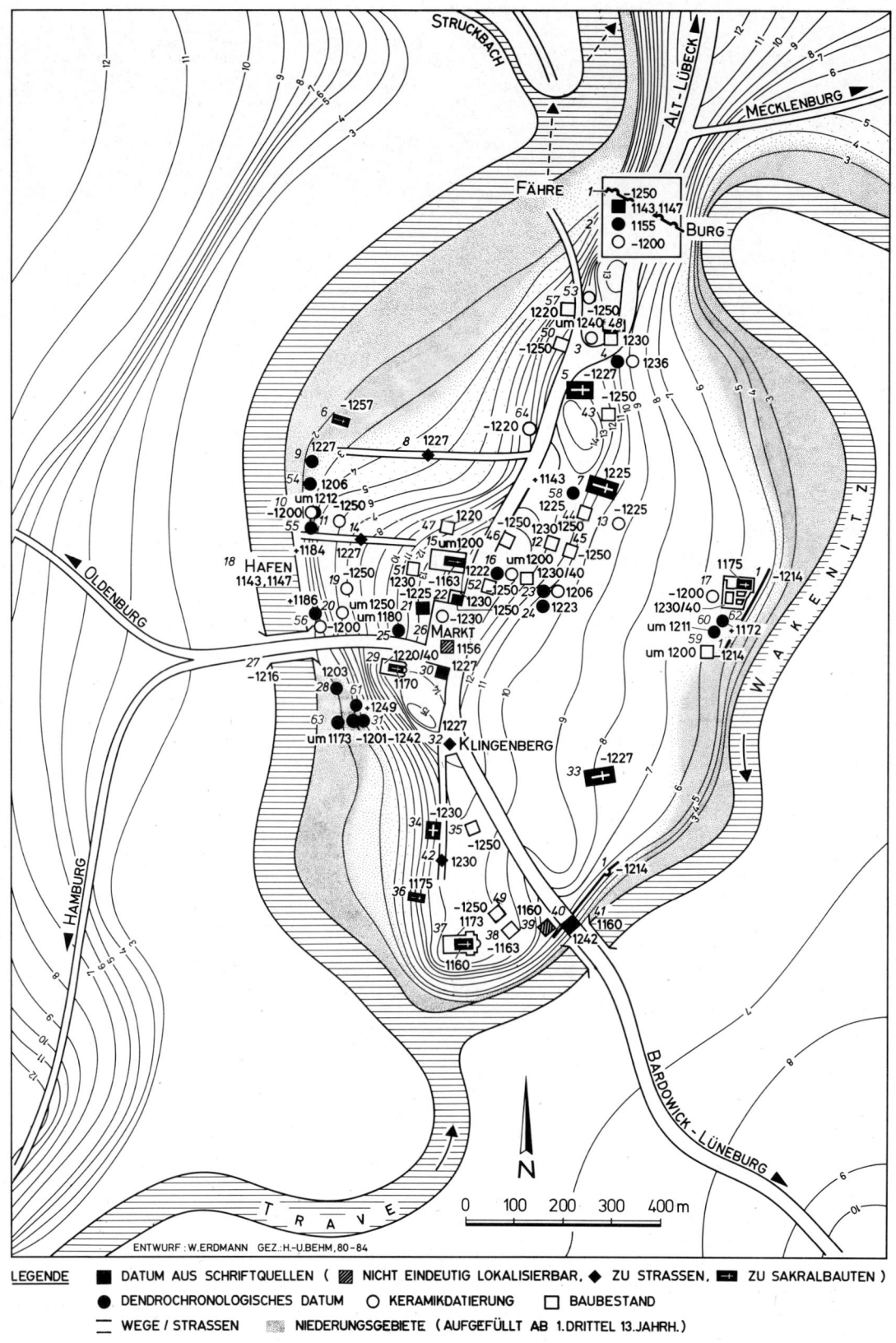

5 Lübeck, Höhenschichtenplan aufgrund der gegenwärtigen Höhenverhältnisse mit Eintrag der topographisch wie
datierungsmäßig eindeutigen archäologischen Ergebnisse im Verhältnis zu den Schriftzeugnissen von 1143 bis Mitte
13. Jahrhundert; Straßenzüge wurden nur aufgenommen, wo sie direkt aus Befunden oder Schriftquellen rekonstruiert
oder belegt sind (nach Erdmann 1982, mit Nachträgen; dort auch Legende der Fundorte) M. 1 : 12500

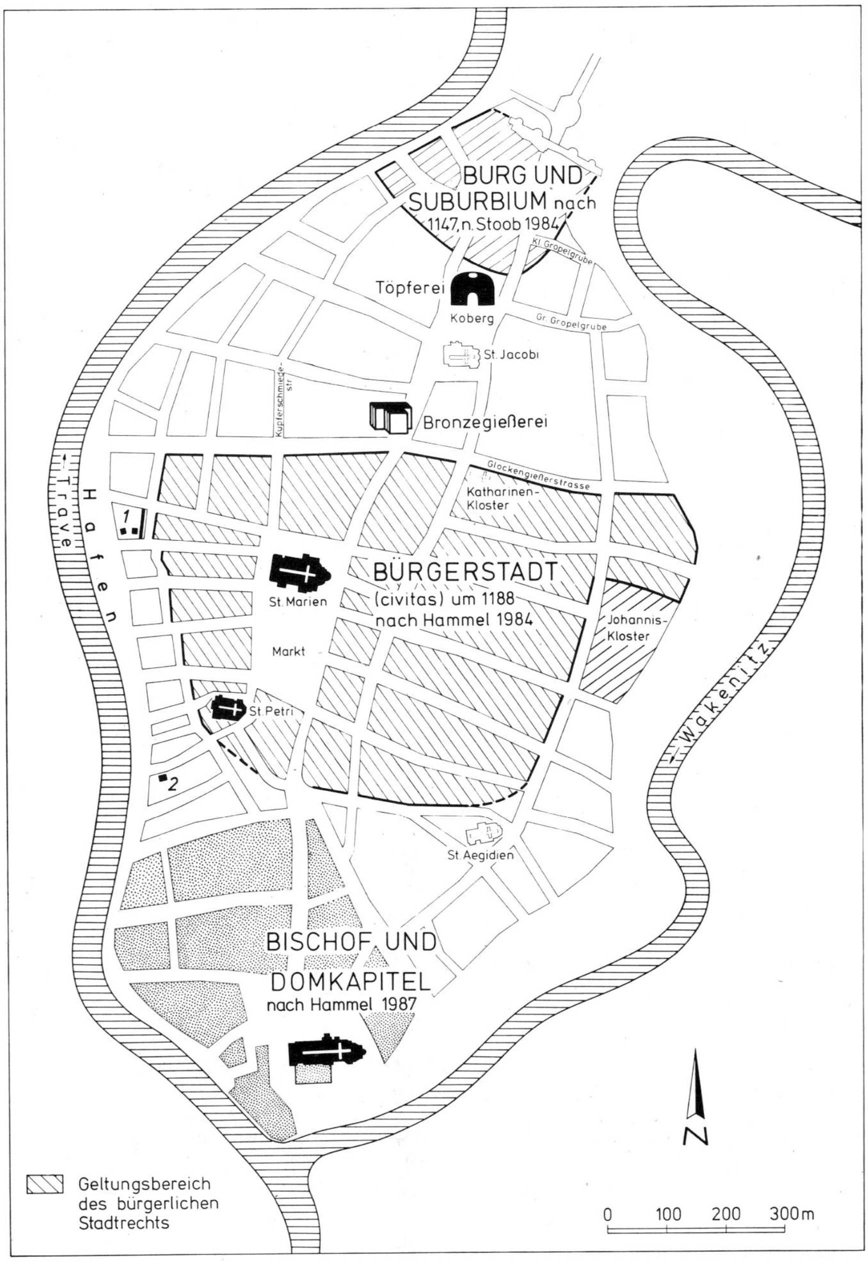

6 Lübeck, Rekonstruktion des
Siedlungsbildes vor 1180
(Erdmann nach Gläser 1985,
Hammel 1984 u. 1987, Stoob 1984),
M. 1 : 12500

den, daß es auch zukünftig schwierig sein dürfte, die frühen Hafensiedlungen in ihrer Substanz archäologisch wirklich nachzuweisen.

Dennoch wurden die Archäologen auf dem Geländesporn fündig. Ganz an seiner Spitze, unter den Häusern Alfstraße 36 und 38 erbrachten die Grabungen unter Leitung von M. Gläser überraschende Befunde (Abb. 5.55): Unter einem außergewöhnlich großen Backsteinhaus aus dem ersten Drittel des 13. Jahrhunderts, das J. Holst als Gildehaus sehen möchte, und einem frühen Dielenhaus mit Flügelbau (Abb. 7) kamen Bebauungszustände des späten 12. Jahrhunderts zutage (Abb. 8), die in die letzten beiden Jahrzehnte dieses Jahrhunderts datieren. Auf der heutigen Grundstücksgrenze zwischen den Häusern Alfstr. 36 und 38 liegt unter der heutigen Trauf- bzw. Giebelmauer eine wesentlch ältere Backsteinmauer, die M. Gläser mit guten Argumenten als die älteste Stadtmauer aus der Zeit um 1180 ansieht. Innen ist an diese eine größere Grube angelehnt, möglicherweise ein Keller eines hölzernen oder Fachwerk-Gebäudes. Aber auch außerhalb der Stadtmauer – flußwärts – fanden sich Häuser. Das Holzhaus A ist dendrochronologisch um 1184 datiert, Holzhaus B um oder nach 1195. Das erste besaß eine Feuerstelle und könnte ein Wohngebäude sein; für das zweite gilt aufgrund einiger Indizien gleiches. Funde von Schiffsausrüstung und Fischereigerät verwundern bei einer so nahen

17

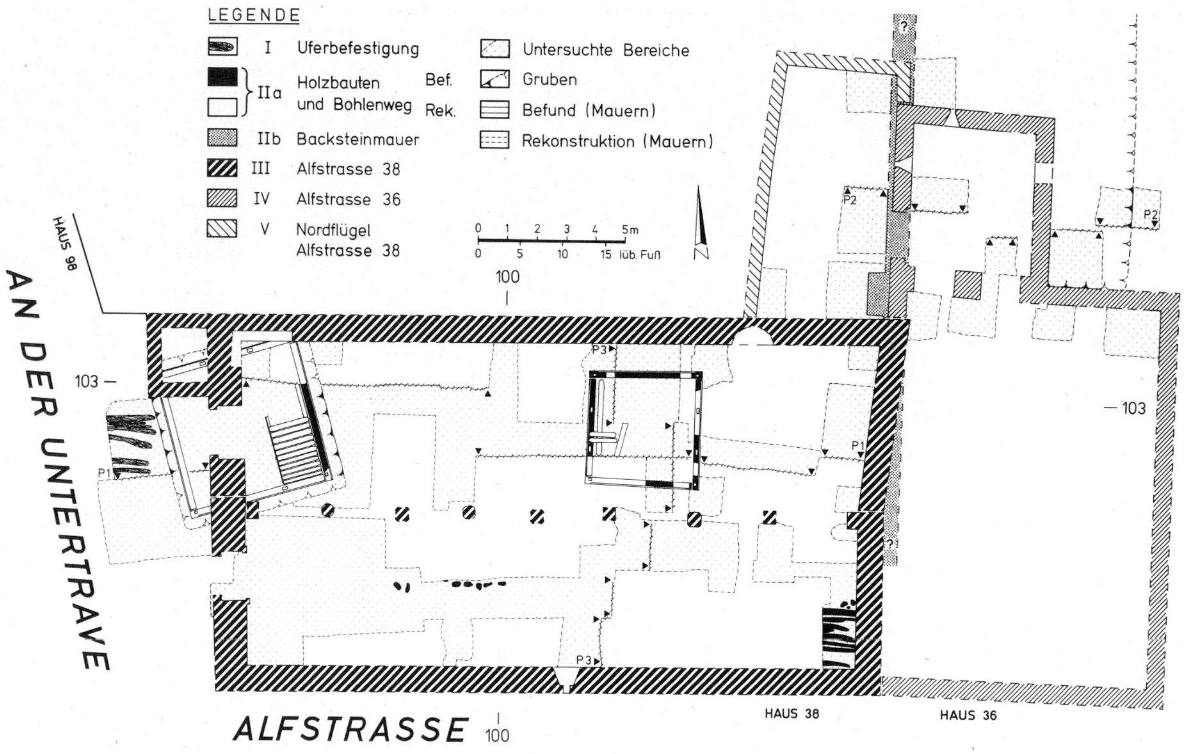
LEGENDE
I Uferbefestigung
IIa Holzbauten und Bohlenweg
Bef.
Rek.
IIb Backsteinmauer
III Alfstrasse 38
IV Alfstrasse 36
V Nordflügel Alfstrasse 38
Untersuchte Bereiche
Gruben
Befund (Mauern)
Rekonstruktion (Mauern)
0 1 2 3 4 5m
0 5 10 15 lüb. Fuß
100
HAUS 98
AN DER UNTERTRAVE
103
P1
P2
P3
HAUS 38
HAUS 36
ALFSTRASSE
100

7 Lübeck, Alfstraße 36/38, Grabungsgesamtplan (nach Gläser 1985), M. 1 : 250

Lage am Wasser nicht – also auch hier indirekter Niederschlag des Hafenbetriebes.
Die ergrabenen Holz- und Fachwerkgebäude in der Alfstraße wie in der Großen Petersgrube (Abb. 8 u. 9) lassen, so gering die Ausschnitte zu Teilen auch sein mögen, dennoch einige Aussagen zum frühen «Stadtbild» Lübecks zu, zumindest für Siedlungsbereiche außerhalb der Kernsiedlung bzw. vor der Stadtmauer: Die Gebäude stehen offensichtlich parallel zu den Grundstücksgrenzen, die sich ihrerseits am Straßennetz orientieren; dabei nehmen wir die späteren Straßenfluchten als damals bestehend an – auch wenn sie für unsere Befunde archäologisch nicht nachgewiesen werden konnten, da es die jeweiligen Grabungssituationen nicht zuließen –, da sich vor allem die Straße An der Untertrave und die spätere Stadtmauer in ihrem Verlauf auf das Ufer der Trave beziehen, zu der Holzhaus A sich ebenfalls parallel ausrichtet (Abb. 8). Hier wurde auch ein aus der Stadt an den Fluß führender Bohlenweg gefunden (führte er durch eine Pforte in der älteren Stadtmauer?), auf den ebenfalls ein Holzhaus bezogen ist. Hier wie in der Großen Petersgrube nehmen – wie bereits angeführt – dann die nachfolgenden Steinbauten auf die Ausrichtung der frühen Holz- und Fachwerkarchitektur Bezug. Was liegt näher als anzunehmen, daß sich die Ausrichtung zugehöriger Grundstücksgrenzen seit den 1170/1180er Jahren nicht verändert hat? Für frühere Zeiten haben wir noch keine archäologischen Befunde; aber es besteht durchaus Hoffnung, diese Aussage auch weiter in die früheste Geschichte der Stadt, nämlich in die Zeit der zweiten Gründung durch Herzog Heinrich den Löwen 1159/60 auszudehnen, wenn an entsprechender Stelle gegraben werden kann. Dafür spricht vor allem die Überlieferung in den Schriftquellen, die von einem Verbot des Überbaues öffentlicher Räume weiß, was eigentlich nur heißen kann, daß – unter anderem – die Straßenräume spätestens um 1180, wenn nicht gar früher, festgelegt waren.
Des weiteren zeigen diese Grabungen, daß auf den Grundstücken jeweils mehrere Gebäude gestanden haben, also eine hofartige Bebauung anzunehmen ist. Daß diese nutzungsteilig war, kann bisher nur vermutet, aber nicht durch archäologisch eindeutige Befunde nachgewiesen werden. Einblicke in die Baugeschichte anderer Städte, vor allem im Altreich, legen jedoch diese Deutung nahe. Dem entsprächen dann auch festgestellte Unterschiede in der Alfstraße und in der Großen Petersgrube, dort kleinere und größere Gebäude. Darüber hinaus wurden auch für das 13. Jahrhundert ganz entsprechende Befunde erfaßt; darüber wird noch zu handeln sein.
Das bisher Erörterte läßt durchaus Rückschlüsse zur topographischen Entwicklung Lübecks seit den 1170er Jahren zu. Dabei sollen weitere Überlegungen zur Auswertung der Schriftquellen hier unberücksichtigt bleiben, auch deren und weiterer Quellengattungen interpretierende Aussagen zu den beiden Stadtgründungen, denn darüber haben G. P. Fehring, R. Hammel und H. Stoob in jüngster Zeit umfassende Arbeiten vorgelegt, deren Gewichtung nicht Gegenstand vorliegender Zusammenfassung sein soll. Allerdings

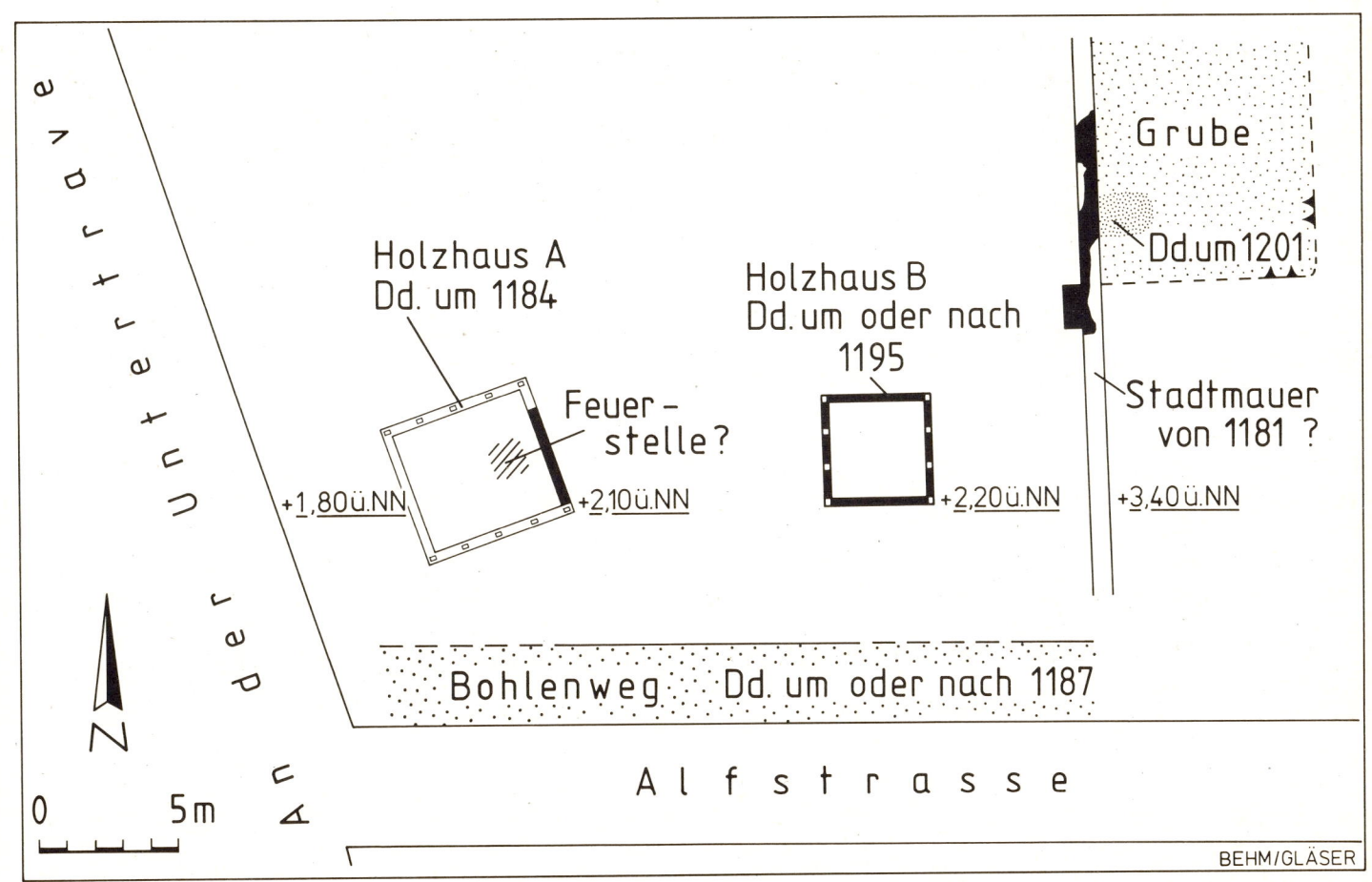

8 Lübeck, Alfstraße 36/38, Periode II (Ende 12. Jh.), Rekonstruktion der Bebauung (nach Gläser 1986), M. 1 : 250

beziehen wir deren Sicht der Siedlungsgeschichte Lübecks insofern mit ein, als unsere Abb. 6, auf die grundsätzlich für das Folgende verwiesen wird, deren Ergebnisse nutzt und diese nur in eine von R. Hammel und M. Gläser entworfene Kartengrundlage einträgt. Dabei sind die hier eingeführten Befunde früher Holz- und Fachwerkarchitektur mit Ziffern eingetragen: 1 bezeichnet die Holzhäuser in der Alfstraße, 2 die Fachwerkhäuser in der Großen Petersgrube. Weiterhin ist stets das Kartenbild mit einzubeziehen, das uns die angeschütteten Niederungsgebiete und die Fundstellen mit gut datiertem Fundmaterial belegt (Abb. 5).

Um 1180, also zur Zeit der Eroberung Lübecks durch Kaiser Friedrich I. (Barbarossa), zeigt der Lübecker Stadthügel drei Siedlungskerne. Im Norden, an der Landenge zwischen den Flüssen und an der Stelle gelegen, wo seit alters Befestigungen den Handelsweg nach Alt Lübeck kontrollierten, findet sich die Burg, mutmaßlich umgeben von einer zugehörigen Burgsiedlung. Beide waren von einer Fährstelle aus zugänglich. Im Süden besaß das Lübecker Domkapitel große Teile des Stadthügels, das Domkapitel, das erst 1160 mit der Verlegung des «Wendenbistums» von Oldenburg/H. nach Lübeck in die Stadt kam. Der geistliche Besitz, wie er sich später nachweisen läßt, spiegelt aber mitnichten zugleich auch die Ausdehnung

der Siedlung um 1180. Hier ist nur das Besitzrecht kartiert! Entsprechendes gilt für die *civitas*. Markiert ist nur deren Rechtsbereich, nicht die tatsächliche Ausdehnung der Siedlungsfläche oder die Konzentration früh belegbarer Grundstücke, wie sie R. Hammel anhand faßbarer Erschließungsdichte – gemeint ist damit der Aufteilungsgrad der Grundstücke – nachwies. Außerhalb dieser *civitas*, die zu Teilen mit einer Mauer umgeben war, die ihre Grenzen markierte, liegen die ergrabenen Gebäude aus der Zeit um 1173 und um 1184 so wassernah, daß sie als Hafenrandbebauung gewertet wurden. In diesem Zusammenhang sei daran erinnert, daß Barbarossa 1181 ältere Privilegien der Stadt bestätigt und deren *iustitia et libertas* auf die Überschwemmungsgebiete, vor allem aber bis zur (Mühlen-)Brücke ausdehnt und dies 1188 auch mit einem Privileg bestätigt. Im Grunde, so legen unsere Befunde in der Großen Petersgrube nahe, billigte der Kaiser wohl nachträglich einen bereits eingetretenen Zustand, denn dort datiert das Hauptgebäude ja in die Zeit um 1173, also in jene Zeit, die Herzog Heinrich der Löwe für den von ihm veranlaßten Hafen-(aus-) bau reklamiert. Aber allein schon die ermittelten Daten in der Alfstraße und für den weiteren Aus- sowie Neubau in der Großen Petersgrube belegen ein eindeutiges Nacheinander von Privilegterteilung und Neubaumaßnahmen außerhalb der *civitas* und der sie

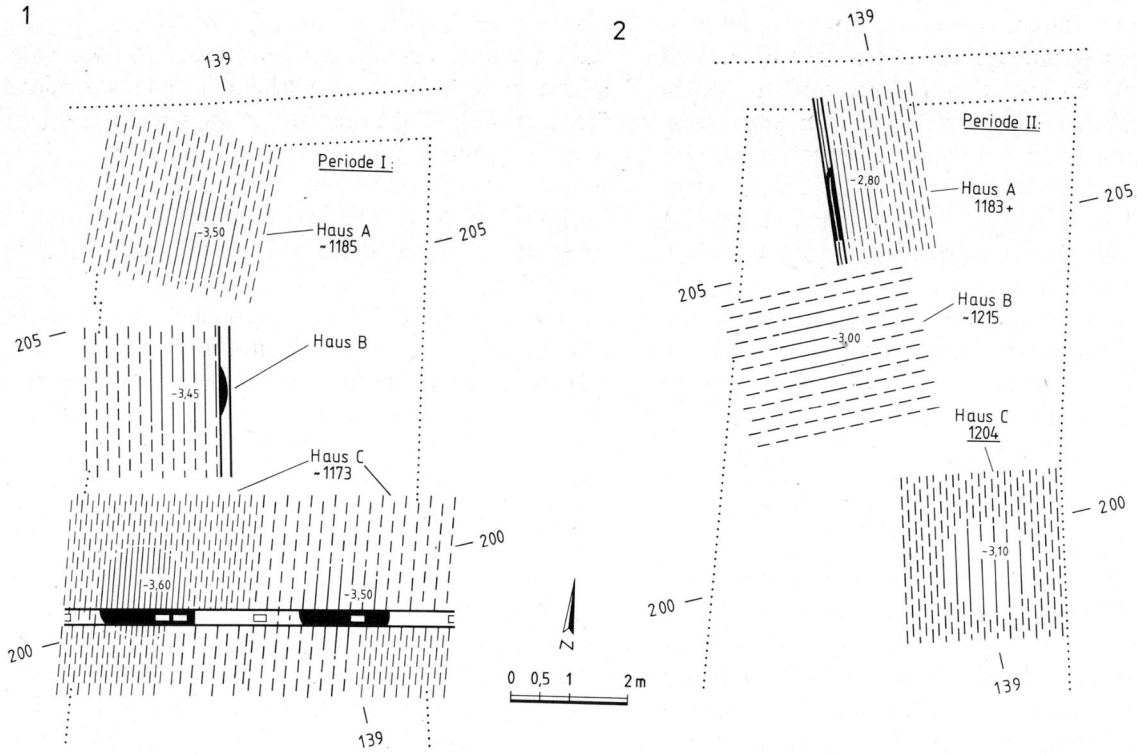

9 Lübeck, Große Petersgrube 27, Rekonstruktion der Holz- und Fachwerkbebauung: 1 Periode I, um 1173 und 1185. 2 Periode II, um
oder nach 1183, 1104, um 1215 (nach Erdmann 1985), M. 1 : 125

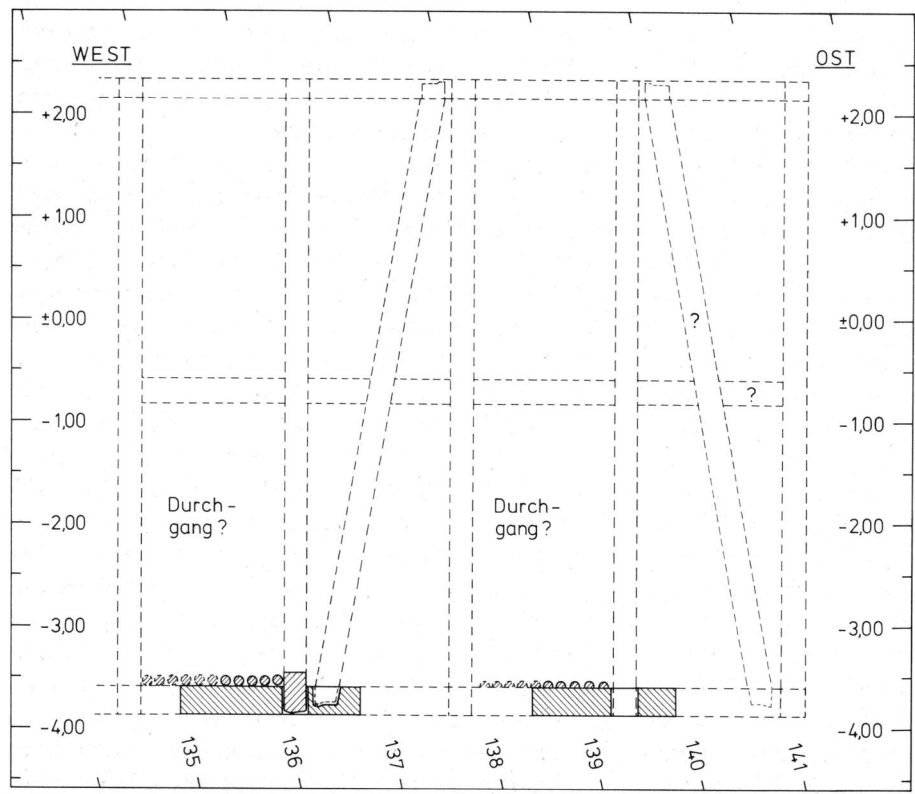

10 Lübeck, Große Petersgrube 27, Periode I, Haus C, »um 1173«, Schwellen und Ständer sowie
    Rekonstruktion des Aufrisses aufgrund sich ergebender Gefache (nach Erdmann 1985),
    M. ca. 1 : 75

begrenzenden Stadtmauer. So liegt es nahe, im Privileg die Rechtsgrundlage für den so gearteten Siedlungsausbau, der ja auch als ‹Verbesserung› des Hafens anzusehen ist, zu vermuten, auch wenn schon vorher Bauten im Überschwemmungsgebiet standen. Wie es innerhalb der *civitas*, der entscheidend ausgedehnten Siedlung der Stadtneugründung durch Herzog Heinrich, aussah, muß derzeit offen bleiben. Noch haben keine Grabungen größerflächig Auskunft geben können; neu begonnene Untersuchungen westlich von St. Marien werden, so ist zu hoffen, nächstens darüber Auskunft geben. Die wenigen Befunde unter Alfstr. 36 vermögen jedenfalls ebensowenig konkrete Vorstellungen zu geben wie die Grabungsergebnisse auf dem Markt oder auf dem Schrangen, denn letztere sind auch mittelalterliche Freiflächen und somit zum Rückschluß auf die Siedlungsentwicklung nur bedingt geeignet. Allerdings zeigt dort der indirekte Siedlungsniederschlag – die Keramik – einen Datierungszeitraum, der später liegt als bei den bisher besprochenen Grabungen, aber wohl noch in das 12. Jahrhundert zurückreicht. Wie weit dies der Fall sein kann, ist noch nicht endgültig ausgemacht. Keramikdatierungen geben nämlich in der Regel kein exaktes Datum, sondern Zeiträume an. Diese müssen aber über eine Art «Kalender» mit festen Daten gewonnen werden, in Lübeck überwiegend anhand dendrochronologisch fixierbarer Fundkomplexe. Solche befinden sich aber erst in Auswertung, so daß entsprechende Rückschlüsse definitiver Art für das Marktgebiet erst zu späterem Zeitpunkt möglich sind.

Mit diesen Einschränkungen unseres in der Tat punktuellen Wissens – und anders können archäologische Erkenntnisse nie gewonnen werden, da derartig große Siedlungen selten in Gänze ausgrabbar sind und in heute noch überbauten Bereichen auch kaum repräsentativ erfaßt werden können – blicken wir auf den Plan des hochmittelalterlichen Lübeck mit den eingetragenen Befund- und Fundsituationen sowie den Aufschüttungsgebieten (Abb. 5). Die Gemeinschaftseinrichtungen des frühen Lübeck nach 1160 bis in den weiteren Zeitraum um 1200 liegen eben nicht hafennah im Zentrum der den mutmaßlichen Fernhandelseinrichtungen zugewandten Stadtteile, sondern an deren Rand auf dem Scheitel des Stadthügels. Es sind dies die «Marktkirche» St. Marien mit zugehörigem Friedhof – laut späterer Bestätigung Papst Coelestins III. gegründet von Herzog Heinrich, dann wohl um 1160 – und Marktplatz, den wir uns um 1180 sicherlich mit Häusern und Verkaufsbuden umstanden vorzustellen haben, sowie das erste Rathaus (um 1201) und sein spätstaufischer Nachfolgebau (um 1230/40) und fernerhin die spätestens um 1170 bestehende St. Petri-Kirche. Hier bietet sich also zum Vergleich der Fernhandelshafen Visby an, der seine große Zeit im Ostsee- und Rußlandhandel genau zu jener Zeit hatte, als auch Lübeck sich anschickte, in diesem Handelssystem eine bedeutendere Rolle zu spielen. In Visby liegen die gleichen Gemeinschaftseinrichtungen ebenfalls auf einer höheren Terrasse, relativ weit vom Hafen entfernt, eben auf solchem Grund und Boden, der für die Hafen-, Lager- und Kaufmannsaktivitäten des Fernhandels nur bedingt genutzt wurde, Baugrund also, der unter dem Blickwinkel der Handelstechnik von geringerer Bedeutung war und daher eher zur Verfügung stand. Hier wurde dann auch der Lokalmarkt angelegt, der die Stadt mit Nahrungsmitteln versorgte, Kleinhandel und auch in gewissem Maße Dienstleistungsbetriebe anzog. Der Fernhandel hingegen konzentrierte sich, so auch noch in den spätmittelalterlichen Kaufmannsordnungen, an der Untertrave zwischen Braun- und Mengstraße, eben jenem Gebiet, wo der oben beschriebene Geländesporn des Stadthügels mit festem Baugrund bis nahezu an die Trave herantrat. Was liegt also näher, als den Warenumschlag der Fernhandelsgüter nach der Neugründung 1159 hier anzunehmen und den Uferbereich, teils vor der Stadtmauer von um 1180, teils direkt dahinter, als den Kern des welfenzeitlichen Hafens zu betrachten? Ob an gleicher Stelle dann auch der schauenburgische Hafen gelegen haben kann, was R. Hammel und H. Stoob bezweifeln, muß offen bleiben; denn auch dazu liegen bisher keine ergrabenen Befunde vor; uns scheint dies aber aufgrund der besonderen topographischen Situation wahrscheinlich. Gleiches gilt für die archäologisch ebenfalls noch nicht belegbare Vermutung, hier habe bereits zu spätslawischer Zeit ein Hafen bestanden, jener Hafen nämlich, den Helmold von Bosau als Graf Adolf «passend» beschreibt, worauf dieser hier den Fernhandelsplatz Lübeck gegründet und ihn mit dem von Alt Lübeck hierher übertragenen, weil eingeführten Namen begabt habe.

Ist der Hafen Lübecks um 1160 und danach wie oben definiert, so fügen sich die beobachteten Baulandgewinnungen zwanglos in unser Bild ein. Dies gilt sowohl für deren Zeitstellung als auch für die Topographie: Bereits unter Herzog Heinrich und auf dessen Veranlassung könnten nördlich wie südlich des Geländesporns Hafenerweiterungen stattgefunden haben, die sich für uns bisher nur dadurch belegen lassen, daß in der Flußniederung vereinzelte Neubauten einer Hafenrandbebauung faßbar werden. Dies Einbeziehen des Überschwemmungsgebietes wurde 1181/1188 bestätigt und gab einerseits Anlaß, auch die betreffenden Bereiche am Fluß vor der Stadtmauer zu bebauen. Andererseits mag man zu dieser Zeit begonnen haben, jeweils nördlich und südlich des Spornes in beschriebener Weise Gelände anzuschütten, damit den Sporn und dann zunehmend auch den gesamten Stadthügel zu verbreitern, ihn an die Wasserlinie vorzuschieben, um eben diese und damit das Hafengebiet im engeren Sinne erheblich auszudehnen. Das Grundstück An der Untertrave 111/112 (Abb. 5.56) erhielt seinen Untergrund spätestens im ausgehenden 12. Jahrhundert; An der Untertrave 97 wurde um

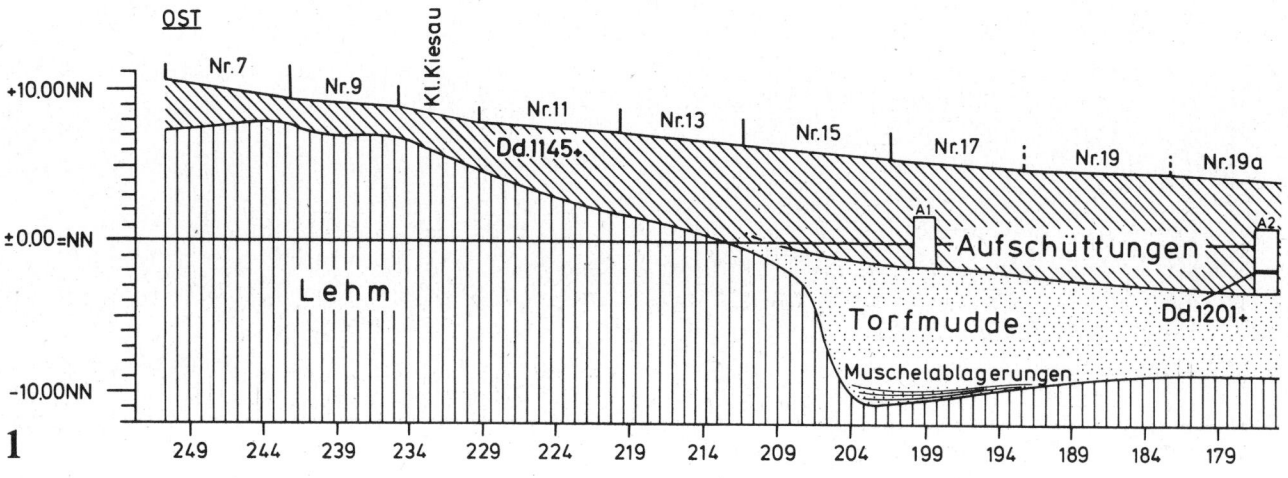

11 Lübeck, Große Petersgrube, idealisierter Hangschnitt nach Bohrergebnissen, Grabungen und dendrochronologischen Datierungen

1200 neu bebaut; die Anschüttungen am Fuß des Petrihügels, in der Kleinen Petersgrube datieren um 1203; in der Großen Petersgrube sind diese um 1201 schon weiter fortgeschritten. Daher möchten wir den Beginn dieser Maßnahmen noch in das ausgehende 12. Jahrhundert datieren, also zur Zeit der Herrschaft Barbarossas über der Stadt, dann fortgesetzt auch unter der dänischen Oberhoheit Waldemars II. und zum wesentlichen Abschluß gebracht noch vor der oder um die Mitte des 13. Jahrhunderts. Dabei verlängerte sich die «Wasserlinie» Lübecks zusehends, ja vermehrfachte sich. Allerdings ist zu berücksichtigen, daß mit dem Bau der Holstenbrücke – die 1216 vorhanden ist – das Hafengebiet in zwei Hälften geteilt wurde. Nördlich der Brücke lag der Hafen der seegängigen Schiffe, welche die Brücke nicht mehr unterfahren konnten, südlich derjenige der Binnenschiffe, die etwa Salz und Getreide, um nur die Massengüter zu nennen, nach Lübeck zum Umschlag auf die Seeschiffe brachten. Damit sind die erheblichen Siedlungserweiterungen nach Baulandgewinnung auch ganz direkt als Befunde zur Hafenerweiterung zu werten, wie denn allgemein die Siedlungserweiterung Spiegel einer bemerkenswerten prosperierenden Handelsstadt ist.

Wie allerdings der Hafen mit seinen grundbau- und hafentechnischen Anlagen im Detail ausgesehen hat, muß für Lübeck – im Unterschied zu anderen Hafenstädten dieser Zeit – offen bleiben: Bisher war es nicht möglich, die hochmittelalterliche Wasserlinie zu ergraben. Entsprechende Schnitte werden derzeit unter Leitung von G. P. Fehring abgetieft. Die Abbildungen des 18. und 19. Jahrhunderts können uns zwar konkrete Vorstellungen für das späte Mittelalter vermitteln, so daß wir Kaimauer, schwimmende Schiffsbrücken, den Stapelplatz vor der Stadtmauer und die Zugänge vom Hafen in die Stadt im damals überlieferten Zustand kennen; nur sagt dies nichts über die hochmittelalterlichen Verhältnisse aus, solange keine diesbezüglich vergleichbaren archäologischen Befunde ergraben sind. Insofern steht die «Hafenarchäologie» in Lübeck erst am Anfang. Dabei ist sie weniger eine Frage des wissenschaftlichen Problembewußtseins als eine der technisch-finanziellen Realisierbarkeit.

Unser Blick auf das frühe Lübeck des 12. und 13. Jahrhunderts (Abb. 5 u. 6) konzentrierte sich auf die westlichen Teile der Stadt, da sie den Häfen zugewandt sind. Entsprechend der Themenstellung unseres Bandes bleiben andere Siedlungsteile Lübecks, etwa das Domviertel mit der geistlichen Immunität, das Benediktinerkloster St. Johannis an der Wakenitz und der Burgbereich mit dem nachmaligen Dominikanerkloster St. Maria Magdalena unbesprochen, obwohl sie gleichermaßen interessante archäologische Befunde zutage brachten und im Gesamtzusammenhang der frühen Stadtentwicklung gewichtige Aussagen bereithalten. Wegen beschränkten Raumes sei der geneigte Leser aber auf die Ausgrabungsberichte verwiesen und auf die Quellenbearbeitungen und -interpretationen durch Historiker; beides ist im Literaturanhang aufgelistet.

Es sei nur knapp darauf hingewiesen, daß M. Gläser nördlich der staufischen *civitas* um 1180/90 und südlich des Burgbereiches, also in einer nicht oder gerade erst schwach besiedelten Region des Stadthügels, die feuergefährlichen Handwerke konzentriert sieht. Hier fanden sich nicht nur Gußwerkstatt und Töpferofen, sondern die späteren Straßennamen nehmen auch auf diese handwerklichen Tätigkeiten Bezug (Abb. 6). Dieser Bereich wird – neustadtartig, wie J. Holst befand – erst im zweiten Viertel des 13. Jahrhunderts systematisch und dichter aufgesiedelt. In offenbar bewußter Stadtplanung errichtet man das Haus Koberg 2, die kaiserliche Vogtei, wie wir meinen, und beginnt in den 1260er Jahren, das Heiligen-Geist-Hospital zu bauen (Abb. 5.50, 4). Dies geschieht zum Teil gleichzeitig mit Baulandgewinnung und Hafenerweiterung. Das gemeinsame Hinauswachsen der Siedlung aus den von R. Hammel rekonstruierten Grenzen der *civitas* unterstreicht den enormen Bedarf an Baugrund zwischen dem Ende des 12. und der Mitte des 13. Jahrhunderts sowie die stürmische Entwicklung der Stadt aufgrund der von E. Hoffmann besonders betonten Übernahme der Funktion Schleswigs im Ostseehandel durch Lübeck in diesem Zeitraum.

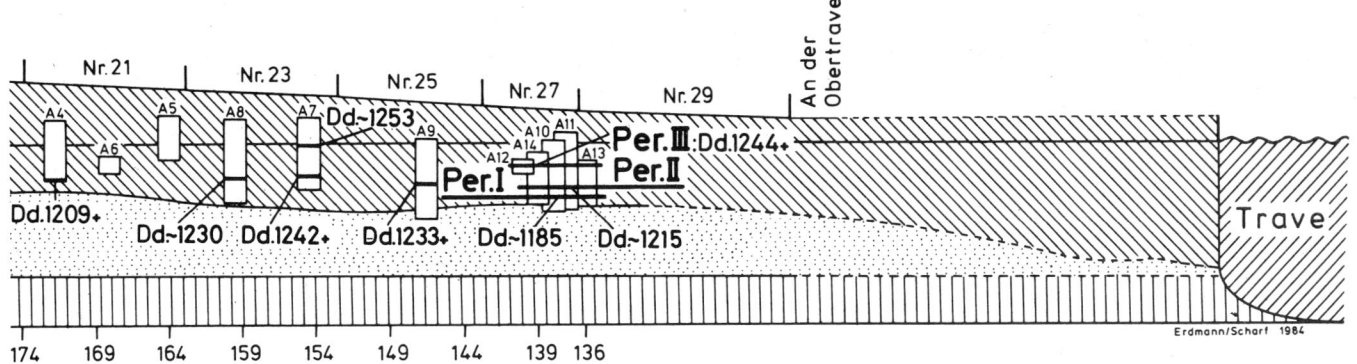

unter Angabe der Grabungsschächte 1–14 (nach Erdmann 1985), M. 1:500

Die rasche Erweiterung der Stadt macht auch verständlich, daß Einrichtungen, die in anderen Städten weniger schnellen Wachstums an deren Peripherie liegen – etwa die Franziskanerklöster oder die Hospitäler – in Lübeck alsbald in der damaligen Stadtmitte zu finden waren. Ursprünglich lagen sie auch hier am Rande: das Spital auf bischöflichem Grund auf der Grenze zwischen Stadt und Immunität des Domstiftes (Abb. 5.34), das Barfüßerkloster St. Katharinen an der nördlichen Grenze der *civitas* (Abb. 5.7 u. 6).

Wenden wir uns dem «inneren» Auf- und Ausbau der Stadt in unserem Zeitraum zu, so muß vor allem über die Grundstücksentwicklung gesprochen werden, aber auch über die Häuser, die auf diesen Grundstücken stehen, deren Typen und Bauweisen.

Es war schon die Rede davon, daß die wenigen ergrabenen Gebäude des ausgehenden 12. Jahrhunderts seit den 1170/80er Jahren offenbar auf Großgrundstücken errichtet worden waren, diese also nutzungsteilig konzipiert sein könnten. Damit entsprächen sie der Baustruktur anderer Städte des hohen Mittelalters und vor allem jenen im Altreich, etwa im Herzogtum Sachsen (einschließlich Westfalen) und den Rheinlanden. Anfänglich waren diese Gebäude in Lübeck, soweit wir über ergrabene Befunde diese Häuser kennen, gänzlich in Holz oder in Fachwerktechnik errichtet; es handelt sich um Einraumhäuser wie auch Hallenbauten. An dieser Stelle können die ergrabenen Befunde nicht vollständig besprochen werden. Daher sei auf die oben geschilderten Holzhäuser verwiesen. Sie mögen für die übrigen stehen, die über die unten angegebene Literatur erschließbar sind.

Wann Backstein als Baumaterial in Lübeck eingeführt wurde und dann zunehmend das Stadtbild prägte, ist trotz intensiver Forschung noch offen; denn es haben sich zu wenige beurteilbare Bauten erhalten oder auch ergraben lassen, die wir hinreichend präzise datieren können. Etwa seit der Mitte des 12. Jahrhunderts fand der Backstein jedenfalls im niederdeutschen Sprachraum und in Südskandinavien weitere Verbreitung. In Lübeck ist er erstmals mit dem Neubau des Domes in den 70er Jahren des 12. Jahrhunderts nachweisbar. Wir dürfen daher davon ausgehen, daß mit den ersten Großbauten der Kirchen das neue Baumaterial auch für die Profanarchitektur zur Verfügung stand, so etwa für die erste Stadtmauer unter dem Hause Alfstraße 38. So muß grundsätzlich damit gerechnet werden, daß Backstein seit der Zweitgründung Lübecks 1158/59 hier Verwendung fand. Woher man allerdings die Fertigkeiten einer Backsteinproduktion und die materialspezifische Bauweise nach Lübeck übertrug, ist noch ungeklärt: Einerseits haben manche Bau- und Dekorationstechniken ihre engsten Parallelen in Oberitalien. Andererseits gibt es im Westen – etwa am Niederrhein und in den Niederlanden – eine Bautradition mit ‹klosterformatigen› Steinen aus Lavatuff, dann später auch eine Tuff-Backstein-Mischtechnik. Möglicherweise haben Einwanderer von dort eine entsprechende Kenntnis nach Lübeck mitgebracht.

Zunehmend breitet sich in Lübeck die Verwendung des Backsteins aus; schon im ersten Drittel des 13. Jahrhunderts ist er für viele Bauten nachweisbar, eben in jener Phase stürmischer Expansion des Stadtgebietes und der damit verbundenen Bauhausse. Sicherlich war es notwendig, benötigte Backsteinmengen auch nach Lübeck zu importieren; bislang läßt sich diese Annahme kaum belegen, weil die nötigen schwierigen Untersuchungen von Backsteinmaterial und Tonlagerstätten noch nicht finanzierbar sind. Aus so früher Zeit stehen auch geeignete Schriftquellen nicht zur Verfügung. Zunehmendes Bauen in Backstein verdrängt zwar Holz als dominierenden Werkstoff; dieser lebt aber in Nebengebäuden wie Ställen, Schuppen und sicherlich auch «Buden» weiter. Auch der Fachwerkbau wird weiterhin gepflegt und ist in der Tat – oftmals übersehen – ein wesentlicher Bestandteil des Lübecker Stadtbildes noch in Spätmittelalter und Früher Neuzeit.

Entsprechend den unterschiedlichen Baumaterialien Holz und Backstein standen jeweils auch unterschiedliche Haustypen einander gegenüber. Zu Beginn der Entwicklung war dies ein recht breites Spektrum, welches sich dann, verstärkt seit der zweiten Hälfte des 13. Jahrhunderts, einengt und so das schon immer festgestellte relativ einheitliche Stadtbild Lübecks er-

23

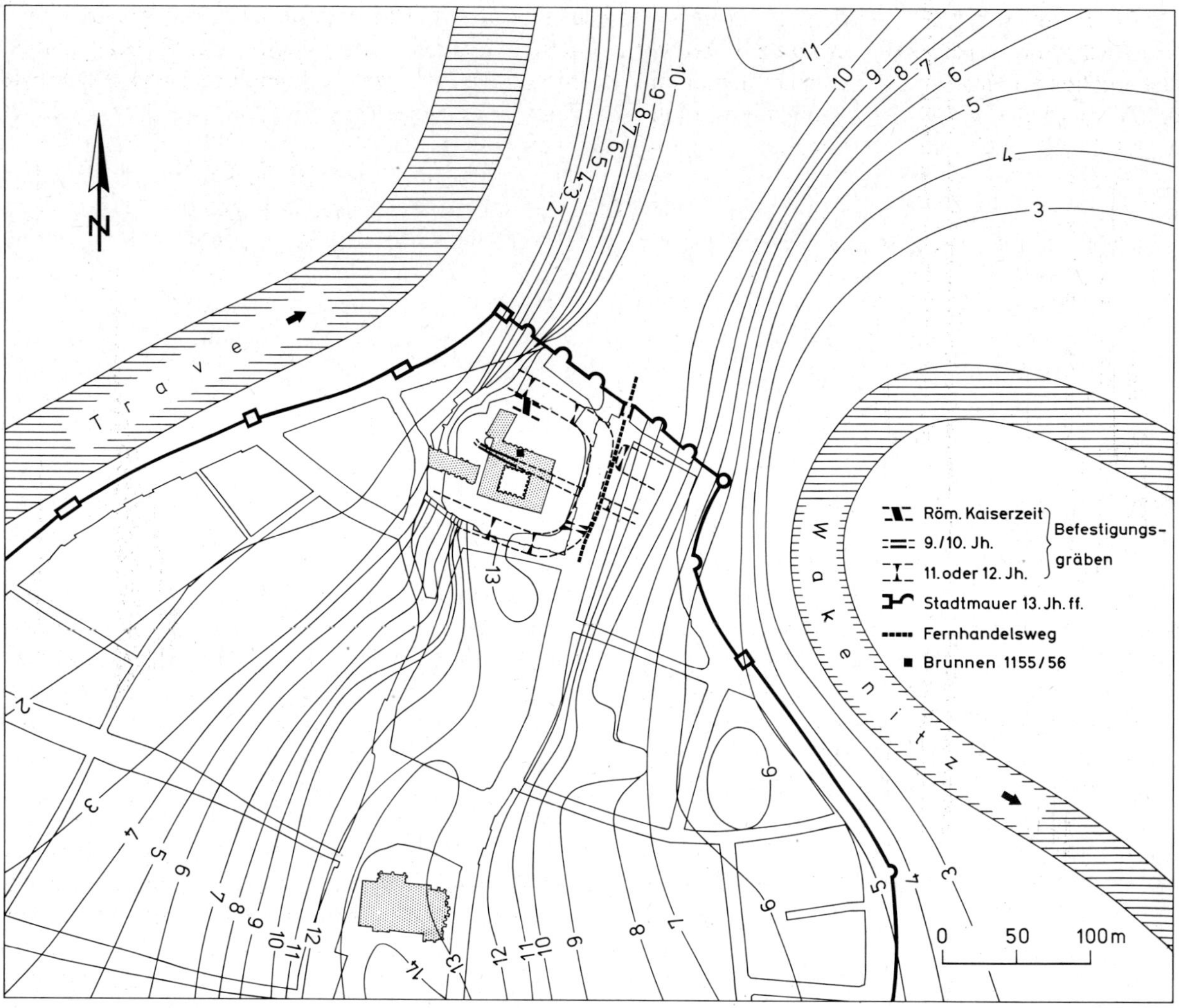

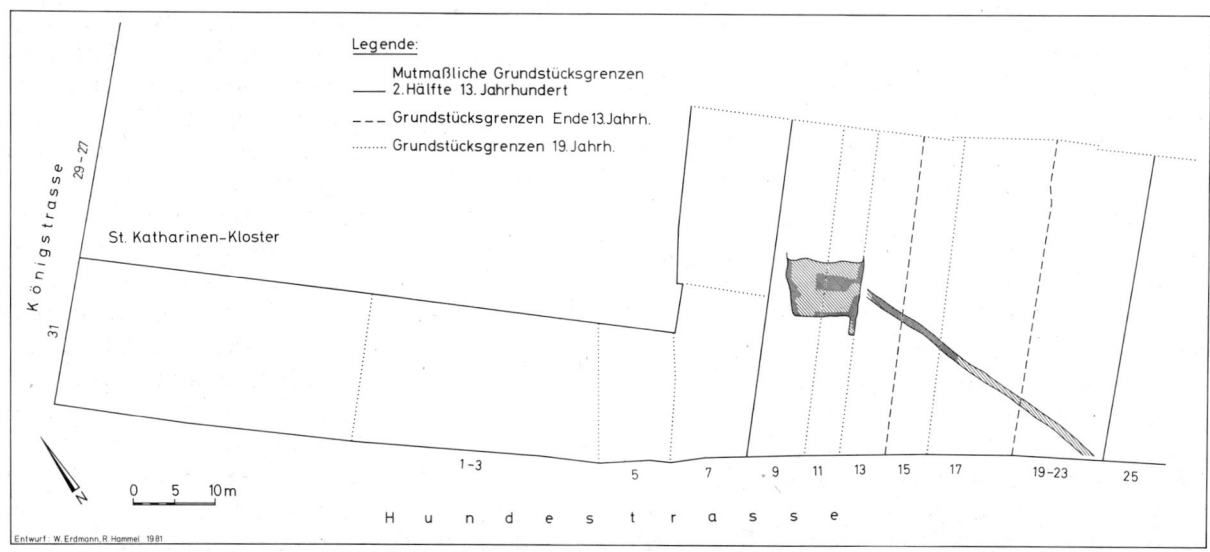

Trave
Wakenitz
Röm. Kaiserzeit
9./10. Jh.
11. oder 12. Jh.
Befestigungs-
gräben
Stadtmauer 13. Jh. ff.
Fernhandelsweg
Brunnen 1155/56
0 50 100m
N

12 Lübeck, Nordteil des Stadthügels mit Rekonstruktion von Landenge und Flußläufen für die Zeit vor 1300 mit Befestigungsanlagen im Bereich des ehemaligen Burgklosters (nach Fehring 1982), M. 1 : 5000

Legende:
Mutmaßliche Grundstücksgrenzen 2. Hälfte 13. Jahrhundert
Grundstücksgrenzen Ende 13. Jahrh.
Grundstücksgrenzen 19. Jahrh.
Königstrasse
29-27
31
St. Katharinen-Kloster
1-3
5
7
9
11
13
15
17
19-23
25
Hundestrasse
0 5 10m
N
Entwurf: W. Erdmann, R. Hammel 1981

13 Lübeck, Königstraße 27–31 und Hundestraße 1–25, diachronisches Schema der Grundstücksgrenzen und älteste Siedlungsbefunde nach Einträgen im Lübecker Oberstadtbuch und archäologischen Grabungen (Erdmann/Hammel nach Erdmann 1984), M. ca. 1:1000

gibt. Diese Entwicklung des Steinbaues – in Lübeck eben in Backstein ausgeführt – wird anhand einiger Beispiele näher erläutert. Dabei ist nicht nur darauf zu achten, wie sich etwa die Notwendigkeit, die Bauten heizen zu können, verändert, sondern der ganze Haustyp, der vor allem von seiner Nutzung bestimmt ist und der gestellten Bauaufgabe entspricht.

Wir haben schon mehrfach betont, daß sich aus den Gründungsjahrzehnten bisher noch keine Gebäude archäologisch haben nachweisen lassen. Gleiches gilt noch für das dritte Viertel des 12. Jahrhunderts. Die ältesten ergrabenen Holzhäuser sind in das letzte Viertel dieses Jahrhunderts zu setzen; sie wurden oben erwähnt. Das bisher älteste profane Backsteingebäude ist wohnturmartig und wurde auf dem Gelände des Johannisklosters ergraben (Abb. 5.17); M. Gläser datiert es in den Zeitraum um 1200. Derartige ‹Kemenaten› oder ‹Steinwerke› sind über quadratischem oder leicht längsrechteckigem Grundriß zumindest zweigeschossige Gebäude, die in der Regel auch einen Halbkeller besitzen. Sie stehen selten, wie ihr benanntes ältestes Beispiel, direkt an der Straße, sondern abgerückt von dieser Front in der Grundstückstiefe. Um sie herum müssen wir uns – bisher nur ansatzweise ergrabene – Nebengebäude vorstellen, Ställe und Speicher, zumeist Holz- oder auch Fachwerkgebäude. Eine derartige Hofbebauung sei mit dem Beispiel Kapitelstraße 5, Periode II aus der Mitte des 13. Jahrhunderts illustriert (Abb. 20). Die Kemenaten besaßen offensichtlich Heizmöglichkeiten, wie dies mit dem besonders gut erhaltenen, von G. P. Fehring im Heiligen-Geist-Hospital nachgewiesenen Wohnturm mit seinen Eckkaminen der Fall ist (Abb. 18). Derartige Kemenaten dienten demnach überwiegend Wohnfunktionen und nur untergeordnet Speicher- und Handelszwecken.

Daneben finden sich in der Stadt Großhäuser über längsrechteckigem Grundriß (Abb. 7, Nr. 38), die bevorzugt in hervorgehobenen Ecksituationen oder an Plätzen stehen, aber auch in Straßenzeilen – dann traufständig – vorkommen. Es sind dies die sogenannten Saalgeschoßhäuser, die durch ihre zwei voll ausgebauten Geschosse charakterisiert sind (Abb. 16). Sie zeigen in Lübeck oft ein hallenartig überhöhtes Erdgeschoß und folgen damit westeuropäischen Vorbildern. In Hangsituationen weisen sie häufig großräumige Keller auf, die dann ebenerdig zugänglich sind. Die Keller wurden als ‹Kaufkeller› genutzt, so daß dieser Haustyp zu Recht in den Quellen als das ‹Haus des steinreichen Mannes›, eben als Haus des wohlhabenden Fernkaufmanns, angesehen wurde. Überdies nutzte man ihn für öffentliche Bauten, etwa für Tuchhalle und Rathaus oder die kaiserliche Vogtei (Abb. 19). Saalgeschoßhäuser leiten sich aus den bischöflichen Palatien und Kurien der Domstifte ebenso her wie von den Palastbauten der Burgen. Entsprechend dieser Genese waren sie nicht nur im Erdgeschoß, sondern auch auf allen anderen Ebenen heiz-

bar, zumeist mit muldenförmig in die Wände eingetieften Kaminen, zeigen vielfach zusätzliche Eckkamine oder auch weitere komplexe Heizsysteme wie Warmluftheizungen oder Steinkammeröfen. Darüber hinaus muß zur Erwärmung des stark aufgefensterten Baues mit transportablen Feuerpfannen und -töpfen gerechnet werden; gekocht wurde an den Kaminen. Neben dem Kaufkeller standen im Dachbereich weitere Speicherkapazitäten zur Verfügung. Die bisher ältesten bekannten Häuser dieses Bautyps datieren in das erste Viertel des 13. Jahrhunderts (Abb. 7 u. 16).

Genetisch haben beide Haustypen unterschiedliche Wurzeln und kommen auch phasenverschoben auf. Ihr beider Auftreten in Lübeck liegt aber zeitlich so spät, daß dies hier im Übertragungsgebiet für die Ausprägung und Datierung der Typen keinerlei Rolle mehr zu spielen scheint. Sie kommen nämlich gleichzeitig vor, dürften sich aber auf ein und demselben Grundstück ausschließen. Für das 14. Jahrhundert ist kein Neubau eines der beiden Haustypen belegt, im Gegenteil. Man baut sie gelegentlich zu einem anderen Haustyp um (Abb. 19) oder bricht das alte Gebäude ab, um über den Resten ebenfalls einen neuen Haustyp, dann aber als Neubau zu errichten (Abb. 20 u. 21).

Dieser neue Steinhaustyp, das Dielenhaus (Abb. 7, Nr. 36 sowie 17 u. 21), wurde vor allem seit der Mitte des 13. Jahrhunderts auf inzwischen geteilten und daher schmaleren Parzellen gebaut. Dabei stand Traufe an Traufe; vielfach wurden die Traufwände von beiden Grundstücksbesitzern gemeinsam hochgezogen und jeweils für ihre Häuser genutzt. Das Dielenhaus ist ein neuer Steinhaustyp, der sich allerdings aus älteren entwickelt hat, so vor allem aus dem Saalgeschoßhaus mit dem hohen Erdgeschoß sowie hölzernen oder fachwerkernen Hochständerbauten. Ferner sind Einflüsse sowohl aus dem Ostseebereich – vor allem wohl Gotland – als auch Westeuropa anzunehmen.

Das Dielenhaus ist durch sein überhohes Erdgeschoß, eben die namengebende Diele, charakterisiert (Abb. 17). Darüber befindet sich, wenn nicht gar gleich das Dachwerk, ein niedrigeres Obergeschoß, der Unterboden. Dieser diente, wie auch die nach oben folgenden ausgebretterten Kehlbalkenlagen unter hohem, spitzwinkligem Dach, vorrangig dem Speichern von Waren, zumeist Massengütern wie Getreide. In die Diele ist in der Regel in Backstein oder Fachwerk die ‹Dornse› eingestellt, ein an der Straßenfront abgeteilter, von außen heizbarer Raum, der als «Kontor» dient. Dahinter, an der gleichen Traufwand, wird der Kamin plaziert, nicht nur zum Kochen, sondern sein ebenerdiges Feuer stellt zugleich auch die einzige Wärmequelle für die hohe, hallenartige Diele dar. Diese, ihrer außergewöhnlichen Höhe wegen ein ‹unpraktischer› Raum, wird in Spätmittelalter und Früher Neuzeit, nachdem auch die meisten Gebäude dieser Art keine Rauchhäuser mehr waren, sondern rauchabziehende Schlote besaßen, stärker genutzt,

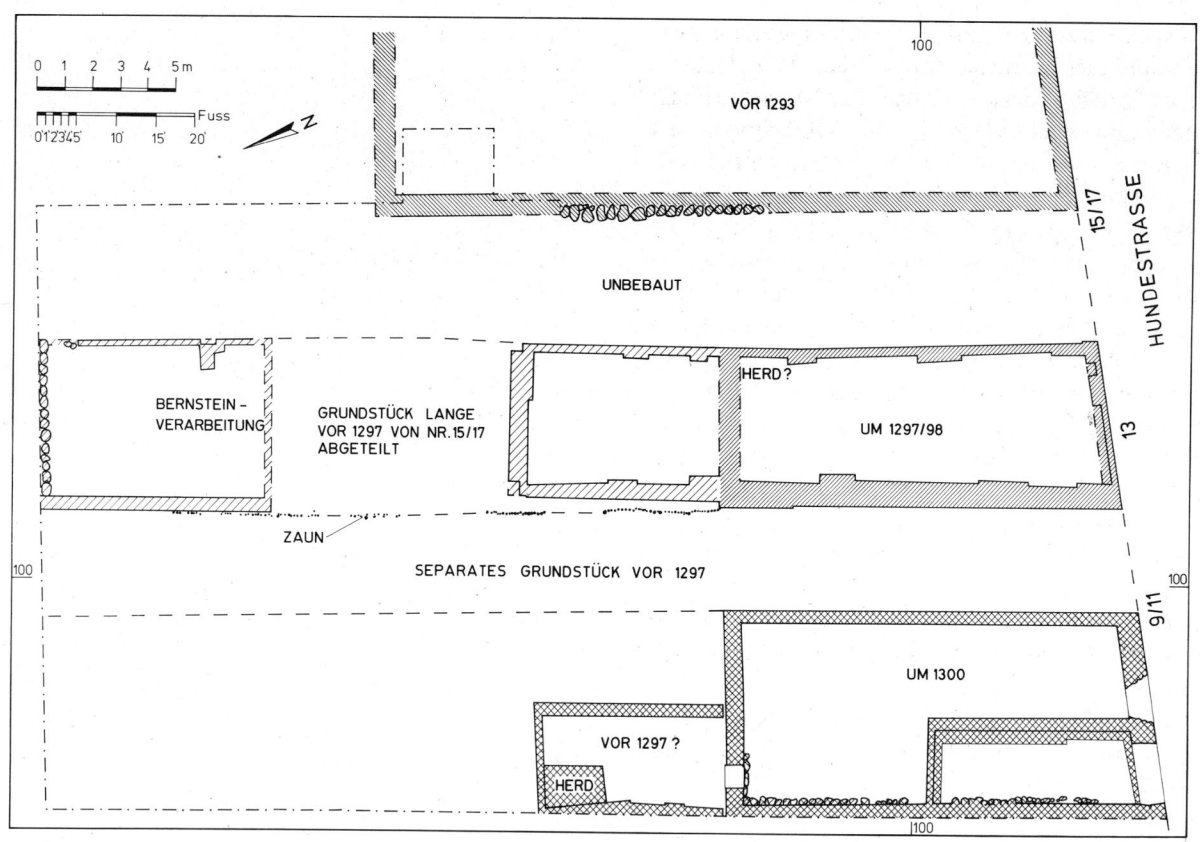

14 Lübeck, Hundestraße 9–17, Rekonstruktion Bauphase II/III, Mitte und 2. Hälfte
13. Jahrhundert (Erdmann/Mührenberg/de Palacios nach Erdmann 1984), M. 1:275

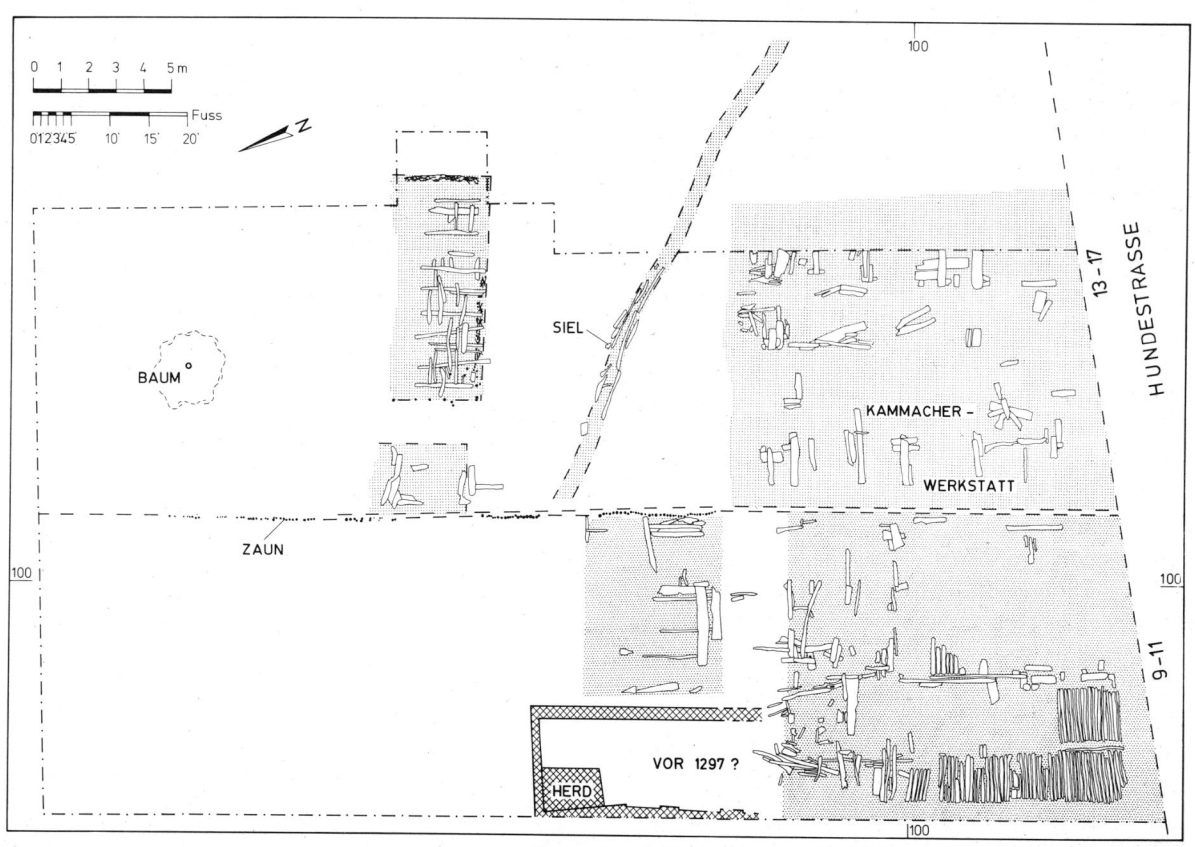

15 Lübeck, Hundestraße 9–17, Rekonstruktion Bauphase IV, vor und um 1300
(Erdmann/Mührenberg/de Palacios nach Erdmann 1984), M. 1:275

indem sogenannte Hangelkammern eingezogen werden. Es sind dies hölzerne Räume, die an der Dielendecke ‹aufgehängt› waren – daher der Name. Damals wurden dann auch verstärkt die Unterböden als Wohnräume umgenutzt oder bei Neubauten sogleich mit aufgeführt. Das Dielen- oder Hallenhaus war ein Wohnspeicherbau und diente, einschließlich seiner Kellerräume, überwiegend händlerischen oder gewerblichen Zwecken, weniger als Wohnhaus. Erst in Spätmittelalter und Früher Neuzeit verschieben sich leicht die Nutzungen zugunsten des Wohnens.

Die eigentlichen Wohnräume befinden sich in einem hofwärtigen Flügelbau. Er setzt die Tradition der Kemenaten und Steinwerke fort, indem er mehrgeschossig ist, oft einen Keller aufweist und beheizt werden kann. Wir kennen ihn direkt an das Vorderhaus angebaut (Abb. 7, Nr. 36 u. 19) oder noch freistehend (Abb. 21). Im Spätmittelalter ist er stets mit dem Vorderhaus verbunden, und seine zu diesem niveauunterschiedlichen Geschoßebenen sind über eine Treppe verbunden.

Mit dem Aufkommen der Dielenhäuser ist zugleich eine größere Häuserdichte verbunden, stehen sie doch giebelständig auf schmaleren Grundstücken als bisher, nämlich auf nun geteilten Großgrundstücken. Zugleich bietet dieser Haustyp wegen seiner Eigenart grundsätzlich mehr Speicherkapazität. Damit wird insgesamt in der Stadt die Kapazität an Lagerraum für Handelsgüter in der zweiten Hälfte des 13. und der ersten Hälfte des 14. Jahrhunderts ständig, ja sprunghaft gesteigert. Dies ist aber auch eine Veränderung der Qualität von Speichermöglichkeiten. Daneben gab es dann zusätzliche Speicherbauten für Massengüter wie Getreide und Salz. Dabei war es durchaus möglich, Dielenhäuser gänzlich als Speicher zu nutzen oder Speicherbauten anderen Zwecken zuzuführen. Das Aufkommen der Dielenhäuser ist sicherlich nicht als der Wandel vom Romanischen zum Gotischen hin zu werten, sondern dürfte als eine Veränderung der Bauaufgabe angesehen werden. Inzwischen war nämlich – wie E. Hoffmann ausgeführt hat – die Funktion Schleswigs im Ostseehandel auf Lübeck übergegangen. Überdies verlor die Insel Gotland mit der Stadt Visby an Bedeutung, da auch deren ursprüngliche Rolle im Handelssystem bis zum Ende des 13. Jahrhunderts an Lübeck gefallen war. Diese Stadt wurde zum Zentrum des gesamteuropäischen Osthandels, zugleich bei veränderter Handelstechnik, die von Schriftlichkeit geprägt war und in Lübeck selbst erheblich erweiterte Speicherkapazitäten voraussetzte. So war die Einführung des Dielenhauses einerseits Folge der vermehrten Handels- und Hafentätigkeit, andererseits zugleich ihre Voraussetzung. Dabei darf nicht übersehen werden, daß auch rechtliche Veränderungen bezüglich der Kapitalisierung von Grund und Boden zu den beobachteten Grundstücksteilungen geführt haben und damit auch zwangsläufig zu einer anderen Bauweise überleiteten, welche die bis-

16 Lübeck, Proportionsschema eines Saalgeschoßhauses (»Löwenapotheke«), Johannisstr. 13, um 1230; Hintergiebel bestand, Staffelgiebel freie Rekonstruktion (nach Erdmann 1983), M. 1 : 200

17 Lübeck, Proportionsschema eines Dielenhauses (Königstraße 30, Ende 13. Jh., Untergeschoß im 18. Jh. verändert) (nach Erdmann 1983), M. 1 : 200

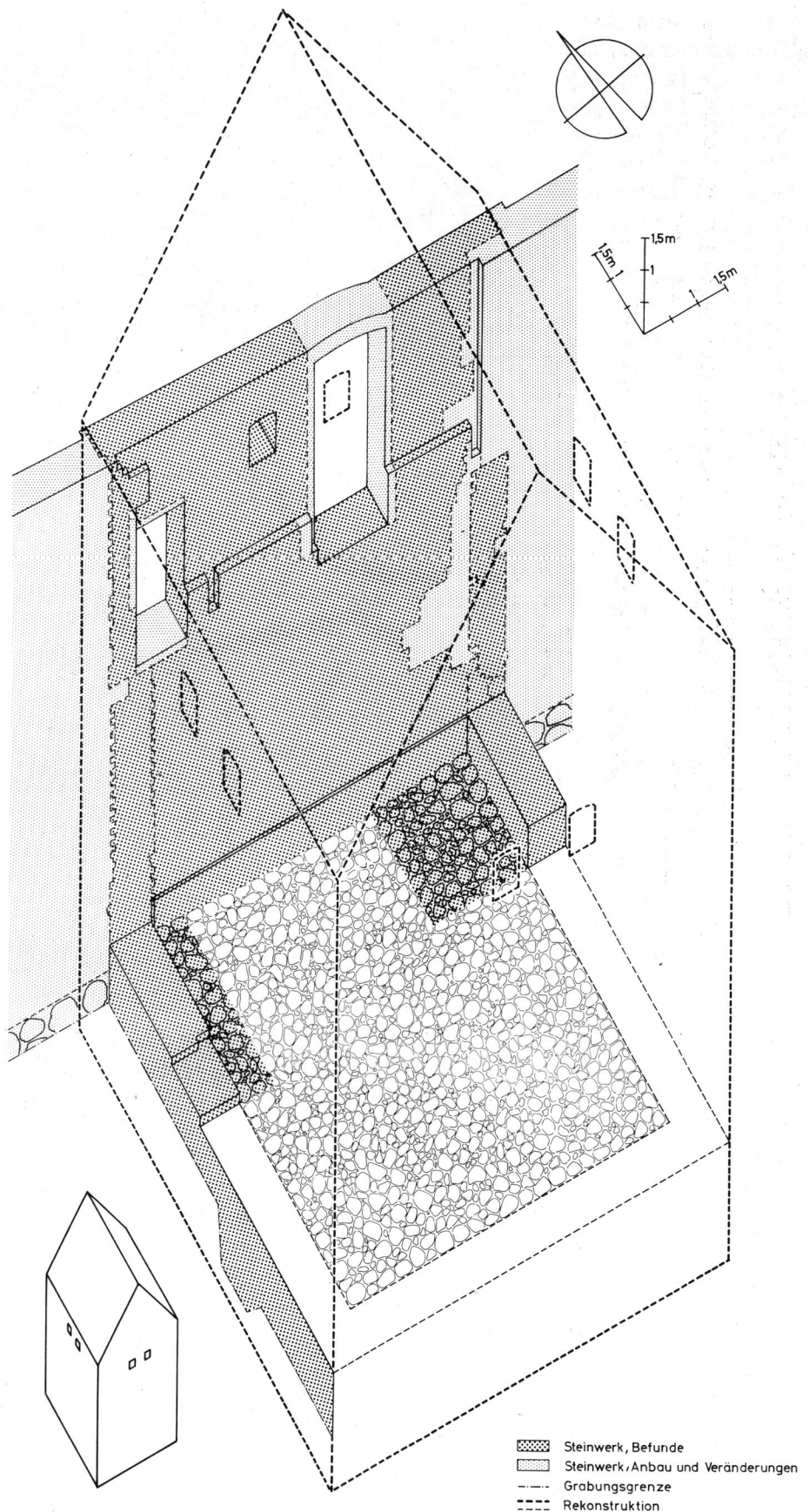

18 Lübeck, Große Gröpelgrube, Kemenate des Heiligen-Geist-Hospitales, um 1280/90,
    isometrische Rekonstruktion (nach Fehring 1980), M. ca. 1:100

Legend:
- Steinwerk, Befunde
- Steinwerk, Anbau und Veränderungen
- Grabungsgrenze
- Rekonstruktion

herige nutzungsteilige Architektur in einem Bau, eben dem Dielenhaus mit Flügel, zusammenzog. Daß hierbei der typologischen Änderung ein ganz besonderer Rang zukommt, belegen Umbauten wie derjenige des Hauses Koberg 2 (Abb. 19), wo ein Saalgeschoßbau in aufwendiger Form zunächst um einen Wohnflügel erweitert wird, ehe man ihn selbst unter Verschwenken der Firstlinie zu einem Doppel-Dielenhaus umbaut.

Für diese Wandlungen scheinen auch die Bauvorgänge auf dem Grundstück Kapitelstraße 5 exemplarisch: Die hofartige Bebauung mit einer Kemenate und Nebengebäuden muß um 1330 einem Dielenhaus mit in diesem Fall freistehendem Flügelbau weichen. Das ehemals größere Grundstück war zwischenzeitlich auch geteilt worden. Dieser Teilungsvorgang ist anhand einer Hausfolge in der Hundestraße 9–17, wo – selten genug – grundstücksübergreifend hat gegraben werden können, archäologisch relativ gut faßbar (Abb. 13). Hier läßt sich auch der langsame Wandel von der Holz- und Fachwerkarchitektur zu einer gemischten Bauweise und schließlich zur Backsteinarchitektur ebenso verfolgen wie die sich stets weiter verkleinernden Parzellen und deren Überbauung mit unterschiedlich großen Dielen- und Einraumhäusern; letzte Baulücken in der geschlossenen Häuserzeile giebelständiger Backsteinbauten werden hier erst im 17. Jahrhundert überbaut (Abb. 14–15); dargestellt ist dies an einem Plansatz, der sich durch die Grabungswertungen von D. Mührenberg im Detail noch verändern wird. Auch liegen zwischenzeitlich präzisierende dendrochronologische Daten vor, die hier nicht mehr eingearbeitet werden konnten.

Der stadtlübische Hausbau wäre unzureichend be-

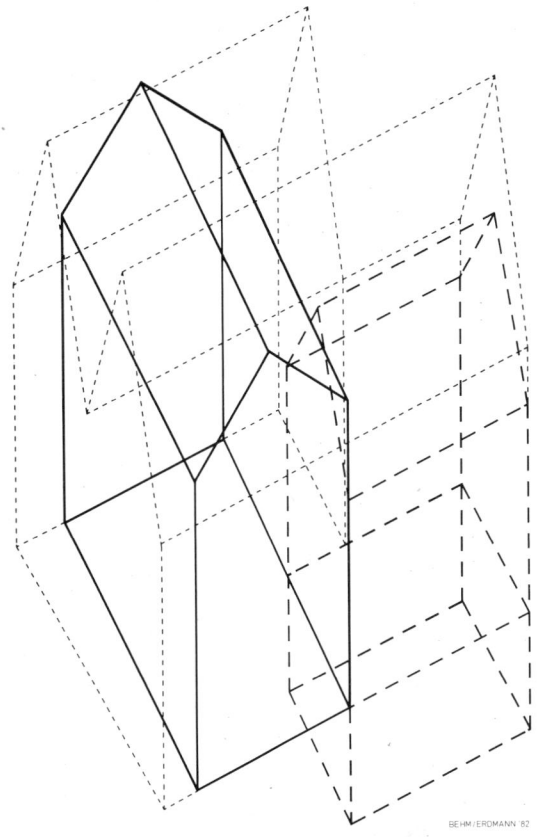

LEGENDE :
——— STAUFISCHES SAALGESCHOSSHAUS (TRAUFENHAUS), UM 1230
— — — KEMENATE MIT KAUFKELLER, UM 1300
- - - - GOTISCHES DOPPELGIEBEL - HALLENHAUS, UM 1315

19 Lübeck, Koberg 2, isometrische Baumassen-Rekonstruktionsskizze der Bauentwicklung im 13. Jh., Blick von Nordost (links: Koberg, rechts: Hintergelände Koberg 2) (nach Erdmann 1983), ohne Maßstab

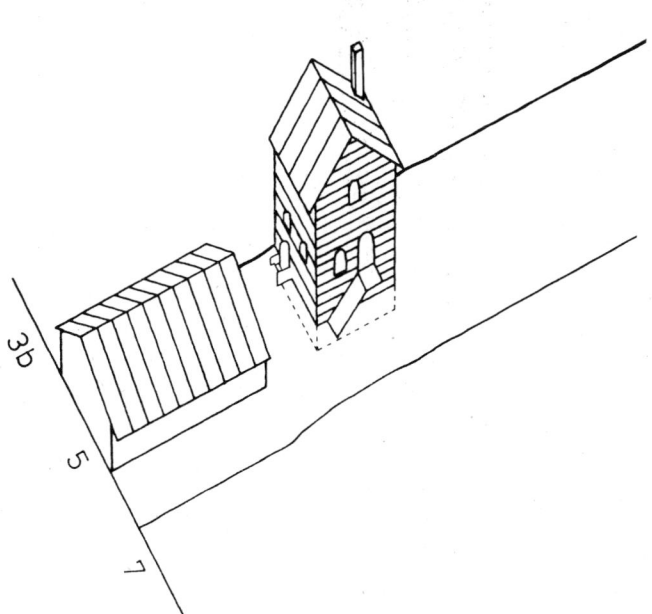

20 Lübeck, Kapitelstraße 5, Rekonstruktionsversuch Periode II, Mitte 13. Jh. (nach Erdmann 1983), ohne Maßstab

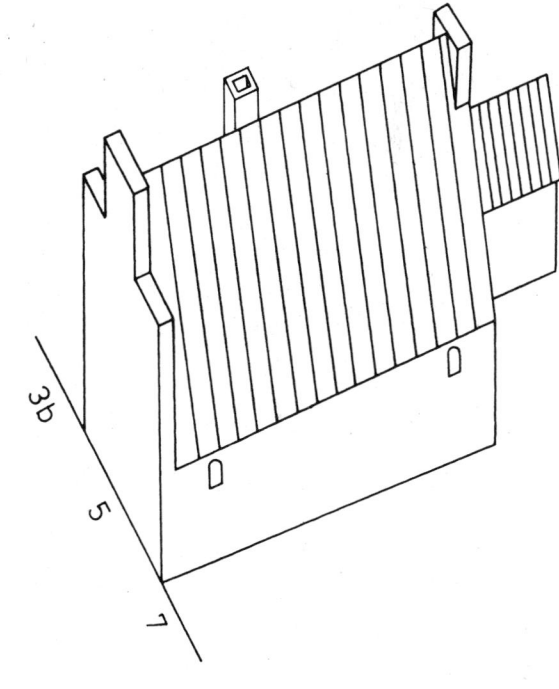

21 Lübeck, Kapitelstraße 5, isometrischer Rekonstruktionsversuch Bauperiode III, um 1330 (nach Erdmann 1983), ohne Maßstab

schrieben, wenn nicht auf die ‹Kleinhäuser› hingewiesen würde. Solche sind aus dem 13. und frühen 14. Jahrhundert archäologisch etwa auf dem Schrangen oder in der Hundestraße erfaßt worden (Abb. 15). Es sind Einraumhäuser mit teilweise vorhandener Querteilung und kleinformatige Dielenhäuser. Ferner gibt es im 13. Jahrhundert bereits «Buden», ein- oder zweigeschossige Traufenhäuser, von denen allerdings kein älteres ergraben werden konnte. Es haben sich aber backsteinerne Buden des 14. Jahrhunderts erhalten. Diese und die oben beschriebenen Flügelbauten sind dann im Spätmittelalter Ausgangspunkt dafür, Hintergrundstücke und Blockbinnenbereiche durch Zeilen zweigeschossiger Einraumhäuser zu bebauen, eine Art ‹Reihenhausbau› zur Kapitalanlage. Solche Ganghäuser werden an die unteren, aber nicht als arm zu bezeichnenden Schichten – etwa an Handwerker, Schiffer, ‹Verlehnte› (Träger u. a.) – vermietet. Derartige Mietbauten, die sich auch entlang den Querstrassen in Nähe der betreffenden Arbeitsstätten ausbreiten, nehmen zwar im 15. Jahrhundert sprunghaft zu, sehen aber ihren Höhepunkt erst nach dem Mittelalter und sind in Lübeck bei weitem nicht so zahlreich wie etwa in Hamburg.

Doch kehren wir nochmals zur Traveseite des Lübekker Stadthügels, zu den beiden Flußhäfen zurück. Dort wurde die ältere Stadtmauer (Abb. 6–8) aus der Zeit um 1180 im ersten Drittel des 13. Jahrhunderts durch eine neue, weiter westlich, nahe dem Flußufer verlaufende ersetzt; das genaue Baudatum ist noch nicht bekannt, wird sich aber in laufenden Grabungen bald ermitteln lassen. Die neue Stadtmauer, auf allen älteren Stadtplänen eingezeichnet und erst im 19. Jahrhundert gänzlich beseitigt, schied den engeren Hafen- und Uferbereich von einer hafenparallel verlaufenden Straße. In diese münden in etwa rechtwinklig die Straßen vom Stadthügel her ein. Neben den Stadttoren gab es am Hafen einzelne kleinere Pforten durch die Stadtmauer. Bis ins 19. Jahrhundert wurden die aus den Schiffen gelöschten Waren von Trägern durch diese Pforten in die Stadt hineingetragen, die Straßen und Gruben hügelaufwärts, um dann in den Wohnspeicherhäusern gelagert oder verkauft werden zu können. Diese (oder auch dahinter liegende Speicherbauten) wurden also von der Straße her beschickt und die Waren im Gebäudeinneren, von der Diele aus, in die Speicherebenen hinaufgezogen. So war es bis zur Aufgabe der alten Bauformen im 19. Jahrhundert günstig, das Vorderhaus als Wohnspeicher nutzen zu können. Den gleichen Weg nahmen die zu verschiffenden Güter zurück in den Hafen. Für Getreide etwa gab es einzelne gesonderte Speichergebäude; sie lagen ebenfalls an den genannten Straßen, aber auch an der uferparallelen Straße hinter der Stadtmauer, jeweils in Mischlage zu anderen Häusern. Ein spezielles Speicherviertel gab es jedoch nicht, nimmt man die Salzspeicher vor der Holstenbrücke aus.

Versuchen wir, unsere Studie schlagwortartig zusammenzufassen, dann kann neben gesicherten Erkenntnissen vielfach nur eine rekonstruierende Vermutung stehen, da unsere Kenntnisse sowohl topographisch wie zeitlich allein punktuell sind. Dies entspricht der archäologischen Arbeitsweise in einer heutigen Großstadt. Weitere Auswertungen und neue Grabungen werden – sicherlich und hoffentlich – die hier skizzierte Entwicklung komplettieren, präzisieren und gelegentlich auch korrigieren. Als Arbeitshypothesen dürfen also festgehalten werden:

1. Der Lübecker Stadthügel ist seit dem 8./9. Jahrhundert von Slawen besiedelt; es sind mehrere – nutzungsteilige? – Siedlungskerne auszumachen, darunter eine Befestigung. Ein Travehafen wird vermutet. Er mag am westlich vorspringenden Geländesporn zu suchen sein.

2. Eine deutsch-slawische Siedlungskontinuität war bisher nicht zu erweisen, wird aber gerade für das angenommene Hafengebiet vermutet.

3. Während für die Stadtgründung von 1143 archäologisch bisher kein Befund hat beigebracht werden können – dies könnten nur neue Grabungen –, darf der welfenzeitliche Hafen zwischen Braun- und Mengstraße lokalisiert werden. Bereits unter Herzog Heinrich dem Löwen wird der Hafen dadurch erweitert, daß man in der Flußniederung eine weitere Hafenrandbebauung aufführt.

4. Nach dem Barbarossaprivileg (1181/1188) beginnt man, die Traveniederungen zur Baulandgewinnung anzuschütten und auch außerhalb der Stadtmauer im Überschwemmungsgebiet verstärkt zu bauen.

5. Die Geländeanschüttungen werden im ersten Drittel des 13. Jahrhunderts verstärkt fortgesetzt und im wesentlichen vor der Jahrhundertmitte abgeschlossen. Damit geht eine entscheidende Hafenerweiterung einher. Zugleich expandiert die Stadt auch auf den übrigen ihr zur Verfügung stehenden Flächen und erweitert sich ‹neustadtartig›. Noch getrennte Siedlungsteile wachsen endgültig zusammen.

6. Hafen- und Stadterweiterung gehen parallel mit der Ausbildung einer prägnanten Rechts- und Verfassungstopographie, der ersten Ausformulierung des ‹Lübischen Rechtes›, der Durchstrukturierung der Stadt mit öffentlichen Gebäuden und kirchlichen Großbauten, dem Beginn der Ratsherrschaft und dem Betreiben der Reichsunmittelbarkeit. Diese Hafen- und Stadterweiterung ist – nach den beiden Gründungsphasen und einer zunächst nicht so sprunghaft verlaufenden Entwicklung – der entscheidende Ausbau der Stadt, entsprechend der neuen Rolle im Handelssystem zwischen West- und Osteuropa.

7. Zur gleichen Zeit wird der Wechsel vom überwiegenden Baumaterial Holz zum nun vorherrschenden Werkstoff Backstein vorgenommen. Die Haustypen entsprechen noch denjenigen im Altreich; es

sind Kemenate und Saalgeschoßhaus. Sie werden zusammen mit hölzernen Nebengebäuden auf Großgrundstücken errichtet, die als hofartig bebaut zu charakterisieren sind.

8. Seit der Mitte des 13. Jahrhunderts werden die älteren Haustypen zunehmend durch das giebelständig errichtete Dielenhaus abgelöst, dessen Breite der Parzellenbreite entspricht – eine Folge auch von Grundstücksteilungen. Das Wohnspeicherhaus mit Flügelbau zieht die früheren Funktionen einer funktionsteiligen Architektur auf einem Großgrundstück «unter einem Dach» zusammen und vermehrt die Speichermöglichkeiten ganz wesentlich durch eine andere Innenteilung sowie die erhöhte Bebauungsdichte in der Stadt.

9. Das Aufkommen des backsteinernen Dielenhauses ist Voraussetzung wie Folge des enormen Aufschwunges des lübeckischen Handels. Nach topographischer Expansion, Hafenerweiterung auf nahezu das gesamte Traveufer, stellt dieser hausmorphologische Wandel eine ‹stadtinnere› Kapazitätserweiterung von Verkaufs- und Lagerflächen dar; es ist dies der zweite entscheidende Ausbau der Stadt.

Anmerkung und Literaturhinweise

Die vorliegenden zusammenfassenden Gedanken zur Entwicklung Lübecks im 12. und 13. Jahrhundert beruhen auf einem Referat, das am 3. Febr. 1984 auf der in diesem Bande veröffentlichten Tagung vorgetragen wurde. Zum Druck ist es völlig umgearbeitet und auf neuen Erkenntnisstand gebracht worden, denn fortgesetzte Grabungstätigkeit und Grabungsauswertungen Lübecker Grabungen sowie Bauuntersuchungen verändern die Befundlage und deren Interpretation laufend.

Die hier skizzierte Entwicklung Lübecks fußt auf Forschungsarbeiten, die der Sonderforschungsbereich 17 der Universität Kiel, Projekt A 6 («Archäologische und baugeschichtliche Untersuchungen zur Hansestadt Lübeck») gemeinsam mit dem Amt für Vor- und Frühgeschichte (Bodendenkmalpflege) der Hansestadt Lübeck unter der Projektleitung von Prof. Dr. G. P. Fehring von 1974 bis 1983 durchführte und die seitdem als Einzelprojekt seitens der Deutschen Forschungsgemeinschaft gefördert werden.

Der Versuch, die laufenden Grabungen, Bauuntersuchungen und deren Auswertung auf dem jeweiligen Erkenntnisstand zusammenzufassen, wurde vom Verf. mehrfach unternommen, nämlich in Vorträgen am 27.10.1982 im Institut für vergleichende Städtegeschichte in Münster/Westf., 18.5.1983 im Hamburger Völkerkundemuseum (vorbereitet, ausgefallen wegen Krankheit), 24.9.1983 im Bryggens Museum, Bergen (N), 20.12.1984 im Institut für Anthropologie der Universität Göttingen sowie am 31.11.1985 in der Patriotischen Gesellschaft in Hamburg. Überwiegend bleiben diese Vorträge ungedruckt; deren Hauptergebnisse wurden aber in die vorliegende Studie übernommen.

Um bei der Vielzahl genannter Befunde Anmerkungen und Hinweise nicht ausufern zu lassen, wurde auf Quellen- und Literaturzitate im Text verzichtet. Stattdessen ist ein etwas ausführlicherer bibliographischer Anhang beigegeben, über den sich der Leser die Befundvorlagen und -interpretationen sowie die ältere Literatur erschließen kann. Verf. hat sich bemüht, die jüngsten Arbeiten zum Thema möglichst vollständig zu erfassen.

Die ältere Literatur wird durch mehrere Bibliographien erschlossen:
Gerhard Meyer und Antjekathrin Graßmann, Lübeck-Schrifttum 1900–1975, hrsg. von der Stadtbibliothek Lübeck, München 1976.

Gerhard Meyer, Antjekathrin Graßmann und Ernst Zitzke, Systematisches Inhaltsverzeichnis und Register der Periodika und Einzelveröffentlichungen des Vereins für Lübeckische Geschichte und Altertumskunde 1855–1980, Lübeck 1980.
Werner Neugebauer, Wissenschaftliche Schriften 1930–1978. In: Lübecker Schriften zur Archäologie und Kulturgeschichte 1, 1978, S. 177–180.

Die Befunde und Funde jüngerer Grabungen sowie damit verbundener Bauuntersuchungen in der Hansestadt Lübeck seit 1973 sowie ferner Studien aus der Arbeit des Amtes für Vor- und Frühgeschichte (Bodendenkmalpflege) der Hansestadt Lübeck mit den an ihm eingerichteten Forschungsprojekten des Sonderforschungsbereiches 17 der Universität Kiel bzw. der Deutschen Forschungsgemeinschaft und der Stiftung Volkswagenwerk werden in einer Schriftenreihe kontinuierlich vorgelegt: Lübecker Schriften zur Archäologie und Kulturgeschichte Bd. 1–9, 1978–1984; Bd. 10, 1987, im Druck; Bd. 11, 1985, 12 und 13, 1986, in Vorbereitung. – Die Schriftenreihe wird fortgesetzt.

Die jüngeren Forschungen wurden auf dem jeweiligen Wissensstand populärwissenschaftlich-zusammenfassend dargestellt in:
Archäologie in Lübeck. Erkenntnisse von Archäologen und Bauforschung zur Geschichte und Vorgeschichte der Hansestadt Lübeck, Lübeck 1980 (Hefte zur Kunst und Kulturgeschichte der Hansestadt Lübeck 3).
Stadtkernarchäologie Lübecks. In: Die Heimat. Zeitschrift für Natur- und Landeskunde von Schleswig-Holstein und Hamburg 89, 1982, Heft 6/7, S. 181–254.
Günter P. Fehring (Hrsg.), Archäologische Karte der Hansestadt Lübeck, 2., erweiterte und überarbeitete Auflage (Stand 1.2.1985), Lübeck 1985.

Literaturauswahl zur obigen Darstellung (jeweils mit weiterführenden Literaturhinweisen):
Bernhard Am Ende, Studien zur Verfassungsgeschichte Lübecks im 12. und 13. Jahrhundert, Lübeck 1975 (= Veröffentlichungen zur Geschichte der Hansestadt Lübeck, Reihe B, Bd. 2).
Detlev Ellmers, Bodenfunde und andere Zeugnisse zur frühen Schiffahrt der Hansestadt Lübeck. Teil 1: Bauteile von Koggen. In: Lübecker Schriften zur Archäologie und Kultur-Geschichte 11, 1985, S. 155–162.
Wolfgang Erdmann, Fronerei und Fleischmarkt: Archäologische Befunde eines Platzes im Marktviertel des mittelalterlichen Lübeck (Vorbericht I). In: Lübecker Schriften zur Archäologie und Kulturgeschichte 3, 1980, S. 107–160.
Ders., Hochmittelalterliche Baulandgewinnung in Lübeck und das Problem der Lokalisierung beider Gründungssiedlungen: Erste Befunde aus den Gebieten Große Petersgrube und An der Untertrave. In: Ebenda 6, 1982, S. 7–31.
Ders., Entwicklungstendenzen des Lübecker Hausbaus 1100 bis um 1340 – eine Ideenskizze. In: Ebenda 7, 1983, S. 19–38.
Ders. (unter Mitarbeit von Doris Mührenberg und Michael de Palacios), Bau- und Besiedlungsgeschichte der Grundstücke Hundestraße 9–17 in Lübeck: Ein Zwischenbericht. In: Ebenda 8, 1984, S. 23–31.
Ders., Hochmittelalterliche Siedlungsgeschichte und Holzbauten unter dem Hause Große Petersgrube 27 in Lübeck (Grabung Große Petersgrube, Vorbericht II), mit einem Beitrag von Horst Willkomm. In: Ebenda 11, 1985, S. 89–116.
Ders., Archäologische Befunde zur Hafenerweiterung Heinrich des Löwen in Lübeck? In: ZLGA 65, 1985, S. 311–314.
Ders., Die Küche im Mittelalter. Archäologische und baugeschichtliche Gedanken zu Herd, Herdnutzung und Herdgerät. In: Die Lübecker Küche 1985 (Hefte zur Kunst und Kulturgeschichte der Hansestadt Lübeck 7), S. 9–51.
Ders., Das mittelalterliche Stadthaus. Bemerkungen zu Form und Funktion anhand Lübecker Beispiele. In: Bernd Herrmann (Hrsg.), Mensch und Umwelt im Mittelalter, Stuttgart 1986, S. 170–179.
Ders., Ein lübeckisches Fachwerkhaus um 1173. In: Archäologisches Korrespondenzblatt 16, 1986, Heft 3, S. 369–377.
Ders., Häusliche Feuerstellen des Mittelalters in Lübeck. Überlegungen zu ihrer Entwicklung und Funktion. In: Jahrbuch für Hausforschung 35, 1984/86, S. 67–92.
Alfred Falk, Archäologische Funde und Befunde des späten Mittelalters und der frühen Neuzeit aus Lübeck. Materialvorlage und Be-

arbeitung der Fundstellen Schüsselbuden 16/Fischstraße 1–3 und Holstenstraße 3 mit einem Beitrag von Willy Groenman-van Waateringe und Martina Krauwer zum Leder der Fundstelle Schüsselbuden 10/Fischstraße 1–3. In: Archäologische und schriftliche Quellen zur spätmittelalterlich-neuzeitlichen Geschichte der Hansestadt Lübeck. Materialien und Methoden einer archäologisch-historischen Auswertung (Lübecker Schriften zur Archäologie und Kulturgeschichte 10) 1987, im Druck.

Günter P. Fehring (Hrsg.), Beiträge des Lübeck-Symposiums 1978 zu Geschichte und Sachkultur des Mittelalters und der Neuzeit, Bonn 1980 (Lübecker Schriften zur Archäologie und Kulturgeschichte 4).

Ders., Zur archäologischen Erforschung topographischer, wirtschaftlicher und sozialer Strukturen der Hansestadt Lübeck. In: Berichte zur deutschen Landeskunde 54, 1980, S. 133–163.

Ders., Fachwerkhaus und Steinwerk als Elemente der frühen Lübecker Bürgerhausarchitektur, ihre Wurzeln und Ausstrahlung. In: Offa. Berichte und Mitteilungen zur Urgeschichte, Frühgeschichte und Mittelalterarchäologie 37, 1980, S. 267–281.

Ders., Grabungsbefunde zum slawischen Burgwall Bucu und zur landesherrlichen Burg mit zugehörigem Brunnen im Burgkloster zu Lübeck – ein Zwischenbericht. In: Lübecker Schriften zur Archäologie und Kulturgeschichte 6, 1982, S. 77–90.

Ders., Alt Lübeck und Lübeck; zur Topographie und Besiedlung zweier Seehandelszentren im Wandel vom 12. zum 13. Jahrhundert. In: Ebenda 7, 1983, S. 11–18.

Ders., Besiedlungsstrukturen des Lübecker Beckens und ihre Voraussetzungen in slawischer Zeit. In: Zeitschrift für Archäologie 18, 1984, S. 81–92.

Ders., Früher Hausbau in den hochmittelalterlichen Städten Norddeutschlands. In: Die Heimat. Zeitschrift für Natur- und Landeskunde von Schleswig-Holstein und Hamburg 91, 1984, Heft 12, S. 392–401.

Ders. (Hrsg.), Forschungsprobleme um den slawischen Burgwall Alt Lübeck, Bonn 1984 (Lübecker Schriften zur Archäologie und Kulturgeschichte 9).

Ders., Rolf Hammel, Die Topographie der Stadt Lübeck bis zum 14. Jahrhundert. In: Cord Meckseper (Hrsg.), Stadt im Wandel. Kunst und Kultur des Bürgertums in Norddeutschland 1150–1650, Bd. 3, Stuttgart-Bad Cannstatt 1985, S. 167–190.

Manfred Gläser, Das Restslawentum im Kolonisationsgebiet. Dargestellt am Beispiel der Hansestadt Lübeck und ihrer Umgebung. In: Lübecker Schriften zur Archäologie und Kulturgeschichte 6, 1982, S. 33–76.

Ders., Befunde zur Hafenrandbebauung Lübecks als Niederschlag der Stadtentwicklung im 12. und 13. Jahrhundert. Vorbericht zu den Grabungen Alfstraße 36/38 und Untertrave 111/112. In: Ebenda 11, 1985, S. 117–129.

Ders., Hochmittelalterliche Ständerbauten in Lübeck. In: Archäologisches Korrespondenzblatt 16, 1986, Heft 2, S. 215–222.

Manfred Gläser, Hans Drescher, Archäologie und Bronzeguß. Grabungsergebnisse vom Gelände der Sparkasse zu Lübeck, Breite Straße 26. Faltblatt zur Ausstellung der Sparkasse zu Lübeck vom 2.–20. Sept. 1985.

Eike Gringmuth-Dallmer, Frühgeschichtliche Pflugspuren in Mitteleuropa. In: Zeitschrift für Archäologie 17, 1983, Heft 2, S. 205 bis 221.

Rolf Hammel, Ein neues Bild des alten Lübecks. Archäologische Ergebnisse aus der Sicht des Historikers. In: ZLGA 59, 1979, S. 211–222.

Ders., Lübeck. Frühe Stadtgeschichte und Archäologie. Kritische Betrachtungen aus der Sicht eines Historikers. In: ZLGA 64, 1984, S. 9–38.

Ders., Alt Lübeck. Archäologische Ergebnisse zur Siedlungsgeschichte und Überlegungen zur Stellung der Siedlung im Abotritenreich. In: Ebenda 65, 1985, S. 9–51.

Ders., Hauseigentum im spätmittelalterlichen Lübeck. Methoden zur sozial- und wirtschaftsgeschichtlichen Auswertung der Lübecker Oberstadtbuchregesten. In: Schriftliche Quellen und archäologische Funde zur spätmittelalterlichen und frühneuzeitlichen Stadtgeschichte Lübecks (Lübecker Schriften zur Archäologie und Kulturgeschichte 10) 1987, im Druck.

Ders., Untersuchungen zur Geschichte des Grundeigentums, Grundbesitzes und des Hauseigentums in Lübeck vom 12. bis zum Ende des 14. Jahrhunderts, in Vorbereitung für 1987.

Erich Hoffmann, Beiträge zur Geschichte der Stadt Schleswig und des westlichen Ostseeraums im 12. und 13. Jahrhundert. In: ZSHG 105, 1980, S. 27–76.

Ders., Die schrittweise Ablösung Schleswigs durch Lübeck als wichtigstes Seehandelszentrum der westlichen Ostsee (ca. 1150 bis 1250). In: Lübecker Schriften zur Archäologie und Kulturgeschichte 7, 1983, S. 39–46.

Jens Christian Holst, Dat Hoghehus myt tween gevelen. In: Hausbau im Mittelalter. Bericht über die Tagung des Arbeitskreises für Hausforschung in Bad Windsheim vom 20.–25. Sept. 1982 (Jahrbuch für Hausforschung 33) 1983, S. 63–101; vgl. ZLGA 64, 1984, S. 322f.

Ders., Zur mittelalterlichen Baugeschichte der Häuser Alfstraße 36/38 in Lübeck – ein Zwischenbericht. In: Lübecker Schriften zur Archäologie und Kulturgeschichte 11, 1985, S. 131–143.

Ders., Lübeck, Koberg 2. Befunde und Quellen zur Biographie eines mittelalterlichen Hauses, Ing. Diss. Darmstadt 1987.

Wolfgang Hübener, Alt Lübeck und die Anfänge Lübecks – Überlegungen der Archäologie zu den Anfängen ihres «städtischen» Wesens. In: Antjekathrin Graßmann (Hrsg.), Neue Forschungen zur Geschichte der Hansestadt Lübeck, Lübeck 1985 (Veröffentlichungen zur Geschichte der Hansestadt Lübeck, Reihe B, Bd. 13), S. 7–25.

Karl Bernhard Kruse, Backsteine und Holz, Baustoffe und Bauweise Lübecks im Mittelalter. In: Hausbau im Mittelalter. Bericht über die Tagung des Arbeitskreises für Hausforschung in Bad Windsheim vom 20.–25. Sept. 1982 (Jahrbuch für Hausforschung 33) 1983, S. 37–61; vgl. ZLGA 64, 1984, S. 320ff.

Werner Neugebauer, Burgwallsiedlung Alt Lübeck – Hansestadt Lübeck. Grundlinien der Frühgeschichte des Travemündungsgebietes. In: Ausgrabungen in Deutschland, gefördert von der DFG 1950–1975, hrsg. vom Römisch-Germanischen Zentralmuseum Mainz, Mainz 1975, Teil 3 (RGZM Monographien Bd. 1), S. 123 bis 142.

Ders., Lübeck und die Trave – aus der Geschichte eines Flusses und eines Hafens. In: Jahrbuch der Hafentechnischen Gesellschaft 38, 1981, S. 9–27.

Peter Nielsen (unter Mitarbeit von Wolfgang Erdmann), Das Haus Kapitelstraße 5 in Lübeck. Vorbericht zu einer exemplarischen Entwicklung lübeckischen Hausbaues. In: Lübecker Schriften zur Archäologie und Kulturgeschichte 11, 1985, S. 145–153.

Doris Mührenberg, Grabungen auf den Grundstücken Hundestraße 9–17 in Lübeck: Stratigraphie und Chronologie, Bau- und Besiedlungsgeschichte im Mittelalter, Magisterarbeit Hamburg 1984 [Masch.-Schr.].

Heinz Stoob, Schleswig – Lübeck – Wisby. In: ZLGA 59, 1979, S. 7–27.

Ders., Lübeck. In: Deutscher Städteatlas, Lieferung III, Nr. 6, Altenbeken 1984.

Hans Georg Stephan, Archäologische Untersuchungen auf dem Markt in Lübeck. Diskussionsbeiträge zur frühen Besiedlung des Stadthügels. In: Lübecker Schriften zur Archäologie und Kulturgeschichte 1, 1978, S. 81–92.

Anita Wiedenau, Katalog der romanischen Wohnbauten in westdeutschen Städten und Siedlungen, Tübingen o. J. (1984) (Das deutsche Bürgerhaus, Bd. 34); vgl. ZLGA 65, 1985, S. 352ff.

Karl-Heinz Willroth, Das Lübecker Becken im frühen Mittelalter. Eine Bestandsaufnahme slawischer Fundstellen. In: Lübecker Schriften zur Archäologie und Kulturgeschichte 11, 1985, S. 7–51.

Hamburg und der Elbhandel im Mittelalter

von Gerhard Theuerkauf

Unter drei Aspekten werde ich das Thema skizzieren:
1. Wie wurde die Stadt Hamburg auf- und ausgebaut?
2. Wie wurde die Elbe in die städtische Region einbezogen?
3. Welche Bedeutung hatte für Hamburg der Binnenhandel, besonders die Handelsschiffahrt auf der Elbe oberhalb der Stadt?

Einen Schwerpunkt lege ich auf die Jahrzehnte um 1200. Zum Vergleich ziehe ich besonders die zweite Hälfte des 15. Jahrhunderts heran.[1]

1. Wie wurde die Stadt Hamburg auf- und ausgebaut?

Die Kontinuität des Ortsnamens Hamburg vom 9. bis ins 20. Jahrhundert verbirgt Diskontinuitäten. Hamburg hat sich nicht über Jahrhunderte hin etwa gleichmäßig entwickelt. Sondern Hamburg entstand und veränderte sich in Schüben. Mehrmals in der Geschichte Hamburgs gab es Jahrzehnte, in denen neue Faktoren die Zukunft Hamburgs neu begründeten. Mehrmals streifte Hamburg ein Gutteil seiner Vergangenheit ab. Nur locker hält der Name Hamburg zusammen, was aus heutiger Sicht die Geschichte Hamburgs ist oder sein könnte.[2]

Hamburg als Handelsplatz entstand im ersten Drittel des 9. Jahrhunderts als Zubehör eines aus dem fränkischen Reich über die Niederelbe vorgeschobenen politisch-kirchlichen Zentrums. Die Labilität dieses Zentrums, seine Gefährdung in politisch-militärischer Randlage und durch innerkirchliche Konkurrenz, schränkte auch die Chancen des Handelsplatzes ein.[3] Im 10. und 11. Jahrhundert, als überdies im Hamburger Raum die Erzbischöfe von Hamburg-Bremen und die billungischen Herzöge von Sachsen rivalisierten, ergaben sich für den Handel Hamburgs keine besseren Aussichten.[4] Erst im 12. Jahrhundert zeichnete ein Bündel neuer Faktoren sich ab, das auch Hamburg als Handelszentrum Auftrieb geben konnte. Die Bevölkerungsverdichtung in West- und Mitteleuropa, für welche die Binnenkolonisation und die Ostsiedlung Indizien sind, ging einher mit dem Ausbau politischer und wirtschaftlicher Verfügungsgewalt. Siedlungen differenzierten sich funktional, nach Art und Grad ihrer Zentralität; politische Herrschaft über diese Siedlungen nahm straffere Formen an. Herrschaftszentren und große Städte boten sich den Fernhändlern als Versammlungen anspruchsvoller Konsumenten dar. Die Verknüpfung der Ostsiedlung mit politischem Herrschaftsausbau war für Hamburg folgenreich, weil in diesem Zusammenhang die schauenburgische Grafschaft Holstein entstand und sich in das obotritische Wagrien ausdehnte, weil der sächsische Herzog Heinrich der Löwe den obotritischen Herrschaftsbereich, Wagrien und Mecklenburg, in seine Territorialpolitik einbezog und weil um die Mitte des 12. Jahrhunderts als eine Gründung des schauenburgischen Grafen von Holstein und dann Heinrichs des Löwen die Stadt Lübeck entstand.[5]

Auf diesen Grundlagen wurde zwischen etwa 1187 und 1232 ein Schub möglich, der Hamburg als Handelsplatz in eine stabilere Lage, als sie während des 9. und 11. Jahrhunderts gegeben war, brachte. Erst in diesen Jahrzehnten wurde Hamburg als Handelszentrum dauerhaft aufgebaut. Auf dieser Basis wuchs und verdichtete sich die Stadt Hamburg vom 13. bis zum 15. Jahrhundert und darüber hinaus.[6] Auf die Ereignisse in den Jahrzehnten um 1200 möchte ich daher etwas näher eingehen.

Die Schwächung der Gewalt des Herzogs von Sachsen im nordelbischen Raum seit 1180 kam mehr dem Inhaber der gräflichen Rechte in Holstein als den geistlichen Herrschaftsträgern in Bremen und Hamburg zugute. Konnte es nach dem Sturz Heinrichs des Löwen so scheinen, als sei die Herrschaft über die Stadt Hamburg nun eindeutig und endgültig in die Hände des Erzbischofs von Bremen und seiner Domkapitel gelangt, so stand dem nicht nur die bald einsetzende dänische Expansion entgegen, sondern mehr noch, daß die Grafen von Holstein seit dem Beginn ihrer Herrschaft bei der Stadt Hamburg eine Burg unterhielten.[7] Diese Burg dürfte zunächst diejenige gewesen sein, die von dem billungischen Herzog im 11. Jahrhundert nahe der Alster (in der Gegend des heutigen Rathausmarktes) angelegt worden war. Im Kampf zwischen den Anhängern des Welfen Heinrich des Stolzen und denen des Askaniers Albrecht des Bären wurde diese Burg 1139 zerstört. Spätestens kurz danach wurde durch Graf Adolf II. von Holstein die «neue Burg» bei Hamburg angelegt, in einer Alsterschleife unterhalb der zerstörten Burg, etwa gegenüber der Einmündung des von dem alten Hafengelände Hamburgs her strömenden Reichenstraßenfleets.[8] Die verkehrsgünstige Lage dieser «neuen Burg» hat Graf Adolf III. von Holstein im letzten Fünftel des 12. Jahrhunderts dazu genutzt, durch systematische Besiedlung des Burggeländes dieses in eine stadtartige Siedlung umzuwandeln. Seitdem trat der bisherigen Stadt Hamburg, der Altstadt, deren Stadtherrschaft nach und nach dem Erzbischof von Bremen zuwuchs, die Neustadt des Grafen von Holstein gegenüber.[9]

Wann ist die Neustadt angelegt worden? Die urkundliche Überlieferung gibt darüber – entgegen der herrschenden Meinung – keinen unmittelbaren Aufschluß. Denn nicht nur das Privileg Kaiser Friedrichs I. von 1189, sondern auch das Privileg Graf Adolfs III. für Wirad von Boizenburg, meist auf 1188 datiert, sind Fälschungen, die zwischen 1224 und 1226 angefertigt worden sind.[10] Gleichwohl ist nicht zu bezweifeln, daß die Anfänge der Hamburger Neustadt in die 1180er Jahre zurückreichen. Zu vermuten ist, daß der Ausbau der Handelssiedlung Hamburg sich erst ermöglichen ließ, nachdem Heinrich der Löwe, der Schützer Lübecks, gestürzt und besiegt worden war, also nicht vor 1181. Von 1202/03 an, seitdem durch König Waldemar II. von Dänemark Albrecht von Orlamünde mit Holstein belehnt worden war, waren politisch aufwendige Handlungen wie die Anlage einer neuen Stadt dem Schauenburger Adolf III. in Holstein nicht mehr möglich.[11] Die Neustadt Hamburg ist also wahrscheinlich zwischen 1181 und 1202 angelegt worden. Da Adolf III. 1189/91 und 1197/98 an Kreuzzügen in den Orient beteiligt und 1191/92 in erneute Kämpfe mit Heinrich dem Löwen verwickelt war, verbleiben die Zeiträume zwischen 1181 und 1189 und zwischen 1192 und 1197/1202.[12] Für den ersten Zeitraum spricht das Datum des angeblichen Privilegs Kaiser Friedrichs I., für den zweiten die damals erkennbare expansive Politik Adolfs III. gegen den Erzbischof von Bremen.[13]

Die beiden Alternativen ließen sich vereinen, wenn man bedenkt, daß die Gründung einer Stadt einen Zeitraum von mehreren Jahren erforderte. Adolf III. könnte die Besiedlung der neuen Burg vor 1189 begonnen und nach 1192 weitergeführt haben. Dafür, daß schon 1187 die Neustadt Hamburg bestand, spricht, daß nach einem Bericht Arnolds von Lübeck Graf Adolf III. damals Travemünde wiederaufbaute und dort sowie in «seinen Städten» Oldesloe und Hamburg energisch Zölle eintrieb; daraufhin erwirkte Lübeck 1188 ein Privileg Kaiser Friedrichs I., durch das es wenigstens von den Zöllen entlang der Trave, in Travemünde und Oldesloe, befreit wurde.[14] Bereits 1187 also hat vermutlich die Neustadt Hamburg bestanden. 1187 oder frühestens 1186 dürfte Graf Adolf III. von Holstein Wirad von Boizenburg, der vielleicht sein Lehnsmann war, beauftragt haben, die neue Burg bei Hamburg in Grundstücke aufzuteilen, mit Siedlern zu besetzen und mit einem Hafen zu versehen.[15] Für die Gründungsphase, bis zur Funktionsfähigkeit der Siedlung, war ein Zeitraum von drei Jahren vorgesehen.[16] In diese Zeit fielen jedoch der Kreuzzug, an dem der Graf sich beteiligen mußte, und erneute kriegerische Auseinandersetzungen mit Heinrich dem Löwen.[17] Der Gründungsvorgang dauerte daher vermutlich bis in die erste Hälfte der 1190er Jahre an. Spätestens 1195, als der Graf auch mit Stade belehnt wurde, dürfte die Gründung der Neustadt abgeschlossen gewesen sein. Etwa 1195/96 ist in der Neustadt die Nikolai-Kapelle bezeugt.[18] Unzweifelhaft

echte Privilegien für die Neustadt Hamburg sind freilich erst seit 1211/14 vorhanden.[19]

Für die Altstadt Hamburg liegen bis 1215 keine besonderen Privilegien vor. Die Einbeziehung der Altstadt in die Privilegierung der Neustadt vollzog sich seit 1216.[20] Parallel zur Neustadt wurde die Altstadt nur 1232, von Kaiser Friedrich II., privilegiert.[21] Noch in den 1260er Jahren konnte es aus der Sicht der Neustadt und des Grafen von Holstein sinnvoll sein, Privilegien allein für die Neustadt bestätigen zu lassen. Wurde doch noch zwischen 1259 und 1282 um die gräflichen Herrschaftsansprüche auf die Altstadt gestritten.[22] Doch war der gesamtstädtische Charakter Hamburgs unter holsteinischer Herrschaft schon zwischen 1224 und 1226 so deutlich, daß Urkundenfälschungen zugunsten der Neustadt zum Nutzen der Gesamtstadt hergestellt wurden, daß ihr Stadtrat sich als Rechtsnachfolger Wirads von Boizenburg begriff und diesen zu einem möglichst frühen Zeitpunkt, schon zum Jahre 1190, vom Lokator zu einem – nicht einmal besonders herausragenden – Mitglied des Stadtrates der Neustadt uminterpretierte.[23] Bald nach dem Fälschungsunternehmen der Jahre 1224 bis 1226 war die Gesamtstadt Hamburg rechtlich so gesichert, daß, zwischen 1226 und 1232, der Vogt, die Ratmannen und die Gemeinde der Stadt Hamburg mit der Stadt Lübeck einen ersten Vertrag schlossen.[24]

Zum Vergleich skizziere ich nun knapper die Lage der Stadt Hamburg in der zweiten Hälfte des 15. Jahrhunderts. Hamburg war unbestritten eine Gesamtstadt, über die der Erzbischof von Bremen weltliche Herrschaft nicht mehr ausübte. Seitdem Holstein in Personalunion mit Schleswig und Dänemark verbunden war, seit 1460, distanzierte die Stadt sich um so deutlicher von der holsteinischen Stadtherrschaft. Die Alternative der Reichsunmittelbarkeit gewann an Gewicht. Doch verblieb Hamburg noch in einer Schwebelage zwischen Land- und Reichsstadt.[25]

Die große Zeit der städtischen Territorialpolitik war schon vorüber. Das Hamburger Territorium erstreckte sich in Streulage die Alster aufwärts und umfaßte längs der Elbe nur einzelne Regionen und Stützpunkte, zum Beispiel oberhalb der Stadt am rechten Elbufer als hamburg-lübisches Kondominium das Amt Bergedorf, unterhalb der Stadt am linken Ufer der Elbmündung das Amt Ritzebüttel und in ihr die Insel mit dem Turm Neuwerk.[26] Nur vorübergehend gehörten als Pfandschaften am linken Elbufer Hadeln (bis 1481), am rechten das Amt Steinburg (1465–1484) zu Hamburg.[27] Das ostfriesische Abenteuer, mit dem Kampf von Hansestädten gegen Seeräuber eingeleitet, endete in den 1450er Jahren mit dem Rückzug Hamburgs.[28] Der um 1450 unternommene Versuch, das sachsen-lauenburgische Territorium durch Kanalisierung der Alster-Trave-Verbindung zu umgehen, scheiterte an technischen Problemen.[29] Stieß so die Hamburger Außenpolitik an Grenzen, so verschärften sich im Innern die Spannungen. Schon

1375 und 1410, erneut 1458 und 1483 kam es zu Aufständen.[30] Aus ihren Anlässen, auch aus zeitlich kurz vorhergehenden Aufständen in anderen Hansestädten, sind diese Aufstände nicht hinreichend zu erklären. Ich versuche, die tieferen Gründe thesenhaft anzudeuten.

1. Die Großstadt, eine fremdartige Insel in einer agrarisch orientierten und sich in dieser Orientierung verfestigenden Umwelt, grenzte sich defensiv nach außen ab. Dies erforderte erheblichen finanziellen Aufwand für militärische und diplomatische Zwecke.[31]

2. Das Wachstum der Erwerbsmöglichkeiten in der Großstadt begann zu schrumpfen, schwand teils dahin. Um so hartnäckiger wurden einmal errungene wirtschaftliche und politische Positionen verteidigt. Verfügungsgewalt grenzte sich gegen Subsistenz, Subsistenz gegen Notlagen ab. Der kleine Kreis der Familien, die den Stadtrat besetzten, grenzte sich gegen das übrige Bürgertum ab; im Bürgertum grenzte sich das erbgesessene Bürgertum aus.[32]

3. Die wirtschaftlichen Möglichkeiten wurden, wie schon die erwähnten sozialen Abgrenzungen erkennen lassen, nicht gleichmäßig genutzt. Es blieb darüber hinaus ein Spielraum für einzelne Individuen und Kleingruppen, wirtschaftlichen Gewinn zu steigern, zum Beispiel durch Verknüpfung von Gewerbe und Fernhandel, durch Ansätze zur Monopolbildung, durch Umgehung der städtischen Aufsicht über Handelsgeschäfte.[33]

Das alles ließe sich besonders an dem Hamburger Aufstand von 1483 verdeutlichen. Kompromisse der politischen Organisation zeichneten sich schon Jahrzehnte früher ab. Spätestens 1410 geschaffen und im Zusammenhang mit dem Aufstand von 1458 erneuert, trat neben und gegen den Stadtrat ein Gremium, das die vier Kirchspiele der Stadt repräsentierte, das Gremium der Sechziger.[34] Der Versuch ging dahin, die Abschließung des Rates durch eine erweiterte Repräsentanz der Bürgerschaft zu mildern. Doch blieb die Ausgrenzung der erbgesessenen Bürgerschaft, zu schweigen von der Abgrenzung der Bürgerschaft gegen andere Stadtbewohner, ein nicht nur rechtliches Problem.

Hamburg, zwischen etwa 1187 und 1232 als Handelszentrum aufgebaut und stabilisiert, war in der zweiten Hälfte des 15. Jahrhunderts längst eine ausgebaute Handelsstadt. Doch nun zeigten sich die zersetzenden Folgen dieses Ausbaus. Während er forciert vorangetrieben wurde, verschärften sich die Abgrenzungen im Innern und nach außen.

2. Wie wurde die Elbe in die städtische Region einbezogen?

Für die Jahrzehnte zwischen etwa 1187 und 1232 ist über die Rolle, welche die Elbe für Hamburg spielte, nur wenig auszumachen. Als der Hafen der Neustadt und dann der Gesamtstadt diente der Unterlauf der Alsterschleife, in der die Neustadt lag, das Nikolaifleet (bei der heutigen Deichstraße).[35] Durch seine Mündung war der Anschluß an den Nordrand des Stromspaltungsgebietes der Elbe gewonnen. Daß die Elbe ober- und unterhalb Hamburgs für die Handelsschiffahrt wichtig war, ist aus diesen räumlichen Zusammenhängen von vornherein wahrscheinlich.

Die entschlossenere Hinwendung Hamburgs zur Elbe, die in der Gründung der Neustadt erkennbar wird, führte bereits um 1225 zu Versuchen, an der Elbregion Rechte ausdrücklich geltend zu machen. Schon in dem ersten Privileg, das der Gesamtstadt Hamburg erteilt wurde, bestätigte Graf Albrecht 1216 Zollfreiheit auf der Elbe oberhalb Hamburgs, im einstigen Herrschaftsbereich Heinrichs des Löwen; ausdrücklich ist von Schiffen die Rede, die im Regelfall an der Zollstätte in Lauenburg Zoll entrichten mußten.[36] 1224 verlieh der Graf Ungeldfreiheit in seinem ganzen Herrschaftsbereich, ohne die Grafschaft Holstein zu nennen.[37] Hamburger Fälschungen von 1224 bis 1226 versuchten, die Zoll- und Ungeldfreiheit ausdrücklich auf die gesamte Grafschaft Holstein zu beziehen und strebten darüber hinaus für die Bürger Hamburgs Zoll- und Ungeldfreiheit auf der Niederelbe, das heißt zu Stade, an.[38] Der in seine holsteinische Herrschaft zurückgekehrte schauenburgische Graf, Adolf IV., bestätigte 1225 diese Freiheiten, ohne Stade zu nennen.[39] Die Privilegien Kaiser Friedrichs II. erwähnten 1232 in vagen Formulierungen die Zollfreiheit im holsteinischen Herrschaftsbereich, nannten aber nicht die Niederelbe.[40] Wohl aber war von der Niederelbe ausdrücklich in dem Vertrag die Rede, den 1241 Hamburg mit Lübeck schloß.[41]

Noch in zwei Punkten dehnten Hamburger Fälschungen der Jahre 1224 bis 1226 Ansprüche der Stadt auf die Elbregion aus. Hatte Graf Albrecht im Jahre 1224 noch in vagen Worten die Nutzung holsteinischer Gewässer zugestanden, so war in den Fälschungen präziser von Fischereirechten in der Elbe je zwei Meilen (etwa 15 km) ober- und unterhalb der Stadt die Rede – das heißt zunächst, bezogen auf die politische Situation von 1189/90: ober- und unterhalb der Neustadt![42] Und hinzu kam in diesen Fälschungen ein Burgenbauverbot in einer Weichbildzone, die mit einem Radius von zwei Meilen sich um die Stadt – wiederum zunächst die Neustadt! – erstreckte. Diese Zone umschloß also nicht nur die Befestigungen der Altstadt Hamburg, sondern auch, dauerhafter, die Burg Harburg jenseits des Stromspaltungsgebietes.[43] Das Burgenbauverbot im Weichbild und das Fischereirecht in der Elbe, wie es diese Hamburger Fälschungen beanspruchten, bestätigte schon 1225 Graf Adolf IV. von Holstein.[44]

Nimmt man all die erwähnten, hier nur in Auswahl dargebotenen Bestimmungen zusammen, so ergibt sich: Es ging der Neustadt und dann der Gesamtstadt

Hamburg zuerst und vor allem darum, den engeren Umkreis der Stadt wirtschaftlich und politisch abzusichern, zum Beispiel durch Zollfreiheit, Fischereirechte, Burgenbauverbot. Allein der Versuch, die Zoll- und Ungeldfreiheit auf der Niederelbe, bis Stade, zu erlangen, führt über diesen engeren Umkreis hinaus und weist darauf hin, welche Bedeutung seit den 1180er Jahren die Handelsschiffahrt Hamburgs auf der Niederelbe und also auch sein Seehandel gewonnen hatten.[45] Erst in den Jahren 1224 bis 1226 begann Hamburg, diese wirtschaftspolitische Situation rechtlich zu verfestigen.

In der zweiten Hälfte des 15. Jahrhunderts trat der Ausbau der Handelsstadt auch darin zutage, daß die Elbe intensiver in die Herrschaft und Nutzung der Stadt einbezogen wurde. Aus dem nun reicheren Material hebe ich nur einige Sachverhalte hervor.

Die Grundlage für den Ausbau der Hamburger Hoheit über die Niederelbe war im 14. Jahrhundert mit dem Bau des Turms Neuwerk, dem Erwerb des angrenzenden Amtes Ritzebüttel und mit einem kaiserlichen Privileg zur Verfolgung von Räubern, auch auf Wasserstraßen, geschaffen worden.[46] Im 15. Jahrhundert gelang es, durch Pfandbesitz auf beiden Seiten der Elbe – wie schon erwähnt, das Land Hadeln und das Amt Steinburg –, ferner bis 1415/17 auch durch einen Anteil an Harburg, den Anspruch auf Elbhoheit in der politischen Praxis zu fördern.[47] Hinzu kamen im 15. Jahrhundert mit wachsender Regelmäßigkeit kriegerische Schiffsexpeditionen auf der Niederelbe und im Elbmündungsbereich.[48] Auch daß die Hamburger Fischer in der Niederelbe Fischereirechte nicht nur bis nach Blankenese, sondern im Strom bis in die Nordsee in Anspruch nahmen, fügt sich in den Ausbau der Nutzungsrechte an der Elbe an.[49] Spätestens in den 1440er Jahren wurde die Fahrrinne der Niederelbe durch Tonnen und Baken gekennzeichnet.[50] Seit 1460 nahm Hamburg ausdrücklich die Elbhoheit in Anspruch: «daß seit alten, langen Jahren, dessen im Gedächtnis der Menschen anderes nicht ist, unsere Vorgänger und wir den Elbestrom, des Kaufmanns Schiffe und Güter auf dem Strom nach unserer Kraft verteidigt, geschützt und beschirmt haben, wie einige Bewohner der Lande wohl wissen [...], gestehen auch niemandem Recht an dem Elbestrom zu, haben auch unsere Festungen und Schlösser entlang der Elbe und unseren Zoll auf ihr.»[51] Der Zoll, von dem hier die Rede ist, war zunächst der Werkzoll, hinzu trat um die Mitte des 15. Jahrhunderts ein Tonnenzoll.[52] Von dem Schaumburgischen Zoll in Hamburg, der Eigentum zweier Linien der Grafen von Holstein war, aber zunehmend von der Stadt Hamburg verwaltet, teils auch erworben wurde, und dem Pfundzoll oder Roten Zoll, der im 15. Jahrhundert von der Stadt oder der Kaufmannschaft erhoben wurde, sei hier geschwiegen.[53] Durch kaiserliche Privilegien wurde 1468 und 1482 die Elbhoheit der Stadt zuerkannt. Sie war spezifiziert als das Recht, Gerichtsbarkeit auf der Elbe auszuüben,

und schloß zugunsten der betroffenen Kaufleute das Strand- und Grundruhrrecht aus.[54]

Ein zentrales Ziel der Hamburger Politik in der Niederelberegion wurde seit der Mitte des 15. Jahrhunderts, den Getreidehandel dieses Raumes über Hamburg zu leiten, das heißt den direkten Getreideexport aus den Elbmarschen und den angrenzenden Flußregionen, zum Beispiel der Stör, in die Niederlande und nach Flandern zu unterbinden.[55] In der Stadt Hamburg erhob sich, besonders 1483, der Vorwurf, «daß die reichsten und vermögendsten Bürger und Kaufleute das Korn und andere Nahrungsmittel aufkauften und in fremde Gegenden schickten».[56] Und Krempe klagte 1478, in der Zeit der Hamburger Pfandherrschaft im Amte Steinburg, in einem Beschwerdeschreiben an den Hamburger Rat: «Denn früher raubtet Ihr unsere Schiffe auf der Elbe. Nun holt Ihr sie aus unserem Hafen, und wir vermuten nichts anderes, als daß ihr unser Korn von unseren Speichern holen wollt. [...] Ihr verderbt arme Leute, die Euch viel gutes Korn zugeführt haben.»[57]

An der Oberelbe hatte die Lage Hamburgs sich gebessert, seitdem die Stadt (seit 1420) gemeinsam mit Lübeck die Pfandschaft über das sachsen-lauenburgische Amt Bergedorf besaß und damit auch die Zollstätte Eßlingen verwaltete.[58] Die Möglichkeit, sie zu umgehen, wurde durch die Abdämmung der Gammer Elbe (in den 1430er und 1470er Jahren) beschnitten.[59] Im Stromspaltungsgebiet zwischen Hamburg und Harburg, das im 13. bis 15. Jahrhundert durch Flutkatastrophen in eine größere Zahl von Inseln zerrissen wurde, erwarben Bürger Hamburgs seit dem späten 14. Jahrhundert Nutzungsrechte.[60]

Ein deutliches Zeichen für den wirtschaftlichen Aufstieg der Stadt war die Ausdehnung des Hafengeländes. Der Hamburger Hafen, während des 13. Jahrhunderts im Unterlauf der Alster, im Nikolaifleet gelegen, wuchs während des 15. Jahrhunderts schnell in den angrenzenden Nordteil des Stromspaltungsgebietes hinein. Das Wachstum ist an Bestimmungen der Hamburger Burspraken abzulesen. Schon im 14. Jahrhundert wurde zwischen dem eigentlichen Hafen, der durch einen Baum abgeschlossen war, und einer vorgelagerten Ladezone unterschieden.[61] Als Hintergrund ist zu wissen, daß in der dichter bebauten Stadt die Lagerflächen knapp wurden. Bestimmungen, die das Lagern von Waren auf Straßen und Plätzen einschränken, setzen in allgemeinen Fassungen um 1359 ein und werden noch in den 1480er Jahren wiederholt.[62] Hinzu kommen seit 1460 speziellere Bestimmungen, zum Beispiel: Man solle bei dem Kran keine Handelswaren über längere Zeit lagern.[63] Verbote, Holz auf Märkten und Plätzen zu lagern, schon in den ältesten Burspraken des 14. Jahrhunderts zu finden, häufen sich um 1453.[64] In dem Zusammenhang bedrängender Raumnot, nicht nur der wachsenden Zahl der Schiffe, die Hamburg ansteuerten, ist die Ausdehnung des Hafengeländes zu sehen. Bereits um

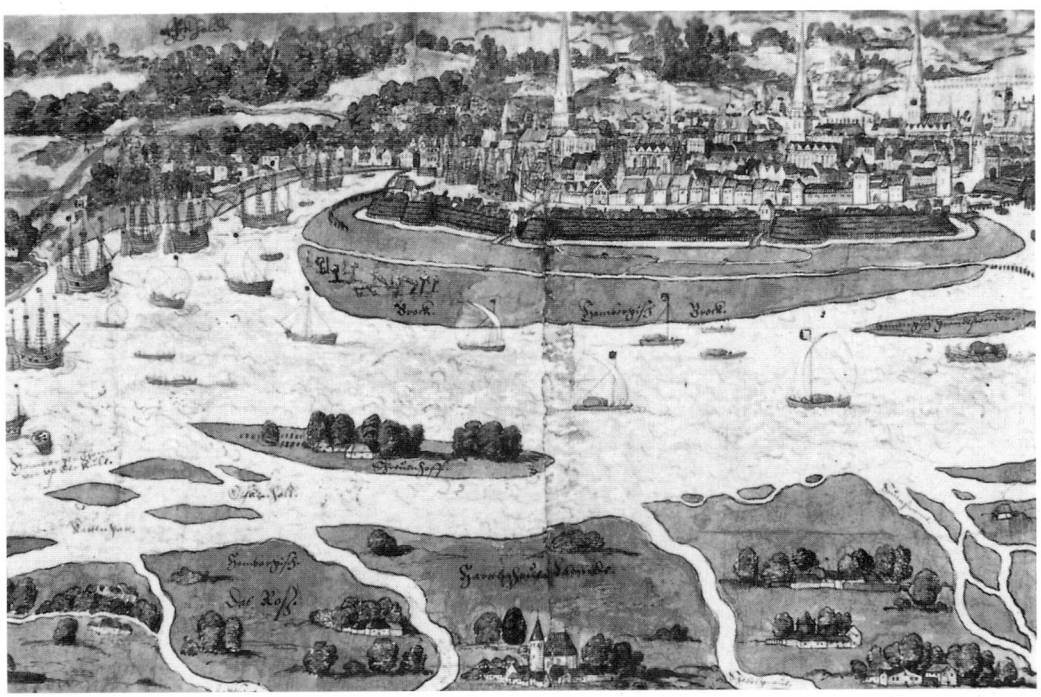

1 Bildliche Darstellungen Hamburgs aus dem Mittelalter fehlen. Eine der ältesten bietet die Elbkarte des Melchior Lorichs von 1568 (im Hamburger Staatsarchiv). Der Ausschnitt zeigt Hamburg von Süden mit der Ausdehnung des Hafens nach Westen

2 Die Hafeneinfahrt in der Nachzeichnung der Lorichs'schen Elbkarte durch Fr. E. Schuback 1843
(Lithographie von Speckter; StAH)

1359 und noch um 1487 wird in den Burspraken verordnet, niemand solle in den durch einen Baum abgeschlossenen Hafen *(bynnen dem bome)* schiffen, es sei denn mit Zustimmung des Rates.[65] Ebenfalls um 1359 und noch 1456 erscheint als Vorgelände des Hafens eine Region, die *to deme schore* genannt wird.[66] Gemeint ist ein Uferstreifen außerhalb des den Hafen ab-

schließenden Baums, noch heute andeutungsweise in den Ortsbezeichnungen Schaartor und Schaartorbrücke faßbar.[67] Es handelt sich um einen Uferstreifen in der Gegend des heutigen Binnenhafens, unterhalb der Einmündung des Nikolaifleets. Der Binnenhafen ist erst 1461 in den Burspraken faßbar. Damals wird neben der Hohen Brücke, die seit langem das Nikolaifleet an seiner Mündung überquerte, die Schaartorbrücke erwähnt; und es ist von dem «Niederbaum» die Rede – ein Hinweis darauf, daß nun der zu beiden Seiten des Nikolaifleets angrenzende Nordrand des Stromspaltungsgebietes, der heutige Zollkanal zwischen Niederbaumbrücke und Oberbaumbrücke, als Binnenhafen einbezogen worden war.[68] Dementsprechend werden die Bestimmungen der Burspraken, die bisher für das Vorgelände des Hafens *to deme schore* galten, auf eine weiter elbabwärts liegende Gegend, «vor dem Eichholz», übertragen, so zuerst um 1465.[69] Ein Relikt dieses einst umfangreicheren Gehölzes ist noch in dem Straßennamen Eichholz westlich des Schaarmarktes zu fassen. Gemeint sein dürfte die Gegend, die heute als Vorsetzen bezeichnet wird.[70]

Der Hafen einschließlich seines Vorgeländes wurde also um 1461 stark erweitert, um dieselbe Zeit, in der Hamburg seine Hoheit über den Elbstrom deklarierte. Die sich verdichtenden Hinweise auf Mangel an Lagerraum und die rasche Erweiterung des Hafens lassen deutlich erkennen, daß Hamburg als Handelszentrum angewachsen war.[71] Daß dieses Wachstum auch den Binnenhandel betraf, ist von vornherein wahrscheinlich.

3. Welche Bedeutung hatte für Hamburg der Binnenhandel, besonders die Handelsschiffahrt auf der Elbe oberhalb der Stadt?

Der Einzugsbereich der Elbe mit ihren Nebenflüssen, besonders der Havel, der Saale und der Moldau, überdeckt ein Gebiet von mehr als 140 000 Quadratkilometern.[72] Es ist dies nicht die größte Flußregion Europas.[73] Doch unterschied sich Hamburg durch seine günstige Lage zu einer großen Flußregion wesentlich von Lübeck, dem die Trave nur ein bescheidenes, allein für die Selbstversorgung der Stadt und für den Regionalhandel nützliches Hinterland erschloß. Größer sind die Ähnlichkeiten zwischen Hamburg im Verhältnis zur Elbe und Danzig im Verhältnis zur Weichsel.[74]

Die Elbe war als Handelsweg, bevor ihr Lauf im 19. Jahrhundert begradigt und ihre Untiefen beseitigt wurden, weniger zuverlässig zu verwenden.[75] Aber die Landstraßen waren nicht minder störungsanfällig, wegen ihrer unzureichenden Befestigung und wegen der Gebrechlichkeit der Transportmittel.[76] Wo Land- und Wasserstraßen parallel liefen, lag es nahe, mindestens für Massengüter die Wasserstraßen als Transportwege zu bevorzugen. Daß erst seit dem 13. Jahrhundert die schriftlichen Quellen für die Flußschifffahrt dichter hervortreten, darf nicht zu dem Fehlschluß verführen, es habe sie vorher nicht gegeben.[77]

Die Flußschiffahrt ist in der hansischen Geschichtsforschung gegenüber dem Seehandel lange vernachlässigt worden.[78] Die Neigung, hansische Geschichte als Seegeschichte zu treiben und ihre binnenländischen

Züge zu vernachlässigen, ging erst nach dem Zweiten Weltkrieg zurück. Fritz Rörig begann zwar noch 1951 einen Aufsatz mit der Behauptung: «Hansische Geschichte ist meerbezogen und meerbedingt.» Aber er leitete den Aufstieg Hamburgs schon für das späte Mittelalter «aus dem kräftigen, als Hamburgs Hinterland entwickelten Elbegebiet» und seiner Getreidezufuhr ab.[79] Während binnenländische, regionalgeschichtliche Studien auch in der hansischen Geschichtsforschung verstärkt wurden, spiegelten die Gesamtdarstellungen der hansischen Geschichte noch in den sechziger und siebziger Jahren die Betonung der Seegeschichte. Johannes Schildhauer erwähnt immerhin, in den hansischen Küstenstädten sei der Exporthandel mit Erzeugnissen des Hinterlandes während des 15. Jahrhunderts stark angewachsen – so der Handel mit Getreide, Holz, Leinen und Waid.[80] Philippe Dollinger hebt neben der Ost-West-Achse des hansischen Seehandels die Rheinlinie hervor – aus seiner Straßburger Perspektive verständlich.[81] Auch weist er darauf hin, Hamburg sei im Unterschied zu Lübeck schon während des späten Mittelalters eng und vielfältig mit seinem elbaufwärts gelegenen Hinterland verbunden gewesen; im 16./17. Jahrhundert habe die Hamburger Flußschiffahrt sich ausgedehnt.[82]

In den Darstellungen der hamburgischen Geschichte ist es üblich, neben dem Hamburger Handel auf der Niederelbe und über See auch den Handel auf der Oberelbe zu erwähnen, besonders die Handelsbeziehungen in die Mark Brandenburg für das 13. Jahrhundert; so schon vor mehr als einem Jahrhundert Gallois, so in neuerer Zeit Erich von Lehe in der Heimatchronik der Freien und Hansestadt Hamburg und Klaus Richter in der 1982 von Loose herausgegebenen Geschichte der Stadt Hamburg und ihrer Bewohner.[83] Auch Percy Ernst Schramm argumentiert in seinem überzogenen Versuch, Hamburg als Sonderfall zu erweisen, unter anderem mit der Lage der Stadt an der Elbe, die ein weites Hinterland wirtschaftlich erschließe.[84]

In Monographien haben einzelne Aspekte des hamburgischen Handels auf der Oberelbe seit Jahrzehnten Interesse gefunden, so die Beziehungen zu Brandenburg in Arbeiten von Lehes, der Elbhandel bei Lauenburg in Studien von Nissen und schon früher, im Umkreis Gustav Schmollers, die Getreidehandels- und Stapelrechtspolitik Hamburgs und Magdeburgs besonders im 15. und 16. Jahrhundert.[85]

Bereits als wir uns mit der Stadt Hamburg und mit der Einbeziehung der Elbe in die städtische Region befaßten, ist unser Blick beiläufig auf den Binnenhandel und den Elbhandel gelenkt worden. Doch bleibt es erforderlich, innerhalb des Binnenhandels, der von und nach Hamburg durch die Elbregion oberhalb der Stadt führte, den Handel, der durch Schiffahrt auf der Elbe abgewickelt wurde, von dem, der über Landstraßen verlief, zu trennen und das Verhältnis der Flußschiffahrt zum Landtransport abzuwägen. Unter diesem Aspekt gehe ich Zollordnungen und -tarife des 13. Jahrhunderts durch, die Hamburg und die Elbe oberhalb der Stadt betreffen. Ich beziehe auch Quellen aus den zwei letzten Dritteln dieses Jahrhunderts ein, in der Meinung, aus diesen späteren Quellen Rückschlüsse auf die Transportarten im ersten Drittel des 13. Jahrhunderts gewinnen zu können.

Ich erwähnte bereits das Zollprivileg Graf Albrechts von Holstein aus dem Jahre 1216, das einen Schiffszoll bei Lauenburg ausdrücklich bezeugt.[86] Die Zollfreiheit auf der Niederelbe wird in Hamburger Fälschungen seit 1224 für die Kaufleute mit ihren Schiffen *(una cum navibus suis)* vom Meer bis zur Stadt beansprucht und durch den Grafen von Holstein 1225 gewährt. Dieselben Urkunden erwähnen die Transportfreiheit, die innerhalb der Grafschaft Holstein für Holz, Asche und Getreide gilt, und als Transportmittel die Alternative: zu Wagen oder zu Schiff *(in curru vel navi)*.[87] Die Massengüter, die in dem Vergleich erwähnt sind, den 1236 Graf Adolf IV. von Holstein mit Kaufleuten aus der Mark Brandenburg über den in Hamburg zu entrichtenden Zoll schloß, Roggen und Weizen, Kupfer, Blei und Zinn, dürften mindestens teilweise zu Schiff transportiert worden sein.[88] Nach dem ersten Drittel des 13. Jahrhunderts verdichten sich die Hinweise auf Schifftransporte und lassen Rückschlüsse zu. Der Hamburger Zolltarif für Lüneburg staffelt den Zoll unter anderem nach Schiffstypen; genannt sind der Pram, die Eiche und der Kahn, vom Wagen ist überhaupt nicht die Rede.[89] Der Eßlinger Zolltarif von 1278 für Lüneburg nimmt als Regelfall an, daß die Lüneburger zu Schiff die Ilmenau und die Elbe befahren und, soweit Zollpflicht besteht, den Zoll in Eßlingen oder in Lauenburg entrichten.[90] Bei Lauenburg zweigte eine der Routen über Mölln (nach Lübeck) ab, die vor allem für den Herings- und Salzhandel wichtig war und damals, vor dem Bau des Stecknitzkanals, mindestens teilweise ein Landweg war.[91] Daß die Hamburger Route, an Eßlingen vorbei, die von Lüneburg aus im Regelfall zu Schiff zurückgelegt wurde, die wichtigere war, ist wahrscheinlich, weil der Zoll in Lüneburger oder Hamburger Münze zu zahlen war und Hamburg als Ziel- oder Transitort besonders des Lüneburger Holz- und Getreideexports und als Ort, an dem die Lüneburger Vieh und Lebensmittel wie Butter, Käse und Fleisch kauften, mehrmals ausdrücklich erwähnt wird.[92] Der Hamburger Zolltarif von etwa 1262 gliedert die Schiffe auf der Oberelbe in fünf Typen; von den Pramen sind nach der Art des Schiffsrumpfes und der Aufbauten vier Arten von Kähnen unterschieden. Auch Wagen sind hier erwähnt, aber nicht nach Typen differenziert, sondern nach den Gegenden, aus denen sie kommen oder in die sie fahren; erwähnt sind Holztransporte aus dem Herzogtum Sachsen und Wagen, die in Richtung Oldesloe fahren.[93] Diese Routen laufen also nicht parallel zur Elbe, sondern quer zu ihr.

Nimmt man all diese Informationen aus dem 13. Jahrhundert zusammen, die noch durch holsteinische Zollprivilegien für die Kaufleute anderer an die Elbe grenzender oder ihr naher Territorien, zum Beispiel des Fürstentums Braunschweig und des Erzstifts Magdeburg, des Herzogtums Sachsen und der Markgrafschaft Meißen anzureichern wären,[94] so ergibt sich, daß ein nicht geringer Teil der Warentransporte zu Schiff abgewickelt wurde. Zu bedenken ist, daß Massengüter überwiegend elbabwärts befördert wurden, so Holz, der größte Teil des Getreides und Kupfer.[95] Daher ist wahrscheinlich, daß Rückfracht auch dann zu Schiff befördert wurde, wenn sie weniger Raum beanspruchte. Der Hamburger Zolltarif von etwa 1262 hebt als Rückfracht Tuche aus Flandern hervor.[96] Spätere Quellen, aus denen Rückschlüsse nur bedingt möglich sind, lassen die Relationen der Schiff- und Wagentransporte und auch der Schiffahrt elbauf- und -abwärts deutlicher erkennen. Ein Zollregister in Bleckede (links der Elbe oberhalb Lauenburgs und Boizenburgs) aus dem Jahre 1503 verzeichnet als geforderten Zoll: 143 m 6 ½ s, davon Wagenzoll 20 m 15 s (14,6 %), Schiffszoll für die Bergfahrt 10 m 7 s 10 d (7,3 %), Schiffszoll für die Talfahrt 111 m 15 s 8 d (78,1 %).[97] Trotz der Ungewißheit über die Modalitäten der Zollerhebung und trotz der zu erwartenden Verzerrungen, die sich aus der Befreiung der Lüneburger Kaufleute von dem Zoll zu Bleckede ergeben,[98] sind aus diesen Zahlen mit Wahrscheinlichkeit zwei Schlüsse zu ziehen: Das Verhältnis des Wagenzolls zum Schiffszoll (etwa 1:7) weist darauf hin, daß bei Bleckede die Schifftransporte die Wagentransporte nach Quantität und Wert der Waren weitaus überwogen. Und: Das Verhältnis des Schiffszolls, der für die Bergfahrt, zu dem, der für die Talfahrt erhoben wurde (etwa 1:11), läßt erkennen, daß bei Bleckede die Schiffe auf der Talfahrt in der Regel besser mit Fracht ausgelastet waren als auf der Bergfahrt. Dieser Schluß gilt, obwohl die Relation der Zölle für Bergfahrt und für Talfahrt wahrscheinlich dadurch verzerrt ist, daß bisweilen für die Bergfahrt günstigere Zoll- und Ungeldsätze bestanden als für die Talfahrt, daß ein nicht geringer Teil der Lüneburger Schiffahrt von der Ilmenaumündung elbaufwärts ging und daß ein Teil der abwärts fahrenden Elbschiffe an der Unterelbe verblieben sein dürfte. Indizien und Vergleiche würden das Übergewicht der Schifftransporte über die Wagentransporte und die größere Bedeutung der Talfahrt im Verhältnis zur Bergfahrt bestätigen.[99]

Daß spätestens in der zweiten Hälfte des 15. Jahrhunderts und mehr noch im 16. Jahrhundert die Handelsschiffahrt auf der Elbe oberhalb Hamburgs stark anwuchs, ist aus allen verfügbaren Quellen, trotz ihrer Lückenhaftigkeit und trotz von Jahr zu Jahr schwankender Zahlen, offenkundig. Die Hamburger Kämmereirechnungen lassen erkennen, daß die Zolleinnahmen in Eßlingen, soweit sie Hamburg zustanden, zwischen 1461 und 1500 von 599 auf 962 Mark anwuchsen.[100] Der Anstieg dürfte nur teilweise durch Inflation und durch angehobene Zolltarife erklärbar sein, sondern auch auf das wachsende Transportvolumen hinweisen. Nis Rudolf Nissen, der sich mit der Schiffahrt bei Lauenburg befaßt hat, rechnet für das letzte Viertel des 15. Jahrhunderts bei Lauenburg mit einem Schiffsverkehr in Richtung Hamburg, der jährlich 100 bis 200 Lauenburger Elbschiffe und 100 bis 150 Schiffe, die von Orten oberhalb Lauenburgs kamen, umfaßte;[101] dazu wäre unterhalb Lauenburgs noch die Lüneburger und die Winsener Schiffahrt in Richtung Hamburg zu addieren.[102] Daß in den für die Schiffahrt günstigen Jahreszeiten im Durchschnitt täglich zwei bis vier größere Elbschiffe die Oberelbe bei Eßlingen in Richtung Hamburg passierten, dürfte

nicht zu reichlich gerechnet sein. Die Transportkapazität dreier solcher Elbschiffe entsprach etwa der eines großen Seeschiffs (zu 100 Last).[103] Zum Anwachsen der Handelsschiffahrt auf der Elbe oberhalb Hamburgs während des 15. Jahrhunderts passen die organisatorischen Veränderungen: Schifferämter und -bruderschaften kommen auf, so in Hamburg, bezeugt seit 1429, die Schiffleute vor dem Winserbaum, in Lauenburg die Elbschiffer, bezeugt seit 1417, in Lüneburg die Eichenschiffer, bezeugt spätestens seit 1424.[104] Auch Hamburgs Bemühungen um das Stapelrecht, besonders für Getreide, die in dem kaiserlichen Privileg von 1482 gipfelten, sind in diesem Zusammenhang zu sehen.[105]

Zusammenfassung

Unter drei Aspekten habe ich das Thema skizziert. Es ging um den Auf- und Ausbau der Stadt Hamburg, um die Einbeziehung der Elbe in die städtische Region und um die Bedeutung des Binnenhandels, besonders der Handelsschiffahrt auf der Oberelbe für Hamburg.

Unter allen drei Aspekten wurden die wesentlichen Grundlagen in den Jahrzehnten zwischen etwa 1187 und 1232 gelegt. Hamburg wurde als Handelsstadt aufgebaut. Der Hafen rückte der Elbe näher. Die Regelung des Elbhandels ober- und unterhalb der Stadt, besonders unter dem Aspekt der Zollfreiheit und des Zolltarifs, begann. Ein Schwerpunkt lag auf der Zuordnung des engeren Umlandes zur Stadt. Die Ergebnisse der politischen Bemühungen Hamburgs wurden in den Jahren 1224 bis 1232 ansatzweise rechtlich verfestigt.

In der zweiten Hälfte des 15. Jahrhunderts war Hamburg bereits eine ausgebaute Handelsstadt. Doch erscheint ihre Kontinuität gebrochen durch geballte Neuerungen. Die Stadt gerät politisch in die Defensive. Mit dem wachsenden Handelsvolumen und dem partiellen Stagnieren der städtischen Wirtschaft verschärft sich seit der Mitte des 15. Jahrhunderts die Diskrepanz zwischen Reichtum und Profitstreben einerseits, gefährdeter Subsistenz und Not andererseits. Soziale Konflikte mehren sich. Die ausgebaute und verdichtete Stadt dehnt ihren Hafen in die Elbe aus. Die Schiffahrt auf der Nieder- und auf der Oberelbe wird auf den städtischen Markt hingelenkt, durch den Anspruch auf Elbhoheit und auf Stapelrecht. Mit diesen Ansprüchen brachen heftige äußere Konflikte aus.[106] Weniger als zuvor erschien die Zukunft der Stadt im Inneren und nach außen gesichert.

Anmerkungen

[1] Im Text leicht erweiterte Fassung des Vortrags.
[2] Zur Akzentuierung der Diskontinuität in der Geschichte vgl. G. Theuerkauf, Soziale Bedingungen humanistischer Weltchronistik. In: Landesgeschichte und Geistesgeschichte. Festschrift für Otto Herding, Stuttgart 1977 (Veröffentlichungen der Kommission für geschichtliche Landeskunde in Baden-Württemberg, B 92), S. 317–340, bes. S. 337ff. – In den Gesamtdarstellungen der Hamburger Geschichte überwiegen Vorstellungen der Kontinuität und des Fortschritts; als Neuansatz hervorgehoben wird die Entstehung der Neustadt Hamburg im späten 12. Jahrhundert besonders durch Heinrich Reincke, Hamburg, Bremen 1925, S.10ff., und durch Erich von Lehe, Hamburg. In: Heimatchronik der Freien und Hansestadt Hamburg, 2. erw. Aufl. Köln 1967, S. 39ff.
[3] Datierung der karolingischen Burg: Reinhard Schindler, Hamburgs Beitrag zur nordwestdeutschen Burgwall-Forschung im Rahmen der Stadtarchäologie. In: Hammaburg 5/6, 1956/58, S. 61–84, hier S. 82. – Handelsplatz vor 888: Richard Drögereit, Das älteste Bremer Marktprivileg: Die Arnolf-Urkunde vom Jahre 888. In: Bremisches Jahrbuch 50, 1965, S. 5–27; auch in: R. Drögereit, Sachsen, Angelsachsen, Niedersachsen, Bd. 1, Hamburg 1978, S. 161–168. – Normannen: Hartmut Harthau-

sen, Die Normanneneinfälle im Elb- und Wesermündungsgebiet, Hildesheim 1966 (Quellen und Darstellungen zur Geschichte Niedersachsens 68). – Streit mit dem Erzbistum Köln: Karl Reinecke, Das Erzbistum Hamburg-Bremen und Köln 890–893. In: Stader Jahrbuch N.F. 63, 1973, S. 59–76.
[4] Weiterbestehen des Handelsplatzes nach 888: Reinhard Schindler, Ausgrabungen in Althamburg, Hamburg (1957), S. 11ff., 35ff., 44ff., 143ff. – Slawen: Joachim Herrmann in: Deutsche Geschichte in zwölf Bänden, Bd. 1, bearb. v. J. Herrmann (u. a.), Köln 1982, S. 416ff.; Manfred Hamann, Mecklenburgische Geschichte, Köln 1968 (Mitteldeutsche Forschungen 51), S. 55ff.; vgl. Manfred Gläser, Die Slawen in Ostholstein, Phil. Diss. Hamburg 1979, fotomech. vervielf. 1983, bes. S. 286ff. – Herzöge von Sachsen: Günter Glaeske, Die Erzbischöfe von Hamburg-Bremen als Reichsfürsten (937–1258), Hildesheim 1962 (Quellen und Darstellungen zur Geschichte Niedersachsens 60), bes. S. 42, 87ff., vgl. S. 19ff., 32ff., 49ff., 116ff. Vgl. unten Anm. 8.
[5] Bevölkerungsverdichtung, Binnenkolonisation, Ostsiedlung: Jan A. van Houtte u. Hermann Kellenbenz in: Handbuch der europäischen Wirtschafts- und Sozialgeschichte, Bd. 2, Stuttgart 1980, bes. S. 14ff., 508ff. – Verfügungsgewalt: G. Theuer-

40

kauf, Der Prozeß gegen Heinrich den Löwen. In: Wolf-Dieter Mohrmann (Hrsg.), Heinrich der Löwe, Göttingen 1980 (Veröffentlichungen der Niedersächsischen Archivverwaltung 39), S. 217–248, hier S. 242 ff. – Entstehung der Grafschaft Holstein, Territorialpolitik Heinrichs des Löwen, Lübeck: Herbert W. Vogt, Das Herzogtum Lothars von Süpplingenburg 1106–1125, Hildesheim 1959 (Quellen und Darstellungen zur Geschichte Niedersachsens 57), S. 85 f., 150 f. Nr. 10–11, vgl. S. 154 f. Nr. 25; Walther Lammers, Das Hochmittelalter bis zur Schlacht von Bornhöved, Neumünster 1981 (Geschichte Schleswig-Holsteins, Bd. 4, 1), S. 229 ff., 321 ff.; Ulrich Lange, Grundlagen der Landesherrschaft der Schauenburger in Holstein, T. 1. In: ZSHG 99, 1974, S. 9–93; Karl Jordan, Heinrich der Löwe, München 1979, S. 35 ff., 76 ff.; Günter P. Fehring, Lübeck, Archäologie einer Großstadt des Mittelalters. In: Lübeck 1226, Reichsfreiheit und frühe Stadt, hrsg. v. O. Ahlers (u. a.), Lübeck 1976, S. 267–298, bes. S. 271 ff. – Wahrscheinlich war, als Graf Adolf II. die civitas Lübeck anlegte, bereits eine slawische Hafensiedlung vorhanden; Helmold von Bosau, Chronica Slavorum, cap. 57 (ed. Schmeidler, 1937, S. 112): portumque nobilem, zum Begriff portus = «Hafen und Hafensiedlung» vgl. ebd. cap. 86 (S. 168 f.): portum et insulam; insula [...] et portu; castrum et insulam; die auf der Halbinsel gelegene Siedlung Lübeck wird also als Hafensiedlung oder als Burg akzentuiert; zum archäologischen Befund im Raum der slawischen Hafensiedlung vgl. Wolfgang Erdmann, Hochmittelalterliche Baulandgewinnung in Lübeck und das Problem der Lokalisierung beider Gründungssiedlungen. In: Lübecker Schriften zur Archäologie und Kulturgeschichte 6, 1982, S. 7–31, bes. S. 16 f.

6 Vgl. Klaus Richter, Hamburgs Frühzeit bis 1300. In: Hans-Dieter Loose (Hrsg.), Hamburg. Geschichte der Stadt und ihrer Bewohner, Bd. 1, Hamburg 1982, S. 60 ff., sowie Reincke und von Lehe (wie Anm. 2).

7 Sturz Heinrichs des Löwen: Theuerkauf (wie Anm. 5) S. 217–248; Karl Heinemeyer, Der Prozeß Heinrichs des Löwen. In: BDLG 117, 1981, S. 1–60. Heinemeyer (S. 11 Anm. 61) überbewertet eine Äußerung Carl Erdmanns (vgl. Theuerkauf, S. 224 ff. mit Anm. 23–25), referiert ungenau (S. 48 Anm. 225, S. 50 ff. mit Anm. 238) und geht mehrmals (bes. S. 9 f., S. 11 Anm. 61, S. 12 f., 18, S. 30 f. Anm. 129, S. 34 Anm. 148, S. 59 u. 60) von nicht überzeugenden Hypothesen aus. – Dänische Expansion: Lammers (wie Anm. 5), S. 374 ff.; Lange (wie Anm. 5), S. 76 ff.

8 Nach herrschender Meinung ist die neue Burg in der Alsterschleife schon 1061 von Herzog Ordulf von Sachsen gebaut worden; F. H. Neddermeyer, Topographie der Freien und Hanse Stadt Hamburg, Hamburg 1832, S. 25; C. F. Gaedechens, Historische Topographie der Freien und Hansestadt Hamburg und ihrer nächsten Umgebung, 2. Aufl. Hamburg 1880, S. 14; Schindler (wie Anm. 4), S. 11, 95 ff., 163 f., vgl. S. 89 ff., 160 ff.; Lange (wie Anm. 5), S. 31 Anm. 93; Richter (wie Anm. 6), S. 52. – Ich halte die folgende Interpretation, die den Wortlaut der schriftlichen Quellen ernst nimmt und die Spielräume der bisherigen archäologischen Datierungen bedenkt, für tragfähiger: Zur Zeit Erzbischofs Bezelins (1035–1043) entstanden innerhalb der vom Erzbischof und vom Herzog wiederhergestellten Burg Hamburg (in eodem castro) je ein steinernes, befestigtes Haus des Erzbischofs und des Herzogs, zwischen diesen Häusern lag der Dom; Adam von Bremen, Gesta Hammaburgensis ecclesiae pontificum II cap. 70 (ed. Schmeidler, 1917, S. 131 f.). Der schlechte archäologische Erhaltungszustand im Innern der Burg (vgl. Schindler, wie Anm. 4, S. 58 ff., bes. S. 74 ff.) hat bisher nicht ermöglicht, die Bebauung des Burginnern im 11. Jahrhundert zu erschließen. Der gemeinhin Bezelin zugeschriebene Turm, dessen Fundamente außerhalb des Burgwalls erhalten sind, ist vermutlich erst um 1060/61 entstanden (vgl. zum politischen Zusammenhang Adam von Bremen a. a. O. III cap. 26–27, S. 168–170); und erst die 1060/61 von Herzog Ordulf gebaute Burg lag in der Gegend des heutigen Rathausmarktes, aus der Sicht des Doms und der alten Burg, bezogen auf die Richtung, in der die südlich dieser Burg verlaufenden, zum Einzugsbereich der Elbe, Bille und Alster gehörigen Fleete fließen, unterhalb (infra Albiam flumen et rivum, qui Alstra vocatur, ebd. III

cap. 27, S. 170). Diese Burg des Herzogs wurde zwischen 1110/11 und 1139 von den Grafen Adolf I. und Adolf II. genutzt (Helmold von Bosau, wie Anm. 5, cap. 56, S. 110); vgl. Schindler (wie Anm. 4), S. 90 ff.; Lange (wie Anm. 5), S. 31 f. Die Anlage der «neuen Burg» in der Alsterschleife ist vermutlich zwischen 1072 und etwa 1143 anzusetzen, als Reaktion des billungischen Herzogs Magnus auf die Zerstörungen der Jahre 1066/72 oder im Zusammenhang mit der Wiederherstellung der Burg Segeberg und der Gründung der Stadt Lübeck (um 1143, Helmold von Bosau a. a. O. cap. 57, S. 111 f.). Die wenigen archäologischen Datierungsmerkmale, die Schindler (wie Anm. 4), S. 95 ff. mitteilt, reichen für eine präzisere Datierung nicht aus.

9 Zu betonen ist, daß es vor 1180 eine erzbischöfliche Stadtherrschaft im strengen Sinne nicht gegeben haben kann. Von der «Neustadt» und von der «neuen Burg» in der Alsterschleife ist ausdrücklich zuerst in HUB I Nr. 311 (ohne Jahr, zu 1195/96 zu stellen, gefälscht 1224/25) und in HUB I Nr. 310 (ohne Jahr, zu etwa 1195/96 zu stellen, gefälscht 1225/26) die Rede: in nova urbe; castrum nostrum novum. Zu den Angaben über Fälschungen vgl. die folgende Anmerkung.

10 Diese Behauptungen, wie auch die Annahme von Fälschungen in Anm. 9, werde ich in einem Aufsatz «Urkundenfälschungen der Stadt und des Domkapitels Hamburg in der Stauferzeit», in: Fälschungen im Mittelalter, hrsg. v. Horst Fuhrmann, voraussichtlich 1987, begründen, großenteils abweichend von Heinrich Reincke, Die ältesten Urkunden der Hansestadt Hamburg. In: H. Reincke, Forschungen und Skizzen zur Geschichte Hamburgs, Hamburg 1951 (Veröffentlichungen aus dem Staatsarchiv der Freien und Hansestadt Hamburg 3), S. 93–166, hier S. 104 ff., 121 ff. und 124 ff.

11 Zu 1181 bis 1202/03: Lange (wie Anm. 5), S. 39 f., 76 ff.; Lammers (wie Anm. 5), S. 370 ff.; Jordan (wie Anm. 5), S. 197 ff.; Hans-Joachim Freytag, Der Nordosten des Reiches nach dem Sturz Heinrichs des Löwen. In: Deutsches Archiv 25, 1969, S. 471–530, hier S. 478 ff.

12 Zu 1189/91 und 1191/92: Reincke (wie Anm. 10), S. 112 f.; Lange (wie Anm. 5), S. 39 f.; Lammers (wie Anm. 5) S. 375 ff.; Jordan (wie Anm. 5), S. 227. – Zu 1197/98 bis 1202/03: Lange (wie Anm. 5), S. 41 f., 76 ff.; Lammers (wie Anm. 5), S. 380 ff.

13 HUB I Nr. 286. – Graf Adolf III. erhielt die von ihm besetzte Grafschaft Stade 1195 teilweise vom Erzbischof Hartwig II. von Bremen. Michael Hohmann, Das Erzstift Bremen und die Grafschaft Stade im 12. und frühen 13. Jahrhundert. In: Stader Jahrbuch N. F. 59, 1969, S. 49–118, hier S. 85 ff.; vgl. Lange (wie Anm. 5), S. 40 f.; Glaeske (wie Anm. 4), S. 200. Vgl. unten Anm. 43.

14 Arnold von Lübeck, Chronica, ed. J. M. Lappenberg, in: Monumenta Germaniae historica, Scriptores 21, 1869, S. 100–250, hier III cap. 20, S. 161 f.; vgl. Reincke (wie Anm. 10), S. 108. Zu dem Privileg Kaiser Friedrichs I. für Lübeck, das nur in einer verfälschten Fassung erhalten ist (Urkundenbuch der Stadt Lübeck I Nr. 7): Manfred Unger, Zum Barbarossaprivileg für Lübeck. In: Wissenschaftliche Zeitschrift der Karl-Marx-Universität Leipzig 3, 1953/54, Ges.- u. Sprachwiss. Reihe, S. 439–443; Bernhard Am Ende, Studien zur Verfassungsgeschichte Lübecks im 12. und 13. Jahrhundert, Lübeck 1975 (Veröffentlichungen zur Geschichte der Hansestadt Lübeck B 2), S. 10 ff.

15 Vgl. HUB I Nr. 285 und 310. Die Angaben über den Gründungsvorgang scheinen mir, obwohl sie in gefälschten Urkunden stehen (oben Anm. 9 und 10), großenteils zutreffende Erinnerungen zu spiegeln.

16 HUB I Nr. 285: Den Siedlern wird auf drei Jahre ein Teil der Gerichtsgefälle erlassen.

17 Siehe oben Anm. 12.

18 Stade: oben Anm. 13. – Nikolai-Kapelle: HUB I Nr. 310. Vgl. oben Anm. 9 und 15.

19 Zuerst: HUB I Nr. 389 (ohne Jahr, 1211–1214); vgl. Reincke (wie Anm. 10), S. 148 ff. (zu 1212).

20 Zuerst: HUB I Nr. 401 (ohne Jahr); vgl. Reincke (wie Anm. 10), S. 151 ff.

21 HUB I Nr. 498 und 499; vgl. Reincke (wie Anm. 10), S. 124 f.

22 HUB I Nr. 679 und 681, Nr. 640, 641 und 802.

23 Siehe oben Anm. 10 und 15. Zu Wirad: HUB I Nr. 285, 292 und 310. Die Zeugenreihe in Nr. 292 nennt Wirad unter den fünf aufgeführten Ratmannen an dritter Stelle.

[24] HUB I Nr. 381; Urkundenbuch der Stadt Lübeck I Nr. 31. Vgl. Gotthard Raabe, Bündnisse der wendischen Städte bis 1315, Phil. Diss. Hamburg 1970, fotomech. vervielf. Hamburg 1971, S. 6 (zu: um 1230). Nicht überzeugend: Klaus Wriedt, Die ältesten Vereinbarungen zwischen Hamburg und Lübeck. In: Civitatum communitas, T. 2, Köln 1984 (Städteforschung A 21, 2), S. 756–764.

[25] Vgl. Heinrich Reincke, Hamburgs Aufstieg zur Reichsfreiheit. In: ZHG 47, 1961, S. 17–34, bes. S. 23 ff.

[26] Vgl. Heinrich Reincke, Hamburgische Territorialpolitik. In: ZHG 38, 1939, S. 28–116, bes. S. 52 ff., 59 ff., 67 ff., 80 ff., 84 ff., 86 ff. Vgl. unten Anm. 46 und 58–60.

[27] Vgl. Reincke (wie Anm. 26), S. 71 ff., 82 f., 97.

[28] Vgl. Reincke (wie Anm. 26), S. 74 ff.

[29] Reincke (wie Anm. 26), S. 92 ff.

[30] Ulrich Wacker und Klaus-Jürgen Lorenzen-Schmidt in: Jörg Berlin (Hrsg.), Das andere Hamburg, Köln 1981 (Kleine Bibliothek 237), S. 9–35; Hans Feldtmann, Der zweite Rezeß vom Jahre 1458. In: ZHG 27, 1926, S. 141–196; Helga Raape, Der Hamburger Aufstand von 1483. In: ZHG 45, 1959, S. 1–64.

[31] Zu Hamburg vgl. Hans-Jürgen Huth, Die Finanzen der Stadt Hamburg um 1375, Staatsexamensarbeit (Gymn.) Hamburg 1979; Peter C. Plett, Die Finanzen der Stadt Hamburg im Mittelalter (1350–1562), Phil. Diss. (Masch.-Schr.) Hamburg 1960, S. 155 ff., 159 ff., 192 ff., 217 ff., 247.

[32] Zu Hamburg vgl. Rolf Rosenbohm, Der Hamburger Liber officiorum mechanicorum, Phil. Diss. (Masch.-Schr.) Hamburg 1954; Harald Steffahn, Die Hamburger Bürgerschaft im fünfzehnten und sechzehnten Jahrhundert, Phil. Diss. (Masch.-Schr.) Hamburg 1959; Jürgen Ellermeyer, Sozialgruppen, Selbstverständnis, Vermögen und städtische Verordnungen. In: BDLG 113, 1977, S. 203–275, bes. S. 221 ff. – Verfügungsgewalt: siehe oben Anm. 5. Subsistenz: das auskömmliche, weniger zu Verfügungsgewalt (wirtschaftlichem Reichtum und/oder politischer Macht) als zu Not geöffnete Dasein der meisten Menschen.

[33] Zu Hamburg vgl. Raape (wie Anm. 30), bes. S. 5 ff., 19 ff.

[34] Steffahn (wie Anm. 32), S. 22 ff.; vgl. Burchard Scheper, Frühe bürgerliche Institutionen norddeutscher Hansestädte, Köln 1975 (Quellen und Darstellungen zur hansischen Geschichte N. F. 20), S. 62 ff., 71 ff.

[35] Gaedechens (wie Anm. 8), S. 15 f., Schindler (wie Anm. 4), S. 164 ff.

[36] Siehe oben Anm. 20.

[37] HUB I Nr. 483. «Zoll» und «Ungeld» werden in Urkunden teils in angenäherter Bedeutung verwendet (z. B. HUB I Nr. 286: Zoll und Ungeld = Zoll), teils deutlich unterschieden (z. B. HUB I Nr. 569: Ungeld = eine von bestimmten Waren erhobene Abgabe). Zoll im engeren Sinne ist eine Abgabe von Transportmitteln (Schiffen, Wagen), Zoll im weiteren Sinne schließt das Ungeld ein; siehe unten Anm. 93.

[38] HUB I Nr. 285, 286, 292.

[39] HUB I Nr. 486 (Bestätigung von HUB I Nr. 292).

[40] HUB I Nr. 498 und 499.

[41] HUB I Nr. 525. Vgl. Raabe (wie Anm. 24), S. 19 ff.

[42] HUB I Nr. 286 und 292.

[43] Harburg gehörte vor 1191 und zwischen 1228 und mindestens 1236 zum Erzstift Bremen und war mindestens zwischen 1195 und 1219 im Besitz der Grafen von Holstein; Dietrich Kausche, Regesten zur Geschichte des Harburger Raumes 1059 bis 1527, Hamburg 1976 (Veröffentlichungen aus dem Staatsarchiv der Freien und Hansestadt Hamburg 12), Nr. 9, 11–14, 19, 22, 25.

[44] Siehe oben Anm. 39.

[45] Vgl. Arnold Kiesselbach, Die wirtschaftlichen Grundlagen der deutschen Hanse und die Handelsstellung Hamburgs bis in die zweite Hälfte des 14. Jahrhunderts, Berlin 1907, S. 29 ff., 95 ff.

[46] Horst Tschentscher, Die Entstehung der hamburgischen Elbhoheit (1189–1482). In: ZHG 43, 1956, S. 1–48, bes. S. 11 ff., 19 ff.; Heinrich Reincke, Kaiser Karl IV. und die deutsche Hanse, Lübeck 1931 (Pfingstblätter des Hansischen Geschichtsvereins 22), S. 20 f. Vgl. oben Anm. 26.

[47] Siehe oben Anm. 27. Dietrich Kausche, Harburg unter der Pfandherrschaft der Stadt Lüneburg. In: Lüneburger Blätter 10, 1959, S. 45–89, hier S. 48 ff.

[48] Tschentscher (wie Anm. 46), S. 30 ff.

[49] Otto Rüdiger (Hrsg.), Die ältesten hamburgischen Zunftrollen und Brüderschaftsstatuten, Hamburg 1874, S. 75 Nr. 12 o.

[50] Tschentscher (wie Anm. 46), S. 34 ff.

[51] Übersetzung nach dem Zitat bei Tschentscher (wie Anm. 46), S. 39.

[52] Ernst Pitz, Die Zolltarife der Stadt Hamburg, Wiesbaden 1961 (Deutsche Handelsakten des Mittelalters und der Neuzeit 11 = Deutsche Zolltarife des Mittelalters und der Neuzeit 2), S. XX ff.; Tschentscher (wie Anm. 46), S. 13 ff., 37.

[53] Pitz (wie Anm. 52), S. XIV ff., XXVI ff. Vgl. Tschentscher (wie Anm. 46), S. 32 ff.; Gerald Stefke, Die Hamburger Zollbücher von 1399/1400 und «1418». In: ZHG 69, 1983, S. 1–33.

[54] Tschentscher (wie Anm. 46), S. 42 ff. Vgl. unten Anm. 105.

[55] Feldtmann (wie Anm. 30), S. 161 f. Art. 29–30 und S. 189 ff.; Raape (wie Anm. 30), S. 5 ff., 32 f., 49 ff.; Wilhelm Naudé, Deutsche städtische Getreidehandelspolitik vom 15.–17. Jahrhundert, Leipzig 1889 (Staats- und socialwissenschaftliche Forschungen VIII 5), S. 39 ff.

[56] Übersetzung nach: Hermann Langenbeck, Bericht über den Aufstand zu Hamburg im Jahre 1483. In: Hamburgische Chroniken in niedersächsischer Sprache, hrsg. v. J. M. Lappenberg, Hamburg 1861, S. 340. Vgl. Raape (wie Anm. 30), S. 6.

[57] Übersetzung nach: Hansisches Urkundenbuch X Nr. 663.

[58] Siehe oben Anm. 26. Ehrhard Schulze, Das Herzogtum Sachsen-Lauenburg und die lübische Territorialpolitik, Neumünster 1957 (Quellen und Forschungen zur Geschichte Schleswig-Holsteins 33), S. 105 ff.

[59] Günter Harringer, Der Streit des Hauses Braunschweig-Lüneburg mit den Hansestädten Hamburg und Lübeck um den Gammerdeich (1481–1620). In: ZHG 51, 1965, S. 1–48.

[60] Siehe oben Anm. 26. Dietrich Kausche, Gerechtsame an und auf den Wasserläufen zwischen Hamburg und Harburg im späten Mittelalter. In: ZHG 46, 1960, S. 45–103, bes. S. 58 ff.

[61] Hamburgische Burspraken 1346 bis 1594, bearb. v. Jürgen Bolland, T. 2, Hamburg 1960 (Veröffentlichungen aus dem Staatsarchiv der Freien und Hansestadt Hamburg VI 2), S. 6 Nr. 3 Art. 8 (wahrscheinlich 1359–1371).

[62] Ebd. S. 8 Nr. 3 Art. 24 (wahrscheinlich 1359); S. 184 Nr. 84 Art. 17 (vermutlich 1487). Vgl. Rolf Sprandel, Le port de Hambourg pendant le bas moyen âge. In: Les grandes escales, t. 1, Brüssel 1974 (Recueils de la Société Jean Bodin 32), S. 401 bis 415, hier S. 408 f. (zu 1462/80).

[63] Hamburgische Burspraken (wie Anm. 61), S. 93 f. Nr. 45 Art. 7 (1460).

[64] Ebd. S. 1 Nr. 1 Art. 1 und 5 (1346); S. 4 Nr. 2 Art. 27 (wahrscheinlich 1358); S. 58 Nr. 20 Art. 1 (1443); S. 65 Nr. 26 Art. 4 (1453); S. 66 f. Nr. 28 Art. 2 (wahrscheinlich 1453); S. 72 Nr. 33 Art. 2 (1454); S. 114 Nr. 53 Art. 27 (wahrscheinlich 1464); S. 129 Nr. 55 Art. 14 (1462/65).

[65] Siehe oben Anm. 61. Hamburgische Burspraken (wie Anm. 61), S. 182 Nr. 84 Art. 7 (vermutlich 1487).

[66] Ebd. S. 6 Nr. 3 Art. 7 und 9 (wahrscheinlich 1359), S. 74 Nr. 35 Art. 6 (1456).

[67] Das Schaartor und die Schaartorbrücke sind im 14. Jahrhundert bezeugt und werden um 1500 erweitert; Neddermeyer (wie Anm. 8), S. 35, 38, 294; Gaedechens (wie Anm. 8), S. 54 f., 86 f.; F. Heynßen, Zur Geschichte der Stadtbaukunst Hamburgs im Mittelalter, Hamburg 1917, S. 37.

[68] Hamburgische Burspraken (wie Anm. 61), S. 94 f. Nr. 47 Art. 1 (1461). Die Hohe Brücke ist schon im 13. Jahrhundert bezeugt; Neddermeyer (wie Anm. 8), S. 33; Gaedechens (wie Anm. 8), S. 35. Zur Schaartorbrücke vgl. Anm. 67.

[69] Hamburgische Burspraken (wie Anm. 61), S. 119 ff. Nr. 54 Art. 7, 9 und 13 (wahrscheinlich 1465). Die dargestellten Zusammenhänge, in denen der Namenswechsel in den Burspraken sich ereignet, machen wahrscheinlich, daß nicht nur der Name, sondern auch die bezeichnete Sache sich verändert hat.

[70] Eichholz (unter diesem Namen nicht vor dem 15. Jahrhundert bezeugt) und Vorsetzen (diese zuerst bezeugt in der 1. Hälfte des 16. Jahrhunderts): Neddermeyer (wie Anm. 8), S. 230, 308; Gaedechens (wie Anm. 8), S. 55 f., 107.

[71] Vgl. Hermann Lüders, Hamburgs Handel und Gewerbe am Ausgang des Mittelalters, Phil. Diss. Leipzig 1910.

[72] Übersichts-Längenschnitte der Elbe und ihrer wichtigsten Ne-

benflüsse. In: Der Elbstrom, sein Stromgebiet und seine wichtigsten Nebenflüsse, hrsg. von der Kgl. Elbstrombauverwaltung zu Magdeburg, Kartenbeilagen, Berlin 1898.

[73] Größere Flußregionen z. B.: die der Donau, des Rheins und der Weichsel.

[74] Vgl. Walter Stark, Lübeck und Danzig in der zweiten Hälfte des 15. Jahrhunderts, Weimar 1973 (Abhandlungen zur Handels- und Sozialgeschichte 11), S. 86 ff.; Henryk Samsonowicz, Formen der Wirkung des Handelskapitals in Polen und Preußen vom 14. bis zum 16. Jahrhundert. In: Hansische Studien 3, Bürgertum-Handelskapital-Städtebünde, Weimar 1975 (Abhandlungen zur Handels- und Sozialgeschichte 15), S. 35–45.

[75] Vgl. Der Elbstrom (wie Anm. 72), Bd. 3, Abth. 1, Berlin 1898; Hans Rohde, Eine Studie über die Entwicklung der Elbe als Schiffahrtsstraße. In: Mitteilungen des Franzius-Instituts für Grund- und Wasserbau der Technischen Universität Hannover 36, 1971, S. 17–241, bes. S. 30 ff.

[76] Vgl. Bruno Ploetz, a) Überlandfernverkehr im Gebiet des Fürstentums Lüneburg. In: Lüneburger Blätter 11/12, 1961, S. 67 bis 147; b) Der Handelsverkehr zwischen Lüneburg und Hamburg. In: Jahreshefte des Naturwissenschaftlichen Vereins für das Fürstentum Lüneburg 31, 1969, S. 27–36. Vgl. unten Anmerkung 91.

[77] Vor dem 13. Jahrhundert tritt vor allem die Nutzung von Flüssen für andere als Handelszwecke gelegentlich in schriftlichen Quellen hervor, z. B. Adam von Bremen (wie Anm. 8) I cap. 21, S. 27; II cap. 31–32, S. 92 f.; II cap. 77, S. 136; II cap. 82, S. 140. Vgl. Hermann Bächtold, Der norddeutsche Handel im 12. und beginnenden 13. Jahrhundert, Berlin 1910 (Abhandlungen zur Mittleren und Neueren Geschichte 21), S. 163 ff; Detlev Ellmers, Frühmittelalterliche Handelsschiffahrt in Mittel- und Nordeuropa, 2. Aufl. Neumünster 1984, S. 236 ff.

[78] Zur Konzeption der hansischen Geschichtsforschung als Seegeschichte vgl. Ahasver von Brandt, Hundert Jahre Hansischer Geschichtsverein. In: HGbll 88, 1970, I S. 3–67, bes. S. 51 ff.

[79] Fritz Rörig, Das Meer und das europäische Mittelalter. In: ZHG 41, 1951, S. 1–19, hier S. 1 und 13; auch in: F. Rörig, Wirtschaftskräfte im Mittelalter, 2. erg. Aufl. Wien, Köln 1971, S. 638–657, hier S. 638 und 650.

[80] J. Schildhauer in: Johannes Schildhauer, Konrad Fritze u. Walter Stark, Die Hanse, 5. Aufl. Berlin 1982, S. 152.

[81] Ph. Dollinger, Die Hanse, 3. überarb. Aufl. Stuttgart 1981 (Kröners Taschenausgabe 371), S. 278 f.

[82] Ebd. S. 157 f. und 460.

[83] J. G. Gallois, Geschichte der Stadt Hamburg, Hamburg 1867, Nachdruck 1976, S. 44 ff.; von Lehe (wie Anm. 2), S. 64 ff.; Richter (wie Anm. 6), S. 89 ff.

[84] P. E. Schramm, Hamburg – ein Sonderfall in der Geschichte Deutschlands. In: Hamburg – ein Sonderfall, Hamburg 1966, S. 9–24, bes. S. 10 und 12. Vgl. oben Anm. 73–74.

[85] Erich von Lehe, a) Hamburgische Quellen für den Elbhandel der Hansezeit und ihre Auswertung. In: HGbll 76, 1958, S. 131 bis 142; b) Hamburgische Verbindungen mit der Mark Brandenburg in hansischer Frühzeit. In: Jahresgabe des Altmärkischen Museums Stendal 17, 1963, S. 1–8; c) Hamburgs Verbindungen zu Kaufleuten der Prignitz in der frühen Hansezeit. In: Prignitz-Forschungen 1, 1966, S. 57–71; d) Der hansische Kaufmann des 13. Jahrhunderts nach dem Beispiel von Lübeck und Hamburg. In: ZHG 44, 1958, S. 73–93, bes. S. 89 f.; vgl. oben Anm. 83. Nis Rudolf Nissen, Neue Forschungsergebnisse zur Geschichte der Schiffahrt auf der Elbe und dem Stecknitzkanal. In: ZLGA 46, 1966, S. 5–14; Naudé (wie Anm. 55). Vgl. noch Richard Boschan, Der Handel Hamburgs mit der Mark Brandenburg bis zum Ausgang des 14. Jahrhunderts, Phil. Diss. Berlin 1907; Bernhard Weissenborn, Die Elbzölle und Elbstapelplätze im Mittelalter, Phil. Diss. Halle-Wittenberg 1900, bes. S. 36 ff.; Alfred Wieske, Der Elbhandel und die Elbhandelspolitik bis zum Beginn des 19. Jahrhunderts, Halberstadt 1927 (Beiträge zur mitteldeutschen Wirtschaftsgeschichte und Wirtschaftskunde 6), bes. S. 9 ff., 19 ff.; Werner Jochmann, Der Hamburger Handel im 13. und 14. Jahrhundert, Phil. Diss. (Masch.Schr.) Hamburg 1949, S. 15 ff., 70 ff.

[86] Siehe oben Anm. 20 und bei Anm. 36.

[87] HUB I Nr. 286, 292, 486. Vgl. oben Anm. 38–39.

[88] Pitz (wie Anm. 52), S. 3 f. Nr. 4; vgl. ebd. S. 9 ff. Nr. 13 (zwischen 1254 und 1263, wahrscheinlich 1262/63), hier S. 11 f. Art. 3–4, S. 13 Art. 10.

[89] Ebd. S. 5 ff. Nr. 7, hier S. 5 Art. 1.

[90] HUB I Nr. 776; Urkundenbuch der Stadt Lüneburg I Nr. 126.

[91] Gertrud Schrecker, Das spätmittelalterliche Straßennetz in Holstein und Lauenburg, T. 2. In: ZSHG 63, 1935, S. 104–161, hier S. 104 ff.; Wolfgang Prange, Siedlungsgeschichte des Landes Lauenburg im Mittelalter, Neumünster 1960 (Quellen und Forschungen zur Geschichte Schleswig-Holsteins 41), S. 42 ff. Vgl. Friedrich Bruns u. Hugo Weczerka, Hansische Handelsstraßen, Textbd., Köln 1967 (Quellen und Darstellungen zur hansischen Geschichte N. F. 13,2), S. 126 ff.

[92] Pitz (wie Anm. 52), S. 5 ff. Nr. 7, hier S. 5 Art. 1, 2 und 4; siehe oben Anm. 90.

[93] Pitz (wie Anm. 52), S. 9 ff. Nr. 13 (siehe oben Anm. 88), hier S. 12 f. Art. 8–9.

[94] Ebd. S. 7 ff. Nr. 10 (1254), S. 9 ff. Nr. 13 (siehe oben Anm. 88), hier S. 12 Art. 5, S. 14 Art. 11.

[95] Kupfer: Siehe oben Anm. 88, 90 und 94.

[96] Pitz (wie Anm. 52), S. 9 ff. Nr. 13 (siehe oben Anm. 88), hier S. 11 f. Art. 4.

[97] Stadtarchiv Lüneburg, AB 526, Bl. 7r. m = Mark, s = Schilling, d = Pfennig. Das Rechnungsjahr 1503 begann Ostern 1503 und endete vor Ostern 1504.

[98] Bleckede war zu dieser Zeit ein Pfandschloß der Stadt Lüneburg; Wilhelm Reinecke, Geschichte der Stadt Lüneburg, Bd. 2, Lüneburg 1933, Nachdruck 1977, S. 135 f.

[99] Vgl. das Überwiegen der Zolltarife für Schifftransporte und deren Differenzicrung; oben Anm. 89–90, 93–94. Zum Verhältnis von Bergfahrt zu Talfahrt z. B. Nissen (wie Anm. 85), S. 9; Karlheinz Blaschke, Elbschiffahrt und Elbzölle im 17. Jahrhundert. In: HGbll 82, 1964, S. 42–54, hier S. 49 ff. für die Jahre 1671–1674: entrichtete Zölle = 1:1,54; Frachterlös (eigene Fracht des Schiffseigners) = 1:7,25; (eigene und fremde Fracht zusammen) = 1:1,49. Zoll- und Ungeldvergünstigungen bei der Bergfahrt z. B. Pitz (wie Anm. 52), S. 3 f. Nr. 4, hier S. 3; S. 5 ff. Nr. 7, hier S. 5 Art. 2 und 4; S. 9 ff. Nr. 13, hier S. 11 f. Art. 4, S. 13 Art. 10.

[100] Angegeben sind die jährlichen Durchschnittswerte der Jahre 1461–1464 und 1495–1500 (für 1465–1469 und 1491–1494 liegen Zahlen nicht vor); Kämmereirechnungen der Stadt Hamburg, hrsg. v. Karl Koppmann, Bd. 3, Hamburg 1878, S. XCVII und Bd. 7, Hamburg 1894, S. CLXXXIX (dort jährliche Angaben in Pfund).

[101] Nissen (wie Anm. 85), S. 6 f. und 10 f.

[102] Harald Witthöft, Lüneburger Schiffer-Ämter. In: Lüneburger Blätter 9, 1958, S. 73–100; Dieter Brosius in: Heimatchronik des Kreises Harburg, Köln 1977 (Heimatchroniken der Städte und Kreise des Bundesgebietes 46), S. 54. Vgl. die Bezeichnung des den Elblauf oberhalb Hamburgs sperrenden Baums als Winserbaum (siehe unten Anm. 104).

[103] 1 Lauenburger Elbschiff entsprach 5 bis 6 Stecknitzkähnen; Nissen (wie Anm. 85), S. 6. 1 Stecknitzkahn faßte 6 1/3 Last Salz; Wilhelm Hadeler, Beiträge zur Geschichte des Schiffbaus in der Stadt Lauenburg, T. 2. In: Lauenburgische Heimat N. F. 48, 1965, S. 12–25, hier S. 20; Harald Witthöft, Struktur und Kapazität der Lüneburger Saline seit dem 12. Jahrhundert. In: VSWG 63, 1976, S. 1–117, hier S. 26 f. Ein Lauenburger Elbschiff faßte also 31 2/3 bis 38 Last. Zur Größenordnung der großen Seeschiffe (Koggen, Holke, Kraweele) vgl. Walther Vogel, Geschichte der deutschen Seeschiffahrt, Bd. 1, Berlin 1915, Nachdruck 1973, S. 494 ff. Zu beachten ist, daß die durchschnittliche Größe der Seeschiffe weit niedriger lag; Vogel a. a. O., S. 493 f. vermutet: 40 bis 60 Last.

[104] Rüdiger (wie Anm. 49), S. 234 Nr. 46; Nissen (wie Anm. 85), S. 6; Witthöft (wie Anm. 102), S. 76 ff. Vgl. Brosius (wie Anm. 102).

[105] Hermann Treutler, Die Entstehung des Hamburger Elbstapels, Rechts- u. Staatswiss. Diss. (Masch.-Schr.) Hamburg 1925, bes. S. 161 ff.; Otto Gönnenwein, Das Stapel- und Niederlagsrecht, Weimar 1939 (Quellen und Darstellungen zur hansischen Geschichte N. F. 11), S. 70 ff.

[106] Vgl. Naudé (wie Anm. 55), S. 41 ff. sowie oben Anm. 27–30.

Zur Entwicklung der hansestädtischen Hafen- und Schiffahrtsverwaltung

von Rainer Postel

Die Verwaltung von Hafen und Schiffahrt war für die Hansestädte ein wichtiger und sensibler Bereich ihres politischen und wirtschaftlichen Lebens.[1] In ihr fanden sowohl allgemeinere Erscheinungen der Verwaltungsgeschichte als auch Entwicklungen der Sozial-, Wirtschafts- und Verkehrsgeschichte Ausdruck. Die folgende Betrachtung beschränkt sich auf die drei Hansestädte Lübeck, Bremen und Hamburg, die in ihrer bis ins 20. Jahrhundert fortbestehenden Eigenstaatlichkeit auf längere und kontinuierlichere Verwaltungstraditionen zurückblicken können als andere Mitglieder der Hanse. Ohne die hier gemachten Beobachtungen vorschnell zu generalisieren: Die Grundzüge ihrer administrativen Entwicklung dürften in ihren Übereinstimmungen wie in ihrer Gegensätzlichkeit[2] in anderen Hansestädten manche Entsprechungen finden.

Seit es Häfen und Schiffahrt gab, wurden diese natürlich verwaltet, sei es durch den Rat, sei es durch die Hauptbeteiligten, Kaufleute und Schiffer. Erst später kam es jedoch zur Ausbildung regelrechter Behörden mit festumgrenztem Wirkungskreis und festgelegter Zusammensetzung aus Mitgliedern des Rats und anderer interessierter Gruppen. Diese Entwicklung soll in ihren Formen, Voraussetzungen und Wirkungen skizziert werden, und zwar in drei Abschnitten: zunächst die Verwaltungstätigkeit des Rats, dann die von Kaufleuten und Schiffern wahrgenommenen Verwaltungsaufgaben und schließlich die Ausbildung gemeinschaftlicher Organe dieser Gruppen.

I. Im späteren Mittelalter oblagen in den drei Hansestädten neben der übrigen städtischen Verwaltung auch die Pflege des Handels und die Sicherung der Schiffahrt dem Rat. Da er sich, soweit ersichtlich, durchweg oder überwiegend aus Kaufleuten zusammensetzte, verband sich hier in besonderer Weise das kommunale Interesse mit dem seiner Mitglieder und konnte im Konfliktfall letzteres auch die Oberhand gewinnen.[3] Hafeneinrichtungen wie Kran und Waage und der wichtige und sicherheitsempfindliche Teerhof[4] unterstanden dem Rat und wurden – so in Hamburg, wo sich die Verwaltungstätigkeit des Rats seit der Mitte des 14. Jahrhunderts anhand der Bursprachen[5] und der Kämmereirechnungen[6] über weite Strecken verfolgen läßt – von ihm auch verpachtet.[7] Der Hamburger Rat ergriff mit dem Bau des festen Turms und Leuchtfeuers auf der Insel Neuwerk zu Beginn des 14. Jahrhunderts eine spektakuläre Maßnahme zur Schiffahrtssicherung und gegen den Seeraub vor der Elbmündung.[8] Mit dem Erwerb Ritzebüttels am Ende dieses Jahrhunderts[9] trug er ähnlich

zum Schutz seiner Schiffahrt bei wie kurz zuvor Bremen mit dem der Burg Bederkesa und später zeitweilig Butjadingens an der Wesermündung.[10] Der zunächst für Bau und Unterhalt des Turms von Neuwerk erhobene Werkzoll[11] auf ein- und ausgehende Waren war die erste von Hamburg auf der Elbe erhobene Abgabe und wurde späterhin zu einer wichtigen städtischen Einnahmequelle, aus der auch die Kosten der Hafenverbesserung bestritten wurden. Die beiden dafür eingesetzten Zollherren des Rates erhoben auch die meisten anderweitigen Zolleinnahmen – den alten seit 1460 vom früheren Stadtherren pfandweise übernommenen Schauenburgischen oder Grafenzoll,[12] dessen Verwaltung seit dem 13. Jahrhundert schrittweise auf die Stadt übergegangen war, den seit 1420 gemeinsam mit Lübeck erhobenen Esslinger Zoll[13] auf dem Zollenspiker, seit 1530 auch das Schleusengeld.[14] Das Tonnengeld, mit dessen Erträgen die Tonnen und Baken zur Bezeichnung der Fahrrinne von Hamburg bis zur Nordsee unterhalten wurden – für ihre Wartung hielt der Rat mehrere Barsenmeister in Sold –, wurde offenbar seit Anfang des 15. Jahrhunderts als Zuschlag zum Werkzoll erhoben; erst 1586 wurde es zu einer selbständigen, von Bürgern verwalteten Abgabe, die bei Hamburgs Nachbarn auf erheblichen Widerstand traf.[15] Seit dem Ende des 16. Jahrhunderts nahmen die Hamburger Zollherren auch den Schiffereid ab.[16]

Ähnlich unterstanden das Zollwesen und die Verwaltung von Hafen und Schiffahrt auch in Bremen (den Schlachteherren)[17] und Lübeck[18] dem Rat oder wurden – wie in Bremen 1426 die Sorge für Tonnen und Baken an die Kaufmannselterleute[19] – von ihm delegiert. Er erließ Kaufmanns- und Schifferordnungen, beaufsichtigte die Einhaltung von Maßen und Gewichten, auch das Verhältnis von Kaufleuten und Schiffern zueinander, das Heuerwesen, Arbeitsverhältnisse und Disziplin an Bord und die Regelung von Havariefragen. Die Ratskollegien beschickten die Hansetage[20] und sorgten mit zahlreichen Verordnungen für die Befolgung von deren Beschlüssen über Schiffbau, Frachtwesen und Gästehandel.[21] Ebenso wachten sie streng über die Einhaltung der vorteilhaften und oft extensiv ausgelegten Stapelrechte, nach denen der Transit fremder Güter erst zugelassen war, nachdem diese über eine bestimmte Zeit in der Stadt ganz oder teilweise günstig angeboten worden waren. Dies lag im Interesse ihrer Versorgung wie ihres Zwischenhandels und war überdies geeignet, Handelswege und Warenverkehr zu kontrollieren, ebenso den Gästehandel in der Stadt, und eröffnete besonders Hamburg die Möglichkeit, seine Herrschaft über den gesamten Elbhandel auszudehnen und das Monopol über den dortigen Getreidehandel zu erringen.[22] Daß es damit gleichzeitig Ursache für zahlreiche Konflikte – auch zwischen den Hansestädten – bot, lag auf der Hand. Besonders Hamburg war vom 15. bis zum 17. Jahrhundert in heftige Auseinandersetzungen mit den übrigen Elbanliegern verwickelt.[23] Als Instrument zur Durchsetzung seiner Stapelpolitik nutzte der Rat hier wie in Bremen seit dem 16. Jahrhundert auch die Bört- oder Reihefahrt, erste regelmäßige Schiffsverbindungen zu bestimmten Häfen, die er mit Börtordnungen reglementierte.[24]

Zwei Aufgabenbereiche nahmen den Rat immer stärker in Anspruch – die Schiffbarkeit des Flusses und die Sicherung der Handelsschiffahrt gegen fremde Übergriffe. Daß die drei Häfen, wie im Mittelalter häufig, nicht an der Küste, sondern eine Strecke flußaufwärts angelegt worden waren, schützte sie zwar vor den Unbilden von Witterung und Seeraub und verkürzte die kostspieligen Landwege, stellte die Städte jedoch vor das Problem, daß die Flüsse – noch verstärkt durch den Schiffsverkehr – zu versanden drohten. Außerdem nahmen Größe und Tiefgang der Schiffe zu, so daß schon die ‹normale› Flußtiefe nicht mehr überall ausreichte.

Seit dem 14. Jahrhundert traf der Lübecker Rat gegen die allmähliche Verlandung der Untertrave – des «Bretlings» – technische Schutzvorkehrungen und immer aufwendigere Maßnahmen zur Uferbefestigung, die er um 1466 mit einem Zusatzzoll, später mit einer freiwilligen, seit 1539 obligatorischen Testamentsabgabe finanzierte. Wiederholt verbot er bei hohen Strafen, *Dreckes und anderer Ungelegenheit* von Mensch und Tier in die Trave zu werfen oder auch nur die Rinnsteine bei Regen zur Trave und Wakenitz hin zu fegen, und setzte zur Kontrolle und Instandhaltung der Uferbauten einen Travevogt ein (zuerst genannt 1528) – später von mehreren Brückenkiekern unterstützt –, der Verstöße dem Wetteherrn des Rates zu melden und auch gesunkene Schiffe aus der Trave entfernen zu lassen hatte. Trotz aller Anstrengungen hielt aber der Lübecker Wasserbau auch während des 16. Jahrhunderts nicht Schritt mit der Versandung der Trave.[25] Ähnlich suchte zur gleichen Zeit der Bremer Rat vergeblich der zunehmenden Verlandung der Weser beizukommen, da der Bremer Hafen – die Schlachte – von größeren Schiffen bereits nicht mehr erreicht werden konnte.[26]

Eigene Bemühungen des Hamburger Rates um die Schiffbarkeit von Elbe und Alster scheinen zwar nicht vor dem letzten Drittel des 15. Jahrhunderts erfolgt zu sein, doch verbot er bereits um die Mitte des 14. Jahrhunderts jede Verunreinigung der hamburgischen Gewässer,[27] bedrohte Verstöße mit vierwöchiger Haft bei Wasser und Brot (1383)[28] und ließ die Fleete der Stadt wiederholt von den Anliegern ausheben.[29] Im 16. Jahrhundert wies er auch die Anlieger von Elbe und Stadtgraben zu sorgfältiger Uferbefestigung an

und verbot ihnen Schweine- und Rinderhaltung, wo diese Fleete und Hafen *(deep)* zu verschmutzen drohte.[30]

Die Gefährdung durch Seeraub und Kaper nötigte die Hansestädte verschiedentlich zur Ausrüstung bewaffneter Begleitschiffe. Nachrichten über hamburgische Kriegsschiffe gegen Seeräuber und zu anderen Kriegszügen reichen bis ins 14. Jahrhundert zurück.[31] Bereits 1440 wird hier ein *officium admiralitatis* des Rates erwähnt, das gegen Ende des 16. Jahrhunderts offenbar auch über die Disziplin auf hamburgischen Schiffen wachte.[32] Ein als «Admiralität» bezeichnetes Seegericht des Rates, in das vier Ratsherren entsandt wurden, um alle Schiffssachen zu behandeln und zu entscheiden, wurde in Lübeck auf jahrzehntelanges Ansuchen der Kaufmannschaft 1655 eingesetzt, ging allerdings schon 1664 wieder ein, da unter den Kaufleuten keine Einigung über seine Finanzierung zustande kam.[33]

II. Daß die umfassende Kompetenz des Rates eine eigene Verwaltungstätigkeit der Kaufmannschaft und Schiffer nicht ausschloß, zumal wenn sie den Rat entlastete und im gemeinsamen Interesse lag, wurde schon bemerkt. Allerdings verlief die Entwicklung hierin keineswegs einheitlich und hing offenbar besonders von der Verfassung der Kaufmannschaft und ihrer Stellung zum Rat ab.

Anders als in anderen Hansestädten hatte die Bremer Kaufmannschaft – der *mene kopman* – seit dem Mittelalter eine einheitliche gildemäßige Organisation (bei freiwilliger Mitgliedschaft). An ihrer Spitze standen vier Elterleute, von denen alle zwei Jahre die beiden dienstältesten abtraten; ihre Nachfolger wurden vom Kollegium aller ehemaligen und amtierenden Elterleute gewählt. Die Elterleute übernahmen 1426, wie erwähnt, die Sicherung des Weserfahrwassers mit Tonnen und Baken, die sie bis 1877 wahrnahmen, und erhoben dafür von ein- und ausgehenden Schiffen das Tonnen- und Bakengeld. Dessen selbständige Verwaltung – ohne Kontrolle durch Rat oder Kaufmannschaft – bildete die erste Grundlage für die besondere Stellung des Elterleutekollegiums in der bremischen Stadtgemeinde. Es erhielt spätestens mit der Ordinanz von 1451 – wahrscheinlich in Erneuerung älterer Bestimmungen – die Aufgaben, für die Förderung des Handels zu sorgen, interne Streitigkeiten zu schlichten und bremischen Kaufleuten vor Rat und Vogt bzw. gegenüber Fürsten und Rittern Rechtshilfe zu leisten. Damit trug es bereits Züge einer modernen Handelskammer und konnte seine Zuständigkeit für Handel und Schiffahrt späterhin noch ausdehnen. Die Elterleute stammten aus derselben sozialen Schicht wie der Rat, der sich oft aus ihnen ergänzte. Ihre Stellung und Aufgaben verliehen ihnen frühzeitig auch politisches Gewicht, das in der Folge noch wuchs, bis sie im 17. Jahrhundert von Sprechern der Kaufmannschaft zu Wortführern der Bürgerschaft insgesamt gegenüber der zunehmend autoritären Ratsobrigkeit aufstiegen – allerdings mit deutlicher Exklusivität –, um diese Rolle bis ins 19. Jahrhundert zu behaupten.[34]

In Lübeck dagegen bestanden seit dem 14. Jahrhundert verschiedene zunftähnlich organisierte Kaufmannskompanien nebeneinander.[35] Unter ihnen nahm die wohl älteste, die der Schonenfahrer, eine gewisse Führungsstellung ein und wurde seit der Mitte des 16. Jahrhunderts, vermehrt seit dessen Ende, als Vertretung der Kaufmannschaft an den öffentlichen Angelegenheiten der Stadt beteiligt. Diese Rolle wurde besonders bei der Aufrichtung der kollegialen Verfassung Lübecks in den Rezessen von 1665 und 1669 sichtbar.[36] Seit dem 17. Jahrhundert unterhielten die Schonenfahrer auch das lübeckische Botenwesen.[37] Eine Zusammenfassung zur Kaufmannschaft und Handelskammer Lübeck erfolgte erst 1853.[38] Der lübeckische Rat hatte bereits 1672 den Versuch unternommen, ein einheitliches «Commerzkollegium» zur Pflege von Handel und Verkehr zu errichten – offenbar nach dem Vorbild der hamburgischen Commerzdeputation von 1665 –, dafür neben Vertretern der Kaufleutekompanien allerdings auch eine Beteiligung von Ratsherren vorgesehen. Das Vorhaben scheiterte an der Rivalität der Kollegien, insbesondere am Widerstand der Schonenfahrer gegen eine Beteiligung von Gewandschneidern und Kramern.[39] So bildeten in Lübeck – im Gegensatz zu Hamburg – die «commerzierenden Kollegien», zumal seit den Rezessen der 1660er Jahre, bereits eine Vertretung des Fernhandels, aber ihre divergierenden Interessen und die Verknüpfung beruflicher und allgemein bürgerlicher Funktionen schränkten eine wirksame Wahrnehmung allgemeiner kaufmännischer Interessen stark ein.

Als rein kaufmännische Behörde war in Lübeck 1594 von den Frachtherren der nach Spanien handelnden Kaufleute die *Dröge* gegründet und mit einer acht Jahre lang erhobenen Frachtabgabe finanziert worden. Es war ein Tauteerungswerk, in dem angesichts bisheriger Klagen das angelieferte Tauwerk einer strengeren Qualitätsprüfung unterzogen wurde – *zu gemeiner wolfart des Kaufmanns und beforderung der schiffart*. Das Gelände dafür stellte der Rat zur Verfügung. Die vier Vorsteher wurden von den erwähnten Frachtherren jeweils auf ein Jahr gewählt und waren ihnen Rechenschaft schuldig. Diese «Frachtherren des spanischen Fahrwassers» verwalteten als Relikt der Spanienfahrt nach deren raschem Niedergang auch die «Spanischen Collecten», nur anfänglich unter Beteiligung des Rates. Dies war eine ursprünglich 1606 zur Finanzierung einer diplomatischen Verbindung der Hanse nach Spanien und Portugal zu Handelszwecken errichtete Kasse, deren wachsendes Kapital in der Folge für anderweitige Handelszwecke genutzt wurde. Gegen den Widerstand der übrigen Kompanien, aber mit Unterstützung des Rates, gelang es den Schonenfahrern während des 17. Jahrhunderts nicht nur, ihre alte Führungsstellung innerhalb

1 Die alte Dröge zu Lübeck (Foto, Sammlung des Verfassers)

der Kaufmannschaft auch gegenüber den «Collecten» zu behaupten, sondern darüber hinaus in ihnen selbst und auf diesem Weg auch in der Dröge bestimmenden Einfluß zu gewinnen. Allerdings führten Spannungen in der Kaufmannschaft noch am Ende des 17. Jahrhunderts zur Spaltung der «Collecten». Kaufleutekompanie, Gewandschneider und Kramer erklärten ihre Hälfte zu «Neuen Spanischen Collecten», die fünf verbleibenden Fahrerkompanien behielten die Vorsteherschaft der Dröge und der «Alten Spanischen Collecten».[40]

In Hamburg standen die alten Gesellschaften der Flandern-, England- und Schonenfahrer (die der Island- und Bergenfahrer kamen später hinzu) nur in loser Verbindung miteinander und hatten kaum politische oder administrative Aufgaben.[41] Nur die Erhebung des «Roten Zolls» (wohl seit 1480) zur Finanzierung von Maßnahmen gegen Seeraub und Kaper war der hamburgischen (anfangs gemeinsam mit der lübeckischen) Kaufmannschaft übertragen.[42] Allerdings standen die Fahrergesellschaften, zunächst die Flandern-, seit der Reformation stärker die Englandfahrer, in enger sozialer Verbindung zum Rat, in dem viele ihrer Mitglieder saßen.[43] Wohl angesichts wachsender Handelsprobleme mit den Niederlanden und England wie auch innerhalb der Hanse bildeten die drei Gesellschaften 1517 eine Zentralbehörde der hamburgischen Fernkaufleute, in deren Vorstand jede von ihnen zwei Vertreter als Älterleute entsandte; seit 1522 schied jährlich ein Ältermann aus und wurde durch ein Mitglied seiner Gesellschaft ersetzt. Der Rat gab – da seine «Obrigkeit» ausdrücklich anerkannt wurde – seinen Segen und war bei Wahlen und in wichtigeren Sachen durch seine Zollherren präsent. Nach ihrem Statut von 1523 sollten die Älterleute ähnlich ihren Bremer Kollegen kaufmännische Interessen wahrnehmen. Sie sollten – ggf. mit Hilfe des Rates – gegen Handelshemmnisse und neue Abgaben vorgehen, interne Streitigkeiten schlichten und hatten zur Sicherung des Warenverkehrs Strafgewalt gegenüber den Schiffern, um sie zur Einhaltung der Frachtbedingungen anzuhalten. Der Kaufmannsvor-

2 *Kran, Waage und Börse zu Hamburg (Titelkupfer zu Bohn, Der wohlerfahrene Kaufmann, 1728)*

stand konnte Schiffer bei Verstößen verwarnen und bei Zuwiderhandeln nach ihrer Rückkehr Geldstrafen verhängen, vor deren Entrichtung keine neue Befrachtung erfolgte. Er entlastete damit den Rat, wurde ihm gegenüber aber zugleich auch zu einer Interessenvertretung der Kaufmannschaft. Indem er bei Befrachtung, Schiffsabfertigung und Konvoibildung in die Hand nahm, was bislang dem einzelnen Kaufmann überlassen war, gab er einen deutlichen Beweis für die in der Reformationszeit wiederholt erkennbare Neigung der Bürgergemeinde zu genossenschaftlicher Verfolgung ihrer Anliegen. Gleichzeitig deutete der Vorgang allerdings auch auf eine wachsende Distanz zwischen Rat und Gemeinde.[44]

Nach der dürftigen Überlieferung zu urteilen, erlangte das hamburgische Älterleutekollegium nur begrenzte Wirksamkeit. Kurz nachdem es sich 1557 wohl wegen interner Unstimmigkeiten aufgelöst hatte, fand sich die Kaufmannschaft hier aber zu einem neuen gemeinsamen Schritt zusammen: Nach dem Vorbild Antwerpens gründete sie 1558 eine Börse – die erste in Deutschland, die vierte in Europa – für Geschäftsabschlüsse und tägliche Zusammenkünfte. Den Platz dafür, der nur eine Einhegung und erst 1577–1583 ein Gebäude erhielt, stellte der Rat unentgeltlich zur Verfügung. Eine besondere Börsenverwaltung scheint zunächst nicht erforderlich gewesen zu sein.[45]

Lübeck folgte 1672. Damals erhielt die Börse auf Betreiben der «Spanischen Collecten» das bisherige Gewandhaus zugewiesen, nachdem bereits einige Jahrzehnte hindurch ein bestimmter Platz auf dem Markt Treffpunkt von Kaufleuten und Kollegien-Ältesten gewesen war.[46] Bremen – wo einstweilen der Schütting der Kaufmannselterleute entsprechende Funktionen hatte[47] – erhielt erst 1811 formell eine eigene Börse.[48] Allerdings bestimmte der Rat auf Betreiben der Elterleute 1682 einen Platz auf dem Markt für regelmäßige Versammlungen der bremischen Kaufleute. Ein geplantes Börsengebäude kam damals jedoch nicht zu-

stande. Auch erlangte Bremen nicht die Bedeutung Amsterdams oder Hamburgs als Geld- und Versicherungsmarkt.[49]

Wegen neuer Handelsbedrohungen durch die kriegführenden Seemächte und durch Seeräuber wurde der Hamburger Kaufmannsvorstand bereits 1571 restituiert, jetzt aber nur noch von den Vorständen der Fernhändlergesellschaften und dem Zollherrn des Rates gewählt. Für die Kaufmannschaft insgesamt war er mithin nicht mehr repräsentativ. Das Gremium wurde nur in unregelmäßigen Abständen erneuert, seine Mitglieder amtierten in der Praxis bald lebenslänglich und waren später identisch mit den je zwei Älterleuten der drei Gesellschaften. Seit dem 17. Jahrhundert bürgerte sich für sie der Name «Börsenalte» ein. Sie übernahmen auch das hamburgische Botenwesen und bauten es seit Ende des 16. Jahrhunderts systematisch aus. Im übrigen verlor dieser neue Kaufmannsvorstand jedoch bald an Bedeutung, da sich die Befrachtungsaufsicht gegenüber der wachsenden Zahl fremder Schiffer nicht mehr durchsetzen ließ, da Handelsschutz und Seegericht 1623 der neuen Admiralität zufielen und da die Wahrnehmung kaufmännischer Interessen 1665 an die Commerzdeputation überging. Dies war auch eine Folge der eigenen Fehlentwicklung: Einträglichkeit und faktische Lebenslänglichkeit des Amtes bewirkten, daß bei Neuwahl bald nur noch ein Nachrücken nach Ancienität erfolgte. Die Börsenalten hatten weder eine engere Bindung an die Gesamtheit der Kaufmannschaft noch auch Elan oder Bereitschaft zu größerer Aktivität.[50]

Zur Gründung der hamburgischen Commerzdeputation gaben offenbar wiederum die Unsicherheit auf den Meeren und zunehmende Handelsprobleme den Anstoß. Die *zu Hamburg zur See handlende Kaufleute* wählten sechs Mitglieder des Ehrbaren Kaufmanns und einen Schifferalten, *welche da alles und jedes, was dem heilsamen Commercio diensamb beobachteten, die drangsal und beschwerden, so demselben zustoßen mochten, E. Hochw. Rahte fleißigst hinterbrächten und cooperirten, daß solche in Zeiten gewehret oder bestmüglichst geremediirt werden möchten.* Möglicherweise nach dem Vorbild des kurzlebigen Amsterdamer Commerzkollegs von 1663 errichtet, war die hamburgische Commerzdeputation wiederum die erste derartige Einrichtung in Deutschland. Als eigentliche Vertretung der Kaufmannschaft in Konkurrenz zur Admiralität und wegen des von ihr betriebenen Baus von Konvoischiffen im Streit mit der Kämmerei, konnte sie sich nur mit erheblicher Mühe als dauerhafte Einrichtung behaupten.[51] Die Auseinandersetzung mit der Admiralität – von dieser wird noch die Rede sein – entzündete sich an der Forderung der Commerzdeputation nach Einblick in das Admiralitätsprotokoll über die Bewilligung des Konvoigeldes 1662 und die Abrechnung darüber. Es war nur vordergründig ein Kompetenzstreit rivalisierender Behörden, in Wahrheit vielmehr ein Kampf um politische

Positionen. Gegen die ohnehin einflußreiche Kaufmannschaft, die für die Commerzdeputation eintrat, verteidigte der Rat die Admiralität, in der er seinerseits bestimmenden Einfluß in Handels- und Schiffahrtsfragen ausübte. Daß er schließlich 1674 zähneknirschend die formelle Bestätigung der Commerzdeputation durch Rat- und Bürgerschluß hinnehmen mußte – auch unter dem Druck einer kaiserlichen Kommission, die sich zur Schlichtung der innerstädtischen Streitigkeiten in Hamburg aufhielt –, signalisierte das Schwinden seiner Autorität in den sich verschärfenden sozialen und Verfassungskämpfen der Stadt im letzten Drittel des 17. Jahrhunderts.[52] In der Folgezeit nahm die Commerzdeputation immer mehr Einfluß auf die hamburgischen Handels- und Schiffahrtsangelegenheiten und gewann trotz der anfänglichen Widerstände im Rat durch die Verfolgung hamburgischer Handelsinteressen im Ausland beträchtlichen Einfluß auf dessen Außenpolitik.[53]

Einen traditionellen Bereich genossenschaftlicher Selbstverwaltung bildete das Fürsorgewesen der Schiffer, das seinen Ursprung vor allem in den verschiedenen St.-Nikolaus- und St.-Annen-Bruderschaften hatte. In Hamburg (1522) und Lübeck gingen daraus noch vor der Reformation Schiffergesellschaften hervor mit zunftähnlicher Selbstverwaltung und besonders die Lübecker mit fürsorgerischen (neben ihren gesellligen) Aufgaben.[54] Seit der Reformation weltliche Standesorganisation, vertrat sie auch Schiffer- und Seefahrtsangelegenheiten vor dem Rat. Die Älterleute der Lübecker Schiffergesellschaft hatten nach hansischem Seerecht von 1591 auch die Befugnis, den Seeleuten Pässe auszustellen. Nach dem Seerecht von 1614 hatten die Schiffergesellschaften Streitigkeiten zwischen Schiffer und Besatzung zu regeln. Der Rat konnte sie in Fragen von Havarie, Meuterei und Seerecht als Sachverständige befragen. In Lübeck war zudem seit 1568 der Fährmannsposten der wichtigen Herrenfähre älteren Schifferbrüdern vorbehalten. Dort übte die Schiffergesellschaft auch während der Wintermonate, in denen die Schiffahrt ruhte, die Hafen- und Schiffswache aus. Im Lübecker Rezeß von 1669 wurde sie als Kollegium am Stadtregiment beteiligt. Sie hatte fortan die Ämter des Lotsenkommandeurs, des Hafenmeisters und des Wasserschouts (Vorsteher des Seemannsamtes) zu vergeben.

Unmittelbar auf Impulse der Reformation ging die Gründung des Hauses Seefahrt in Bremen 1545 durch die dortige Schiffergilde zurück. Es wurde aus einer von ihren acht Verordneten verwalteten «Gotteskiste» für Spenden und Strafgelder unterhalten und sollte der Fürsorge für arme und alte Schiffer dienen. Frühzeitig traten auch Kaufleute dieser Stiftung bei. Das 1561 erworbene Gebäude unterstand vier kaufmännischen Vorstehern, neben denen die acht Schiffer-Verordneten (die Ober-Alten) nur noch beratend wirkten. Über seine Fürsorgeaufgaben hinaus wurde es zum Mittelpunkt der Schiffergilde sowie zum Treff-

3 Der Bremer Schütting (Stahlstich, 19. Jahrhundert; StAH)

punkt von Schiffern und Kaufleuten und setzte seine beträchtlich angewachsenen Kapitalien auch für die gemeinsamen Interessen von Schiffern und Kaufleuten ein, dies insbesondere beim Ausbau des Hafens von Vegesack.[55]

In Hamburg bemühte sich die Schiffergesellschaft seit 1535 um die Errichtung eines Schiffer-Armen- und Siechenhauses, scheiterte jedoch zunächst an Geldmangel. 1556 gründete sie das Seefahrerarmen- oder Trosthaus. Der Rat, der den Bauplatz zur Verfügung stellte, teilte sich anfangs mit Kaufleuten und Schiffern in die Verwaltung. Die Finanzierung wurde auch dadurch sichergestellt, daß nur der einen Anspruch auf Aufnahme behielt, der zuvor Beiträge dafür geleistet hatte.[56]

III. Die Ratskollegien, bei alledem bestrebt, ihre übergreifende Autorität zu bewahren und zu bekräftigen, mußten der bürgerlichen Mitwirkung besonders seit dem 16. Jahrhundert mehr und mehr Raum geben. Dies war nicht nur ein Ergebnis zeittypischen bürgerlichen Partizipationsstrebens gegenüber Obrigkeiten mit zunehmend absolutistischen Neigungen, sondern lag auch daran, daß die Aufgaben schwieriger und vielfältiger wurden. Auch dem Rat mußte es sinnvoll erscheinen, kaufmännischen und seemännischen Sachverstand zu nutzen, und – solange er seiner Vorrangstellung und Kontrollgewalt sicher blieb – Verantwortung und Arbeitslast zu delegieren, zumal sich kritische Gruppen so auch in die Pflicht nehmen ließen. Dies galt besonders für Hamburg, dessen wirtschaftliche Prosperität deutlich mit einem Anwachsen der Verwaltung einherging. Die bürgerliche Mitsprache, die 1563 ihren Höhepunkt in der Übernahme der Kämmerei erreichte (womit den Bürgern übrigens auch das Tonnen- und Bakenwesen zufiel[57]), war hier zunächst im Langen Rezeß des Jahres 1529 verankert worden.[58] Darin sicherte der Rat auch Zusammenarbeit bei der neu in Angriff genommenen Austiefung der Elbfahrrinne zu.[59] Der Rezeß des Jahres 1548 ordnete dafür eine eigene Behörde – die *Düpe* – aus drei

Ratsherren und zwölf Bürgern an;[60] sie wurde 1557 auf Ansuchen der Bürger auf zwei Ratsherren und vier Bürger verkleinert.[61] In den Auseinandersetzungen zwischen Rat und Bürgern spielte die Erhaltung der Schiffbarkeit der Elbe weiter eine wesentliche Rolle.

Als Gegenstück wurde in Lübeck, wo die Kaufmannschaft seit dem Mittelalter offenbar auch Mitbestimmungsrechte über den Teerhof genoß,[62] 1609 nach langem Drängen der kaufmännischen Kollegien die Bretlingsbehörde eingesetzt. In ihr wirkten zwei Ratsherren und vier Bürger *zu Reparation und Erhaltung des Brehtlings Tieffe und Traven-Stromes.* Zur Erfüllung ihrer kostenträchtigen Aufgaben erhoben sie eine eigene Zulage auf seewärts ein- und ausgehende Güter und erhielten weitere Gelder aus einer Heraufsetzung von Mühlengebühren und Waagegeld. Der geringe Widerstand gegen diese zusätzlichen Belastungen zeigte, daß die vorgesehenen Maßnahmen in der Bürgerschaft überwiegend als notwendig anerkannt wurden. In der Bretlingszulage flossen bald auch andere Abgaben zusammen, so daß die Zulageverwaltung 1626 erheblich vergrößert wurde. Sie wurde bald zu einem Forum des Partizipationskonflikts wie auch der Rivalität der verschiedenen bürgerlichen Gruppen untereinander.[63] – In Bremen wirkte seit 1644 eine gemischte Schlachtedeputation mit Unterstützung der Kaufmannselterleute für die entsprechenden Aufgaben.[64]

Noch wichtiger wurde für Hamburg die schon erwähnte Admiralität, 1623 auf Ansuchen der Kaufmannschaft als zentrale Schiffahrtsbehörde gegründet und zusammengesetzt aus einem Bürgermeister, vier Ratsherren, sechs Kaufleuten und zwei Schifferalten. Sie sollte den Handel gegen Seeraub und Kaper schützen – zunächst mit gecharterten, später mit eigenen Kriegsschiffen –, nahm Matrosen und Söldner in Dienst und erhielt auch die Aufsicht über das Arsenal der Schiffsgeschütze. Außerdem übernahm sie die erstinstanzliche Gerichtsbarkeit in Seerechts-, Fracht- und Seeversicherungsfragen, die Kennzeichnung des Elbfahrwassers und die Verwaltung des Hafens mit der Aufsicht über Dispacheure, Taxadeure, Wasserschout und Lotsen. Ihr unterstand auch das hamburgische bzw. hanseatische Konsulatswesen. Zu ihrer Finanzierung erhob sie einen neuen Admiralitätszoll.[65]

Schon vor den Auseinandersetzungen um die Commerzdeputation zeichnete sich ab, daß der Rat in der Admiralität, zumal in ihrer Zollverwaltung, einen oft bestimmenden Einfluß ausübte.

Die größten Gefahren für die Schiffahrt lauerten vor der nordafrikanischen Küste. Während die dortigen «Barbaresken» ihr Betätigungsfeld im 16. Jahrhundert bis weit in den nördlichen Atlantik ausdehnten, erlangte der Handel der drei Hansestädte nach Spanien, Portugal und ins Mittelmeer etwa gleichzeitig größeren Umfang.[66] Holländer und Engländer setzten auf der Mittelmeerroute bereits bewaffnete Flotten

ein. Da von diesen keine Hilfe zu erlangen war, konnten die Hansestädte mit ihren unzulänglichen Mitteln nicht verhindern, daß dort immer häufiger Schiffe verlorengingen und ihre Besatzungen als Sklaven verkauft wurden. Deshalb richteten sie ihre Bemühungen auch auf deren Freikauf. Schon 1577 fand in Hamburg eine Sammlung statt, um das Ranzionsgeld für *in der Turkeyen* Gefangene aufzubringen. Nachdem die Hamburger Schiffergesellschaft 1622 eine private «Sklavenkasse» – die «Cassa der Stück von Achten»[67] – zur Auslösung von Schiffern und Steuerleuten (keiner anderen Personen) eingerichtet hatte, gründete die eben erst geschaffene Admiralität auf Drängen betroffener Bürger 1624 eine öffentliche Sklavenkasse, verwaltet von der Admiralität und den Älterleuten der Schiffer und Deputierten der Bootsleute und gespeist aus einer Fracht- und Heuerabgabe aller Schiffe und Besatzungen, die nach Westen abgingen; seit 1641 bemaß sich die Abgabenhöhe nach dem Risiko des Reiseweges. Diese Sklavenkasse verlor ihre Bedeutung erst gegen Ende des 18. Jahrhunderts.[68]

Auch in Lübeck wurden bereits im 16. Jahrhundert entsprechende Sammlungen durchgeführt. Die dortige Sklavenkasse von 1629 – auf Anregung der Schiffergesellschaft errichtet und ähnlich finanziert wie die Hamburger seit 1641 – stand unter der Aufsicht des Rates, der Kaufleute (wiederum spanische Frachtherren und Dröge-Vorsteher) und der Schiffer-Älterleute. Sie bestand bis 1861.[69] Ihre Statuten von 1629 regelten Abgabewesen und Verwaltung und schrieben die Bewaffnung aller Schiffe vor, die in gefährliche Gegenden abgingen. Sie schärften den Schiffern zugleich die Einhaltung der hansischen Schiffsordnung ein, insbesondere, Besatzungsmitglieder nur nach Vorlage ihres Abmusterungszeugnisses anzuheuern. Wie groß das Bedürfnis nach dieser Sklavenkasse war, erhellt daraus, daß sie zu einer Zeit errichtet wurde, als die Lübecker bereits durch kriegsbedingte Befestigungssteuern und eine Abgabe zur Traveaustiefung zusätzlich belastet wurden. So waren allein von 1615 bis 1629 22 Schiffe gekapert worden und 1631 noch 84 Mann in Gefangenschaft.[70] In der zweiten Jahrhunderthälfte wurde die Sklavenkasse allerdings so finanzkräftig, daß sie mit beträchtlichen Summen auf dem Lübecker Kapitalmarkt tätig wurde.[71]

Über eigene Konvoischiffe verfügte die hamburgische Admiralität also vorderhand nicht. Kriegsschiffe hatte die Stadt, wie erwähnt, bereits in früheren Jahrhunderten ausgerüstet, solche zu Konvoizwecken verschiedentlich seit der Mitte des 16. Jahrhunderts. Allerdings reichte deren Schutz über die Elbmündung kaum hinaus.[72] Das änderte sich, als im Juni 1662 acht Hamburger Schiffe trotz eigener Bewaffnung von zwei algerischen Piratenschiffen genommen wurden. Die Nachricht löste bei den Hamburger Kaufleuten *eine große Consternation* aus. Der Rat bewog die Bürgerschaft zunächst, die Kosten für zwei Konvoischiffe

4 *Die Konvoischiffe »Das Wappen von Hamburg« und »Leopoldus«. (Kupferstich aus Döler, Schiffahrt des menschlichen Lebens, Hamburg 1688; StAH)*

zu bewilligen, die fortan die Schiffe auf der Spanienroute begleiten sollten. Seine Bemühungen um Aufnahme in (ohnedies zweifelhafte) Schutzverträge, die England und die Niederlande bald darauf mit Algier und Tunis schlossen, schlugen ebenso fehl wie der Versuch, gegen gutes Geld den Schutz niederländischer Konvois zu erhalten. Die Stadt sah sich also erneut auf die eigenen Kräfte verwiesen, zunächst gegen die Türken, bald auch gegen andere Feinde wie französische Kaper. Noch 1662 wurden auf Anordnung des Rates aus der Admiralität ein Ratsherr, der Ratssekretär, die drei ältesten Bürgerdeputierten, zwei Schiffer und der Schreiber sowie aus der Kämmerei zwei Bürger und der Schreiber mit den Konvoifragen betraut, da die Kosten zur Hälfte aus städtischen Mitteln, zur Hälfte von der Kaufmannschaft aufgebracht wurden. Das Konvoiwesen berührte sich auch künftig eng mit den Aufgaben der Admiralität und ging bei abnehmender Bedeutung seit den 1720er Jahren allmählich wieder an diese über. Es hätte aber deren Kräfte zunächst überfordert, da es von der Ausrüstung gecharterter Schiffe bald zum Bau eigener Konvoischiffe überging. So entwickelte es sich offenbar rasch zu einer selbständigen Behörde. Diese Konvoideputation setzte sich aus dem ältesten Ratsherrn der Admiralität, drei Admiralitätsbürgern, drei Kämmereibürgern und einem Schiffer sowie dem Admiralitätsschreiber als Sekretär und Protokollführer zusammen. Daß in Hamburg die kaufmännischen Belange damals von der Admiralität wahrgenommen wurden – die Commerzdeputation trat erst drei Jahre später auf den Plan –, erklärt die Beteiligung des Rates, wo es zunächst um Belange der Kaufleute und der Kämmerei ging. Das von den Kaufleuten erhobene Konvoigeld (zunächst 1 ½ % des Warenwertes) wurde von der Admiralität verwaltet. Die Konvoideputation war dagegen für die technischen Belange der Schiffscharter, -ausrüstung und -besatzung zuständig. 1668/69 wurden als erste Konvoischiffe die schwerbestückten Fregatten «Leopoldus Primus» und «Wappen von

Hamburg» in Dienst gestellt, letztere 1683 verbrannt und 1686 unter gleichem Namen ersetzt. Sie geleiteten Jahr für Jahr hamburgische Schiffsverbände sicher ans Ziel, und weitere Konvoischiffe waren noch bis 1746 im Einsatz.[73]

In Bremen hatte der Rat nach einzelnen Konvois seit dem 16. Jahrhundert um 1671 eine eigene Konvoibehörde installiert, bevor 1689 die Kaufmannselterleute ihrerseits das Konvoiwesen an sich zogen. Ein Jahr später erzwang der Rat jedoch seine Beteiligung. Die Konvoiherren erhielten auch die Zuständigkeit für die Schiffbarkeit der Weser.[74]

Dagegen blieb das Konvoiwesen, das 1675 von der lübeckischen Kaufmannschaft eingerichtet wurde, in deren alleiniger Zuständigkeit, erlangte allerdings auch nur geringere Bedeutung und Dauer. Es endete schon 1679.[75] Bestrebungen lübeckischer Kaufleute, dafür ein Konvoi-Kollegium nach hamburgischem Vorbild einzurichten (1681), blieben ohne greifbares Ergebnis.[76]

Mit diesen Einrichtungen hatte die beschriebene Entwicklung einen gewissen Abschluß erreicht, auch wenn besonders in Hamburg eine weitere Ausbildung und Auffächerung einschlägiger Behörden erfolgte. Genannt seien nur die Mäklerdeputation (1651),[77] die Elbdeputation (1715)[78] zur Fürsorge über die Stromtiefe der Oberelbe und des Hafens und die Stackdeputation (1733)[79] zur Beaufsichtigung der Uferbefestigungen an der Unterelbe als weitere gemischte Behörden. Grundlegende Veränderungen erfolgten erst unter den veränderten Bedingungen des 19. Jahrhunderts.

Die Verwaltungsentwicklung der drei Hansestädte erweist sich auch in dem hier betrachteten Bereich als Ausdruck politischer, wirtschaftlicher und sozialer Entwicklungen. Sie spiegelt die Auseinandersetzung bürgerlichen Partizipationsstrebens mit patriarchalischen Obrigkeiten. Es führte zuerst in Hamburg zu einer geregelten dauerhaften Mitsprache der Bürger,[80] die mit der *Düpe* auch den Bereich Hafen und

Schiffahrt betraf. So wie sie hier mit Börse, Kämmerei und Admiralität weitere Betätigungsfelder erhielt, wurde sie auch in Bremen und Lübeck allmählich weiter ausgedehnt. Dabei verbieten es die aristokratischen Neigungen in der Kaufmannschaft bzw. in ihren führenden Gruppen, diesen Vorgang als eine Demokratisierung zu deuten.[81] Bemerkenswert ist die Gleichzeitigkeit, in der die Kaufmannschaft besonders in Hamburg und Lübeck – bei aller Ungleichheit der jeweiligen Ausgangssituation – ihre Befugnisse während der 60er Jahre des 17. Jahrhunderts ausdehnen konnte: Während die bremischen Kaufmannselterleute eher allmählich zum politischen Sprachrohr der Bürgerschaft aufstiegen,[82] konnte sich damals die hamburgische Commerzdeputation als selbständige und politisch einflußreiche Interessenvertretung der Kaufmannschaft behaupten;[83] in Lübeck wurden die «Commerzierenden Zünfte» mit den Rezessen von 1665 und 1669 zu Mitträgern der Verfassung und der städtischen Politik zumal in Handelsfragen.[84]

Dem wirtschaftlichen Aufstieg Hamburgs und seinem Bevölkerungswachstum entsprach auch die im Vergleich zu Lübeck und Bremen raschere und gründlichere Einrichtung neuer Behörden, also eine relative Modernität. Anderseits hatte die ungleiche oder doch ungleichzeitige Reaktion der Hansestädte auf gleichartige Erfordernisse ihre Ursachen nicht nur in unterschiedlichen verfassungsmäßigen, sozialen und wirtschaftlichen Voraussetzungen, sondern auch in ihren verschiedenartigen geographischen und verkehrsmäßigen Gegebenheiten. So kann auch jeder Versuch, die Hansestädte als Spezificum sui generis zu behandeln, nur mit deutlichen Einschränkungen unternommen werden.

Anmerkungen

1 Erwas erweiterte Fassung des Vortrags vom 3. Februar 1984. Erscheint auch in: Heinz Stoob (Hrsg.), See- und Flußhäfen vom Hochmittelalter bis zur Industrialisierung. (Im Druck.)

2 Heinrich Reincke hat in den unterschiedlichen Entwicklungstendenzen der drei Städte seit dem Mittelalter unterschiedliche politische und soziale Temperamente erkennen wollen. Er fand «Bremen stürmisch und radikal, Lübeck zurückhaltend und am Bestehenden hängend, Hamburg vermittelnd und die Gegensätze vereinigend»; H. Reincke, Hamburg, Bremen, Lübeck, eine vergleichende Charakterskizze. In: MHG 39, 1919, 1920, S. 237–240, Zitat S. 238. Er stützt seine These mit mehreren Beispielen, übergeht jedoch in dem Bestreben, Mentalitätsunterschiede aufzuzeigen, die zumeist ungleichen historischen Ausgangslagen. Ein differenzierteres Bild entwirft dagegen Ahasver v. Brandt, indem er neben der Bevölkerung auch Politik, Wirtschaft, Handel, Verwaltung und Geistesleben in die Betrachtung einbezieht; A. v. Brandt, Hamburg und Lübeck. Beiträge zu einer vergleichenden Geschichtsbetrachtung. In: Ders., Geist und Politik in der lübeckischen Geschichte. Acht Kapitel von den Grundlagen historischer Größe, Lübeck (1954), S. 123–146.

3 Vgl. Jürgen Ellermeyer, Reisen für ‹Hamburg›. Der Englandfahrer Henning Büring in Ratsaufträgen. In: Franklin Kopitzsch, Klaus-J. Lorenzen-Schmidt, Heide Wunder (Hrsg.), Studien zur Sozialgeschichte des Mittelalters und der Frühen Neuzeit, Hamburg 1977 [hektogr.], S. 14–105.

4 Ernst Baasch, Die Lübecker Schonenfahrer, Lübeck 1922 (Hansische Geschichtsquellen. NF. Bd. 4), S. 299f.; Johannes Klökking, Zur Geschichte des Lübecker Teerhofs. In: ZLGA 31, 1949, S. 53–77, hier bes. S. 57; N. A. Westphalen, Hamburgs Verfassung und Verwaltung in ihrer allmählichen Entwickelung bis auf die neueste Zeit. 2., durchgängig verm. u. verb. Aufl., 2 Bde., Hamburg 1846, hier Bd. 1, S. 534f.

5 Hamburgische Bursprahen 1346–1594. Mit Nachträgen bis 1699. Bearb. v. Jürgen Bolland, 2 Te., Hamburg 1960 (Veröff. a. d. Staatsarchiv d. Freien u. Hansestadt Hamburg, Bd. 6).

6 Karl Koppmann, Kämmereirechnungen der Stadt Hamburg 1350–1562. (Hrsg. v. Verein f. Hamb. Geschichte), 10 Bde, Hamburg 1869–1951. (Bd. 1–7: 1869–1894; Bd. 8: Nachträge und Register zum 1. Bd. Bearb. v. Hans Nirrnheim, 1939; Bd. 9: Orts- und Personenverzeichnisse zum 2. bis 7. Bd. Bearb. v. G. Bolland, 1940–1941; Bd. 10: Wort- und Sachverzeichnis. Bearb. v. Gustav Bolland, 1951.) Die Kämmereirechnungen sind allerdings großenteils nur in Auszügen erhalten (künftig zit.: KR).

7 KR Bd. 1, S. LXX, LXXXIf., Bd. 3, S. LXV, LXXV, Bd. 7, S. CVf., CXXVIIf.

8 KR Bd. 1, S. LXXXVIIIff., Bd. 3, S. CXII; Peter Gabrielsson, Die Zeit der Hanse. In: Hans-Dieter Loose (Hrsg.), Hamburg. Geschichte der Stadt und ihrer Bewohner. Bd. 1. Von den Anfängen bis zur Reichsgründung, (Hamburg 1982), S. 101–190, hier S. 147; Erich v. Lehe (u. a.), Heimatchronik der Freien und Hansestadt Hamburg. (2., erw. u. verb. Aufl.), Köln 1967 (Heimatchroniken der Städte und Kreise des Bundesgebietes, Bd. 36), S. 55f.

9 Heinrich Reincke, Hamburgische Territorialpolitik. In: ZHG 38, 1939, S. 28–116, hier S. 69ff.; Heinrich Reinecke, Das Amt Ritzebüttel. Diss. phil. Hamburg 1935.

10 Herbert Schwarzwälder, Geschichte der Freien Hansestadt Bremen. Bd. 1. Von den Anfängen bis zur Franzosenzeit (1810), Bremen (1975), S. 85ff., 97–105.

11 KR Bd. 1, S. LXXXIXf., Bd. 3, S. CXII, Bd. 7, S. LXXXf.; Ernst Pitz, Die Zolltarife der Stadt Hamburg, Wiesbaden 1961 (Deutsche Handelsakten des Mittelalters und der Neuzeit. Hrsg. durch die Histor. Komm. b. d. Bayer. Akad. d. Wiss., Bd. 11), S. XX–XXVI. Der Werkzoll wurde wegen seiner Verwaltung durch die Ratsherren seit dem 16. Jahrhundert auch Herrenzoll genannt.

12 KR Bd. 3, S. LIIf., Bd. 7, S. LXXVIIf.; Pitz (wie Anm. 11), S. XIV–XX. 1460–1486 und seit 1768 wurde die der Pinneberger Linie gehörende Hälfte, seit 1479 die dänische Hälfte des Grafenzolls von Hamburg übernommen. Zu den seit dem 14. Jahrhundert wiederholten Versuchen der Grafen, Einfluß auf die Zollverwaltung zu nehmen, vgl. Pitz, S. XV, XXf.

13 KR Bd. 3, S. XCVIIf., Bd. 7, S. CLXXXVIII–CXCI.

14 KR Bd. 7, S. LXXVI.

15 KR Bd. 3, S. CXIIIf., Bd. 7, S. LXXXIff.; Pitz (wie Anm. 11), S. XXIV. Dies Tonnengeld ging im 16. Jahrhundert im Werkzoll auf. Ein seit 1586 neu erhobenes Tonnengeld wurde von der Bürgerschaft durch je vier Bürger aus jedem Kirchspiel verwaltet und daher im Gegensatz zum Werk- oder Herrenzoll als Bürgerzoll bezeichnet.

16 Bursprahen (wie Anm. 5), T. 2, S. 558.

17 Staatsarchiv Bremen, 2-P. 2. m. 6.

18 Archiv der Hansestadt Lübeck, L IV 408, Bd. 10, fol. 43–46 (Schifferordnung v. 1542); Friedrich Bruns, Der Lübecker Rat. Zusammensetzung, Ergänzung und Geschäftsführung von den Anfängen bis ins 19. Jahrhundert. In: ZLGA 32, 1951, S. 1–69, hier S. 42 (Pfundzoll), 43f. (Lastadie = Schiffbauabgabe).

51

19 E. Dünzelmann, Die Bremische Kaufmannsgilde und ihre Elterleute. In: Bremisches Jb. 18, 1896, S. 77–115, hier S. 86f.; Horst Eberhard Noltenius, Über die Anfänge der Elterleute des Kaufmanns in Bremen, (Bremen 1977), S. 15, 23ff.; Ruth Prange, Die bremische Kaufmannschaft des 16. und 17. Jahrhunderts in sozialgeschichtlicher Betrachtung, Bremen 1963 (Veröff. a. d. Staatsarchiv der Freien Hansestadt Bremen, Bd. 31), S. 176; Karl H. Schwebel, Tonnen und Baken. In: De Koopman tho Bremen. Ein Fünfhundertjahr-Gedenken der Handelskammer Bremen, Bremen 1951, S. 40–43.

20 Zu Organisation und Ablauf der Hansetage seit 1535 vgl. Paul Simson, Die Organisation der Hanse in ihrem letzten Jahrhundert. In: HGbll 13, 1907, S. 207–244, 381–438, hier S. 221 bis 239.

21 Vgl. Burspraken (wie Anm. 5), passim (Register in T. 1!).

22 Grundlegend: Otto Gönnenwein, Das Stapel- und Niederlagsrecht, Weimar 1939 (Quellen u. Darstellungen z. hans. Geschichte, NF. Bd. 11), zur Stapelpolitik Lübecks, Hamburgs und Bremens vom 13. Jahrhundert bis zu ihrem Ende im 18. Jahrhundert S. 69–73, 155–168, 195–199, 202f., 223–226. Ferner: KR Bd. 7, S. LXXVIf.; Ernst Baasch, Die «Durchfuhr» in Lübeck. Ein Beitrag zur Geschichte der lübischen Handelspolitik im 17. und 18. Jahrhundert. In: HGbll 13, 1907, S. 109–152; Hermann Treutler, Die Entstehung des Hamburger Elbstapels. Diss. rer. pol., Hamburg 1924 [masch.schr.]. Hamburg setzte seit dem 14. Jahrhundert sein Zollrecht auf der Elbe zur Unterstützung seines Stapelrechtsanspruchs ein; Pitz (wie Anm. 11), S. XXf.

23 Vgl. Ernst Baasch, Der Kampf des Hauses Braunschweig-Lüneburg mit Hamburg um die Elbe vom 16.–18. Jahrhundert, Hannover, Leipzig 1905 (Quellen u. Darstellungen z. Geschichte Niedersachsens, Bd. 21).

24 Staatsarchiv Bremen, 2–R. 11. c. 1 (Börtordnungen seit 1592); Ernst Baasch, Die Börtfahrt zwischen Hamburg, Bremen und Holland, Hamburg 1898 (Forschungen z. hamb. Handelsgeschichte 2); ders., Die Handelskammer zu Hamburg 1665–1915, 2 Bde. in 3 Ten., Hamburg 1915, hier Bd. 1, S. 338–346.

25 Archiv der Hansestadt Lübeck, L IV 408, Bd. 10, S. 49f. (Artikel der Brückenkieker an der Trave und der Stadt v. 1572, Zitat S. 49), S. 51f., 67–70 (Ordnung des Travevogts v. 1598 u. 1631); Johannes Klöcking, Der alte Lübecker Wasserbau und die Bretlingsbehörde. In: ZLGA 34, 1954, S. 7–29, hier S. 9–17.

26 Staatsarchiv Bremen, 2 – R. 10. f. 3. a; Schwarzwälder (wie Anm. 10), S. 299f., 304ff.

27 Burspraken (wie Anm. 5), T. 2, S. 8, 21f.

28 Burspraken (wie Anm. 5), T. 2. S. 27.

29 Burspraken (wie Anm. 5), T. 2, S. 27, 48, 77f., 81, 105, 121, 184, 265, 331, 481f., 488.

30 Burspraken (wie Anm. 5), T. 2, S. 295, 297, 335, 357, 359, 388, 393.

31 KR Bd. 7, S. CCLXVII–CCLXXII; Ernst Baasch, Hamburgs Convoyschiffahrt und Convoywesen. Ein Beitrag zur Geschichte der Schiffahrt und Schiffahrtseinrichtungen im 17. und 18. Jahrhundert, Hamburg 1896, S. 9.

32 Burspraken (wie Anm. 5), T. 2, S. 497; KR Bd. 2, S. 67, 79.

33 Baasch (wie Anm. 4), S. 290–294; Bruns (wie Anm. 18), S. 48; F. Siewert, Die zur Vertretung des Handels in Lübeck geschaffenen Einrichtungen der älteren Zeit. Aus Anlaß des 50jährigen Bestehens der Kaufmannschaft und Handelskammer in Lübeck im Auftrage der Handelskammer dargestellt, Lübeck 1903, S. 30.

34 Dünzelmann (wie Anm. 19), bes. S. 77f., 86ff., 96–109; Noltenius (wie Anm. 19), bes. S. 13ff., 43f.; Prange (wie Anm. 19), S. 21f., 176–182, zu den später gebildeten Fernhändlergesellschaften S. 34–38; Karl H. Schwebel, Die Elterleute als Wortthalter der Bürgerschaft. In: Koopman (wie Anm. 19), S. 29–34.

35 Schonen-, Nowgorod-, Bergen-, Riga- und Stockholmfahrer. Die Kaufleutekompanie nahm als patrizische Korporation gegenüber diesen fünf «commerzierenden Zünften» eine Sonderstellung ein.

36 Jürgen Asch, Rat und Bürgerschaft in Lübeck 1598–1669. Diss. phil., Hamburg 1960, bes. S. 127f., 137f., 162, 166–169; Baasch (wie Anm. 4), S. 1–12, 171ff.; Siewert (wie Anm. 33), S. 6–20.

37 Baasch (wie Anm. 4), S. 287.

38 Sammlung der Lübeckischen Verordnungen und Bekanntmachungen, 1853, S. 45–62.

39 Baasch (wie Anm. 4), S. 288ff.; Siewert (wie Anm. 33), S. 20 bis 26, III–VI.

40 Baasch (wie Anm. 4), S. 297ff., Zitat S. 297; Joh. Klöcking, Die Dröge, ein Werkbetrieb der Lübecker Kaufmannschaft. In: Der Wagen 1939, S. 99–109.

41 Vgl. bes. Jürgen Bolland, Die Gesellschaft der Flandernfahrer in Hamburg während des 15. Jahrhunderts. In: ZHG 41, 1951, S. 155–188; G. H. Kirchenpauer, Die alte Börse, ihre Gründer und ihre Vorsteher. Ein Beitrag zur hamburgischen Handelsgeschichte. (Programm zur Einweihungsfeier der neuen Börse in Hamburg am Donnerstag, dem 2. December 1841, Hamburg 1841), S. 11ff., 15; Walter Kresse, Von armen Seefahrern und den Schifferalten zu Hamburg, (Hamburg 1981), S. 9f.; Martin Reißmann, Die hamburgische Kaufmannschaft des 17. Jahrhunderts in sozialgeschichtlicher Sicht, Hamburg 1975 (Beiträge z. Geschichte Hamburgs, Bd. 4), S. 151ff.

42 Der «Rote Zoll», dessen eigenes Anfangsdatum unsicher ist, ging aus einem älteren Pfundgeld hervor und wurde seit 1451 (mit Unterbrechungen) als privatrechtliche Umlage von der Kaufmannschaft erhoben, um Konflikte mit dem Reichsrecht zu umgehen. Er endete um die Mitte des 16. Jahrhunderts vor allem wegen lübeckischer Widerstände, wurde zu einem Kornzoll umgewandelt und mit der Verwaltung der Mahlgelder vereinigt; KR Bd. 7, S. LXXIX; Baasch (wie Anm. 31), S. 104ff.; R. Ehrenberg, Vom Roden Tollen. In: ZHG 10, 1899, S. 29 bis 40; H. Nirrnheim, Ein hansisches Warenverzeichnis aus dem Jahre 1480. In: ZHG 15, 1910, S. 78–84, bes. S. 78f.; ders., Roter Zoll. In: MHG 27, 1907, 1908, S. 445f.; Pitz (wie Anm. 11), S. XXVIf.

43 Vgl. Rainer Postel, Die Reformation in Hamburg. 1517–1528, Gütersloh 1986 (Quellen u. Forschungen z. Reformationsgeschichte, Bd. 52), S. 350ff.

44 [Klefeker,] Sammlung der Hamburgischen Gesetze und Verfassungen, Th. 6, Hamburg 1768, S. 425–429; Kirchenpauer (wie Anm. 41), S. 36ff.; Johs. Köhler, Zur Vorgeschichte der Hamburger Börse. In: Deutsche Handelsschulwarte 9, 1929, S. 116 bis 122, hier S. 118ff.; Postel (wie Anm. 43), S. 133–136; Reißmann (wie Anm. 41), S. 153f.

45 Klefeker (wie Anm. 44), S. 429f.; Carl Heitmann, Hamburgs alte Börse. In: Hamburger Übersee-Jb. 1925, S. 360–364; Kirchenpauer (wie Anm. 41), S. 1ff., 5–8, 38, 53–57; Köhler (wie Anm. 44), S. 121. Älter waren die Börsen zu Antwerpen (1531), Toulouse (1549) und Rouen (1556).

46 Baasch (wie Anm. 4), S. 282.

47 Dünzelmann (wie Anm. 19), S. 85f.; Hermann Entholt, Der Schütting. Das Haus der bremischen Kaufmannschaft, (Bremen) 1931; Noltenius (wie Anm. 19), S. 35ff.; Friedrich Prüser, Der Schütting. In: Koopman (wie Anm. 19), S. 24–28.

48 Herbert Schwarzwälder, Geschichte der Freien Hansestadt Bremen. Bd. 2. Von der Franzosenzeit bis zum Ersten Weltkrieg (1810–1918), Bremen (1976), S. 24.

49 Ludwig Beutin, Bremisches Bank- und Börsenwesen seit dem XVII. Jahrhundert. Von der Wirtschaftsgesinnung einer Hansestadt, Bremen 1937 (Schriften d. Bremer Wiss. Gesellschaft, Reihe D: Abh. u. Vorträge, Jg. 10, H. 4).

50 Kirchenpauer (wie Anm. 41), S. 38–43; Reißmann (wie Anm. 41), S. 154f.; Westphalen (wie Anm. 4), Bd. 2, S. 127f., 153ff.

51 Baasch, Handelskammer (wie Anm. 24), Bd. 1, S. 1–15, Zitat S. 1f.; Kirchenpauer (wie Anm. 41), S. 45–52; Westphalen (wie Anm. 4), Bd. 2, S. 123–133; Erwin Wiskemann, Hamburg und die Welthandelspolitik von den Anfängen bis zur Gegenwart, Hamburg 1929, S. 95f.

52 Vgl. trotz methodischer Mängel und einseitig ratsfreundlicher Perspektive Hermann Rückleben, Die Niederwerfung der hamburgischen Ratsgewalt. Kirchliche Bewegungen und bürgerliche Unruhen im ausgehenden 17. Jahrhundert, Hamburg 1970 (Beiträge z. Geschichte Hamburgs, Bd. 2).

53 Ausführliche Darstellung bei Baasch, Handelskammer (wie Anm. 24), bes. Kap. II–IV.

54 Hamburg: Kresse (wie Anm. 41), S. 12, 15–18, 87–90. – Lübeck: P. Hasse, Aus der Vergangenheit der Schiffergesellschaft in Lübeck. Festschrift zur Feier des fünfhundertjährigen Bestehens, Lübeck 1901; Gustav Lindtke, Die Schiffergesellschaft zu

Lübeck. Von Seefahrt, Wohlfahrt und Tradition, (2. Aufl.), Lübeck (1977), bes. S. 29–34, 46–50.

55 Staatsarchiv Bremen, 2 – T. 6. m. 1; Schwarzwälder (wie Anm. 10), S. 298ff.; Karl H. Schwebel, Haus Seefahrt, Bremen. Seine Kaufleute und Kapitäne. Vierhundert Jahre Dienst am deutschen Seemann 1545–1945, Bremen 1947.

56 Kresse (wie Anm. 41), S. 18–29; Nicolaus Staphorst, Hamburgische Kirchen-Geschichte, Th. 1, Bd. 4, Hamburg 1731, S. 504 bis 508.

57 Vgl. o. Anm. 15.

58 Rainer Postel, Reformation und bürgerliche Mitsprache in Hamburg. In: ZHG 65, 1979, S. 1–20, hier bes. S. 10–14.

59 Eine zuverlässige Edition der hamburgischen Rezesse fehlt noch immer. Vgl. daher Johann Christian Lünig, Des Teutschen Reichs-Archivs partis specialis 4. und letzte Continuation, Leipzig 1714, S. 984 Art. 106; KR Bd. 7, S. LXXI–LXXIV; Westphalen (wie Anm. 4), Bd. 1, S. 504.

60 Lünig (wie Anm. 59), S. 990, Art. 8.

61 Lünig (wie Anm. 59), S. 999, Art. 2.

62 Klöcking (wie Anm. 4), S. 57–62.

63 Asch (wie Anm. 36), S. 94; Bruns (wie Anm. 18), S. 45 (Zitat); Klöcking (wie Anm. 25), S. 17–21.

64 Staatsarchiv Bremen, 2 – R. 10. aa. 10. a; 2 – R. 10. f. 2.

65 Kirchenpauer (wie Anm. 41), S. 43–47; Kresse (wie Anm. 41), S. 33; Pitz (wie Anm. 11), S. XXVIII–XXXII; Westphalen (wie Anm. 4), Bd. 1, S. 320ff., 486f., Bd. 2, S. 63f.

66 Reiz und Risiko dieser Routen waren an der außerordentlichen Höhe der Versicherungsprämien ablesbar. 1589/90 mußten für die Reise Hamburg–Lissabon 16 %, 1592 für die Reise Hamburg–Livorno 20 % aufgewandt werden; G. Arnold Kiesselbach, Die wirtschafts- und rechtsgeschichtliche Entwickelung der Seeversicherung in Hamburg, Hamburg 1901, S. 22. Während die einfache Strecke London–Hamburg um 1622 3 % kostete, schwankte die Prämie für die einfache Strecke Hamburg–Lissabon 1617–1625 zwischen 5–10 % und Hamburg–St. Lucar 1627–1628 10–12 %. Für die Strecke Lübeck–Lissabon und zurück wurden 1628 32 % gezahlt; ebenda, S. 32f. Anderseits kam dem Verkehr nach der iberischen Halbinsel für das florierende hamburgische Assekuranzgeschäft im 17. Jahrhundert besondere Bedeutung zu; ebenda, S. 28ff.

67 Benannt nach der Zahlungsform: 1 Stück von Achten = 1 Peso zu 8 Reales de Plata.

68 Ernst Baasch, Die Hansestädte und die Barbaresken, Kassel 1897 (Beiträge z. deutschen Territorial- u. Stadtgeschichte, Ser. 1, H. 3), behandelt v. a. die Auseinandersetzungen während des 18. und 19. Jahrhunderts, im Anhang (S. 202–221) aber auch die Geschichte der hamburgischen Sklavenkasse und die Entwicklung der Lösegelder (Zitat S. 202); Kresse (wie Anm. 41), S. 33f., 38–44. Irrig ist Kellenbenz' Annahme, die Sklavenkasse der Schiffergesellschaft sei in der der Admiralität aufgegangen;

Hermann Kellenbenz, Unternehmerkräfte im Hamburger Portugal- und Spanienhandel 1590–1625, (Hamburg 1954 – Veröff. d. Wirtschaftsgeschichtlichen Forschungsstelle e. V., Bd. 10), S. 40. – Daß Menschenraub zur Gewinnung billiger Arbeitskräfte bzw. zur Erzielung hoher Lösegelder seit dem 16. Jahrhundert zu einem geläufigen Element der Türkengefahr und zu einem regelrechten Gewerbe mit geschäftsmäßigen Formen geworden war, beschreibt Sergij Vilfan, Die wirtschaftlichen Auswirkungen der Türkenkriege aus der Sicht der Ranzionierungen, der Steuern und der Preisbewegung. In: Othmar Pickl (Hrsg.), Die wirtschaftlichen Auswirkungen der Türkenkriege, Graz 1971 (Grazer Forschungen z. Wirtschafts- u. Sozialgeschichte, Bd. 1), S. 177–199, hier S. 177–192. Genauere Zahlen über die gefangenen Hamburger bzw. ihre Freikäufe fehlen. Bis in die Mitte des 18. Jahrhunderts waren sie offenbar beträchtlich: 1719–1747 wurden vor Algier 50 hamburgische Schiffe aufgebracht und 49 Schiffer mit 633 Besatzungsmitgliedern versklavt; Kresse, S. 40ff.

69 Bruns (wie Anm. 18), S. 47; Lindtke (wie Anm. 54), S. 76ff.; [Carl Friedrich] Wehrmann, Geschichte der Sklavenkasse. In: ZLGA 4, 1884, S. 158–193, Statuten von 1629: S. 163–166.

70 Wehrmann (wie Anm. 69), S. 166f.

71 Wehrmann (wie Anm. 69), S. 169.

72 Baasch (wie Anm. 31), S. 8ff., 105f.

73 Baasch (wie Anm. 31), bes. S. 12–64, Zitat S. 13, zur Konvoideputation S. 90–103, zum Konvoigeld S. 104–120, zu den Konvoischiffen S. 134–165; Baasch, Handelskammer (wie Anm. 24), Bd. 1, S. 334ff.; Kresse (wie Anm. 41), S. 34f.; Pitz (wie Anm. 11), S. XXVIII–XXXI; Heinrich Reincke, Bernhard Schulze, Das hamburgische Convoyschiff «Wappen von Hamburg» III. Modell und Geschichte, Hamburg 1952 (Mitt. a. d. Museum f. Hamb. Geschichte. NF. Bd. 1), bes. S. 13ff.; Westphalen (wie Anm. 4), Bd. 1, S. 489. Das Risiko der Spanienroute schien den hamburgischen Assekuradeuren 1662 so groß, daß sie Versicherungen auf diese Reise auch zu hohen Prämien scheuten; Kiesselbach (wie Anm. 66), S. 40.

74 Staatsarchiv Bremen, 2 – R. 10. aa. 3 und 9; Baasch (wie Anm. 31), S. 367–395.

75 Baasch (wie Anm. 31), S. 398ff.

76 Siewert (wie Anm. 33), S. 26–30, VII–XI.

77 Westphalen (wie Anm. 4), Bd. 2, S. 133ff.

78 Westphalen (wie Anm. 4), Bd. 1, S. 490.

79 Westphalen (wie Anm. 4), Bd. 1, S. 490.

80 Vgl. Rainer Postel, Hamburg und Lübeck im Zeitalter der Reformation. In: ZLGA 59, 1979, S. 63–81, bes. S. 77ff.; Postel (wie Anm. 58).

81 Vgl. Postel (wie Anm. 58), S. 16ff.

82 Dünzelmann (wie Anm. 19), S. 96–109.

83 Baasch, Handelskammer (wie Anm. 24), Bd. 1, S. 11ff.

84 Asch (wie Anm. 36), S. 170–174.

Die Bedeutung des Festungsbaus 1616–1626 für Hamburgs Stadt- und Hafenentwicklung im 17. Jahrhundert

von Hans-Dieter Loose

Zwischen 1600 und 1662 stieg die Bevölkerungszahl Hamburgs auf mehr als das Doppelte, nämlich von etwa 36 000 auf etwa 75 000 Einwohner. Dieser Höchststand wurde zwar in der Folgezeit nicht gehalten, sank aber nie mehr wesentlich unter 70 000 Köpfe.[1] Grundvoraussetzung für eine Stadt, eine innerhalb weniger Jahrzehnte stattfindende Verdoppelung ihrer Bevölkerung zu verkraften, war damals wie heute naturgemäß, daß genügend Grundfläche zum Bau von Wohnraum sowie für kommunale und gewerbliche Einrichtungen zur Verfügung stand. Genügend Grundfläche bedeutete dabei weniger ausreichendes Territorium als vielmehr nach dem Standard der Zeit durch Verteidigungsanlagen geschützten Raum. Solchen hatte Hamburg seit 1626 in ausreichendem Maße. Er war im Zusammenhang mit dem Bau neuer Festungswerke nach dem neuesten Stand der Technik entstanden.

Im Folgenden möchte ich ein paar Hinweise geben, wie sich die in den Jahren 1616 bis 1626 vollzogene Stadterweiterung topographisch, wirtschaftlich und sozial auswirkte. Selbstverständlich war sie nur ein Faktor unter vielen für die weitere Entwicklung Hamburgs, aber ein sehr wichtiger, ohne den viele andere jene Entwicklung begünstigende Momente nicht – oder zumindest nicht in der feststellbaren Intensität – hätten wirksam werden können.

Die städtebauliche Situation Hamburgs vor 1616 zeigt sehr anschaulich die bekannte Grundrißdarstellung aus dem Jahre 1589 bei Braun und Hogenberg.[2] Auch wenn der Zeichner schematisiert hat, wird erkennbar, daß die meisten Straßenfronten dicht bei dicht bebaut waren und daß Flächen für eine weitere Bebauung kaum noch zur Verfügung standen. Allenfalls östlich der Jakobikirche und nordöstlich der Nikolaikirche ist noch größeres gartenmäßig genutztes Gelände auszumachen. Westlich der Stadt hatte bereits eine stärkere Ansiedlung außerhalb der Stadtmauern eingesetzt, die sich etwa vom Dammtor bis an die Elbe in einem relativ regelmäßigen Streifen parallel zum Neuen Wall erstreckte.

Der Hafen im Bereich der Alstermündung präsentiert sich als absperrbarer Binnenhafen von nicht sehr großen Ausmaßen. Die Möglichkeiten, vor seiner Einfahrt auf Außenreede zu ankern, erscheinen sehr begrenzt. Vom Hafen aus konnten die Speicher an den Fleeten – besonders markant hier das Nikolaifleet – nur mit kleinen Schiffen, sogenannten Ewern, erreicht werden. Für seegehende Segelschiffe mit ihren hohen Masten waren die Fleetbrücken, selbst die Hohe Brücke an der Mündung des Nikolaifleets in den Hafen, nicht passierbar.

Die Wälle, an denen während des 16. Jahrhunderts wiederholt gebaut worden war, waren mit Ausnahme des zur Elbniederung hin aufgeworfenen Abschnitts innen und außen von breiten Wassergräben begleitet, wiesen aber eine Menge Schwachpunkte auf und hätten im Ernstfall angesichts der weiterentwickelten Waffen- und Belagerungstechnik wohl nur noch bedingt ihre Aufgaben erfüllen können.[3] Dies und weniger der Wunsch nach Abrundung des geschützten Stadtgebietes bewog Rat und Bürgerschaft zu Entscheidungen von großer Tragweite für Hamburgs weitere Stadtentwicklung.[4]

Unter dem Eindruck der Bedrohung Braunschweigs durch die welfischen Herzöge und der Besetzung der Reichsstadt Donauwörth durch den Herzog von Bayern verpflichteten die Hansestädte Hamburg, Lübeck, Bremen, Magdeburg, Lüneburg und Braunschweig 1608 den Grafen Friedrich von Solms als Feldhauptmann und beauftragten ihn, eine gemeinsame Verteidigung zu organisieren und die städtischen Festungswerke von geeigneten Baumeistern ausbauen zu lassen.[5] Für letztere Aufgabe gewann Solms den niederländischen Ingenieur Johan van Valckenburgh. Dieser stand zwar in Diensten der Generalstaaten, erhielt für seine neue Aufgabe aber Urlaub. 1609 in Lübeck vereidigt, begann van Valckenburgh zunächst in den anderen Städten mit seiner Tätigkeit. Erst 1615 kam er für einige Monate nach Hamburg und entwarf nach gründlicher Untersuchung der geographischen Gegebenheiten ein Gesamtkonzept für die Neubefestigung der Stadt. Er brachte dabei die in seinem Heimatland entwickelten Befestigungstechniken zur Anwendung. Diese gingen auf italienische Vorbilder zurück, waren aber der holländischen Landschaft angepaßt und deshalb sehr gut auch in der norddeutschen Tiefebene zu realisieren. Charakteristisch für die Befestigungsart waren große Bastionen, die in regelmäßigen Abständen so angeordnet wurden, daß sie sich gegenseitig verteidigen konnten. Die Spitzen der Bastionen waren fast rechtwinklig. Auf Mauerwerk wurde weitgehend verzichtet und mit reinen Erdwällen gearbeitet. Am Fuß des Walles zog sich außen ein breiter Graben hin, zu dessen Verteidigung im toten Winkel unterhalb der Brustwehr des Walles ein Unterwall angelegt wurde und an dessen äußeren Rand durchgestaltete Anlagen, die Contrescarpe, den Feind aufhalten sollten. Alle diese Elemente finden sich an der hamburgischen Anlage wieder.

Eine Anschauung davon gibt z. B. der Kupferstich

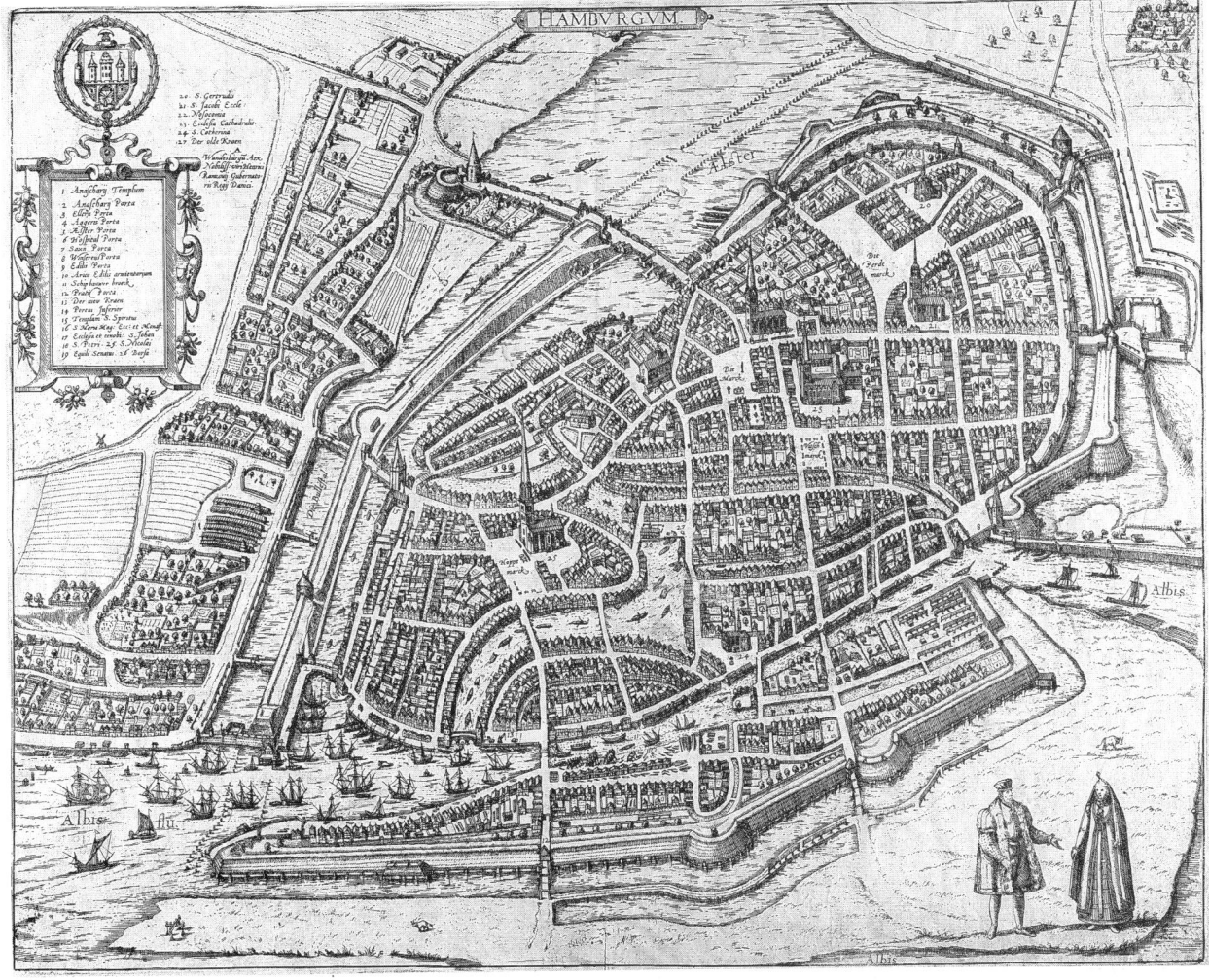

1 *Kupferstich von Braun/Hogenberg, 1594*
  (Original und Foto StAH)

von Wenzel Hollar aus dem Jahre 1643, eine der frühesten Darstellungen der hamburgischen Gesamtanlage, die wir haben, wenn auch nicht so berühmt wie die wenig später entstandene Arbeit von Arnold Pitersen.[6] Auf die Einzelheiten und die militärtechnischen Besonderheiten der neuen Befestigung will ich nicht eingehen, da sie im Zusammenhang der Frage nach Auswirkungen der neuen Anlage für Stadt und Hafen von untergeordneter Bedeutung sind. Die Veränderungen gegenüber dem 1589 festgehaltenen Zustand sind unschwer zu erkennen. Der fast kreisförmige Wall mit zweiundzwanzig Bastionen folgte im Osten der vorhandenen Befestigungslinie, beseitigte hier jedoch den Innengraben. Im Norden und Westen umschloß er große bisher in die Stadtbefestigung nicht einbezogene Gebiete. Die aufgestaute Alster wurde nicht länger an den stadtseitigen Ufern befestigt, sondern von einem bastionierten Wall durchtrennt, was zur Entstehung von Außen- und Binnenalster führte. Der acht bis zehn Meter hohe steilgeböschte Erdwall wurde nicht durch Stützkonstruktionen, sondern nur durch Grasbewuchs bzw. Sodenbelag gehalten. Er beschrieb einen Kreis mit einem Radius von etwa 1150

Metern mit dem Turm der Nikolaikirche als Mittelpunkt. An der Südseite flachte dieser Kreis allerdings ab, weil der Wall auch hier die vorhandene Fortifikationslinie beibehielt, was vor allen Dingen mit den schwierigen Bodenverhältnissen zusammenhing.

Die Bauzeit betrug zehn Jahre. 1616 begannen die ersten Schanzarbeiten und 1626 konnten als Abschluß das Johannisbollwerk und das Hornwerk an der Elbe fertiggestellt werden. Bis ins 19. Jahrhundert hat die Festungsanlage dann das Stadtbild Hamburgs geprägt. Sie machte sich sogleich bezahlt, indem sie während des Dreißigjährigen Krieges Hamburg die Neutralität sichern half und es der Stadt mit ermöglichte, einer der großen Nutznießer jenes Krieges zu werden.[7]

Städtebaulich brachte die neue Fortifikation in den vier alten Kirchspielen östlich des früheren Neuen Walles so gut wie keine Veränderungen. Dagegen entstand im Westen und Norden jener alten Verteidigungslinie ein neuer Stadtteil, der zunächst vor allem das bis dahin außerhalb der Stadtmauern gelegene Siedlungsgebiet und zahlreiche unbebaute Flächen umfaßte. Bei der Einbeziehung dieses Gebietes dominierten militärische Überlegungen, auch wenn seine sofortige Inan-

2 Kupferstich von Wenzel Hollar, 1643
(Original und Foto StAH)

spruchnahme für Wohnhausbau und seine spätere Entwicklung den Gedanken an vorausschauende Gebietsplanung nahelegen könnten. In Wirklichkeit befanden sich in diesem Bereich einige Anhöhen, die einem Belagerer strategisch günstige Plätze zur Beschießung der Stadt geboten hätten und deshalb als Gefahrenpunkt beseitigt werden mußten.[8] Dies geschah durch ihre Einbeziehung in den Festungsring. Der Nebeneffekt war, daß die städtische Bebauung auf ein neues Areal ausgedehnt werden konnte, welches in seiner Größe mehr als Zweidrittel der bisher umwallten Stadtfläche ausmachte. Der Zuzug in diesen Stadtteil, der 1685 als Kirchspiel St. Michaelis dieselben Rechte wie die vier alten Kirchspiele erhielt,[9] war erheblich. Bereits um 1680 war das neue Kirchspiel das bevölkerungsreichste.[10] Eine Bebauungsverdichtung fand hier vor allem im Süden, also um die 1648–1673 neu erbaute große St. Michaeliskirche in Hafennähe statt. Soziologisch gesehen soll die Bevölkerung in diesem Bereich vor allem aus den sogenannten «kleinen Leuten» bestanden haben (Handwerker, Schiffer, Fuhrleute, Packer, usw.).[11] Einzelheiten der Bevölkerungsstruktur des neuen Stadtteils sind ebensowenig erforscht wie der Grundstücks- und Wohnungsmarkt in dem Neubaugebiet.

Für den Hafen brachte die Ausdehnung der Stadt und die Verstärkung ihrer Verteidigungsanlagen keine einschneidenden Neuerungen.[12] Er blieb Binnenhafen von der bisherigen Größe. Die Hafeneinfahrt wurde durch Bastionen gesichert, in deren Schutz auch Schiffe liegen konnten, bis für sie ein Liegeplatz im Hafen frei wurde. Solche Warteplätze wurden in erster Linie vor den Vorsetzen zwischen Johannisbollwerk und Baumhaus eingenommen, so daß man sich wenigstens schon hinter den Palisaden befand, die parallel zu den westlichsten Elbbastionen eingeschlagen waren, um eine Anlandung feindlicher Soldaten von der Elbe her zu verhindern. Im Bedarfsfall dürften allerdings auch Schiffe an diesen Palisaden vertäut worden sein. Die von Palisaden, Vorsetzen und eigentlicher Hafeneinfahrt begrenzte Wasserfläche stellte in gewisser Weise doch eine Hafenerweiterung dar, weil sie zunehmend in den Hafenbetrieb integriert wurde. Dies war erforderlich, um den wachsenden Schiffsverkehr bewältigen zu können. Leider sind Schifferbücher, die über diesen Schiffsverkehr Auskunft geben, nur sehr lückenhaft erhalten. Die auswertbaren Bände ergeben, daß sich der Schiffsverkehr von und nach Hamburg in dem Zeitraum 1611–1629 um 50% vergrößerte. Wurden 1611 3091 ein-

56

und auslaufende Schiffe erfaßt, so waren es 1629 4581.[13] Die Schiffszahlen spiegeln die Verkehrsdichte, sie sagen aber noch nicht viel über die Größe des Umschlags. Dafür müßte man die Größe der Schiffe kennen und wissen, in welchem Umfang in Hamburg Ladung gelöscht oder übernommen wurde. Immerhin handelte es sich bei den gezählten Schiffen um seetüchtige Fahrzeuge, so daß man davon ausgehen kann, daß in beiden Jahren in etwa dieselben Schiffstypen erfaßt worden sind, und das läßt den Schluß zu, daß auch der Umschlag in diesem Zeitraum erheblich gewachsen ist. Verkehrsaufkommen und Umschlag eines Hafens sind natürlich von der jeweiligen Konjunktur abhängig. Sie ist offensichtlich 1629 sehr günstig gewesen, hat in den 30er Jahren in etwa die Höhe gehalten und ist in den 40er Jahren abgeflacht. Dies ergibt sich aus einigen weiteren zufällig erhaltenen Zahlen.[14] Infolge der günstigen Konjunktur fanden die zahlreichen Menschen, die vor den Kriegsereignissen in die Stadt geflohen waren, hier Arbeit und Auskommen und zogen weitere Fremde nach.[15] Ein Großteil von ihnen dürfte dann im Michaeliskirchspiel ansässig geworden sein und dort die angedeutete Stadtentwicklung in Gang gesetzt haben.

Das bisher Vorgetragene hat nur einige der unmittelbaren historischen Konsequenzen des Entwurfs für eine Neubefestigung Hamburgs aus dem Jahre 1615 und seiner Realisierung im folgenden Jahrzehnt beleuchtet. Es wäre reizvoll, auch über die Langzeitwirkung jener Maßnahme nachzudenken, die ja bis ins 19. Jahrhundert spürbar gewesen ist und der Stadtplanung sogar bis in unsere Zeit Aufgaben gestellt hat. Solche Überlegungen gehören aber nicht mehr zum gestellten Thema. Ich sollte einige Andeutungen über die bewußt herbeigeführten grundlegenden topographischen Veränderungen Hamburgs zu Anfang des 17. Jahrhunderts machen. Mein Ziel dabei war es, zu verdeutlichen, daß diese Veränderungen zwar überlegt geplant worden sind, daß ihr Hauptzweck aber nicht – wie gleichrangige spätere Veränderungen – Einflußnahme auf den Urbanisierungsprozeß war, sondern daß die Motive dafür vor allem militärischer bzw. verteidigungspolitischer Art waren. Aus militärischen Erfordernissen mußte man mit der Umwallung weit über das bebaute Terrain der Stadt hinausgehen und hat damit – eher zufällig als gewollt – die Ausgangsbasis für die weitere innerstädtische Entwicklung geschaffen.

Anmerkungen

1 Ich folge den Berechnungen von Hans Mauersberg, Wirtschafts- und Sozialgeschichte zentraleuropäischer Städte in neuerer Zeit. Göttingen 1960, S. 47. – Etwas abweichende, aber im Trend entsprechende Zahlen ergeben die Berechnungen von Wilhelm Schmidt, Die wirtschaftlichen Folgen des 30jährigen Krieges für Hamburg, Diss. Hamburg 1921, S. 20–40. – Ebenso Heinrich Reincke, Hamburgs Bevölkerung. In: H. Reincke, Forschungen und Skizzen zur hamburgischen Geschichte, Hamburg 1951 (Veröffentlichungen aus dem Staatsarchiv der Freien und Hansestadt Hamburg 3), S. 167–200, hier S. 172ff.

2 Vgl. Abb. 1. Vorlage im Staatsarchiv Hamburg, Plankammer 131–1/158.92. Der Kupferstich entstammt der Veröffentlichung «Urbium Praecipuarum Totius Mundi. Liber Quartus», hrsg. v. Georg Braun und Franz Hogenberg, Köln 1594 (Fol. 36). – Die Platte ist später verwendet worden für «Urbium Totius Germaniae Superioris Tabulae. Pars Prior» von Jan Janssonius, Amsterdam 1657. – Ein koloriertes Exemplar aus diesem Werk hat der Verein für Hamburgische Geschichte mit Kommentar in seiner Reihe «Hamburg im Kartenbild der Vergangenheit. Beiträge zu einem historischen Atlas» nachgedruckt (Hamburg 1970).

3 Vgl. Klaus Bocklitz, Hamburgische Festungsanlagen. In: Armin Clasen/K. Bocklitz, Studien zur Topographie Hamburgs, Hamburg 1979, S. 93–154, hier S. 119ff. und S. 125f.

4 Bei der Einwerbung von Mitteln für die Erweiterung der Festungsanlage argumentierte der Rat nur mit der bestehenden Bedrohung und Kriegsgefahr, so im entscheidenden Rat- und Bürgerkonvent am 9. Februar 1615 (Staatsarchiv Hamburg, Erbgesessene Bürgerschaft 1 Band 2, S. 338) oder im Konvent am 12. Februar 1623 (ebd. S. 651).

5 Zum Folgenden: Bocklitz (wie Anm. 3), S. 125ff. – Jürgen Soenke, Johan van Rijswijck und Johan van Valckenburgh. Die Befestigung deutscher Städte und Residenzen durch holländische Ingenieuroffiziere 1600–1625, Minden 1974 (= Sonderdruck aus «Mindener Heimatblätter»). – H.-D. Loose in: Werner Jochmann/Hans-Dieter Loose (Hrsg.), Hamburg. Ge-

schichte der Stadt und ihrer Bewohner, Bd. 1: Von den Anfängen bis zur Reichsgründung, Hamburg 1982, S. 260ff.

6 Vgl. Abb. 2. Vorlage im Staatsarchiv Hamburg, Plankammer 131–1/164.35. Der Kupferstich entstammt dem in Anm. 2 genannten Atlas des Jan Janssonius von 1657 (Fol. 61). – Zu Arnold Pitersen und seinem Kupferstich vgl. Gustav Bolland, Hamburg wie es einmal war. An Hand eines Kupferstiches von Arnoldus Pitersen aus dem Jahre 1644, Hamburg 1952. Das Buch ist von der Gesellschaft der Freunde des vaterländischen Schul- und Erziehungswesens herausgebracht, die 1966 dann noch eine Reproduktion des Blattes nach dem Original im Staatsarchiv zum Druck gegeben hat.

7 Vgl. Hans-Dieter Loose, Hamburg und Christian IV. von Dänemark während des Dreißigjährigen Krieges. Ein Beitrag zur Geschichte der hamburgischen Reichsunmittelbarkeit, Hamburg 1963. – W. Schmidt (wie Anm. 1). – Ernst Baasch, Hamburgs Seeschiffahrt und Waarenhandel vom Ende des 16. bis zur Mitte des 17. Jahrhunderts. In: ZHG 9, 1894, S. 295–420, hier S. 298ff. – S. H. Steinberg, Der Dreißigjährige Krieg und der Kampf um die Vorherrschaft in Europa 1600–1660, Göttingen 1967, S. 136.

8 Bocklitz (wie Anm. 3), S. 128f.

9 Gisela Rückleben, Rat und Bürgerschaft in Hamburg 1595–1686. Innere Bindungen und Gegensätze, Phil. Diss. Marburg 1969, S. 372.

10 Reincke (wie Anm. 1), S. 172.

11 Heinrich Reincke, Hamburg – ein kurzer Abriß der Stadtgeschichte von den Anfängen bis zur Gegenwart, Bremen 1925, S. 108. – Hermann Rückleben, Die Niederwerfung der hamburgischen Ratsgewalt. Kirchliche Bewegungen und bürgerliche Unruhen im ausgehenden 17. Jahrhundert, Hamburg 1970, S. 177.

12 Vgl. Abb. 2 (wie Anm. 6).

13 Baasch (wie Anm. 7), S. 302f.

14 Ebd.

15 Ebd. S. 300f. – Steinberg (wie Anm. 7) spricht von «Bevölkerungs- und Prosperitätsanstieg» (S. 130).

Zu Handel, Hafen und Grundeigentum Hamburgs im 17. und 18. Jahrhundert

von Jürgen Ellermeyer

I. Handel, Hafen, Eigentum: Wohnung als Ware

Daß der Handel, «das unentbehrliche Commercium, die Seele und das Aufnehmen dieser Stadt» darstelle – wie es in dieser Formulierung ein Ratsmandat von 1671 wollte[1] – ist selbst heute für viele Hamburger eine Selbstverständlichkeit und nicht etwa eine Zweckbehauptung geblieben. Hamburg als ein «handelnder Staat», wie ihn der Aufklärer Prof. Büsch (Abb. 9) 1792 sieht,[2] ist deshalb nicht ein Gemeinwesen, das endlich handelt, nämlich gegen die gerade damals akute Wohnungsnot im Rahmen weitergehender Verarmung und Verwaltungsineffizienz, sondern ein «Handelsstaat»[3] mit entsprechenden Prioritäten seiner Politik.[4]

Im Hafen geht der Fluß- und Seehandel an Land, über ihn nimmt er seinen Ausgang. Zum Hafen bedarf es des Landes für die Ansiedlung derer, die für ihn und von ihm leben, zur Verarbeitung, zur Speicherung und zum Umschlag von Waren, später auch zur Hafenerweiterung im Sinne der Verwandlung von Land in Wasser. Hafeninteressenten benötigen Land in bestimmten Nutzungsformen. Diese sollen durch bestimmte Rechtsformen gesichert werden. Gesichert, weil das Land bei zunehmender Zusammenballung verschiedener Interessenten knapp[5] und umstritten werden kann. Absichten auf Boden, auch wenn es um Sicherung gegen die Natur, Fluten etwa, geht, münden in Bodenpolitik. Für die Zeit verstärkten Hafenausbaus im Zusammenhang von Industrialisierung, also für das 19. Jahrhundert, ist und wird dieses Feld noch untersucht;[6] für die Zukunft bleibt es politisch umkämpft. Vorindustrielle Zusammenhänge zwischen Handel und Hafen einerseits und Grundeigentum sowie Wohnungsverhältnissen andererseits sollen im folgenden anhand ausgewählter Komplexe angedeutet werden.

Ein besonderes Bodenrecht[7] – für die Siedler günstiger als sonst in feudal geprägter Umwelt – wird schon denen zugesichert, die Hamburg Ende des 12. Jahrhunderts um eine Neustadt, in etwa das spätere Nikolai-Kirchspiel, beleben sollen. Wie üblich, lag dem für das Privileg bemühten Landesherrn an der Steigerung seiner Einkünfte. Diese waren nach den Umständen der Zeit am ehesten durch Förderung von Handel mit den dann folgenden Abgaben zu erzielen. Die Neustadt wurde also auf den Hafen hin konzipiert.[8]

Die wertvollsten Grundstücke lagen am Wasser. Zuströmende Bevölkerung fand dort nur noch relativ abnehmend Raum, siedelte weiter hinaus, mußte vermehrt Mietverhältnisse eingehen. Sie nahm dies auf sich, sei es, um direkt in der «nahrhaften Gegend», nahe bei Hafen und Kaufmann, zu bleiben, oder um überhaupt eine Unterkunft zu finden. Denn selbst wenn eine Befestigung noch nicht der Expansion Grenzen setzte oder später auch innerhalb der Befestigung noch Platzreserven lagen: Boden und Bauten waren ziemlich schnell zu einer Einnahmequelle geworden, die man gern zu eigen behielt und durch Vermietung dauerhaft nutzte, anstatt sie durch Verkauf nur einmalig zu versilbern.[9]

Vermietungsinteressent war einmal die Stadt durch ihre Kämmerei. Deren Veräußerungen städtischen Bodens sollten vom Rat und bald auch von der Bürgerschaft, vertreten durch die Oberalten, kontrolliert werden.[10] Die politisch mitbestimmende Bürgerschaft war seit Ende des 15. Jahrhunderts im wesentlichen die Versammlung der Grundeigentümer, der Erbgesessenen unter den Bürgern (die Bürger wieder nur Teil der Gesamtbewohnerschaft), nach Konflikten seit 1674 und 1712 gar nur noch die Versammlung in bestimmter Weise vermögender Grundeigentümer.[11] Diese konnten durch Abstimmung vor dem Rat- und Bürgerschluß sowie zuvor schon durch Mobilisierung ihrer Kämmereiverordneten, die sie 1563 an die Stelle der Ratsfinanzherren gerückt hatten, und über die Oberalten selbst gegenüber einem vielleicht andersgesinnten Rat etwa dem Wunsch nachhelfen, daß kein weiteres Bauland ausgewiesen werde. Bürgerbeschwerden gegen unkontrollierte Privatisierung öffentlichen Grundes lassen sich im übrigen in Rat-Bürger-Vereinbarungen vom Rezeß des Jahres 1410 über den Langen Rezeß der Reformationszeit bis in den Hauptrezeß von 1712 u. a. wegen des Vorwurfs der Bestechlichkeit des Rates wiederfinden.[12] Auch andernorts gehört willkürliche Verfügung über städtische Liegenschaften zu den bürgerlichen Klagepunkten der Zeit.[13]

Eigner mit Vermietungsinteresse waren zum anderen Kirchen und wohltätige Stiftungen, selbst wenn sie Freiwohnungen unterhielten,[14] schließlich zunehmend Bürger mit Teilen ihres Hauses oder mehrerer Häuser. Auf die Mehrfacheigner wird bereits in älteren Steuerordnungen geachtet.[15]

Das Hamburger Mietshaus, wenn man es nicht auf einen Bautyp verengt, ist also älter als neuere Überblicksdarstellungen und selbst eine Spezialuntersuchung es vermitteln möchte.[16] Vermieten als bürgerliche Nahrung, als die wirtschaftliche Grundlage einer ganzen Schicht, wird schon Ende des 18. Jahrhunderts in Hamburg analysierend bedacht.[17] Tatsächlich ist für den Betrachtungszeitraum bereits von Wohnung als Ware[18] auszugehen. Wohnung als Ware existiert, wie Ware allgemein, unter zwei gesamtgesellschaftlichen Bedingungen: 1. einem gewissen Grad der Arbeitsteilung, der Binnen-Abgrenzungen des Systems Stadt hervortreten läßt, etwa so, daß das Zur-Miete-Wohnen nicht mehr allzu ungewöhnlich ist; und 2. unter der Bedingung wechselseitiger Fremdheit der Produzenten. Wechselseitiger Fremdheit in der Hinsicht, daß sie an ihren Erzeugnissen individuelles Privateigentum haben und auch an ihren Produktionsmitteln wie der Arbeitskraft, diese also nicht mehr nach Maßgabe außerökonomischer Gewaltverhältnisse abzugeben sind. Darin liegen Außen-Abgrenzungen des Systems Stadt[19] gegen feudale Umwelt auf dem Lande oder auch noch in der Stadt; feudal im Sinne von Herrschaft über Land und Leute mit öffentlich-rechtlicher Wirkung von Eigentum. Mit anderen Worten: Wohnung wird zur Ware, wenn nicht jeder von vornherein eine hat, das Bedürfnis aber über auf Privateigentum beruhende Marktverhältnisse in Kauf oder Miete befriedigt werden soll, weil andere über Wohnung in dem Maße verfügen, daß Überlassung gegen Entgelt möglich ist. Hier also ein Hinweis auf Ungleichverteilung oder Akkumulation.[20] Die Bestimmung von Merkmalen des Marktes für die Ware Wohnung – wer hatte Zugang, welcher Art war die Konkurrenz, inwieweit war er von der gesamtgesellschaftlichen Produktionsweise und von obrigkeitlichen Interventionen abhängig? – solche Charakterisierung des vorindustriellen Wohnungsmarktes[21] kann im Vorzuführenden nur andeutungsweise und am Beispiel geschehen.[22] Dabei soll Grundeigentum heißen, daß die Bodenleihe mit ihren Verfügungsbeschränkungen bzw. -aufteilungen hier im wesentlichen bereits verlassen ist,[23] auch wenn man sie in einzelnen Städten noch länger hält oder die hamburgische Vergabe stadteigenen Bodens sie noch berücksichtigt. Mit Eigentum wird verwiesen auf Mangel daran, auf bloßen Besitz zur Nutzung (Miete, Pacht) und noch einmal auf Marktverhältnisse, über die sie die Menschen in Beziehung bringen. Daß der Eigentumsbegriff Wandel unterlag, wird bei genauerem Hinsehen auf die praktische und die normative, ‹rechtstheoretische› Entwicklung in Hamburg zu beachten sein. Schon jetzt ist im Auge zu behalten, daß für das wirtschaftliche Verhältnis von Grundeigentum zu Miete lange Zeit die ‹Rentenfrage› eine große Rolle spielte.

Mit Rente ist hier im Unterschied zur ziemlich abstrakten Grundrente moderner Wirtschaftstheorien die bereits im Mittelalter wirtschaftlich ausgeformte und begrifflich bekannte Rente gemeint, die bestand in einer regelmäßigen Zahlung aus – wie die Fiktion es will – den Erträgen eines Grundstücks. Das Grundstück haftete selbst bei Eigentümerwechsel für die Rentenzahlung und zugleich für die Kapitalsumme, mit der in der Regel die Rente gekauft wurde oder für die sie (etwa in familienrechtlichen Vereinbarungen)

stand. Diese Haftung kennzeichnete die Rente als Reallast. Das Rentengeschäft ist vielleicht weniger als Umgehungsgeschäft gegen das Kanonische Zinsverbot, als vielmehr gerade im Interesse der Kirche entwickelt und auch deshalb so weit verbreitet zu sehen.[24] Daß ein Grundstück zur Sicherung von Krediten eingesetzt werden konnte, ergab sich als Vorteil in dem Maße, wie sich der Stadtbürger von den Beschränkungen der Bodenleihe und weitgehend auch von den Fesseln des Familienrechts hin zu Eigentum zu befreien vermochte. Zugleich war es damit möglich, in Zeiten voraussehbarer Wertsteigerung von Immobilien über Teile dieses Zuwachses vorzeitig verfügen zu können, ohne sich des Objektes begeben zu müssen, also Grundrente, die sonst erst über den Verkaufspreis einzuholen war, schon über ein Renten- beziehungsweise Kreditgeschäft zu realisieren. Sofern die Renten nicht durch die allgemeine Zahlungsfähigkeit des Grundeigentümers – auf die das Recht nicht abstellte, die aber wirtschaftlich entscheidend blieb[25] – gedeckt waren, förderten die Renten die Ertragsorientierung in der Nutzung des Grundeigentums: positiv für die Eigner, negativ für die Mieter, die erhöhte Belastungen zu tragen hatten. Dabei konnte die Lage für Mieter um so prekärer werden, je mehr sich sowohl Vermieter als auch Rentner an höheren Profitmöglichkeiten im Handel, das hieß in Hamburg am Hafen orientierten.

Schließlich suchen Eigner – wie in Hamburg wiederholt zu sehen – mit dem Argument, man müsse an die Witwen, Waisen und Wohltätigkeitsanstalten denken, die vom sicheren Bezug ihrer Renten abhingen, notfalls gar obrigkeitliche Sicherung hoher Häuserpreise und Mieten.

Zwischen widerstreitenden Interessen mußte die Obrigkeit, selbst ja kaum neutral in ihrer wirtschaftlichen Orientierung, gelegentlich entscheiden im Rahmen einer Verfassung, die ihre Herrschaft zu sichern hatte.

II. Fremdenpolitik als Konjunkturpolitik

Vermietungsprofite brauchen nicht nur eine Verfassung, die das Grundeigentum als besondere Form des Eigentums schützt,[26] sondern auch Konjunkturen,[27] die die Gebäude füllen. In Zeiten wirtschaftlicher Expansion mit entsprechendem Zuzug geht die Rechnung in der Regel auf. Tut sie es für die Vermieter und auch für Bauunternehmer und Verkaufsspekulanten nicht, so suchen diese verstärkt Einfluß auf Handels- und Gewerbe- sowie Zuzugspolitik. Präferenzen der Außenpolitik sowie der Gewerbe- als Zunftordnung und Prinzipien der Religionspolitik können zu diesem Zweck beiseite gesetzt werden.

Die Haltung zu unterschiedlich ‹Anderen› wird zur Funktion der vorübergehend besonderen Lage, vor allem der Notlage. So kann diese Haltung zu Fremden vielleicht auch ohne Not zurückgenommen werden. Haltungsveränderung ist eine Möglichkeit, sie muß aber nicht unbedingt große Bevölkerungsteile erfassen, einen allgemeinen Sinneswandel bedeuten, sondern kann auch heißen, daß sich jeweils eine Gruppe mit besonderem Interesse durchgesetzt hat.

Hamburgische Fremden- und Gewerbepolitik als eine solche zu betrachten, die von weltoffenen Kaufleuten gegen bornierte Mittelständler und ungebildeten Pöbel mit beharrlicher Toleranz[28] durchgesetzt worden sei, geht an der Wirklichkeit vorbei, die allseits wirtschaftliche Hoffnungen und Sorgen einbegreift.

Argumente des Erhalts von Häuserwert – insbesondere für Vermieter und hypothekarische Gläubiger, wenn nicht gleich für das allgemeine Stadtwohl – sind in der Frühen Neuzeit immer wieder in politischen Auseinandersetzungen angeführt worden. Damit traten nicht nur die Grundeigentümer, sondern, gleichsam von oben, auch Rat und Kaufmannschaft hervor, ferner gelegentlich Rat und Grundeigentümer in gewissem Zusammengehen gegen Kaufleute. Um dies für Hamburg nur anzudeuten:

Auch im Interesse der Vermieter liegt nach einer Bittschrift an den Rat von 1583 die dauerhafte Zulassung englischer Kaufleute, die schon bei ihrem ersten Aufenthalt nicht nur ihnen Geld in die Stadt gebracht hätten.[29] Hamburger Hanse-Gesandte nach England nehmen gegenüber Mitgesandten anderer Städte dies zwei Jahre später wieder auf: Schließlich müßten sie «Volk in die Stadt haben, die Speicher stünden ledig».[30] Die Befürchtung, daß Handelsbehinderung den Hauswert fallen lasse, wird 1630 zur Mobilisierung gegen die dänische Elbsperre laut.[31] So spricht ein Bürgermeister mit ausgedehntem Grundeigentum nicht nur in persönlichem Interesse;[32] immerhin räumt er in seiner Drei-Schichten-Vorstellung einen Platz zwischen Kaufleuten und Handwerkern implizit den Vermietern ein. Den Aufenthalts-Vertrag der Niederländer zu verlängern, rät der Senat 1638 auch mit Blick auf die Häusernutzung; die Niederländer selbst bieten an, ihre recht hochwertigen Immobilien noch besonders zu versteuern.[33]

Für die sogenannten hochdeutschen Juden legt der Senat 1648 ein Wort ein, da in der Vorstadt viele Häuser leer stünden und der Friede weitere Familien fortziehen lasse. Könnten die Juden nicht in Hamburg ansässig sein, so würden sie doch von Altona und Wandsbek her hier ihren Handel treiben und dabei nicht zu kontrollieren sein.[34] Trotzdem bleibt die Bürgerschaft bei ihrer Ablehnung. Wenn gleichwohl im nächsten Jahr von Bürgerkapitäns- und Hauseigentümerseite der noch als Vorstadt bezeichneten Neustadt St. Michaelis gegen die Judenvertreibung eingewandt wird, man werde «Häuser und Wacht nicht sowoll besetzt behalten können» und der Senat hinzufügt, ohne die Juden würden die Vorstädter nahrungslos und drohten mit Steuerverweigerung,[35] so zeigen sich hier schon Spannungen innerhalb der Grundeigentümerschaft der nun mit der Befestigung um das Michaelis-Kirchspiel stark erweiterten Stadt.

III. Schwierigkeiten bei Stadterweiterung durch und nach Festungsbau im Dreißigjährigen Krieg – oder: Hafenerweiterung vereitelt

Hamburg ist bekanntlich gut durch den Dreißigjährigen Krieg gekommen, oder vorsichtiger: Die Stadt wurde weder geplündert noch zerstört, und viele profitierten von den Wünschen anderer drinnen wie speziell draußen Lebender.[36] Zwar hatte das Reichskammergericht im Jahre des Kriegsbeginns Hamburg den Status einer Freien Reichsstadt zugesprochen. Aber die Auseinandersetzung mit den königlich-dänischen Ansprüchen war damit nicht beendet; der Ausbau von Glückstadt bedeutete eine neue Kraftprobe. Nun demonstriert der Senat nach außen Stärke, dies in gewissem Verein mit resthansischen und – wie es heißt – protestantischen Interessen. Seit 1620 wird an für damalige Verhältnisse gewaltigen Befestigungen verstärkt gearbeitet.[37] Wirtschaftlich hatte man sich von der privilegiert-protektionistischen Haltung der an Bedeutung verlierenden Hanse bzw. Lübecks lösen und es wagen können, 1611 die Merchants Adventurers endgültig zuzulassen.[38] Die zugezogenen vermögenden Niederländer wurden 1605 in einem Contract den Bürgern weitgehend gleichgestellt und auch zum Grundeigentum berechtigt. Portugiesische und hochdeutsche Juden bildeten weitere Minderheiten, unterschiedlich nach Vermögen und Rechten. Nicht nur deshalb waren bei aller Einigkeit nach außen Spannungen zwischen Gruppen und Schichten, oben und unten, deutlich genug. Ihre Bewältigung geriet mitunter nur fragwürdig. So beschied der Senat die schriftliche Erkundigung eines Bürgerausschusses 1618, ob die hamburgische Verfassung eine aristokratische oder demokratische sei, nur mündlich und lapidar: Sie sei gemischt.[39]

Der auf die westlichen Höhen weit vor die Stadt gezogene Befestigungsgürtel löste ein militärisches Problem[40] und vergrößerte die Stadt in einem Zug auf nahezu die doppelte Schutzfläche. Die dadurch gewonnene Michaelis-Neustadt gilt in der Forschung als zum Ende des 17. Jahrhunderts «wirklich städtisch bebaut und dem alten Stadtgebiet als lebensvolles Glied angegliedert. Von einer störenden Einwirkung des Krieges merkt man nichts.»[41] Wenn das überhaupt stimmt, so ist jetzt zu zeigen, daß Michaeliten aber lange genug von Mit-Hamburgern gestört wurden. Es sind nämlich Altstädter auf Jahrzehnte bemüht und damit für etwa ein Jahrhundert erfolgreich, den Michaeliten nichts einzuräumen, was diesen besondere wirtschaftliche Attraktivität und somit mehr Mieter für die auf Spekulation gebauten Häuser gebracht hätte.

Dabei schien sich die Umwandlung und Erweiterung der zunächst nur zur Elbe hin dichter besiedelten Vorstadt zur ausgewachsenen Neustadt verheißungsvoll anzulassen. Mit dem Festungsschutz und der zu erwartenden rechtlichen Eingliederung bzw. Gleichstellung konnte der Wert dortiger Liegenschaften beträchtlich steigen, der bis dahin u. a. durch Vermietungsverbote für die Höfe vor der Stadt[42] niedrig gehalten blieb. So war den Michaelis-Eignern eine nur sie treffende Befestigungsbeisteuer in der ungewöhnlichen Höhe von 5 % des Liegenschaftswertes – in der regelmäßigen Steuer nur zu ¼ % herangezogen –, 1620 einmalig beschlossen, offenbar zuzumuten. Außerdem hatte man ihnen «Aufhülfe ihrer Nahrung» zugesagt.[43] Dementsprechend wünscht der Senat 1621, es möge ihm «freistehen, in der Vorstadt [...] ehrliche Leute [...] zur ungehinderten Betreibung ihres Amtes oder Manufactur zu ermächtigen».[44]

Die Bürgerschaft aber setzt diesen Punkt aus, bis der Senat sich darüber mit den Handwerksämtern verglichen habe. Neues scheint dabei für die Michaeliten nicht herausgekommen zu sein, aber sie können vom Flüchtlingszustrom profitieren, der mit dem Anrüken der Truppen Tillys und Wallensteins 1627 am stärksten gewesen sein dürfte.[45] Wenigstens auf diese Weise hatte man in der Neustadt teil an der allgemeinen Grundrentensteigerung – oder als Mieter an der Wohnteuerung. In deren Zusammenhang gehört, daß der Rat höhere regelmäßige Besteuerung der Liegenschaften – nämlich jetzt erstmals nach öffentlicher Taxierung[46] – durchsetzen konnte und daß unter den außerordentlichen und bewilligungsabhängigen Abgaben die Miet- und Wohnungssteuer bedeutend wird; 1628 wollen die Bürger selbst die Untermieter besteuert sehen.[47] Aber die Pest insbesondere 1628[48] und Flüchtlingsabzug nach für Norddeutschland vorläufigem Friedensschluß von 1629[49] wirken gegen Häuserwert und dessen Zunahme. Inzwischen war aber die Neustadt teilweise bereits so bebaut, daß etwa die Miete für den zweiten Prediger bei Michaelis 1629 von 235 Mark auf 180 Mark, 1634 noch einmal auf 150 Mark jährlich sinken konnte.[50]

In dieser Situation sucht der Rat die Bürgerschaft mit Hinweis auf drohenden Häuserverfall zu größeren Anstrengungen für Handelsfreiheit gegen königlich-dänische Ansprüche zu bewegen. War das ein wirksames Argument, so machten sich die Michaelis-Eigner jetzt 1632 selbst bemerkbar mit zwei Bittschriften: Ihre Häuser stünden zum Drittel oder zur Hälfte leer, man möge deshalb Manufakturisten hereinlassen. Knüpften sie damit an die ältere Senats-Initiative an, die offenbar gegen Altstädter Grundeigner und zünftisches Handwerk nicht hatte durchgesetzt werden können, so war jetzt neu, daß sie den Mangel an einem durchgehenden Wasserlauf als Handelshindernis beklagten[51] und, ab 1636 erkennbar,[52] um eine entsprechende Stadterschließungsmaßnahme bzw. Hafenerweiterung baten.

Technisch und finanziell wäre das kein großes Problem gewesen; es ging nur um die Öffnung eines alten Stadt-, jetzt Binnengrabens (des Herrengrabens) zur Elbe hin, um die Beseitigung eines Wehres (vgl. Abb. 1).[53] Aber entsprechende Vorschläge, immerhin wieder vom Senat aufgenommen und zuletzt auch zugunsten

von Floßlagerung und Schiffbau vorgetragen, werden 1641, 1643 und 1645 von der Mehrheit der Kirchspiele, d. h. der Grundeigentümer der Altstadt, abgelehnt.[54] So sollen sogar nach Behauptung des Senates noch und schon vor dem Westfälischen Frieden viele Häuser der Neustadt ungenutzt gewesen sein, ein warnender Hinweis, der die Bürgerschaft allerdings, wie gesagt, nicht daran hinderte, im Friedensjahr die Ausweisung der deutschen Juden zu beschließen.

Wenn die Bebauung in den 1650er Jahren weiter zunimmt, dann ist das weniger mit allgemein und dauerhaft erweiterten Arbeitsmöglichkeiten für Michaeliten in Verbindung zu bringen, als vielmehr mit neuerlich kriegsbedingtem, kurzfristigem Zustrom holsteinischer Adliger und von ihnen in Sicherheit gebrachter Wertgüter.[55] Boots- und Seeleute leben hier in größerer Zahl, Angehörige einer Berufsgruppe, deren Lohn- und Anstellungssorgen mehrfach in dieser sogenannten Wachstumsphase (1636, 1649, 1674, 1676 und 1678) zu Unruhen geführt haben.[56] Es wird deshalb nicht nur Streben nach ungemessenen Einkünften gewesen sein, das zwei Bürgerkapitäne 1658 über solche Armut in der Neustadt klagen ließ, daß man der Wachtpflicht nicht nachkommen könne.[57] Eine «reine Proletariervorstadt»[58] war die Neustadt damit allerdings nicht geworden – man denke nur an die Errichtung der Oper ebendort.[59]

Während der Verfassungskämpfe der Jahre 1672–74 haben die Michaeliten ihre Wünsche nach baulicher Erschließung verstärkt und mit Blick auf die Hochzeit des Walfangs[60] sachlich erweitert vorgebracht. Vielleicht wurden sie dabei durch den Umstand begünstigt, daß die Grundeigner der Altstadt 1672 und 1673 allein an zwei Tagen etliche sogenannte Capitalhäuser und Hunderte kleinerer Wohnungen oder gar Wohnhäuser durch Brand verloren[61] – ein Vorgang, der sich in größerem Ausmaß vor der vollständigen politischen Zulassung des Michaelis-Kirchspiels 1685 wiederholt.[62] Aber in der Altstadt soll nach einem Jahr (1674) schon alles wieder bebaut gewesen sein,[63] während in der Neustadt 1675/6 über 300 Häuser oder Wohnungen leerstanden.[64] Als 1674 der kaiserliche Kommissar Graf Windischgrätz hilft, die Verfassungskämpfe u. a. mit Zurückdrängen der weniger Vermögenden zu beenden – künftig sollen nur noch Bürger mit Grundeigentum eines bestimmten Mindestwertes zum Konvent zugelassen sein[65] –, stellt er sich immerhin freundlich zu den Anliegen der Michaeliten.[66] Diese hatten sich in den Hauptfragen geeint als «Kauffleute, Schiffer und sämbtliche große gemeine» geäußert,[67] nämlich für den Wunsch dort ansässiger Reformierter nach einer eigenen Kirche und mit dem Gesuch, als eigenes Kirchspiel mit Stimme in der Bürgerschaft zugelassen zu werden, nicht mehr nötige Wälle baulich nutzen zu dürfen und Hindernisse für einen Hafenbau zu beseitigen.

Dem, wenigstens in Teilforderungen, hatte 1673 auch die Mehrheit der Altstädter Bürgerschaft nach einer

Bittschrift der «Löblichen Kaufmannschaft» (die wohl an billigerem Lagerraum interessiert war) und der «Benachbarten in der Neustadt» zugestimmt[68] – aber dem gemeinsamen Druck stand nun der Senat entgegen, der wieder einen Frieden und damit Handelsrückgang für Hamburger kommen sah.[69] Er bringt die Vorstellungen einer starken Gruppe Altstädter Grundeigner, nämlich der der bisher bevorzugten Hafengegend, besonders um den Kehrwieder,[70] so zur Geltung, daß der Bürgermehrheitsbeschluß von 1673 (1674 wiederholt) durch den Windischgrätzer Rezeß praktisch negiert wird. Denn man kündigt aufschiebend eine Gutachter-Deputation an[71] – ohne bekanntes Ergebnis –, und ein immer noch nicht letzter Vorstoß der Michaelis-Gemeinde und der Börsenkaufleute bleibt hängen.[72]

Die Kirchspielrechte zwar werden den Neustädtern 1677 und 1685 stufenweise zugebilligt. Wasserzugang und standortgünstigere Baulichkeiten schließlich erhalten sie erst nach einem weiteren Jahrhundert. Gescheitert sind sie für diese lange Zeit außer an den Ratsherren, die auch das Gruppen-Privileg der wirtschaftlichen Nutzung unbebauter Wälle nicht aufgeben wollen, zunächst an der Konkurrenzangst und Vermögensmasse traditions- und lagebegünstigter Grundeigner. Aus deren 1674 erfolgreicher Argumentation hier die Hauptpunkte:[73]

1. Es gäbe auch künftig genügend Bauplätze in der Altstadt;
2. es würden nur wieder Spekulanten bauen, und dann viele Häuser nach Abflauen der Kriegskonjunktur leerstehen;
3. die Wasserwege und Uferbefestigungen des alten Hafens würden durch einen Wertsturz der dort liegenden Häuser so gefährdet, daß die Brauerei und der Handel (dieser auch mit dem kostbaren Stapelrecht) und damit Hamburgs Wohlfahrt auf dem Spiel stünden;
4. der Wertfall ihrer Häuser würde die Stadtkasse mehr Steuern kosten, als sie von zusätzlichen Eignern bekommen könne;
5. Hospitäler, Witwen und Waisen verlören an den bislang sicheren Renteneinkünften aus ihren Häusern;
6. einige Mehrfach-Rentgläubiger könnten bei Zahlungsunfähigkeit gleich mehrere Häuser an sich bringen und zu verderblich großen Gebäuden zusammenfügen;
7. und letztens: die Teer- und Tran-Lager würden an der geplanten Stelle dort an Land gehende Kaufleute und Fremde behindern durch «garstigen geruch und wandell».

Daß nicht alle solche Gründe dauerhaft wirksam gewesen sein können, ihrer etwa auf ein Jahrhundert ausbauhinderlichen Tendenz mithin noch weitere Wirtschafts- und Interessenlagen entsprochen haben dürften, ist zu vermuten. Zur Zeit der nachweisbaren Verwendung dieser Argumentation bleibt aber festzuhalten, daß

es den Grundeignern des bestehenden Hafengebietes offenbar gelang, den konkurrenzlosen Erhalt gerade ihrer Häuser als für das Hafen-, Gewerbe- und allgemeine Stadtwohl nötig erscheinen zu lassen.

Dabei sollte vor allem die wirtschaftliche Sorge vor den Folgen eines Friedens – hier 1674 zwischen England und Holland – den Neustädtern Zügel anlegen, nachdem man sie aus Angst vor dem Krieg beim gewaltigen Festungsbau doch schon besonders ins Geschirr genommen hatte.

So erinnere man zum Hamburger Festungsbau im Dreißigjährigen Krieg: Der Einschluß des späteren Michaelis-Kirchspiels in den Wallgürtel erfolgte weniger im Interesse einer Verbesserung der Wohn-[74] und Einkommensverhältnisse für die bislang allzu gedrängte Bevölkerung, weniger als fürsorgliche Stadterweiterung zugunsten bislang Benachteiligter, sondern der Einbezug der Vorstadt war ein militärtechnisches Erfordernis (die gegen Beschießung nötige Anhöhe zu gewinnen) vor allem zum Schutz der Altstadt und der dort herrschenden Wirtschaftsinteressen. Wenn diese immer wieder von Kriegen, wenigstens von Seekriegen anderer Mächte profitieren konnten, so schien diese Möglichkeit im Zeitalter ausgedehnter Landkriege vor allem durch bewaffnete Neutralität bewahrbar.

Autonomie nach außen setzte Autonomie nach innen voraus.[75] Wurde diese in Hamburg von Kaufmannsherrschaft in Anspruch genommen, so benötigte sie ein gewisses Einverständnis gleichsam nach unten abschirmender Mittelschichten. Hier hieß das Rücksicht auf bestehende Verwertungsinteressen von Grundeigentümern und zünftisch abgeschlossenen Gewerben. So konnten vor weiterem Wachstum der Bevölkerung – und das mußte bei der fast 100 %igen Geländezunahme innerhalb des Festungsringes ebenso gewaltig und über zeitweilige Flüchtlingsströme hinaus dauerhaft sein – mit der Stadterweiterung trotz partiell sichtbaren Wunsches auch Altstädter Kaufleute noch keine Hafen- und Speicherkapazitätserweiterungen oder Förderung von Manufaktur und Schiffbau in der Neustadt verbunden werden.

Aber immerhin hatten «Rat und Bürgerschaft des aufblühenden Handelsplatzes [...] in hochstrebendem, zukunftsfreudigem Sinn die Bebauungsfläche nahezu verdoppelt».[76] Schloß das nicht wenigstens eine stillschweigende Wohnungspolitik für billige Mieten ein? Schuf man doch dem bestehenden Grundeigentum eine größere Konkurrenz und hielt gleichzeitig weitergehende gewerbliche Möglichkeiten im Neustadtbereich zurück, drückte also insgesamt auf den Liegenschaftswert und die Miete. Jedoch: An stärkerer Ansiedlung war der Senat durchaus interessiert, wenn er das Argument ernst nahm, die Stadt brauche Mannschaft, Verteidiger. Dies hatte zwar den sich so äußernden Michaeliten 1632 nicht genutzt,[77] aber der Obrigkeit selbst war es für günstige Bedingungen zur Verlängerung der Niederlassung

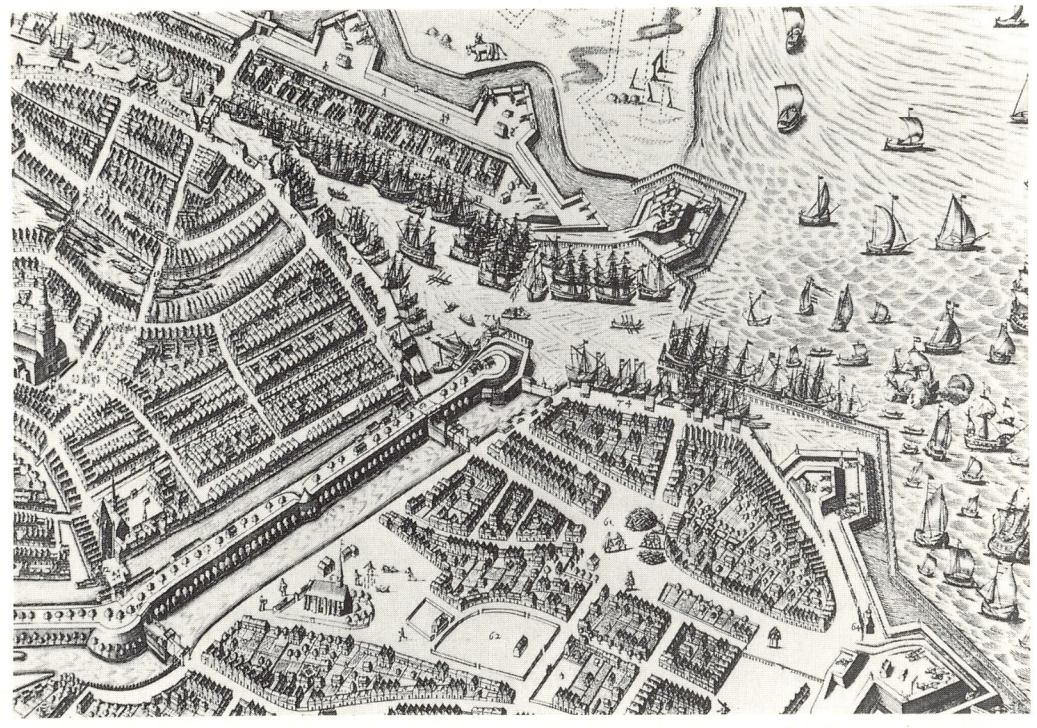

1 Unten die Michaeliten mit Hoffnungen am Herrengraben. Oben die Altstädter mit der Macht des Hafens. Stauwehr (Bildmitte) verhindert Hafenerweiterung (Ausschnitt aus dem Hamburg-Plan des Arnold Pitersen, 1644)

2 Die Kirche blieb im Dorf: die Große Michaelis-Kirche als Trost der Neustädter auf dem dornigen Weg zu politischer Gleichberechtigung und wirtschaftlicher Förderung (Kupferstich von P. Schenk, nach 1668; StAH)

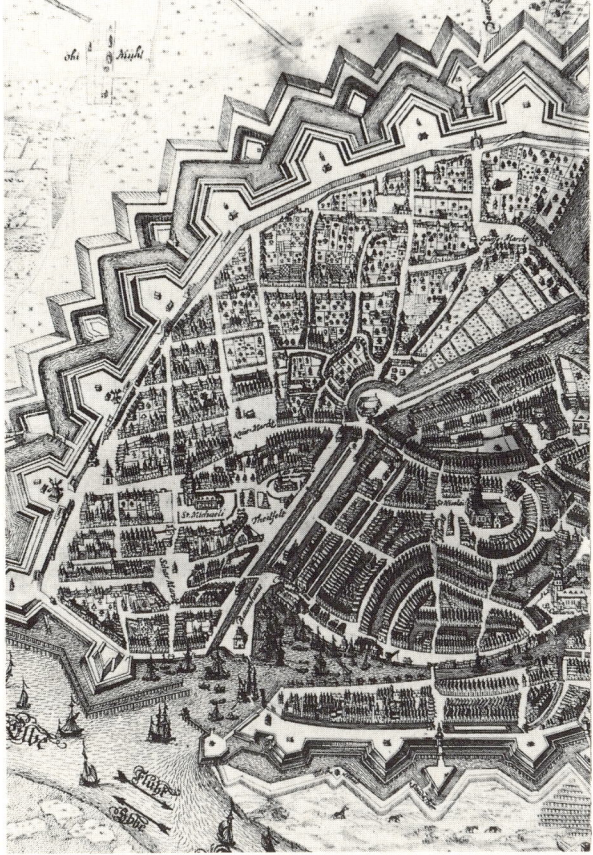

3 Noch Raum für Erwartungen: die Neustadt Ende des 17. Jahrhunderts (Ausschnitt aus Stadtgrundriß von D. Lemkus, um 1700; StAH)

4 Ruhe vor der Hochkonjunktur des Siebenjährigen Krieges: »der Michel« nach dem Brand von 1750 im Wiederaufbau (Ausschnitt aus dem Kupferstich des D. J. M. von Drazowa, 1754)

6 Handel floriert wieder: Speicher verdrängen Wohnungen. Mühlen auf Bastionen hindern mehrgeschossigen Kleinwohnungs-bau (vgl. Abb. 17, 18 und 21. – Mühle auf dem Casparus in der Neustadt. Detail aus dem 1791 [von Maier/Lawrence] teilweise aktualisierten Kupferstich des Drazowa; StAH)

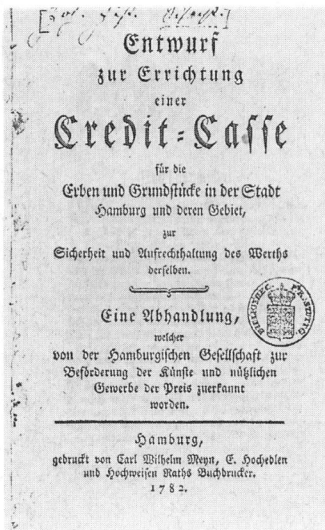

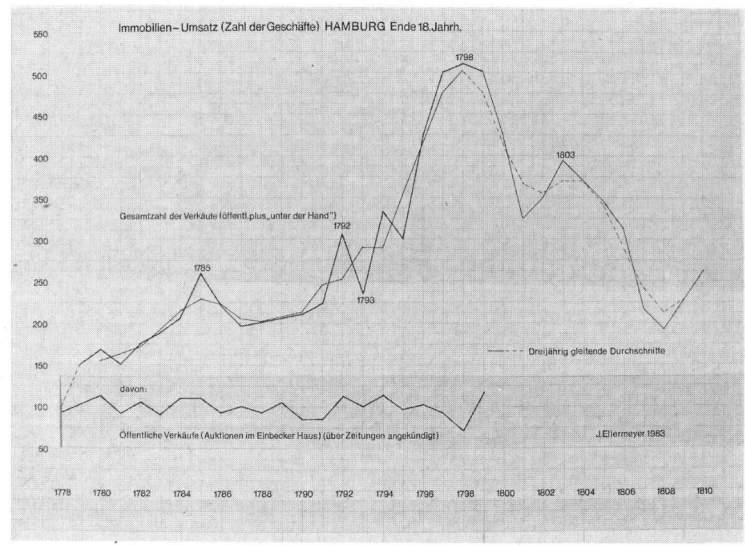

5 Tischler Schacht, der sich als Bauunternehmer verspekulierte, will sich und andere fördern

7 Häuserumsatz als Zeichen von Gebäudemangel

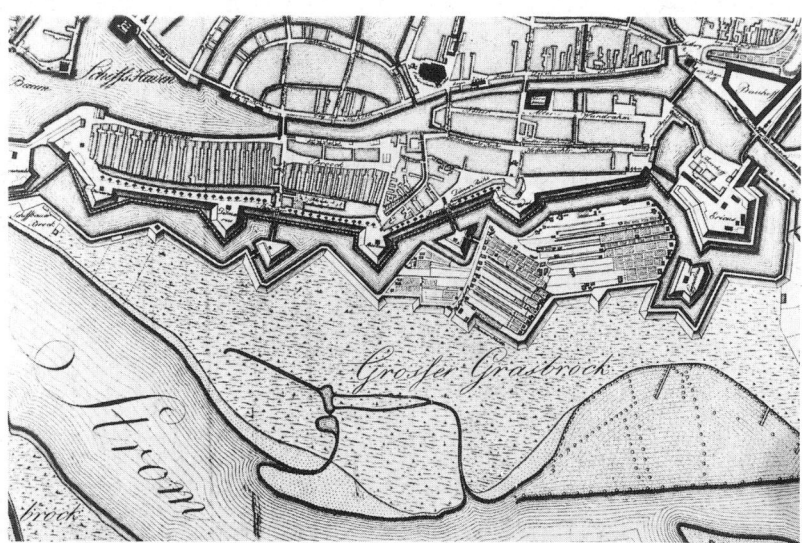

8 Hafenerweiterung auf dem Grasbrook könnte Wohnungsnot mildern (Ausschnitt aus dem Grundriß von Lawrence, 1791; vgl. Abb. 15 u. 16; StAH)

9 Büsch trat schon 1792 für die Bebauung des Grasbrooks ein (Lithographie bei C. Fuchs; MusHG)

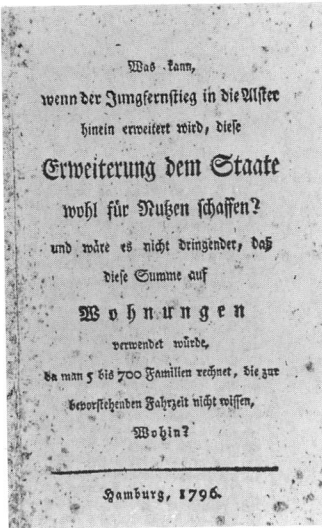

10 Klage ist sinnlos . . .

11 . . . denn Promenade geht vor: der Jungfernstieg zu Anfang des 19. Jahrhunderts (Aquatintablatt/Radierung von C. Suhr um 1800/1825 laut R. Wagner/C. Schellenberg; MusHG)

12 Immerhin nach Platz vor den »Häuselein« am Fuß des Walles . . . (Soldatenwohnungen auf den Hütten; erbaut 1690, abgebrochen 1857. Ausschnitt aus der Lithographie von E. Niese; MusHG)

13 . . . aber wenig Licht in den Gängen; selbst hier verteuerten sich die Häuser – im Brettergang in St. Michaelis – von 1783 zu 1798 von ca. 1000–1500 Mark auf 4000–5500 Mark; Jungfernstieg zum Vergleich: von ca. 12–13 000 auf 60–120 000 Mark (Lithographie von S. Bruhn, um 1850; MusHG)

14 Vor der Stadt- die Hafenerweiterung: 1795 zusätzliche Duckdalben in der Elbe (Ausschnitt aus Federzeichnung von T. Winckelmann, um 1860; StAH)

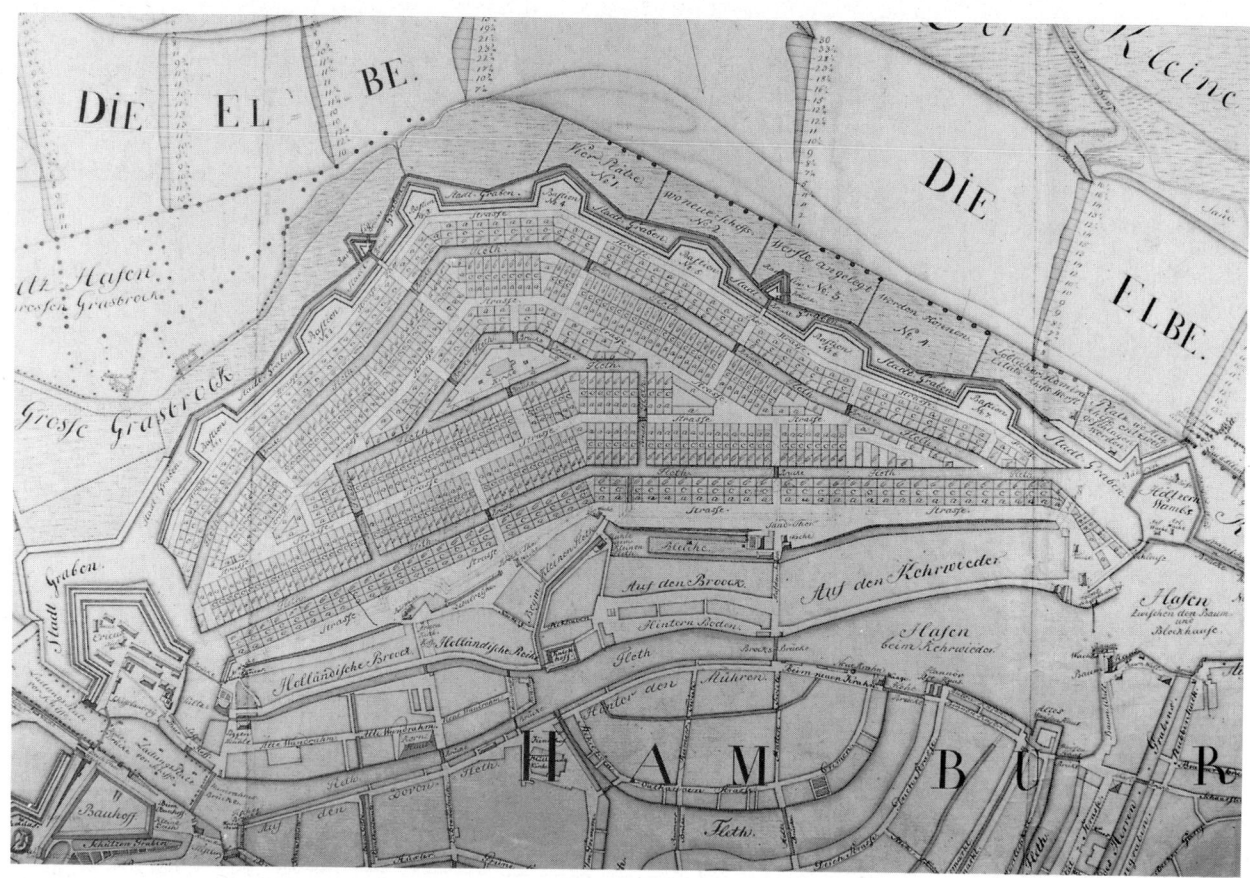

15 *Folgenloser Plan großzügiger Stadt- und Hafenerweiterung auf dem Grasbrook, 1796 (Riss von dem projektirten neuen Anbau, oder Erweiterung der Stadt Hamburg für Wohnhäuser und Speicher auf dem Grasbrook, durch den Ingenieur Capitain, auch Strom- und Canaldirektor I. H. Baxmann; StAH)*

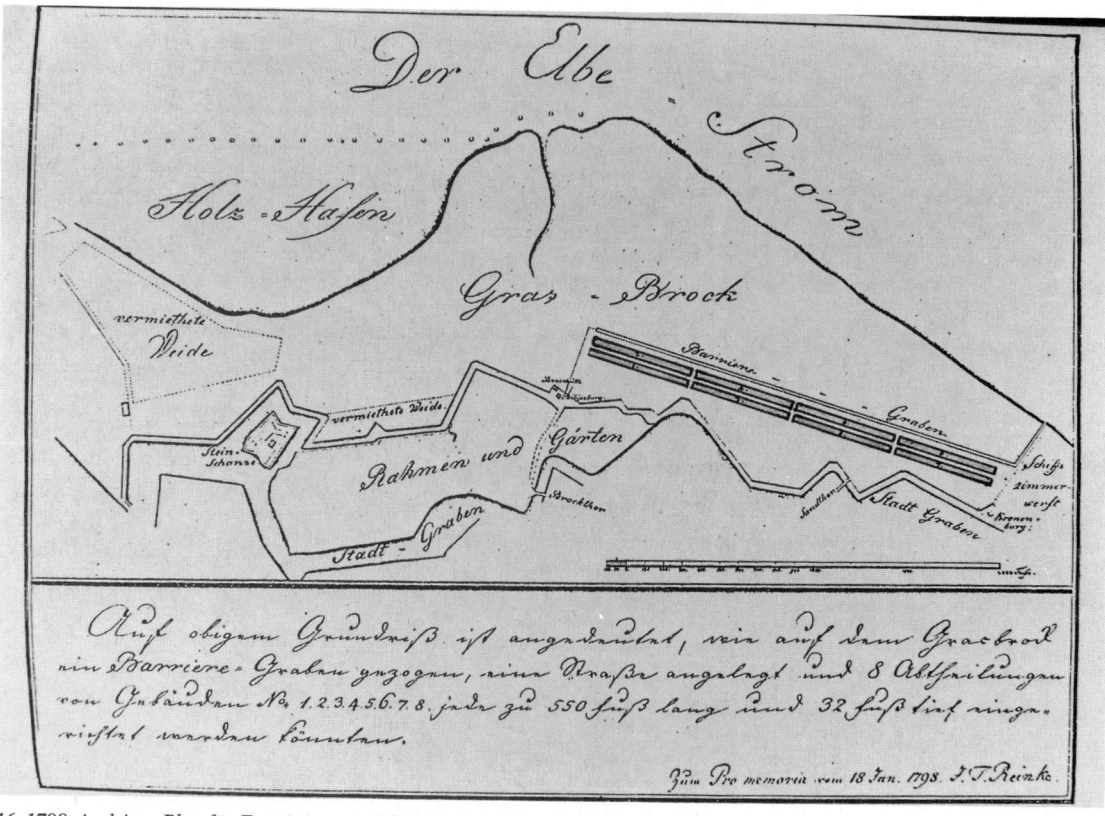

16 *1798 ein dritter Plan für Erweiterung auf den Grasbrook – vergeblich (Projekt des Geometers Reinke für die Kämmerei; vgl. Anm. 146; AtAH)*

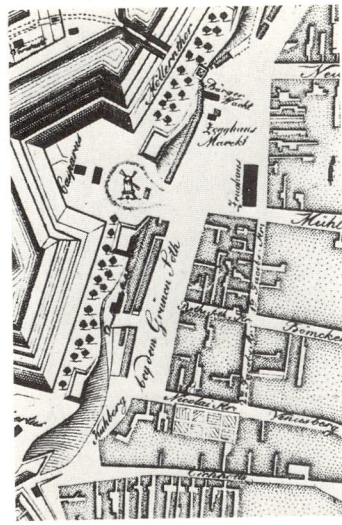

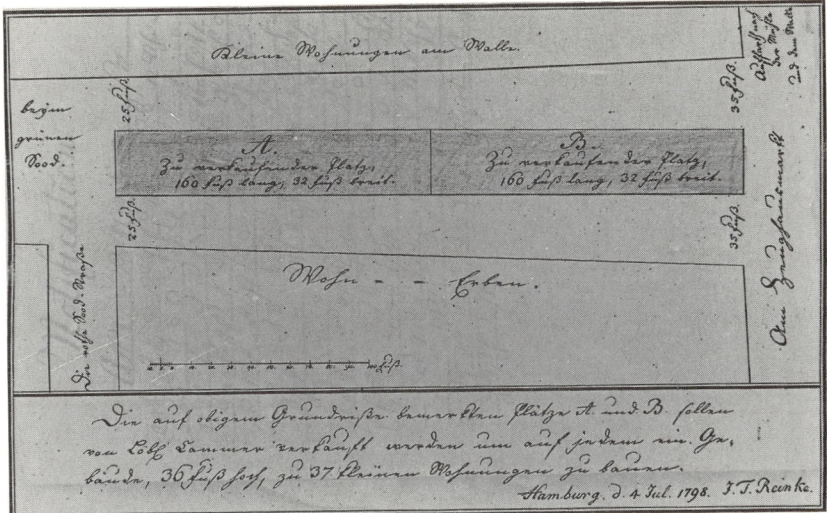

17 Am Stadtrand ist noch etwas
Platz... (hier: Platz bey dem
Grünen Soth in St. Michaelis;
Detail aus dem Grundriß von
Lawrence, 1791; StAH)

18 ...und endlich werden einige Kleinwohnungen gebaut (Aus dem Kontraktenbuch der
Hamburgischen Kämmerei, Bd. 8; solche Grundrisse sind wohl für Interessenten am
Erwerb städtischen Bodens öffentlich ausgehängt worden; StAH)

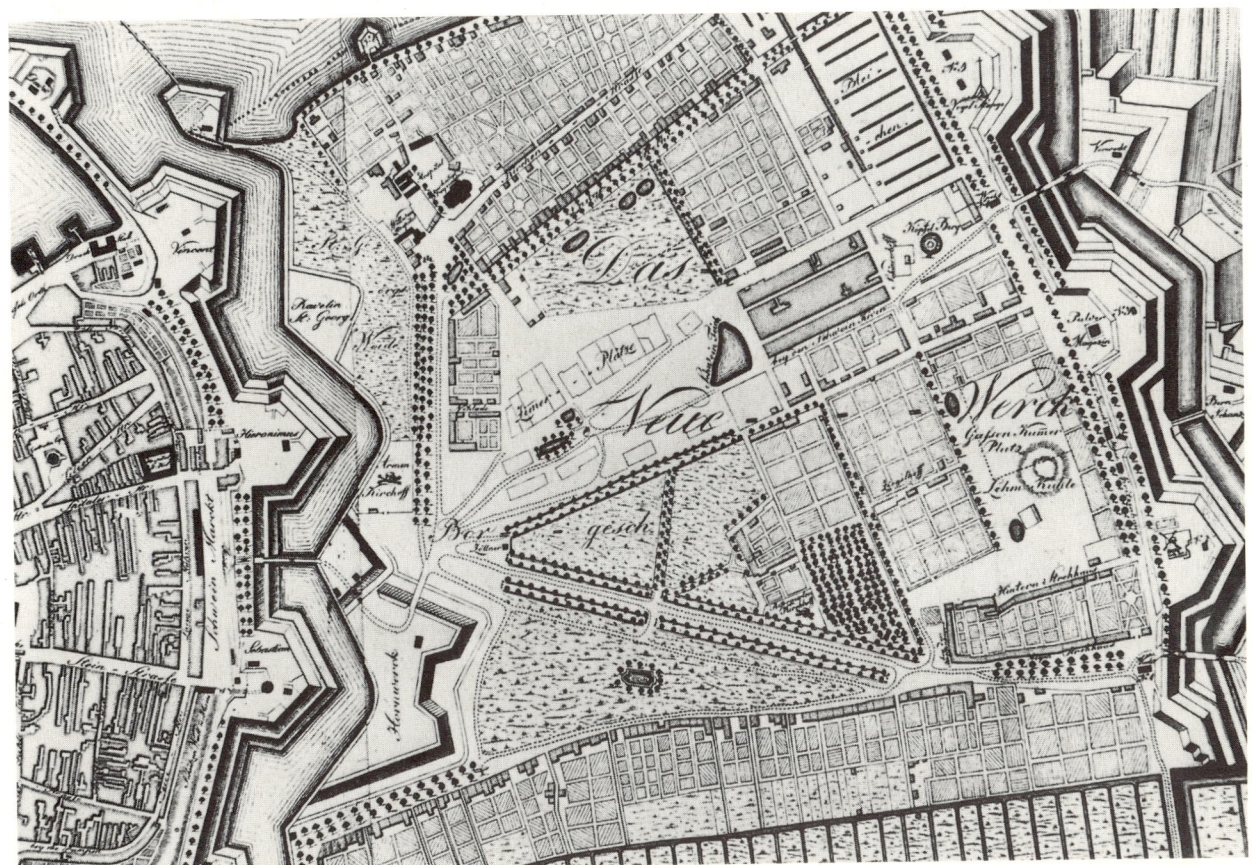

19 In der Vorstadt St. Georg könnte man ruhiger und doch stadtnah leben... (Ausschnitt aus dem Grundriß von Lawrence, 1791; StAH)

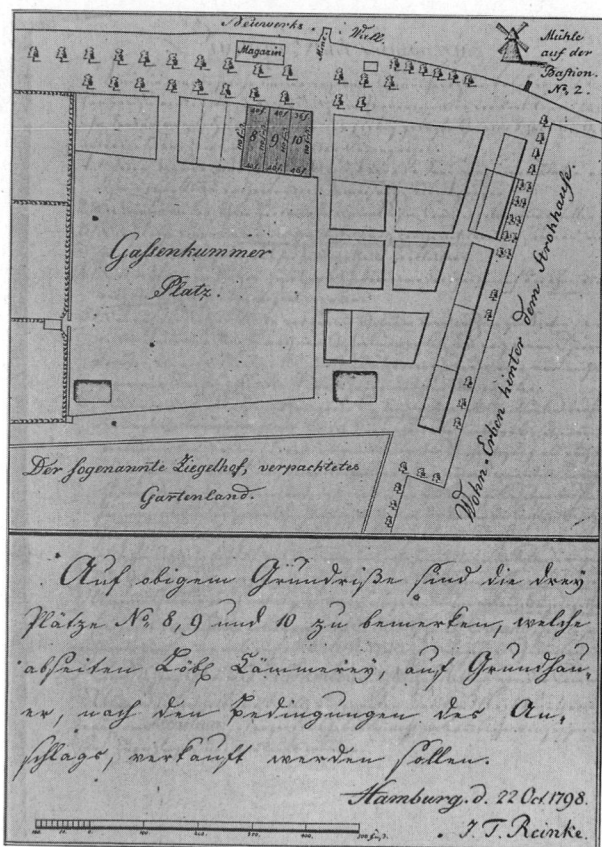

20 ... aber das Nadelöhr, das Steintor, wird bis 1798 allzu früh geschlossen (Ein Turm des Steintors von 1483, abgebrochen 1830; Ausschnitt aus Zeichnung von M. Gensler, 1830; Kunsthalle)

21 Nach anhaltendem öffentlichen Druck und Einführung der »Thorsperre« fördert auch ›die Stadt‹ – in Grenzen – Wohnungsbau in St. Georg (Aus dem Kämmerei-Kontraktenbuch, Bd. 8; zur Grundlage dieser Grundstücke vgl. Abb. 19; StAH)

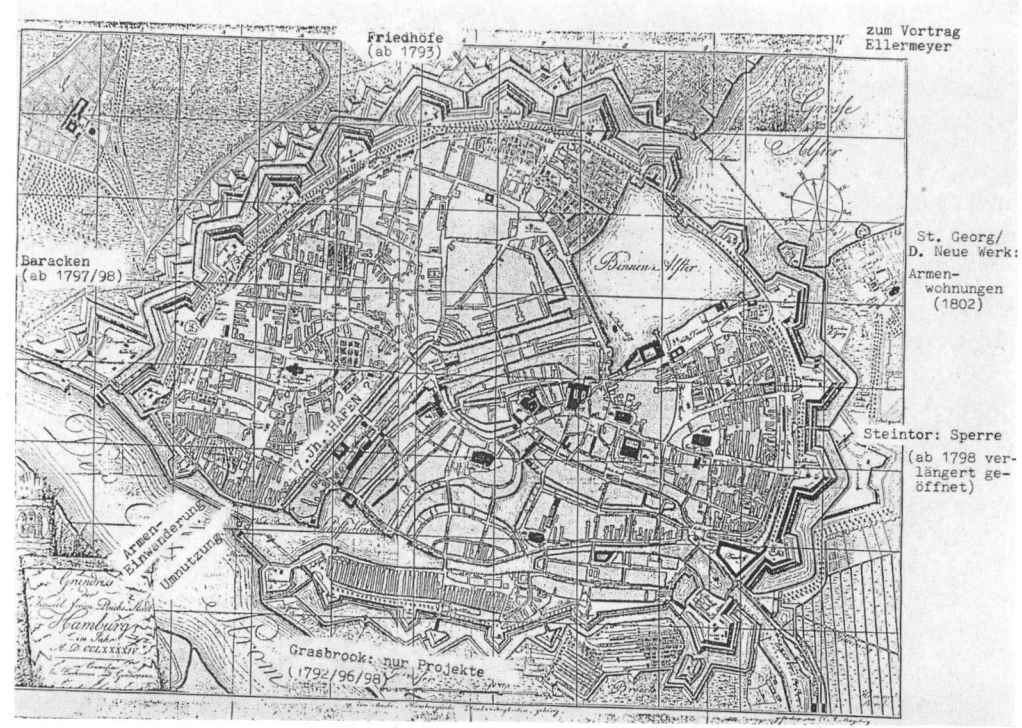

22 Aber in der ›autonomen‹ und Festungsstadt werden Grundprobleme zwischen Stadt und Hafen nur am Rande angepackt ... (›Verortung‹ einiger angesprochener Probleme durch den Verfasser; die Karte von 1794 beruht auf der von Lawrence 1791)

68

23 ... *und so bleiben Nachteile für »Hamburgs Wohl« bei andauerndem Vorrang für Hafen und Handel*
(Ausschnitt aus Tuschzeichnung von R. Bowyer, um 1802; MusHG)

von Niederländern 1638 gut.[78] Ob beabsichtigt oder unbewußt regelhaft: Des Senats und seiner Schicht Haltung lief darauf hinaus: Zuwachs an Bevölkerung ja – aber unter solchen Bedingungen, daß viele Zuwanderer statt in zusätzliche und somit konkurrierende Betriebe eher aus «Armuth in der Stadt Dienste», also unter die Soldaten treten, wie Michaelis-Bürgerkapitäne 1658 bestätigen,[79] und in die verstärkte Konkurrenz billiger Lohnkräfte. An beidem konnte Kaufleuten und Grundeignern gelegen sein; der Senat war ihnen weniger fremd, denn daß man sein Verhalten und den scheinbaren Stellungswechsel, als man 1674 zur Entscheidung drängte, als bloß zurückhaltende Vermittlerrolle für verschiedene Gruppen von Bittstellern oder als die prüfungshalber angenommene stillschweigende Wohnungspolitik zugunsten billiger Mieten charakterisieren müßte.

Wenn nicht das Ziel, so doch die Wirkung einer Maßnahme, die zur militärischen Sicherung des Wohlstands in der Stadt eingeleitet worden war, bestand darin, über Stadterschließungs- und Grundeigentumsverhältnisse einen Vorstadtbereich und insbesondere dessen künftige Bewohner in erster Linie den Herrschenden der Altstadt in verschiedener Weise dienstbar zu machen. Das schien um so gebotener, als damals bereits eine zunehmend schwerer zu kontrol-

lierende Siedlungsverdichtung in St. Georg und in Richtung Altona erfolgte.[80] Schließlich ermöglichte es, die Stadtkasse durch Bodenverkäufe zu füllen und dort bereits vorhandenes Eigentum der Oberschichten im Wert zu steigern.

Wenn der «Verzicht auf Stadtplanung» für die späteren schlimmen Wohnverhältnisse verantwortlich ist, dann wohl nicht nur im Sinne ungeregelter Bebauung,[81] sondern deshalb, weil der Geländegewinn keine Sozial-Brache für freie Entscheidungen, sondern seit längerem regelhaften Wirkungen von Kapitalverwertungsmöglichkeiten, Gruppeninteressen und Konjunkturen überlassen war und blieb, und zweitens deshalb, weil es genügend Arme gab. Stadtplanung, die sich mehr auf menschenwürdige Arbeits- und Wohnverhältnisse gerichtet hätte, in kritischer Abwägung dessen, wieviel sogenannte Autonomie eigentlich wert sei, war auch von einer die Senatspolitik mitbestimmenden Bürgerschaft nur bedingt zu erwarten, wenn sie sich denn als eine erbgesessene auszeichnete und den Grundsatz akzeptierte, daß das Wohlergehen des Handels und die Wohlfahrt der Stadt, d. h. aller ihrer Bewohner, eins seien.

Als die Neustadt sich gegen Ende des 17. Jahrhunderts dennoch füllte (vgl. Abb. 3) und dort belegenes Grundeigentum nach Ausweis der damals einsetzen-

69

den Hauptbücher der Allgemeinen Feuerkasse teilweise beachtlichen Wert erlangte (der oft nach Preisrückgängen erst Ende des 18. Jahrhunderts wieder erreicht wurde),[82] so war damit offenbar für größere Teile der Bevölkerung kein hinreichendes Einkommen verbunden. Jedenfalls erschien – bei Hinrich v. Wiering auf dem Schaarsteinweg, also in der Neustadt – 1698 eine Flugschrift, die Hamburger zur Auswanderung aufforderte, zunächst in Besitzungen der holländisch-ostindischen Compagnie, bis Hamburg sich selbst Kolonien erwürbe, denn diese Stadt sei «mit vielen nahrlosen Leuten derogestalt angefüllet und gleichsam überladen».[83] Gegen verstärkten Fortzug jetzt offenbar Steuerbedrückter richtet der Senat 1709 ein Mandat.[84] So wurde die Hamburger Neustadt des 17. Jahrhunderts ein für sich allein kaum lebensfähiges Auffangbecken für Fremdengruppen (auch sonst in der Altstadt zugelassene portugiesische Juden werden jetzt auf die Neustadt verwiesen,[85] die zahlreicheren hochdeutschen Juden im Prinzip nur dort geduldet) und für die mit Konjunkturen an- und abschwellenden Bootsleute- und Matrosenscharen,[86] unter denen in anstellungsloser Zeit mehr oder minder geduldet auswärtige Werber Soldaten suchten,[87] schließlich ein Wohngebiet für Hamburgs eigenes Militär.[88] Das schuf im Grunde – trotz und manchmal wegen dort anzutreffenden Reichtums einzelner – ein Problemgebiet mit entsprechenden Konflikten: etwa zwischen Seeleuten und Juden,[89] allgemeiner zwischen lutherischer Bevölkerungsmehrheit oder Kirche und Juden sowie Katholiken.[90] Sinnfälligen Ausdruck und zugleich Nährboden dieser Konflikte bildeten später in Teilen sehr gedrängte Wohnverhältnisse und Armut.

Sich rechtzeitig dagegen zu wehren, war den Michaeliten u. a. deshalb nicht möglich, weil sie erst nach Jahrzehnten vergeblicher Anträge das Mitbestimmungsrecht eines politischen Kirchspiels erhielten. Erlangten sie es endlich 1685, so wurde es dann doch mit der nur einen Stimme, wie sie jeder Kirchspielbürgerschaft im Konvent zustand, ihrer jedem älteren Kirchspiel überlegenen Bevölkerungszahl nicht gerecht. Schließlich hatte der in Teilen der Literatur bis heute als verfassungsmäßig gelungen gerühmte Hauptrezeß von 1712[91] noch die Folge, daß die gerade in der Neustadt zahlenmäßig bedeutende Schicht weniger vermögender Grundeigentümer selbst innerhalb des Kirchspiels keine Mitbestimmungsmöglichkeit besaß.[92]

Die grobe Summe des 17. Jahrhunderts in Hamburg: Die politische Verfassung als die einer Kaufmannschaft und begüterter Grundeigentümer sicherte gegenüber der Stadterweiterung die politische und wirtschaftliche Orientierung auf das alte Hafengebiet und dessen primäre Nutznießer (vgl. Abb. 1).

IV. Ausbleiben einer Stadterweiterung in den Handels-Hochzeiten der zweiten Hälfte des 18. Jahrhunderts – oder: Wohnungsnot vor der Industrialisierung

Ohne bislang deutlich erkennbaren Zusammenhang mit Hafen und Handelskonjunktur, wohl aber zur Bezahlung der Soldrückstände der für die Stadt-, sprich Kaufmanns-Autonomie so wichtigen «Soldateska» wird Anfang des 18. Jahrhunderts städtisches Bauland vergeben. Der Senat läßt erste größere Teile des Vogler-Walles des 16. Jahrhunderts, der durch die militärische Stadterweiterung des 17. Jahrhunderts seine Funktion verloren hatte (nämlich zu einem Binnenwall geworden war), planieren («rasieren», ab 1707) und privat bebauen.[93]

Diese Stadterweiterung nach innen, die Anlage der Straße ‹Neuer Wall›, bringt wiederum Probleme mit bisherigen Grundeignern, jetzt vor allem mit solchen am Jungfernstieg. Diese protestieren im jahrelangen Streit u. a. dagegen, daß statt der genehmigten Wohnhäuser auch Kaufmanns- und Packhäuser gebaut werden und gegen die Erweiterung des alten Stadtgrabens in einen großen schiffbaren Kanal (1715).[94] Ein Ratsdekret von 1720 soll mit dem Hinweis beruhigen, daß eine weitere Ausdehnung des verfassungsmäßig beschlossenen Verkaufs von Bauplätzen nun etwa durch Rasierung eines weiteren Wallabschnitts (Küterwall) nicht stattfinde.[95]

Sucht man weiter nach Knotenpunkten des Zusammenhangs zwischen Handels- und Grundeigentumsentwicklung im 18. Jahrhundert, so stößt man auf die frühen 1730er Jahre. Da will «bei dem großen Verfall der Häuser in der Stadt» – wohl wieder im Zusammenhang mit einer Handelssperre durch die dänische Krone – der Senat den Immobilienerwerb durch Fremde ermöglichen.[96] Das bedeutete eine punktuelle Entschärfung eines Rat- und Bürgerschlusses von 1723, der unter etwas anderen konkunkturellen Umständen gefaßt worden war.[97] Jetzt jedoch ist der Preisnachlaß «bey denen steten Nordischen und dergleichen Krieges und beschwerlichen läufften» (1731) so stark, daß etwa das Haus eines brandenburgischen Residenten nicht einmal mit Hilfe des preußischen Königs an den Hamburger Senat verkauft werden kann, der nämlich selbst bemüht ist, in der Unterhaltung teure Gebäude abzustoßen.[98] Bei den verringerten wirtschaftlichen Erträgen wird Bürgern die Steuerlast auf den Häusern so schwer, daß der Konvent 1733 eine strenge Kontrolle vor der Ausweisung binnenstädtischer Plätze zu Wohngebäuden beschließt[99] und nun den Hauskauf durch Fremde erleichtert.[100] Unter diesen Umständen können die Juden sogar an das Angebot des Zuzugs Vermögender die Bedingung knüpfen, das alte System beizubehalten, das ihrer Gemeinde selbst die Zu- und Abzugskontrolle sichere.[101]

Die Hamburger Handelssituation bessert sich, als während des österreichischen Erbfolgekrieges 1740–48 seit 1744/45 ein Seekrieg hinzutritt.[102] Der große Aufschwung folgt aber erst (vgl. Abb. 4) im Siebenjährigen Krieg durch die Lähmung der Konkurrenten. In den Jahren 1755–63 wird «viel angebaut. Es stand noch immer manches Haus ledig. Aber kein Eigner durfte fürchten, lange der Miethe zu entbehren. Er konnte es wagen, auf einen hohen Preis zu halten», bemerkt Büsch.[103] In dieser wieder typisch hamburgischen Kriegskonjunktur wird Speichermangel empfindlich. Gegen unerlaubtes Bauen auf dem Grasbrook außerhalb der Befestigung schreitet der Senat ein (1759).[104] So wendet man den Blick zurück auf das den Michaeliten im 17. Jahrhundert abgeschlagene Projekt, den Herrengraben für Schiffsverkehr und Warenlagerung zu öffnen (1765).[105]

Bevor man damit aber zurechtkommt, hat der Frieden den Hamburger Handel wieder eingedämmt.[106] So soll sich auch eine Privatinitiative, die spekulative Bebauung einer ganzen neu in der Altstadt angelegten Straße (1768/69)[107] für den Unternehmer nicht mehr gelohnt haben. Johann Justus Schacht, vielleicht der erste Hamburger Bauunternehmer, der ‹seiner› Straße den Namen geben konnte (die Schachtstraße verschwand im Brand 1842),[108] findet aber dank seines preisgekrönten Organisationsentwurfes (vgl. Abb. 5)[109] eine Anstellung bei eben jener «Creditkasse für Erben und Grundstücke», mit der auf Anregung durch die später sogen. Patriotische Gesellschaft nun notleidenden Hauseignern unter die Arme gegriffen werden soll.[110] Es wird betont, daß dieser weitere Schritt zum Grundeigentümerzusammenschluß in Hamburg nötig war – nicht etwa weil die Häuser- und Wohnungsnachfrage so außerordentlich nachgelassen hätte, sondern eher deshalb, weil das Zutrauen vieler hypothekarischer Kreditgeber in die dauerhafte Rentabilität von Immobilien angesichts des letzten Auf und Ab zu sehr, d. h. über die wirtschaftliche Vernunft (wie sie sich Prof. Büsch in diesen Zeiten wünschte) hinaus gelitten habe.[111]

Man muß solche Sorgen und nicht nur die schon zeitgenössisch angeprangerte Habgier von Hauswirten,[112] ins Bewußtsein nehmen, um zu verstehen, welche Folgerungen verschiedene Gruppen nach dieser ersten größeren und allseitigen – nämlich Handel, Grundeigentum und Bodenkredit hochtragenden und wieder niederlassenden – Spekulationswelle im Verlauf der nächsten Hochkonjunktur zogen. Dieser Konjunktur der 1790er Jahre gilt der beschließende Teil meines Überblicks.

Dabei werde ich auf Zusammenhänge zwischen Handel/Hafen/Bevölkerungsentwicklung und Grundeigentum/Wohnungsverhältnissen nur andeutungsweise nach dem Schema ‹Lage – Bewußtsein – Aktion›[113] hinweisen können.

Zur *Lage:* Die außergewöhnliche Hamburger Handelskonjunktur der 1790er Jahre, die über den Dämpfer 1799, dem auch bekannte Handelshäuser zum Opfer fallen, hinausreicht und erst etwa 1806, mit Beginn der französischen Besetzung, ihr Ende findet, ist einigermaßen bekannt und wird bald deutlicher vor Augen stehen.[114] Auf die Gründe dieser Hochkonjunktur und darauf, daß es eine solche in gewissem Maße auch in anderen norddeutschen Städten, insbesondere in Bremen,[115] gab, gehe ich deshalb nicht ein. Nur zwei zusammenhängende Indikatoren: Die Zahl der einlaufenden Seeschiffe soll sich von 1791 mit ca. 1500 Schiffen bis 1795 auf ca. 2100 gesteigert haben, eine Zahl, die 1815 noch nicht wieder erreicht wird.[116] Der wichtigste Hafenteil erfährt 1795/96 eine Aufnahmekapazitätsverdoppelung von 200 auf 400 Schiffe.[117] Dies geschieht zwar ohne Landbeanspruchung, sondern nur mit weiterer Duckdalbenreihung (vgl. Abb. 14),[118] aber die vergrößerten Warenmengen müssen wenigstens kurzzeitig in der Stadt gelagert werden können. So nimmt der Speicherbau zu, ohne daß dafür aber ausreichende, günstig gelegene Flächen rund um den Hafen oder an den Fleeten frei zur Verfügung stehen. Von Zwischen- und Mischlösungen abgesehen, bleibt nur die Alternative: entweder Stadt- als Hafenerweiterung oder innerstädtische Umnutzung bzw. aus der Sicht der Betroffenen Wohnraumvernichtung, was bei anhaltender Konjunktur eine Stadterweiterung als Wohngebietsverlagerung nach sich ziehen müßte.

Planerische Maßnahmen und ihre Umsetzung lassen aber auf sich warten. Zunächst zeigen sich die nachfragebestimmten Auswirkungen des Handelsaufschwungs, der Zuwanderung aus Ferne und Nähe dank Notlagen andernorts und lockender Einkommensmöglichkeiten in Hamburg sowie der Heiraten- und Geburtenzunahme in der Stadt, endlich auch die Auswirkungen gesteigerten Platzanspruchs sich Bereichernder – primär auf größere Wohnungen, sekundär auf Ställe für Kutschen gerichtet – immer deutlicher in den schon in den 1780er Jahren anziehenden bzw. abstoßenden Kaufpreisen der Häuser, der Nutzung auch schlechterer Räume und in der Mietpreissteigerung in, wie es heißt, unerhörte Höhen. Schließlich mangelt es nicht nur an preiswerten, sondern an Wohnungen überhaupt, gibt es Obdachlose, die weder fortgehen noch vertrieben werden können.

Diese Tendenz ist über zeitgenössische Nennung von Einzelfällen, zusammenfassende Bemerkungen, Berichte der Armen-Anstalt und die physisch-medizinische Beschreibung des Arztes Rambach 1801[119] mehr oder minder in der Forschung bemerkt, aber selbst mit dem Bekannten nicht angemessen in Überblicksdarstellungen berücksichtigt worden.[120] Massen- und dann erst beispielhafte Untersuchung von Hauskaufgeschäften (ab 1778 mit Preisangaben), Feuerversicherungen, Steuerwert-, Mietwohnungs- und Bewohnerlisten, also statistischer Quellen im Zusammenhang mit erzählenden, insbesondere Protokollen und Gutachten, wird in Zukunft zeitlich, sozial, und topographisch differenzierte Aussagen zur Wohnungsnot um 1800 ermöglichen. Zunächst über die Immobilienumsatzentwicklung nur den Hinweis, daß die angedeutete Mietpreissteigerung (man spricht von Verdrei- bis Vervierfachung binnen etwa 10 Jahren) (vgl. Abb. 13) mit beschleunigtem Immobilieneignerwechsel – vorsichtig gesagt – einhergeht.[121] In der Tat sind Spekulationselemente nachweisbar und dürften mit dafür verantwortlich sein, daß die Mieten erstens stärker als die Hauspreise steigen und zweitens erst nach diesen und nur langsam im ersten Jahrzehnt des 19. Jahrhunderts sinken.[122]

Was konnten Hamburger von diesen Vorgängen jenseits unterschiedlicher individueller Betroffenheit mitbekommen, wahrnehmen? Welches *Bewußtsein* entwickelten sie – d. h. auch: machen sie für uns sichtbar – über Lebenslagen und Veränderung?

Schon das Elend vor dem Boom hatte aufklärerische Kreise zur Gründung der Allgemeinen Armenanstalt bewogen.[123] Wer sehen wollte, konnte sehen, selbst wenn er nicht – etwa geschäftlich – verpflichtet war, in die letzten Winkel ausgesprochener Elendsbezirke, d. h. vor allem in Teile der im 17. Jahrhundert hinsichtlich Erschließungsmaßnahmen vernachlässigten Neustadt, hineinzugehen. Als man hineinging (die Karte von 1794[124] zeigt das Gängegewirr (vgl. Abb. 13), aber außerhalb dessen gab es noch die immer wieder überfluteten Keller der Kaufmannshäuser, aus denen die Bewohner wegen Erwerbsgebundenheit an Handel und Hafen nicht weichen konnten)[125] fand man Erschreckendes. Man hätte es allerdings schon ahnen können bei der bekannten Wirtschaftsstruktur und den eigenen, eher noch überzogenen Bevölkerungsschätzungen (die bis zu etwa 180000 statt tatsächlich vielleicht nur maximal 130000 Bewohnern gingen).[126]

Nicht der Senat selbst, sondern die weitgehend Freiwilligen überlassene Armenanstalt versuchte sich einen Überblick zu verschaffen.[127] Sie publizierte in Abständen Berichte über das Elend und über den Fortgang ihrer Bemühungen, gewissermaßen das Gegenstück zu den Kassenberichten der in der Erben-Creditkasse zusammengeschlossenen Hauseigner, deren Sorgen zunehmend von der Konjunktur behoben wurden. Die Träger der Armenanstalt hatten in der grundlegenden Zusammenstellung von Armenlisten 1787 durch die Bürgerkapitäne[128] nur Partikel der Not erfahren können, aber sie verdeutlichten bald, welcher Stellenwert den Mieterschwierigkeiten sowohl als Ausdruck wie auch als Quelle von Verarmung in allgemeiner Steigerung der Lebenshaltungskosten zukam. Insbesondere der Bürgerkapitän der südlichsten Michaelis-Compagnie, wo Tausende über die Elbe, buchstäblich durch den Hafen in die Stadt einzogen (vgl. Abb. 22), hatte wissen lassen, daß sich der Verbleib der oft nur für Wochen in seinem Bereich eingemieteten Zuzügler seinen Blicken entzog.[129] Von der Armenanstalt Erfaßte und Unterstützte sollten in ihrem Armendistrikt bleiben, aber sie fluktuierten auch außerhalb der üblichen halbjährlichen Umzugstermine.[130] Keine kommunale oder Selbsthilfeeinrichtung erwarb einen auch nur partiellen Überblick über verfügbare Wohnungen. Vielmehr wollten private Comptoirs,

wie den Zeitungen zu entnehmen, neben anderen Geschäften auch den Wohnungsmangel verwalten.[131] Obrigkeit und auch der Armenanstalt war das Ausmaß eventuell noch vorhandener Bauplätze unbekannt. Nach dem Suchauftrag, erst 1798, meldete der Geometer Reinke Platz für maximal 600 oder 750 Kleinwohnungen innerhalb der Wälle – alle unter Schwierigkeiten zu bauen und selbst dann nur Palliative, wie er sagt, weil zur gleichen Zeit massenhaft bestehende Kleinwohnungen in Mittelstandshäuser und Speicher verwandelt wurden.[132] Umnutzung gerade wieder in Hafengegend, in der Lohnarbeiter möglichst leben mußten; denn die Wege durch die Festungsstadt, die uns heute klein erscheint, waren mühseliger als die beschauliche Promenade auf dem Wall, die Fremden in Briefen und Reisebeschreibungen immer wieder empfohlen wurde.

Die Hafenerweiterung und ihre Kosten wurden, soweit erkennbar, von keiner Seite beklagt. Anders stand es schon mit der Verbreiterung des Jungfernstieges (vgl. Abb. 11), für die auch private Gelder hinreichend flossen.[133] Da wagte es jemand, auf seine eigenen Druckkosten, zu fragen, wie nötig diese Verschönerung sei angesichts hunderter eine Bleibe suchenden Familien.[134] Allgemein aber hatten die vom Wohnungsmangel Bedrückten keine veröffentlichte Meinung, auch keine direkte geistige Bemühung der Patriotischen Gesellschaft, die sich vorher immerhin für die Hauseigner geregt hatte. In den Zeitungen erschien alles Mögliche, nur darüber nichts; ein einschlägiges Gedicht wurde nicht angenommen.[135] Einem literarisch dilettierenden Schneider[136] blieb es vorbehalten, sich in Privatdruckschriften der Frage anzunehmen, zumal nachdem er selbst betroffen war.[137] Kein Hauseigentümer würdigte ihn zunächst einer veröffentlichten Antwort. Vor Sympathisanten mußte er sich zudem gegen den Vorwurf der Fremden-, vor allem Judenfeindlichkeit rechtfertigen.[138] Fremdem Zuzug und hiesigem Luxus gab nämlich mancher eher die Schuld am Raummangel,[139] als daß man die überschäumende Handelsspekulation so beim Namen genannt hätte, daß sich die Verantwortlichen zu grundsätzlicher Abhilfe genötigt gesehen hätten.

Zu – wenn auch nur in Grenzen – wirksamen Schritten kam es erst, als Kaufleute und Senat meinten, über die Interessen vermietender Mittelschichten, denen man zunächst Erholung von früheren Mindereinnahmen gönnen wollte, nicht länger die Gefährdung mietender und nicht vom Handel profitierender anderer Mittelschichtenteile[140] vergessen zu können, ohne die Gefahr von Unruhen, die die französische Revolution in Hamburg kaum intensiviert hatte, nun heraufzubeschwören.[141]

Zum Schluß also ein kurzer Blick auf *Maßnahmen*, die zwar – wie die Notwendigkeit von Biebers Schrift noch 1803 über die Nachteile der hohen Miete anzeigt[142] – nicht ausreichten, aber doch erwähnt werden sollen, zumal sie den Zusammenhang von Handelshafen und Grundeigentum noch einmal sichtbar machen.

Bereits 1792 hatte der immer etwas weitersichtige Professor Büsch zunehmenden Speichermangel durch weitere Bebauung des Grasbrooks (vgl. Abb. 8) auszugleichen öffentlich gefordert.[143] Ein leichter Konjunkturrückgang 1793 konnte als Grund für Ablehnung einer Maßnahme herhalten,[144] die auf Hafenerweiterung durch Lagerflächen zielte. 1796 sah der für das Wasserbauwesen angestellte Baxmann wieder auf den Grasbrook mit seinem Plan, dort unter Hinausrücken der beizubehaltenden Festungsanlage ca. 330 Grundstücke mit Wohnhäusern an der Straße und Speichern an Fleeten eines Schleusenhafengebiets zu schaffen, also Wohnstadt- und Hafenerweiterung zugleich zu betreiben.[145]

Hieraus wurde ebensowenig etwas – gottlob, wie die über die ein Jahrhundert später hier errichtete Speicherstadt Entzückten rückblickend sagen konnten – wie aus dem bescheideneren Vorhaben des im Vermessungsdienst stehenden Reinke, der 1798 im Auftrag der Kämmerei Wohnungsbauprojekte mitentwarf.[146]

Da Bebauung von Innenstadtflächen, insbesonders in Randlage an Wällen und Plätzen (vgl. Abb. 17 u. 18) nicht hinreichte, Großprojekte wie die auf dem Grasbrook aber zu spät zu verwirklichen wären, auch zu kostspielig schienen und zudem – wie man allerdings nur intern erwähnte – die Gefahr der Zusammenballung schwer kontrollierbarer Minderbemittelter mit sich brächten (hier dachte man an nötige Polizeiwachen, Baxmanns Kaufmannsgrundstücke hätten dagegen die Kirche inmitten des Erweiterungsgebietes) und nächtliche Kommunikation mit Altona zu befürchten wäre[147] (‹Handel vor Hilfe›), wegen solcher Bedenklichkeiten also öffnete man endlich nach jahrelangem Drängen gegen den Widerstand von Altstadteignern, die wieder einen Wertverfall ihrer Häuser fürchteten, seit Herbst 1798 die Steintorsperre (vgl. Abb. 20) um ein paar weitere Abend- und später auch Nachtstunden.[148]

Erleichterter Verkehr mit St. Georg, dem Neuen Werk, sollte dort zunehmende Bebauung anregen (vgl. Abb. 19 u. 21). Daß man dort im Unterschied zu Grasbrookprojekten à la Kämmerei und Reinke, nicht zu reden von den jahrelangen Notunterkünften in Zucht- und Drillhaus sowie in den Baracken auf dem Hamburger Berg (vgl. Abb. 22),[149] auch Mittelständler befriedigen konnte,[150] war aus der Sicht von Senat und Erbgesessenen zunächst einmal genug. Politische Mitbestimmungsrechte gewährte man den Georgianern, wie im 17. Jahrhundert den Michaeliten, erst nach weiteren Jahrzehnten Tauziehens.[151] Den Wohnungssuchenden gegenüber aber hatte man im Prinzip auf dem auch damals durchaus nicht mehr unangefochtenen Grundsatz beharren können, daß Wohnungsversorgung keine staatliche Aufgabe sei.[152] Man begünstigte (mit Steuernachlaß, Finanzierungs-

hilfe und Mietgarantie) und hoffte auf Bauunternehmer[153] und auf die Einsicht besitzender Grundeigner und Kapitalgeber. Deren zögerten die meisten – wohl in Erinnerung an frühere Enttäuschungen –, bis das Gröbste vorüber war und weitere Aktivität weder lohnend noch vonnöten schien. Das Gröbste für die Betroffenen konnte man langfristig vergessen, und so geschieht es nicht nur in dem ‹Abenteuer, das Hamburg heißt›.[154] Entwicklungen jüngerer Zeiten könnten uns aber wieder lehren, sowohl kurzfristigen Konjunkturveränderungen mehr Aufmerksamkeit zu schenken als auch ihren Grundlagen in längerwährenden Strukturen nachzuspüren. Für den zeitbegrenzten Typ einer vor allem mit Zwischenhandel wachsenden, in Schüben Hafen erweiternden und doch gelegentlich abschwellenden Stadt ist dies hier hinsichtlich der Auswirkungen auf Grundeigentum und Wohnungsverhältnisse versucht worden. Ob eine volkreiche Stadt an sich im Glück sei,[155] war schon bei Zeitgenossen umstritten.[156]

V. Zusammenfassende Thesen:

1. Hamburger Bodenpolitik vor der Industrialisierung wurde durchgängig mit primärer Rücksicht auf Handelsinteressen betrieben.

2. Grundeigentümerinteressen wurden nur insoweit berücksichtigt, als sie ihre Bedeutung für den Handel glaubhaft machen konnten und soweit sie der Beruhigung einer Mittelschicht dienten, deren die vermögenden Kaufleute aus Gründen der Gesellschaftsstabilisierung bedurften.

3. Es wurden deshalb Grundeigentümerinteressen durch die in gewissem Maße eigenartige Hamburger Verfassung bis in die zweite Hälfte des 19. Jahrhunderts besonders gesichert.

4. In der Altstadt Begüterte konnten vom 17. bis 19. Jahrhundert Konkurrenz aus Stadterweiterungsgebieten begrenzen, weil sie mit ihrer Bedeutung für Hafen und Handel (vgl. Abb. 23) ihre Wichtigkeit für Wirtschaftsgeltung und politische Autonomie Hamburgs ideologisch und machtmäßig behaupteten.

5. Stadterweiterungsgebiete wurden damit in verstärktem Maße zu Problemgebieten, nämlich zu solchen nicht privilegierter und konjunkturell stärker gefährdeter Bewohner.

6. Hamburger Bodenpolitik und damit Grundeigentums- und Wohnungsverhältnisse bleiben in außergewöhnlicher Abhängigkeit von Handels- und Hafen-Konjunkturen, solange stadtstaatliche Autonomie zielbestimmend ist.

7. Wohnungspolitik betreibt man daher lange nicht im Interesse der schon seit Jahrhunderten zahlreichen Mieter und kleineren Grundeigentümer, sondern orientiert sie an Hoffnungen auf und Befürchtungen vor hafenbezogenen Wirtschaftskonjunkturen.

Aus der Sicht besonders Betroffener: Man betreibt gar keine Wohnungspolitik, sondern überläßt sie dem Markt. Dieser Markt aber ist nicht frei, sondern staatlich geregelt zugunsten der Kapitalverwertungsinteressen zunächst der Kaufleute, später auch der Industriellen. Beide denken vor allem an die Nutzbarkeit des Hafens, dessen Lage und Verbundenheit mit dem Grundeigentum jahrhundertelang den Aufstieg ‹Hamburgs› garantierten.

Anmerkungen

[1] Mandat gegen die Ausführung der groben Reichsmünze, 15. Nov. 1671 (Sammlung der von E. Hochedlen Rathe der Stadt Hamburg [...] vom Anfange des 17. Jahrhunderts bis auf die itzige Zeit ausgegangenen allgemeinen Mandate [...], hrsg. v. J. Fr. Blank, 1. Theil, Hamburg 1763, S. 289–292, hier 289).

[2] Johann Georg Büsch, Über die der Stadt Hamburg in jezigen Zeitumständen nothwendig werdende Erweiterung, Hamburg 1792, S. 27 (zuerst in knapperer Form in den Hamburgischen Addreß-Comtoir-Nachrichten 1792).

[3] Christian Daniel Anderson (Hrsg.), Sammlung Hamburgischer Verordnungen, Bd. 5, Hamburg 1801, S. 340; bei Beschreibung der ‹Secular-Denkmünze› der Hamburgischen Admiralität von 1801.

[4] Durch den Handel, «fast allein durch diesen Zweig menschlicher Thätigkeit existirt» Hamburg für Johann Arnold Minder (Briefe über Hamburg, Leipzig 1794, S. 220). Aus dem gleichen Grund möchte der Rat die «glückliche, würklich freye Verfassung» nicht gestört sehen (Mandat gegen Clubs und geheime Zusammenkünfte, 2. März 1798. In: Anderson, Verordnungen, wie Anm. 3, S. 33–36, hier 33). Selbst dem kritischen Johann Jakob Rambach gilt: «In einem Staate, wo HandlungsGeist der spiritus rector ist, muß wohl der Eigennuz ein sehr gewöhnlicher KarakterZug seyn» (Versuch einer physisch-medizinischen Beschreibung von Hamburg, Hamburg 1801, S. 185).

[5] Raumvorrat fordert Büsch 1792: Es «muß auch eine Handelsstadt lieber mehr Raum, als genau denjenigen haben, welchen ihr derzeitiger Betrieb erfordert» (Erweiterung, wie Anm. 2, S. 30).

[6] Kurt Enoch, Die Bodenpolitik im Hafengebiet Hamburgs. Rechts- u. staatswiss. Diss. Hamburg 1921; in dieser Hinsicht wenig bietet Roy Samuel Mac-Elwee, Wesen und Entwicklung der Hamburger Hafenbaupolitik [...], Hamburg 1917.

[7] Allgemein siehe Wolfgang T. Kantzow, Sozialgeschichte der deutschen Städte und ihres Boden- und Baurechts bis 1918, Frankfurt/Main, New York (1980), (Campus Forschung, Bd. 163).

[8] Klaus Richter, Hamburgs Frühzeit bis 1300. In: Werner Jochmann, Hans-Dieter Loose (Hrsg.), Hamburg. Geschichte der Stadt und ihrer Bewohner, Bd. 1: Von den Anfängen bis zur Reichsgründung, hrsg. v. H.-D. Loose (Hamburg 1982), S. 17–100, hier 61 ff.; Gerhard Theuerkaufs Beitrag in diesem Heft.

[9] Hinweise auf die Bedeutung von Miete schon in spätmittelalterlichen Städten: Jürgen Ellermeyer, Grundeigentum, Arbeits- und Wohnverhältnisse. Bemerkungen zur Sozialgeschichte spätmittelalterlich-frühneuzeitlicher Städte. In: Lübecker Schriften zur Archäologie und Kulturgeschichte, Bd. 4, Bonn 1980, S. 71–95, bes. 74.

[10] Das war um so nötiger, als das «Vermögen der Stadt an Grund und Boden [...] nicht unbedeutend» war – wenigstens für den Zeitraum 1461–1562 (Heinz Potthoff, Der öffentliche Haushalt Hamburgs im 15./16. Jahrhundert. In: ZHG 16, 1911, S. 1–85, hier 22).

[11] Einführend: Hans Wilhelm Eckhardt, Privilegien und Parlament. Die Auseinandersetzungen um das allgemeine und gleiche Wahlrecht in Hamburg, Hamburg 1980, S. 11 ff. Zuletzt, mit älterer Literatur: Franklin Kopitzsch, Bürgerliche Mitsprache und städtische Selbstverwaltung im alten Hamburg (bis 1848). In: Manfred Asendorf (u. a.), Geschichte der Hamburgischen Bürgerschaft (Hamburg 1984), S. 37–49. Unveröffentlichte

Skizze: Jürgen Ellermeyer, Erbgesessenheit und Erbgesessene Bürgerschaft.

[12] Die Mitbestimmung der Gemeinde über städtisches Grundeigentum wird 1458 abgelehnt (Hans Feldtmann, Hamburg im Lüneburger Prälatenkrieg und der zweite Rezeß von 1458. In: ZHG 26, 1925, S. 1–106, hier 61 und 73). Auch die Oberalten, die Liegenschaften zugunsten der Armut und des Gemeinen Gotteskastens verwalten, sehen sich Anfang des 17. Jahrhunderts dem Vorwurf der Bestechlichkeit bei Vermieten und Verkauf ausgesetzt (Johann Gustav Gallois, Hamburgische Chronik von den ältesten Zeiten bis auf die Jetztzeit, Bd. 2: Von der Reformation bis zum ersten Beginn der bürgerlichen Unruhen im Jahr 1618, Hamburg 1862, S. 1200 zum Jahr 1600 und S. 1257 zu 1603); vgl. den Oberalten-Eid von 1603 (M. Christian Ziegra, Beyträge zur politischen Hamburgischen Historie, 3. Stück, Hamburg 1768, Nr. 71, S. 311 f.). Immer wiederkehrende Beschwerden wegen ‹Privatisierung› öffentlichen Grundes, speziell gegen das einträgliche Ratsregal, die Benutzung öffentlichen Grundes durch Anlieger zu gestatten, siehe bei H(einrich) W(ilhelm) C(lemens) Hübbe, Straßen, Flethe, Sperrmaße, Vorsetzen, Lauben und dergleichen. In: MHG 7, 1902, S. 459–470.

[13] Zum Beispiel in Stade um 1600 (Ellermeyer, Grundeigentum, wie Anm. 9, S. 77).

[14] Peter Gabrielsson, Von Gottesbuden zum Wohnstift. Die Geschichte der hamburgischen Stiftung «Dirck Koster Testament» 1537–1977, Hamburg 1980 (Beiträge zur Geschichte Hamburgs, Bd. 15).

[15] Hauer-Schilling 1627: «und wenn der Eigenthümer viele Wohnungen hat»; (Johann Klefeker), Sammlung der Hamburgischen Gesetze und Verfassungen [...], 2. Teil, Hamburg 1766, S. 551–553, hier 553.

[16] Hermann Funke, Zur Geschichte des Miethauses in Hamburg, Hamburg 1974 (Veröffentlichungen des Vereins für Hamburgische Geschichte, Bd. 25). Über das Gegenwartsthema «Stadthaus» konnte Funke bis in die Wochenzeitung DIE ZEIT (27. Juni 1980, S. 38) hineinwirken mit allerlei historisch Unhaltbarem.

[17] Vermieten als bürgerliches Gewerbe zeichne Hamburg vor anderen größeren Städten aus; so äußert sich u. a. mehrfach Johann Georg Büsch (z. B.: Versuch einer Geschichte der Hamburgischen Handlung [...], Hamburg 1797, S. 161).

[18] Büsch bereits 1779: «Denn ein Haus ist wie eine Waare anzusehen, deren Wehrt auch aus Liebhaberey steigt, in Ansehung derer keine Gesetze etwas vorschreiben können» (Von dem Fall des Preises der Häuser und andrer liegenden Gründe in großen Städten und vorläufiger Vorschlag eines Mittels, demselben zu begegnen. In: Hamburgische Addreß-Comtoir-Nachrichten 1779, 13. u. 16.–20. Stück, hier S. 124).

[19] Jürgen Ellermeyer, «Schichtung» und «Sozialstruktur» in spätmittelalterlichen Städten. Zur Verwendbarkeit sozialwissenschaftlicher Kategorien in historischer Forschung. In: Geschichte und Gesellschaft 6, 1980 H. 1, S. 125–149, hier 132 f.; ders., Vorindustrielle Städte als Forschungsaufgabe. In: Die alte Stadt (ZSSD) 7, 1980 H. 3, S. 276–296, hier 284 f.

[20] Mehrfacheigner von Liegenschaften, Spekulanten, spielen schon in spätmittelalterlichen, selbst kleineren Städten eine beachtliche Rolle (z. B.: Jürgen Ellermeyer, Stade 1300–1399. Liegenschaften und Renten in Stadt und Land. Untersuchun-

gen zur Wirtschafts- und Sozialstruktur einer hansischen Landstadt im Spätmittelalter, Stade 1975 [Einzelschriften des Stader Geschichts- und Heimatvereins, Bd. 25]).

21 Sehr konkrete, bahnbrechende Aufsätze von Klaus Schwarz: Der Bremer Wohnungsmarkt um die Mitte des 18. Jahrhunderts. In: VSWG 55, 1968, S. 193–213; Der Bremer Wohnungsmarkt während der Handelskonjunktur um 1800. In: Niedersächsisches Jahrbuch für Landesgeschichte 43, 1971, S. 122–140.

22 Detaillierte Studien zu Grundeigentum und Wohnungsverhältnissen in Hamburg hat der Verfasser in Arbeit; hauptsächlicher Betrachtungszeitraum: Ende des 18. Jahrhunderts.

23 Vgl. allgemein Kantzow (wie Anm. 7), S. 51 ff.: «Der Begriff vom freien Grundeigentum setzt sich durch». Siehe auch: Kurt Abendroth, Die Klauseleintragungen der hamburgischen Grundbücher, Jur. Diss. Hamburg 1950 (Masch.-Schr.), besonders S. 32 ff.: «Der deutsche Eigentumsbegriff». In der Hamburger Wohnungsnot Ende des 18. Jahrhunderts gerät der Grundsatz der Unverletzlichkeit des Eigentums unter Kritik.

24 Winfried Trusen, Zum Rentenkauf im Spätmittelalter. In: Festschrift für Hermann Heimpel zum 70. Geburtstag [...] 1971, Bd. 2, Göttingen 1972 (Veröffentlichungen des Max-Planck-Instituts für Geschichte, Bd. 36/II), S. 140–158.

25 Ellermeyer, Grundeigentum (wie Anm. 9), S. 75 (gegen die Ansicht Rolf Sprandels).

26 Helmut Rittstieg, Eigentum als Verfassungsproblem. Zu Geschichte und Gegenwart des bürgerlichen Verfassungsstaates, 2. Aufl. Darmstadt 1976.

27 Ein gewisses statistisches Skelett bietet Walter Vogel (Handelskonjunkturen und Wirtschaftskrisen in ihrer Auswirkung auf den Seehandel der Hansestädte 1560–1806. In: HGbll 74, 1956, S. 50–64), u. a. mit einer «Schematische(n) Übersicht über die Wirtschaftslagen in Hamburg» (S. 63 f.).

28 Vgl. jetzt Joachim Whaley, Religious Toleration and Social Change in Hamburg 1529–1819, Cambridge (1985). Ein Anklang des traditionellen Lobes findet sich noch bei Kopitzsch (Mitsprache, wie Anm. 11, S. 37): «Offenheit und Aufnahmebereitschaft Fremden gegenüber».

29 Stadtarchiv Lübeck: Abschrift in den Lübecker Reichstagsakten Bd. 12, fol. 836–840; teilweise berücksichtigt von: Richard Ehrenberg, Hamburg und England im Zeitalter der Königin Elisabeth, Jena 1896, S. 128 f. und 167; Percy Ernst Schramm, Kaufleute zu Hause und über See [...], Hamburg (1949) (Veröffentlichungen der Forschungsstelle für Hamburgische Wirtschaftsgeschichte, Bd. 1), S. 30; Robert Roosbroeck, Die Niederlassung von Flamen und Wallonen in Hamburg (1567–1605). In: ZHG 49/50, 1964, S. 53–76, hier 60. Vgl. die «Bedenken eines Ungenannten, wie nach dem Verlangen der erbgesessenen Bürgerschaft die Residenz der Englischen Kaufleute von Stade aufs Beste nach Hamburg wieder zubringen seyn möchte, abgefasset den 28. April 1590», der zwar auf Grundeigentum nicht eingeht, aber verhindern möchte, daß in Hamburg «dat Gras up den Straten wasset» (Ziegra, wie Anm. 12, 2. Stück, 1767, Nr. 36, S. 135–144, hier 136).

30 Ehrenberg (wie Anm. 29), S. 171.

31 Gallois (wie Anm. 12), Bd. 3: Vom Beginn der bürgerlichen Unruhen bis zur Vollendung des Hauptrecesses 1712, 1862, S. 71. Schon 1628 meldet der kaiserliche Resident von Mentzel, daß nach Hamburger Meinung «ihre Häuser und Stätten mit Ausschaffung der fremden Nationen verödet» sein werden (Schramm, wie Anm. 29, S. 66); vgl. A. Heskel, Consilium politicum wegen der Stadt Hamburg. In: Hamburger geschichtliche Beiträge. Hans Nirrnheim zum 70. Geburtstage, Hamburg 1935, S. 40–58, hier 56.

32 Hieronymus Vogler war gerade mit seinen Liegenschaften im Neustadtbereich besonders konjunkturbetroffen (dazu allgemein der Abschnitt III). Deren Umfang wird deutlich bei Armin Clasen, Der Gänsemarkt in Hamburg. In: Ders., Klaus Bocklitz, Studien zur Topographie Hamburgs, Hamburg 1979 (Beiträge zur Geschichte Hamburgs, Bd. 14), S. 1–92. Zu Voglers Grundeigentum überhaupt siehe J(ohann) F(riedrich) Voigt, in: MHG 10, 1911, S. 51–56; 11, 1914, S. 243–247, 303, 359–368; 12, 1917, S. 141 f.

33 Gallois, Bd. 3 (wie Anm. 31), S. 115 ff. Der angebotene Immobilienschoß sollte offenbar 4000 Mark erbringen. Beim üblichen Schoß-Satz von ¼ % würde das auf ein Immobilienvermögen von 1,6 Mio Mark deuten, sehr viel für 169 Personen (Familien?).

34 Die Argumentation zwischen Bürgerschaft und Oberalten einerseits und Senat andererseits zieht sich über das ganze Jahr 1648 hin; StAH, Senat Cl. VII Lit. Hf Nr. 5 Vol. 4a; Gallois, Bd. 3, wie Anm. 31, S. 194 f. u. 197; M(ax) Grunwald, Hamburgs deutsche Juden bis zur Auflösung der Dreigemeinden 1811, Hamburg 1904, S. 9; Hartwig Levy, Die Entwicklung der Rechtsstellung der Hamburger Juden, Jur. Diss. Hamburg 1933, S. 17.

35 Grunwald (wie Anm. 34). S. 9 f.; Gallois, Bd. 3 (wie Anm. 31), S. 202. Der Senat äußert auch die Befürchtung, Altona könne durch die Juden «groß» werden (zur Altonaer Gemeinde siehe auch Günter Marwedel, Hrsg., Die Privilegien der Juden in Altona, Hamburg 1976, Hamburger Beiträge zur Geschichte der deutschen Juden, Bd. 5; Heinz Mosche Graupe, Hrsg., Die Statuten der drei Gemeinden Altona, Hamburg und Wandsbek. Quellen zur jüdischen Gemeindeorganisation im 17. und 18. Jahrhundert, 2 Tle., Hamburg 1973, Hamburger Beiträge zur Geschichte der deutschen Juden, Bd. 3,1 u. 3,2); Gisela Rückleben, Rat und Bürgerschaft in Hamburg 1595–1686. Innere Bindungen und Gegensätze, Phil. Diss. Marburg/L. 1969 (Masch.-Schr.), S. 243.

36 Einschlägig, aber nicht sehr ergiebig: H(einrich) Reincke, Hamburg im dreißigjährigen Kriege 1618–1648. In: Hamburger Kirchenkalender 1932, S. 31–40.

37 Dazu siehe den Beitrag von Loose in diesem Heft.

38 Für allgemein bekannte Sachverhalte wird auch im folgenden auf Literaturangaben verzichtet; siehe zusammenfassend Loose, Hamburg (wie Anm. 8) und bibliographisch für die Erscheinungen von 1900 bis 1980 die Bücherkunde zur hamburgischen Geschichte, 4 Bde.

39 Gallois, Bd. 3 (wie Anm. 31), S. 3 ff.

40 Gründlich: Klaus Bocklitz, Hamburgische Festungsanlagen. In: Clasen/Bocklitz (wie Anm. 32).

41 Wilhelm Schmidt, Die wirtschaftlichen Folgen des Dreißigjährigen Krieges für Hamburg, Rechts- u. staatswiss. Diss. Berlin 1921 (Masch.-Schr.), S. 18 f. u. 65.

42 Siehe Jürgen Bolland (Hrsg.), Hamburgische Burspraken 1346–1594 mit Nachträgen bis 1699, Hamburg 1960 (Veröffentlichungen aus dem Staatsarchiv der Freien und Hansestadt Hamburg 6), besonders für das 16. Jahrhundert.

43 Karl Zeiger, Hamburgs Finanzen von 1563 bis 1650, Rostock 1936 (Hamburgische wirtschafts- und sozialwissenschaftliche Schriften, H. 34), S. 28; Johann Friedrich Voigt, Der Haushalt der Stadt Hamburg 1601–1650, Hamburg 1916, S. 15 u. 68 f.

44 Gallois, Bd. 3 (wie Anm. 31), S. 26; F. Voigt, Zur Geschichte des Handwerks in Hamburg im 17. Jahrhundert. In: MHG 6, 1898, S. 501–523, hier 507 f.

45 Gallois, Bd. 3 (wie Anm. 31), S. 50 wie so oft: wohl in Übernahme von Michael Gottlieb Steltzner, Versuch einer zuverlässigen Nachricht von dem kirchlichen und politischen Zustande der Stadt Hamburg, 7 Bde., Hamburg 1731–1739, hier Bd. 3, 1733, S. 52.

46 Gallois, Bd. 3 (wie Anm. 31), S. 32: «Jeder solle sein Erbe ohne Abzug der Beschwerung verschossen, nicht nach dem Erb- und Ankaufspreis, sondern nach dem Schätzungswerth»; s. a. N(icolaus) A(dolph) Westphalen, Hamburgs Verfassung und Verwaltung in ihrer allmähligen Entwickelung bis auf die neueste Zeit, 2 Bde., 2. Aufl. Hamburg 1846, hier Bd. 2, S. 43. Den Wunsch des Senats schon seit Anfang des 17. Jahrhunderts nach einer «allgemeine(n) Grundtaxe» sieht jetzt verwirklicht Euchar Schalk, Einführung in die Geschichte des Liegenschaftsrechtes der Freien und Hansestadt Hamburg [...], Leipzig 1931 (Archiv für Beiträge zum deutschen, schweizerischen und skandinavischen Privatrechte, H. 9), S. 120 f. Offen, d. h. kontrollierbar einzuliefern war der vom Grundeigentum zu zahlende Teil des Schosses offenbar schon seit längerem (Voigt, Haushalt, wie Anm. 43, S. 53); neu ist die Taxierung. Die «Häusersteuer» soll nach «neuer richtiger Taxation der Häuser» – d. h.

auch konjunkturgerecht – eingezogen werden (1629; Gallois, Bd. 3, wie Anm. 31, S. 67).

47 Gallois, Bd. 3 (wie Anm. 31), S. 58 ff.

48 Pestverluste in der Neustadt werden hervorgehoben von Gallois, Bd. 3 (wie Anm. 31), S. 65.

49 R. Nehlsen, Hamburgische Geschichte nach Quellen und Urkunden, Bd. 2, Hamburg 1897, S. 135 f.

50 «Es scheint in dieser Miethe-Verringerung der stärkste Beweis zu liegen, daß damals sehr viele Häuser erbauet und die Auswahl dadurch um so viel besser geworden.» ([Georg Wortmann], Ein chronologischer Zusammentrag die Kirche und das Kirchspiel zu St. Michaelis betreffend, Hamburg 1809, S. 124 f.).

51 StAH, Senat Cl. VII Lit. Ff Nr. 5 Vol. 2.

52 StAH, Senat Cl. VII Lit. Fc Nr. 8a Vol. 1.

53 Die «Dudane» der hamburgischen Quellen (nach dem Französischen dos d'âne = Eselsrücken) meint ein Stauwehr (das oben spitz zuläuft, um das Überwinden des Festungsgrabens zu verhindern) mit Schleusen.

54 StAH, Erbgesessene Bürgerschaft, Acta conventuum senatus et civium (künftig: Acta conventuum), Bd. 3, pag. 384 f., 393, 402; Gallois, Bd. 3 (wie Anm. 31), S. 145 ff., 159, 161, 177 f.

55 Gallois, Bd. 3 (wie Anm. 31), S. 256 u. 261 f.

56 Ebenda S. 107 f., 201 f., 452 f., 483 f.; Gisela Rückleben (wie Anm. 35), S. 269 ff.; zu 1674 s. a. Mandate, T. 1 (wie Anm. 1), S. 321.

57 StAH, Senat Cl. VII Lit. Ga Pars 2 Nr. 11 Vol. 1; Joachim Ehlers, Die Wehrverfassung der Stadt Hamburg im 17. und 18. Jahrhundert, Boppard (1966) (Militärgeschichtliche Studien 1), S. 88 f.

58 Als eine solche sah die Michaelis-Neustadt «zweifelsohne» Schmidt (wie Anm. 41), S. 16 f.

59 300 Jahre Oper in Hamburg, Hrsg. von der Hamburgischen Staatsoper (u. a.), (Hamburg 1977).

60 In den 1670er Jahren war die Grönland-Fahrt «im höchsten Flor» (Wortmann, wie Anm. 50, S. 159 f.), und entsprechender Bedarf bestand am Bau von Tranbrennereien. Die Zahlenentwicklung im Zusammenhang der für Hamburger günstigen politischen ‹Großwetterlage› siehe bei Wanda Oesau, Hamburgs Grönlandfahrt auf Walfischfang und Robbenschlag vom 17.–19. Jahrhundert, Glückstadt–Hamburg (1955), S. 71.

61 Gallois, Bd. 3 (wie Anm. 31), S. 405 u. 427; H. W. Lüders, Aufzeichnungen im Kirchenbuch zu Kirchwärder. In: MHG 5, 1883, S. 116–118, hier 117; Hamburgische Chronica von den Zeiten Kayser Carls des Großen an biß auff das Jahr 1680. Zusammen getragen von Einem Liebhaber der Hamburgischen HISTORIE (StAH, Handschriftensammlung 54a), S. 658.

62 23. Juni 1684 (Gallois, Bd. 3, wie Anm. 31, S. 549 f.); unter dem Eindruck des Großbrandes legt der Rat 1685 eine neue Feuerordnung vor (s. a. W. Melhop, Alt-Hamburgische Bauweise. Kurze geschichtliche Entwicklung der Baustile in Hamburg […], 2., neubearb. Aufl. 1925, S. 277).

63 Gallois, Bd. 3 (wie Anm. 31), S. 427; Steltzner (wie Anm. 45), S. 1020.

64 Ehlers (wie Anm. 57), S. 87 f., nach Auswertung der «Rulla des Regimentes zu St. Michaelis» 1675/76 (StAH, Archiv der Bürgerwache B 1).

65 Die stimmberechtigten Bürger müssen (nach Abzug eventueller Belastungen) über Grundeigentum von mindestens 500 Reichstalern (= 1500 Mark) verfügen. Diese Anforderung trifft insbesondere die in Michaelis Ansässigen mit ihrem relativ hohen Anteil Minderbegüterter.

66 Gallois, Bd. 3 (wie Anm. 31), S. 431 u. 433.

67 StAH, Erbgesessene Bürgerschaft: Acta conventuum, 4. März 1674, pag. 512.

68 Es sollten die Plätze der alten Wälle verkauft/vermietet, die Dudane durchbrochen und der «Ort zum Haven aptirt» werden (18. Sept. 1673; StAH, Senat Cl. VII Lit. Fc Nr. 8a Vol. 1 u. 2, pag. 1 u. 50).

69 StAH, Erbgesessene Bürgerschaft: Acta conventuum, 4. März 1674, pag. 497–502.

70 Weitere Interessenten gegen den Hafenbau für Michaeliten sind Eigner an Kleiner und Großer Reichenstraße, St.-Catharinenstraße, Neuenburg, Cremon, Deichstraße und Rödingsmarkt.

71 Art. 12 des Windischgrätzer Rezesses (Johann Heinrich Bartels, Nachtrag zum neuen Abdruck der vier Haupt-Grundgesetze der Hamburgischen Verfassung […], Hamburg 1825, S. 199 f.); vgl. Heinrich Hübbe, Die Kaiserlichen Commissionen in Hamburg, Hamburg 1856, S. 32.

72 28. Sept. 1674 (Protocollum Extrajudiciale = StAH, Senat Cl. VIII Nr. 10 fol. 362). Weitere Akten lassen erkennen, daß sich die Michaeliten auch in den 1680er Jahren vergeblich abmühten (StAH, Senat Cl. VII Lit. Fc Nr. 8a Vol. 1 u. 2). Ein gewaltsamer Teilabbruch des Wehres am Herrengraben, der «Dudane», durch einige Michaeliten 1697 soll rückgängig gemacht und bestraft werden (Nucleus Recessuum et Conventuum Hamburgensium […], Altona 1705, Stichwort Dudane). Für das 18. Jahrhundert siehe handschriftliche Ergänzungen des Nuclei unter Stichwort Herrengraben.

73 StAH, Erbgesessene Bürgerschaft: Acta conventuum, 4. März 1674, Anlage unter Lit. A.

74 Noch Erich von Lehe (Ders. u. a., Heimatchronik der Freien und Hansestadt Hamburg, 2. Aufl. Köln 1967 = Heimatchroniken der Städte und Kreise des Bundesgebietes, Bd. 36, S. 100) sah den Bevölkerungsdruck als das Motiv der Stadterweiterung durch Festungsbau an. Jörgen Bracker bemerkt Sicherung von Bauland und das militärische Motiv (Stadtbild und Baukunst in Hamburg zur Zeit der Operngründung. In: Oper, wie Anm. 59, S. 50–60, hier 50).

75 Jürgen Ellermeyer, Städte, Stände, Landesherr. Zur Rolle von Privileg und Wirtschaftsmacht im Unterelbebereich im 13.–17. Jahrhundert (erscheint in: Alain Guerreau, Franz Irsigler, Hrsg., Zum Problem des Feudalismus in Europa. Referate und Diskussionen des Trierer Internationalen Kolloquiums vom 7. bis 10. Mai 1981, Trier 1986).

76 H(einrich) Reincke, Hamburg. Ein kurzer Abriß der Stadtgeschichte von den Anfängen bis zur Gegenwart, 2. Aufl. Bremen 1926, S. 80.

77 Bittschriften der Michaeliten (wie Anm. 51).

78 «Die Stadt sei weitläufig und fordere zu ihrer Defension viele Leute» (Gallois, Bd. 3, wie Anm. 31, S. 116).

79 Wie Anm. 57.

80 Zur Besiedlung zwischen Hamburg und Altona bemerken die Kaufleute Ployart in Hamburg 1706: «Wir sehen, wie seit 30–40 Jahren vor einem unserer Thore (dem Millernthore) eine Stadt entstanden ist, wo vordem nur wenige schlechte Häuser gewesen» (Richard Ehrenberg, Wie wurde Hamburg groß? […] I. Die Anfänge der Hamburger Freihafens, Hamburg, Leipzig 1888, S. 51). Die Ployarts engagieren sich im Kampf für die Erleichterung des Transithandels, für die Einrichtung eines Freihafens – ein Kampf, der übrigens im 17. und 18. Jahrhundert ähnlich langwierig und wenig erfolgreich wie der andersartige der Michaeliten geführt wurde.

81 So Kersten Krüger: «Der hier einsetzende städtebauliche Wildwuchs führte zu ganz schlimmen Wohnverhältnissen» (Albrecht Dürer, Daniel Speckle und die Anfänge frühmoderner Stadtplanung in Deutschland. In: Mitteilungen des Vereins für Geschichte der Stadt Nürnberg 67, 1980, S. 79–97, hier 96 f.).

82 Eine Studie hierzu ist in Arbeit.

83 Adolf Wohlwill, Ein hamburgischer Auswanderungs- und Colonialpolitiker am Ausgange des 17. Jahrhunderts. In: MHG 6, 1898, S. 63–65. Im folgenden Jahr suchte der Rat per Mandat «die fremden Bettler, herrenlose und der Stadt nicht verwandte Leute», deren es jetzt «viele» in Hamburg gebe, zu vertreiben, denn er sei nicht gewillt, «solche Leute und Gesindel bey itziger Zeit Conjuncturen darinn zu dulden» (Mandate, T. 1, wie Anm. 1, S. 452).

84 16. Aug. 1709 (Gallois, Bd. 3, wie Anm. 31, S. 855).

85 1650 neuer Kontrakt mit portugiesischen Juden; Levy (wie Anm. 34), S. 26; Alfred Feilchenfeld, Anfang und Blüthezeit der Portugiesengemeinde in Hamburg. In: ZHG 10, 1899, S. 199–240, hier 220.

86 Die «Bootsleute» gehörten zu den «geringen Leuten», die für die Wachtpflicht nicht als «gewisse Männer», sondern nur als die galten, «so in Consideration zu ziehen» (Rulla des Regiments, wie Anm. 64).

87 Viele fremde Werber waren z. B. 1646 in Hamburg, besonders im Michaelis-‹Kirchspiel› aktiv (J. Lieboldt, Werbungen und

Werbegelder in Hamburg um 1646. In: MHG 6, 1898, S. 403 f.). Auswärtige Mächte unterhielten regelrechte Werbehäuser; gelegentlich suchte der Rat gegen gewaltsame Werbung vorzugehen. Auch gab es Unruhen («Aufläufe») wegen Werbungen, z. B. 1681 (Renate Schindler, Dramatischer Aufruhr um eine spanisch-niederländische Soldatenwerbung im Jahr 1681. In: HGH 16, 1957, S. 74–80).

88 Die große Zahl der Stadtsoldaten im Michaelisbereich wird in der Zahl der dort von der bürgerlichen Wachtpflicht Befreiten ahnbar (Rulla 1675/76, wie Anm. 64).

89 Im ‹Judentumult› 1730 wurden Matrosen aggressiv, weil es hieß, Juden seien mit nordafrikanischen Seeräubern verbunden (Max Grunwald, Der Hamburger Judentumult im J. 1730. In: MHG 7, 1902, S. 587–595; ders., deutsche Juden, wie Anm. 34, S. 35).

90 Ein Schlaglicht: Die Form des Festes, das 1667 die zum Katholizismus übergetretene Tochter des Königs Gustav Adolf in ihrem vom reichen Juden Texeira gekauften Hause am Kraienkamp zu Ehren des neuen Papstes gibt, empört den «besoffenen, fanatisch-lutherischen Pöbel» (Gallois, Bd. 3, wie Anm. 31, S. 346 f.). Die ‹unterentwickelte› Hamburger Religionsfreiheit kam immer wieder Altona zugute (Ehrenberg, Freihafen, wie Anm. 80, S. 78 f.).

91 Schon für Johann Georg Büsch kam es in Hamburg 1710 zu einer «vortrefflichen […] Verfassung, die es zur wohlgeordneten Demokratie gemacht hat» (Über den Gang meines Geistes und meiner Tätigkeit = Erfahrungen, Bd. 4, Hamburg 1794, S. 120). In dieser Meinungtradition auch Loose 1977 (Hamburg vor 300 Jahren. Wirtschaft-Gesellschaft-Politik. In: Oper, wie Anm. 59, S. 30–35, hier 35) und, vorsichtiger, 1982 (Das Zeitalter der Bürgerunruhen und der großen europäischen Kriege 1618–1712. In: Hamburg, wie Anm. 8, S. 259–350, hier 287).

92 Der Hauptrezeß erschwerte die Mitwirkung im Konvent noch einmal gegenüber dem Rezeß von 1674, indem der Mindestwert belastungsfreien Grundeigentums von 500 auf 1000 Reichstaler heraufgesetzt wurde. – Die Einschränkung bürgerlicher Mitsprache seit 1710 verdeutlicht Kopitzsch, Mitsprache (wie Anm. 11), S. 46.

93 StAH, Kämmerei I Nr. 526 und Senat Cl. VII Lit. Ff Nr. 74. Vgl. Siegmund Wülfken, Der Neue Wall. In: HGH 1957, S. 3–13; Gallois, Bd. 3 (wie Anm. 31), S. 812 und 817 f.; C(ipriano) F(rancisco) Gaedechens, Historische Topographie der Freien und Hansestadt Hamburg und ihrer nächsten Umgebung […], 2., unver. Aufl. Hamburg 1880, S. 158 ff.

94 StAH, Senat Cl. VII Lit. Ff Nr. 74 Vol. 1 Fasc. 2.

95 Ebenda Fasc. 4.

96 Gallois, Bd. 4: Von der Vollendung des Hauptrecesses 1713 bis zum großen Brande im Mai 1842, Hamburg 1863, S. 70 f.; Heinrich Kühl, Hamburgische Rath- und Bürger-Schlüsse vom Jahr 1700 bis zu Ende des Jahres 1800 mit getreuen und vollständigen Auszügen […], Hamburg 1803, S. 58 f. Es sollte für Fremde die Eigentumszuschreibung per Treuhand möglich sein. Auch an die Juden wird gedacht, rein geschäftsmäßig: «Nun aber ist unläugbar, daß, wie der Preis aller Sachen sich nach der Anzahl der Käufer richtet, also nothwendig das pretium der Häuser fallen müßte, wenn nicht nur Fremden, sondern auch allhir wohnenden Juden solche an sich zu kauffen verwehrt bleibe» (wohl der Senat an die Bürgerschaft, 9. Febr. 1730; StAH, Senat Cl. VII Lit. Lb Nr. 18 Vol. 7a Fasc. 8 Invol. 1).

97 Kühl, Schlüsse (wie Anm. 96), S. 52; Gallois, Bd. 4 (wie Anm. 96), S. 41. Damals waren gerichtliche Verfolgungsverfahren («Achterfolge» bei Überschuldung) und Verkauf von Häusern so häufig geworden, daß ein Ratsmandat darauf Bezug nahm (publiziert 25. Nov. 1722; s. Christian Daniel Anderson, Anleitung für Diejenigen welche Sich oder Anderen in Hamburg oder in dem Hamburgischen Gebiete Grundstücke oder darin versichern Gelder zuschreiben lassen wollen, Hamburg 1810, S. 96–98). Womöglich befürchtete man 1723 nun verstärkte ‹Entfremdung› bürgerlichen Eigentums.

98 Ernst Baasch, Das Guerricke'sche Haus. In: MHG 13, 1891, S. 72–74.

99 Kühl, Schlüsse (wie Anm. 96), S. 63; Westphalen (wie Anm. 46), Bd. 1, S. 504.

100 Steltzner (wie Anm. 45), Bd. 4, S. 316 ff.; Anderson, Anleitung (wie Anm. 97), S. 64 ff.; Schalk (wie Anm. 46), S. 74. Vgl. den für die Frage ‹Grundeigentum und Wohnung von Juden› verfertigten Extractus Actorum Conventus Senatus et Civium vom 16. Febr. 1733 (StAH, Senat Cl. VII Lit. Lb Nr. 18 Vol. 7a Fasc. 8 Invol. 1).

101 Grunwald, Juden (wie Anm. 34), S. 25 u. 208.

102 Büsch, Erweiterung (wie Anm. 2), S. 6.

103 Büsch, Fall des Preises (wie Anm. 18), S. 147.

104 Gallois, Bd. 4 (wie Anm. 96), S. 145; ähnliches Vorgehen schon 1758 (ebenda, S. 142).

105 Gallois, Bd. 4 (wie Anm. 96), S. 163 f. Der Senat greift damit eine schon sieben Jahre alte Anregung vom «Commercium» auf.

106 Büsch, Erweiterung (wie Anm. 2), S. 9: «als man endlich die Hand ans Werk legte, war die Conjunctur so gut als verloren». Auch nach weiteren fünf Jahren hält Büsch dies für bemerkenswert (Handlung, wie Anm. 17, S. 110 ff.).

107 Zur Schachtstraße s. J(onas) L(udwig) von Heß, Topographisch-politisch-historische Beschreibung der Stadt Hamburg, 3 Bde., (2., unver. Ausg.) 1796, Bd. 1, S. 193; F. H. Neddermeyer, Topographie der Freien und Hanse-Stadt Hamburg, Hamburg 1832 (Nachdruck Hamburg, um 1979), S. 295; Gaedechens (wie Anm. 93), S. 166.

108 Zu Johann Justus Schacht s. das Lexikon der hamburgischen Schriftsteller bis zur Gegenwart, ausgearb. v. Hans Schröder, Bd. 6, Hamburg 1873, S. 461 f.; Schacht war Tischler und wurde dann Protokollführer bei der Erben-Kreditkasse (s. u.).

109 (Johann Justus Schacht), Entwurf zur Errichtung einer Credit-Casse für die Erben und Grundstücke in der Stadt Hamburg und deren Gebiet, zur Sicherheit und Aufrechthaltung des Werths derselben, Hamburg 1782. – Friedrich-Wilhelm Henning (Die Verschuldung des Bodeneigentümer in Norddeutschland im ausgehenden 18. und in den ersten zwei Dritteln des 19. Jahrhunderts. In: Helmut Coing u. Walter Wilhelm, Hrsg., Wissenschaft und Kodifikation des Privatrechts im 19. Jahrhundert, Bd. 3 = Die rechtliche und wirtschaftliche Entwicklung des Grundeigentums und Grundkredits, Frankfurt/M. (1976), S. 273–325, hier 318 u. 322) mißversteht diese Schrift mit der nur auf den Schachtschen Titel gestützten Behauptung, die Zunahme der Verschuldung städtischer Grundstücke sei außer von Bodenspekulation durch Erbauseinandersetzungen bewirkt worden. Offenbar verstand er den Begriff ‹Erbe› neuzeitlich personal, nicht aber als die u. a. in Hamburg geltende Einheit von Haus und Grundstück.

110 Westphalen (wie Anm. 46), Bd. 2, S. 283 f. Vgl. den Bericht des C. A. Stuhlmann, Die Hamburgische Credit-Casse für Erben und Grundstücke, nach ihrer Entstehung, Natur und Wirksamkeit und ihrer Umformung durch die revidirten Artikel von 1846, Hamburg o. J.

111 Zur Angst der Kreditgeber s. schon Büsch, Fall des Preises (wie Anm. 18), 1779; vgl. Stuhlmann (wie Anm. 110), S. 4.

112 Antipathie am deutlichsten schon im Titel einer der anonymen Privatdruckschriften: Kann man den unverschämten Hauswirthen Gränzen setzen? – oder muß man es ihnen frey stellen die gefährliche Unzufriedenheit noch höher zu spannen? Hamburg 1796.

113 Vgl. Peter Steinbach, Alltagsleben und Landesgeschichte: Zur Kritik an einem neuen Forschungsinteresse. In: Hessisches Jahrbuch für Landesgeschichte 29, 1979, S. 225–305, hier 283 f., 286, 304.

114 Fortdauernde Forschung von Otto-Ernst Krawehl, Hamburg, der auf der in vorliegendem Heft dokumentierten Tagung Einblicke in sein Vorgehen gab.

115 Schwarz 1971 (wie Anm. 21).

116 Enoch (wie Anm. 6), S. 34. Vgl. Zahlen und Betrachtungen von Johann Ernst Friedrich Westphalen, Der Zustand des Handels in Hamburg während den (!) letzten Funfzig Jahren (Manuskript 1806; Commerzbibliothek Hamburg S/664).

117 StAH, Kämmerei I Nr. 16 = Kämmerei-Präsidialprotokolle Bd. 25 fol. 109, Bd. 26 fol. 14 und fol. 67.

118 Der Plan dazu sollte geheim bleiben, damit die Holzpreise nicht (noch weiter) stiegen (StAH, Kämmerei I Nr. 16 Bd. 25 fol. 109). Holzdiebstähle aus elementarer Not, deren Zunahme

Reinhard Rürup für die Zeit des Vormärz in Deutschland für typisch hält (Deutschland im 19. Jahrhundert. 1815–1871, Göttingen 1984 = Deutsche Geschichte, Bd. 8, S. 162 f.), waren nicht nur für den ländlichen Bereich, sondern auch für eine Stadt wie Hamburg ein seit der Frühen Neuzeit stark beachtetes Problem. Zum Ende des 18. Jahrhunderts kann man in Hamburg feststellen, daß «das Holz derart im Preise stieg, daß die Zeitungen im Oktober 1799 berichteten, es sei eine Spekulation im Werke, alte prächtige Landhäuser aufzukaufen, nur um sie niederzureißen und die Baumaterialien zu veräußern. Besonders habe man dabei solche mit großen alten Baum-Alleen befinden» (Julius Faulwasser, Die Baukunst. In: Hamburg um die Jahrhundertwende 1800, Hamburg 1900, S. 215–250, hier 237 f.). Für die Zeit der Duckdalben-Setzung ist im Auge zu behalten, daß es Mangel nicht nur an Feuerholz (der den Senat und die Patriotische Gesellschaft in Bewegung brachte) sondern auch an Bauholz gab (mochte der hier thematisierte Wohnungsbau auch hinter dem Nötigen zurückbleiben).

119 Rambach (wie Anm. 4).

120 Die Topographien des 18. und 19. Jahrhunderts (Heß, Neddermeyer und Gaedechens) und selbst die Chronik des Gallois blikken vor allem auf den Fortgang der Bebauung und nicht so sehr auf Konjunkturen von Grundeigentum und wirtschaftlicher Entwicklung (Handel). – Zur Wohnungsnot der 1790er Jahre in ihren Ursachenzusammenhängen erfährt man wenig oder nichts von Reincke, Abriß (wie Anm. 76), Bernhard Studt, Hans Olsen, Hamburg. Die Geschichte einer Stadt, Hamburg 1951, von Lehe, Heimatchronik (wie Anm. 74), Erik Verg, Das Abenteuer das Hamburg heißt. Der weite Weg zur Weltstadt, 2. Aufl. Hamburg 1978. Auch zeitlich konzentrierte Arbeiten geben wenig her: Hamburg um die Jahrhundertwende 1800 (wie Anm. 118); Adolf Wohlwill, Neuere Geschichte der Freien und Hansestadt Hamburg, insbesondere von 1789 bis 1815, Gotha 1914 (= Allgemeine Staatengeschichte, 3. Abt.: Deutsche Landesgeschichte 10. Werk); Hans Mauersberg, Wirtschafts- und Sozialgeschichte zentraleuropäischer Städte in neuerer Zeit [...], Göttingen (1960). Dabei sind Wegweiser in der Literatur schon seit längerem aufgestellt: G. Hermann Sieveking, Über die Wohnungsverhältnisse Hamburgs in älterer und neuerer Zeit. In: Zeitschrift für Wohnungswesen Jg. 5, 1906, S. 1–5 und 21–26; Heinrich Laufenberg, Hamburg und sein Proletariat im achtzehnten Jahrhundert [...], Hamburg 1910 (Sammlung sozialistischer Schriften, H. 12); Melhop, Bauweise (wie Anm. 62), Rolf Spörhase, Bau-Verein zu Hamburg Aktiengesellschaft. Entstehung und Geschichte im Werden des gemeinnützigen Wohnungswesens in Hamburg seit 1842, (Hamburg 1914). Antje Kraus' Arbeit (Die Unterschichten Hamburgs in der ersten Hälfte des 19. Jahrhunderts [...], Stuttgart 1965 (Sozialwissenschaftliche Studien, H. 9) brachte merklichen Fortschritt, aber eher nur im zahlenmäßigen Beschreiben als in systematischer Analyse. Sie ließ zwar die langfristige Verschlechterung der Wohnungsverhältnisse zur Mitte des 19. Jahrhunderts hin sehen, nicht aber die vorindustriellen prinzipiellen Zusammenhänge von Grundeigentum und Handelsentwicklung in Hamburg mit ihren zwar kurzfristigen, aber empfindlichen Lagezuspitzungen für minderbemittelte Bevölkerungsteile. Ähnliches gilt für die knappen Ausführungen von Jürgen Bolland (Ein Blick auf die Geschichte des Wohnungsbaus in Hamburg. Vortrag aus Anlaß des 50jährigen Bestehens der Gemeinnützigen Siedlungs-Aktiengesellschaft Hamburg [Saga], Hamburg 1972. Enttäuschend verengt sich wieder die Sicht bei Funke, Mietshaus (wie Anm. 16) und Wolfgang Rudhard, Das Bürgerhaus in Hamburg, Tübingen 1975 (Das deutsche Bürgerhaus 21). Mary Eve Lindemann nutzt ihren Zugang zum Thema nur sehr begrenzt (Producing Policed Man: Poor Relief, Population Policies and Medical Care in Hamburg, 1750–1806, Phil. Diss. University of Cincinnati 1980 [fotomechan. vervielf.]; Unterschichten und Sozialpolitik in Hamburg, 1799–1814. In: Arno Herzig u. a., Hrsg., Arbeiter in Hamburg [...], Hamburg [1983], S. 61–70). Eckart Klessmann verbessert erstmals den Standard der Gesamtdarstellungen (Geschichte der Stadt Hamburg, Hamburg 1981, S. 335 ff. u. 341). Franklin Kopitzsch gibt nützliche Hinweise (Grundzüge einer Sozialgeschichte der Aufklärung in Hamburg und Altona, 2 Tle., Hamburg 1982 = Beiträge zur Geschichte Hamburgs, Bd. 21), hält

aber in Looses detailliertem Überblicksunternehmen (wie Anm. 8, Zwischen Hauptrezeß und Franzosenzeit. 1712–1806, S. 351–414, hier 372) und im Sammelband ‹Arbeiter› (wie oben in dieser Anm., Die Hamburger Aufklärung und das Armenproblem, S. 51–59) mit seinen Kenntnissen zurück. Bernhard Mehnke bietet immerhin einen gesonderten Abschnitt zum Wohnungsmangel Ende des 18. Jahrhunderts (Armut und Elend in Hamburg. Eine Untersuchung über das öffentliche Armenwesen in der ersten Hälfte des 19. Jahrhunderts, Hamburg 1982 = Ergebnisse, H. 17). Clemens Wischermann (Wohnen in Hamburg vor dem Ersten Weltkrieg, Münster 1983 = Studien zur Geschichte des Alltags, Bd. 2) faßt Bekanntes so anregend zusammen, wie es vor zeitraubendem Einstieg in die vorindustrielle Quellenlage möglich ist.

121 S. Graphik Ellermeyer (Abb. 7). Auf die höhere Zirkulationsgeschwindigkeit von Grundeigentum dürfte Rücksicht nehmen der ‹Entwurf zu einem Gesetze über die Immobilia und deren Veräußerung in der Stadt Hamburg und ihren Ländereyen›, Hamburg 1797.

122 Beides ist seinerzeit wiederholt bemerkt und teilweise erklärt worden. Zum Beispiel: Der Häuserwert sei verdreifacht, die Miete aber «8 bis 10mal höher als vorher» (Westphalen, wie Anm. 116, S. 10); die Doktorin Reimarus nach dem Konjunkturrückschlag 1799: «der Kaufpreis der Häuser fällt, nicht die Miete, weil jeder doch wohnen muß» (Heinrich Sieveking, Georg Heinrich Sieveking. Lebensbild eines hamburgischen Kaufmanns aus dem Zeitalter der französischen Revolution, Berlin 1913, S. 379).

123 Lindemann, Poor Relief (wie Anm. 120).

124 S. Karte (Abb. 22).

125 S. zuletzt Wischermann (wie Anm. 120), S. 30. Schon Johann Georg Büsch stellte fest: «der geringe Mann» in den flutgefährdeten Kellern muß dort wohnen, weil er seinen «sichern Verdienst dort» hat (Vorläufiger Vorschlag zur Sicherung unserer Stadt gegen die Fluthen der Elbe von See her, Hamburg 1793, S. 48 u. 53 f.).

126 Jonas Ludwig von Heß folgt nicht der «eitlen Meinung» sehr großer Bevölkerungszunahme Ende des 18. Jahrhunderts und weist – für unseren Zusammenhang wichtig – auf massenhafte Umnutzung oder Zerstörung von Wohnungen hin (Hamburg topographisch, politisch und historisch beschrieben, T. 3, 2. umgearb. u. verm. Aufl. Hamburg 1811, Anm. auf S. 447–450). – Der Senat geht 1781 von 100000 Consumenten aus (Gallois, Bd. 4, wie Anm. 96, S. 212) und behauptet 1798, in den letzten 10 Jahren habe die Bevölkerung um 28000 Menschen lutherischer Confession zugenommen (ebenda, S. 262). – Der Begründer der Hamburger «Fußbotenpost», der Kaufmann Ulrich Moller, bezieht sich bei einer Wirtschaftlichkeitsberechnung 1796 auf 150000 Bewohner (MHG 6, 1898, S. 480). Selbst für die Zeit vor den großen Zuzugswellen gab es noch höhere Schätzungen von Zeitgenossen (Mauersberg, wie Anm. 120, S. 46). Spätere Berechnungen, besonders die von Mauersberg, leiden unter dem Wechsel in der Quellenlage, die sich erst seit der Franzosenzeit bessert, und können Zu- und Abwanderung kaum fassen. Vgl. zuletzt Kopitzsch (in Loose, Hrsg., Hamburg, wie Anm. 8, S. 366), der für 1794 die Zahl von ca. 130000 Bewohnern in der umwallten Stadt übernimmt.

127 Zu den Erhebungen, Vorschlägen und praktischen Maßnahmen der Allgemeinen Armenanstalt siehe StAH, Allgemeine Armenanstalt I, besonders Nr. 9 Bd. 5 und 6 und Nr. 78.

128 Anderson, Verordnungen (wie Anm. 3), Bd. 2, 1789, S. 180–182; StAH, Allgemeine Armenanstalt I Nr. 58. Seit diesem Jahr bessert sich auch die Quellenlage durch Erscheinen der Hamburger Adressbücher.

129 StAH, Allgemeine Armenanstalt I Nr. 58.

130 Lindemann, Poor Relief (wie Anm. 120), S. 197 ff.

131 Eine Auswertung besonders der Addreß-Comtoir-Nachrichten und der Wöchentliche(n) gemeinnützige(n) Nachrichten für Fragen des Wohnungsmarktes ist in Arbeit. Diesen Bereich völlig unberücksichtigt ließ Nym, Bekanntmachungen und Annoncen vor 100 Jahren. In: Hamburg um die Jahrhundertwende 1800 (wie Anm. 118), S. 263–282.

132 Reinkes Gutachten vom 26. 2. 1798 in: StAH, Allgemeine Armenanstalt I Nr. 78.

133 Heinrich Reincke, Aus dem Briefwechsel von Karl und Diederich

Gries 1796–1819. In: ZHG 25, 1924, S. 226–277, hier 236; Faulwasser (wie Anm. 118), S. 244 f.

134 Anonyme Druckschrift in Hamburg 1796: Was kann, wenn der Jungfernstieg in die Alster hinein erweitert wird, diese Erweiterung dem Staate wohl für Nutzen schaffen? und wäre es nicht dringender, daß diese Summe auf Wohnungen verwendet würde [...]? (StAH, Bibliothek, in: A 142/1 Kapsel 1) (Abb. 10).

135 Georg Heinrich Erbshäuser, Ein Ding über alle Dinger, Hamburg, Altona 1798, S. 14–16. Es handelt sich um das Gedicht eines Lehrers der Jakobischule mit dem Titel «Klagen einer Wittwe, als man ihr die Wohnung aufkündigte».

136 Über Erbshäuser s. Kopitzsch, Grundzüge (wie Anm. 120), T. 2, S. 536 f.

137 Erbshäuser bietet Mitbetroffenen den «Pranger der Publizität» und bittet sie um Nennung von Namen rücksichtsloser Hauseigentümer. Sein Aufruf wird nicht befolgt. Er selbst wendet sich u. a. gegen den – nach Ausweis der Hauskaufquellen sehr spekulativ bauenden – Unternehmer Schulz (wohl der Ratsmaurermeister für die Kirchspiele Nikolai und Katharinen, Abraham Philipp Schuldt): «einer der größten Capitalisten seines Handwerks» (Ein Ding ohne Namen [...], Hamburg, Altona 1798, S. 24).

138 Wohl schlechten Gewissens, wehrt er sich mit der Behauptung, ‹Wucher› sei in der deutschen Sprache am stärksten ausgedrückt durch ‹Jude› (Schriftsteller, Hauswirthe, Juden, Christen, Scharfrichter und Frohnknechte, oder ein Ding mit einem großen mächtigen Namen [...], Hamburg, Altona 1798, S. 6 f.).

139 Die zeitgenössischen Behauptungen über Ursachen der Wohnungsteuerung sowie die verschiedenartigen Vorschläge zu ihrer Behebung können hier nicht in wünschenswerter Ausführlichkeit erörtert werden.

140 Der Senat will auch «dem so schätzbaren Mittelstand» helfen, der unter Mietteuerung «verhältnismäßig noch mehr leide» als die «geringeren Leute» (StAH, Kämmerei I Nr. 17 = Beilagen zu den Kämmerei-Präsidialprotokollen Bd. 10 Nr. 43; Juli 1798); Gallois, Bd. 4 (wie Anm. 96), S. 262 f. – Ein Lob des Mittelstandes als Zustand übte Johann Michael Hudtwalcker in seiner Rede als neuer Ratsherr vor der Bürgerschaft: «Was von Menschen gilt, gilt auch von Staaten; auch unter diesen ist der Mittelstand der glücklichste. In diesem ruhigen unbeneideten Mittelstand erhalte uns Gott» (zitiert nach Kopitzsch, Grundzüge, wie Anm. 120, T. 2, S. 608).

141 Gewaltsamer Protest (zunächst nur gegen Hauswirte) – von einem Kritiker als unwünschbare «Pöbeljustiz» bezeichnet – spielt eine gewisse Rolle in Erbshäusers Schriften. – Zusammengedrängtes Wohnen gefährde die Moral, lasse Unruhe befürchten (so ein Anonymer: Ist die Thorsperre für Hamburg schädlich oder nützlich? Hamburg 1798, S. 10 ff.). «Gefährliche Unzufriedenheit» sieht ein anderer Anonymus kommen (1796; Gränzen? wie Anm. 112).

142 G(eorg) E(hlert) Bieber, Über den nachtheiligen Einfluß der hohen Miete und der Belastungen unentbehrlicher Bedürfnisse auf Hamburgs Wohl, nebst einigen Vorschlägen dagegen, Hamburg 1803 (Referat und Kritik dazu in: Hamburg und Altona 1803 Bd. 4 und 1804 Bd. 1–3).

143 Büsch, Erweiterung (wie Anm. 2); zu Büsch s. Kopitzsch, Grundzüge (wie Anm. 120), besonders S. 524 ff.

144 Vgl. Rückgang der Häuscrumsatzzahlen 1793 in der Graphik (Abb. 7); Erschwerung des Seehandels: Büsch, Handlung (wie Anm. 17), S. 183 f. u. 206; laut Büsch war aber gegen seine Vorschläge auch kurzsichtig argumentiert worden, man dürfe nicht durch große Baumaßnahmen den Neid Auswärtiger wecken (Geschichtliche Beurtheilung der großen Handelsverwirrung i. J. 1799. Nebst Anmerkungen mit besonderer Bezugnahme auf die Krisis von 1857 von H. S. Hertz, Hamburg 1858, S. 27).

145 (Ingenieur Capitain, auch Strom- und Canaldirector) J. H. Baxmann, Riss von dem projectirten neuen Anbau, oder Erweiterung der Stadt Hamburg für Wohnhäuser und Speicher auf dem Grasbrok (StAH, Plankammer), S. Abb. 15. Vgl. Enoch (wie Anm. 6), S. 33 Anm. 77.

146 Reinkes Grasbrook-Projekt für 600 oder mehr Wohnungen hatte zunächst Gefallen gefunden, nachdem man gegen seinen anderen Vorschlag, 100 kleine Wohnungen am Zeughausmarkt zu bauen, Widerstand des Betreibers einer Windmühle auf dem Festungswall (vgl. Abb. 6) befürchtete (StAH, Kämmerei I Nr. 16 Bd. 28 fol. 103 mit Beilage in Nr. 17 Bd. 10; Grasbrook-Projekt mit Rückbezug auf Büsch, Erweiterung, wie Anm. 2: StAH, Kämmerei I Nr. 17 Bd. 10 Beilage 36, mit Grundriß). S. Abb. 16.

147 StAH, Kämmerei I Nr. 16 Bd. 28 fol. 108 mit Nr. 17 Bd. 10 Beilage 39.

148 Sperre-Reglement vom 24. Sept. 1798 (Anderson, Verordnungen, wie Anm. 3, Bd. 5, S. 79–83). Mit der «Thorsperre» war, anders als der spätere Kampf für ihre Aufhebung vermuten lassen könnte, zunächst etwas Positives gemeint: die Möglichkeit, auch nach Sonnenuntergang das Stadttor zu passieren. Als die Kämmerei-Verordneten sie im September 1794 vorschlagen, taten sie dies nur im Interesse vermehrten Zuzugs Fremder (StAH, Kämmerei I Nr. 16 Bd. 24, fol. 131). Zeitgenössisch zur Thorsperre vor allem die 1798 erschienenen Schriften ‹Ist die Thorsperre für Hamburg schädlich oder nützlich?› (wie Anm. 141) und ‹Ludolf Holst an seine Mitbürger die nähere Verbindung der innern Stadt Hamburg mit der Vorstadt St. Georg betreffend› (StAH, Sammelband 24 Nr. 1 u. 3). Vgl. Ilse Möller, Hamburg (Stuttgart 1985), S. 55 f. – allerdings ohne Hinweis auf die motivierende Wohnungsnot.

149 Die Baracken: ein leidiges Unternehmen, das, als es endlich zustandekam, allerhand Detailprobleme aufwarf (StAH, Allgemeine Armenanstalt I Nr. 9 Bd. 5, S. 1705–1709) und schließlich relativ höhere Sterblichkeit der Barackenbewohner mit sich brachte (Laufenberg, wie Anm. 120, S. 88).

150 Dabei war nicht nur an das ‹Mietleiden› der einen, sondern auch an «Bequemlichkeit und Vergnügen» der anderen (Vermögenderen) gedacht, insofern nicht nur verlängerter Auslaß nach St. Georg, sondern auch verlängerter Einlaß nach Hamburg gewünscht wurde (StAH, Kämmerei Nr. 17 Bd. 10 Beilage 44).

151 Dieser langwierige Vorgang erscheint unterschätzt in: St. Georg. Vorstadt und Vorurteil? (Hamburg o. J.), der Schrift von Ausstellungswerkstatt St. Georg/Museum für Kunst und Gewerbe Hamburg zur Ausstellung 1978 (S. 51). Die Einführung der Thorsperre wird dort auch versehentlich vorverlegt auf das Jahr 1789 (S. 46).

152 Das Armen-Collegium befindet am 29. März 1797, es sei den Armen begreiflich zu machen, daß sie sich selbst Wohnungen zu suchen hätten und daß dies nicht «Sache des Staates und der Armen Anstalt sey» (StAH, Allgemeine Armenanstalt I Nr. 9 Bd. 5, S. 1528). Staatliches Handeln hätten einige der zeitgenössischen Vorschläge erfordert, die Melhop (wie Anm. 62, S. 346) zur Behebung der Wohnungsnot in den 1790er Jahren anführt (seine ungenannten Quellen konnten erst teilweise gefunden werden). Erbshäuser z. B. forderte eine Wohnungs-Taxierung entsprechend den Brot-Taxen, in allerdings eher naiven Vorstellungen (unter dem Pseudonym Lucianus: Der Hauswirth und sein Miethsmann. Ein Dialog. Den noch ungeübten Gaunern und der unwissenden Christenheit zum Unterricht aufgesetzt, Hamburg, Altona 1796, S. 15). Stadtstaatlicher Wohnungsbau wird 1803 bei noch anhaltender Wohnungsknappheit schon durch eine ‹Arbeitsbeschaffungsmaßnahme› gefordert: Ohnmaßgeblicher Vorschlag eines Volksfreundes um einer durch die Sperrung der Elbe außer Arbeit gesetzten Menge Menschen in Hamburg baldigst Arbeit zu verschaffen [...] (StAH, Bibliothek A 322/20 Kapsel 1). Hinweise in dieser Richtung auch bei Bolland, Wohnungsbau (wie Anm. 120) – allerdings ohne Quellenangabe.

153 Bauunternehmer fanden sich eher als Kapitalgeber, aber ihre (vor allem die Finanzierungs-) Vorstellungen stießen auf Bedenken beim Armen-Collegium und der Obrigkeit.

154 Verg (wie Anm. 120).

155 Das galt wohl eher noch in Hamburgs großer Ausbauphase im 17. Jahrhundert; so etwa die Neustädter 1632, «daß die Menge deß Volckeß auch die Macht der Stadt ist» (StAH, Senat Cl. VII Lit. Ff Nr. 5 Vol. 2) und dieselben noch einmal 1674 mit ihren Ausbau-Wünschen gegen Altstädter: «je mehr Menschen, je mehr Nahrung» (StAH, Erbgesessene Bürgerschaft, Acta conventuum, 4. März 1674, pag. 514).

156 Erbshäuser, Ding über alle Dinger (wie Anm. 135), S. 13: «Und wenn da die glücklichste Stadt seyn soll, die das meiste Volk enthält; so behüte doch Gott eine jede Stadt für das große Glück!» Die Folgekosten des Zuzugs ‹Untüchtiger› spielen implizit eine Rolle in der Diskussion um 1800 (u. a. in: Hamburg und Altona 4. Jg., 1805).

Schiffbauer-Bote

Zeitschrift für das gesammte Gebiet des Schifffahrtswesens.

Organ der deutschen Schiffbauer, Seeleute, Reepschläger, sowie der an und auf dem Wasser beschäftigten Arbeiter, als: Schauer-leute, Ewerführer, Speicherarbeiter u. s. w.

1 Zeitungskopf der Schiffszimmerergenossenschaft mit der »Hafenkrone« des Seemannshauses, der Seewarte und der Turmspitze der St. Michaeliskirche oberhalb der alten St. Pauli Landungsbrücken

«Feierabendarchitektur» auf St. Pauli

von Jörg Haspel

«Hafen Hamburg», mit riesengroßen Lettern begrüßt heute das gleichnamige Hotel den Hafentouristen, wenn er auf dem Wasserweg in die Stadt zurückkehrt und an den St.Pauli-Landungsbrücken wieder festen Boden unter die Füße kriegt. Kaum einer der Ausflügler, die vom Fuße des steil ansteigenden Elbhanges den mächtigen, hellen Baukörper mit den dunkel abgesetzten Schmuckgliedern erblicken, dürfte ahnen, daß er dem ältesten Bauzeugnis in dem repräsentativen Gebäudekranz auf der Geestkante gegenübersteht, der unumstrittenen «Hafenkrone» St. Paulis im 19. Jahrhundert.

Der Hafenbezug des von Modernisierungsspuren gezeichneten Backsteinbaus erschließt sich freilich nicht allein über den Namen des heute in der Zweiflügelanlage untergebrachten Hotels oder über seine räumliche Nähe und seine beherrschende Stellung oberhalb des St. Pauli-Elbufers, das gleichsam als Empfangsbereich des Hamburger Hafens angesprochen werden könnte, sondern hafenspezifisch bedingt erscheinen bereits Entstehung und Geschichte des Gebäudes: Nach dem Beispiel des «Seamen's Hospital» in London-Greenwich (1821) und der Einrichtung eines Seemann-Logierhauses in Bremen (1853) war der neugotische Backsteinbau zwischen 1858 und 1862 nach Plänen des Architekten Christian Timmermann aus Beiträgen der Seemannskasse als Seemannshaus erbaut worden. Angegliedert an das Herbergsgebäude für Seeleute waren neben einem Krankenhaustrakt auch

Räume der 1852 gebildeten und 1857 neu organisierten Hamburgischen Seemannskasse sowie eine Navigationsschule.

Der winkelförmige Backsteinrohbau spiegelt in verdichteter Form ein Hauptmerkmal des Beziehungsgefüges wider, in dem die ehemalige Vorstadt St. Pauli und der Hamburger Hafen zueinander standen: Folge und Ergänzung des Hafenbetriebes, Gegenwelt zu einer durch die Hafenfunktion Hamburgs bestimmten Arbeitswelt, ein zeitlich und räumlich von der Berufsarbeit geschiedener und dennoch mit ihr verknüpfter Ort der arbeitsfreien Stunden, sozusagen die der Freizeit gewidmete Kehrseite der von Arbeit geprägten Hafenmedaille.

Als Hafen- oder als Folgeeinrichtung läßt sich die historische Funktion des Seemannshauses (und des Stadtteils St. Pauli) vergröbernd vor allem nach zwei Seiten hin skizzieren: Einmal bot das Haus den Seeleuten eine Wohngelegenheit mit Kost und Logis; zum anderen sorgten Unterrichtsmöglichkeiten, Lehr- und Lesezimmer, Bücher- und Kartensammlungen sowie Gärten und Spielplätze für belehrende und unterhaltende Freizeitangebote. Schlafen und Wohnen im engeren Sinne, aber auch Muße, Zerstreuung und bildende Unterhaltung, beides fand in der arbeitsfreien Zeit der Seeleute statt und Platz in den Räumen des Seemannshauses. Bereits ein Jahr vor seiner Eröffnung charakterisierte der Hamburg-Führer von Robert Geissler das in Bau befindliche «Wahrzeichen

Hamburgs» denn auch als typische «Feierabendarchitektur»: «Mit grünen Bäumen umgeben und den Blick freilassend auf die Bahn ihrer Thätigkeit, bietet es einen Ruheplatz für Seeleute, so zweckmäßig und wohlthuend es nach dieser Seite nur gedacht werden kann».[1]

1. Frühe Freizeiträume

Sein spezieller Wohnwert für Unterschichten und sein außergewöhnlicher Freizeitwert hatten bereits vor der Zerstörung der Vorstadt auf dem Hamburger Berg durch die Franzosen (1814) die Eigencharakteristik St. Paulis bestimmt und traten im Gefolge der Umwälzungen der 1860er Jahre für den Stadtteil noch deutlicher in den Vordergrund. Zwar hatten sich am Fuße des Geestabhanges, in der Umgebung des Schlachthofes sowie an den Reeperbahnen geschlossene Gewerbebereiche ausgebildet, im breiten Querschnitt jedoch bestimmte eine Mischlage der Funktionen und Bautypen das Vorstadtbild. Wohnbauten, durchsetzt von Wirtshäusern und Ladenlokalen, herrschten vor. Theater- und Unterhaltungsbauten, Restaurationsgebäude und -gärten, Tanzhallen und Amüsierbetriebe massierten sich zunehmend zwischen Millern- und Nobistor sowie im Grenzbereich am Neuen Pferdemarkt, während die eigentlichen Aussichts- und Ausfluglokale die landschaftlich reizvolle Lage in den Wallanlagen und auf der Elbhöhe nutzten. Irritierend und faszinierend zugleich blieb für bürgerliche Besucher das ganze 19. Jahrhundert hindurch das südlich der Reeperbahn zwischen Davidstraße und der Grenze nach Altona gelegene Quartier, das mit seinen Matrosenkneipen und -absteigen, mit Bordellen, Halb- und Unterweltlokalen insbesondere zur Kennzeichnung von Alt-St. Pauli als «Armenhaus» und «Schandfleck» Hamburgs herangezogen wurde.

Grundlage der um die Jahrhundertmitte erkennbaren Funktionszuweisung für St. Pauli als Freizeit- und Vergnügungsquartier der Gesamtstadt und später als Amüsierzentrum europäischen Formats waren nun nicht allein die Beziehungen des Stadtteils zum Hafen. Voraussetzung war auch die Lage der Vorstadt außerhalb des Zunftzwanges und außerhalb der Akzisesteuern, die auf der engbebauten Kernstadt lagen. Die Grenzsituation und die Lage an wichtigen Ausfallstraßen hatten seit der Entstehung Altonas auf dem Hamburger Berg die Gründung zahlreicher Gastwirtschaften und Tanzdielen, vor allem in der Nähe der Grenztore, gefördert, auf deren Existenz heute noch Straßennamen hinweisen (Nobiskrug, Grüner Jäger, Schulterblatt, Pinnasberg, Trommelstraße, Hummeltor usw.).

Andererseits hatte die Ausbildung bürgerlich-aufklärerischer Freizeit- und Freiheitsvorstellungen – neben traditionellen Freizeiträumen, wie sie Kirchen, Wirtshäuser und Herbergen boten – neue Räume – oder Orte – außerhalb des «Ganzen Hauses» entstehen lassen, in denen die Nicht-Arbeitszeit verbracht wurde. Bereits um 1800 hatten sich zu den Wirtshäusern und Tanzdielen der See- und Fuhrleute Erfrischungspavillons, Aussichtslokale und Kaffeehäuser gesellt, die auch vom Stadtbürgertum und Besuchern aus gehobeneren Kreisen stark frequentiert wurden.

Nach der Abtragung der Festungswälle seit 1805 und ihrer Umgestaltung zu einer Parklandschaft war die von einer Allee gesäumte Promenade am Spielbudenplatz in Richtung Altona mit der Promenade durch die Wallanlagen und so letztlich auch mit Binnenalster und Jungfernstieg verbunden. Durchsetzt von ehrenden und belehrenden Geschichtsdenkmälern und unter Einschluß von Bildungsanstalten, wie dem botanischen sowie später dem zoologischen Garten und der Sternwarte, entfalteten die Gartenanlagen ein natur- und kulturbeflissenes Bildungs- und Zerstreuungsprogramm, das in der von Erfrischungs-, Tanz- und Aussichtslokalen begleiteten Musterpartie zwischen Millerntor und Elbhöhe seine eindrucksvolle Krönung fand: «Was Kunst und Geschmack, was Kenntnis des Malerischen und des Örtlich-Angemessenen bei solchen Naturanlagen Schönes, Gefälliges, Anziehendes und Vollendetes anzuordnen und auszuführen vermag, ist hier geschehen. Alles dieses wirkt mit der Lage des Gartenhügels am Elbstrome, mit der Aussicht [...] zusammen, um diese ungemein sehenswürdige, großartige und malerische Anlage an schönen Tagen zu einem Sammelplatz des hamburgischen Publikums zu eignen».[2] In der freigestalteten Natur der Wallanlagen, die gleichsam die Unterschicht-Freizeiträume des Grenz- und Hafenmilieus von St. Pauli mit den anspruchsvolleren Lebensformen und Einrichtungen der bürgerlichen Freizeitkultur an der Binnenalster verbanden, waren Klassenschranken auch weniger deutlich zu spüren als in den festen Etablissements, die ihr Publikum mit schichtspezifischen Preisen und Angeboten von den Spazier- und Ausflugswegen zu locken suchten.

Als Ort bürgerlichen Freizeitlebens konnte etwa der 1805 vor dem Millerntor errichtete runde Holzpavillon des sogenannten «Trichters» gelten, der, in der freien Natur liegend, seinen Gästen durch Kaffee und Erfrischungen, aber auch durch ausliegende Zeitungen und Tagesblätter Anregung zu kultiviertem Genuß und zu bildender Unterhaltung bot. Der Hinweis des Reiseführers auf die Hauptbesuchszeit des nach der Franzosenzeit 1820 mit Veranden und Lauben in größerer Form wieder aufgebauten Gartenpavillons vor der Stadt beleuchtet zwei wichtige Merkmale der neu gewonnenen Freizeitkultur des Bürgertums. Denn als empfehlenswert galt ein Besuch «besonders abends gegen die Zeit der Thorsperre, um dann die nach Hamburg zurückwogende Menschenmenge betrachten zu können».[3] Die allmähliche Ablösung der Laternenträger zwischen Millern- und Nobistor durch

2 *Der Trichter (rechts) vor dem Millerntor (links), um 1822 (MusHG)*

3 *Der Spielbudenplatz vor der Jahrhundertwende, im Hintergrund Hornhardts Konzerthaus mit der von einer Laterne bekrönten trichterähnlichen Dachform (privat)*

die Einführung von Öllampen (1831) und später der Gasbeleuchtung (1846) erleichterte die Eroberung der Nacht durch die Freizeit sowie die Beobachtung derjenigen, die es sich weder finanziell noch zeitlich leisten konnten, nach Einbruch der Dunkelheit das Millerntor zu passieren.

Die Gebühr für den Eintritt durch das Millerntor steigerte sich nach der mit Einbruch der Dunkelheit vorgenommenen Torsperre schrittweise von 4 Schillingen auf höchstens 16 Schillinge nach Mitternacht.

Die Verdrängung des Trichters um die Jahrhundertwende durch den Restaurationsbetrieb von Mutzenbecher, der die Ablösung der Garten- und Kaffeehaus-Atmosphäre durch eine Bierhallen-Stimmung nach sich zog und statt Zeitungslektüre und geistigen Austausches musikalisch-artistische Darbietungen und Promenadenkonzerte als Attraktion anbot, erscheint symptomatisch für den mit der Neugestaltung des Spielbudenplatzes 1840 verstärkten Wandel der Freizeitbereiche in St. Pauli. Provisorien der Wanderschausteller und -musikanten, Schieß- und Kasperle-Buden, Karussells und Menagerien waren erstmals 1825 durch massive Bauten ersetzt worden. Sie wurden 1840 endgültig durch die an der Südseite des Platzes zu einer einheitlichen Platzwand zusammengefaßten Häuserreihe zwischen dem Circus Gymnasticus (heute: Operettenhaus) und dem Urania-Theater

(heute: St. Pauli-Theater) verdrängt. Mit den Zelten, Karren und Buden zog auch das sogenannte «Schillings-Publikum», das sich vor allem aus den unteren Volksschichten rekrutierte, an den Zirkusweg vor dem Millerntor, wo sich in unmittelbarer Nachbarschaft zum Trichter ein Rummelplatz des billigen Volksvergnügens ausbildete. Dem Ansturm des Jahrmarktpublikums und Mutzenbechers Bierhalle mußten der Trichter und sein Publikum schließlich weichen. Der Pavillon des Trichters wurde in Blankenese auf dem Süllberg über der Elbe wieder aufgerichtet. Verbesserte Schiffs- und Eisenbahnverbindungen hatten die Erschließung neuer (exklusiver?) Ausflugsziele und Natur-Oasen für gehobene Ansprüche erleichtert.

2. Wohnwelt

Die Aufhebung der Torsperre 1860 und die endgültige Einführung der Gewerbefreiheit 1865 beseitigten wichtige Umsatzbremsen des Vergnügungsgewerbes in der Vorstadt. «Tingel-tangel» und Singspielhallen entstanden seit Ende der 60er Jahre allenthalben entlang des Spielbudenplatzes und der Verlängerung zum Nobistor und zum Millerntor. Gleichzeitig verloren die billigen Vorstadttheater, die teilweise aus Garten-

4 *Actien-Theater, heute St. Pauli-Theater (Mitte) mit der alten Davidswache (rechts), um 1890 (MusHG)*

5 *Der erhaltene Zuschauerraum des ehemaligen Actien-Theaters, heute St. Pauli-Theater, 1970 (Landesbildstelle Hamburg)*

6 *Grundriß der Vorstadt St. Pauli von 1836 mit dem Pavillon des Trichters am Ende des unbebauten Spielbudenplatzes (StAH)*

wirtschaften und Tanzlokalen als Zusatzattraktionen entstanden waren, an Anziehungskraft.

Vor allem aber beseitigten die Aufhebung der Torsperre und die Gewerbefreiheit eine der Hauptzuzugsbremsen für die Vorstadt. Der Ausbau des Holstentores 1859 hatte die Verbindung zur Stadt bereits wesentlich erleichtert und günstige Voraussetzungen für eine verdichtete Wohnbebauung im Norden von St. Pauli

und im Karolinenviertel geschaffen – nicht zuletzt auch als naheliegendes Ausweichquartier für die von ersten Sanierungs- und Vertreibungsmaßnahmen in der Neustadt betroffenen Bewohner. Bevölkerungsgewinne, Geschoßzahlen und Grundstückswerte stiegen 1860/70 am deutlichsten in St. Pauli. Die 1864 (nach immer wieder gescheiterten Bemühungen) schließlich erfolgte Vollendung des Turms der 1819/20 nach Plänen

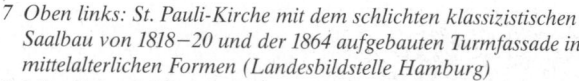

7 Oben links: St. Pauli-Kirche mit dem schlichten klassizistischen Saalbau von 1818−20 und der 1864 aufgebauten Turmfassade in mittelalterlichen Formen (Landesbildstelle Hamburg)
8 Mitte links: Sahlhaushof Sternstraße 17−23, 1983 (Denkmalschutzamt-Archiv)
9 Unten links: Dreitürengruppe der Sahlhäuser in der »Zollischek-Terrasse«, Sternstraße 25−29, 1985 (Klaus Frahm)
10 Rechts oben: Laeisz-Stift vor dem Abbruch, 1975 (Landesbildstelle Hamburg)
11 Rechts Mitte: Budenhof Marktstraße 7−9, 1983 (Denkmalschutzamt-Archiv)
12 Rechts unten: Die um 1852 erbaute Budenreihe Große Freiheit 84, 1981 (Landesbildstelle Hamburg)

13 »Jäger-Passage«, Wohlwillstraße 22–28, Vorderhaus
(Landesbildstelle Hamburg)

14 »Jäger-Passage«, Wohlwillstraße 22, Mittelterrasse (rechts) und
die im Krieg zerstörte Südterrasse (Mitte), links anschließend
die Rückfront des Nachbarwohnhofes, 1983
(Landesbildstelle Hamburg)

15 Ehemalige »Schiffszimmerer-Terrasse«, Wohlwillstraße 15, 1985
(Denkmalschutzamt-Archiv)

von Wimmel nur in reduziertem Umfang und in sparsam
klassizistischen Formen ausgeführten St. Pauli-Kirche,
kündete zeichenhaft von der neu gewonnenen Anerkennung und Selbsteinschätzung der aufgewerteten
Vorstadt, die als Seemanns- und Vergnügungsquartier
im Süden und als Massenwohnquartier im Norden auch
wichtige Funktionen für die Gesamtstadt erfüllen
konnte.

In St. Pauli-Nord, als frühem, noch hafennahem Stadt-
erweiterungsgebiet Hamburgs im 19. Jahrhundert,
schlugen sich auch die Ergebnisse der ersten Diskus-
sionwelle der Arbeiter-Wohnungsfrage nach der Jahrhundertmitte nieder. Dabei kam dem im vorigen Jahrhundert in Hamburg verstärkten Bau von Wohnstiften,
der die Vorstadt St. Georg zu einem Dorado paterna-
listischer Wohltätigkeit für von der Proletarisierung
und Verarmung bedrohte Bevölkerungskreise machte,
in der Vorstadt St. Pauli nur eine untergeordnete Bedeutung zu. Nach dem 1861 von dem Wimmel-Schüler
Luis geplanten – und vor wenigen Jahren für einen
Bolzplatz abgebrochenen – Laeisz-Stift für Witwen
und Kinder von Seefahrern zeigten in St. Pauli noch
das Vorwerk-Stift (1867), eine Anlage der vaterstädti-
schen Stiftung (1878/80), und später ein Haus des Bey-
ling-Stifts (1903), daß Profit und Philanthropie im hanseatischen Bürgertum nicht unvereinbar waren.

Ungleich wichtiger erscheint die Bedeutung des Stadt-
erweiterungsgebiets westlich und nördlich des Heili-
gengeistfeldes als Experimentierfeld eines Massen-
wohnungsbaus für Unterschichten, der sich anschickte, ein verbindliches Architekturprogramm für
die Wohn- und Familienverhältnisse neuer Adressaten
zu entwickeln. Von dieser Umbruchsituation einer
Bauproduktion, die ohne bewährtes Leitbild nach
städtebaulichen und architektonischen Lösungen für
neue Wohnformen suchte, von diesem Versuchssta-
dium ist heute insbesondere die Hinterhauslandschaft
des Stadtteils an zahlreichen Stellen geprägt. In den
Hinterhöfen finden sich noch eingeschossige Reihen-
hauszeilen (Gr. Freiheit 84, Marktstraße 7/9), zu denen nur ein schmaler, gepflasterter, nicht befahrbarer
Fußweg führt und die in der Tradition der alt-hamburgischen Budenreihen stehend ebenso anachronistisch
in ihrer Gründerzeitumgebung anmuten wie jene Ge-
schoßwohnbauten, deren Erdgeschosse über einen
eigenen Eingang erschlossen sind. Dies gerade so, als
hätten die Sahlwohnungen des vorindustriellen Hamburger Mietshauses den Zeitpunkt verpaßt, zu dem sie
sich zugunsten einer ökonomisch und sozial vereinheit-
lichenden Mietskasernenarchitektur aus den Obergeschossen zurückziehen wollten (Sternstraße 7–29).

Einen weit über den Stadtteil herausreichenden Modellcharakter für die ersten Schritte zur Beantwortung
der 1860/70 verstärkt diskutierten Arbeiterwohnungsfrage gewann das Ensemble Wohlwillstraße, in dem
sich die ältesten Zeugnisse des sozialen Wohnungsbaus
der Hansestadt erhalten haben. Im Jahr 1866 fand nicht
nur der Norddeutsche Arbeitertag, der den klassen-

übergreifenden Integrationsanspruch der liberalen Arbeiterbildungsbewegung in Frage stellte, in der Hafenstadt statt, sondern auch die aus der Patriotischen Gesellschaft hervorgegangene Gründung einer Hamburger «Baugesellschaft von 1866», die unter weitgehendem Gewinnverzicht als Aktiengesellschaft in der neu angelegten Jägerstraße (heute: Wohlwillstraße) in St. Pauli an die «Herstellung gesunder Wohnungen in thunlichster Nähe der Arbeitsquartiere»[4] ging. Als Architekten verpflichteten die Bauaktionäre Gustav Schrader und Christian Timmermann, der der Wohnungsfrage ja bereits mit dem Bau des Seemannshauses architektonisch Rechnung getragen hatte. In Materialwahl und -gestaltung tritt die Backsteingebäudegruppe der später «Jäger-Passage» benannten Arbeiterwohnanlage aber aus der Putz- und Verblenderarchitektur des privatwirtschaftlichen Wohnungsbaus der Zeit heraus und an die Seite der Backsteinarchitektur des Wohnstiftquartiers im Karolinenviertel und der Herberge des Seemannshauses. Die Beteiligung wichtiger Vertreter der städtischen Führungsschichten an der Realisierung der drei Projekte (wie etwa des Reeders Laeisz, der als Stifterpersönlichkeit und als Vorstandsmitglied der Baugesellschaft von 1866 sowie als einflußreicher Arbeitgeber in der Seemannskasse gleich drei sozialen Bauvorhaben Pate stand) verweist auf eine gleichgerichtete bürgerliche Interessenlage, die hinter der Wohltätigkeits- und Backsteinarchitektur der drei Wohnkomplexe zum Tragen kam; die kostenlose bzw. kostengünstige Überlassung der drei Baugrundstücke durch den Hamburger Senat läßt auch erahnen, wie umfassend und dicht gerade im Wohnungssektor das Fürsorgenetz war, das Kapital-, Bürger- und Staatsinteressen zur Durchsetzung ihrer kulturellen Leitbilder über der Arbeiterbevölkerung ausbreiteten.

Schließlich setzte auch eine der frühesten gesetzgeberischen Maßnahmen zur Verbesserung der Arbeiterwohnverhältnisse durch Gewährung finanzieller Vergünstigungen bei der Förderung des Privatinteresses am Kleinwohnungsbau an. Infolge des 1873 vom Senat verabschiedeten «Gesetzes betr. die Beförderung der Erbauung von kleinen Wohnungen» stellte die Finanzdeputation zehn Bauplätze auf Staatsgrund «unter erleichternden Zahlungsbedingungen» zur Verfügung und ließ vorübergehend die Fachwerkbauweise für den Kleinwohnungsbau wieder zu. Eines der beiden in St. Pauli angebotenen Baugrundstücke lag in der Jägerstraße unmittelbar gegenüber den Arbeiterwohnungen der Baugesellschaft; im September 1873 zeigte der Maurermeister Tiedemann die «Erbauung von sechs Doppelhäusern und sechs Reihen Hinterhäusern»[5] an. Von dem älteren gemeinnützigen Backsteinkomplex auf der gegenüberliegenden Straßenseite setzen sich die unter staatlicher Vermittlung mit privaten Gewinnabsichten erstellten Putzwohnbauten vor allem in einer Hinsicht positiv ab: Die jüngeren Hinterhäuser – oder Terrassen – weisen im Unterschied zu den viergeschossigen Hinterhauszeilen der Jäger-Passage nur drei Geschosse auf und verzichten auf den Einbau von Wohnkellern. Das war eine wohnungshygienische Verbesserung, die die übrige Hinterhauslandschaft Hamburgs erst mit der Verabschiedung des Baupolizeigesetzes von 1882 erreichen sollte. Tatsächlich hatten der Gesetzestext und die Verkaufsbedingungen für die Bauausführung bereits die Einschränkungen gegenüber dem Baupolizeigesetz von 1865 formuliert, wie sie als Vorschläge seit 1868 für die Überarbeitung des für unzulänglich erachteten Gesetzes eingebracht worden waren, aber «wegen des hinhaltenden Widerstandes der Bürgerschaft erst 1882»[6] verbindlich wurden. Die öffentlich geförderte Kleinwohnungsanlage des Bauunternehmers Tiedemann hatte aber nicht nur – gleichsam als Testentwurf – die vorgesehene Gesetzesänderung für Hinterhäuser einer Bewährungsprobe unterzogen, sondern mit ihrer dreistufigen, klassizistisch orientierten Gliederung der Hofseiten ein Fassadenmuster geliefert, das wie geschaffen erscheinen konnte für die beabsichtigte Änderung der Gesetzesvorschriften und die gestalterische Norm für die Hauptansichten der Hamburger Hinterhausfronten der 1880er und 1890er Jahre vorwegnahm.

Der Modellcharakter, der dem Ensemble Wohlwillstraße für die Entwicklung und die Erprobung neuer Lösungsansätze zur Reform des Arbeiterwohnungsbaues zukam, äußerte sich nochmals in den 90er Jahren des vorigen Jahrhunderts. 1890/92 hatte die 1875 gegründete Traditionsgenossenschaft der Schiffszimmerer für ihre Mitglieder in Hafennähe 73 Wohneinheiten in Altbauten in St. Pauli aufgekauft, darunter auch einen Teil der Miethäuser des Maurermeisters Tiedemann. Unerfahren in Wohnbaufragen und gewarnt durch das gescheiterte Experiment der 1890 aufgegebenen Schiffswerft in Memel, scheuten sich die Genossen jedoch, mit dem Erlös aus dem Werftverkauf das Risiko des Neubaus von Wohnungen einzugehen, «denn es ist ja allgemein bekannt, daß im Bauwesen der allergrößte Schwindel vorherrschend ist».[7]

So nahm die älteste Selbsthilfeorganisation Hamburgs ihre Arbeit in dem neuen Bereich sozusagen als alternativer Sanierungsträger auf und modernisierte die erworbenen Altbauwohnungen in Eigenarbeit durch Genossenschaftsmitglieder sowie unter Vergabe von Aufträgen an Fremdfirmen. Auch die noch in den Kinderschuhen steckende Baugenossenschaftsbewegung nahm also ihren Ausgangspunkt in dem Arbeiterquartier Wohlwillstraße, das vordem bereits gemeinnützigen und staatlich vermittelten Lösungsansätzen der Arbeiterwohnungsfrage als hafennahes Areal für Architekturexperimente gedient hatte.

Am Ende der genossenschaftlichen Wohnungsbaupolitik im Kaiserreich, die in den 90er Jahren unter dem Eindruck des ausgehenden Sozialistengesetzes und der Cholera sowie gefördert durch die Novellierung des Genossenschaftsgesetzes mit neu geschaffe-

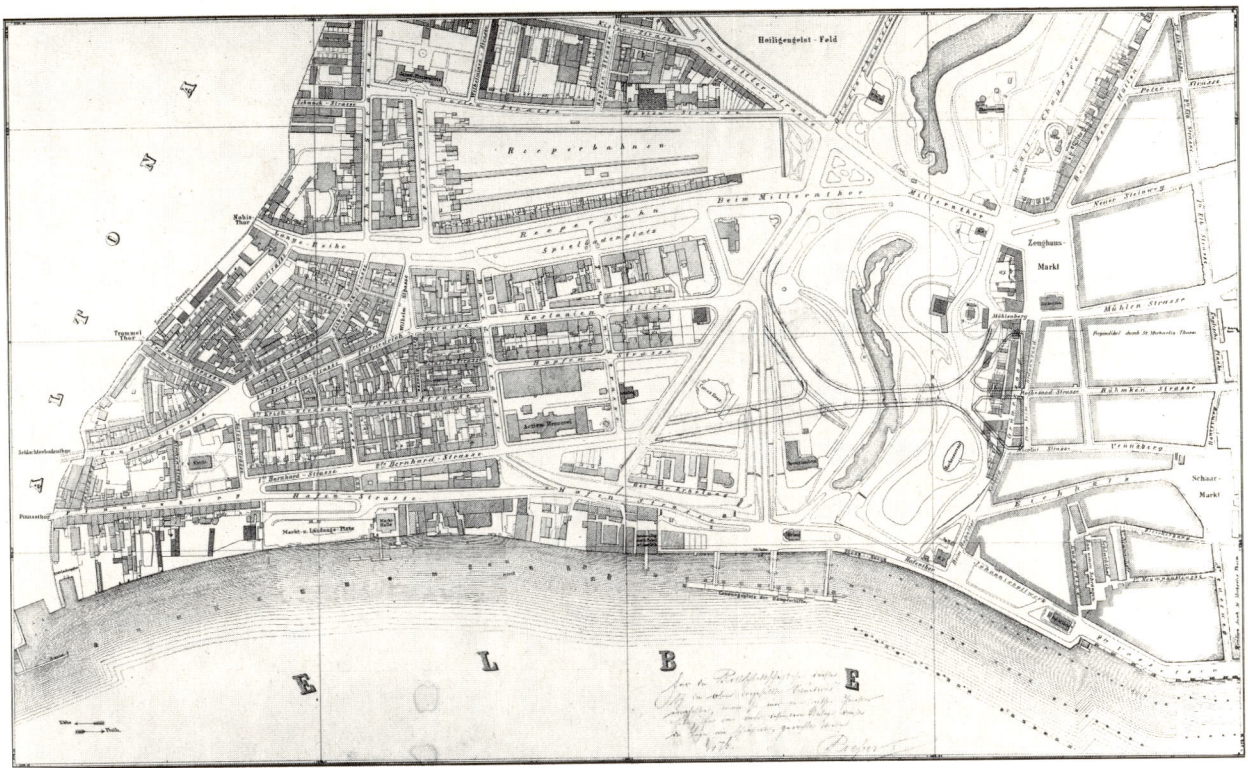

16 Grundriß St. Pauli-Süd von 1876 mit der durch Bebauung geschlossenen südlichen Spielbudenplatzwand und dem Konzept für den Bau einer Verbindungsbrücke in die Neustadt, der späteren Kersten-Miles-Brücke (StAH)

nen Finanzierungsmöglichkeiten aus Mitteln der Bismarckschen Sozialversicherung einen unerhörten Aufschwung erfahren hatte, standen freilich ihre schulemachenden Beiträge zur Auflösung der Hinterhausbebauung; hatte diese doch mitsamt den Bewohnern im Laufe der Wohnreform-Diskussion eine soziale Stigmatisierung erfahren, die sie als vollkommen untaugliches Mittel für eine integrative Arbeiterpolitik erscheinen lassen mußte. Die Musterbauten des Hamburger Bauvereins, des Altonaer Spar- und Bauvereins und des Bau- und Sparvereins Produktion, aber auch das sogenannte «Arbeiterschloß» der Schiffszimmerer im Sanierungsgebiet der Neustadt hoben sich ja – nach Auffassung der Zeitgenossen – durch den Verzicht auf herkömmliche Hinterhofbildungen positiv ab von dem privatkapitalistischen Massenwohnungsbau des Kaiserreichs. Die Mehrfamilienhäuser, die der Altonaer Spar- und Bauverein in unmittelbarer Nachbarschaft zu dem frühgründerzeitlichen Ensemble in der Wohlwillstraße vor dem Ersten Weltkrieg in der Brunnenhofstraße und am Brunnenhof erbauen ließ (1910), brachten nicht zuletzt diese neuentwickelten Ansätze zum Tragen.

Auf dem Wege zur sogenannten «Hamburger Burg», einer hufeisen- oder mäanderförmig aufgebrochenen Straßenrandbebauung, die unter rentabler Ausnut-

zung des Baugrundes ein allseitiges Im-Vorderhaus-Wohnen gewährleistete und geradezu ein Qualitäts- und Markenzeichen des genossenschaftlichen Wohnungsbaus in Hamburg um die Jahrhundertwende wurde, auf dem Weg zu dieser Reformbauweise liegt auch die letzte in St. Pauli fertiggestellte Wohnhofbebauung, der 1912/13 nach Plänen des Architekten H. J. Jahnke erbaute sogenannte «Holstengarten» an der Karolinenstraße. Der Entwurf, der Ausnahmeregelungen ausschöpfte, die ein 1902 (erneut) erlassenes «Gesetz zur Förderung des Baues kleiner Wohnungen» einräumte, und deshalb eine viergeschossige Hofbebauung vorsah, gruppierte die Hinterhauszeilen um einen U-förmig geschlossenen Hofraum, der einen gemeinsamen Schmuckgarten in der Achse der großzügig geöffneten Zufahrt zwischen zwei repräsentativen Vorderhäusern aufnahm. Zur definitiven Aufhebung des Hinterhofcharakters zugunsten der Hufeisenform der «Hamburger Burg» hätte es nur noch einer Schließung der Abstandsflächen oder Baulücken zwischen Hof- und Straßenbebauung bedurft. Den Blick aus dem – mit vergleichsweise aufwendigen Putzfassaden gerahmten – Gartenhof zieht aber bereits in dieser Anordnung der Straßenraum auf sich, wo der mächtige Vierungsturm der Gnadenkirche wie ein erhobener Zeigefinger – ganz im Sinne der Wohnreformgeister –

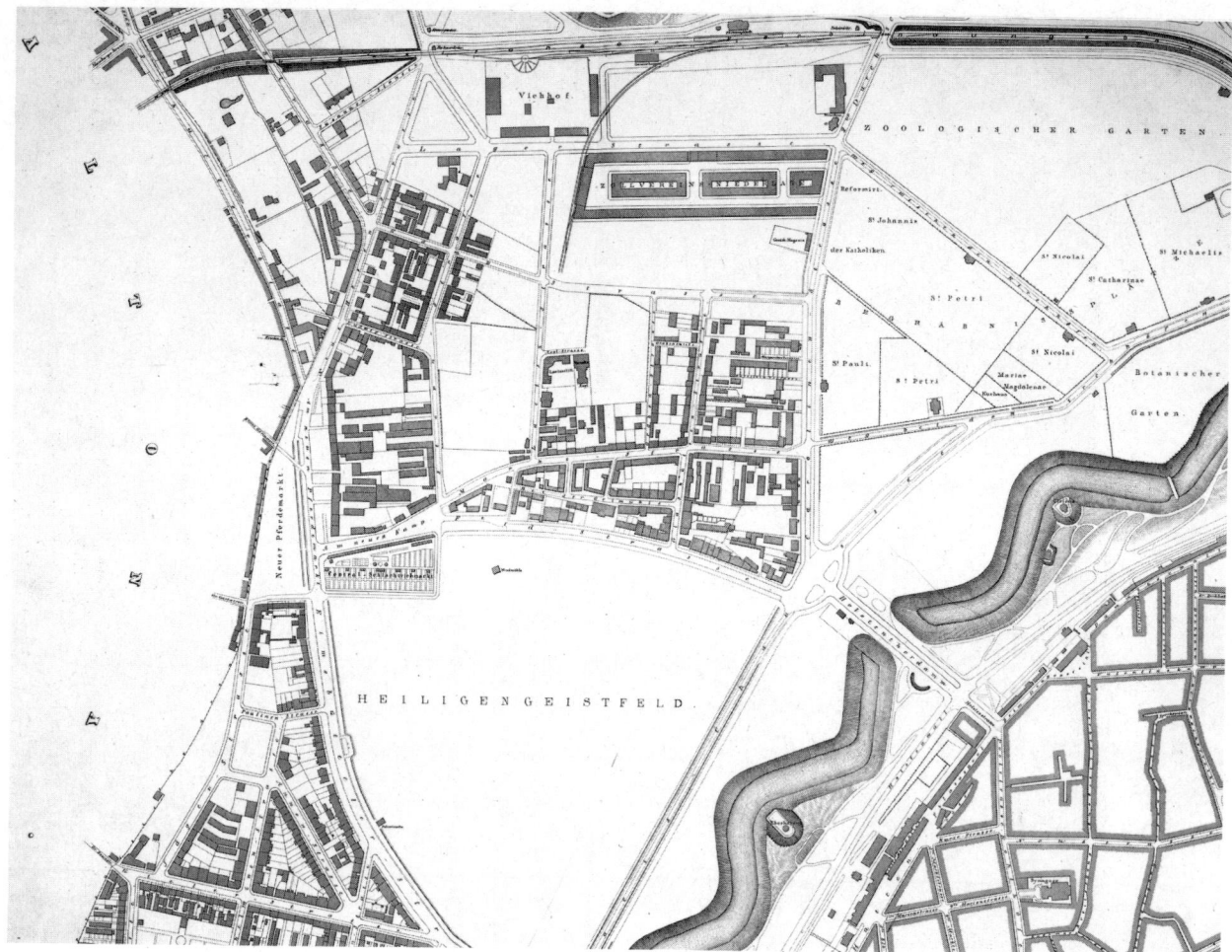

17 *Grundriß der Bebauung nördlich der Reeperbahn von 1891 mit dem Terrassenquartier der Wohlwillstraße (1865/75)
und dem Gründerzeitquartier entlang der Seilerstraße (1885/95) (Denkmalschutzamt-Archiv)*

die Hinterhausbewohner von proletarischen Abwegen auf den Pfad der Tugend zu rufen scheint.

Das Häuslichkeit und Familiensinn verratende Programm des bauplastischen Schmucks an den Eingängen der Vordergebäude der Wohnanlage läßt jedenfalls gegenüber Passanten und Bewohnern erzieherische Absichten vermuten, denen ein Besuch des Gotteshauses an Sonn- und Feiertagen nicht weniger lieb gewesen sein müßte als der Besuch des Wirtshauses.

3. Zwischen Kirchen und Kneipen

Tatsächlich hatte ja die hier bloß assoziativ ins Blickfeld gerückte fürsorgliche Belagerung der Arbeiterfreizeit durch Wohnreformgeister und kirchliche Kreise im Kampf gegen das außerhäusliche Wirtshausleben der Unterschichten von Anfang an besondere Aufmerksamkeit geschenkt; sei es, indem die Belastung des Arbeiterhaushalts durch die Zeche beklagt oder indem die gesundheitlichen Gefahren des Alkoholkonsums für die Arbeitskraft und die moralischen Schäden für das proletarische Familienleben beschworen wurden, oder sei es, indem ein verderblicher politischer Einfluß der Arbeiterkneipe als «Bastion des Klassenkampfes» (Kautsky) ausgemacht wurde. Zum

Aufschwung des protestantischen Kirchenbaus in den Stadterweiterungsgebieten des Kaiserreiches, von dem nach der heutigen Verwaltungsgliederung in St. Pauli die Friedenskirche und die Gnadenkirche Zeugnis ablegen, hatten nach Auffassung zeitgenössischer Beobachter «am meisten die Bestrebungen beigetragen, welche in der Wiedererweckung und Kräftigung kirchlichen Lebens das nächstliegende Mittel gegen die von anderer Seite angebahnte Zersetzung der bisherigen Gesellschaftsordnung erblicken».[8] Die Auflösung der selbstverständlichen Einbindung der Kirchen in die umgebende Alltagsarchitektur durch die denkmalhafte Freistellung zur Steigerung ihrer stadträumlichen Wirkung in wichtigen Kreuzungssituationen weist ebenfalls auf diese Neuformulierung kirchlicher Wirkungsabsichten hin (vgl. den Durchbruch der Schmuckstraße auf die Barockfassade der St. Josephskirche an der Großen Freiheit).

Missionarischem Eifer verdanken nun aber auch die beiden im Cholera-Jahr 1892 in Hamburg und Altona aus der Taufe gehobenen Baugenossenschaften ihre Entstehung, die nach dem Vorbild des Bau- und Sparvereins Hannover von den evangelisch-sozialen Arbeitervereinen der beiden Nachbarstädte initiiert worden waren. Daß weder die kapitalkräftigen Förderer aus Unternehmerkreisen noch die wortgewaltigen

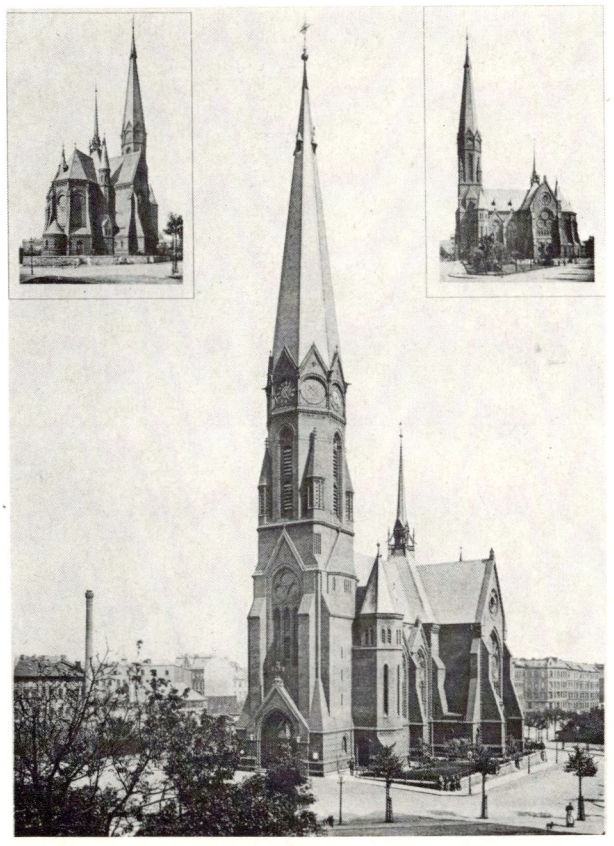

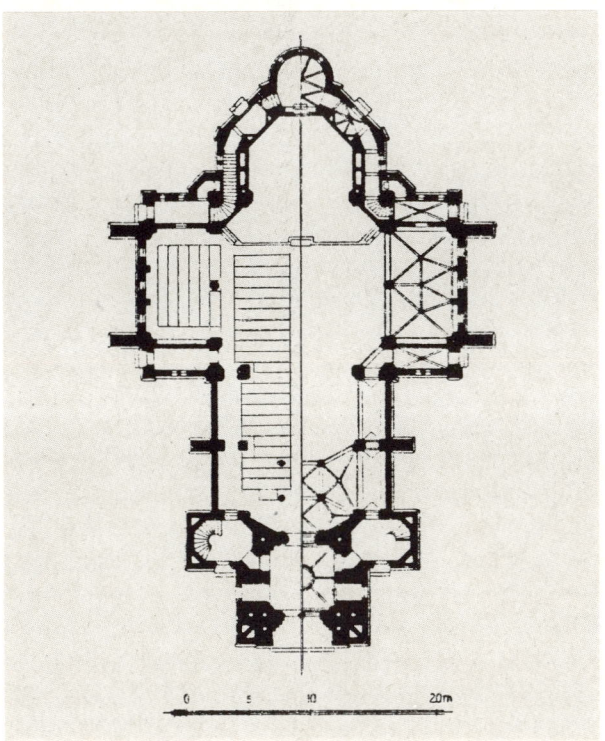

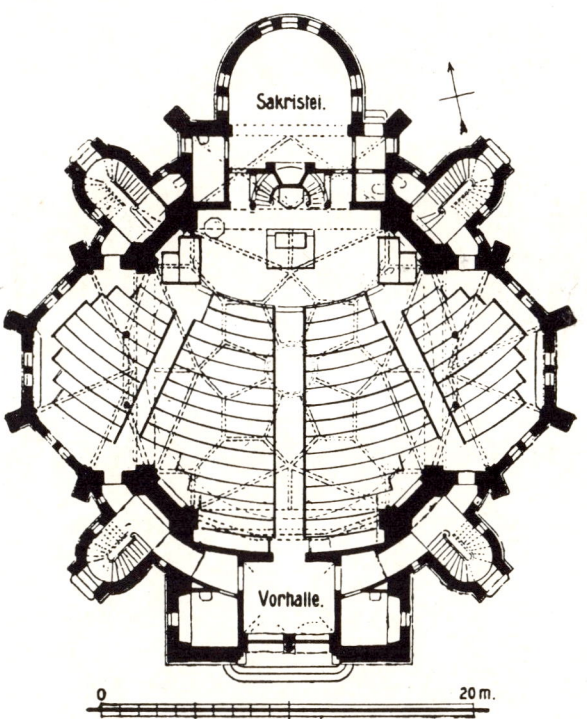

18 a und b Ansichten und Grundriß der Friedenskirche, erbaut 1893/95 nach Plänen von Johannes Otzen: Wandpfeilerkirche mit kreuzförmiger Anordnung von Querarmen und Langhaus (Denkmalschutzamt-Archiv)

19 a und b Entwurfszeichnung für den Solitär des neuromanischen Zentralbaus der Gnadenkirche, erbaut 1907 nach Plänen von Fernando Lorenzen: Im Grundriß eine konzentrische Ausrichtung der Gemeinde auf den Kanzelaltar mit Orgelempore (Denkmalschutzamt-Archiv)

Fürsprecher aus den Reihen der Inneren Mission die Arbeiterselbsthilfe im Wohnungsbau in die Selbstverantwortung der Betroffenen entlassen wollten, hatte sich bereits in Hannover gezeigt, wo bei der «Grün-

dung des Spar- und Bauvereins schwere innere Kämpfe [...] dahin führten, daß die auf extrem politischem Standort stehenden Arbeiter ausschieden, und die Ruhigdenkenden derselben die Leitung behielten».[9] Im Jahr 1903 machten die Kreditgeber des Hamburger Bau- und Sparvereins der demokratischen Genossenschaftsstruktur ebenfalls ein Ende, indem sie unter der Drohung, ihr Kapital zurückzuziehen, gegen das «Eindringen sozialdemokratischer Einflüsse» die Umwandlung in eine Aktiengesellschaft erzwangen.

Hin und wieder scheint die erkennbare Verbindung von Wohnreform und konfessioneller Arbeiterfürsorge, von häuslichem Familienleben und kirchlichem Gemeindeleben, ins Stadtbild gesetzt. Als Teil der Platzwände an der Otzenstraße umrahmt die Miethausgruppe des Altonaer Spar- und Bauvereins am Brunnenhof und in der Brunnenstraße gemeinsam mit dem von Albert Winkler entworfenen Pastorats- und Gemeindehaus «die in den Formen des mittelalterlichen Backsteinbaus»[10] errichtete Friedenskirche (1893/95) von Johannes Otzen, gerade so, als hätten die Baugenossenschafter aus alter Verbundenheit auch eine räumliche Nähe zum religiösen Mittelpunkt des neuen Quartiers angestrebt.

Statt düsterer und bedrückender Hinterhöfe oder verlockender Aussichten auf rauchgeschwängerte Kellerkneipen gaben die Fenster der Genossenschaftswohnungen den Blick frei auf den denkmalhaft erhabenen Mittelpunkt kirchlichen Lebens der Gemeinde und auf das architektonische Zentrum des Stadterweiterungsquartiers. Eine Aussicht, die an eine Beobachtung erinnert, die im Vorfeld der beiden Genossenschaftsgründungen vom Evangelischen Arbeiterverein in Hamburg angestellt worden war: Auf der Suche nach Spuren christlicher Lebensführung in Arbeiterwohnungen hatte der Stadtmissionar den vollständigen Mangel an religiösen Wandschmuckmotiven konstatieren müssen und statt dessen nur «Bilder [...] von einem Leseabonnement, [...] einige Familienbilder, Bilder sozialdemokratischer Führer und in neuerer Zeit die gestickten Verse, eine Nachbildung unserer guten, christlichen Wandsprüche, jetzt aber mit sozialdemokratischem Inhalt versehen»,[11] gefunden. Die wohnreformerischen Zielvorstellungen von einer Absonderung der privaten Wohnsphäre in sogenannten «familiengerechten» Einheiten unter weitgehender Verdrängung halboffener Familien- und Wohnungsstrukturen, ließen einen unmittelbaren Zugriff auf die Ausgestaltung der Privatsphäre in den vier Arbeiterwänden kaum zu. Was im Bilderrahmen hing, blieb schwer steuerbar, aber das Bild, das der öffentliche Raum im Fensterrahmen gab, das ließ sich wohl beeinflussen.

Die im ausgehenden 19. Jahrhundert wachsende Zahl der Kritiker der dogmatisch historischen Kirchenbaukunst des Protestantismus hatte freilich gerade Zweifel an der Wirksamkeit des von Johannes Otzen auch für die Friedenskirche verfolgten Leitbildes der bedeutungsvollen Kreuzform, wie sie das Eisenacher Regulativ (1856) für den evangelischen Kirchenbau empfohlen hatte. Das von Vorbildern eines christlich

verstandenen Mittelalters diktierte Grundschema der dreischiffigen Langhaus-Anlage oder von Langhaus-Anlagen mit Querhaus, wie es Otzen mit überzeugendem Geschick für seine Kirchenbauten immer wieder neu interpretierte, galt Kritikern als «formaler» und «saftloser Idealismus», als «leichtfertige Flachheit» oder als frömmelnde Äußerlichkeit.

In Ablehnung gefälliger Schönheitsideale und akademisch oberflächlicher Wirkung, wie sie Otzens Kirchenbauten unterstellt wurden, und angeregt durch Cornelius Gurlitts Buch über den Barock[12] drangen die Reformer auf eine vom «inneren Wesen des Gottesdienstes» abgeleitete Bauform, die unter Verzicht auf Unterteilungen in Schiffe oder in Schiff und Chor die Einheit der in «feierlicher Liebe» versammelten Gemeinde fördern und zum Ausdruck bringen sollte. Die Konzentration aller Sehlinien auf einen wieder mit der Kanzel vereinigten (Kanzel-)Altar mit Orgel- und Sängerbühne erschien wie eine architektonische Gewähr für die erhoffte Neugestaltung des kirchlichen Lebens und der religiösen Empfindungen.

Mit dem Bau der Erlöserkirche in Borgfelde (1902) verfolgte der Kirchenarchitekt Fernando Lorenzen erstmals in Hamburg unübersehbar die neuen Ideale, um «die Gleichwertigkeit von Wort und Sakrament sowie die Darstellung der versammelten Gemeinde in ihrer Einheit auch baulich klar zum Ausdruck zu bringen. In diesem Sinne steht die Orgel oberhalb des Altars und die Kanzel ganz frei in der Mitte des Chorraumes. Die Gestühlreihen sind nicht durch einen Mittelgang getrennt und legen sich kreisförmig vor die Altarstufen. Auch die Emporenbrüstung mit den dahinterliegenden Sitzreihen ist kreisförmig gebildet, so daß der Blick jedes Kirchenbesuchers unmittelbar auf die Gruppe von Kanzel, Altar und Orgel gerichtet ist».[13] Fünf Jahre später entstand nach den Plänen des Kirchenbaureformers freistehend inmitten einer kleinen Grünanlage in romanischen Formen nach der gleichen Innenanordnung der Zentralbau der Gnadenkirche. Die mit dem neuen Kirchentyp verfolgten Ziele treten noch deutlicher in Erscheinung: Wo die mächtigen Vierungspfeiler unter der älteren Erlöserkirche noch eine Einschnürung bewirken und damit eine räumliche Zäsur zwischen Chor und Gemeinderaum andeuten, verschränken sich Altar- und Gemeinderaum der Gnadenkirche unter dem gemeinsamen, nahezu 15 m weiten Rippengewölbe zu einer Einheit, in der das Gestühl und damit die Gläubigen unmittelbar bis an die vorgezogenen Chorstufen und an den Gottesdienst ‹herangeführt› werden; wobei «die Gestühlgänge von den Chorstufen bis an den Westeingang um 50 cm ansteigen».[14] Der Gottesdienst findet auf der Bühne statt. Sicher hilft der Hinweis auf die neuerwachte Wertschätzung der Kirchenbaukunst des Barock, als «der Protestantische Kirchenbau vom Theater [...] lernen konnte»,[15] die feierliche, wie auf einer Schaubühne zentrierte Raumform des Kircheninnern zu erklären. Der Entwurf einer die Einheit der Gemeinde und das ungeteilte Priestertum betonenden gegenseitigen Durchdringung von Gemeinderaum (oder Zuschauerraum) und Chorraum (oder Bühnenraum) setzt aber nicht allein die Kenntnis barocker Raumkompositionen voraus, sondern auch das Bedürfnis nach und die Erfahrung einer derart durch Architektur vermittelten Gemeinschaft. Cornelius Gurlitt gibt in seinem Kreuzzug für eine neue protestantische Kirchenbaukunst einen Hinweis auf mögliche Hintergründe dieser Architektur- und Gemeinschaftserfahrungen: «Es sei mir nicht als ein Verbrechen gegen den Ernst der Kunst und des kirchlichen Wesens angerechnet, wenn ich dem Bau protestantischer Kirchen den der Bierpaläste entgegenstelle». Gabriel Seidels Spatenbräu in Berlin und seine Bierkeller in München, «wo das Bier ein Volksnahrungsmittel im höchsten Grade ist, wo es die Geselligkeit geradezu beherrscht»,[16] hätten der Bauaufgabe eine ihrem inneren Zweck gemäße eigentümliche Gestalt gegeben, der die protestantische Kirchenbaukunst noch bedürfe. – So gesehen hätte die Gnadenkirche vor dem Holstentor am gegenüberliegenden Ende der Glacischaussee vor dem Millerntor nicht nur ihre stadträumlichen Pendants besessen, sondern auch mögliche Vorbilder: Hornhardts Etablissement (auf dem Gelände des ehemaligen Trichters und der nachmaligen Bierhalle von Mutzenbecher) und das Konzerthaus Ludwig auf der anderen Straßenseite genossen als polygonale Kuppelbauten die Popularität und boten die Geselligkeit, die die Kirchen möglicherweise besessen hatten, als die Große Freiheit nicht nur die Vorstellung von Freizeit wachrief.

4. Die Inszenierung einer volkstümlichen Freizeitwelt

Die seit den 90er Jahren – nicht zuletzt unter dem Druck der aus dem Sozialistengesetz gestärkt hervorgegangenen Sozialdemokratie und unter dem Eindruck von Arbeitszeitverkürzungen – verstärkten Bemühungen des Bürgertums um die Arbeiterfreizeit entwickelten sich jedoch uneinheitlich. Konfessionelle und freie Wohlfahrtseinrichtungen wie die ‹Seemannsruhe› in der Bernhard-Nocht-Straße (1881), das Seemannsheim am Pinnasberg (1887), die ‹Herberge zur Heimat› in der Talstraße (1889/90), die Volkskaffeehallen und das Logierhaus ‹Concordia› an der Reeperbahn (seit 1891/1894), mehrere Filialen des Vereins für Innere Mission oder ein Bezirksausschuß zur Bekämpfung der Schundliteratur und des Kinounwesens legten ein Netz von Fürsorgebemühungen zur sittlichen Veredelung über St. Liederlich. Dagegen wähnten die erstmals eigens über St. Lustig verfaßten Reiseführer und -beschreibungen «schulmeisterliche Pedanterie» und «Kurzsichtigkeit moderner Volksbeglücker» am Werk, die des «Volkes wahren Himmel» für ihre Volksbildungsziele zum Einsturz bringen wollten. «Querköpfe», «alte bezopfte Spießer», «ästhetisch gebildete Moralprediger» aus den höheren Ständen machten so denjenigen, «die sauer arbeiten und wenig verdienen», ihr Recht streitig, nach den Strapazen des Berufsalltags ihr «Amüsement da zu suchen, wo das Volk im weitesten Sinne es findet». Die Spuren der «Venus Cloacina» oder der «Thalia Vulgivaga», das «Spektakel»

20 Links: Innenansicht der Gnadenkirche mit Blick auf Kanzelaltar und Orgelempore (Denkmalschutzamt-Archiv)

21 Oben rechts: Innenaufnahme von Hornhardt's Concerthaus mit Varieté-Bühne um 1900 (privat)

22 *Blick auf St. Pauli vom Bismarck-Denkmal: links das Concerthaus »Hornhardt« (anstelle des ehemaligen Trichters) und rechts das Konzerthaus Ludwig, gegen 1910 (Denkmalschutzamt-Archiv)*

von St. Pauli, wo das «Zerrbild Thaliens durch den Koth wandelt», oder das «viehische Chaos» auf dem Spielbudenplatz, diese eindeutigen Befunde aus der Vorgründerzeit scheinen etwa seit der Einbeziehung der ehemaligen Vorstadt als Stadtteil in das Gebiet der Hansestadt (1876) wie ein Spuk verschwunden. Stattdessen bestimmte eine genuß- und sinnenfrohe Neigung zu unverbildeter Massenunterhaltung das Bild vom Volke auf St. Pauli, wo der Arbeitsmann wieder Mensch sein konnte.

Das veränderte Bild, das sich zumindest Teile des Bürgertums von dem Vergnügungsviertel im ausgehenden Jahrhundert machten, entsprach dem neuen Stadtbild, das St. Pauli im letzten Drittel des vorigen Jahrhunderts, vor allem nach der Ende der 80er Jahre abgeschlossenen Neuordnung des Terrains der aufgelösten Reeperbahnen, bekommen hatte. Große, wegen ihrer Geräumigkeit und Eleganz gepriesene Theater, Opern, Operettenhäuser, Konzerthallen, massive Zirkusgebäude und Panoramen, repräsentative Gesellschaftshäuser, Saalbauten, Restaurationsbetriebe und Bierpaläste sowie nach der Jahrhundertwende erste Einbauten von Lichtspieltheatern hatten die Provisorien vor dem Millerntor, aber auch die kleinen Theater und Singspielkneipen entlang der Reeperbahn durch stattliche Festbauten verdrängt.

Statt eines Sommertheaters im Gartenhof des «Hotels de Nelson», wo Arbeiter und Handwerker in den 30er Jahren sich am Feierabend noch gegen ein paar Schillinge auf der Bühne versucht hatten, um die Gäste zu unterhalten, bot das Theater der Zentralhalle rund 50 Jahre später große «Ausstattungsoperetten», in denen stadtbekannte Unterhaltungskünstler mit einer ausgefeilten Bühnenmaschinerie für «Verwandlungs- und Masseneffekte» sorgten. Und statt der Abenteuererzählungen, in denen der Menageriebesitzer Guy vor der Jahrhundertmitte in einer Holzbaracke die Phantasie seiner Gäste mit Urwaldvisionen versorgte, nahmen die Besucher in «Knopfs Theater der lebenden Fotografien» 1903 bereits an einer sensationellen «Reise zum Mond» teil, die «naturgetreu» die Illusion einer fremden Welt ganz ohne Anstrengung der eigenen Phantasie nährte.

Die räumliche Expansion des Vergnügungssektors auf St. Pauli, die technische Perfektionierung der Unterhaltungskünste und die Bevorzugung einer schmuckvollen Repräsentationsarchitektur erforderten einen massiven Kapitaleinsatz, der seinerseits kapitalkräftige Investoren und einen gewinnversprechenden Massenfreizeitmarkt zur Voraussetzung hatte. Die 1,5 Millionen Reichsmark für den als höchst «elegant» und gleichermaßen «pompös» gekennzeichneten Bau der von Martin Haller und Lamprecht entworfenen «Concerthalle Concordia» (1877/78) hatte Johannes Schwarting als Besitzer des «Alster-Pavillons» akkumuliert, und in der ersten Versteigerung (1879) des Etablissements machte ein «als vielfacher Grund-Eigenthümer bekannter Capitalist»[17] das Rennen, um es an einen erfahrenen Wirt und Arrangeur zu verpachten. Nicht umsonst galten die im letzten Viertel des vorigen Jahrhunderts entstandenen Festbauten auch als Beweise eines «fortschrittlichen Unternehmungsgeistes», der nun im verrufenen St. Pauli ebenfalls im hellsten Licht erstrahlte und die Wirte schummriger Kellerkneipen zunehmend in die Seitenstraßen verdrängte. Dabei drehte sich das Gründerzeitkarussell der spekulierenden Eigentümer und Pächter oft schneller als das zweigeschossige Doppelkarussell der Besucher am benachbarten Zirkusweg.

Nicht nur die 1864 gegründete Aktienbrauerei, sondern auch die älteste Bühne auf St. Pauli, das «Actientheater», hatte als gewinnbringende Kapitalanlage und Gesellschaftsform gegolten. Den Boom der seit Ende der 80er Jahre nach Aufhebung der Reeperbahnen allenthalben aus dem Boden schießenden Bierhallen, Biergärten und Bierpaläste, die häufig kleinere Schaubühnen und Vergnügungslokale ersetzten, hatte nicht zuletzt eine große Bierhallen-Aktiengesellschaft finanziert, die an mehreren Orten in der Stadt ähnliche Saalbauten unterhielt. Die Beteiligung von Brauereien an derartigen Unternehmungen, die damit eine Absatzgarantie und eine Schlüsselfunktion in der Freizeitindustrie auf St. Pauli erhielten, erleichterte den Konzentrationsprozeß der Unterhaltungsbranche; parallel zum Vordringen der Aktiengesellschaften und der Brauereima-

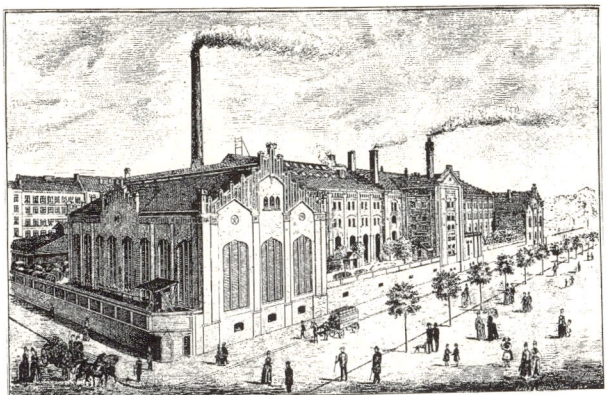

23 Ansicht der 1862 gegründeten »Actien-Bierbrauerei«
(heute: Bavaria-Brauerei) an der Bernhard-Nocht-Straße
(StAH)

24 Ecketagenhaus des Gründerzeit-Ensembles auf dem ehem.
Reeperbahngelände, Seilerstraße/Detlev-Bremer-Straße, 1985
(Denkmalschutzamt-Archiv)

25 Stadtgrundriß für St. Pauli-Nord mit dem Karolinenviertel,
gegen 1870 (StAH)

gnaten verlief schließlich auch der Aufschwung der als
lokale Spar- und Vorschußbank in den 1860er Jahren
gegründeten St. Pauli-Creditbank, die seit den 1890er
Jahren zunehmend Grundstücke und Lokale in ihre
Hand bekam.

Daß mit dem «großen Geld» auch verstärkt neue
bürgerliche Besucherschichten den Weg ins «Volks-
vergnügen» fanden – wofür etwa vergleichbare Veränderungen der Publikumsstruktur der Music-Hall
in London[18] oder die St. Pauli-Literatur für den im
Kaiserreich einsetzenden Touristenverkehr sprechen
könnten –, darf angenommen werden.

Nicht übersehen läßt sich hin und wieder eine Ver-
quickung von privaten Geschäftsinteressen mit dem
Interesse des Staates und der Staatsvertreter. Bereits
in der 48er Revolution hatte die «Reform», das Organ
des St. Pauli-Bürgervereins, Senat und Verwaltung in
Korruptionsverdacht gebracht und behauptet: «er
setzt Vice-Paschas in der Gestalt von Beamten ein und
überläßt ihnen die Polizeiverhältnisse der Untertanen,
welche sie dann auch so gut zu besportlen verstehen, daß Champagner die in den Kneipen der Vorstadt durchwärmten Nächte versüßt».[19] Hinter den
hier angedeuteten, eher vordergründigen Verflech-
tungen blieben Staatswohl und Geschäftserfolg auf
St. Pauli aber auch durch das Steueraufkommen verbunden, mit dem Kassenschlager sich im Staatssäckel
niederschlugen; und im Staatsbesitz befanden sich
auch die wichtigsten der den Vergnügungslokalen
pachtweise überlassenen Grundstücke, angefangen
vom Spielbudenplatz bis zum Gelände der Etablissements von Ludwig und Hornhardt. Die Lagegunst der
Grundstücke und damit ihren Geschäftswert und
Pachtertrag steuerte aber nicht zuletzt die von Staats
wegen auf dem Hamburger Berg für die Gesamtstadt
vorgenommene Zentralisation des Vergnügens, wobei polithygienische und moralökonomische Belange
im Gemeinwohl über die staatliche Konzessionierung
der Freizeitbetriebe eingebracht werden konnten.

Kaum beabsichtigte, aber nicht unerhebliche ökonomische Nebenwirkungen für die Freizeitindustrie dürfen der zunehmenden technischen Kontrolle der Etablissements durch Sicherheits-, Brandschutz- oder
Baurechtsvorschriften unterstellt werden. Der weltweite Schock des Wiener Theater-Brandes (1881) und
auf St. Pauli die zwei Brände der Centralhalle (1873,
1878) sowie schließlich die Zerstörung des Holz-
zirkusgebäudes von Renz (1888) zogen Theater- und
Feuerrevisionen mit verschärften Auflagen nach sich.
Der Einbau eines Eisernen Vorhanges, die Ersetzung
der Gasflammen durch elektrische Bogenlampen und
Glühbirnen, die Verwendung feuerhemmender Materialien und Konstruktionen bei den Neubauten setzten ebenso Kapital und Investitionsbereitschaft voraus wie die Auflagen zur Anlegung von Fluchtwegen
und Notausgängen ins Freie, die teilweise den Erwerb
und Abbruch von Nachbargebäuden erforderten. Die
Durchsetzung derartiger Sicherheitsmaßnahmen ge-

lang spätestens, wenn die Verlängerung des Pachtvertrages über das bebaute Staatsgrundstück anstand, die in der Regel von der Erfüllung derartiger Auflagen abhängig gemacht wurde.

Die nicht zuletzt aus Brandschutzüberlegungen erfolgte Elektrifizierung und Modernisierung der Etablissements ging einher mit dem verstärkten Einsatz baulicher und maschineller Illusionstechniken, die «auf der Reeperbahn nachts um halb eins» eine von «elektrischen Sonnen» stimulierte stereotype Vorstellung einer «magischen Feenwelt» wachriefen. Die Nacht wurde zum Tage, Bier- und Konzertgärten erhielten witterungsunabhängige Sitzplätze in geschützten, beheizbaren Lauben, und Grottenquellen mit prächtig illuminierten Springbrunnen bereicherten die Etablissements durch zugkräftige Kunst-Naturschauspiele. Dioramen und Panoramen stellten dem zahlenden Publikum mit raffinierten Arrangements die halbe Welt vor Augen, vor dem Millerntor lockte das dampfgetriebene Vergnügen einer Karussellfahrt in schaukelnden Segelschiffen oder in einer rotierenden Gebirgsbahn die Besucher; 1886 entstand auf dem Heiligengeistfeld eine Kunsteisbahn; der 1891 neuerbaute Circus Busch am Neuen Pferdemarkt bot 3000 Besuchern Platz und in der hydraulisch versenkbaren Kupferwannen-Manege Wasserpantomimen «aus den Privatgärten Ludwigs XIV.».

Die sich anbahnende Massenfreizeit und die gewachsenen Möglichkeiten der Unterhaltungstechnik eröffneten schließlich auch neuen Medien ungeahnte Absatzchancen. Im «Orchestrion-Concerthaus» sorgten seit 1879 Musikautomaten, die Münzen schluckten, für Unterhaltung – im selben Jahr mußte das großartigste Vergnügungsetablissement, das ein Jahr zuvor eröffnete «Concerthaus Concordia», zwangsversteigert werden. Im Jahre 1900 eröffnete Eberhard Knopf am Spielbudenplatz in den Räumen des Konzert- und Automatenhauses «Knopfs Lichtspielhaus» (heute: «Allotria») – eines der beiden ersten festen Lichtspielhäuser in Deutschland. Die junge «Kinematographie» verließ die Jahrmärkte, Zirkuszelte und Varietés, blieb aber der Bühnenwelt verpflichtet, auch in ihrer architektonischen Entwicklung: In das seit der Jahrhundertwende fortwährend neu unterteilte «Konzerthaus Hamburg» der Gebrüder Ludwig wurde 1911/12 ein Lichtspieltheater mit über 1200 Plätzen eingebaut: «Vor der Lichtbildfläche befindet sich eine kleine Bühne, davor ein vertiefter Musikraum mit einer in die Vorbühne eingebauten Kirchenorgel».[20]

Der Film trat räumlich häufig die Nachfolge der Theater-, Konzert- und Varietébauten an, auch in der Publikumsgunst: «Das Proletariat, dem der Zugang zu den Theatersälen und Konzerthallen verwehrt, dem das Lesen wertvoller Bücher kaum möglich war, suchte im Kino sein Äquivalent».[21] Eines der besterhaltenen Bauzeugnisse der populären Unterhaltungskultur Hamburgs im Kaiserreich vollzog diesen Umbruch noch nach dem Zweiten Weltkrieg; das 1888/90 erbaute «Flora» am Schulterblatt wurde 1953 zum Kino umgenutzt und umgebaut.

Die als Geschäftskrise erfahrenen Publikumslaunen wiesen auch der Architektur eine wichtige Aufgabe zu, um die Aufmerksamkeit auf sich zu ziehen und die Gunst des Publikums zu erhalten. Der oft in wenigen Jahren Abstand im Zeitgeschmack erfolgte Wechsel der Saaldekorationen oder die vor allem im Zuge von Eigentümer- oder Pächterwechseln vollzogene Neugestaltung der Schaufassaden trugen den Anforderungen Rechnung, die eine imageträchtige Architektur als Prestigeobjekt, Schaufenster und Werbeträger der Etablissements zu erfüllen hatte. Aus der Übereinanderschichtung der Dekorationen und Werbebotschaften resultierende Kulissenfassaden, hell erleuchtete Fensterflächen mit bewußt arrangierten Einblicken in die Lokale und das vergnügliche Treiben des Publikums, die geplante Einbeziehung von Programmtafeln oder Werbefeldern in die Außengliederung, die Gestaltung neutraler Flächen, die wie Brandgiebelwände zur Aufnahme austauschbarer Verlockungen geeignet schienen, aber auch die auf die Fußgängerperspektive abzielenden Animierbilder in den Eingangszonen und vor allem die Signalwirkung der aus der Dunkelheit Freizeitversprechungen machenden Leuchtreklame überformten das konventionell-bauliche Erscheinungsbild durch eine applizierte Reklamearchitektur, die sich bis heute durch leicht verständliche und zugängliche Gestaltungseffekte auszeichnet. Von den Bauten des Menagerie-Besitzers Guy sind nur Beschreibungen seiner Reklametafeln überliefert: eine Plakatwand mit der bunten Darstellung eines Riesenkrokodils, das einen Mohren mit Haut und Haaren verschlingt. An den herrschenden ästhetischen Leitbildern der Hochkultur ihrer Zeit orientierte sich die Kommerzarchitektur auf St. Pauli nur selten.

St. Pauli und seine Architektursprache gaben sich in dem Maße volkstümlich, genauer: populistisch, wie das Publikum aus den Unterschichten als Konsument umworben sein mußte. St. Pauli, «wo das Volk zu Hause ist: im Cirkus, zwischen Buden, im Rauchtheater, Volksgarten, bei Musik, Bier, Tanz, Flitterschaustellungen, Ringkämpfen und Wettläufen!»[22], war volksfreundlich wie es kundenfreundlich war. Die Arbeiterbevölkerung, die auf St. Pauli Augen-, Ohren- und Gaumenschmaus ebenso wie Liebesglück genoß, kam ja auch in der Massenlustigkeit nicht zu ihrem Recht, sondern bestenfalls zu ihrem Amüsement. «Des Volkes wahren Himmel» hatten Kapitalinteressen mit höchstmöglichem technischen Geschick und gestalterischem Raffinement über dem Volk, das den Himmel weder finanzieren noch erobern konnte und wollte, konstruiert; ein Konstrukt, das die Fest- und Repräsentationsarchitektur von St. Pauli ebenso in Dienst nahm wie seine Reklame- und Geschäftsarchitektur.

Der nationale Taumel, mit dem sich 1870/71 das Tingeltangel der Singspielhallen beim Verlesen der Siegestelegramme vermengte, die reaktionären Töne der Militärkapellen, die im Kaiserreich in den Sälen und Gärten der Vorstadt für Unterhaltung sorgten, die Schlachtengemälde, mit denen die Panoramen ihr Publikum zur Kriegsnach- und -vorbereitung lockten, die gekrönten Häupter der kaiserlichen Familie und die hanseatischen Ratsherren, die in den ausgefeilten Inszenierungen des Panoptikums der Arbeiterfamilie optisch die Teilhabe suggerierten, von der sie faktisch das Klassenwahlrecht ausschloß, aber auch die Rassen- und Kolonialideologie, die dem Bildungs-, Unterhaltungs- und Verkaufsprogramm der Handlungsmenagerien und Handlungsmuseen Pate stand, all diese St. Pauli-Attraktionen lagen ja bestenfalls wegen ihrer Derbheit im Widerspruch zu den Auffassungen der religiös motivierten oder kulturbeflissenen Bürgerkreise, die dem St. Pauli-Rummel auch dann noch skeptisch gegenüberstanden, als er in jeder Hinsicht mehr wert geworden war.

Selbst die klassische Form volkstümlicher Vergnügungen, der harmlose Zirkusbesuch, gewann vor dem Ausbruch des Ersten Weltkrieges neue Züge. «Je mehr stumpfsinnige Maschinenarbeit ihre Tage ausfüllt, desto mehr wollen sie am Abend ihren Geist mit neuen Eindrücken, mit neuen Kenntnissen von der großen Welt nähren!»[23], schrieb Constanze Busch über ihr Arbeiterpublikum. Die technischen Schikanen und die formale Meisterschaft, mit denen Busch am Neuen Pferdemarkt (heute Schiller-Oper) die Zirkuskunst nach der Jahrhundertwende auf ihren Höhepunkt und zur Selbstauflösung in Operetten-, Revue-, und Music-Hall-Elemente führte, stellte der konservative Zirkusdirektor mit den auf äußerliche Wirkung bedachten und in sinnlosen Apotheosen endenden Wasserpantomimen anscheinend «ganz in den Dienst der Vorbereitung des imperialistischen ersten Weltkrieges».[24]

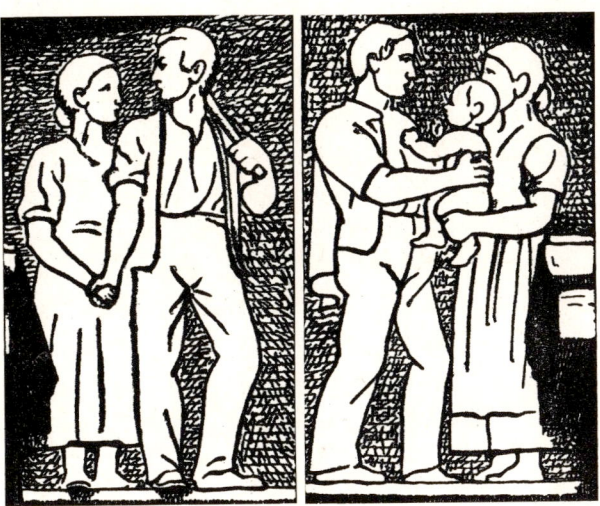

26 a und b Illustration der ursprünglichen Reliefs für den Elbtunnel: Abschieds- und Ankunftsszene einer Arbeiterfamilie (Denkmalschutzamt-Archiv)

Die wohlwollend den Unterschichten unterstellte kindliche Freude am Zirkusspiel und die gleichzeitige Ablehnung bürgerlich-sozialreformerischer Bestrebungen zur «Veredelung» der Arbeiterfreizeit kennzeichnen eine Liberalität, die das Volk selbst am Feierabend aus seiner unterprivilegierten Stellung nicht entlassen wollte: «Das Volk aber in seinen Genüssen und Kunstanschauungen ist und bleibt ein Kind [...]. Es trägt nicht die Schuld, daß das Geld in wenigen Stunden zusammenschmilzt, bis der letzte Pfennig Lebewohl sagt. Es ist ja rund und muß rollen! [...] Schließlich wäre es auch ungerecht, vom Volke eine erhöhtere, bessere Würdigung ästhetischer Genüsse zu verlangen. Es besitzt weder die Zeit, sich darauf ersprießlich und geziemend vorzubereiten, noch auch nachträglich über Werth und Wirkung derselben nachzugrübeln. Das Volk ist zur Arbeit geboren. Und ruht die Hand, dann tritt der Genuß oder Schlaf in seine Rechte.»[25]

Angesichts der menschenverachtenden Töne solcher Volks- und St. Pauli-Freunde nimmt es kaum mehr wunder, daß sozialdemokratische und gewerkschaftliche Teile der Arbeiterbewegung mehr Berührungspunkte mit den wertkonservativen Kritikern von ‹St. Liederlich› aufwiesen als mit den toleranten Fürsprechern von ‹St. Lustig› aus demselben bürgerlichen Lager: «Nur wenn einmal Angehörige verschiedener Volksschichten einen Bummel durch St. Pauli machten, verwischten sich die Grenzen zwischen den Gesellschaftsklassen. Man denkt unwillkürlich an Heinrich Heines Verse: ‹Niemals habt ihr mich verstanden, niemals auch verstand ich Euch; nur wenn wir im Dreck uns fanden, dann verstanden wir uns gleich›.»[26]

5. Arbeitswege und Heimwege

Rund ein halbes Jahrhundert nachdem der eingangs zitierte Reiseführer von Robert Geissler die Ankunft des Schiffsreisenden an den St. Pauli-Landungsbrücken beschrieben hatte, konnten die Landungsbrücken nicht mehr nur als Hamburgs Tor zur Welt gelten, sondern der Hamburger Hafen war Deutschlands Tor zur Welt. Deutschlands Zukunft aber vermutete man auf dem Wasser. Das Landungsbrücken-Panorama oberhalb des «Hauptbahnhofs des Schiffsverkehrs» war auch Visitenkarte des deutschen Kaiserreiches. Das Seemannshaus als ehedem unumstrittene Hafenkrone hatte vielfältige Konkurrenz erhalten. Die 1881 im Beisein Wilhelms I. eröffnete, trutzige Seewarte grüßte als «ein stolzes Denkmal deutschen Forschergeistes, deutschen Fleißes und deutscher Gründlichkeit» vom Hang herunter; die Brückenpfeiler der Kersten-Miles-Brücke, die seit den 90er Jahren die Vorstadt mit der Neustadt verband, boten ein Panoptikum der streitbaren Bürgermeister und Seehelden aus der Blütezeit der Stadt; bei der Erholung war anstelle des gleichnamigen Tanzlokals 1903/05 in flämischen und alt-hamburgischen Renaissanceformen die Navigationsschule entstanden, die Erinnerungen an die hansezeitliche See- und Handelsmacht weckte; das Institut für Schiffs- und Tropen-Krankheiten – Hamburgs ältester Schumacher-Bau – heilte, forschte und lehrte im Auftrag und im Interesse der Kolonialabteilung des Auswärtigen Amtes, und über alledem hielt seit 1906 das Kolossaldenkmal Bismarcks als von den deutschen Volksstämmen getragener «reckenhafter Roland» die «Wacht an der See».

Die aus lokalgeschichtlichen und lokalpatriotischen Quellen gespeiste Entfaltung des mit imperialem Gestus komponierten Stadtbildausschnitts und seine Wirkungsmöglichkeiten erschließen sich vollständig aber erst unter Einbeziehung der ebenfalls vor dem Ersten Weltkrieg fertiggestellten Anlage der Landungsbrücke und des Elbtunnels. Die Landungsbrücken vermittelten ja nicht nur einen Übergang vom Festland zum Wasser oder den Kontakt Hamburgs und Deutschlands mit der Welt, sondern die neugeschaffene Anlage stellte auch eine entscheidende Nahtstelle zwischen Arbeitszeit und Freizeit dar. Eine Funktion, die einerseits in das an dieser Stelle für das Fremdenpublikum vermittelte Hamburgbild und Deutschlandbild zu integrieren war, aber auch eine Funktion, die spezifische Wirkungsmöglichkeiten gegenüber dem auf dem Arbeits- und Heimweg an dieser Stelle durchgeschleusten Arbeiterpublikum eröffnete. Die seit dem letzten Viertel des vorigen Jahrhunderts zur Verkürzung der Arbeitswege angelegten Treppen am St. Pauli-Hafenrand oder Schauermanns Park verweisen auf die gleichsam im Einzugsbereich der Arbeitsräume erfolgte Umgestaltung der Freizeiträume für die Arbeitskräfte. Deren Transport zu den Werft- und Hafenarbeitsplätzen erfolgte seit dem 1911 abgeschlossenem Bau des Elbtunnels endlich weitgehend unabhängig von natürlichen Beeinträchtigungen. Beiden Adressaten, dem Fremden- wie dem Arbeiterpublikum, wurden Landungsbrücken und Elbtunnel aber nicht nur funktional, sondern auch in ihrer Architektursprache auf überzeugende Weise gerecht.

Bereits die klobige Felsenarchitektur des 1909 nach Plänen von L. Raabe und O. Wöhlecke fertiggestellten 205 m langen Empfangsgebäudes der Landungsbrücken, dessen an- und abschwellende Steinmassen von zwei rahmenden Turmbauten im Gleichgewicht gehalten wurden, benutzten ein Formenvokabular, «dessen in freien, an das Nordgermanische anklingende Zierformen errichteten Äußeres»[27] dem aus Stilkenntnissen gespeisten Assoziationsvermögen eines welterfahrenen Bildungsbürgertums Anregung bot, ohne weniger kulturbeflissene Zugänge, wie sie etwa das Bildprogramm der in den Quaderverband eingelassenen Steinreliefs eröffnete, deshalb zu verschließen.

Das als monumentaler Abschluß des Vorplatzes der Landungsbrücken aus deren Bauflucht frei heraus-

27 St. Pauli-Landungsbrücken von der Wasserseite, rechts im Hintergrund das Bismarck-Denkmal, 1978 (Landesbildstelle Hamburg)

28 Kuppelbau des Alten Elbtunnels mit neoklassizistischen Giebelfronten an den Schauseiten, 1984 (Landesbildstelle Hamburg)

29 Statue von Kersten Miles am Brückenpfeiler der Kersten-Miles-Brücke, 1983 (Bärbel Zucker)

tretende Schachtgebäude des Elbtunnels, dessen Aufzüge allein 4500 Arbeitskräfte in einer halben Stunde zum Eingang der Tunnelröhren beförderten, bringt die doppelte Gestaltungs- und Aussageabsicht in schlüssiger Form zum Tragen. Während die Würdeform des überkuppelten Zentralbaues und die Giebelvorhalle als Tempelmotiv die Ingenieurleistung der rund 500 m langen Tunnelverbindung unter der Elbe nach außen mit höheren neoklassizistischen Architekturweihen versehen und sozusagen dem Allerheiligsten der Technik gewidmet sind, nimmt der bauplastische Schmuck des Schachtes und der Röhre mit belanglosen Wassertiermotiven oder schrullig-betulichen Scherzbildern eine vermeintlich volkstümliche Kinderperspektive gegenüber der Tunnelwelt ein. Als Leitthema über dem der Technik geweihten Tempel und über der auf Schulfibelniveau entfalteten Bilderbogenwelt scheint jedoch immer wieder an zentralen Stellen die Arbeitswelt in den Reliefs und Friesen zum Bau und zur Nutzung des Tunnels auf.

Am Weg aus der oder in die Freizeit lagen nicht nur die Familiensinn verratenden Reliefs an den Seitengiebeln, «welche darstellen, wie der Arbeiter von seiner Frau Abschied nimmt und wie sie ihm bei der Heimkehr mit dem Kinde auf dem Arm entgegenkommt»;[28] am Arbeitsweg nahmen im Treppen-

schacht auch die Majolikareliefs der Ganzfiguren von Architekten, Ingenieuren und Technikern sowie der «Bauhandwerker mit dem Hammer und anderen Gerätschaften»[29] und die Porträts der für den Bau zuständigen Senatoren mehrmals täglich die Parade der Arbeits- und Arbeiterheere ab. Die im Reliefschmuck des Gebäudeinnern gleichsam zur Arbeits- oder Werkgemeinschaft integrierten Politiker, Planer und Ausführenden kamen als unübersehbares Identifikationsangebot im Produkt eines Arbeitsprozesses selbst zur Darstellung. Die in demonstrativer Betonung einer werkgerechten Behandlung nur grob zugehauenen Tuffstein- und Basaltlavaquader des Schachtgebäudes trugen aber Bearbeitungsmerkmale und Arbeitsspuren zur Schau, wie sie zur Vervollkommnung im Sinne eines klassischen Architekturideals eigentlich ebensowenig geeignet erscheinen konnten wie die realistisch-populäre Ausschmückung mit Majolikadarstellungen. Tatsächlich gaben sich, wie im Giebelfeld der Hauptzufahrt dargestellt, unter dem gemeinsamen Hamburger Wappen und unter der Elbe hindurch nicht nur die beiden, von einer männlichen und einer weiblichen Gestalt verkörperten Elbufer die Hand; sondern die Thematisierung einer auf das gemeinsame technische Werk, statt auf Ausbeutung und Arbeitskonflikte, bezogenen Arbeitsleistung versprach auch in Arbeiterkreisen

30 Das Bismarck-Denkmal im Bau, 1906 (Denkmalschutzamt-Archiv)

Bismarckdenkmal im Einfahrtschacht des Elbtunnels.

Resonanz zu finden und einen verbindenden Brückenschlag oder einen Tunnelbau zwischen den beiden Ufern von Lohnarbeit und Kapital zu erleichtern.

Die Vorstellung einer klassenübergreifenden Arbeitsauffassung zielte wie Bismarcks Sozialpolitik auf eine Integration der Arbeiter ab. Der deutschen Werkbundbewegung stand ein auf dem Weltmarkt überlegener nationaler Arbeitsstil vor Augen. Der Elbtunnel aber konnte den Besuchern aus aller Welt als technisches Denkmal der aus gemeinsamer Arbeit aller Bevölkerungsschichten geschaffenen nationalen Größe des deutschen Kaiserreiches, sozusagen als ein Pantheon deutscher Arbeit (und deutscher Geistes- und Handarbeiter) erscheinen. Als Tor zwischen Arbeitszeitraum und Freizeitraum bot der Elbtunnel den täglich ihn passierenden Arbeitermassen anscheinend die erhoffte Anerkennung der Arbeit und des Arbeiters als Träger des technisch-industriellen Fortschritts.

Dies Integrationsangebot fand nicht nur räumlich im Schatten des Sozialistenverfolgers statt, dessen wehrhaft riesige Steinfigur die Szenerie an Deutschlands Tor zur Welt als neue «Hafenkrone» beherrschte, sondern es war offensichtlich auch vom national-integrativen Geist des Eisernen Kanzlers erfüllt. Diesen Interpretationszusammenhang legt zumindest ein technisches Schaubild nahe, das – nach dem Ersten Weltkrieg und dem Verlust der Kolonien – in den Querschnitt des Ingenieurbaus das Bismarck-Denkmal montierte, um die Kühnheit beider Entwürfe in einer vergleichenden Steigerung zu demonstrieren: Der wackere Recke auf dem Weg vom Tor zur Welt zum Werkstor oder ein Pantheon für den Helden des untergegangenen deutschen Kaiserreichs?

Anmerkungen

[1] Robert Geissler, Hamburg. Ein Führer durch die Stadt und ihre Umgebungen, Leipzig 1861, Reprint Bremen 1975, S. 37.

[2] Heinrich Meyer, Hamburg und das Hamburgische Gebiet in seinem gegenwärtigen Zustande nebst einem kurzen Überblick Altonas und der zunächst liegenden holsteinischen Dörfer, Hamburg 1827, S. 229f.

[3] Schütz, Hamburg im Jahre 1827, aus dem im gleichen Jahre erschienen Bande «Hamburg und seine Umgegenden», Reprint Hamburg-Rahlstedt 1961, S. 118.

[4] Schreiben der Direktion der Baugesellschaft von 1866 an die Finanzdeputation vom 17. März 1866. In: Rolf Spörhase, Bau-Verein zu Hamburg AG. Entstehung und Geschichte im Werden des gemeinnützigen Wohnungswesens in Hamburg seit 1842, Hamburg 1940, S. 64–66; vgl. Hudtwalcker, Sendschreiben an einen auswärtigen Freund über den in Hamburg bevorstehenden Abbruch der Jägerpassage, In: ARCH+, Nr. 69, Mai 1983, S. 77–81.

[5] Bauanzeige vom 16.9.1873. Bauprüfakte Az. 8608, Bd. 1. Bezirksamt Hamburg-Mitte/Bauprüfabteilung.

[6] Hermann Funke, Zur Geschichte des Miethauses in Hamburg, Hamburg 1974, S. 50.

[7] Heinrich Groß, Mitbegründer und langjähriger Vorsitzender der Schiffszimmerer lt.: 100 Jahre Schiffszimmerer-Genossenschaft. Allgemeine Deutsche Schiffszimmerer-Genossenschaft e.G.m.b.H. 1875–1975, Hamburg 1975, o. S. (S. 16).

[8] Der Kirchenbau des Protestantismus von der Reformation bis zur Gegenwart. Hrsg. v. der Vereinigung Berliner Architekten, Berlin 1893, S. 193.

[9] H(einrich) Albrecht, Die Mitwirkung der Arbeitnehmer bei der Lösung der Wohnungsfrage. In: Schriften der Centralstelle für Arbeiterwohlfahrtseinrichtungen, Bd. 1, Berlin 1892, S. 29–56, hier S. 46.

[10] E. Brandt, Kulturgebäude. In: Hamburg und seine Bauten unter Berücksichtigung der beiden Nachbarstädte Altona und Wandsbek, Bd. 2, Hamburg 1914, S. 589–192, hier S. 589.

[11] Ludwig Weber, Wohnungen und Sonntagsbeschäftigungen der deutschen Arbeiter. Nach urkundlichen Quellen geschildert, Leipzig 1892, (Sammlung theologischer und sozialer Reden und Abhandlungen III, 8/9), S. 212f. Zit. nach: Klaus Saul u. a. (Hrsg.): Arbeiterfamilien im Kaiserreich. Materialien zur Sozialgeschichte in Deutschland 1871–1914, Königstein/Ts. 1982, S. 149f., hier S. 149.

[12] Cornelius Gurlitt, Geschichte des Barockstils und des Roccoco in Deutschland, Stuttgart 1889.

[13] Julius Faulwasser, Kultusgebäude, einschließlich Gemeindehäuser und Pfarrhöfe. In: Hamburg und seine Bauten (wie Anm. 10), Bd. 1, S. 118–152, hier S. 122.

[14] Ebenda, S. 126.

[15] Ehler W. Grashoff, Raumprobleme des protestantischen Kirchenbaues im 17. und 18. Jahrhundert, Berlin 1938, S. 44.

[16] Cornelius Gurlitt, Die deutsche Kunst des 19. Jahrhunderts. Ihre Ziele und Thaten, Berlin 1900, S. 488.

[17] Johannes Meyer, St. Pauli, wie es leibt und lebt. Ein heiteres culturhistorisches Lebensbild, Hamburg 1891, S. 40.

[18] Vgl. Gareth Stedman Jones, Kultur und Politik der Arbeiterklasse in London 1870 bis 1900. In: Detlev Puls (Hrsg.), Wahrnehmung und Protestverhalten. Studien zur Lage der Unterschichten im 18. und 19. Jahrhundert, Frankfurt/Main 1979, S. 317–168, hier S. 351ff.

[19] Reform, Nr. 7/1848. Zit. nach: Hans-Werner Engels, «Wo ein St. Paulianer hinhaut, wächst so leicht kein Gras wieder». St. Pauli und die Revolution von 1848/49. In: Jörg Berlin (Hrsg.), Das andere Hamburg. Freiheitliche Bestrebungen in der Hansestadt seit dem Spätmittelalter, Köln 1981, S. 93–115, hier S. 101.

[20] E. Meerwein, Theater, Konzert-, Gesellschafts- und Vereinshäuser. In: Hamburg und seine Bauten (wie Anm. 10), Bd. 1, S. 365–396, hier S. 375.

[21] Jerzy Toeplitz, Geschichte des Films, Bd. 1, Berlin 1975, S. 15.

[22] August Trinius, Hamburger Schlendertage, Hamburg 1893, S. 16.

[23] Paula Busch, Das Spiel meines Lebens. Zit. nach: Adolph Königstein, Die Schiller-Oper in Altona. Eine Archäologie der Unterhaltung, Frankfurt/Main 1983, S. 40.

[24] Jewgenin Kusnezow, Der Zirkus der Welt. Zit. nach: Königstein (wie Anm. 23), S. 36.

[25] Wie Anm. 22.

[26] Johannes Schult, Geschichte der Hamburger Arbeiter 1890 bis 1919, Hannover 1967, S. 68.

[27] Wilhelm Melhop, Historische Topographie der Freien und Hansestadt Hamburg von 1895–1920 mit Nachträgen bis 1924, 2 Bde., Hamburg 1923/25, Bd. 1, S. 241.

[28] Ferdinand Bertram, Mein Hamburg. Heimatkundliche Spaziergänge und Plaudereien, 3. Teil: Der Hafen, Hamburg, Braunschweig o. J. (1922), S. 57f.

[29] Ebenda, S. 58.

Marine und Hafen am Beispiel Wilhelmshavens *

von Lars U. Scholl

Wilhelmshaven, an der Westseite des Jadebusens gelegen, gehört zu jenem Stadttypus, der seine Entstehung einer besonderen politischen Funktion verdankt. Ausschlaggebende Rolle spielte der Wunsch Preußens nach einem Kriegshafen an der Nordsee, der nicht die Standortnachteile eines Kriegshafens an der Ostsee besaß wie zum Beispiel Pillau, das unter dem Großen Kurfürsten Ausgangspunkt überseeischer Bestrebungen gewesen war. Am ehesten den Festungs- und Garnisonsstädten für Landstreitkräfte vergleichbar, sollte als Ausdruck des neuerwachten Interesses Preußens an Beziehungen nach Übersee ein den Marinebedürfnissen dienlicher Hafen in günstiger geographischer Lage gebaut werden, der sich nach den ursprünglichen Intentionen der Vertragspartner nicht zu einem Stadtwesen entwickeln durfte. Aus Sorge um die Lebensfähigkeit der eigenen Handelshäfen trat das Großherzogtum Oldenburg in dem am 20. Juli 1853 geschlossenen Jade-Vertrag zum Bau einer Flottenstation ein rund 313 ha großes Gelände an das Königreich Preußen mit der ausdrücklichen Bestimmung ab, daß Preußen darauf verzichte, «dort einen Handelshafen oder eine Handelsstadt anzulegen oder entstehen zu lassen», und sich verpflichtete, «die Ansiedlung von Handwerkern und Gewerbetreibenden daselbst über das Bedürfnis des Marine-Etablissements und der Flotte hinaus zu verhindern.»[1] Diese einschränkenden Bestimmungen wurden jedoch durch die Entwicklung schnell überholt und 1873 aufgehoben.

Derart funktional und genetisch einseitig ausgerichteten Städten ist gemein, daß sie in besonderem Maße vom politischen Geschehen abhängig sind. Bei einem Wandel der politischen Verhältnisse kann die politische Funktion der Stadt obsolet werden und sie in ihrer Existenz bedrohen oder zumindest in ihrer Entwicklung erheblich beeinträchtigen.

Mit veränderten politischen Konstellationen hat Wilhelmshaven als eine vorwiegend auf die Marine ausgerichtete Stadt in seiner 130jährigen Geschichte mehrfach fertig werden müssen. Die gegensätzlichen Begriffe «Schlicktown» und «Grüne Stadt am Meer» charakterisieren in volkstümlicher Weise den Wandel von einem Kriegshafen zu einer Stadt, die sich neben der Marine durch Industrieansiedlung, Fremdenverkehr und durch Stärkung des kulturellen Lebens eine breitere wirtschaftliche Basis und eine neue Identität zu geben versucht.[2]

Der Gedanke, an der Jade einen Kriegshafen zu bauen, ist zu unterschiedlichen Zeiten von Dänen, Russen, Holländern und Franzosen erwogen, aber erst von Preußen in die Tat umgesetzt worden.[3]

Das dünnbesiedelte Gebiet im Heppenser Fährhuck, in dem etwa 75 Personen wohnten, wurde der preußischen Militärverwaltung unterstellt, der die ausschließliche Leitung aller Geschäfte des Jadegebietes und damit auch der Hafenbau übertragen wurde. Die Admiralität richtete in Oldenburg das mit den Rechten einer preußischen Provinzialbehörde versehene Admiralitätskommissariat ein, das von einem Admiralitätsrat geleitet wurde. Zivile Verwaltungsaufgaben wie Schul-, Kirchen- und Polizeiangelegenheiten wurden kommissarisch vom oldenburgischen Amt Jever versehen.

Der Ausbau des Hafens vollzog sich bis 1914 in drei Hauptabschnitten.[4] Hatten die Hafenbauprojekte der Jahre 1848/49 zunächst nur einen Not- und Winterhafen mit einfachen Anlegekajen am offenen Wasser vorgesehen, so zeigte sich, daß wegen des großen Tidenhubs und des im Winter zu erwartenden Eisganges ein durch Schleusen gesicherter Dockhafen erforderlich war. 1856 wurde der Entwurf des vom preußischen Handelsministerium abgestellten Geheimen Oberbaurats Gotthilf Hagen vom preußischen König genehmigt. Nach diesem Plan, der neben den Hafen- und Befestigungsanlagen auch eine Wohnsiedlung vorsah, sollte von einer Hafeneinfahrt mit Schleuse ein Hafenkanal zum Werftbassin führen. Durch die binnenwärtige Lage des Werftbassins wollte man einem eventuellen Beschuß durch feindliche Schiffe vorbeugen. Südlich, westlich und östlich des Beckens und des Hafenkanals waren Werkstätten, Schuppen für Schiffsausrüstung, Verwaltungsgebäude und das Stationskommando vorgesehen. Kern der geplanten Wohnsiedlung bildeten Kirche, Brunnen und Rathaus. Die städtebauliche Planung ist später leicht verändert worden. Nach einem modifizierten Plan aus dem Jahre 1865 hat sich die Stadt in den folgenden Jahren entwickelt. Im Stadtkern und in den Hafenanlagen sind heute noch die Entwürfe von 1856 und 1865 erkennbar.[5]

Durch Verkürzung des Hafenkanals und die dadurch nach Osten verlagerte Hafenanlage wurde zwischen der Westseite des Hafenbeckens und der preußisch-oldenburgischen Grenze ein größeres Areal für die städtische Bebauung frei. Dieses Gelände wurde später zum Bau weiterer Verwaltungsgebäude und Dienstwohnungen für höhere Beamte und Offiziere genutzt. Südlich des Hafenbeckens entstanden erste Straßen mit Wohnhäusern für die Bürger.

Ende der 1860er Jahre hatte das Projekt des Marineetablissements erste erkennbare Konturen bekommen. Der Hafen und die im Entstehen begriffene Wohnsiedlung mit rund 2500 Einwohnern hatten je-

1 Eingeschossige Doppelhäuser für Werftarbeiter im heutigen Stadtteil Bant, die der Ziegeleibesitzer Adolph de Cousser in den 1870er Jahren erbauen ließ.

2 Verwaltungsgebäude und Werfttor I der Marinewerft Wilhelmshaven. In der Kaiserzeit um ein zusätzliches Stockwerk erhöht, hat es sein Aussehen bis heute kaum verändert.

3 Rüstringer Rathaus des Architekten Fritz Höger aus den Jahren 1928/29. Heute Rathaus der Stadt Wilhelmshaven

(Alle Fotos: Lars U. Scholl, Oktober 1985)

4 und 5 Stilvoll gestaltete Hauseingänge von Höger-Bauten

6 Arbeiterwohnhaus in der Edo-Wiemken-Straße mit der für Alt-Siebethsburg typischen Formen- und Farbensprache: rote Dächer, weiße Fassaden, grüne Fensterrahmen, Erker, Veranden und Giebeln. Diese von den Architekten Hakenholz und Brandes entworfenen Häuser, mit ländlichem Charakter und in offener Bauweise zu einem Ensemble geformt, standen in starkem Kontrast zu den marinefiskalischen Zweifamilienhäusern der Werftsiedlung Bant. Die Häusergruppe dieses Typs wurde zeitweilig als »Villenkolonie« bezeichnet. Die im Zweiten Weltkrieg in Alt- und Neu-Siebethsburg zerstörten Häuser sind im ursprünglichen Stil wieder aufgebaut worden. Lediglich neue Fenster haben das Aussehen ein wenig verändert.

100

7 a—d Wachstum von Hafen und Stadt

8 Hundert Jahre nach dem Startschuß: Bebauungsplan für Rüstringen, 1953

doch noch keinen Namen, sondern wurden immer noch «Königlich-Preußisches Jadegebiet» genannt.

Als nun der Bau der Einfahrt und der beiden Schleusen beendet war und sich die Fertigstellung des ersten Bauabschnittes abzeichnete – der Hafen wurde 1870 geflutet und im Januar 1871 liefen die ersten preußischen Kriegsschiffe ein – erhielt der Ort anläßlich eines Besuches des preußischen Königs im Juni 1869 den Namen «Wilhelmshaven». Obwohl Kriegsminister Roon davon sprach, daß die werdende *Stadt* Wilhelmshaven heißen solle, blieb Wilhelmshaven weiterhin der Militärverwaltung unterstellt.[6]

1873 erhielt die Stadt ein Verfassungstatut, doch ihr Rechtszustand war der einer Landgemeinde. Als Organ der Selbstverwaltung bildeten sich ein vom Bürgermeister geleiteter Magistrat und ein Gemeindeausschuß mit 12 Bürgervorstehern. Da die Marine praktisch über den gesamten Landbesitz in dem kleinen preußischen Gebiet verfügte und sich darin Handlungsfreiheit für Planungen nach rein militärischem Gesichtspunkte vorbehielt, waren die Möglichkeiten der zivilen Verwaltung sehr begrenzt. Denn die Stadt verfügte nicht über ein eigenes Vermögen an Liegenschaften und Stiftungen und konnte nur auf die Steuerkraft weniger Einwohner aus dem Bürgerstand zählen. Sie war auf das Wohlwollen der Marinebehörden angewiesen und benutzte gegen Entgelt mancherlei Einrichtungen wie zum Beispiel Wasserversorgung und Straßenbeleuchtung, deren Bereitstellung andernorts Aufgaben des kommunalen Gemeinwesens waren. Der Stationschef war der Hausherr, der nach der Devise handelte: Was gut für die Marine ist, ist auch gut für Wilhelmshaven.

Mit der Entscheidung, daß Wilhelmshaven nicht nur ein Liegehafen, sondern ein Festungs-, Werft- und Ausrüstungshafen sein sollte, war die weitere Entwicklung programmiert. Seit 1870 wurde der Aufbau der Werft durchgeführt, die einerseits den Auftrag hatte, «das ihr zugeteilte Material der Flotte mit ihrer gesamten Ausrüstung dauernd auf der höchsten Stufe der Bereitschaft zu halten», andererseits Schiffsneubauten ausführen sollte. Neben den ersten Werkstätten und Magazinen um die drei Docks und die beiden Hellinge wurden in der Folge auf der Kaiserlichen Werft zahlreiche Betriebe nach dem neuesten Stand der Technik eingerichtet: Schiffbau-, Panzerplatten-, Maschinenbau-, Elektro-, Holzbearbeitungs-, Takler- und Segelmacherwerkstätten, um nur einige zu nennen. Mit der gleichzeitig bestimmten Auflösung der Marinedepots in Geestemünde und Stralsund legte das Marineministerium den Grundstein zu einem industriellen Unternehmen, aber auch zu einem Gemeinwesen, das sich nach 1873 in ungeahnter Weise entwickeln sollte.

Die Belegschaft der Kaiserlichen Werft wuchs von 500 Arbeitern im Jahre 1870 auf 2750 zehn Jahre später. 1900 waren es 6920, 1910 etwa 8300 und bei Ende des Ersten Weltkrieges war die Zahl der Facharbeiter, die aus ganz Deutschland nach Wilhelmshaven gekommen waren, auf über 20000 gestiegen.[7]

Der zweite Bauabschnitt wurde aufgrund neuer politischer bzw. militärischer Vorgaben aus Berlin in der Zeit zwischen 1875 und 1886 ausgeführt.[8] Nach dem Deutsch-Französischen Krieg und der Reichsgründung hatte sich das Wesen der Marine gewandelt. Sie war nicht mehr die Flotte Preußens oder des Norddeutschen Bundes, sondern die Seestreitkraft einer kontinentaleuropäischen Großmacht, die im Zuge einer wirtschaftlichen Expansion Seehandel und überseeische Interessen von der Kriegsmarine oder der Kaiserlichen Marine, wie sie jetzt hieß, schützen lassen wollte. Der Reichstag forderte bereits 1871 eine Revision des nun veralteten Flottengründungsplans von Roon und Jachmann. In Weiterentwicklung dieses Planes legte Admiral von Stosch einen Flottengründungsplan vor, der im März 1873 vom Reichstag gebilligt wurde. Als Aufgaben wurden der Flotte der Schutz und die Vertretung des Handels auf allen Meeren, die Verteidigung der heimischen Küste und die Entwicklung des eigenen Offensivvermögens zugewiesen, wobei sich das Offensivvermögen vor allem auf überseeische Staaten wie China, Japan, Brasilien oder Mexiko bezog, für deren Disziplinierung Kanonenboote nicht ausreichten.

Der Flotte wurde also im Zuge des aufkommenden Imperialismus eine neue Aufgabe zugewiesen, die auch ihren offensiven Einsatz ins Auge faßte. So sah der Flottengründungsplan von 1873 auch den weiteren Ausbau und die Vergrößerung des Kriegshafens vor, zumal sich der bisherige Hafen als zu klein erwies. Eine zweite Einfahrt, die den militärischen Anforderungen gerecht werden sollte, ein Ausrüstungshafen nördlich des Hafenkanals sowie ein Hafenteil südwestlich des Hafenkanals wurden in Angriff genommen. Rund ein Jahrzehnt später genügten auch die neuen Hafenanlagen den Anforderungen der Flotte nicht mehr, als im Rahmen des Tirpitzplanes eines der Kampfgeschwader der geplanten Hochseeflotte in Wilhelmshaven stationiert werden sollte.

Mit der Annahme des Flottengesetzes im Jahre 1898 trat eine grundsätzliche Änderung der Marinepolitik ein. Der im Gesetz festgelegte kontinuierliche Ausbau der Flotte hatte weitreichende Konsequenzen für die Entwicklung von Hafen und Stadt am Jadebusen.

Zwischen 1900 und 1908 erfolgte die dritte Ausbaustufe mit einer neuen, der dritten Einfahrt, der Erweiterung des Ausrüstungshafens nach Norden, einem weiteren Becken, dem ‹Betriebshafen› nördlich der dritten Einfahrt. Gleichzeitig wurde eine umfassende Süderweiterung durch Eindeichung des Wattes vorgenommen. Es entstanden der Große Hafen, der Zwischenhafen und der Westhafen. Die Hafen- und Werfterweiterungen kamen mit der Errichtung einer U-Boots- und Torpedobootswerft sowie mit einem großen Artilleriedepot bis 1914 zu einem Abschluß.

Entsprechend der Funktion als Kriegshafen suchten in erster Linie Marineangehörige und Arbeiter Wohnungen in Wilhelmshaven. Die Bevölkerung wuchs rasch, und das auf dem Reißbrett geplante Straßennetz, das sich in regelmäßig rechteckigem Grundriß um den Hafen legte, füllte sich mit Häusern, Wohnblocks und Kasernen mit bis zu vier Geschossen. Kennzeichnend für die Unterbringung war eine nach gesellschaftlicher Zugehörigkeit ausgerichtete Bebauung und Besiedlung. Nördlich vom Werftbassin in der Umgebung des oldenburgischen Heppens entstand das Arbeiterviertel, im Westen wohnten die hohen Offiziere und Beamten an einer der Berliner Allee «Unter den Linden» nachempfundenen Prachtallee mit weißen neoklassizistischen Häusern und im Süden siedelten sich im Südstadtviertel die Bürger an. Lebten noch 1864 nur 1451 Einwohner (ohne Militär) in Wilhelmshaven, so hatte sich ihre Zahl um 1875 mehr als vervierfacht. Die Stadt wuchs über ihre alten Grenzen hinaus, und auf oldenburgischem Gebiet um die alten Kirchdörfer Neuende und Heppens entstan-

den weitere Arbeitersiedlungen, deren Ortsteile man nach den im Deutsch-Französischen Krieg eroberten Provinzen und Städten Elsaß, Lothringen, Sedan, Metz und Belfort benannte. Vor allem die Kolonie Belfort entwickelte sich sehr stark, da ein oldenburgischer Ziegeleibesitzer dort eine komplette Siedlung mit über 200 eingeschossigen Doppelhäusern erbaut hatte, die er dem Werftfiskus verkaufte.[9]

Diese Häuser mit einem Stall und etwas Gartenland waren bei den aus ländlichen Gebieten Mecklenburgs und Pommerns stammenden Schiffbauern sehr beliebt. Allerdings kam es zu Unstimmigkeiten zwischen der dort überwiegenden Mehrzahl von Arbeitern und Handwerkern und den Großbauern, so daß 1879 die Ortsteile Belfort, Sedan, Metz und Neu-Bremen aus Neuende ausgegliedert und zu der oldenburgischen Gemeinde Bant zusammengeschlossen wurden. Doch damit war die Wohnungsfrage für die weiter wachsende Belegschaft der Kaiserlichen Werft keineswegs gelöst, und es kam weiterhin zu Engpässen auf dem Wohnungsmarkt, da der Reichsfiskus nur in begrenztem Umfang Wohnungen zur Verfügung stellte. Wohnungsnot und schlechte Wohnverhältnisse hatten zur Folge, daß es seit 1893 mit der Gründung einer Wilhelmshavener Spar- und Baugesellschaft zu ersten Selbsthilfemaßnahmen der Werftarbeiter kam, die aus politischen Gründen die Unterstützung der Kaiserlichen Werft erhielten.[10] Denn die Baugenossenschaften stellten preiswerten und modernen Wohnraum zur Verfügung und nahmen dem Fiskus eine wichtige sozialpolitische Aufgabe ab. 1903 wurde u. a. der Rüstringer Bauverein gegründet, der in der Folge weit vor der Stadt um die alte Siebethsburg eine Arbeitersiedlung errichtete. Dort wurde Ersatz für die Mietsblöcke geschaffen, die der Werfterweiterung zum Opfer gefallen waren. Das Reichsamt des Inneren überließ dem Bauverein ein etwa 45 ha großes Gelände in Erbpacht.

In den Erbpachtverträgen, die Größe, Ausstattung, Mietpreise und Belegung der Wohnungen festlegten, sicherte sich das Reich einen Zustimmungsvorbehalt. So war geregelt, daß die Wohnungen an Größe und Ausstattung nicht die Anforderungen überschreiten durften, «die von Arbeitern, Handwerkern, genug besoldeten Beamten oder diesen sozial gleichstehenden Personen an eine Wohnung ortsüblich oder berechtigterweise gestellt werden». Die finanziellen Mittel für den genossenschaftlichen Wohnungsbau wurden bis zum Ersten Weltkrieg von der hannoverschen Landesversicherungsanstalt bereitgestellt. Reichsbehörden und Werft beteiligten sich an der Zwischenfinanzierung. Auf Empfehlung der Landesversicherungsanstalt beauftragte der Bauverein Rüstringen zwei Architekten mit den Häuserentwürfen, dem Bebauungsplan und der Bauleitung, von denen der eine bereits in Blumenthal (nördlich von Bremen) Erfahrungen im Arbeiterwohnungsbau hatte. Ihr Grundkonzept, das sich an der in England entwickelten «Gartenstadtidee» orientierte, sah eine offene Bebauung mit ländlichem Charakter vor und stellte eine städtebauliche Alternative dar zu den marinefiskalischen Zweifamilienhäusern in der Werftsiedlung Bant und zu den Mietskasernen, auf die noch viele Werftarbeiter angewiesen waren. Die in parkähnlicher Umgebung liegende Siedlung mit ihrer «Landhaus-Architektur», deren Häuser mit Fachwerk, Erkern, Zwerchgiebeln und anderem Fassadenschmuck eine für Arbeiterwohnungen unübliche Gestaltung erfuhren, erweckten den Neid der in Neuende und Heppens ansässigen Haus- und Grundbesitzer, die zeitweise eine heftige Kampagne gegen den Bauverein veranstalteten. Die Kolonie mache nicht den Eindruck einer Arbeiter-, sondern einer Villenkolonie wie der Grunewald bei Berlin oder die Uhlenhorst bei Hamburg. Das seien keine Arbeiterhäuser, sondern Paläste. Keiner von ihnen, so die Kritiker, wohne in derart eleganten und luxuriösen Häusern.

In dem überwiegend ländlich ausgerichteten Neuende stand man der städtischen Bebauung mit viel Abneigung gegenüber und hätte am liebsten die Kolonie abgestoßen wie zuvor Bant. Die Bestrebungen kamen jedoch im Jahre 1911 durch den Zusammenschluß der Gemeinden Bant, Neuende und Heppens zur oldenburgischen Stadt Rüstringen zu einem Ende.[11] 1911/12 beauftragte die Marine den Bauverein mit der Errichtung einer Kleinwohnungskolonie an der Rüstringer Brücke, für deren Planung der Berliner Architekt Bruno Möhring gewonnen wurde. Doch der Ausbruch des Ersten Weltkrieges ließ dieses Vorhaben nicht mehr zur Ausführung gelangen.

Nach dem verlorenen Krieg bekam Wilhelmshaven schmerzlich die einseitige Ausrichtung auf die Marine zu spüren, die praktisch als einziger Arbeitgeber der gesamten Bevölkerung Lohn und Arbeit geboten hatte. Jeder sechste bis siebte Einwohner war auf der Werft beschäftigt gewesen. Die Flotte, die in Scapa Flow auf dem Meeresgrund lag, bedurfte nicht mehr der Werft. Sie hatte Wilhelmshaven und Rüstringen die Existenz gesichert. Nun sahen sich die Schwesterstädte ihrer wirtschaftlichen Grundlage beraubt. Die Bestimmungen des Versailler Vertrages zwangen das Reich, den Jadestädten die funktionale Begründung zu entziehen. Da sich kaum privatwirtschaftliche Industrien oder eine Kaufmannschaft mit überregionalen Beziehungen angesiedelt hatten, stand man nach der auferlegten Abrüstung der Marinewerft und dem dadurch bedingten weitreichenden Ausfall des ehemaligen Großarbeitgebers, der Kaiserlichen Marine, vor schier hoffnungslosen Problemen. An die Umwandlung des Kriegshafens in einen Handelshafen war wegen der fehlenden Infrastruktur und in Anbetracht der Hansestädte nicht zu denken. Das Projekt einer Hochseefischerei AG scheiterte ebenso wie das Zweigwerk «Rüstringen» der Deutschen Werke AG in Kiel, das die Inflation nicht überstand.[12] Die Marinewerft, auf der nach 1919 einige Fischdampfer und Fahrgastschiffe erbaut wurden, erhielt von der neuen Reichsmarine Instandsetzungsaufgaben und ab 1925 Aufträge für Neubauten in bescheidenem Umfang zugewiesen. Hafenanlagen, wenn auch weitgehend ungenutzt, und Schleusen blieben erhalten und harrten besserer Zeiten.

Die Belegschaft der Reichswerft sank von 20 000 bei Kriegsende auf 5700 im Jahre 1927 und auf 5000 nach der Weltwirtschaftskrise im Jahre 1933, womit der Beschäftigungsstand von 1895 erreicht war. Die Weltwirtschaftskrise traf die Stadt erheblich. So ist es verständlich, daß man um die Bauaufträge für die neuentwickelten Panzerschiffe rang, da auf diese Weise etwa 5000 Arbeitsplätze auf der Werft gesichert werden konnten. Der SPD-Abgeordnete war in der Zwickmühle, da die Partei den Panzerschiffbau ablehnte, während seine sozialdemokratische Wählerschaft ihn aus wirtschaftlicher Notwendigkeit forderte. Die Ablehnung der Baupläne hätte weitere 2500 Arbeitsplätze auf der Werft gekostet und nach Ansicht von Admiral Raeder den Fortbestand der Marinewerft in Frage gestellt. Die Panzerschiffe ‹Admiral Scheer› und ‹Admiral Graf Spee› wurden zwischen 1931 und 1936 tatsächlich in Wilhelmshaven gebaut. Doch damit war erneut ein Schritt in eine funktionale Abhängigkeit vom Reich getan worden, der sich bereits 1918/19 negativ ausgewirkt hatte. Ja, man mußte zusehen, wie der Versuch einer privatwirtschaftlichen Nutzung der großen nicht genutzten Hafenflächen im Süden der Stadt durch die Gründung der «Wilhelmshaven-Rüstringer Industriehafen- und Lagerhaus AG» durch das Reich zunichte gemacht wurde, als das Reich den Hafen zurückforderte und 1934 die Auflösung der WRIHALA betrieb.

Aber zunächst schien sich alles wieder zum Positiven zu wenden. Die Aufkündigung der Bestimmungen des Versailler Vertrages und der forcierte Wiederaufbau der Kriegsmarine brachten nach 1935 den sehnlichst erhofften wirtschaftlichen Aufschwung. An das Panzerschiffprogramm schlossen sich die Schlachtschiffneubauten (‹Scharnhorst›, ‹Tirpitz›) sowie Kreuzer-, Zerstörer- und U-Boot-Bauten an, die den Bedarf an Facharbeitern hochschnellen ließen. Mit 25 000 Beschäftigten wurde im Zweiten Weltkrieg ein Höhepunkt erreicht. Auch die Hafenbautätigkeit erlebte einen neuen Aufschwung. Im erweiterten Nordhafen wurde eine vierte Einfahrt mit zwei Schleusen fertiggestellt. Für die projektierte Nordwerft entstanden riesige Trockendocks. Doch der Kriegsausbruch verhinderte die Ausführung der meisten Bauvorhaben und hatte einen Torso gewaltiger Bauruinen zur Folge.

Aufgrund des Groß-Hamburg-Gesetzes wurden im April 1937 die beiden Jadestädte vereinigt, und 1938 war Wilhelmshaven Großstadt geworden. 1940 wurde mit 133 000 Einwohnern ein Höchststand erreicht, doch noch weit entfernt von den 300 000, auf die sich die Nationalsozialisten in ihrer Planung eingerichtet hatten. Weiterer Wohnraum war zu beschaffen. Die Stadtgrenzen sollten erheblich erweitert werden, und um den Kern Alt-Wilhelmshaven entstanden zwischen 1933 und 1939 Trabantensiedlungen mit großen, zwischengelagerten Grünanlagen, die durch anbaufreie Schnellstraßen untereinander und mit dem Zentrum verbunden wurden. Einerseits sollte ein Grüngürtel aus Gründen des Luftschutzes freigehalten werden, andererseits war ein gelockertes Siedlungsbild beabsichtigt. Der Bauverein «Rüstringen» nahm 1935 die Erweiterung der Kolonie an der Siebethsburg in Angriff, für deren Realisierung man den Hamburger Architekten Fritz Höger gewann, der 1928/29 das Rüstringer Rathaus in der für ihn typischen Klinkerbauweise gebaut hatte. An diesen Komplex mit 121 Wohnungen schloß sich zwischen 1936 und 1939/40 die große Westerweiterung mit insgesamt 1600 Wohnungen an, die sogenannte Neu-Siebethsburg oder auch «Höger-Siedlung». 80 % der Wohnungen wurden an Marineangehörige vergeben, die übrigen an Mitglieder des Bauvereins, soweit sie in marineeigenen Betrieben beschäftigt waren.[13]

Aus der ursprünglichen Kolonie war ein Stadtteil geworden. Die von der öffentlichen Wohnungsbaugesellschaft «Jade», deren Anteilseigner das Land Oldenburg, der Landkreis Friesland und die Städte Wilhelmshaven und Rüstringen waren, auf innerstädtischen Freiflächen erbauten Jade- und Hanseviertel markierten einen Wendepunkt in der Wilhelmshavener Wohnungsbaugeschichte. Denn nun waren es nicht mehr private Baugenossenschaften, sondern öffentliche, von den Nationalsozialisten kontrollierte Bauträger, die sich an den ideologischen Vorstellungen des Faschismus von Siedlung und Kolonisation ausrichteten. Die Wohnungsbaugesellschaft «Jade» verlagerte ihre Bautätigkeit in den Stadtnorden, wo die Siedlung Voslapp auf einem Gelände gebaut wurde, das 1928 im Zuge einer Arbeitsbeschaffungsmaßnahme eingedeicht worden war. Die Finanzierung der Siedlung in Höhe von 6,5 Millionen Mark übernahm die Kriegsmarine. Der Stadtteil Fedderwarder Groden entstand ebenfalls auf freiem Gelände im Norden in entsprechender Umsetzung der nationalsozialistischen Vorstellung von der Inbesitznahme des «Bodens» und der engen Verbundenheit mit der «Scholle». 4000 Volkswohnungen waren vorgesehen. In Altengroden wurden über 800 Wohnungen für die Marine gebaut. Als der Krieg ausbrach, befanden sich überall in Wilhelmshaven Großbaustellen, auf denen Wohnraum, Verkehrsanlagen und die Militärgebäude errichtet wurden. Alle Bauvorhaben bis auf die militärischen Anlagen und Luftschutzeinrichtungen mußten eingestellt werden. Während 65 % der Wohnhäuser Wilhelmshavens durch Bombenangriffe zerstört wurden, blieb die Hafenanlage fast völlig intakt und nur 30−40 % der militärischen Anlagen wurden vernichtet. Das Ausmaß der Wohnraumzerstörung macht der Bevölkerungsrückgang um 50 000 Einwohner deutlich. Aufgrund der umfangreichen Luftschutzmaßnahmen verloren aber nur 500 Menschen ihr Leben.

Nachdem die Alliierten den Hafen zunächst als Marinestützpunkt genutzt hatten, wurden ab 1946 die gesamten Werftanlagen und Marineeinrichtungen sowie alle Fabrikationsstätten demontiert und überwiegend nach Rußland abtransportiert. Bunker, Werft- und Schleusenanlagen wurden größtenteils gesprengt, das gesamte Hafengebiet eingeebnet. Damit hatte die Stadt erneut ihre ökonomische Grundlage verloren, doch viel umfassender als nach dem Ersten Weltkrieg. Durch Industrieansiedlung versuchte die Stadt, sich eine neue Existenzgrundlage zu geben, was jedoch nur zum Teil gelang.[14] Als 1956 die Bundesmarine Wilhelmshaven wieder zu ihrem Standort wählte, erhielt die Stadt erneut den Charakter einer Marinestadt. Die Marine ist wieder größter Arbeitgeber. Rund 30 % der Bevölkerung leben heute direkt oder indirekt von der Marine. Doch bedeutet das für die Stadt, daß das Marinearsenal als größtes Wirtschaftsunternehmen ebensowenig Gewerbesteuern bezahlt wie die Olympiawerke, die direkt außerhalb der Stadtgrenze liegen. Nicht minder problematisch ist die Tatsache, daß der neue, nach dem Zweiten Weltkrieg gebaute Tiefwasserhafen als Mineralöleinfuhrhafen zwar hinsichtlich des Hafenumschlags nach Hamburg an zweiter Stelle unter den deutschen Nordseehäfen rangiert, aber für den Massengutumschlag nur wenige Arbeitskräfte benötigt werden und eine rückläufige Nachfrage auf dem Weltrohölmarkt zu Teilstillegungen und Einschränkungen führten. Obwohl Wilhelmshaven Deutschlands Tiefwasserhafen Nummer eins ist, läßt sich das Fehlen weiterer seeorientierter wirtschaftlicher Unternehmen nicht übersehen. Die wirtschaftliche Ausrichtung mit dem Ziel einer petrochemischen Verbundanlage ist wegen der unsicheren Lage auf dem Markt der Erdgas-/Erdölverarbeitung bei der mangelnden Diversifikation der Wilhelmshavener Wirtschaftsstruktur nicht unproblematisch.

Zwar hat die Stadt den Funktionsverlust als deutscher Kriegshafen überlebt, sie kämpft aber weiterhin mit dieser Erblast. Manche Hoffnungen, wie die auf Zusammenfassung mehrerer wissenschaftlicher Institute zu einer Universität, haben sich zerschlagen. Aber die einst nach militärisch-strategischen Gesichtspunkten geplante und angelegte Stadt hat sich, wenn auch unter größten Schwierigkeiten, zu einer zeitgemäßen Wohn- und Arbeitsstätte für rund 100 000 Einwohner entwickelt, die sich aufgrund ausgedehnter Grünflächen als «Grüne Stadt am Meer» versteht. Der große Hafen dient heute als Stadtsee und wird mit neuen Wohngebieten umbaut.

* Dieser Text entspricht in seiner Länge der von den Veranstaltern der Tagung eingeräumten Redezeit von 30 Minuten. Ich danke Herrn Dr. W. Reinhardt für seine Unterstützung.

Anmerkungen

[1] Waldemar Reinhardt, der Jade-Vertrag von 1853 im Blickfeld der zeitgeschichtlichen Ereignisse, Wilhelmshaven 1978.

[2] Michael Schulz, Zwei norddeutsche Hafenstädte. Ein Vergleich von Bremerhaven und Wilhelmshaven unter funktional-genetischen Aspekten, Hamburg 1982.

[3] Edgar Grundig, Chronik der Stadt Wilhelmshaven, 2 Bde., [Masch.-Schr.], Wilhelmshaven 1957.

[4] 75 Jahre Marinewerft Wilhelmshaven, 1856/25. Juni 1931, Oldenburg o. J. (1931).

[5] Waldemar Reinhardt, Wilhelmshaven. Vom preußischen Marinehafen zum deutschen Tiefwasserhafen, Wilhelmshaven 1980.

[6] Paul Koch, die Gründung der Stadt Wilhelmshaven. In: Marine-Rundschau 1890/91, S. 401–407, 423–430.

[7] Reinhardt (wie Anm. 5), S. 7f.

[8] Helmuth Gießler, Wilhelmshaven und die Marine. Von den Anfängen bis 1945. In: Arthur Grunewald (Hrsg.), Wilhelmshaven. Tidekurven einer Seestadt, Wilhelmshaven 1969, S. 229 bis 249.

[9] Waldemar Reinhardt, Die Stadtgründung an der Nordsee. Von der deutschen Marine zur Energiedrehscheibe. In: Joachim Diederichs u. a., Wilhelmshaven/Stadtgesicht. Katalog einer Ausstellung der Kunsthalle Wilhelmshaven, Wilhelmshaven 1982, S. 3–10.

[10] Jens Graul, Siebethsburg – von der «Colonie» zum Stadtteil. In: Ders. und Waldemar Reinhardt, 600 Jahre Siebethsburg 1383–1983, Wilhelmshaven 1983, S. 60–88.

[11] Eduard Kellerhoff, Beiträge zur Geschichte der Stadt Rüstringen, Oldenburg 1937 (Oldenburger Forschungen, H. 3).

[12] Reinhardt (wie Anm. 5), S. 13f.

[13] Fünfzig Jahre, 1903–1953, Bauverein Rüstringen. Gartenstadt Siebethsburg, Wilhelmshaven 1953.

[14] Reinhardt (wie Anm. 5), S. 16ff.

Die Rolle der Wasserbaudirektoren beim Ausbau des Hamburger Hafens zwischen 1860 und 1910

von Dieter Maass

I. Vorbemerkung[1]

Betrachten wir eine Luftbildaufnahme des heutigen Hamburger Hafens, so sehen wir ein ‹Hafengesicht›, das sein Aussehen zu einem großen Teil in dem Zeitraum erhielt, über den ich sprechen werde. 1860 war der Sandtorhafen noch nicht gebaut, 1910 wurden die ersten Häfen auf Waltershof beschlossen. Innerhalb dieser 50 Jahre entstanden auf großem und kleinem Grasbrook sowie zwischen Stein- und Kuhwärder die wesentlichen Anlagen des damaligen Hafens.

Voraussetzung für eine Hafenerweiterung war in der Hansestadt ein gemeinsamer Beschluß von Senat und Bürgerschaft, die damals zusammen Träger der höchsten Staatsgewalt waren. Sie entschieden letztendlich über die vorgelegten Raumplanungen und bewilligten nötige Baugelder. Gerade bei den ersten Ausbauten, etwa der Anlage des Kaiserkais in der zweiten Hälfte der 1860er Jahre, gelang es der Bürgerschaft teilweise, ihre Erweiterungsvorstellungen gegen diejenigen des Senats – und hier möchte ich vorgreifend schon deutlich formulieren: gegen diejenigen der Wasserbaudirektoren – durchzusetzen. Hatten sich die beiden Verfassungsorgane geeinigt, so wurden die Bauarbeiten zumeist öffentlich ausgeschrieben und nach eingegangenen Offerten von staatlichen Behörden an private Firmen vergeben.

Vor der Beschlußfassung von Senat und Bürgerschaft und vor der Vergabe der Arbeiten wurden verschiedene staatliche Deputationen gehört bzw. erstellten Vorlagen. Bei Hafenerweiterungen waren bis 1864 die Schiffahrt- und Hafendeputation, seit 1864 die Deputation für Handel und Schiffahrt und die Sektion für Strom- und Hafenbau, die zweite Sektion der Baudeputation, maßgebend. Strom- und Hafenbau unterstanden letzterer und wurden von den Wasserbaudirektoren geleitet.

Innerhalb des skizzierten Beziehungsnetzes lag die politische Verantwortlichkeit für Hafenerweiterungen also bei Senat und Bürgerschaft. Vertreter der Kaufmannschaft konnten größeren Einfluß nehmen: Vertreter der Commerzdeputation (später der Handelskammer) waren Mitglieder verschiedener staatlicher Deputationen, u. a. der Deputation für Handel und Schiffahrt. Gleichzeitig lag der Anteil der Parlamentarier in der Bürgerschaft, die im weitesten Sinne des Wortes dem Kaufmannstand angehörten, bis zum Ersten Weltkrieg überproportional hoch. Zugespitzt formuliert konnte von einem ‹Kaufmannsparlament› gesprochen werden. Die Einflußmöglichkeiten der Wasserbaudirektoren ergaben sich formal zunächst daraus, daß sie oder ihnen unterstellte Beamte

- Berichte und Gutachten für die Deputationen oder den Senat erstellten,
- an den Sitzungen der Deputationen teilnahmen,
- teilweise als Senatskommissare vor der Bürgerschaft redeten
- und schließlich häufig vor zuständige bürgerschaftliche Ausschüsse, z. B. den Kaibautenausschuß, geladen wurden.

Der interessierte Laie mag zunächst vermuten, daß sie sich lediglich zu baulichen und technischen Fragen äußerten: zu Lage, Ausdehnung und Tiefe einzelner Hafenbecken, Abmessung und Konstruktion von Kaimauern und -schuppen Vorschläge unterbreiteten oder die Verwendung bestimmter Bauverfahren (z. B. Senkbrunnen bei der Kaimauernfundierung) und Baumaterialien wünschten. Der heute tätige, leitende Baubeamte wird aus eigener Erfahrung wissen, daß eine solche Annahme täuscht. Bei jeder Hafenerweiterung zeigt sich ein enges Geflecht verschiedener Faktoren, die berücksichtigt werden müssen, von denen bauliche und technische nur einige, wenn auch wichtige, sind. Neben sie können z. B. Fragen der Finanzierung, der betriebswirtschaftlichen Rentabilität oder auch der Ökologie treten und insgesamt eine vielleicht technisch wünschenswerte Lösung unmöglich machen.

Im folgenden möchte ich aufzeigen, wie sich im letzten Jahrhundert das maßgebliche Gewicht der Wasserbaudirektoren bei Hafenerweiterungen zeigte. Ich möchte deshalb bei jedem – soweit möglich – ein charakteristisches Arbeitsbeispiel herausgreifen und kurz erläutern. Auf den Amtsvorgänger von Dalmann, den hamburgischen Wasserbauer Heinrich Hübbe, verzichte ich hier bewußt. Die Beschäftigung mit seinem Wirken, soweit es Hafenerweiterungen und seine Rolle im politischen Leben betrifft, ist lohnend, aber hier nicht möglich.

Von Dalmann sprach man in der Literatur oft als dem ‹Vater› des modernen Hamburger Hafens. Die nachfolgenden Direktoren (Nehls, Buchheister und Bu-

1 Johannes Dalmann
(Fotos StAH)

2 Christian Johann Nehls

3 Max Jürgen Buchheister

4 Johann Friedrich Bubendey

bendey) könnten dann als seine ‹Söhne› bezeichnet werden. Zumeist begannen sie unter ihm ihre Arbeitstätigkeit bei Strom- und Hafenbau. Er war ihnen anfangs zumindest Lehrmeister. 1880 hatte das Central-Büro der Wasserbaudirektion folgendes Aussehen: Nehls war Direktor, Buchheister Wasserbauinspektor bei der Direktion und Bubendey deren Bürochef. Hier deutete sich eine starke personelle Kontinuität innerhalb von Strom- und Hafenbau an. Sie ließ sich gleichfalls auf mittlerer Beamtenebene finden; es sei nur an die Wasserbauinspektoren A. Krieg und H. Lentz erinnert, die beide über 40 Jahre im Dienst des hamburgischen Strom- und Hafenbaus standen. Auch zwischen einigen für die Sektion für Strom- und Hafenbau verantwortlichen Senatoren und den in ihrer Amtszeit tätigen Direktoren hatte sich wohl eine engere Beziehung herausgebildet: Hübener und Dalmann arbeiteten zwischen 1861 und 1875 zusammen, Stahmer und Nehls von 1878 bis 1895.

In diesem engen personellen Geflecht sind sicherlich auch Gründe für den besonderen Hafenausbau in Hamburg zu sehen, der zwar nicht gradlinig, Jahr für Jahr, durchgeführt wurde, bei dem jedoch verschiedene bauliche Prinzipien entwickelt wurden, die jahrzehntelang Gültigkeit behielten, so die Hamburger Kaieinteilung (bis etwa 1945) und die typische Hamburger Kaimauernbauweise (bis etwa 1920).

II. Johannes Dalmann

Dalmann befand sich 23 Jahre in hamburgischen Diensten und übte – zunächst nur als Vertreter des suspendierten Direktors Hübbe – von 1859 bis zu seinem Tode 1875 das Amt des Wasserbaudirektors aus. Mit seinem Wirken war eine Reihe von bedeutenden Planungen und Bauausführungen verknüpft, die weit über direkten Hafenausbau hinausgingen. Nur drei Beispiele:

- Am Ende der fünfziger Jahre war Dalmann mit den grundlegenden Vorarbeiten für den Venloer Bahnhof auf dem großen Grasbrook und der Überbrückung der Norderelbe zwischen Baaken- und Entenwärder befaßt,
- von ihm stammte (1858) das erste umfassende Konzept für die Anlage eines Industriebezirkes auf Steinwärder,
- und auch mit den ersten größeren Stromkorrektionen der Oberelbe im 19. Jahrhundert (Durchstechung der Kalten Hofe ab 1874) war sein Name verbunden.

Bei den unmittelbaren Hafenerweiterungen waren sowohl die Entscheidung für das Tide-Prinzip (seit 1858), d. h. gegen eine zuvor favorisierte Anlage von Docks, als auch die Beschlußfassung über die bauliche Einrichtung der Kais (seit 1863) – Schuppen statt Speicher, kombinierte Umschlagsmöglichkeiten am Kai (Schiene, Schute, Fuhrwerk) und die Anschaffung beweglicher Dampfkräne – direkt mit Dalmanns Wirken verbunden. Teilweise war er persönlich für die getroffenen Maßnahmen verantwortlich.

Deutlich zeigte sich der weitreichende Einfluß des Wasserbaudirektors auch bei den Hafenerweiterungen am Beginn der siebziger Jahre. Damals waren allein der Sandtorhafen und ein kleinerer Teil des Grasbrook-Beckens mit Kaimauern eingefaßt und mit Kaischuppen bebaut. Hamburg besaß eine nutzbare Kaistrecke von rund 2000 m. Die wirtschaftliche Entwicklung dieser Zeit drücken die Zahlen für die Wareneinfuhr über den Hafen aus: 1869 wurden 1,2 Mio. Tonnen eingeführt, 1872 waren es 2,1 Mio. Tonnen – eine Steigerung von 75 %. Unter diesen Bedingungen beauftragte Senator Hübener – er war Dalmanns Dienstvorgesetzter und Präses der Sektion für Strom- und Hafenbau – Ende 1871 den Wasserbaudirektor mit der Berichterstattung über mögliche Hafenausbauten. Dalmann lieferte sein umfangreiches Gutachten am 14. April 1872 ab.

Welche bauliche Maßnahmen schlug er vor?

Die prinzipielle räumliche Einteilung des Geländes war schon 1860 mit dem Hagen-Dalmann'schen Hafenplan[2] endgültig festgelegt worden, so daß hierzu keine Vorschläge zu unterbreiten waren. Gleiches galt seit Juli 1870 (Anlage des Kaiserkais) für das hamburgische Betriebssystem (Staatskai) und die o. g. Bebauungsweise der Kaistrecken. Als konkrete Maßnahmen schlug Dalmann nun vor, zunächst alle vorhandenen Bassins mit Kaimauern einzufassen, deren Fundierungen entsprechend den vorhandenen Bodenverhältnissen unterschiedlich auszuführen seien, Senkbrunnen im Grasbrookhafen, Pfahlroste im Strandhafen. Es wurden daraufhin in den folgenden Jahren in diesen beiden Bassins rund 2000 m Kaimauern erbaut. Die vorhandene Kaistrecke hatte sich innerhalb weniger Jahre verdoppelt. Ferner wünschte Dalmann eine schrittweise Bebauung der neuen Strecken mit Schuppen, so daß mit ihnen dem jeweiligen wirtschaftlichen Bedürfnis nachzukommen sei. An dieser Stelle offenbarte sich ein Prinzip hamburgischer Hafenerweiterungen: Häufig trennte man die Ausgrabung von Hafenbecken und ihre Einfassung mit Kaimauern von der Bebauung der Kaistrecken mit Schuppen – schuf somit ‹Hafenbecken auf Vorrat›. Auch von einem baulichen Gesichtspunkt war dies Vorgehen sinnvoll: Für Kaimauern wurden drei Bauzeiten (-jahre) veranschlagt, Schuppen konnten innerhalb einer Saison errichtet werden.

Wie wurden nun Dalmanns Vorschläge behandelt? Zunächst nahm die Sektion für Strom- und Hafenbau den vorgelegten Bericht, der mit verschiedenen Anträgen und Kostenanschlägen endete, unverändert an und reichte ihn an den Senat weiter. Auch er stimmte ohne Änderung zu und unterbreitete dann im verfassungsmäßig vorgeschriebenen Weg den Abgeordneten in einer ‹Mitteilung des Senats an die Bürgerschaft› die vorgesehenen Erweiterungspläne und bat um die Bewilligung der nötigen Baugelder.[3] Dieser Antrag ging nicht nur in seinem Inhalt, sondern auch wörtlich in längeren Passagen auf das April-Gutachten Dalmanns zurück, so daß er auch ohne weiteres den Titel erhalten könnte: ‹Mitteilung des Wasserbaudirektors an die Bürgerschaft›. Sämtliche seiner Vorschläge nahmen nahezu unverändert den Weg durch die beratenden und politisch verantwortlichen Gremien.

Ähnliches fand ich während meiner Forschungsarbeiten bei etwa Zweidrittel der senatorischen Mitteilungen an die Bürgerschaft zwischen 1860 und 1910, soweit sie Hafenerweiterungen betrafen. Immer wieder waren die Wasserbaudirektoren die ‹eigentlichen› Verfasser dieser Anträge. Die Bürgerschaft ihrerseits überreichte die Mitteilungen zumeist an Ausschüsse, die eine Annahme der Vorlage, ihre Modifizierung oder ihre Verwerfung empfehlen konnten. Zumeist folgte das Parlament ihren Voten. Und oft waren auch die Ausschußberichte lediglich Wiedergaben des ersten grundlegenden Berichtes, der seinen Ursprung bei der Wasserbaudirektion hatte.

Nach der Beschlußfassung ging es an die Vergabe der Arbeiten. Formal schloß die Finanzdeputation entsprechende Verträge ab. Sie stützte sich jedoch auf Gutachten der sachkundigen Deputationen, d. h. in unserem Fall auf das Urteil der Sektion für Strom- und Hafenbau. Diese folgte ihrerseits den Vorschlägen der leitenden Beamten, d. h. im konkreten Fall Dalmanns, später denjenigen seiner Nachfolger. Gegen die Voten der Wasserbaudirektoren wurden in der zweiten Hälfte des 19. Jahrhunderts höchstens 10 % der Arbeiten vergeben.

Bei der Vorbereitung von Hafenerweiterungen und der Vergabe der Bauarbeiten hatten also die hamburgischen Wasserbaudirektoren maßgeblichen Einfluß. Zwar waren Senat und Bürgerschaft die politisch verantwortlichen Gremien, die eigentlichen Initiatoren und Wegbereiter des Hafenausbaus waren jedoch zumeist die leitenden Wasserbaubeamten. Ihrer damaligen, verantwortungsbewußten Arbeit war es somit zu danken, daß der Hamburger Hafen bis zum Beginn des Ersten Weltkrieges der bedeutendste des Kaiserreichs wurde.

Die Nachfolger Dalmanns, seine ‹Söhne›, haben aus verschiedenen Gründen nicht mehr sein umfassendes Arbeits- und Wirkungsfeld erlangt. Einerseits waren wesentliche Grundlagenentscheidungen (z. B. Tidehäfen und Staatsbetrieb) getroffen worden, andererseits entwickelte sich in den folgenden Jahren der behördliche Planungsapparat so, daß die Wasserbauer z. B. nur noch gelegentlich Gutachten abgaben, die sich mit Eisenbahnfragen beschäftigten.

III. Christian Nehls

Nehls hatte unter Dalmann 1873 seine Tätigkeit bei Strom- und Hafenbau aufgenommen, wurde 1876 sein Nachfolger und übte dieses Amt 21 Jahre, bis 1897, aus. Die Arbeiten seiner Direktionszeit waren im wesentlichen durch den Zollanschluß der Hansestadt geprägt. Das Volumen des ‹Generalplanes für den Zollanschluß› – zunächst 106 Mio. RM, später schrittweise bis auf rund 120 Mio. RM gebracht – bildete den höchsten Einzelposten, der in Hamburg vor dem Ersten Weltkrieg für Hafenerweiterungen im weitesten Sinne aufgewandt wurde. Im folgenden möchte ich mich nur mit zwei Aspekten des Zollanschlusses beschäftigen.

Im Mai 1881 war die politische Grundsatzentscheidung gefällt worden – Hamburg trat mit seinem Staatsgebiet in das deutsche Zollgebiet ein, behielt dafür jedoch ein noch genau zu fixierendes Freihafengebiet, dessen bauliche Gestaltung zunächst völlig offen blieb. Es war jedoch in den folgenden Monaten u. a. zu entscheiden, wo künftig Hafenbassins liegen und welche Lage sie zum Strom erhalten sollten. Am Beginn der achtziger Jahre waren also Pläne zu entwerfen, die bis in unser Jahrhundert hinein die weitere

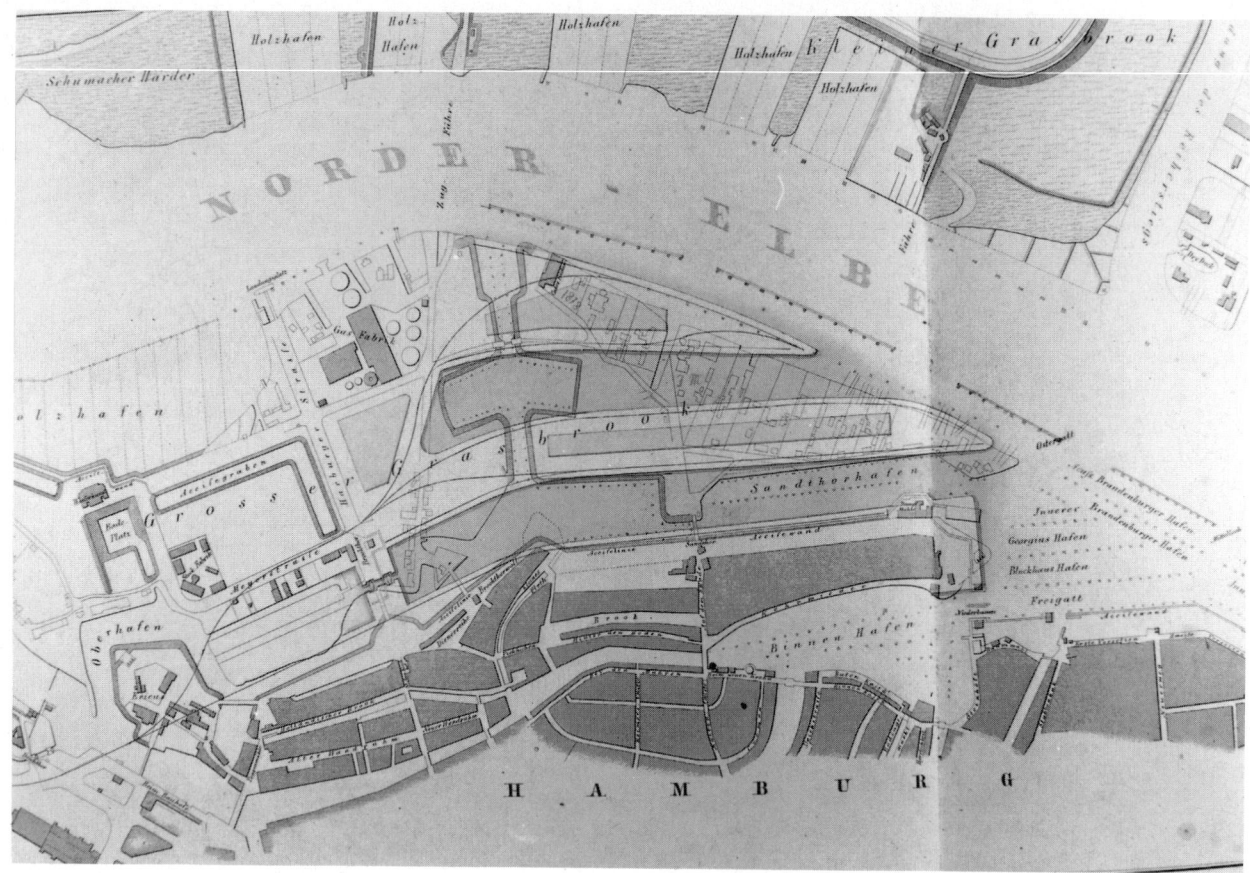

5 Hagen-Dalmann'scher Hafenplan (Grasbrook) von 1860 (StAH)

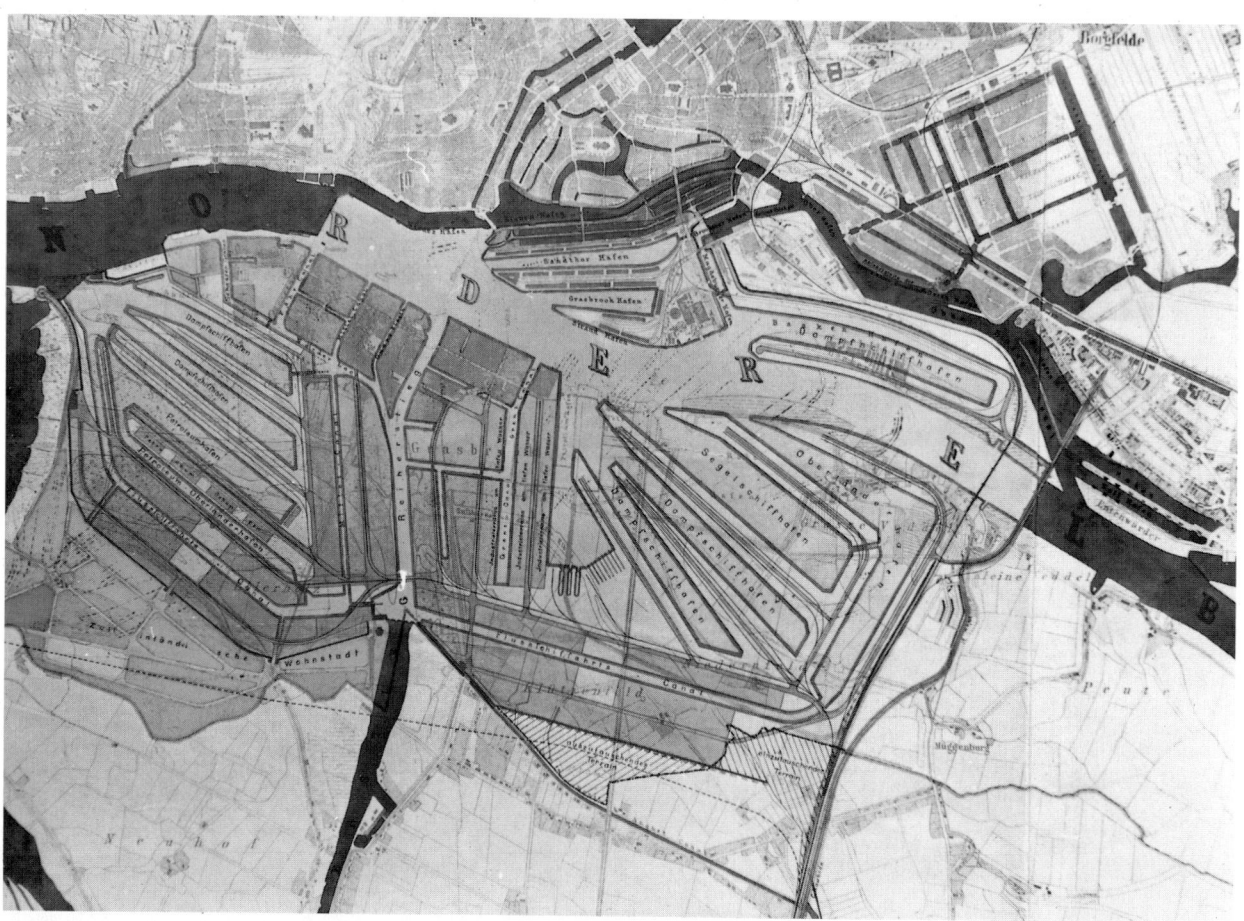

6 Generalplan des Hamburger Hafens von 1882 (StAH)

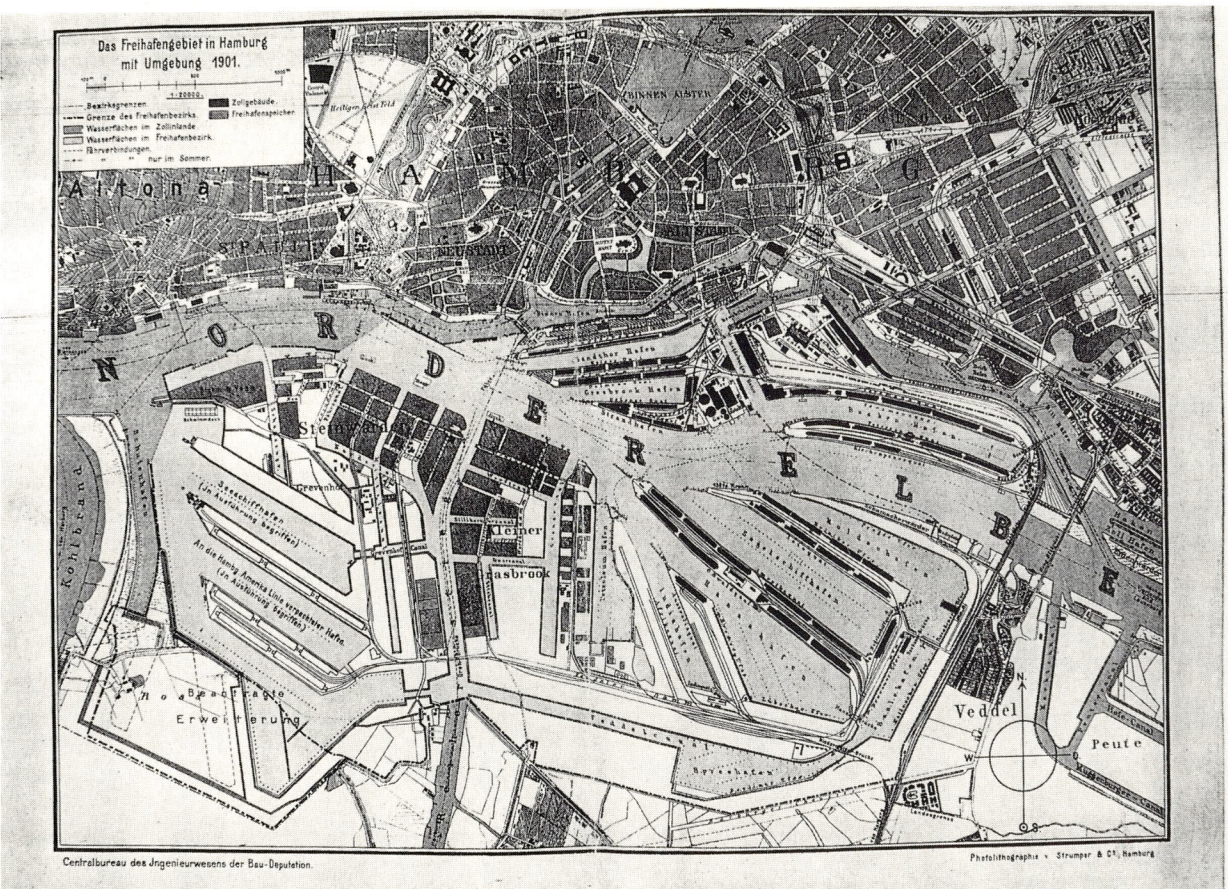

7 *Der Hamburger Freihafen im Jahre 1901 (MusHG)*

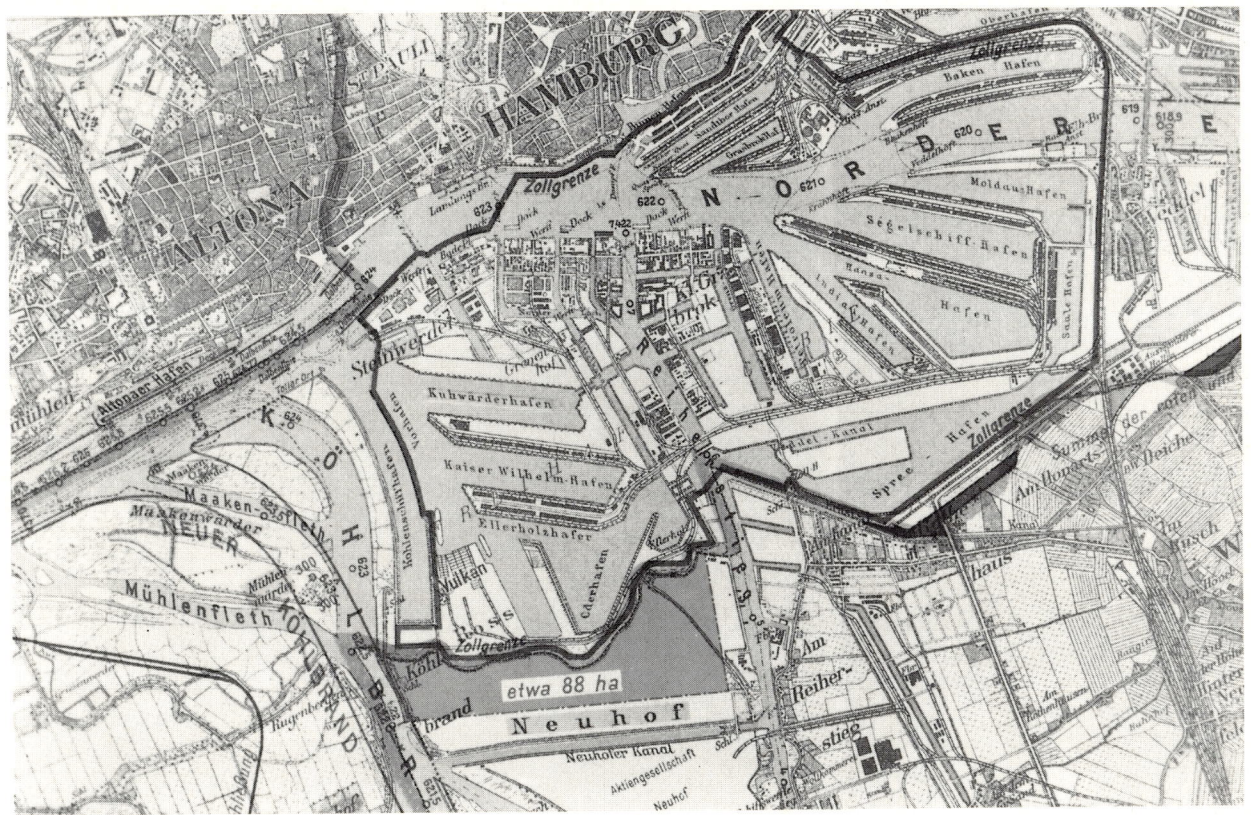

8 *Plan zum Staatsvertrag Hamburg-Preußen über die Verbesserung des Fahrwassers der Elbe 1909 (StAH)*

(räumliche) Ausdehnung des Hafens festlegen würden.

Sicher waren zunächst nur zwei Gesichtspunkte:

1. Der Baakenhafen war als letztes großes Seebecken auf dem nördlichen Ufer für Dampfer herzurichten.
2. Mit weiteren seeschifftiefen Bassins mußte die Hansestadt auf das südliche Ufer, auf Große Veddel und Kleinen Grasbrook gehen. Dort lag bisher einzig der Petroleumhafen (heute: Südwest-), der speziell für feuergefährliche Artikel eingerichtet und rechtwinklig von der Norderelbe in den Kleinen Grasbrook eingegraben worden war.

Im folgenden ein Verlaufsüberblick:

Im Juni 1881 hatte der Senat bei der Diskussion über die im Mai mit dem Reich getroffene Vereinbarung der Bürgerschaft eine Planskizze mitgeteilt. Sie zeigte auf dem südlichen Ufer mehrere Becken, die rechtwinklig zur Elbe lagen.

Im September wurde eine Senatskommission zur Vorbereitung des Generalplanes für den Zollanschluß eingesetzt. Sie beriet alle Fragen, die im Zusammenhang mit dem Eintritt Hamburgs in das deutsche Zollgebiet zu erörtern waren, und bereitete erste bauliche Vorschläge vor. Zu ihren regelmäßigen Sitzungen war auch der Wasserbaudirektor hinzugezogen worden. Die Anlage künftiger Hafenbecken gehörte in ihr Arbeitsgebiet.

Im November wünschte Senator O'Swald, Präses der Deputation für Handel und Schiffahrt und Mitglied der Senatskommission, Becken am südlichen Ufer, die etwa parallel zur Elbe liegen sollten. Nehls hielt diesen Wunsch zwar «nicht für zweckmäßig»,[4] sicherte aber eine Prüfung zu. Im Dezember lehnte die Marineinspektion, sie unterstand der Deputation, die zunächst vorgesehene Nord-Süd-Richtung ab. Sie war der Ansicht, daß die Schiffe beim Einpassieren auf dem Strom drehen müßten, was jedoch bei immer größer werdenden Fahrzeugen zunehmend schwieriger werden würde. Auch wären die Liegeverhältnisse in so angelegten Becken bei starkem Ost- oder Westwind ungünstig. Im selben Monat befürwortete Senator Versmann, er hatte maßgeblich zum Abschluß der Zollanschlußübereinkunft beigetragen und die für Hamburg so günstige Freihafenregelung durchsetzen können, in einem grundlegenden und umfassenden Bericht über die Verwendung des südlichen Ufers ebenfalls Seeschiffbassins, die mehr oder weniger parallel zur Norderelbe liegen sollten.

Anfang 1882 berichtete erstmalig der Wasserbaudirektor. Er war «persönlich» der Ansicht, daß die verschiedenen Bedenken gegen die im Juni 1881 angeregte Lage der südlichen Bassins «nicht als so schwerwiegend betrachtet werden»[5] dürften. Seine Ausführungen ließen deutlich erkennen, daß er in der Nord-Süd-Richtung der Häfen «die bessere Art der Ausnutzung des Terrains»[6] sah. In einer beigefügten Skizze ließ Nehls sich auf höchstens ein Becken in Ost-West-Richtung ein. Vier weitere sollten von diesem in der von ihm bevorzugten Himmelsrichtung abzweigen.

Da zu diesem Zeitpunkt eine Stellungnahme der Handelskammer und der Deputation für Handel und Schiffahrt zu den verschiedenen Vorschlägen noch fehlte, setzte die Senatskommission eine Entscheidung vorläufig aus. Im Februar äußerten sich beide. In einem Protokoll-Auszug der Deputation hieß es in Anlehnung an eine entsprechende Formulierung der Handelskammer:

«Die Seeschiffhäfen (sind) sämtlich in ihrer Längsrichtung von Osten nach Westen parallel mit der Elbe anzulegen.»[7]

Nachdem sich im Laufe der Monate verschiedene Gremien und einflußreiche Einzelpersonen deutlich gegen die Nord-Süd-Richtung der südlichen Häfen ausgesprochen hatten, ließ die Senatskommission neue Pläne ausarbeiten; jetzt jedoch nicht von Nehls allein, sondern unter Hinzuziehung der beiden Hochbautechniker Zimmermann und Meyer. Am 20. Februar 1882 legten die drei einen gemeinsamen Bericht vor, der mit kleineren Veränderungen später zum Generalplan für den Zollanschluß (15. April 1882) wurde.[8] Zur Erinnerung: Die hier gemachten Aussagen beziehen sich nur auf die Lage der neuen Seehäfen.

Der April-Plan zeigte mit kleineren Ausnahmen das heutige Gesicht des Veddeler-Hafenbezirkes:
Moldau- und Saalehafen als Flußschiffbecken,
Segelschiffhafen als Seeschiffbassin,
als künftige Reserve zwei Dampfschiffhäfen (Hansa- und Indiahafen).

Auch innerhalb dieses nur skizzenhaften Überblicks zeigte sich deutlich das besondere Gewicht des Wasserbaudirektors. Diesmal, selten in der Geschichte der Hamburger Hafenerweiterungen, war jedoch der oberste Wasserbaubeamte zu überzeugen gewesen. Als aus verschiedenen Gründen Einwände gegen die ursprüngliche Richtung der südlichen Hafenbecken geäußert worden waren, entwickelten Nehls, Zimmermann und Meyer neue Vorstellungen, die – soweit sie die Lage der Becken zum Strom betrafen – sich auch auf Kuhwärder (z. B. Kaiser-Wilhelm-Hafen) und später auf Waltershof im wesentlichen wiederfanden.

Die zweite Bemerkung ist sehr kurz:
Hatten sich Senat und Bürgerschaft Anfang 1883 prinzipiell geeinigt, einen Zollkanal zwischen Oberhafen und Binnenhafen anzulegen und Teile der Stadt zum Freihafenbezirk zu ziehen (Speicherstadt), so fehlte noch eine Einigung im Detail. Vereinfacht gesagt, war die Mehrheit von Bürgerschaft und Handelskammer für eine ‹große› Lösung, also sofortige Hinzuziehung des gesamten Kehrwieder/Wandrahm-Komplexes zum Freihafenbezirk. Der Senat, eine Minderheit der Bürgerschaft und einige Großreeder (u. a. R. M. Sloman jr.) traten hingegen für eine ‹kleine› Lösung ein; ihrer Auffassung zufolge reichte es 1883 aus, nur Teile der Kehrwieder/Wandrahm-Insel einzubeziehen. Nach längeren Auseinandersetzungen, in denen eine

gütliche Einigung immer ferner zu rücken schien, legten Mitte Februar drei Bürgerschaftsabgeordnete ein Kompromiß-Projekt vor, das die Abgeordneten schließlich mit überwältigender Mehrheit annahmen. Über seinen Ursprung schrieb Senator O'Swald jedoch an seinen erkrankten Amtskollegen Versmann: «Das bürgerschaftliche Projekt vom 15.02.1883 ist, wie Sie sich sicher denken können, auf dem Büro der Baudeputation unter Leitung von unseren Technikern ausgearbeitet worden, konnte aber der Sachlage nach die Namen der Techniker nicht tragen.»

IV. Max Buchheister

Buchheister hatte seine Arbeit bei Strom- und Hafenbau nicht mehr zu Lebzeiten Dalmanns aufgenommen. 1876 wurde er als Inspektor benannt, behielt dieses Amt bis 1898 und war danach noch fünf Jahre Direktor. Obwohl er nur kurze Zeit als Wasserbaudirektor tätig war, ist sein Wirken, auch schon während seiner Inspektorenjahre, für die räumliche Gestaltung des heutigen Kuhwärder-Hafenbezirkes und für wichtige Veränderungen im Betriebssystem der Kaianlagen bedeutungsvoll gewesen.

Der o. g. Generalplan für den Zollanschluß hatte im nördlichen Kuhwärder Hafenanlagen für den Kaibetrieb vorgesehen, im südlichen Teil sollte das Petroleumgeschäft Platz finden. 1890 fertigte eine Senatskommission, in der Buchheister für Strom- und Hafenbau mitarbeitete, für das gesamte Gelände einen neuen Plan. Er sah – grob formuliert – seine Einteilung in einen Freihafen und einen zollinländischen Bezirk vor. Heute finden wir auf dem Kuhwärder u. a. verschiedene größere Werften.

Warum diese Veränderung?

Der Ausbau des Kuhwärders wurde 1897 begonnen, zunächst im Sinne des Planes von 1890. Seit 1898 sah sich die Stettiner Vulkan-Werft nach einem Standort für ihren Betrieb an der Nordsee um und dachte auch an den Hamburger Hafen. Entsprechende Verhandlungen ließ der Senat durch eine eigens niedergesetzte, geheime Senatskommission führen, in der sich als Vertreter der Wasserbaudirektion Buchheister befand. Die geheime Kommission zog zu ihren Sitzungen gelegentlich Direktionsmitglieder der Vulkan-Werft hinzu.

Der leitende Wasserbaubeamte Hamburgs wirkte also maßgeblich in Entscheidungsgremien mit, welche Problemlösungen erarbeiteten, die später von den politisch verantwortlichen Instanzen der Hansestadt, Senat und Bürgerschaft, kaum noch verändert wurden. Am Beispiel der Vulkan-Werft läßt sich deutlich machen, daß der 1905 von Senat und Bürgerschaft gefaßte Beschluß, Hafenbecken und Kaimauern für die Werft zu bauen und sie nach Fertigstellung an das Unternehmen zu verpachten, wesentlich auf Buchheisters erste Vorschläge vom Februar 1899 zurückging.

Gleiches galt für die Aufgabe des sog. Beckens A aus dem Kuhwärder-Plan von 1890. An seine Stelle legte man ab 1895 den heutigen Werfthafen für ‹Blohm und Voss› an und überließ das umliegende Gelände der Firma für die Erweiterung ihrer Anlagen. Die Pläne hierfür stammten aus der Feder Buchheisters.[9]

Ein zweiter wichtiger Aspekt der Kuhwärder-Erschließung war am Beginn des Jahrhunderts die Anlage des Kaiser-Wilhelm-Hafens, den man auch ‹HAL›- oder ‹HAPAG›-Hafen nennen kann. Die Hansestadt hob für die Reederei das Becken aus, faßte es mit Kaimauern ein, auf die sie dann Kaischuppen setzte. Erstmalig waren Anlagen für eine private Reederei, ebenfalls die HAL, 1887 während des Zollanschlusses gebaut worden. Damals mußte die Gesellschaft Gebäude am Nordufer aufgeben; Hamburg schuf am Segelschiffhafen mit Kaischuppen Ersatz. Die Reederei erhielt die Kaistrecke zum «ausschließlichen Betrieb». Damit war erstmals vom Staatsbetrieb der Kaianlagen abgegangen worden. Der HAL-Hafen auf Kuhwärder war nun logische Konsequenz des knapp zehn Jahre zuvor eingeschlagenen Weges. Zwar hatte 1887 der Senat den Beschluß darüber gefaßt, aber die entsprechenden Anregungen waren zuvor von Buchheister gekommen.

V. Johann Friedrich Bubendey

Der letzte der hier interessierenden Direktoren war Johann Friedrich Bubendey. Er hatte noch unter Dalmann seine Arbeit aufgenommen, befand sich zunächst zwischen 1874 und 1895 in hamburgischen Diensten, verließ dann mehrere Jahre die Stadt und wurde 1904 zum Direktor berufen. Dieses Amt übte er bis 1919 aus. Eine Haupttätigkeit seiner Amtsperiode war die umfassende Verbesserung der Strömungsverhältnisse der Elbe.

1868 waren in einem ersten Köhlbrandvertrag Voraussetzungen für Regulierungsarbeiten in einem Teil ihres Oberlaufes (Durchstich der Kalten Hofe 1874) geschaffen worden, 1896 ermöglichte ein Abkommen zwischen Hamburg und Preußen der Hansestadt den Aufschluß des Kuhwärders für tiefergehende Seeschiffe.

Dennoch blieb die Zufahrt dieser Schiffe auf Hamburg am Beginn des Jahrhunderts schwierig: Einerseits war die Unterelbe unkorrigiert und wies Untiefen auf, andererseits waren die Strömungsverhältnisse zwischen der Teilung der Elbe an der Bunthäuser Spitze und dem Zusammenfluß von Norderelbe mit Köhlbrand noch nicht so, wie sich dies die Hamburger Wasserbauer wünschten. Neben die strombautechnischen Fragen trat für die Hansestadt noch der Wunsch, die Hafenanlagen auf Kuhwärder nach Süden – d. h. in das damalige preußische Staatsgebiet – zu erweitern. Ein Grund hierfür war, daß man seitens des Senats so spät wie möglich Waltershof aufschließen wollte; lag dieses Gelände doch von den anderen hamburgischen Landesteilen relativ isoliert. Um aber preußisches Gelände zu erwerben, waren Staatsverhandlungen nötig, an denen auch Preußen Interesse hatte. Die vorgesehene Erweiterung der Harburger Häfen ließ sich nur dann nutzbringend ausführen, wenn diese ausgebaggert wurden; um aber tiefergehenden Schiffen die Zufahrt auf Harburg zu ermöglichen, mußte der Köhlbrand ausgetieft werden. Dieses war Preußen allein nicht möglich, da beide Ufer dieses Elbarmes (Kuhwärder und Waltershof) hamburgisch waren, rechtliche Bestimmungen, die auf Elbschiffahrts- und Additionalakte[10] zurückgingen.

Mit einem Wort: Außerordentlich komplizierte Verhältnisse!

Verhandlungen wurden 1901 aufgenommen, führten jedoch erst 1908 zum Abschluß des ‹großen› Köhlbrandvertrages.[11] Auf seiten Hamburgs führte eine besondere, abermals geheime Senatskommission die Verhandlungen. An ihren Sitzungen nahmen leitende Wasserbaubeamte, zumeist Bubendey, teil.

Eine gewichtige Rolle in den Verhandlungen spielten zwischen 1902 und 1906 technische Gutachten, in denen die Verhandlungspartner die jeweilige Gegenseite davon zu überzeugen suchten, daß deren Vorschläge mangelhaft oder deren Wünsche nicht berechtigt seien. Verfasser der Denkschriftentwürfe waren auf hamburgischer Seite die amtierenden Direktoren. Nach ihrer Vorlage beriet die Senatskommission und veränderte die Gutachten in einer Weise, wie es für die Verhandlungen nutzbar sein konnte. Ein Beispiel: Riet der Entwurf der ersten Denkschrift (Verfasser war Buchheister) von einer Vertiefung des Köhlbrandes aus wasserbautechnischen Gründen «dringend»[12] ab, so hieß es in der Preußen mitgeteilten Denkschrift schärfer, daß man hamburgischerseits eine Vertiefung auf das «Dringendste»[13] ablehnte.

Der schließlich erreichte Vertragskompromiß – er schloß u. a. die Verlegung der Köhlbrandmündung, den Abschluß einiger Fleete (z. B. Mühlen- und Maakenfleet), die Verlängerung des Trennungswerkes bei Bunthaus und die Fixierung der Uferlinien der (Unter-) Elbe ein – hatte vom wasserbautechnischen Gesichtspunkt seinen Ursprung in einem ‹Technischen Bericht›. Dieser war 1905 von Bubendey verfaßt worden.

Je tiefer bei einer Untersuchung über Hafenerweiterungen in Hamburg – zumindest soweit sie die Zeit vor dem Ersten Weltkrieg betrifft – in das vorhandene Aktenmaterial eingedrungen wird, desto deutlicher zeigt sich das außerordentliche Gewicht, das die damaligen Wasserbaudirektoren hatten. Es ging weit über rein ‹technische› Fragen hinaus. Betrachten wir von heute die damalige Entwicklung, so meine ich festhalten zu können, daß sie ohne das intensive Engagement der Wasserbaudirektoren nicht möglich gewesen wäre. Oder anders formuliert: Auch die heutige Bedeutung des Hamburger Hafens hat die Stadt, in vielleicht nicht geringem Umfang, der Arbeit von Dalmann, Nehls, Buchheister und Bubendey zu verdanken.

Anmerkungen

[1] Der Autor arbeitet z. Z. an der Fertigstellung seiner Dissertation über den Ausbau des Hamburger Hafens in der zweiten Hälfte des neunzehnten Jahrhunderts. Schwerpunkte der Untersuchung sind die damaligen politischen Entscheidungsprozesse innerhalb des verfaßten Rahmens der Hansestadt und technische Innovationen beim Hafenausbau.
Der Aufsatz wurde zuerst veröffentlicht in: ‹Hansa›, Zentralorgan für Schiffahrt, Schiffbau, Hafen; 121. Jahrgang, Dezember-Heft, 23/24, 1984, S. 2411 ff.

[2] Hagen-Dalmannscher Hafenplan in der Ausarbeitung von Lentz, August 1860; in: Schiffahrt- und Hafendeputation 585; s. Abb. 5.

[3] Für die zunächst zu errichtenden Bauten, Kaimauern ohne Schuppen, waren rund 4,6 Mio. RM vorgesehen. Zum Vergleich: Der ‹berühmte› Sandtorkai kostete am Beginn der sechziger Jahre, ohne Schuppen, als hölzerne Vorsetzen ausgeführt, rund 600 000 RM.

[4] Protokoll der Senatskommission zur Vorbereitung eines Generalplanes für den Zollanschluß, S. 82 (26. 11. 1881).

[5] Bericht des Wasserbaudirektors Nehls vom 10. 01. 1882, Anlage zu den Protokollen der Senatskommission.

[6] Ebenda.

[7] Auszug aus dem Protokoll der Deputation für Hafen und Schiffahrt vom 11./16. 02. 1882, Anlage zu den Protokollen der Senatskommission.

[8] Generalplan für den Zollanschluß von Meyer, Nehls und Zimmermann, 15. April 1882; in: Verhandlungen zwischen Senat und Bürgerschaft 1882; siehe Abb. 6.

[9] Hafenplan von 1901 (Strom und Hafenbau), ergänzt 1905; siehe Abb. 7.

[10] Elbschiffahrtsakte von 1821 und Additional-Akte zur Elbschiffahrtsakte von 1844.

[11] Plan zum Staatsvertrag mit Preußen über die Verbesserung des Fahrwassers der Elbe; in: Verhandlungen zwischen Senat und Bürgerschaft 1909, hinter S. 50; s. Abb. 8.

[12] Denkschrift 1, Entwurf, S. 44.

[13] Denkschrift 1, S. 38.

Die Speicherstadt im Hamburger Freihafen. Eine Stadt an Stelle der Stadt

von Karin Maak

Die Speicherstadt, eine Stadt der Arbeit mit Speichern und Kontoren, aber ohne Wohnungen, entstand im Rahmen der bis 1888 errichteten sogenannten Zollanschlußbauten.

Der Herstellung der nationalen Einheit folgten im Deutschen Reich Bestrebungen, auch eine wirtschaftliche Einheit zu schaffen. Hamburg war durch eine Pression des Reiches genötigt worden, seine fiskalische Eigenständigkeit einzuschränken. Der Zugriff auf den Freihandelsstatus der Stadt stellte eine erhebliche Bedrohung seiner wirtschaftlichen Stellung dar. Der Hamburg in der Vereinbarung vom Mai 1881 vom Reich zugesicherte verkleinerte Freihafenbezirk bedeutete jedoch, entgegen der bisherigen Interpretation der Rechtsgrundlagen, ein dauerhaftes Privileg, das es durch die Gestaltung der in hamburgischer Planungsautonomie errichteten Zollanschlußbauten zu befestigen galt.

Reduziert man Hamburg auf die Funktion als Freihandelsstadt, so kommt dem Freihafengebiet und besonders der Speicherstadt die Bedeutung eines ‹komprimierten› Hamburgs zu.

Im folgenden werden zwei Aspekte untersucht, die für die Planung und Gestaltung der Speicherstadt sowie für deren städtebauliche Funktion als zentrale Kategorien erscheinen: einmal die Nähe, zum anderen die Geschwindigkeit und damit verbunden der Zusammenhang bzw. scheinbare Widerspruch zwischen Geschwindigkeit und einem den Zollanschlußbauten von Hamburg beigemessenen Ewigkeitswert.[1]

Die Abb. 1 zeigt das modifizierte Projekt XIIc,[2] die Grundlage für die weitere Ausführung der Speicherstadt. Es lag nach fast zweijähriger Plandiskussion im Februar 1883 vor, eine Lösung, die ökonomischen, nicht aber sozialen Bedenken Rechnung trug.

Kehrwieder, Brook, St. Annen und Wandrahm standen für die Anlage der Speicherstadt keineswegs, wie gegenüber Besuchern 1887 geäußert, «zur Verfügung»,[3] ihre Verfügbarkeit mußte vielmehr erst definiert werden.

In den frühen technischen Skizzen und Voranschlägen – so in einem Plan vom Dezember 1880[4] – verlief die nördliche Grenze des projektierten Freihafenbezirkes über den Sandtorkai; die Kehrwieder-Wandrahm-Insel wurde bewußt geschont.

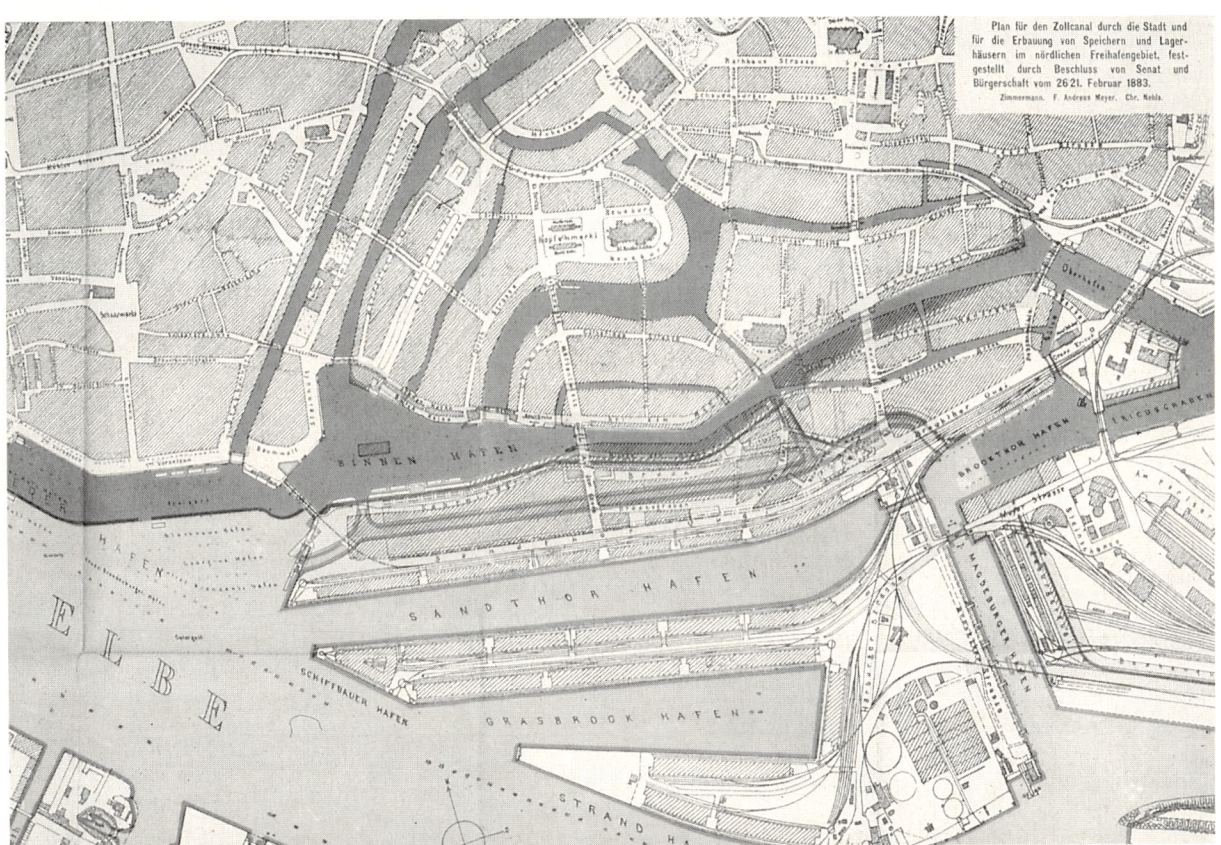

1 Modifiziertes Projekt XIIc – endgültiges Projekt »Plan für den Zollcanal durch die Stadt und für die Erbauung von Speichern und Lagerhäusern im nördlichen Freihafengebiet, festgestellt durch Beschluss von Senat und Bürgerschaft vom 26./27. Februar 1883«

Und selbst die Karte zur Verhandlung mit der Reichsregierung vom Mai 1881[5] suggeriert visuell mit einer roten, in der Legende als «Grenze» bezeichneten Linie eher einen Abschluß als die gestrichelte rote Linie, die «eventuelle Grenze», die einen möglichen und später auch tatsächlich erfolgten Einschluß des dicht besiedelten Kehrwieder-Wandrahm-Viertels in ein der Wohnnutzung entzogenes Freihafengebiet bedeutete.

Die offiziell vorgelegten Projekte setzten von VIa (Abb. 2)[6] bis zum modifizierten XIIc den Abbruch eines funktionsfähigen Stadtteils voraus, bevölkerungsreicher als eine Mittelstadt. Sie entwarfen die Speicherstadt an Stelle der Stadt und begründeten diesen Standort vorrangig mit der Forderung nach Nähe zur Geschäftsstadt, insbesondere zur Börse.[7]

Mit Projekt VIa lag ein noch nicht in Einzelheiten fixiertes Konzept zur großmaßstäblichen Neuplanung einer Handelsstadt aus einem Guß vor, das den Anforderungen der Zukunft aus Sicht der Planer am besten genügen mußte, da keine Rücksicht auf störende bestehende Bebauung genommen wurde, ein Projekt, dessen Ausführbarkeit kalkulierbar schien.

Ebenso wie der «artiste-démolisseur»[8] Haussmann in Paris setzte man auch in Hamburg dem Verlust malerischer Partien einen Gewinn an technischen und hygienischen Verbesserungen entgegen.

Das technisch Wünschenswerte und Machbare der Planung auf einer «Tabula rasa», von der Koppmanns im Februar 1885 entstandene Fotografie der Baugrube am Südufer des Zollkanals eine Vorstellung vermittelt (Abb. 3), fand im Wiederaufbau nach dem großen Brand von 1842 städtebauliches Referenzmaterial.

Aber die freie Fläche, die der große Brand gelegt hatte, mußte auf der Kehrwieder-Wandrahm-Insel durch den Abriß der Bebauung erst künstlich geschaffen werden. Die Vertreibung vieler tausend Einwohner aus ihren Wohnungen war von den politisch Verantwortlichen zu legitimieren.

Die Kehrwieder-Wandrahm-Insel, die Alfred Lichtwark 1897 rückblickend als Stadtteil mit «stolzen Barockpalästen der Patrizier» und «malerischen Wohnhäusern der Arbeiter» beschrieb,[9] war keinesfalls ein homogener Stadtteil; vielmehr unterschied schon die Senats- und Bürgerschaftskommission, als es um die Dislozierung der Bevölkerung ging, eine «hauptsächlich kaufmännische» auf der östlichen Hälfte und die «Arbeiterbevölkerung» auf dem Kehrwieder und Brook.[10] Es war zu fragen, wie «stolz» die Bauten der Patrizier noch waren, wie «malerisch» die Wohnhäuser der Arbeiter, als man die Niederlegung dieses Stadtteils erwog. Als Koppmann 1884 beispielsweise den Neuen Wandrahm Nr. 6 fotografierte (Abb. 4), war er bereits fünfzehn Jahre lang nicht mehr im Besitz der Lutteroths. An der Tür verweisen neun Schilder auf neue Nutzer,[11] und nicht nur durch die fehlende Doppeltreppe hatte das Haus an Glanz verloren.

Und wenn sich auch im östlichen Inselteil eine Vielzahl funktionsfähiger Bauten und gerade auch Speicher fanden (Abb. 5) und dieses Viertel der Kaufmannschaft emotional wichtig war, so war der Wandrahm inzwischen in funktionsmäßigem Umbruch begriffen und eher Zeuge vergangener wirtschaftlicher Blüte als deren Gegenwartsbeweis.

Ob die verschachtelten Häuser und die Höfe des Kehrwieder nur malerisch im Sinne von «bildwürdig» waren und nicht zugleich ungesunde Zustände bedeuteten, gar Krankheitsherde waren, wurde je nach Interessenlage als Argument für oder gegen Abriß eingesetzt.[12] Strumpers 1883 entstandene Aufnahme eines Hofes am Kehrwieder (Abb. 6) zeigt auch, daß die nach Süden geöffneten Höfe des Kehrwieder günstige Voraussetzungen für die Besonnung boten; das von links eintreffende Sonnenlicht erreicht das Erdgeschoß.

Die mit Projekt VIa vorgelegte Idealkonzeption, der die Planer auch weiterhin verhaftet blieben, bedeutete die Dislozierung von 18500 Einwohnern und einen zu enteignenden Grundsteuerwert von 54,5 Millionen Mark.[13] Ein so weitgehender Bedarf an neuen Einrichtungen, der derartige Opfer rechtfertigte, konnte nicht nachgewiesen werden, und auch eine von der Senatskommission empfohlene Beschränkung auf den westlichen Inselteil, auf die durch Projekt VIIIa definierte Grenze, stieß auf Widerspruch.

Die entscheidende Neuerung des im November 1882 von der Senats- und Bürgerschaftskommission vorgeschlagenen Projekts X[14] lag in der Wahl der einzubeziehenden Hälfte der Kehrwieder-Wandrahm-Insel.

Nunmehr sollte der kaufmännische Teil, der Wandrahm, niedergelegt, der westliche Inselteil – auch aus sozialen Rücksichten – geschont werden; so äußerte Versmann:

> «Ebenso fällt der Einwand zu Boden, daß die auf dem Kehrwieder u. s. w. wohnenden kleinen Leute zu Gunsten der Kaufleute vertrieben werden. Bei Projekt X sind es die Kaufleute selbst, welche von der Dislocation getroffen werden.»[15]

Aber gerade dieses Projekt sollte später nicht zur Ausführung kommen, vielmehr wurde mit der auf der westlichen Hälfte der Kehrwieder-Wandrahm-Insel beginnenden Niederlegung und Neubebauung gerade diese Bevölkerung aus ihren hafennahen Wohnungen vertrieben.

Aus der Menge nicht-offizieller, politisch mitunter brisanter Äußerungen zu den zahlreichen offiziellen Vorschlägen ist in diesem Zusammenhang ein im Juni 1882 vom Privatingenieur George Westendarp vorgelegtes Verkehrskonzept, ein Tunnelprojekt zur Erschließung des südlichen Elbufers als Standort für die neue Speicherstadt, das den Kehrwieder-Wandrahm-Bereich unangetastet ließ, von besonderem Interesse[16], weil sich die Frage stellt, ob die von der

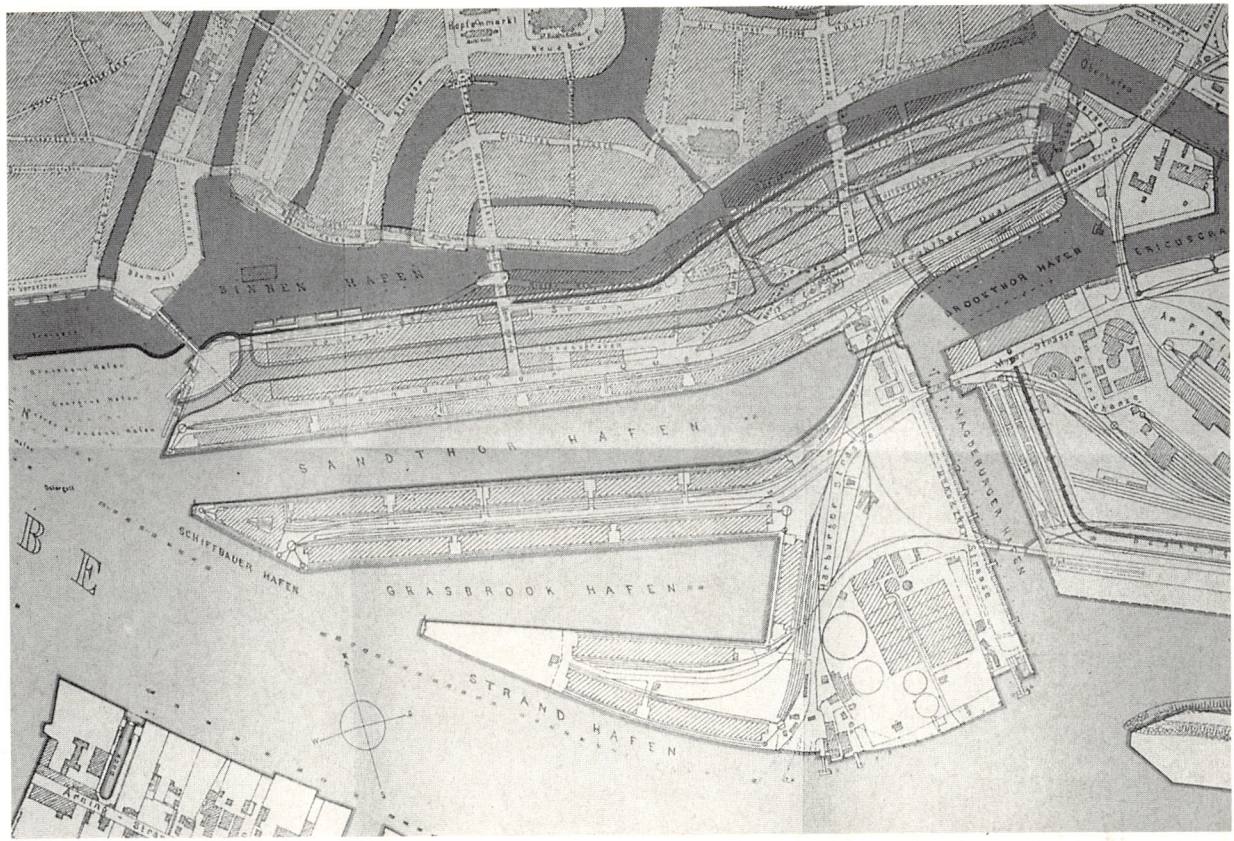

2 Projekt VI a, Kehrwieder-Wandrahm, April 1882

3 Baugrube am Südufer des Zollkanals (Mührenfleeth),
Februar 1885 (Koppmann)

4 Neuer Wandrahm Nr. 6, 1884 (Koppmann)

5 Holländische Reihe und St. Annenbrücke, 1884 (Koppmann)

6 Hof im Kehrwieder, 1883 (Strumper)

7 »Rezeption durch Gebrauch«, Detail aus den Zeichnungen zu den Submissionsbedingungen für Block H, Januar 1888

8 »Rezeption in der Zerstreuung«, Detail aus den Zeichnungen zu den Submissionsbedingungen für Block E, August 1887

Kaufmannschaft gewünschte Nähe sich noch durch ein räumliches Nebeneinander definieren konnte und ob dieses nicht in Anbetracht des Ausbaus der Verkehrs- und Kommunikationssysteme einen Anachronismus bedeutete.

Eine von Straßenverkehr abgehobene und somit unbeeinträchtigte Hochbahn nahm ihren Anfangspunkt direkt vor der Börse auf dem Adolphsplatz; auch im Tunnel selbst war ihre Linienführung vom langsamen Fuhrwerksverkehr getrennt. Die Technik sollte die von Westendarp als unnatürlich erachtete Vorstellung von der Entfernung des südlichen Elbufers überwinden helfen. Die Bahn würde den Weg zwischen der Börse und dem Zentrum des jenseitigen Freihafengeländes in sieben Minuten zurücklegen; das war, wie Westendarp in seinem Erläuterungsbericht ausführte, «... weniger als ein Fussgänger vom Wandrahm nach der Börse gebraucht».[17] Daß dieser Vergleich keineswegs willkürlich war, liegt auf der Hand, bildete doch die Kehrwieder-Wandrahm-Insel den alternativ diskutierten Standort, der den Befürwortern als nahe an der Stadt erschien.

Hier zeigt sich ein Ansatz, das städtebauliche Kriterium räumlicher Nähe zu ersetzen durch den Begriff der Geschwindigkeit. Nicht Fußgänger-, sondern steigerbare Bahngeschwindigkeit war das neue Kriterium für Nähe. Die natürliche Geschwindigkeit wurde durch die mechanische ersetzt und erlaubte die konstant schnelle Verbindung zweier städtischer Bezirke.

Westendarps Projekt wurde nach gründlicher Diskussion wegen einer befürchteten Zweiteilung der Geschäftsstadt und vor allem wegen einer ungewissen termingerechten Fertigstellung des als Experiment betrachteten Tunnels abgelehnt.[18] Die Kalkulierbarkeit der mechanischen Geschwindigkeit, mit der Westendarp die natürliche ablöste, hätte kaufmännischem Denken durchaus entsprochen. Während jedoch dem Techniker der Begriff der Nähe ein solcher der Zeit wurde und nicht der räumlichen Nähe blieb, ist zu fragen, ob der Kaufmann, für den diese Abstraktion bereits im Bereich der Rohrpost, der Telegraphie und des Telefons Wirklichkeit geworden war, sie stadtplanerisch nicht vollziehen wollte, ob er am Umgang mit realen Objekten festhalten, die neue Lagerstadt greifbar nahe, sichtbar, ästhetisch erlebbar im Bereich der Stadt verwirklicht haben wollte.

Die geforderte Nähe zur Stadt kann nicht nur primär unter funktionalen Gesichtspunkten, als praktische Nutzung der Gebäude, sie muß auch als visuelle Nutzung unter ästhetischen Gesichtspunkten untersucht werden.

Die von Benjamin behauptete Rezeption von Architektur durch Gebrauch und durch Wahrnehmung[19] können zwei Vergrößerungen aus den Zeichnungen zu den Submissionsbedingungen illustrieren: Das Detail zu Speicherblock H am Kleinen Fleet, die Gruppe der Arbeiter (Abb. 7),[20] verweist auf den Charakter der Nutzarchitektur. Die vor Block E gezeichnete Familie (Abb. 8)[21] scheint jedoch zu flanieren und steht in keinem Arbeitszusammenhang mit dem Speicher oder der Lokomotive, auf die der Mann mit dem Stock deutet.

Die Speicher galten keineswegs nur als schlichte Nutzarchitektur, sondern auch als Warenpaläste.

Wie schlicht man den Backstein verarbeiten kann, zeigen heute die Nachkriegsergänzungen (Abb. 9), aber auch Vergleiche mit Lagerhäusern des 18. und 19. Jahrhunderts wie hier denen des Entrepôtdoks in Amsterdam, einer Lagerhausreihe, deren Einfachheit die Reichhaltigkeit der Hamburger Speicher besonders deutlich werden läßt (Abb. 10).

Viele Gestaltelemente der Speicherstadt sind funktional begründet, zum Beispiel durch den Bodenwert des stadtnahen Baugrundes oder durch Feuersicherheitsüberlegungen. Die Speicher sind jedoch repräsentativer, als es die Ingenieurberichte vermuten lassen; selbst einfache Formen dienen wirkungsvoll malerischer Gestaltung. Schon aus der Ferne wirksam, aber besonders aus der Nähe betrachtet, zeigt sich, daß die Schmuckwelt im Detail die Idee des Ganzen tragen kann: Glasursteine umziehen die Speicher wie glänzende Bänder, als witterungsbeständig gepriesene Glassteine wirken wie eingelegte Schmucksteine. Bei schräg stehendem Sonnenlicht wird der Glanz zu einem juwelenhaften Funkeln. Selbst funktionale metallische Teile, wie die Beschläge zwischen den einzelnen Luken, verstärken diesen Eindruck. Die seit Errichtung der Speicher angebrachten Hinweistafeln auf die Mieter der einzelnen Böden lassen auf dunklem Grund die Namen goldgelb erglänzen, plastische, erst später angebrachte Schriften stellen hierzu noch eine Steigerung dar.

Die besonders aus der Nähe wirksamen, glänzenden und funkelnden Detailformen lassen die Speicherstadt als gigantisches Schatzkästchen erscheinen. Sie machen den Wert der Anlage, die in ihrem Inneren die Materialisierung kaufmännischen Reichtums enthielt, visuell deutlich.

Auf der Kehrwieder-Wandrahm-Insel konnte die Architektur über Binnenhafen und Zollkanal hinweg ihre Wirkung auf die Stadt entfalten. Wäre Westendarps Plan verwirklicht, die Speicherstadt auf dem entfernten südlichen Elbufer gebaut worden, hätte sie ihre persuasive Form nicht in dieser Weise zeigen können.

Mit dem Abriß der Häuser auf dem Nordrand des Zollkanals war – von der breiten neuen Kaistraße her betrachtet – die Speicherstadt optisch freigestellt. Die Nähe zum alten Kern Hamburgs bedeutete eine ständige visuelle Präsenz dieser Anlage, eine anhaltende bewußte oder auch nur einen Zwang zu beiläufiger Wahrnehmung.

Im Bestreben, etwas «Besseres an die Stelle des Altgewohnten zu setzen»,[22] war auf der Kehrwieder-

9 Ergänzung im oberen Teil des Blockes M, Landseite

10 Entrepôtdok, Amsterdam, Haus »Gorcum/Gouda«

11 Inschrift im Fußgängerdurchgang des westlichen Portalturms der Brooksbrücke

12 Hans von Böhn (von Boden), Verkauf von Flaschenbier im Hamburger Freihafen, 1889 (Johann Hamann)

13 Steinschiffer Boger, 1899 (Johann Hamann)

Wandrahm-Insel eine «Zukunftsstadt»[23] entstanden; die Einrichtung der Lagerhäuser war nach «modernsten Prinzipien» gebaut, mit «allen mechanischen Einrichtungen der Neuzeit».[24] Mit der zentralen hydraulischen Anlage orientierte man sich an einer wenige Jahre zuvor in London geschaffenen; eine elektrische Zentralstation zur Beleuchtung der Kontore, Zollstellen und Kanäle wurde errichtet. Die Speicherstadt verhüllte ihre Fortschrittlichkeit unter der Folie des Mittelalterlichen. Sie war abgeschlossen und trutzig wie eine mittelalterliche Stadt oder Burg.

Die Portaltürme an der Brooksbrücke sind das Stadttor der Speicherstadt. Dieser Eingang vermittelt – wie eine kirchliche Empfangsarchitektur – zwischen der Zollstadt und der Welt des Freihafens. Den Inschriften unter den Portaltürmen, die der Fußgänger lesen mußte, kommt eine hohe ideologische Bedeutung zu. Die Abbildung zeigt den westlichen Portalturm (Abb. 11). Dort sollte es zum Beispiel dem Zollgebiet zugewandt heißen: «An's Vaterland, an's theure schließ dich an, Das halte fest mit deinem ganzen Herzen.»[25]

Vordergründig und aus dem literarischen Zusammenhang genommen, vermittelten die Inschriften[26] jedem, der die Grenze zwischen Zollgebiet und Freihafen überschritt, eingängige affirmative Leitideen. Sie erscheinen als nationale Haltung, Fortschrittsgläubigkeit, Verweis auf bürgerliche Arbeitsmoral sowie auf friedfertiges, solidarisches Miteinander; sie verschleiern die tatsächlichen Konflikte. Mit dem Wissen um die Geschichte des Zollanschlusses und den literarischen Zusammenhang (Schiller, Wilhelm Tell / Lied von der Glocke) mußten diese Inschriften dem zeitgenössischen Betrachter, der Spaß am Doppelbödigen hatte, aber eine zweite Interpretationsebene erschließen und zum Ausdruck hamburgischen Selbstbewußtseins werden.

Die Abfertigungsschuppen am Südufer des Zollkanals betonen den wehrhaften, städtischen Charakter der Anlage. Ein entlang der gesamten Schuppenreihe führender Patrouillengang diente der Grenzaufsicht, die im Schatten des überstehenden Daches ungesehen blieb, zur Kontrolle über den des nachts erleuchteten Zollkanal.[27] Der Zollschuppen wirkt wie eine Ringmauer.

War der Patrouillengang, der hier als Wehrgang erscheint, funktional begründet, so wurde Wehrhaftigkeit doch über die zolltechnische Notwendigkeit hinaus vor Augen geführt: Die aufwendigen Abschlüsse an den Treppenhaustürmen des Blockes E[28] belegen eine zur Stadt gerichtete visuelle Wirkungsabsicht.

Während sie in der ersten Zeichnung mit der Dachspitze die Firstkante nur knapp überschneiden, zeigen sie in der späteren mit einem zinnenhaft wirkenden Kranz, der die Höhe des Daches betont überragt, einen burgenhaft veränderten Abschluß, der in der Zusammenschau von Ringmauer und Burggraben ein Aussehen zeigt, das auf Wehrhaftigkeit und Solidität der Speicherstadt verweist.

Die ästhetisch vorgetragene Behauptung, auf Dauer uneinnehmbar zu sein, erscheint als Überkompensation der durch Bismarcks Pression real erlittenen Angst um die wirtschaftliche Stärke Hamburgs.

Der Zollanschluß war nicht nur Katalysator der wirtschaftlichen Entwicklung Hamburgs, er forcierte, indem der verkleinerte Freihafenbereich plötzlich der Wohnnutzung entzogen wurde, die Funktionstrennung von Wohnen und Arbeiten im Innenstadtbereich. Die Nähe der Speicherstadt zur Geschäftsstadt bedeutete für den Arbeiter einen Verlust an Nähe zwischen Wohnort und Arbeitsplatz.

Hans von Böhn, den Johann Hamann 1889 aufnahm (Abb. 12), ist einer der sogenannten Bierführer, die Flaschenbier im Freihafen verkauften und quasi die Vorläufer der später immer weiter ausgebauten Kaffeehallen waren.

Die für viele Arbeiter im Freihafen größer gewordene Entfernung zwischen Arbeitsstätte und Wohnort erlaubte nicht mehr, mittags zum Essen nach Hause zu gehen. Hamanns Aufnahme des Steinschiffers Boger (Abb. 13), entstanden 1899, zeigt, daß es noch längere Zeit üblich blieb, daß die Frauen den Männern das Essen zur Arbeitsstätte in den Hafen brachten.

Die Trennung von Arbeiten und Wohnen veränderte die Lebensbedingungen der im Hafen Beschäftigten. Während die Verdrängung der Wohnbevölkerung aus der Innenstadt sonst nur allmählich einsetzte, war das Verbot von Wohnen und Kleinhandel im Freihafen und somit die Dislozierung der gesamten Wohnbevölkerung eine der Grundbedingungen für die Errichtung der Speicherstadt.

Der Zollanschluß beschleunigte eine städtebauliche Entwicklung, die sich andernorts erst allmählich vollzog. Damit ist erneut auf den Aspekt der Geschwindigkeit verwiesen.

Die bei Nacht erleuchtete Turmuhr des Blockes J[29] zeigt den Rhythmus der Arbeit, die sich nicht an Tag und Nacht, sondern an der Forderung nach Geschwindigkeit orientierte.

Geschwindigkeit des Warenumschlages war das Kriterium für die Konkurrenzfähigkeit des Hamburger Hafens, in dem es keine Beschränkung auf die natürliche Tageszeit gab. Der Geschwindigkeit als Handelsfaktor entsprach die schnelle Errichtung der Handels- und Verkehrsbauten. Auch in der Bauzeit war ein Äquivalent zum Geldwert zu sehen. Während der bald zu vollziehende Zollanschluß, zu dem Bismarck unablässig gedrängt hatte, im Interesse des Reiches lag, mußte die schnelle Errichtung der Zollanschlußbauten, nachdem der Anschluß beschlossen war, unter ökonomischen Gesichtspunkten für ganz Hamburg wichtig sein. Nur die schnelle Bauausführung stellte eine baldige Rendite der investierten Kapitalien in Aussicht. Geschwindigkeit wurde zum qualitativen Faktor der Planung. Die Projekte mußten nicht nur inhaltlich geeignet, sondern auch schnell und rechtzeitig durchführbar sein. Hier ist beispiels-

14 Ansichtsskizze zu Block J, September 1885, links der ästhetisch noch nicht konkretisierte
    Block A (G. Thielen)

15 Freihafen-Lagerhäuser am Kehrwiederfleet, Block A (links) und Block J (rechts), 1888
    (Koppmann)

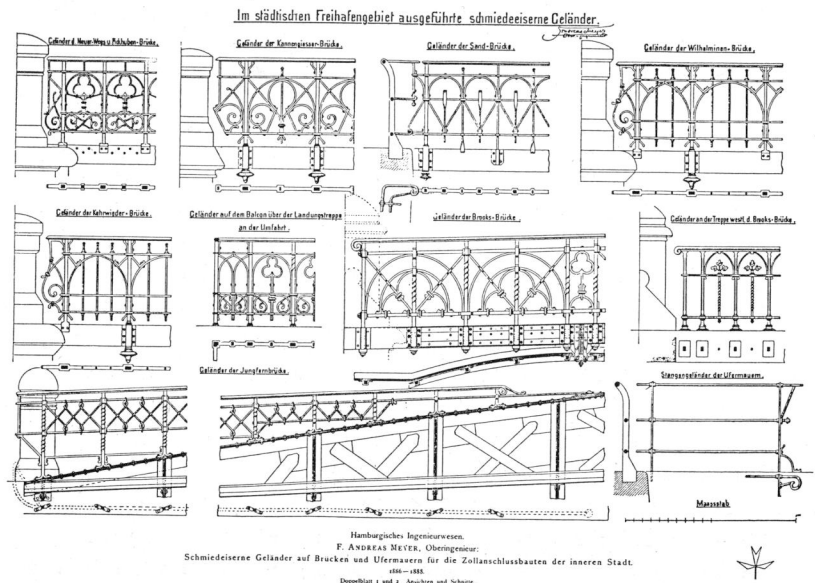

16 Gestaltvielfalt der Brückengeländer im Freihafen

weise auf die Ablehnung des Westendarpschen Tunnelprojektes zu verweisen.

Zu Beginn der Bauphase lagen keineswegs endgültige Pläne für die Hochbauten vor. Die beiden Abbildungen von 1885 (Abb. 14)[30] und 1888 (Abb. 15) zeigen die erst allmählich erfolgte ästhetische Konkretisierung des Blockes A, der in der kleinen Ansichtsskizze noch geschickt im unklaren gelassen wurde.

Gerade in Anbetracht der Geschwindigkeit, mit der die Speicherstadt errichtet wurde, ist es bemerkenswert, daß die Anlage kein standardisiertes Aussehen erhielt. Bereits ein Blick auf ein Detail, das sich standardisiert schneller und ökonomischer hätte produzieren lassen, die Brückengeländer (Abb. 16), die Wiederholungen bewußt vermeiden, beweist, daß gerade mit der individualisierten Detailausbildung – und hier lassen sich weitaus größere Bauteile wie Lukendächer, Treppenhaustürme, Giebel oder selbst Brandmauern anfügen – versucht wurde, den Eindruck einer allmählichen Entstehung, einer gewachsenen Architektur zu erwecken, die Geschwindigkeit, mit der die Bauten entstanden waren, nicht sichtbar werden zu lassen und damit auch keinen Widerspruch zu dem angestrebten Ewigkeitswert der Bauten zu erzeugen.

Die Zollanschlußbauten sollten «Jahrhunderte überdauern»;[31] bereits bei der Einweihung sprach man den Bauten Denkmalfunktion für die Nachlebenden zu.[32] Die Befolgung der Prinzipien der Hannoverschen Schule, für die es programmatisch hieß: «Das Echte nur besteht im Zeitenlauf, (...) ein falsches Werk hat nicht Bestand auf Erden.»[33] Die Wahl ‹echter› Materialien wie Backstein und Eisen für die Zollanschlußbauten befestigte zugleich die Hoffnung auf das mit dem verkleinerten Freihafen dauerhaft zugesicherte Privileg des Freihandels. Daß das ästhetische Referenzmaterial nicht losgelöst vom historischen Kontext zu sehen ist, beweisen am deutlichsten die Portale der im Zusammenhang der Zollanschlußbauten unter F. A. Meyers Leitung errichteten neuen Elbbrücke (Abb. 17), die für den Weg nach Hamburg eine Eingangsarchitektur bildeten; das Uenglinger Tor in Stendal (Abb. 18), von August Essenwein als «mächtigstes in der Gesamtwirkung aus dem Kreise der Thore altmärkischer Städte»[34] hingestellt, wurde als Vorbild besonders wirksam.

Indem man die mittelalterlichen norddeutschen Backsteinformen aufgriff und die Bauten visuell in die Tradition der Hanse stellte, wurde das tatsächliche Risiko der neuen Zeit ästhetisch überspielt. Die Wohlstand suggerierenden Formen der Zollanschlußbauten sind Wunschsymbole. Sie waren dem Betrachter ein aufgrund der Erfahrung leicht zu entschlüsselnder Code und stellten diese Bauten in die Tradition wirtschaftlicher Macht, deren Fortsetzung sie behaupteten.

Als ebensolches Wunschsymbol sind Diorama und Alt-Hamburger Diele auf der hamburgischen Gewerbe- und Industrieausstellung von 1889 zu betrachten. Für die Ausstellung war dieser Termin gewählt worden, um die Anziehungskraft der Zollanschlußbauten auszunutzen.[35] Während Feuersicherheitsüberlegungen das Denken der Architekten und Ingenieure der Speicherstadt bestimmten, sollte das Publikum der Ausstellung die illusionistische Darstellung des großen Brandes von 1842 in einem Diorama goutieren.

Kaum hatte man die Bebauung der Kehrwieder-Wandrahm-Insel niedergelegt, den Wandrahmdistrikt in seiner Substanz erheblich beeinträchtigt, wurde hier, verbunden mit dem Diorama, dem Besucher der Ausstellung, die Hamburgs wirtschaftliche Leistungsfähigkeit unter Beweis stellen sollte, die Nachbildung eines Hamburger Großkaufmannshauses, ein Stilgemisch hanseatischer Pracht, als Vergangenheit präsentiert.[36] Damit war eine Phase hamburgischen Handels als überwunden gekennzeichnet, ohne sie in ihrer historischen Bedeutung zu diskreditieren. Vielmehr wurde mit der Präsentation reicher älterer Formen ein Anspruch auf Leistungsfähigkeit sinnlich formuliert. Für eine neue Phase, der man mit dem Wiederaufbau nach dem großen Brand und besonders mit den Zollanschlußbauten die Einrichtungen geschaffen hatte, bedeutete die Erinnerung an die Tradition der Leistungsfähigkeit zugleich eine Hoffnung auf deren Fortsetzung.

Der Anspruch auf Ewigkeit der neu geschaffenen Zustände berührt das Verhältnis Hamburgs zum Reich, das Hamburg zur Aufgabe des im gesamten Gebiet gültigen Freihafenstatus gezwungen hatte.

Die Feier zum Zollanschluß im Oktober 1888 läßt nochmals in der Festausschmückung Hamburgs Position zum Reich deutlich werden.

An der Nordseite der Brooksbrücke, einem wesentlichen Ort des Festgeschehens, wurden, zunächst nur als Festschmuck, die Figuren der Germania und der Hammonia errichtet (Abb. 19).

Im Zusammenhang der Zollanschlußfeierlichkeiten interessiert nicht primär die Tatsache der Verwendung der Germania – handelt es sich doch um ein Symbol des hier wirtschaftlich geeinten Deutschlands –, sondern daß Germania und Hammonia gleich groß und bedeutend dargestellt wurden, ein unübliches Phänomen. Es aus der Symmetrie der Brücke zu erklären, wäre eine nur formale Interpretation, vielmehr verweist die Gleichrangigkeit beider Figuren hier einmal mehr auf das bürgerliche Selbstbewußtsein Hamburgs. War dieser Anspruch zunächst nur vorläufig dargestellt, so ist es bezeichnend, daß gerade diese so gewichtig vorgetragene Behauptung 1890 eine dauerhafte Formulierung fand. Die Brooksbrücke wurde hiermit einmal mehr zum wesentlichen Ort der Bildpropaganda.

Spuren der Arbeit (Abb. 20) überziehen heute die Speicher wie eine zweite Haut.

Der eigentümliche Charakter der Speicherstadt wird nicht nur von den Bauten, ihrer Geschlossenheit und ihrer Beziehung zur Umgebung geprägt, sondern auch vom authentischen Leben, das durch die Arbeit in Warenlagern und Kontoren bestimmt ist. Die Speicherstadt ist noch immer eine Stadt der Arbeit. Gerade in dieser authentischen, nicht musealen Nutzung besteht eine wesentliche Erlebnismöglichkeit.

Obwohl die Speicherstadt gegenwärtig funktionsfähig ist, werden seit Jahren immer wieder von verschiedenen Seiten Konzepte für andere Formen der Nutzung vorgelegt.

1981 wollte die FDP, weil es «für unverantwortliches Handeln in dieser Stadt (...) viele Beispiele» gibt, die Speicherstadt unter Schutz stellen und schrittweise eine Nutzungsänderung zu einer «Künstlerstadt» vollziehen.[37] Begründete ehemals die Nähe des Kehrwieder-Wandrahm-Distriktes trotz der dichten Bebauung den Abriß dieses Stadtteils, so macht heute, da uns die

Folgen der Citybildung, eine Funktionstrennung zwischen Wohnen und Arbeiten, negativ erscheinen und urbanes, innenstadtnahes Wohnen zum erneuten Wert definiert ist, gerade diese Nähe zur Stadt die Speicherstadt als Wohnstadt interessant.

Der Hamburger Architekt Rolf Spille beispielsweise, der bereits 1974 seine Idee, aus der Speicherstadt ein «Klein-Amsterdam»[38] zu machen, publiziert hatte, sieht in ihr «das beste Wohngebiet, das wir haben».[39]

Aber neben Plänen, die ihre Vorbilder in den revitalisierten Speichern Amsterdams haben, in denen, wie hier auf dem Prinseneiland (Abb. 21), das Nebeneinander von Wohnen und Arbeiten eine Qualität des Wohnens ausmacht, entstand auch der folgende Vorschlag: «Das ganze Viertel soll in einen ‹nostalgischen Wohnblock› verwandelt werden, mit bizarren Cafés,

17 Neue Elbbrücke, 1888 (Koppmann)

18 Uenglinger Tor in Stendal, Ausschnitt Tafel IX: »Verschiedene Thurmformen« (1855) (A. Essenwein)

19 Festdekoration der Brooksbrücke, errichtet anläßlich der Zollanschlußfestlichkeit vom 29. Oktober 1888 (Koppmann)

20 Spuren der Arbeit in der Speicherstadt

21 Zu Wohnungen umgebautes Lagerhaus auf dem »Prinseneiland«, Amsterdam, aufgenommen 1981

Einkaufsstraßen und großzügigen Wohnungen.»[40] Er zeigt die Gefahr einer bloß nostalgischen Zuwendung zur historischen Bausubstanz.

Kulturhistorisch ist die Speicherstadt nicht nur unter stadthistorischen oder städtebaulichen Gesichtspunkten von Interesse; sie verweist zugleich auf einen Teil deutscher Geschichte.

Ob die Speicherstadt «Speicherstadt» bleibt oder «Klein-Amsterdam», «Künstlerstadt» oder eventuell nur «nostalgischer Wohnblock» wird, darf nicht dem Zufall überlassen bleiben. Die weitere Erhaltung wird nicht nur unter denkmalpflegerischen, sondern auch unter architekturpolitischen Aspekten zu diskutieren sein.

Anmerkungen

1 Vgl. zum Gesamtzusammenhang, dem diese Ideen entnommen sind: Karin Maak, Die Speicherstadt im Hamburger Freihafen. Eine Stadt an Stelle der Stadt, Hamburg 1985 (Arbeitshefte zur Denkmalpflege in Hamburg Nr. 7). Die Arbeit ist in ihrem ersten Teil, dem Bereich stadtplanerischer Überlegungen, bestimmt von den Fragen nach den Alternativen, die sich gegenüber dem Abriß eines Stadtteils geboten haben und von der Betrachtung einer urbanen Sonderform, die als städtebaulicher Katalysator wirkte. Der zweite Teil beschäftigt sich mit der Gestaltung der Speicherstadt selbst, der Geschwindigkeit, mit welcher sie entstand, und mit der Form der Bauten im Spannungsfeld zwischen Nutzarchitektur und ideologischer Aussage. Diese beiden Teile der Arbeit sind nicht isoliert zu sehen; vielmehr wurde untersucht, inwieweit durch die stadtplanerische Entscheidung erst eine ideologische Aussage der architektonischen Form ermöglicht wurde.

2 Anlage 2 zu der Erwiderung des Senats an die Bürgerschaft betreffend den Generalplan und Generalkostenanschlag für die Ausführung des Anschlusses Hamburgs an das deutsche Zollgebiet (Nr. 26), StAH, Strom- und Hafenbau I 604 Bd. 2.

3 Kurze Beschreibung der öffentlichen Anlagen für die Beleuchtung, Wasserversorgung und Entwässerung der Stadt Hamburg sowie der seit dem Jahre 1883 in Ausführung begriffenen Bauten für den Anschluß Hamburgs an das Deutsche Zollgebiet. Für die Teilnehmer der XXVII. Jahresversammlung des deutschen Vereins von Gas- und Wasserfachmännern in Hamburg, unter Benutzung amtlicher Quellen zusammengestellt von dem Ortsausschuß, Hamburg im Juni 1887, S. 23.

4 Vgl. Maak (wie Anm. 1), Abb. 20.

5 Ebenda, Abb. 33.

6 Hamburgs Anschluß an das deutsche Zollgebiet, Verhandlungen zwischen Senat und Bürgerschaft, Nr. 2, Antrag des Senats an die Bürgerschaft vom 3. Juli 1882, Bericht der Senats-Commission für die Vorbereitung des Zollanschlusses, Hamburg 1882.

7 Zu dieser wiederholt aufgestellten Forderung vgl. z. B.: Antrag des Senats an die Bürgerschaft vom 3. Juli 1882. In: Hamburgs Anschluß (wie Anm. 6), S. 9; oder: Mitteilung des Senats an die Bürgerschaft, Nr. 130, Hamburg 8. November 1882, Bericht der Senats- und Bürgerschafts-Commission über den Generalplan und Generalkostenanschlag für die Ausführung des Anschlusses Hamburgs an das deutsche Zollgebiet, S. 527.

8 Benjamin verweist darauf, daß Haussmann selbst sich diesen Titel gegeben hatte. Vgl. Walter Benjamin, Das Passagen-Werk, Gesammelte Schriften, Bd. 5.1, 5.2, hrsg. von Rolf Tiedemann, Frankfurt/M. 1982, S. 57.

9 Alfred Lichtwark, Hamburg-Niedersachsen, Dresden 1897, S. 29.

10 Vgl. Bericht (wie Anm. 7), S. 544.

11 Vgl. zum Anstieg der Zahl der Nutzer des Hauses Neuer Wandrahm Nr. 6: Hamburgisches Adreßbuch (1869–1884).

12 Vgl. beispielsweise: Zur Hamburger Zollanschluß-Frage, anonyme Schrift, Verlag von Karl Grädener, Hamburg, Juli 1882, S. 3.

13 Vgl. Bericht der Senats-Commission, in: Hamburgs Anschluß (wie Anm. 6), S. 29.

14 Vgl. Maak (wie Anm. 1), Abb. 70.

15 Brief Versmanns an v. Melle, Hamburg 18. September 1882, in: StAH, Strom- und Hafenbau I 604 Bd. 2.

16 Vgl. zu George Westendarps Tunnelprojekt: George Westendarp, Project einer Personenbahn zwischen Hamburg und dem linkselbischen Freihafengebiete, in Verbindung mit einem Tunnel unter dem Elbstrom bei Hamburg, Hamburg Juni 1882.

17 Ebenda, Erläuterungsbericht, S. 4.

18 Vgl. Bericht (wie Anm. 7), S. 525.

19 Vgl. Walter Benjamin, Das Kunstwerk im Zeitalter seiner technischen Reproduzierbarkeit. In: Das Kunstwerk im Zeitalter seiner technischen Reproduzierbarkeit, 1931, (edition suhrkamp 28) 3. Aufl. Frankfurt/M. 1969, S. 46.

20 Detailvergrößerung, Anlage zu den Submissionsbedingungen für Block H, Januar 1888, StAH Plankammer.

21 Detailvergrößerung, Anlage zu den Submissionsbedingungen für Block E, August 1887, StAH Plankammer.

22 Hamburger Freihafen-Lagerhaus-Gesellschaft, Beitrag zur Festschrift der Wander-Versammlung deutscher Architecten- und Ingenieur-Vereine in Hamburg, Hamburg 1890, S. 22.

23 Deutsche Bauzeitung, Nr. 55, 12. Juli 1882, S. 322.

24 Deutsche Bauzeitung, Nr. 88, 3. November 1888, S. 535.

25 Brief F. A. Meyers an Senator Lehmann, vom 8. Oktober 1888, StAH, Strom- und Hafenbau I 827. Dem Freihafen zugewandt: «Das Alte stürzt, es ändert sich die Zeit, / Und neues Leben blüht aus den Ruinen.»

26 Für den östlichen Turm gefielen nach einem erneuten Briefwechsel zwischen F. A. Meyer und Lehmann schließlich: «Arbeit ist des Bürgers Zierde, / Segen ist der Mühe Preis.» Und «Tausend fleiß'ge Hände regen, / Helfen sich in munterm Bund.» Ebenda.

27 Vgl. Hamburg und seine Bauten, Hrsg. vom Architecten- und Ingenieur-Verein zu Hamburg, Hamburg 1890, S. 434 f.

28 Anlagen zu den Submissionsbedingungen vom Juli und August 1887, Block E und F, StAH Plankammer.

29 Detail zum Giebel am Wilhelminenplatz, Anlage zu den Submissionsbedingungen vom September 1885, Block J, StAH, Plankammer. Vgl. Maak (wie Anm. 1), Abb. 209.

30 Ausschnitt aus der Ansichtsskizze zu Block J, Anlage zu den Submissionsbedingungen vom September 1885, Block J und K, StAH, Plankammer.

31 Hamburger Handelsblatt, 26. September 1888.

32 Vgl. Urkunde zur Feier der Schlußsteinlegung in: Hamburgs Handel und Verkehr, Export-Handbuch der Börsen-Halle, Hamburg 1888/90, S. 130g.

33 Deutsche Bauzeitung, Nr. 105, 31. Dezember 1898, S. 677.

34 August Essenwein, Norddeutschlands Backsteinbau im Mittelalter, o. O. (1855), S. IX.

35 Vgl. über den Plan einer Hamburgischen Gewerbe- und Industrie-Ausstellung im Jahre 1889, Hamburg 1887.

36 Vgl. Deutsche Bauzeitung, Nr. 78, 28. September 1889, S. 472.

37 Maja Stadler-Euler, Eine Chance für die Speicherstadt als Künstlerstadt, Hamburg 11. Mai 1981. Das von M. Stadler-Euler vorgelegte Papier wurde am 27. Mai 1981 in der Sitzung des Kulturausschusses der FDP beschlossen.

38 Vgl. Hamburger Abendblatt, 4. Juni 1974.

39 Gespräch mit Rolf Spille, Hamburg 1983.

40 Vgl. Welt am Sonntag, 5. November 1978.

Bildnachweis

Archiv Käthe Hamann, Hamburg (12, 13).
August Essenwein, Norddeutschlands Backsteinbau im Mittelalter, o. O. (1855), (18).
Karin Maak (eigene Aufnahmen) (9, 10, 20, 21).

Gustav Schönermark (Hrsg.), Die Architektur der Hannoverschen Schule, Bd. 1–4, 1889–1892 (16).
Staatliche Landesbildstelle Hamburg (5).
Staatsarchiv Hamburg (1–4, 6–8, 11, 14, 15, 17, 19).

Heimat in der City

Die Wandlung des Stadtbildes in der Hamburger Innenstadt um die Jahrhundertwende

von Hermann Hipp

1868 fand in Hamburg erstmals eine jener Wanderversammlungen des Verbandes Deutscher Architekten und Ingenieure statt, denen wir die Reihe «Hamburg und seine Bauten» verdanken.[1] Im Gegensatz zur lokalen Selbsteinschätzung in dem aus diesem Anlaß veröffentlichten Bändchen zur Hamburger Architektur mit seinem ausgesprochen reduzierten Selbstgefühl in Bausachen[2] beschrieb damals der angesehene Berichterstatter der Deutschen Bauzeitung das Stadtbild für den Fremden als eindrucksvoll und eigenständig:

> «Mächtig und bedeutend wirkt schon der allgemeine Eindruck, den die Stadt ihrer Lage und Gruppierung nach, und in dem bunten Fluten und Treiben ihres Verkehrs und ihrer Arbeit gewährt. Unten der mächtige Strom, in dem Fluß und Seeschiffahrt ineinander übergehen, belebt von einer Unzahl von Schiffen aller Gattungen, ankernden und in Bewegung begriffenen; oberhalb die beiden anmutigen Wasserbecken der Alster. Dazwischen die alte Stadt, in ihrem mittleren und unteren Teile von zahlreichen Wasserläufen (Fleeten) durchzogen, die dem Verkehr zwischen Hafen und Speichern dienen; an den Seiten, auf die Höhenzüge des nördlichen Elbufers sanft emporsteigend – statt der Wälle, die sie ehemals schirmten, mit freundlich grünen Promenaden umgürtet. In den Vierteln dem Hafen zunächst, die von dem Brande des Jahres 1842 großenteils verschont blieben, krumme, enge Gassen mit alten, kleinen Häusern in dem malerischen Aufbau vergangener Jahrhunderte, – in dem neuen Teile, namentlich in den Umgebungen der Binnenalster, die langen, geraden Straßen, die hohen Häusermassen einer modernen Großstadt.»[3]

Hamburg stand bereits mitten in seiner Entfaltung als Großstadt des Industriezeitalters und dennoch beschreibt dieser Bericht das Bild einer Stadt als Netzwerk verschiedener Funktionen, ineinander verflochten und in der Dichte des Geflechts sehenswert.[4]

Ganz anders stellt sich das Stadtbild auf dem Höhepunkt der Prosperität vor dem Ersten Weltkrieg dar. Alle Berichterstatter heben jetzt ein Merkmal der hamburgischen Stadtstruktur als Besonderheit hervor,

1 Vogelschau auf Hamburg von Norden um 1870 (Lithographie, StAH)

127

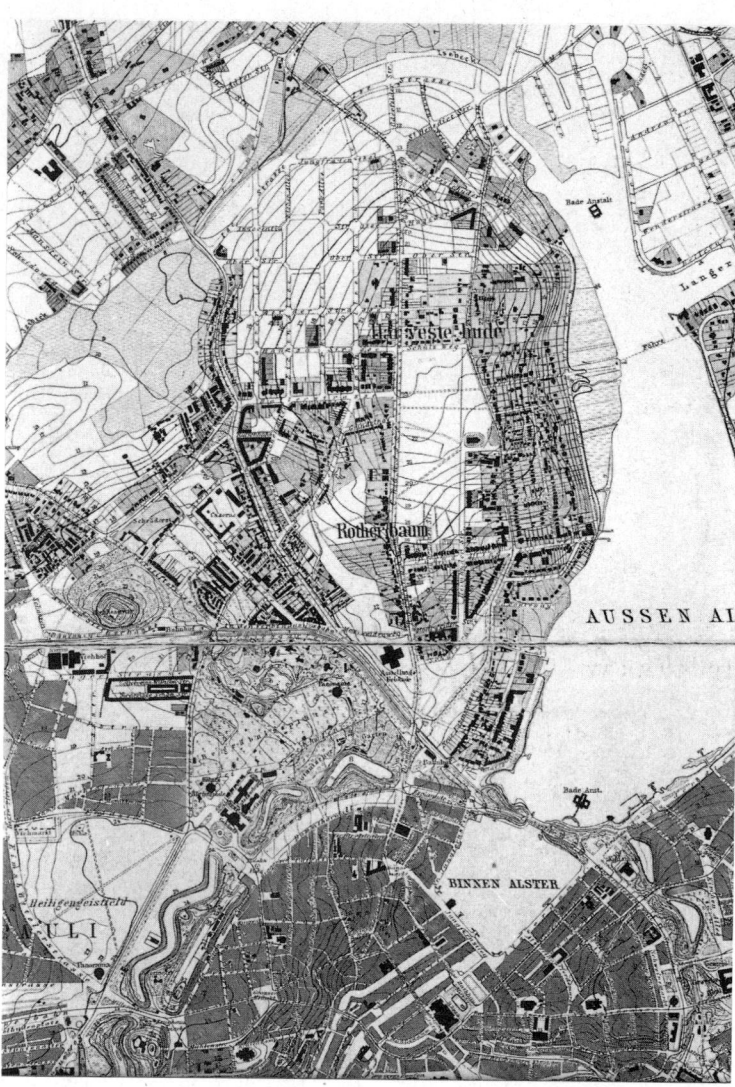

2 *Hamburg und seine Stadterweiterungsgebiete in den 1880er Jahren (Ausschnitt aus dem Amtlichen Vermessungsplan von 1882)*

die Citybildung: Die Großstadtbildung im Gefolge der Industriellen Revolution, verursacht durch die intensive Steigerung der Warenproduktion und des Warenaustausches, durch die Verlagerung der Produktion in die Städte und Ballungsgebiete, bringt auch für Hamburg im Laufe des 19. Jahrhunderts ein ungeheures Bevölkerungswachstum und einen entsprechend gesteigerten Bedarf an Flächen für Wohnen und Wirtschaft. Die Innenstadt allein genügt dafür nicht mehr. Vorbereitet durch den Ausbau der Vorstädte St. Pauli und St. Georg und endgültig ermöglicht durch die Aufhebung der Torsperre 1860/1861 (die bis dahin städtisches Leben in Hamburg de facto auf die Innenstadt beschränkt hatte) bilden sich ausgedehnte neue Wohnviertel in den ehemals ländlichen Gebieten beiderseits der Alster. Bis Eimsbüttel, Eppendorf, Winterhude, Barmbek und Eilbek ist die städtische Bebauung noch im 19. Jahrhundert gewachsen.[5] Nach wie vor bleiben aber Handel und Warenumschlag auf die alte Innenstadt beschränkt, ihre Ausdehnung erfolgt dort auf Kosten der verdrängten Wohnfunktion.

Dieser Prozeß ist im Weichbild aller Städte aller Größen im 19. Jahrhundert zu beobachten, er wird zum Gegenstand der neu sich entfaltenden Disziplin «Städtebau». Das dafür grundlegende Handbuch von Joseph Stübben, 1890 erschienen, ist ein Handbuch der Stadterweiterung.[6]

Anders verhält es sich mit den historischen Städten, die überall jetzt zu Innen-Städten werden: «Stadterneuerung», das war in Deutschlands Städtebau bis zur Jahrhundertwende nicht einmal ein Thema angesichts der allenthalben überragenden Bedeutung der Stadterweiterung für die Städte. Immerhin waren die Auswirkungen des Verkehrs auf die Altstädte unübersehbar, so daß auch der «Straßendurchbruch» durch die Innenstädte eine große Rolle spielte, freilich eher theoretisch, denn solche Durchbrüche waren in der Praxis eher selten und jedenfalls nie Grundlage eines wirklichen Stadtumbaus, wie z. B. in Haussmanns Paris oder in London.

«Nimmt eine Festungsstadt eine plötzliche Erweiterung vor oder findet bei einer offenen Stadt zeitweise eine starke Entwicklung nach außen statt, so hat diese Ausdehnung auch den entschiedensten Einfluß auf die Verkehrs-, Geschäfts- und Wertverhältnisse der inneren Stadt. Zuweilen treten zwar Verschiebungen ungünstiger Art ein [...]. In der Regel aber werden Verkehr und Geschäft befruchtet, die Werte gesteigert. Die Bautätigkeit am äußeren Rande der Stadt wirkt anregend auf die Baulust im Inneren; die Kapitalien, welche draußen erworben wurden, werden auch in der Altstadt werbend und verbessernd angelegt.»[7]

In diesem Grundlagenwerk ist also allein die Stadterweiterung Motor des Städtebaus und seine Folge die Bodenwertsteigerung der Innenstadt. Dies könnte man in Hamburg – etwa bei der Betrachtung der Wexstraße, der Colonnaden, der Kaiser-Wilhelm-Straße unmittelbar belegen.[8] Und dennoch ist hier damit die Citybildung nicht hinlänglich zu erklären, die als allgemeines Phänomen der großen Städte um 1900 bereits erforscht und beschrieben wurde. Dabei nahm Hamburg eine Sonderstellung ein. In der Hinsicht nämlich, daß die Stadt sich nicht nur erweiterte und in den Funktionen ihrer Teile spezialisierte, sondern daß diese Teile sich mehr als irgendwo sonst «rein», d. h. gänzlich monofunktional entwickelten.

Um die Jahrhundertwende hatte Hamburg bereits ein Stadium erreicht, das von Zeitgenossen als ungewöhnlich empfunden wurde und zum Vergleich mit amerikanischen und englischen Verhältnissen herausforderte, nämlich eine Struktur, für die die «weiträumige Trennung von Arbeitsstätte und Wohnstätte und die große räumliche Ausdehnung der Wohnbezirke» charakteristisch war.[9] Die Innenstadt – das alte Hamburg – war etwas ganz Neues geworden, eben eine «City».[10] Schimpff beschreibt die Innenstadt 1903 so:

> «Die Geschäftsstadt («City») umfaßt den größeren Teil der Altstadt und greift auch auf die angrenzenden Teile der Neustadt und des Hammerbrook hinüber. Der südlichste Teil, etwa begrenzt von Hafen, Burstah und Steinstraße, enthält die mit dem Außenhandel in Beziehung stehenden Bureaus und die Kaufmannshäuser mit ihren an die Fleete anstoßenden Speichern. Die Geschäftsstadt dehnt sich besonders nach NW aus und wird bald den ganzen Stadtteil bis zur Binnenalster und den Wallanlagen umfassen [...]. Die Gegend zwischen Burstah und Binnenalster ist den Läden und den Inland-Großgeschäften vorbehalten; in dem zwischen Kaiser-Wilhelmstraße und Dammtorbahnhof belegenen Teil der Neustadt befinden sich viele gewerbliche Bureaus.»[11]

Die Verdrängung der Wohnungen in der Innenstadt durch Geschäftshausnutzung/Kontore folgte etwa der Stadterneuerung durch den großen Brand und sparte die ältere Altbausubstanz, insbesondere in den Geestbereichen (also u. a. Steinstraßenbereich) aus. Die nach 1842 zusammenhängend errichteten neuen Wohnbauten begünstigten diesen Vorgang durch ihre hohe bautechnische und repräsentative Qualität sowie ihr meist umfangreiches Raumangebot im Gegensatz zu der verbrauchten und verwinkelten Fachwerkstadt, die umgekehrt als Wohnort der innenstadt- und hafengebundenen Unterschichten eine letzte ‹Karriere› erlebte.[12] Vor allen Dingen bot das nach 1842 neue geordnete Viertel auch mit geraden, breiten Straßen und der Nähe zur Alster eine moderne, attraktive Infrastruktur.

Nach dem ersten Weltkrieg setzte sich die Unsicherheit in der planerischen Anerkennung der als gleichsam naturwüchsiger Prozeß stillschweigend akzeptierten Citybildung bedingt fort: Für das Sanierungsgebiet südlich der Steinstraße wurde weiterhin um einen wenn auch kleinen Anteil an Wohnungen gestritten. Die Fachleute waren sich aber völlig einig:

> «Wie der vorliegende Bebauungsplan klar erkennen läßt, ist der neue Stadtteil vornehmlich zur Bebauung mit Geschäfts- und Kontorhäusern bestimmt. Der Bau von Wohnungen soll zwar nicht grundsätzlich ausgeschlossen sein, wird aber bei der Hochwertigkeit des Baugrundes nicht in wesentlichem Umfang in Frage kommen. Hamburg hat das unbedingte Bedürfnis, die Citybildung im Interesse seines Handels zu fördern, für die gerade dieses in günstiger Lage zwischen Hauptbahnhof und Hafen gelegene Gelände vornehmlich in Frage kommt. Diese Citybildung der inneren Stadt ist schon seit langer Zeit in der Abwanderung der Bevölkerung in die Vorstädte festzustellen. Die Wohnbevölkerung der gesamten Innenstadt verringerte sich in den Jahren von 1890 bis 1925 um 50 %, im Teilgebiete der Altstadt sogar um 75 %. Es entspricht daher durchaus der natürlichen Entwicklung der Handelsstadt, wenn dieses Gebiet künftighin für Wohnungszwecke nur in beschränktem Umfange wieder zur Verfügung gestellt wird.»[13]

Kehren wir hier zurück zum Zeitpunkt des Zollanschlusses 1881/1888.

Jahrhundertelang hatte zunehmende Erleichterung des Transithandels den hamburgischen Seehandel begünstigt. Nach der Einrichtung des Norddeutschen Zollvereins und selbst nach der Gründung des Deutschen Reiches 1871 blieb Hamburg praktisch mit seinem gesamten Gebiet Freihafen und damit gegen das Deutsche Reich Zollausland. Als 1881 schließlich unter dem Druck Bismarcks der Anschluß Hamburgs an das Zollgebiet des Reiches für 1888 vereinbart wurde, wurde der Stadtteil und der Hafen jenseits des Zollkanals zum Freihafen erklärt. Dieses Ereignis kann in seiner krisenhaften Bedeutung für politisches Selbstbewußtsein aber auch das Alltagsleben Hamburgs und seine Wirtschaft nicht überschätzt werden.[14] Der beispiellose ökonomische Aufschwung in den Jahren bis zum ersten Weltkrieg heilte freilich bald alle durch dieses Ereignis geschlagenen Wunden. Für die Entwicklung Hamburgs und zumal seiner Innenstadt brachte es den entscheidenden Impuls.

24 000 Einwohner wurden umgesiedelt, an der Stelle ihrer Wohnhäuser entstanden in neugotischer Backsteinarchitektur die Freihafenlagerhäuser als eine neue «Speicherstadt». Sie ist bis heute das Denkmal dieses Ereignisses, durch seine schiere Größe und die Geschlossenheit seiner architektonischen Gestaltung eben als «Stadt» von dichtester Aussage und Eindruckskraft.[15]

Aber die Speicherstadt ist nicht die einzige architektonische Folge des Zollanschlusses: Man muß sich vielmehr vergegenwärtigen, daß mit diesem gewaltsamen Schnitt in der Stadtentwicklung erstmals ein erheblicher Teil der Gesamtstadt, buchstäblich ein Stadtteil, auf einen Schlag monofunktional definiert worden ist. Man kann annehmen, daß dies Ergebnis im Rahmen einer gleichmäßigeren Entwicklung sowieso irgendwann erreicht worden wäre. Die alles beherrschende Monofunktion des Hafens ist auf Grund geographischer und technischer Bedingungen ja kaum anders denkbar, als sie eingetreten ist. Dennoch ist festzuhalten, daß gerade die vorausgegangene Entwicklung des Hafens sich als ein integriertes, ineinander verflochtenes Koexistieren aller in der Stadt anfallenden Funktionen beschreiben läßt, etwa am Bei-spiel der baulichen und funktionalen Struktur von Wandrahm und Kehrwieder.

Der romantische Inhalt der «Stadt»-Metapher der Speicherstadt ist dort augenfällig mit Stadttorreminis-zenzen und einer mittelalterlichen Formenwelt – könnte man vermuten.[16] Er ist vielleicht auch ganz vordergründig durch die Einheit der – in der Stadt sonst damals für Neubauten seltenen – Backsteinflä-chen für die riesigen Gebäudekomplexe zu erklären. Wobei beides nicht voneinander zu trennen ist.

Wie auch immer: Das entscheidende Phänomen ist, daß sie sich eindeutig von der wirklichen bisherigen Stadtarchitektur unterscheidet, die genau jetzt sich sogar neu definiert durch die Entwicklung der Baugat-tung «Kontorhaus» und damit auch der alten Innen-stadt selbst sinnlich erfahrbar einen neuen Inhalt gibt.

Zunächst scheint es so gewesen zu sein, daß das ham-burgische Kontorwesen eher zurückgeblieben war. So beschreibt 1895 die Baugewerks-Zeitung das ge-schäftliche Lokalkolorit:

«Der Fremde, welcher in früheren Jahren nach Hamburg kam, um seine Geschäftsfreunde zu besuchen, wird sich häufig gewun-dert haben, wenn er, selbst bei den reichsten Kaufleuten, Komp-toire sah, welche den Anforderungen der Hygiene in keiner Weise entsprachen. Halbdunkel und Staub schienen die Erfor-dernisse einer Komptoir-Lokalität zu sein, in welcher mit Erfolg gearbeitet werden sollte, während in den Privatwohnungen Luft und Licht die ersten Bedingungen einer vornehmen Häuslich-keit waren.»[17]

In dieser Schilderung wird deutlich jener Zustand er-kennbar, der seit Aufhebung der Torsperre eingetre-ten war: Die alten Kaufmannshäuser der Innenstadt wurden von ihren Besitzern als Wohnhaus aufgegeben einerseits zugunsten einer sich ausdehnenden rein ge-schäftlichen Nutzung (aber dann notdürftig im alten Gehäuse), andererseits zugunsten des Wohnens in neu errichteten Wohnhäusern der Stadterweiterungs-gebiete.

Bis ins 19. Jahrhundert hinein waren Verwaltung, Handel, Speicher und Wohnen in der Innenstadt – meist in ein und demselben Gebäude, eben dem alt-hamburgischen «Bürgerhaus» – in Symbiose verei-nigt.[18] Jetzt bleiben als dominierend nur noch die pri-vate Verwaltung und der Handel (bzw. dessen Finan-zierung) im «Kontor» und öffentliche Einrichtungen zurück. Zunächst werden vorhandene Gebäude in diesem Sinne umgenutzt, meist vom Wohn- zum Ge-schäftshaus; in Neubauten werden zunehmend Ge-schäfts- und Kontorräume mit Wohnungen kombi-niert (Beispiele dafür sind vor allem am Rödings-markt, Schopenstehl, Zippelhaus/Bei den Mühren, Kleine Reichenstraße und Hopfensack erhalten[19]). Möglicherweise hätte die Tradition sich auch deshalb noch lange gehalten, weil die Neigung zu alten, engen, aber angestammten Kontoren offenbar eine Rolle spielte (die Frage von Mentalitäten müßte überhaupt

für den Citybildungsprozeß im Zusammenhang ge-prüft werden). – Die Lage 1890 faßt «Hamburg und seine Bauten» zusammen:

«In den Etagenhäusern dienten die unteren Geschosse, Keller und Erdgeschoß, schon früher vielfach Geschäftszwecken. Be-züglich der Häuser in der inneren Stadt hat sich das Verhältnis zwischen Wohnung und Geschäftsraum nach und nach umge-kehrt. Durch Um- und Neubauten sind aus den Etagenhäusern Geschäftshäuser geworden, d. h. Gebäude, die vornehmlich dem Handel, der Industrie oder dem Gewerbe dienen, in den obersten Stockwerken, drittes und viertes Obergeschoß, aber noch Wohnungen enthalten. Jedoch ist in der Neuzeit auch eine große Anzahl von Bauten entstanden, welche ausschließlich Ge-schäftshäuser sind. Dieselben dienen entweder ganz dem Zwecke eines einzelnen Betriebes, z. B. dem einer Bank, einer Versicherungsgesellschaft, einer Reederei, oder sie werden ab-teilungsweise (in Gelassen) zu Kontoren, Lägern, Läden usw. vermietet. Außer Dienstwohnungen pflegen in diesen Gebäu-den keine Wohnungen zu sein. Eine Type des modernen Ge-schäftshauses hat sich noch nicht herausgebildet; ob sie sich spä-ter findet, erscheint im Hinblick auf die außerordentlich ver-schiedene Bestimmung solcher Gebäude recht fraglich.»[20]

Die Entwicklung war damit unklar, offen. Sie bedurfte eines klaren Impulses. Und der war schon gegeben: Oft genug ist kritisch die Tatsache hervorgehoben worden, daß durch die Beseitigung von Wohnhäusern im Bereich des neu anzulegenden Freihafens 24000 Bewohner disloziert wurden, wie es hieß.[21] Tatsäch-lich handelte es sich aber bei diesem Verdrängungs-vorgang nicht nur um die Vernichtung von Wohn-raum, sondern auch um die von Wirtschaftsraum. Der Abbruch der alten Speicher konnte nun zwar ausgegli-chen werden durch die neuen Freihafenlager. Nicht aber die Kontore. Die Einwohner konnten in die Stadterweiterungsgebiete – seien es die Stadthäuser in Harvestehude für die Bessergestellten oder die Eta-genhäuser Eimsbüttels oder Barmbeks – ausweichen. Die Kontore aber versuchte man in der Innenstadt zu halten. Sie brauchten die beiden Bezugspunkte Börse und Hafen in unmittelbarer Nähe, und das heißt fuß-läufiger Nähe.

Um Dichte und Maßstab der City wirklich zu verste-hen, muß man sich vergegenwärtigen, daß sie eine Fußgängerstadt war. Es ist gar nicht zu überschätzen, in welchem Maße der Fußgänger das Geschäftsleben in der Zeit der Errichtung dieser Häuser bestimmte – nicht (nur) der Flaneur, nicht (nur) der Kunde der Lä-den, sondern gerade der Geschäftsmann. Dazu ge-hörte die ständige Kommunikation mit anderen Kon-toren ebenso wie die mit Anwälten, Maklern und Be-hörden. Dazu gehörte insbesondere auch der tägliche Gang zur Börse und zurück, der zu Post und Hafen.[22]

«Wie auch überall in anderen Großstädten, so erwies sich beson-ders in Hamburg die Verbindung von Lager, Kontor und Woh-nung mit der Zeit unpraktisch und unmöglich, namentlich seit der im Jahre 1888 durchgeführte Anschluß Hamburgs an das deutsche Zollgebiet die Stadt in ein Freihafengebiet und ein Zollgebiet trennte. Ein sehr großer Teil des Stadtgebietes, der die schönsten und reichsten Kaufmannshäuser der älteren Zeit enthalten hatte, die übrigens zum Wohnen schon seit einiger Zeit

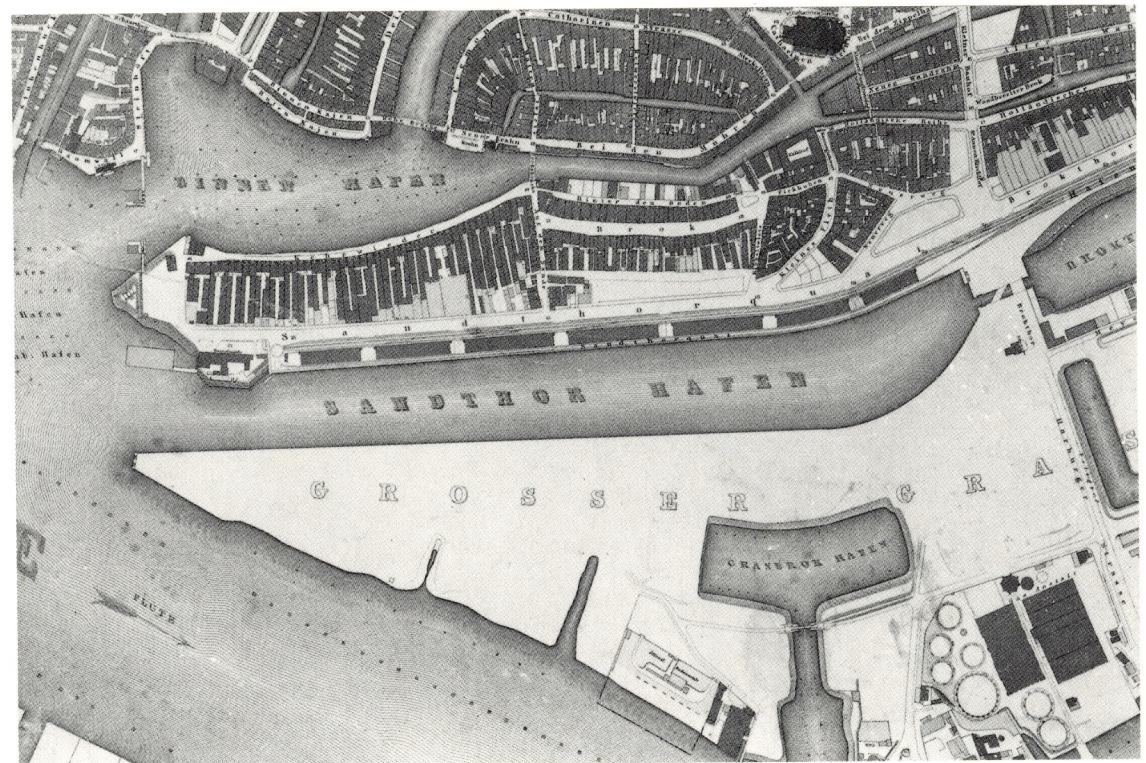

3 *Grasbrook 1868 mit Sandtorhafen (Ausschnitt aus dem Amtlichen Vermessungsplan 1 : 20000 von 1868). Die neu angelegten Hafenbecken gehören noch zur Stadt, deren Bebauung sie unmittelbar tangiert.*

kaum mehr dienten, wurde als Freihafengebiet völlig umgewandelt und enthält jetzt ausschließlich Speicherbauten. Nur die Lagerkontore sind hier vorhanden, und die Wohnungen sind mit verschwindenden Ausnahmen gänzlich verboten. Die Wohnungen der Kaufleute sind fast durchweg aus der engen, rußgeschwärzten inneren Stadt in die Außenbezirke und Vororte verlegt worden, während sich die Kontore immer mehr um das Herz des Handels, die Börse, angesiedelt haben.»[23]

Zunächst wirkte sich der Impuls der Zollanschlußbauten in einem einzelnen Ereignis aus, das dennoch zum Paukenschlag werden sollte, nämlich dem Bau des Dovenhofes 1885/86.[24]
Ausgehend von diesem Gebäude – von Anfang an fast schon in Vollendung ausgebildet und von englischen bzw. amerikanischen Vorbildern abgeleitet – verbreitet sich in der Innenstadt mit großer Schnelligkeit ein völlig neuer Bautyp, der so spezifisch hamburgisch ist wie früher das «Bürgerhaus»: das hamburgische «Kontorhaus». Mit zentralen Verkehrs- und Versorgungseinrichtungen einerseits und frei einteilbaren Geschossen andererseits bietet es seitdem die ideale Voraussetzung für eine flexible Unterbringung der hamburg-typischen Handelsfirmen-Kontore ebenso wie für die zahlreichen anderen mit der Hamburger Wirtschaft zusammenhängenden Unternehmen (Makler, Anwälte, Vertreter, Spediteure usf.).

«Das Gebäude liegt im Mittelpunkt der Geschäftsgegend an drei Straßen, die durch den bevorstehenden Zollanschluß an Verkehr und Bedeutung wesentlich gewinnen werden. Es dient hauptsächlich der Aufnahme kaufmännischer Komptoirs und Waarenlager und soll dem vielfach gefühlten Bedürfnis nach ge-

sunden, hellen, feuersicheren und gut angelegten Geschäftsräumen abhelfen, welcher hier bisher vermöge der dichten Bebauung der inneren Stadt zu den Seltenheiten gehörten. Das Unternehmen erfreut sich denn auch bis jetzt eines unerwartet günstigen Erfolgs. Sämtliche Räume sind zu verhältnismäßig hohen Preisen vermietet, so daß der Ertrag dem Eigentümer, Herrn Heinrich von Ohlendorff, eine reichliche Verzinsung des nicht unerheblichen Anlagekapitals in Aussicht stellt.»[25]

Martin Haller, der dies berichtet, war als Architekt des Dovenhofes der eigentliche Schöpfer und Initiator dieser Gebäudegattung. Diese Inkunabel des Kontorhauses wurde übrigens 1967 abgerissen.

«Charakteristisch für diese Häuser ist die den Wünschen der späteren Mieter in weitgehendster Weise Rechnung tragende innere Einteilung. Neben der Anlage der erforderlichen Treppen, Aufzüge und Klosettgruppen bleibt der ganze übrige Raum frei, und die Konstruktion der Zwischendecken ermöglicht die spätere Einfügung von Zwischenwänden ganz nach den Wünschen der betreffenden Mieter. Wohnungen werden in solchen Häusern, mit alleiniger Ausnahme der Kastellanswohnung, die meistenteils im Keller untergebracht ist, nicht angelegt. Die hierdurch in erhöhtem Maße gewährleistete Aufrechterhaltung von Ordnung und Sauberkeit, sowie die größere Feuersicherheit machen die Benutzung für die Mieter angenehmer und gestalten die Anlage dadurch zu einer rentablen. Da die Maße für die in den Komtoiren üblichen Pultgruppen nicht sehr schwankend sind, so sind die Fensterachsenteilungen von vorne herein gegeben, und das Planen sowie der Kostenanschlag ist verhältnismäßig schnell und leicht zu machen.»[26]

Gemessen an der folgenden Entwicklung des Kontorhauses war der Dovenhof bei seiner Planung und Errichtung übrigens noch nicht in jeder Hinsicht konsequent durchgebildet: Insbesondere waren die Ge-

131

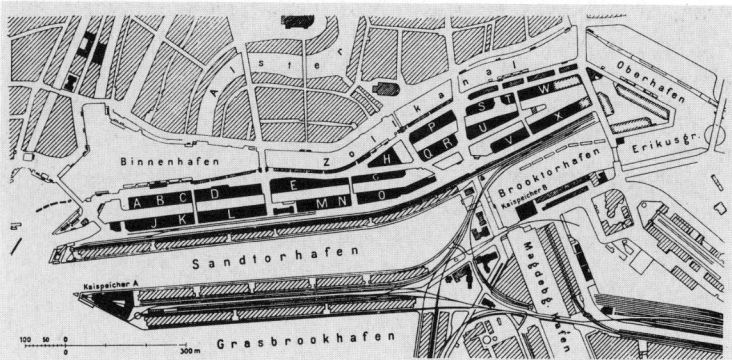

4 Lageplan der »Speicherstadt« aus »Hamburg und seine Bauten«, 1914, Bd. 2,
S. 77. Die monofunktionale, städtebaulich geschlossene Gesamtanlage grenzt sich
– durch die Aufgabe bedingt – von der Stadt scharf ab (vgl. Bild 3).

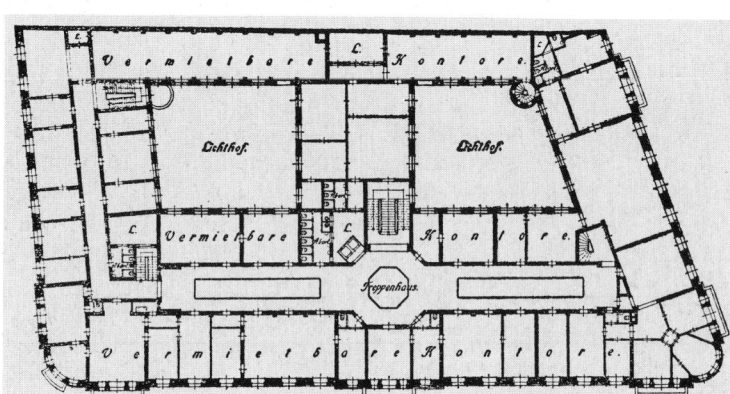

5 Das Anlageschema des alt-hamburgischen Bürgerhauses: 1–4 und 7 Diele mit abgeteilten
Kontorräumen, 5 und 8–10 sowie 12 Wohnräume, 6 und 11 Speicher und Lagerböden
(Rudhard, Abb. 29, S. 53; wie Anm. 18)

6 Grundriß des »Dovenhof«, des ersten Hamburger Kontorhauses, erbaut 1885/86 nach Entwürfen von Martin Haller (Kontorhaus, Tafel 1; wie
Anm. 28)

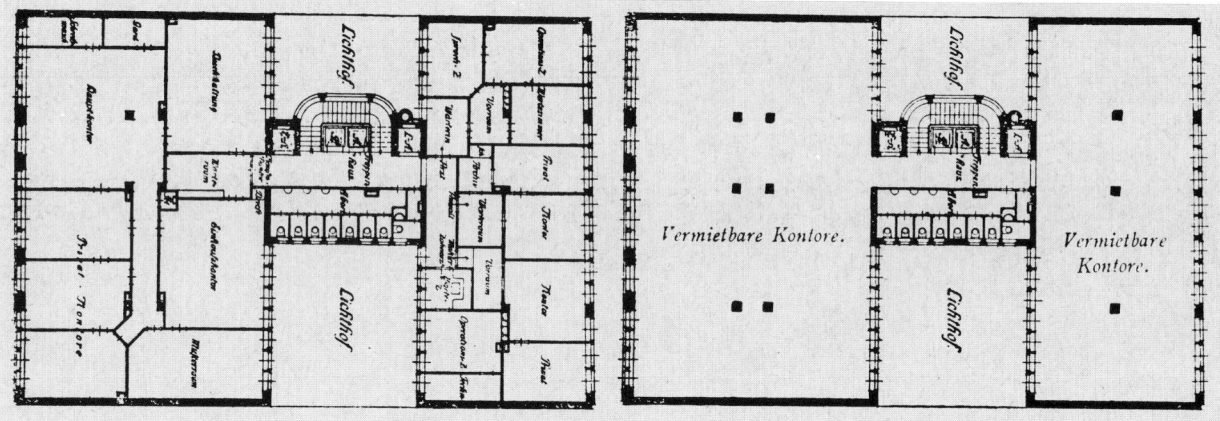

7 Grundrisse des »Hildebrandhauses« Neuer Wall 18, erbaut 1907 nach Entwürfen von George Radel und Franz Jacobssen. Die
Geschoßflächen sind möglichst von Stützen freigehalten und werden individuell nach Bedürfnissen der Mieter aufgeteilt. Treppenhaus und
Sanitäreinrichtungen sind im Kern des Gebäudes konzentriert (Kontorhaus, Tafel 30; wie Anm. 28).

schosse zwar im Prinzip frei verplanbar, mußten aber
schon während der Errichtung endgültig eingeteilt
werden. Einmalig blieben auch seine mit Galerien
umgebenen Lichthöfe. – Schließlich war sein Äußeres
als Mauerwerksbau mit Sandsteingliederung in Formen der Renaissance ein charakteristischer «Pa-
lazzo», der in nichts auf seine besondere Zweckbe-
stimmung hinwies, wie dies bei den späteren Pfeiler-
bauten der Fall war. Vielmehr hielt er sich völlig im
Rahmen der Konvention bürgerlicher Repräsenta-

tionsarchitektur, wie sie in dieser Zeit vor allem im
Wohnbau allgemeinverbindlich war.[27]
Bereits 20 Jahre später, im Jahre 1909, konnte der Ar-
chitekten- und Ingenieurverein zu Hamburg («AIV»)
seinen 50. Geburtstag mit der Herausgabe des Werkes
«Das Hamburger Kontorhaus» begehen.[28] Hatte es
noch um die Jahrhundertwende den Begriff «Kontorhaus» gar nicht gegeben, so wird er jetzt zum Namen
einer bereits voll in Blüte stehenden Gattung. Die in
dem Buch dargestellten Bauten werden künftig in

den deutschsprachigen Handbüchern zum Bürohaus zitiert.[29]

So faßt der AIV 1909 die Entwicklung zusammen: Konsequent entwickelt sich seit den 1880er Jahren der hamburgische Bautyp des «Kontorhauses», des Groß-bürohauses mit flexibler Geschoßeinteilung für die zahlreichen, im einzelnen relativ kleinen Im- und Ex-portfirmen, Makler, Reeder, Vertreter und Spedi-teure, Anwälte und Versicherer usw., die die Wirt-schaft der Handelsstadt bestimmen. Ganze Viertel er-halten durch das Kontorhaus ein neues Gesicht. – Das moderne Bild der Innenstadt ist Folge dieser Entwick-lung.[30]

Dieser Prozeß wird noch verstärkt und unterstrichen durch die gestalterische Ausformulierung des Kontor-hausbaus:

Die stilistische Entwicklung gibt dem Kontorhaus bald eine eigenständige, von der genannten Formen-Konvention der Neorenaissance wegführende Ent-wicklung. Dies ist in erster Linie durch die neuen Bautechniken bedingt: Durch Stahl- und Stahlbeton-konstruktionen werden wirklich frei einteilbare großflächige Geschoßflächen möglich, die tragenden Pfeiler werden an die Außenseite gelegt und im Ver-kehrs-/Versorgungskern konzentriert. Dadurch er-gibt sich ein neues Erscheinungsbild; die Fassade des Kontorhauses ist fortan bestimmt durch vertikale Gliederungselemente. Zunächst übrigens noch mit breiten Fensterachsen, dem Versuch der Rhythmisie-rung durch Haupt- und Nebengliederungen. Um 1900 geht man aber schnell über zur gleichmäßigen, immer dichteren Reihung schmaler Achsen, die die freie Ein-teilung der Geschosse immer weniger einschränken. Das formale, «künstlerische» Erscheinungsbild der Oberflächenbehandlung und Dekoration dieser Ge-rüstfassaden ermöglichte in dieser Phase des Späthi-storismus, des Jugendstils und der beginnenden Re-formbewegung eine große Vielfalt der formalen und materiellen Fassadenbehandlung, ja es forderte sie heraus, denn im Gegensatz zum bis dahin seit Jahr-hunderten konventionellen Mauerwerksbau konnten Vorprägungen nicht mehr ohne weiteres übernom-men werden. Späthistoristische Renaissance- und Ba-rockdekoration an nun dünnen Pfeilern, Jugendstil-zierat, beides in Werkstein-, Misch- und Putzbau-weise, werden erprobt. Häufig wird versucht, durch die Verwendung kostbarer natürlicher oder künst-licher Verkleidungsmaterialien (Werkstein, Keramik, für Teile Bronze, später Klinker) repräsentative Fas-saden zu erzielen. Dazu gehören die überaus bedeut-samen Versuche mit glasierter Keramik der Architek-ten Frejtag & Wurzbach.[31] Diese gestalterischen Be-mühungen geben in den beiden ersten Jahrzehnten je-dem Haus ein unverwechselbares, eigenes Gesicht, insgesamt jedoch ein ausgesprochen buntes Bild des Kontorhauses. Erst um 1910 ist die klassische Form erreicht; sie läßt nur noch werksteinverkleidete und Backsteinbauten nebeneinander bestehen.

Zugleich entwickelt sich übrigens eine ausgeprägte Konvention des Zulässigen im gestalterischen Auf-wand: Wie im Typus, so ist auch in dieser Hinsicht die Fassadengestaltung der Kontorhäuser in einem uner-wartet hohen Maße einheitlich – auf einem bürger-lichen mittleren Niveau, ohne gewisse Grenzen zu überschreiten und Prunk zu entfalten, aber auch ohne eine selbstverständlich hohe Qualität aufzugeben. In gewissem Sinne tragen die Fassaden denselben «City-Anzug» wie die meisten ihrer Nutzer.

«Für das Bureauhaus ist repräsentative Monumentalerschei-nung in der Fassadenführung zu fordern. Den Firmen, die sich hier einrichten, darf nach außen hin würdige Ausstattung ihrer Wirkungsstätte nicht fehlen. Doch auch das Gegenteil, übertrie-ben luxuriöse Bauausführung wäre Entstellung des Bureauhaus-typs. Wo im Innern höchste geschäftliche Intelligenz und Ener-gie Werte schafft, ziemt sich für das Baugepräge nur die Straff-heit der Zweckarchitektur, nicht aber der fürstliche Prunk des Palastbaues.»[32]

War die Citybildung zunächst ein struktureller Pro-zeß, überwiegend durch Umnutzung vorhandener Gebäude vollzogen, so ging sie jetzt in einen Stadtum-bau über: Seit Entfaltung des Kontorhauses brachte die Citybildung die Zerstörung jeder älteren Spur in den betroffenen Gebieten. Nicht nur wurde die Archi-tektur abgebrochen und ersetzt. Auch die Maßstäbe und die Körnung des Stadtbildes wandelten sich radi-kal.

In den älteren Stadtplänen Hamburgs beeindruckt vor allem, wie gleichmäßig der alte Parzellenrhythmus die Viertel der Innenstadt prägte – gleichsam der ratio-nale Ausdruck einer seit alters planmäßigen Besied-lung wie auch von bürgerlicher Gleichheit, die bei allen oligarchischen Zügen der Verfassung das Be-wußtsein der Stadtrepublik trug. Jetzt wird dieses Par-zellenmuster schmaler tiefer Grundstücke restlos beseitigt.

Aufgezehrt werden die Blockinnenflächen, die selbst in den extremsten «Gängevierteln» noch menschlich nutzbare Freiräume waren. Jetzt erhalten sie allen-falls noch von schmalen Schächten ihr Licht.

Beispielhaft zeigt sich der Umschichtungsprozeß am Viertel zwischen Poststraße und Jungfernstieg. Zu-sammen mit Bankneubauten und schließlich auch Wa-renhäusern verdrängen die Kontorhäuser die vorhan-dene Bebauung vor allem im Bereich des ehemaligen Brandgebietes – dort gab es die erforderlichen moder-nen Straßen – und ausstrahlend von der Stadtmitte um Börse und Rathaus.

Durch diese Kontorhäuser tritt an die Stelle einer viel-fältig genutzten Altstadt eine moderne Geschäfts-stadt. Aus der Innenstadt wird zu einem wesentlichen Teil auch sinnlich erfahrbar die «City», jetzt nicht nur durch Nutzungswandel, sondern durch ein neues Stadtbild auf Kosten des alten Hamburg. Dieses neue Stadtbild hat auch den Zweiten Weltkrieg und den Wiederaufbau in seinen Grundzügen überstanden;

8 Ansicht des »Hildebrandhauses«. Die außenliegenden Stützen des Kontorhauses (vgl. Bild 7) führen zu einer Dominanz der Vertikalgliederung der Fassade (Kontorhaus, Tafel 30; wie Anm. 28).

9 Ansicht Poststraße 33/35. – Gegenüber dem selbst schon die ursprüngliche Bebauung verdrängenden gründerzeitlichen Etagenhaus wird der völlig neue Maßstab drastisch sichtbar, den die Kontorhäuser in die Innenstadt bringen (Aufn. d. Verf.).

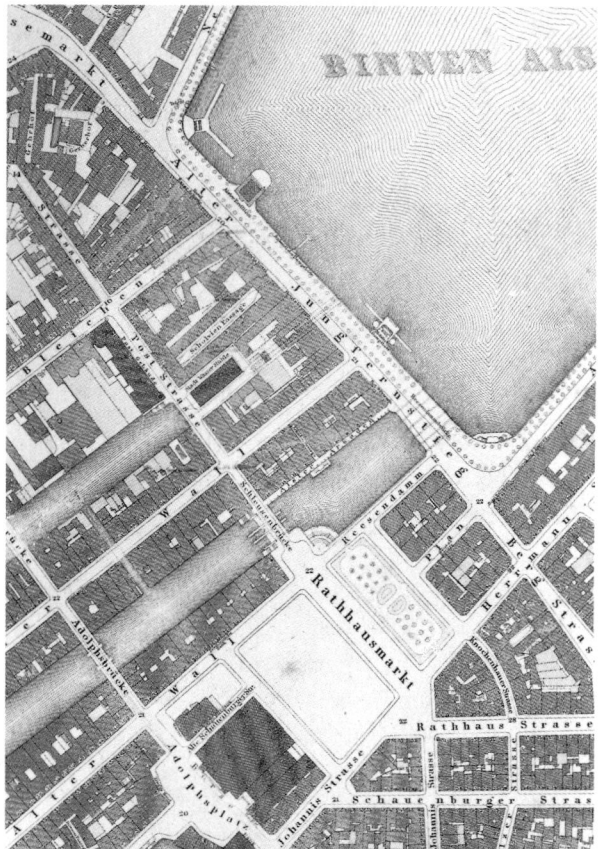

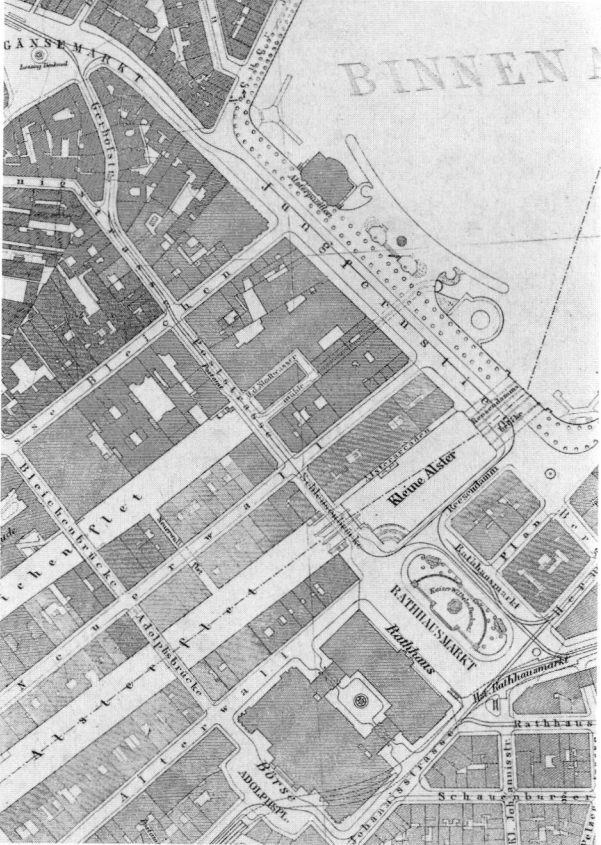

10 Die Grundstücksaufteilung im Bereich Neuer Wall/Poststraße 1868 (Ausschnitt aus dem Amtlichen Vermessungsplan 1 : 4000 von 1868)

11 Die Grundstücksaufteilung und Bebauung im selben Bereich um 1910 (vgl. Bild 10)

12 Ansicht des Rappolthauses an der Mönckebergstraße, erbaut 1911/12 nach Entwürfen von Fritz Höger (zeitgen. Aufnahme, MusHG)

13 Ansicht des »Chilehauses«, erbaut 1923–1924 nach Entwürfen von Fritz Höger. Das Chilehaus im »Kontorhausviertel« bildet den Höhepunkt der Kontorhausentwicklung und ist zum Hamburger Wahzeichen geworden.

14 Ansicht des Kontorhauses Ballindamm 5, »Haus Propfe«, erbaut nach Entwürfen von Rambatz & Jolasse 1904 (Aufn. John Thiele 1904, MusHG)

knapp 200 Kontorhäuser aus der Zeit zwischen 1885 und 1930 bestehen noch in der Innenstadt.[33]

Für die zwanziger Jahre – die Zeit der Entstehung des «Kontorhausviertels» in der südlichen Altstadt mit dem Chilehaus als Höhepunkt des Hamburger Kontorhauses schlechthin[34] – konnte Wilhelm Melhop in seiner Topographie zusammenfassen:

> «In dem sich allmählich entvölkernden Stadtkern wächst das Hamburger Kontorhaus empor, dessen Entwicklung bereits in den 80ern des 19. Jahrhunderts einsetzt. Hierbei ist aus dem verstandesmäßig konstruktiv aus innerlich begründeter Notwendigkeit zusammengefügten Eisenbetongebäude unter Vermeidung jeder unnützen Ausschmückung eine neue Baurichtung hervorgegangen, deren Wesen darin besteht, daß sie den Bedürfnissen des Handelsverkehrs formvollendete Befriedigung schafft, bei dem die Nützlichkeit allein das Wort hat. Das neuzeitliche Hamburger Geschäfts- und Kontorhaus gehört zu den bedeutendsten Leistungen der bürgerlichen Architektur der letzten Jahrzehnte und hat angefangen, das Stadtbild in wohltuender Weise zu bestimmen.»[35]

Ein Vergleich mit anderen deutschen Großstädten zeigt, daß die Umwandlung der Innenstadt in eine konzentrierte City wie auch vor allem die Ausbildung eines so zweckentsprechenden Architekturtypus' wie des Hamburger Kontorhauses außergewöhnlich und hamburg-typisch wie kaum eine andere städtebauliche und architektonische Leistung Hamburgs ist.[36] Wenn man so will, erreicht in ihnen die von ihren Anfängen an zu beobachtende konsequente Nutzungsorientierung der Stadtgestalt ihren Höhepunkt, wie das «Alt-Hamburger Bürgerhaus» als Organismus ihre konsequente Ausprägung für die Zeit vor der Industriellen Revolution war.

Dieses Ergebnis der Betrachtung von Kontorhaus und Citybildung aus heutiger Sicht hat die Besonderheit für sich, daß es völlig übereinstimmt mit der Selbsteinschätzung der Zeit, jedenfalls bei Architekten und bei der veröffentlichten Kritik.

Alfred Löwengard, der jene AIV-Festschrift von 1909 bearbeitet hatte, resümierte fünf Jahre später:

> «Für das reine Kontorhaus, zu dem natürlich auch alle Kontorhäuser, die außer Kontoren Lagerräume und im Erdgeschoß Läden enthalten, gerechnet werden müssen, hat sich allmählich eine ganz eigene Form für die Außen- und Innengestaltung herausgebildet, die einzig und allein aus den Zwecken dieser Gebäudeart und dem Bestreben, diesen Zwecken bis aufs äußerste zu dienen, hervorgegangen ist, ohne irgendwelche geschichtliche oder sentimentale Seitenblicke. Der Zweck hat also hier die Form gestaltet, und da die Bedürfnisse, denen diese Kontorhäuser zu dienen haben, die der Hamburger Geschäftswelt sind, so kann man sagen, *daß die auf der angedeuteten Grundlage entstandenen Bauten den Anspruch erheben dürfen, ihrer Gestaltung nach als bodenständig und heimatberechtigt* zu gelten, genau so gut, wie man diese Eigenschaften den Bauten früherer Zeiten, die aus der Eigenart und den Bedürfnissen der damaligen Bevölkerung hervorgegangen sind, zuerkennt. Voraussetzung ist hierbei natürlich, daß *nicht durch die Verwendung landfremder Einzelheiten* solche Eigenschaften wieder zunichte gemacht werden.»[37]

Der Topograph und Historiker Wilhelm Melhop stellte das Bürgerhaus der vorindustriellen Epoche in den Mittelpunkt seiner «Alt-hamburgischen Bauweise», die 1908 erstmals eine analytische Zusammenfassung Hamburger Baugeschichte bot.[38] Die beiden jungen Baubeamten Albert Erbe und Christoph Ranck hatten 1911 als Dokumentation meist schon abgerissener Bauten «Das Hamburger Bürgerhaus, seine Bau- und Kunstgeschichte» in einem eindrucksvollen Folio-Werk publiziert.[39] Auf Albert Erbe ist gleich noch einmal zurückzukommen. Beide Werke rahmen mit ihren Daten also jenes des AIV über das Kontorhaus (1909) und das Bröcker/Högers über das Geschäftshaus (1910) ein.[40]

Kern beider Darstellungen ist die Erkenntnis der Hamburger Bautradition und der alten Bürgerhäuser als Ausdruck einer zweckhaften, rationalen Auseinandersetzung der Bürger mit den Bedingungen von Wirtschaft, Topographie und Technik. Sie geht so deutlich Hand in Hand mit der Entwicklung des neuen Hamburger Kontorhauses, daß sie bald in diese begründend einbezogen werden mußte. Ich zitiere Paul Bröcker aus dessen gemeinsam mit Fritz Höger verfaßtem Werk über das Kontorhaus:

> «Wer die Gestaltungsmöglichkeiten des hamburgischen Kontorhofes richtig beurteilen will, wer verstehen will, wie seine Formen Stil, also Zeitausdruck sind, der muß den Zusammenhang von Wirtschaft und Stil des hamburgischen Kaufmannshauses von früher Zeit an beobachten.»[41]

Teil der Reformbewegung um 1900 war auch eine auf breite Resonanz stoßende Großstadtkritik. Die anschaulichen Zeugnisse sind die Bauten der Heimatschutzbewegung, des «Heimatstils». Auf eine manchmal geradezu eklektische Weise kombinieren sie Formen und Bauweisen des traditionellen Bauernhauses mit neuzeitlichen Bauaufgaben, zumal im Wohnhausbau.[42] In Hamburg kann das neue Ideal des «Häuschens im Grünen», das jetzt seinen Massenerfolg antritt, sowieso auf alte Traditionen und die bereits durchgrünten, monofunktionalen Wohngebiete der Stadterweiterungsgebiete zurückgreifen; dort war – zumindest für die Stadtteile der oberen Bevölkerungsschichten – das Wohnen im Einzelhaus (frei stehend, meist aber in Reihe) seit je verbindlich.[43] Was aber in Hamburg von besonderer Bedeutung ist: Hier zeigt sich bald eine Bewegung, die aus dieser – oft genug regressiven – Reformbewegung heraus zur Beschleunigung der Großstadtentwicklung sogar noch einen Beitrag leistet. Die Citybildung wird nicht als Abweg, sondern als Ausweg verstanden:

Die Heimatschutzbewegung hatte in diesen Jahren – eben gefördert durch die genannten Veröffentlichungen – auch schon das alt-hamburgische Bürgerhaus entdeckt und außerdem eine «niederdeutsche» und auch holländische Anregungen nicht verschmähende Auswahl aus dessen überlieferten älteren Bauweisen getroffen, indem in Hamburg der Backstein für bodenständig erklärt wurde. Freilich noch nicht als Rohbau (wie ihn das 19. Jahrhundert lange propagierte – vgl. die Speicherstadt), sondern als Charakter, Struktur und Farbe bestimmendes Flächenelement in der Mischbauweise des «Sonninbarock» des 18. Jahrhunderts.[44] Albert Erbe gab dafür durch die von ihm zwischen 1905 und 1909 entworfenen Staatsbauten den Ton an, seine Polizeiwache am Klingberg gehört zu den charakteristischen Beispielen.[45]

Das Kontorhaus macht aber aus der hamburgischen Heimatschutzbewegung eine geradezu verinnerlichte Groß- und Weltstadtarchitekturgesinnung. Dazu war es erforderlich, daß die typologische Entwicklung sich mit der ideologisch begründeten formalen in eine Symbiose begab. Dies geschah durch die Aufnahme der traditionalistischen Backsteinbauweise.[46]

Dabei kommt übrigens – was noch näher untersucht werden könnte – den Rückseiten der Kontorhäuser möglicherweise eine besondere Bedeutung für die Wegbereitung zu: Dort konnte – offenbar mit Beziehungen zur Speicherbautradition – die «Rohbau»-Backsteinbauweise auch bei Kontorhäusern eine erhebliche Rolle spielen. In diesem Zusammenhang konnte auch die neue heimatschutzorientierte Bauweise im wahrsten Sinne des Wortes über die Hintertür in das Kontorhaus eindringen. Jedenfalls zeigt das das «Alsterhaus» anschaulich, das 1902–3 am Ballindamm 13 mit einer repräsentativen Werksteinfassade errichtet wurde (Architekten Rambatz & Jolasse). Im Wettbewerb für diese Fassade hatte Albert Erbe den zweiten Preis errungen und durfte daher die schmale rückwärtige Fassade an der Ferdinandstraße errichten: in barockisierender Mischbauweise, «im Hansastil» – das erste Beispiel dafür in Hamburg.[47]

Entscheidend für die weitere Entwicklung des Hamburger Kontorhauses wird die Mönckebergstraße, die als Sanierungsmaßnahme 1908–1912 ein ganzes Altstadt-Wohnviertel auf einmal in ein Geschäftshaus-Quartier umwandelte.[48]

Die 1911–1912 nach Entwürfen von Fritz Höger an der Mönckebergstraße errichteten Rappolthäuser sind heute – durch den vereinfachenden Wiederaufbau nach Kriegszerstörung – verstümmelt. Insbesondere fehlen ihnen die hohen Bürgerhausgiebel als die unmittelbaren Heimat-Symbole. Umso deutlicher tritt der große Maßstab und die Pfeilerstruktur des Kontorhauses hervor, gekleidet in dunklen Klinker.[49] Daß hier eine neue Qualität erreicht war, verstanden die zeitgenössischen Kritiker. So schreibt Werner Jakstein über Högers Intentionen:

«In dem Heimatschutz- und Heimatkunstgedanken fand er die erste Freude und ihr ist er bis heute treu geblieben. Aber so, wie er ihm überliefert wurde, konnte er nichts mit ihm anfangen. Der Gedanke mußte erst gesunden und mußte gesund durchgeführt werden. Die Anfänger der Heimatkunst arbeiteten nämlich in der inneren Stadt zunächst genau so wie alle anderen Architekten, indem sie sich an die durch Baupolizeivorschriften und Geländezuschnitt bestimmte körperliche Form eines Gebäudes gebunden fühlten und sich lediglich damit begnügten, eine eklektisch empfundene Backsteinfassade dieser Form vorzukleben. Das ging wider Högers gesunde Empfindung. Er schuf

das Haus in harmonischem Einklang seines Innern wie seines Äußern. Er kleisterte es nicht zusammen, sondern ließ es sich bis ins kleinste organisch entwickeln.»[50]

Schon vorher (1910) hatten Höger und sein ideologisierender Freund, der Journalist Paul Bröcker, gleichsam das Programm dafür formuliert:

«Der einfachere Zweckausdruck in der Vergangenheit deckt sich mit dem einfacheren von heute, der heimatliche von damals mit dem heimatlichen von heute: der hamburgischen Eisengotik [...]. Auch unsern Kontorhof soll man seine Weltbürgerschaft ansehen! Das Eisen, der armierte Beton, soll sich in ihm recken, seine Gestalt stolz und fest aufrichten. Er ist ein Geschöpf aus dem Zeitalter des Verkehrs, der Weltwirtschaft; das Eisen verbindet die Erde, regiert in der Technik. Der Eisenstil, das Bauen aus Eisen und aus Beton und Eisen ist international. Und doch wollen wir nicht darauf verzichten, daß auch der Eisenbau in Deutschland deutscher Eisenbau, der Eisenbau in Hamburg hamburgischer Eisenbau mit Recht genannt werden könne! – Ein Mittel dazu ist seine «Haut».
Entschieden ist aus diesem Grunde für unsere heimatliche Baukunst die Verblendung mittels Ziegels der mittels irgend eines Werksteines vorzuziehen! Der Ziegel ist einmal norddeutsches Baumaterial und hat unsere Baukunst zur höchsten Blüte gebracht.»[51]

Die Faszination des neuen Geschäftskerns der alten Hansestadt für die Zeitgenossen war vor und nach dem Ersten Weltkrieg beträchtlich, auch bei eher konservativer Grundeinstellung.[52] Das 1923–1924 wiederum durch Fritz Höger errichtete Chilehaus wurde zum unbestrittenen Wahrzeichen für Hamburg schlechthin.[53] «Heimat» in der aktuellen Bildung war offenbar Transportmittel für das Verständnis. Denn der neue Bautyp war so hamburgisch wie das alte Fachwerkhaus. So sagt Schwieker:

«Nicht ein fremdes Vorbild, sondern die eigene Welt hat sich bei der Formgebung als Kraftspenderin erwiesen. In den letzten zwanzig Jahren hat sich aus dem Streben, für den Bauzweck den treffendsten Ausdruck zu finden, der Typus des neuhamburgischen Kontorhauses entwickelt [...]. Die auf der Grundlage der Zweckmäßigkeit entstandenen Bauten dürfen daher den Anspruch erheben, ihrer Gestaltung nach als bodenständig und heimatberechtigt zu gelten, genau so wie jene in unmittelbarer Nachbarschaft gelegenen altehrwürdigen Patrizierhäuser. Das Antlitz der modernen hamburgischen Geschäftsstadt spiegelt hamburgische Kultur in «besonders brauchbarer und moderner Eigenart» (Melhop) wieder. Wir können stolz auf das neuhamburgische Kontorhaus, zumal da Hamburg als zur Zeit einzige Stadt Deutschlands für diese seine Bauten einen geeigneten Typus gezeigt hat, entstanden aus innerer Notwendigkeit, aus der nach dem Weltkrieg ungeheuer gesteigerten Arbeitskraft.»[54]

Von Anfang an war allen klar, daß das Hamburger Kontorhaus aus England und Amerika abgeleitet war, und bereits 1884 machte Martin Haller den AIV mit New Yorker Geschäftshäusern bekannt.

«Herr Haller machte auf verschiedene von ihm ausgestellte Grundrisse und Photographien einiger Bauwerke in New York aufmerksam. Die Darstellungen bezogen sich hauptsächlich auf Mills Building in Broad Street, einer Gebäudegruppe, die im Erdgeschoß Läden, in den darauf folgenden 9 Obergeschossen ausschließlich Geschäftsräume, in dem Dachgeschoß außerdem die mittels Elevator zu erreichenden Klosets enthält.»[55]

Aber die Eindeutigkeit der Bezugnahme auf das amerikanische Vorbild scheint bald wieder in Vergessenheit geraten, verdrängt worden zu sein, um das «Hamburgische» der Schöpfung (s. u.) hervorheben zu können.

Es ist verblüffend, wie sich rasch zu der schnellen baulichen Entwicklung ein Bewußtsein gesellte, das im Kontorhaus etwas genuin Hamburgisches sah. Es kam mit ihm geradezu zu einer neuen Traditionsbildung. In der maßgeblichen Hamburger Kulturzeitschrift der zwanziger Jahre, dem «Kreis», konnte Hans Bahn schon 1925 die bahnbrechende Leistung der Mönckebergstraße als ein «historisches Kulturmonument» beschreiben. Für diese Mönckebergstraße hatten die Sozialdemokraten nur heftigste Kritik gehabt. Denn sie wurde 1908/9 als Sanierungsmaßnahme durch ein dichtbesiedeltes Altstadtquartier gelegt, dessen Bewohner verdrängt wurden wie vorher die im Bereich des späteren Freihafens. An die Stelle von Wohnhäusern trat ein reines Geschäftshausviertel.[56] Und doch hat man sich damit offenbar sehr schnell abgefunden. 1908 berichtet das Hamburger Echo schon fast mit vorsichtiger Faszination:

«Ein Stück Alt-Hamburg ist in den letzten Wochen hier beseitigt worden, das gewaltige Häusermeer zwischen Spitalerstraße und Steinstraße, jene engen Gänge und Höfe, in denen im Jahre 1892 der Hauptseuchenherd war, sind verschwunden, und aus den Trümmern wird sich, wenn man fortfährt, Häuser wie das Semperhaus [...]. zu errichten, ein monumental wirkender neuer Straßenzug erheben.»[57]

Jeder größere Neubau wurde im Bewußtsein, daß etwas weit über den Einzelfall hinaus Reichendes neu zu gestalten sei, sorgfältig beobachtet. Private Bauherren sahen ihre Verantwortung als so bedeutend an, daß sie beschränkte Wettbewerbe ausschrieben, von denen der für das neue Klöpperhaus an der Mönckebergstraße wohl am wichtigsten war.[58] Die Kritik sah dabei die «hamburgische Tradition» und die Identität mit dem alten Kaufmannshaus nicht so sehr im vordergründigen Anschluß an letzteres, wie es freilich manche Architekten taten (so nannte Henry Grell seinen Entwurf programmatisch mit Bezug auf das Alt-Hamburgische Bürgerhaus «Hamburger Diele»), vielmehr im Geist des Neuen, am besten in beidem – und genau das fand sie im erfolgreichen und dann auch ausgeführten Entwurf von Fritz Höger:

«Die Architektur [...] ist ruhig und großzügig. Es kommt in demselben eine gewisse Selbstverständlichkeit und Klarheit zum Ausdruck. Die Massenverteilung ist übersichtlich und von guten Verhältnissen. Es soll eine Mischbauweise von Backstein und Werkstein Verwendung finden. Offensichtlich war der Architekt bestrebt, die traditionellen Hamburger Bauformen ins Neuzeitliche zu übersetzen. In der ganzen Architektur herrscht der Vertikalismus vor und kommt damit gewissermaßen kaufmännischer Wagemut und Vorwärtsstreben zum Ausdruck.»[59]

So sind die Fragen auch rein rhetorisch gestellt; sie stellen vielmehr die positive Aussage jenes schon genannten Kontorhauswerkes des AIV von 1909 dar:

«Das Hamburger Kontorhaus im Sinne dieser Veröffentlichung, d. h. das Kontorhaus, welches für die Benutzung vieler Firmen gebaut ist, im Gegensatz zum Geschäftshaus einer Einzelfirma, stellt eine ganz moderne Bauaufgabe dar, denn das erste Kontorhaus wurde 1885 erbaut; zweitens: diese Bauaufgabe ist örtlich beschränkt, sie ist hamburgisch, denn nirgend sonst – außer in London und New York – ist sie den Baukünstlern in der Reinheit gestellt worden wie hier. In diesen beiden Umständen wurde die Berechtigung der vorliegenden Veröffentlichung gefunden, denn sie könne die Unterlagen für die Beantwortung interessanter und wichtiger Fragen geben [...].
Ist es unserer Zeit gelungen, einer Bauaufgabe, die frühere Epochen nicht kannten und für die es historische Beispiele also nicht geben konnte, unbefangen entgegenzutreten?
Oder ist unsere Zeit – wenn auch nicht im Grundriß, so doch in der Außengestaltung – abhängig geblieben von historischen Stilformen und hat dadurch bewiesen, daß ihr die Unbefangenheit immer noch fehlt, ihrer eigenen Empfindung zu folgen, unbekümmert um das mit der Anschauung der eben vergangenen Epoche in Widerspruch stehende Resultat?
Ist also eine moderne Baukunst vorhanden, oder ist es eine Überhebung, von einer solchen zu sprechen? Ferner: Gibt es eine moderne hamburgische Baukunst? d. h.: könnten die hier veröffentlichten Gebäude ebenso gut an anderer Stelle als in Hamburg stehen, oder haftet ihnen ein Lokalcharakter an?»[60]

Natürlich sollte der Leser alles freudig mit «Ja» beantworten.

Die Benennung mit einem eigenen Namen ist eine Besonderheit der Kontorhäuser seit dem «Dovenhof», dabei aber eine Neuerung, die mit dem Kontorhaus aufkommt und keinen Anschluß an ältere Traditionen hat. Vielmehr sollte sie offenbar die Postanschrift und überhaupt die Verwaltung vereinfachen. Zugleich aber enthält die Namenbildung bereits durch das Wörtchen «-hof» einen Hauch von Tradition, der oft genug durch entsprechende Beifügungen konkretisiert wird und die neuen Geschäftshäuser in verschiedene geschichtliche Bezüge einbindet.[61] Die neue «Heimatlichkeit» der Baugattung, die auch in dieser Namengebung gemeint ist, wirkt so stark, daß sogar der reale Verlust «heimatlicher» Architektur darüber ohne weiteres verkraftet wird. So beschreibt Werner Jakstein die Neubauten an der Mönckebergstraße – ganz konkret meint er die Rappolthäuser Fritz Högers und überhaupt dessen Bauweise:

«Das alte Hamburg, das aus den Zeiten noch ungeteilter Größe, hat man in Schmutz und Elend verkommen lassen. Zwar galt die Pflege der Tradition in ihm als heiliges, oft allzu heiliges Vermächtnis; den eigenen Häusern und ihrem künstlerischen Vermächtnis gegenüber aber hatte man jene vergessen [...]. Und nun ist die Zeit gekommen, daß die Spitzhacke unbarmherzig in die verfaulten, sauerriechenden Balken und in die zermürbten Gefache schlagen muß, um endlich Alt-Hamburg gänzlich vom Erdboden loszureißen und Platz für eine sich unglückselig gestaltende «Sanierung» zu schaffen.
In der allerletzten Lebensstunde aber erwuchs Hamburg aus seinen alten Mauern doch noch eine frische, lebenskräftige heimat-

15 Luftbild des »Kontorhausviertels« 1930. Rechts angeschnitten das »Chilehaus« (vgl. Abb. 13). Oben in der Mitte die letzten Reste der abzuräumenden Altstadtbebauung (Staatliche Landesbildstelle Hamburg)

liche Bauweise! [...]. Und sie erschien so gewaltig, wie es die alten Bauten Hamburgs nur zu lehren vermochten, wie sie selbst so gewaltig von den doch gar nicht gering gestalteten des flachen Landes sich hervortaten. Diese gigantischen Handelshäuser und Speicher hatten jene wenigen ehrfürchtigen Bewunderer gefunden, die, der Neuzeit zum Trotz, nur sie liebten und nur an ihnen lernen wollten [...]. Die Gesundung von Handwerk und Kunst und ihr plötzlich anschwellender Reichtum der Erscheinungsformen sind aber in Hamburg in so hoher Intensität und innerhalb eines so lächerlich geringen Zeitraums – von drei Jahren! – vor sich gegangen, und sind von derart zwingendem Einfluß gewesen, daß Hamburg damit plötzlich einen gewaltigen Vorsprung gewonnen hat, der ihm denn auch zum Trost für den bevorstehenden Verlust der alten Stadtviertel zu einer neuen charakteristischen Erscheinungsform verholfen hat.»[62]

Für die Zeitgenossen – nachweisbar in zahlreichen Zeugnissen – ist damit sowohl eine völlig neue und einmalige Identität Hamburgs gewonnen als auch gleichwohl und zugleich eine Einbindung in die ureigenste Tradition – vordergründig seit ca. 1910 auch im Klinker-Baumaterial, das als bodenständig und blutsmäßig gebunden stilisiert wurde. Aber auch gerade und bewußt in der völligen Unterordnung der Stadtentwicklung unter den ökonomischen und technologischen Wandel der hafenbezogenen Wirtschaftsweise. Das Kontorhaus wird damit zum eigentlichen Nach-

folger des alt-hamburgischen Bürgerhauses und seine Sprengung der herkömmlichen baulichen und städtebaulichen Maßstäbe zum paradoxen eigentlichen Ergebnis der Heimatschutzbewegung, die mit Rückgriffen auf Bauernhausmotive nur begonnen hatte.

Andere Elemente der konsequenten City-Bildung müßten in die Betrachtung einbezogen werden, um dem komplexen Vorgang gerecht zu werden: so insbesondere die Abwesenheit einer für andere Städte dieser Größenordnung differenzierend und pointierend das Stadtbild prägenden Territorialherrschaft im weitesten Sinne und deren baulich-städtebaulichem Entfaltungsbedarf.
Zu berücksichtigen ist aber auch die Identifikation von Politik und Verwaltung mit dem durch Technik und Wirtschaft bestimmten Daseinsinhalt der Stadt, die in zahllosen Zeugnissen überliefert ist und am anschaulichsten in der baulichen Vereinigung von Börse und Rathaus nachvollzogen werden kann.
Zu fragen wäre auch nach der Wohnmentalität, die ganz offenbar «aus eigenem» zur Ausbildung der monofunktionalen Wohnstädte in den Stadterweiterungsgebieten führte oder sie doch stark unterstützte.

Faßt man zusammen
- die Monumentalisierung des Freihafens zur Speicher-«Stadt»,
- die Monumentalisierung des Geschäftslokals zum «Kontorhaus»,
- die Traditionalisierung des Kontorhauses durch Namengebung,
- die Hamburgisierung einer völlig modernen und internationalen Baugattung durch Entwicklung eines eigenständigen Traditionsbezugs im Architekturselbstverständnis (das es noch kurz vorher überhaupt nicht gegeben hatte),
- die Bindung eines neuen Hamburg-Images an die «City», deren Profilierung als «Heimat»,
- die analytische Gleichsetzung von Umbruch/Moderne mit Tradition,

so bleibt festzustellen, daß es in Hamburg gelungen ist, den epochalen Vorgang der Citybildung mit seinen gesamten umwälzenden sozialen und technischen Begleiterscheinungen nicht nur baulich-städtebaulich zu bewältigen, sondern sogar als neue Qualität des Stadtbildes zu profilieren, ihn damit aber auch mit einer Aura zu verhüllen, die möglicherweise bei einer dieses «Bild» als sinnliches Ereignis beiseite lassenden Betrachtung der Citybildung nicht aufkäme.

Anmerkungen

Der hier veröffentlichte Vortrag erscheint zugleich unter dem Titel «Die Entmischung der Funktionen, Citybildung in Hamburg als Wandlung des Stadtbildes» im Jahrbuch für Hausforschung Bd. 35, 1984 (1986).
Während der Drucklegung des Ende 1983 entstandenen Textes ist die Dissertation von Dörte Nicolaisen, Studien zur Architektur in Hamburg 1910–1930 (Nymwegen 1985) erschienen, die Citybildung, Kontorhaus, Entfaltung der Backsteinbauweise in vieler Hinsicht differenzierter und im weiteren Zusammenhang darstellt. Ihr Material, ihre Argumentation zu berücksichtigen, hätte bedeutet, einen anderen Aufsatz zu schreiben. Ich habe mich dafür entschieden, meinen Text unverändert zu lassen. Mag er so als Anreiz dienen, Nicolaisens Arbeit und damit ein neues Kapitel in der noch wenig entwickelten Hamburger Architekturgeschichtsschreibung kennenzulernen.

[1] Hamburg und seine Bauten, Hamburg 1890, 1914 (2 Bde.), 1929, 1953, 1969, 1984.
[2] Hamburg, historisch-topographische und baugeschichtliche Mittheilungen den Mitgliedern der XV. Versammlung deutscher Architecten und Ingenieure dargebracht von dem Architectonischen Vereine, Hamburg 1868 (Reprint Hamburg 1979).
[3] K. E. O. Fritsch, 15. Versammlung deutscher Architekten und Ingenieure in Hamburg. In: Deutsche Bauzeitung 2, 1868, S. 407 f.
[4] Anschaulich wird die Entwicklung Hamburgs im Zeitalter der Industrialisierung in Volker Plagemann (Hrsg.), Industriekultur in Hamburg. Des Deutschen Reiches Tor zur Welt, München 1984.
[5] Hermann Hipp, Harvestehude-Rotherbaum, Hamburg 1976 (Arbeitshefte zur Denkmalpflege in Hamburg 3), S. 18 ff.
[6] Joseph Stübben, Der Städtebau, Darmstadt 1890 (Handbuch der Architektur 4, 9). – Zum Gesamtzusammenhang vgl. neuerdings Gerhard Fehl/Juan Rodriquez-Lores (Hrsg.), Stadterweiterungen 1800–1875. Von den Anfängen des modernen Städtebaues in Deutschland, Hamburg 1983 (Stadt, Planung, Geschichte 2).
[7] Stübben (wie Anm. 6), S. 298 ff.
[8] Vgl. z. B. Hermann Hipp, Colonnaden, Hamburg 1975 (Arbeitshefte zur Denkmalpflege in Hamburg 2).
[9] Gustav Schimpff, Hamburg und sein Ortsverkehr, Hamburg, Berlin 1903.
[10] Vgl. z. B. Sigmund Schott, Die großstädtischen Agglomerationen des Deutschen Reiches 1871–1910, Breslau 1912 (Schriften des Verbandes deutscher Städtestatistiker – Ergänzungshefte zum Statistischen Jahrbuch deutscher Städte 1).
[11] Schimpff (wie Anm. 9), S. 5.
[12] Paul Bröcker/Fritz Höger, Die Architektur des hamburgischen Geschäftshauses. Ein zeitgemäßes Wort für die Ausbildung der Mönckebergstraße, theoretische Betrachtungen und praktische Vorschläge, Hamburg 1910, S. 31.
[13] Peters: Die Fortführung der Sanierung der Altstadt in Hamburg. In: Technisches Gemeindeblatt 28, 1926, S. 269–272, hier S. 271.
[14] Zum Zollanschluß und seiner Vorgeschichte vgl. Ekkehard Böhm, Der Weg ins Deutsche Reich. In: Hans-Dieter Loose (Hrsg.), Hamburg, Geschichte der Stadt und ihrer Bewohner Bd. 1: Von den Anfängen bis zur Reichsgründung, Hamburg 1982, S. 491–539.
[15] Karin Maak: Die Speicherstadt im Hamburger Freihafen, eine Stadt an Stelle der Stadt, Phil. Diss. Hamburg 1983. – Inzwischen erschienen als Bd. 7 der «Arbeitshefte zur Denkmalpflege in Hamburg», Hamburg 1985.
[16] Vgl. die Interpretationsangebote ebenda.
[17] Der Artushof in Hamburg. In: Baugewerks-Zeitung 27, 1895, S. 333.
[18] Wolfgang Rudhard, Das Bürgerhaus in Hamburg, Tübingen 1975 (Das deutsche Bürgerhaus 21); Wilhelm Melhop, Althamburgische Bauweise, Hamburg 1908, 2. Aufl. 1925; Albert Erbe/Christoph Ranck, Das Hamburger Bürgerhaus, seine Bau- und Kunstgeschichte, Hamburg 1911.
[19] Beispiele dafür in: Hamburg und seine Bauten, 1890, S. 642 ff. innerhalb des Abschnittes «Geschäftshäuser», S. 630 ff.
[20] Ebenda, S. 558 f.
[21] Maak (wie Anm. 15), S. 81 ff.
[22] Vgl. die Schilderung des Kontorlebens z. B. bei Carl Vincent Krogmann, Bellevue, die Welt von damals, Hamburg o. J.; ebenso bei Bruno W. F. Andresen, Mit Stehpult und Tintenfaß. Erinnerungen aus dem Kontor einer Hamburger Merchant-Bank, Hamburg 1984.
[23] Das Hamburger Kontorhaus. In: Zentralblatt der Bauverwaltung 1909, S. 582 f., hier S. 582.
[24] Hamburg und seine Bauten, 1890, S. 636 ff.; Gisela Schütte, Comptoir-Häuser. In: Plagemann (wie Anm. 4), S. 97–99.
[25] Martin Haller, Der Dovenhof in Hamburg. In: Deutsche Bauzeitung 21, 1887, S. 349 f.
[26] Vortrag Martin Hallers vor dem AIV am 12. 3. 1897; vgl. Deutsche Bauzeitung 31, 1897, S. 278.
[27] Vgl. z. B. Hamburg und seine Bauten, 1890, S. 559.
[28] Das Hamburger Kontorhaus, hrsg. vom Architekten- und Ingenieur-Verein zu Hamburg, Hamburg 1909. – Die Initiative zur thematischen Bindung der Festschrift an das Kontorhaus ging von Martin Haller aus.
[29] Literatur zum Bürohaus mit Darstellung der Hamburger Sonderentwicklung:
Hermann Seeger, Bürohäuser der privaten Wirtschaft, Leipzig 1933 (3. Aufl. des Handbuchs der Architektur IV, 7, 1 a); Alphons Schneegans/Paul Kick, Geschäfts- und Kaufhäuser, Warenhäuser und Meßpaläste, Passagen und Galerien, Großhandelshäuser, Kontorhäuser, Börsengebäude – Gebäude für Banken und andere Geldinstitute, Leipzig 1923 (Handbuch der Architektur IV, 2, 2) S. 186 ff.; Alfred Wiener, Das Warenhaus, Kauf-, Geschäfts-, Büro-Haus, Berlin 1912, S. 324 ff.

30 Kontorhaus 1909 (wie Anm. 28), passim. Übrigens übergehe ich in diesem Zusammenhang unzulässigerweise alle dem AIV damals gewiß auch gegenwärtigen Aspekte der Entwicklung des Kontorbetriebes selbst, die die neue Architektur ebenso trugen wie der Citybildungsprozeß. Dazu gehört die umfassende technologische Veränderung des Büros durch Schreibmaschine, Umdruckverfahren, Rechenmaschine, Buchungsmaschinen, aber auch durch heute schon wieder altertümliche Datenverarbeitungsverfahren mit Hilfe von Kartei, Loseblattbuch, Ordner! – Vgl. dazu Hans-Joachim Fritz, Menschen in Büroarbeitsräumen, München 1982.
Die Welt des Kontorhauses wirkte damals offenbar genauso fortschrittlich wie die bekanntere Verkehrstechnik. Das Kontorhaus ist gleichsam das Modell einer neuen Zivilisation: «Die Verkehrswege dieser aufeinandergeschichteten Stadt sind Treppen und Paternosteraufzüge; die Verständigungswege, Telephonleitungen, durch das ganze Haus. Eine Briefsammelstelle, mit direkter Beschickungsmöglichkeit von jedem Stockwerk aus, vereinfacht die Briefbeförderung. Die Licht- und Wärmeversorgung geschieht von großen Zentralen vom Keller aus. Druckpumpen fördern frische Luft ständig durch die ganze Hausstadt und schaffen hygienisch einwandfreie Arbeitsbedingungen, wie sie die alten Städte selten gekannt haben»; aus: Willy Hahn, Die Geschäftshäuser der Firma Rappolt & Söhne in der Mönckebergstraße zu Hamburg. In: Bau-Rundschau 4, 1913, S. 397–404 und 409–412, hier S. 409.

31 Für Frejtag und Wurzbach und ihre Keramik im Kontorhausbau vgl. Th. Raspe, Eine neue Farbennote im Hamburger Straßenbild. In: Kunstgewerbeblatt NF 18, 1907, S. 129–132.

32 Franz Tammler, Das Bauprogramm des Bureauhauses. In: Bau-Rundschau 2, 1911, S. 78.

33 Die wichtigsten Bauten sind in Hamburg und seine Bauten, 1914, sowie im Hamburger Kontorhaus, 1909 (wie Anm. 28) dargestellt. Die ausführlicheren Bauzeitschriften-Veröffentlichungen finden sich zitiert in: Bibliographie zur Architektur des 19. Jahrhunderts, die Aufsätze in den deutschsprachigen Architekturzeitschriften 1789–1918, Nendeln 1977, Bd. 6, S. 2643 ff. – Die erste allgemein zugängliche Liste der wichtigsten Kontorhäuser erhob sie auch erstmals in den Rang des «Kunstdenkmals» durch die Berücksichtigung in Johannes Habichs Neubearbeitung von Georg Dehio, Handbuch der Deutschen Kunstdenkmäler, Hamburg, Schleswig-Holstein, München/Berlin 1971, S. 29 ff. – Weiterhin habe ich den im Denkmalschutzamt befindlichen Katalog der Hamburger Kontorhäuser benutzt, den Gisela Schütte 1973/1974 erstellt hat (ungedr. Manuskr.).

34 Harald Busch/Ricardo Federico Sloman, Das Chilehaus in Hamburg, sein Bauherr und sein Architekt, Hamburg 1974.

35 Melhop, 1925 (wie Anm. 18) S. 360 (Schlußwort).

36 Diese Bedeutung wird anschaulich in der herausgehobenen Sonderrolle des hamburgischen Kontorhauses in den in Anm. 29 genannten Handbüchern.

37 Alfred Löwengard, Geschäfts-, Kontor- und Warenhäuser. In: Hamburg und seine Bauten, 1914, Bd. 1, S. 432 ff.

38 Melhop 1925 (wie Anm. 18).

39 Erbe/Ranck (wie Anm. 18).

40 Hamburger Kontorhaus (wie Anm. 28) und Bröcker/Höger (wie Anm. 12).

41 Bröcker/Höger (wie Anm. 12), S. 7 ff.

42 Hipp, Harvestehude-Rotherbaum 1976 (wie Anm. 5), S. 97 ff.

43 Ebenda, S. 63 ff.

44 Ebenda, S. 97 ff.

45 Zu Albert Erbes Bauten vgl. neben «Hamburg und seine Bauten», 1914: Hamburger Staatsbauten von Bauinspektor Dr.-Ing. Erbe. In: Bau-Rundschau 3, 1912, S. 45–52, 61–64, 77–80 (mit Abbildungen bis S. 85) sowie Albert Erbe, Neuere Staatshochbauten in Hamburg. In: Zentralblatt der Bauverwaltung 19, 1909, S. 613–617, 621–622, 628–632. – Zur Polizeiwache Klingberg ebenda, S. 51 f. bzw. 615 ff., sowie «Hamburg und seine Bauten», 1914, Bd. 1, S. 226.

46 Zur Geschichte der Hamburger Backsteinbauweise vgl. Hermann Hipp, Backsteinbau in Hamburg. In: Baukultur 1/84, 1984, S. 32–41.

47 August Lommatzsch, Geschäftshaus von Dr. Max Albrecht in Hamburg, Alsterdamm 12/13 und Ferdinandstr. 32. In: Der Profanbau 2, 1906, S. 66–71.

48 Fritz Schumacher, Das Entstehen einer Großstadt-Straße (Der Mönckebergstraßen-Durchbruch), 2. Aufl. Braunschweig, Hamburg 1923 (Fragen an die Heimat 3); Hermann Hipp, Wie eine Starkstromleitung – die Mönckeberstraße. In: Plagemann, (wie Anm. 4), S. 36–39.

49 Hahn (wie Anm. 30).

50 Werner Jakstein, Fritz Högers Arbeiten und ihre Wirkung auf die Entwicklung der Hamburger Architektur. In: Wasmuths Monatshefte für Baukunst 1, 1914/1915, S. 120–132, hier S. 121 f.

51 Bröcker/Höger (wie Anm. 12), S. 34 ff.: «Konstruktive und geschmückte Schönheit des Baukunstwerks», hier S. 38.

52 Vgl. z. B. die Darstellung der Mönckebergstraße bei Hans Bahn, Von Hamburger Großbauten und ihren Schöpfern. In: Der Kreis 2, 1925, H. 6/7, S. 10–29 sowie bei F. Schwieker, Hamburger Zukunftsfragen III, Der hamburgische Geschäftskern in der Vergangenheit, Gegenwart und Zukunft. In: Die Tide 5, 1928, S. 297–309.

53 S. Anm. 34.

54 Schwieker (wie Anm. 52), S. 309.

55 Vortrag vom 22. 1. 1884; Deutsche Bauzeitung 18, 1884, S. 555. – Übrigens wird im selben Band der Deutschen Bauzeitung auf S. 578 über die Pfeilerarchitektur dieser Geschäftshäuser berichtet.

56 S. Anm. 48.

57 Hamburger Echo Nr. 153 vom 3. 7. 1908.

58 Der Klöpperhaus-Wettbewerb wird besprochen in: Bau-Rundschau 2, 1911, S. 337–342.

59 Ebenda, S. 340.

60 Hamburger Kontorhaus (wie Anm. 28), S. 1.

61 Beispiele für Kontorhausnamen: Artushof, Barkhof, Börsenburg, Burstah-Hof, Merkurhof, Normannenhof usf.

62 Werner Jakstein, Norddeutsche Baukunst I – Hamburg. In: Nordische Baukunst, Beilage der Bau-Rundschau 4, 1913, S. 25–28.

Demontage der Industrie und Wiederaufbau des Hafens: Die Hamburger Wirtschaft im Zeichen der britischen Besatzungspolitik

von Alan Kramer

Einleitung

Der vorliegende Beitrag versucht die Auswirkungen der Politik der britischen Militärregierung auf dem Gebiet der Wirtschaft Hamburgs zu schildern und die Entwicklungen nachzuzeichnen, die sich aus der britischen Deutschlandpolitik ergaben. Ich widme mich dabei zunächst zwei Aspekten oder Linien der britischen Deutschlandpolitik: 1. der Demontage gewisser Industriekapazitäten und 2. der industriellen Wiederaufbaupraxis. Es soll gezeigt werden, daß letztlich nicht die restriktive, sondern die wiederaufbauorientierte Seite der britischen Besatzungspolitik bleibende Folgen für die wirtschaftliche Entwicklung in Hamburg nach 1945 hatte. Anschließend wird untersucht, welche Probleme beim Wiederaufbau des Hafens und bei der Erholung des Umschlags in Hamburg eine besondere Rolle spielten und warum sich die Erholung des Hamburger Hafens im Vergleich zu den anderen europäischen Nordseehäfen und im Vergleich zur wirtschaftlichen Erholung im Bundesgebiet nur sehr langsam vollzog. Dabei wird die Notwendigkeit der staatlichen Intervention für den Hamburger Hafen, zuerst auf Landes- und schließlich auf Bundesebene, deutlich.

1. Demontage: Die restriktive Seite britischer Deutschlandpolitik

Die Demontage gehört zweifellos zu denjenigen Ereignissen der Besatzungszeit, die Zeitzeugen in lebhafter Erinnerung geblieben sind. Da die Demontage in der britischen Zone in den Jahren 1948 und 1949 zu einem Politikum ersten Ranges wurde, ist es kaum überraschend, daß die Geschichte der Demontage gelegentlich zu Legendenbildung führte. Deshalb zunächst einige allgemeine Hinweise.

Sowohl nach britischer als auch nach Ansicht aller vier Besatzungsmächte waren in Deutschland Industriedemontagen zu Reparationszwecken durchzuführen. Alle Industrien mit Kriegspotential sollten bis auf weiteres in ihrer Produktion beschränkt oder ganz verboten werden. Dem deutschen Volk sollten aber genügend Mittel belassen bleiben, damit es ohne Hilfe von außen existieren konnte. Auf diesen Grundsatz einigte sich die Postdamer Konferenz im Sommer 1945.[1]

Das Ausmaß der Demontagen wurde im Industrieniveauplan vom März 1946 festgelegt. Großbritannien hat sich vergeblich für ein höheres Niveau der zulässi-

gen Industrie, insbesondere der Stahlindustrie, eingesetzt, aber sich gegen Frankreich und die Sowjetunion nicht behaupten können. Der Industrieplan sah vor, daß Deutschland eine Industriekapazität behalten sollte, die etwa 70 bis 75 % der Produktion von 1936 ermöglichte. Dies hätte etwa 50 bis 55 % der Produktion von 1938 entsprochen. Von den Alliierten wurde dabei ein deutscher Lebensstandard entsprechend dem des Depressionsjahres 1932 zugrundegelegt. Die Stahlerzeugungskapazität sollte auf 7,5 Mio. Tonnen jährlich beschränkt bleiben – das entsprach 39 % der Produktionskapazität von 1936. Der Werkzeugmaschinenbau sollte auf 11,4 %, der Schwermaschinenbau auf 31 % der Kapazität von 1938 beschränkt werden. Zu den verbotenen Industrien gehörte der Schiffbau. Das künftige deutsche Außenhandelsniveau wurde auf jeweils 3 Mrd. RM Ein- und Ausfuhr für das Jahr 1949 angesetzt.[2]

Diese Entscheidungen galten – theoretisch – als Rahmen für die Wirtschaftsentwicklung in Deutschland bis zur Revision des Industrieplans für die britisch-amerikanische Bizone im August 1947. Die nach dem Ersten Industrieniveauplan vorgesehenen Demontagemaßnahmen wurden nie in die Praxis umgesetzt – vielmehr konnten aufgrund der Engpässe in der Wirtschaft, besonders in der Energieerzeugung, auch die erlaubten Kapazitäten meist nicht ausgenutzt werden.[3]

Schon 1945 wurden in Hamburg Demontagen ausgeführt (z. B. die Hamburgische Schiffbau-Versuchsanstalt[4] und vier Rüstungsbetriebe[5]). Im Dezember 1945 wurde eine vorläufige Demontageliste bekanntgegeben, die die Namen folgender Hamburger Betriebe enthielt: die Kurbelwellenwerke Glinde, die Hanseatischen Kettenwerke in Langenhorn (beide Hersteller von Flugzeugteilen), das Metallwerk Neuengamme (Hersteller von Walther-Handfeuerwaffen im Konzentrationslager) und Blohm & Voss (Werftunternehmen).[6] Die Alliierten planten, alle Rüstungsbetriebe sowie diejenigen Betriebe, die nach dem Ersten Industrieniveauplan überschüssige Kapazitäten darstellten, zu demontieren. Eine provisorische Liste von ca. 100 Betrieben in Hamburg wurde im Laufe des Jahres 1946 erstellt, aber nie veröffentlicht.[7] Bevor diese Demontagen durchgeführt wurden, hatte Anfang 1947 die Fusion der britischen und amerikanischen Zonen stattgefunden, und im August 1947 war ein Revidierter Industrieniveauplan bekanntgegeben worden. Dies führte zu einer neuen Demontageliste, die im Oktober 1947 veröffentlicht wurde.[8] Sie enthielt u. a. 42 Hamburger Betriebe, von denen sechs zu Blohm & Voss gehörten. Hinzu kamen folgende Fälle, die nicht auf der Demontageliste erfaßt waren: die Demontage des MAN-Betriebes am Hachmannquai (er baute Dieselmotoren für die Marine)[9], außerdem einzelne Maschinenentnahmen im Rahmen des britischen Notprogramms *multilateral deliveries* im Jahr 1947[10] und die Demontage der zu 90% durch Bomben zerstörten Deutschen Werft Reiherstieg Ende 1949.[11]

Der Schwerpunkt der Demontage in Hamburg lag nach dem Schiffbau im Maschinenbau (Kampnagel, Ottenser Eisenwerk AG und Menck & Hambrock gehörten zu den bekanntesten Firmen). Hafenumschlagsanlagen an sich wurden nicht demontiert. In der hamburgischen Geschichtsschreibung wird berichtet, daß 40000 Arbeitsplätze durch die Demontage verloren gingen.[12] Dies ist so nicht richtig, da schon die Umstellung von Kriegs- auf Friedensproduktion einen Arbeitsplatzfortfall und -wechsel für mehrere Tausend mit sich brachte. Beispielsweise beschäftigten die Kurbelwellenwerke Glinde, die vom Krupp-Konzern eigens zur Herstellung von Kurbelwellen für Flugzeugmotoren gegründet worden waren, 6000 Arbeiter.[13] Allein bei Blohm & Voss, wo nach August 1940 nur noch Kriegsschiffe und Flugzeuge produziert wurden, waren auf dem Höhepunkt des Krieges über 16000 Arbeiter beschäftigt.[14] Durch die Demontagemaßnahmen selbst wurde in Hamburg kein Arbeiter arbeitslos. Dieser Faktor sowie die Tatsache, daß Militärregierung und Gewerkschaften eng zusammenarbeiteten, mögen erklären, warum es in Hamburg anders als im Ruhrgebiet oder in Salzgitter nicht zu Streiks oder gewalttätigen Unruhen wegen der Demontage kam.

Die Gesamtschäden durch die Demontage in Hamburg werden mit ca. 59 Mio. DM angegeben – davon entfiel die Hälfte auf Blohm & Voss.[15] Zum Vergleich: Für den Wiederaufbau des Hafens wurden in den Jahren 1949 und 1950 zusammen 59,1 Mio. DM ausgegeben.[16] Jedoch bedeutete die Demontage keinen schweren Eingriff in die Hamburger Industrie. In der von der Demontage mit am meisten betroffenen Maschinenbauindustrie wurde 1952 bereits ein Produktionsniveau erreicht, das 30% höher war als im Jahr 1936.[17]

Nicht so sehr die – zuweilen spektakuläre – Demontagepolitik, sondern das Schiffbauverbot und das Verbot, eine eigene Hochseeflotte wiederaufzubauen, die stufenweise erst 1949 bis 1951 aufgehoben wurden, stellten die Hamburg belastende Komponente der britischen Deutschlandpolitik dar.[18] Diese Verbote schränkten die Arbeitsmöglichkeiten auf den intakt gebliebenen Werften stark ein und trugen zusammen mit der Tatsache, daß die deutsche Hochseeflotte fast vollständig als Reparation beschlagnahmt wurde, dazu bei, daß der Hafenumschlag sich nur langsam erholte.

1 Das verödete Gelände bei früheren Helgenkrananlagen (StAH)

2. Zum Wiederaufbau des Hafens
2.1. Planung und Durchführung des technischen Wiederaufbaus

Zur gleichen Zeit, als die ersten Demontagen stattfanden, begann die britische Militärregierung in Hamburg, den Wiederaufbau des Hafens zu planen. Die praktischen Arbeiten wurden gleich nach der Kapitulation aufgenommen. Zu den Beschädigungen und Zerstörungen an den Hafenanlagen (s. Abb. 1) kam, daß 2900 Wracks die Zufahrten zum Hafen sperrten. Doch konnten bereits am 25. Mai 1945 die ersten Schiffe – zwei Lazarettschiffe – entladen werden.[19] Zunächst galt es, den Armeenachschub für die Briten sicherzustellen; die Importe für die Zivilbevölkerung blieben auf das unbedingt Notwendige beschränkt. Zu diesem Zweck wurden die dringendsten Reparaturen an den Hafenanlagen durchgeführt.

Trotz des provisorischen Charakters waren diese Arbeiten, die unmittelbar von der britischen Militärregierung veranlaßt wurden, eine beachtliche Leistung. Im Juli 1945 waren nach Instandsetzungsarbeiten wieder 12 Schuppen «halbwegs brauchbar» so wie die Freiladestrecke am Holthusenkai.[20] Paul Marquardt vom Handelsstatistischen Amt schrieb 1947 eine Zusammenfassung über die anderthalb Jahre der britischen Wiederaufbauzeit: 49% der beschädigten Gleisanlagen, 40% der beschädigten Eisenbahnbrücken und 50% der beschädigten Straßenbrücken wurden instand gesetzt. Zwar konnten nur 20% der zerstörten Kaischuppen repariert werden, aber 38% der zerstörten Kräne wurden wieder betriebsfähig gemacht. Die Wracks wurden zunächst von der Royal Navy, dann von deutschen Bergungs- und Taucherfirmen unter ihrer Aufsicht geräumt. Die Kaischuppen 80 bis 85 am Oder- und Roßhafen und Schuppen 29 bis 31 auf dem Großen Grasbrook wurden wiederaufgebaut.[21] Der völlig zerstörte Petroleumhafen in Waltershof wurde ebenfalls wiederhergestellt.[22]

Im Jahr 1946 bat der Port Controller Colonel Haddock (der für den Hafen zuständige Besatzungsoffi-

2 Beim Verschrotten (StAH)

3 Umladegüter an Elbe 17: Im »Schrott« fanden sich auch brauchbare und betriebsklare Maschinen. (StAH)

zier) die Hamburger Verwaltung – das Amt für Strom- und Hafenbau –, einen Wiederaufbauplan zu erstellen mit dem Ziel, bis 1949 70 % des Umschlags des Jahres 1936 zu ermöglichen.[23] Dies entsprach etwa einer Entwicklung, wie sie vom Ersten Industrieniveauplan zu erwarten war: Dort waren Importe in Höhe von 71 % und Exporte in Höhe von 63 % des Jahres 1936 vorgesehen.[24]

Für diesen Wiederaufbauplan galt nicht mehr allein der Grundsatz des sofort Erforderlichen und Machbaren, sondern es wurde versucht, die künftige Entwicklung des Hafenumschlags zu berücksichtigen. Mit einem Kostenvorhaben von 150 Mio. RM wurden zunächst Wiederaufbauarbeiten an den weniger beschädigten Anlagen vorgesehen, sodann aber nicht nur Wiederaufbau-, sondern vor allem Neubauarbeiten konzipiert. Dabei ging das Amt für Strom- und Hafenbau von folgenden strukturellen Änderungen im Hafenverkehr aus:

– Berücksichtigt wurde die Veränderung des Tiefgangs eines «Regelfrachtschiffes» (früher 5000 bis 9000 BRT) von maximal 7 m Tiefgang auf 9,5 m Tiefgang für Schiffe bis zu 10000 BRT und die

– erwartete Vergrößerung der Tanker auf 10 bis 10,5 m Tiefgang.

– Erwartet wurde ein weiterer Rückgang des Binnenschiffsverkehrs im Verhältnis zum Eisenbahn- und LKW-Verkehr, der eine Vergrößerung der Bodenfläche und eine Verringerung der Wasserfläche im Hafen erforderlich machte. Die Kaizungen mußten daher breiter gebaut werden, um den Landverkehr zu bewältigen.

– Eine wesentliche verkehrstechnische Neuerung stellte die Trennung von Eisenbahn- und LKW-Verkehr auf dem Kaigelände dar: Der Eisenbahnverkehr war grundsätzlich auf der Wasserseite, der LKW-Verkehr auf der Landseite anzusiedeln. (s. Abb. 5)

– Eine wichtige technische Neuerung war der Übergang vom Halbportal- zum Vollportalkran. Der Vorteil dabei ist, daß Vollportalkräne von Schuppen zu Schuppen leicht bewegt und die Rampen vor den Schuppen für Ladezwecke besser genutzt werden. (s. Abb. 5)

Für die Arbeiten gemäß dem ersten Wiederaufbauplan wurden ingesamt 106 Mio. RM/DM ausgegeben, zuzüglich 13 Mio. RM für das Jahr 1945.[26] Das Ziel von 70 % des Umschlages von 1936 wurde allerdings nicht erreicht; dies lag jedoch nicht an fehlenden Umschlagskapazitäten. Bereits 1947 hätte der Hafen nach dem Stand seines Wiederaufbaus mehr als das Doppelte an Güterumschlag bewältigen können – mehr als die Hälfte der Kapazitäten blieb somit ungenützt. Dagegen waren die anderen deutschen Nordseehäfen, insbesondere Bremen, nahezu voll ausgelastet.[27] Zwar standen 1949 für Kaiumschlag (Stückgut) erst 40 % der

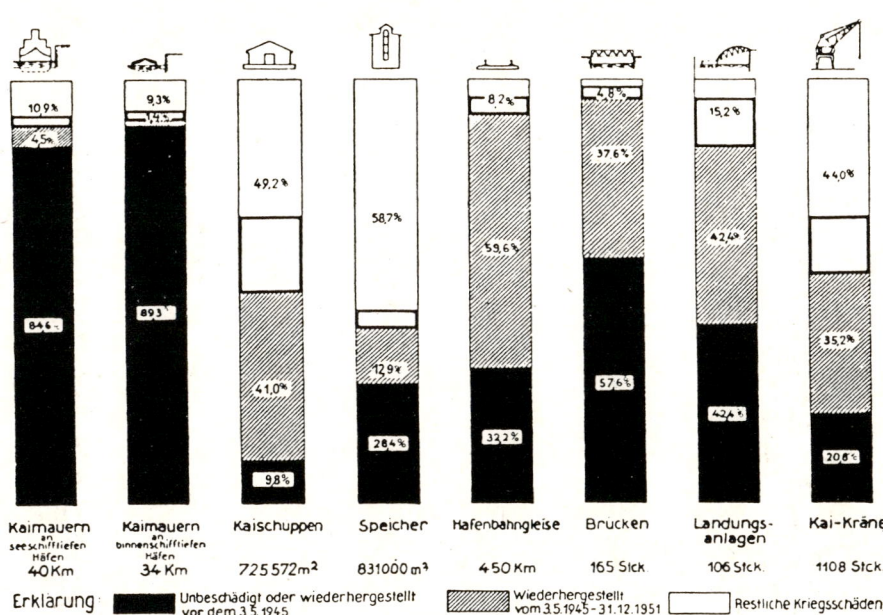

Kriegsschäden und Wiederaufbau im Hamburger Hafen
Stand: 31.12.1951

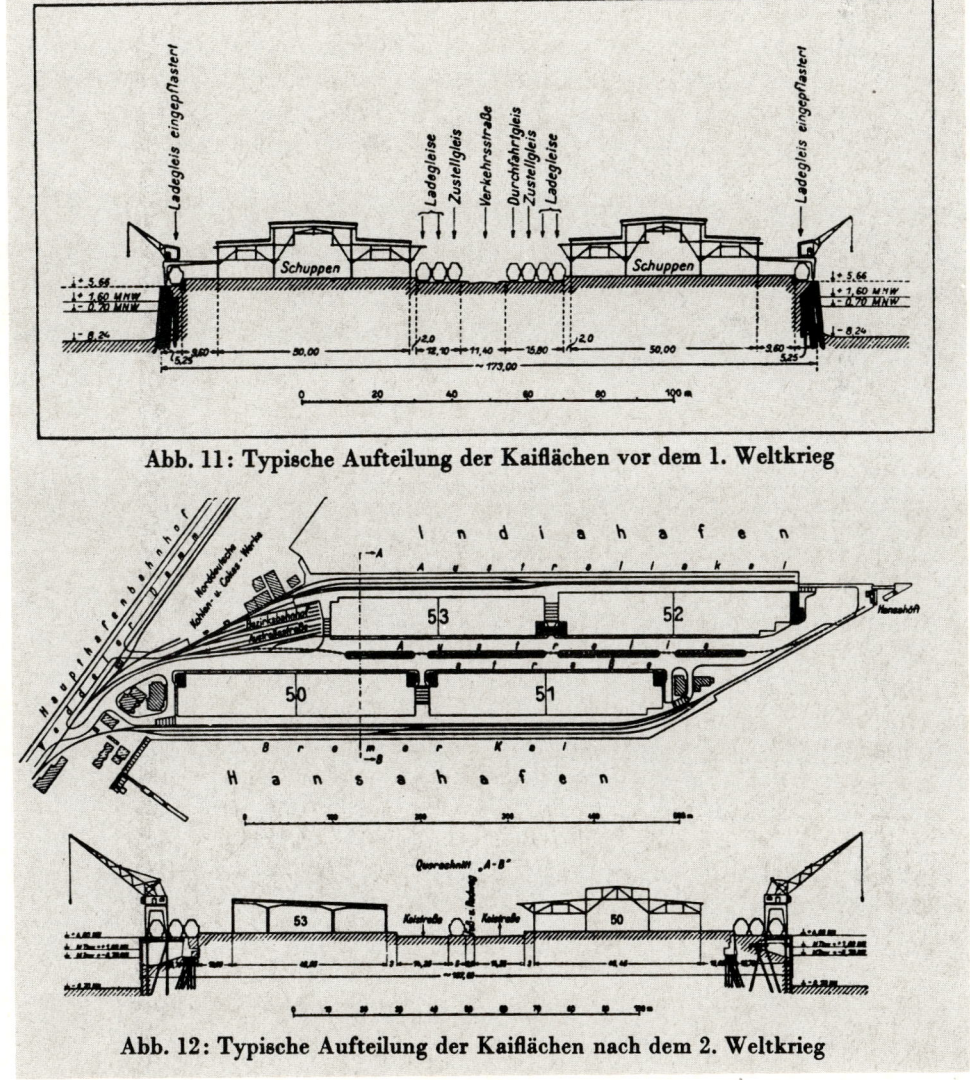

Abb. 11: Typische Aufteilung der Kaiflächen vor dem 1. Weltkrieg

Abb. 12: Typische Aufteilung der Kaiflächen nach dem 2. Weltkrieg

6 *Generalbebauungsplan 1947 (aus: Hansestadt Hamburg, Verwaltung für Wirtschaft und Verkehr, Die Neugestaltung des Hamburger Hafens [1947])*

Kapazität zur Verfügung, aber für Massengutumschlag (ohne Getreide) bereits 80%, für Getreide 50 bis 60% und für Stromumschlag 60 bis 70%.[28]

An den ersten Wiederaufbauplan schloß der zweite Wiederaufbauplan für die Jahre 1950 bis 1952 an. Angestrebt wurde ein Gesamtumschlag von 14–15 Mio. Tonnen im Jahr 1952, entsprechend 63–67% von 1936.[29] Vorgesehen waren Investitionen von 137 Mio. DM; es wurden jedoch nur 93,1 Mio. DM aus hamburgischen Mitteln ausgegeben, zuzüglich 15 Mio. DM aus Mitteln des Bundes.[30] Trotz der knappen Finanzen konnte das Ziel des Zweiten Wiederaufbauplans mit 15,2 Mio. t Umschlag im Jahr 1952 erreicht werden (68% von 1936).[31] Der Schluß drängt sich auf, daß es andere Gründe für die atypische Entwicklung des Hamburger Hafenumschlags in den Nachkriegsjahren gab als die der fehlenden Umschlagskapazitäten. Darauf wird noch einzugehen sein.

Wenn man die Ergebnisse der beiden Wiederaufbaupläne zusammenfaßt, findet man viele technische und bauliche Neuerungen, die hier skizziert worden sind, aber keine topographischen Strukturänderungen. Die Umrisse der Hafenbecken und der Stromverlauf sind so geblieben, wie sie schon vor dem Zweiten Weltkrieg angelegt waren.

2.2. Der Generalbebauungsplan 1947

Strukturänderungen waren zwar im Generalbebauungsplan des Jahres 1947 vorgesehen, wurden aber aus Kostengründen nicht realisiert. Als ein Teil des Generalbebauungsplans der Stadt hatte er im Unterschied zum Wiederaufbauplan den Zweck, dem Hafen in der Zukunft den erforderlichen Erweiterungsraum zu sichern.[32] Vergleicht man den Generalplan 1947 mit der heutigen Struktur des Hafens, so sieht man, daß die meisten Bauvorhaben nicht realisiert worden sind. Am auffälligsten ist der damals geplante Hansa-Kanal, der am Köhlbrand die Elbe mit dem südwestlichen Hinterland Hamburgs verbinden sollte. Außerdem war u. a. der Bau mehrerer großer Hafenbecken auf dem ehemaligen Wasserflugplatz von HFB (Hamburger Flugzeugbau) Finkenwerder sowie eines fünften Seehafens im Harburger Hafen und dreier neuer Hafenbecken auf der Hohen Schaar vorgesehen. Zwei neue Elbüber- oder -unterquerungen waren geplant: eine am Köhlbrand, wo der neue Elbtunnel entstand, und eine an den Vorsetzen.

2.3. Die atypische Erholung des Umschlags im Hafen Hamburg

Als einziger Grund für die enttäuschende Entwicklung des Umschlags im Vergleich zu den anderen europäischen Nordseehäfen wird meist der Verlust des natürlichen Hinterlandes durch den «Eisernen Vorhang» genannt.[33] In der Tat wurden im Jahr 1936 «35% des gesamten Hamburger Güterverkehrs mit Gebieten abgewickelt, die heute im Einflußbereich des COMECON liegen».[34] Doch wenn der Handel mit dem östlichen Hinterland sich genauso schnell entwickelt hätte wie der übrige Handel des Hamburger Hafens, hätte dies nicht ausgereicht, um einen Anstieg der Umschlagszahlen wie in den Konkurrenzhäfen zu erzielen. Dies ergibt sich aus der Addition von 35% zur Umschlagsmenge von 1952, 15,2 Mio. t = 20,52 Mio. t, was ca. 93% des Standes von 1936 entspricht, während alle anderen Häfen außer Emden (s. Tabelle auf S. 148) bereits 1951 den Vorkriegsstand von 1936 erreicht hatten. Abbildung 7 demonstriert, daß der Umschlag im Hamburger Hafen auch hinter dem allgemeinen Wirtschaftsaufschwung im Bundesgebiet zurückblieb. Erst 1955 wurde das Vorkriegsniveau in Hamburg übertroffen.

Weitere Ursachen sind in den Jahren vor 1949 zu suchen, in denen die anderen Häfen aus unterschiedlichen Gründen Vorteile gegenüber Hamburg genossen und ihren ‹fliegenden Start› zu einer andauernden Wachstumsdynamik ausbauen konnten. Antwerpen – weitgehend unzerstört aus dem Krieg hervorgegangen – war als Eisenbahnhafen gegenüber dem schwer zerstörten Rotterdam zunächst bevorzugter Nachschubhafen der Alliierten Armeen. Rotterdam hatte den Standortvorteil als Rheinmündungshafen, und die belgischen und holländischen Häfen waren die natürlichen Verkehrsverbindungen von und zur Industrie an Rhein und Ruhr. Die Benelux-Häfen wurden allerdings aus Gründen der Devisenersparnis erst 1948 in bedeutendem Umfang in den Außenhandelsverkehr mit Deutschland eingeschaltet.[35] Schließlich war Bremen der Hafen für die amerikanische Zone, und auch nach der bizonalen Fusion Anfang 1947 wurde Bremen von der amerikanischen Militärregierung auch für die Lebensmittelindustrie in die britische Zone bevorzugt.[36]

Für Hamburg änderte sich die Situation grundlegend erst 1948. Bis zur Währungsreform (20. Juni 1948) galt Bremen als Konkurrenzhafen, der Hamburg den Verkehr streitig machte. Nach der Währungsreform forderten Belgien und Holland eine stärkere Einschaltung ihrer Häfen in den Handel mit dem deutschen Markt und erreichten in Verhandlungen mit Großbritannien und den USA eine Vereinbarung, die die stärkere Einschaltung in die amerikanische Lebensmitteleinfuhren nach Deutschland vorsah.[37] Die veränderten Umstände bewirkten eine Verständigung zwischen Hamburg und Bremen, und die alten Rivalitäten wurden beigelegt. Dazu einige bisher nicht bekannte Einzelheiten:

Im Laufe der Zeit 1947 bis Mitte 1948 setzten sich die Hamburger Hafenbehörden und die Handelskammer Hamburg bei der deutschen bizonalen Transportverwaltung und dem Ernährungs- und Landwirtschaftsrat ständig für die Lenkung der Lebensmittelimporte

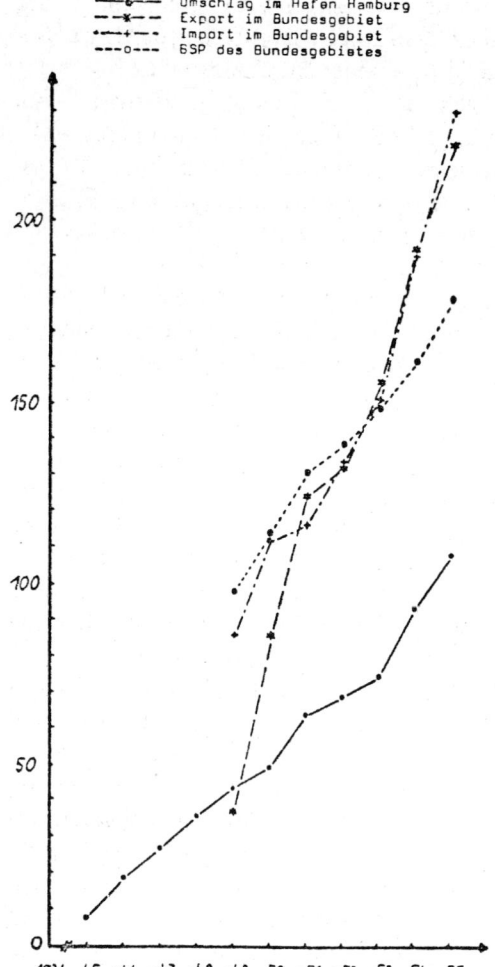

200

150

100

50

0

1936 -45 -46 -47 -48 -49 -50 -51 -52 -53 -54 -55

7 Umschlag im Hafen Hamburg im Vergleich zur wirtschaftlichen Entwicklung im Bundesgebiet; Basis:
1936 = 100; Bruttosozialprodukt (errechnet nach
Preisen von 1936), Exportvolumen, Importvolumen,
Umschlagsmengen im Hafen Hamburg.
Errechnet nach: Werner Klugmann, Tatsachen, Daten
und Zahlen über den Hamburger Hafen, Hamburg
1966, S. 129; Statistische Jahrbücher für die Bundesrepublik Deutschland, versch. Jgg.

Tabelle: Umschlag in den Nordseehäfen 1936 bis 1951
in Mio. t

Jahr	Hamburg	Bremen	Emden	Antwerpen	Rotterdam	Amsterdam
1936	22	6,8	7,9	23,2	31,5	4,6
1938	25,7	9,0	7,9	23,6	42,4	5,7
1945	1,8				2,4	
1946	4,2				8,1	
1947	5,8				12,1	
1948	7,9				15,8	
1949	9,6	6,6	4,2	19,5	20,1	4,8
1950	11,0	6,0	4,9	20,9	28,9	5,1
1951	14,2	8,1	5,4	28,5	35,7	6,1

(Erstellt nach: Hamburgs Wirtschaft 1952, Tab. 21; Hermann Benrath, Der Wiederaufbau des Hamburger Hafens an der Jahreswende
1951/52. In: Der Hamburger Hafen. Sein Wiederaufbau von 1945
bis 1951, Hamburg o. J., S. 10; StAH, Senatskanzlei II, 706.10-2.)

nach Hamburg ein. Die Bemühungen blieben zunächst
ohne größere Erfolge, da die deutschen Stellen keine
offiziellen Kompetenzen in der Einfuhrregelung hatten. In der Praxis aber konnten die deutschen bizonalen Stellen einen gewissen Einfluß auf die Politik der in
der JEIA (Joint Export-Import Agency) dominierenden Amerikaner ausüben. Es hat den Anschein, daß
Hamburg im Unterschied zu Bremen den Anschluß an
die wachsenden Außenhandelsgeschäfte verschlafen
hatte: Einem Bericht der Handelskammer Hamburg
zufolge waren für den Monat Juli 1947 für Bremen 50
Schiffsankünfte mit Getreide- und Mehllieferungen
vorgesehen, für Hamburg aber nur 18 Schiffsankünfte.
Außerdem waren im Juni 1947 30 000 t Pottasche aus
der russischen Zone über Bremen statt über den näher-
liegenden Hamburger Hafen exportiert worden. Der
Gesprächspartner des Berichterstatters war ein Bremer beim Ernährungs- und Landwirtschaftsrat in
Stuttgart, der über gute Beziehungen zur US-Militär-
regierung verfügte. In den meisten Räumen des Ernäh-
rungs- und Landwirtschaftsrates hing, so der Hamburger Berichterstatter, Reklame für Bremen, z. B. in der
Verkehrsabteilung eine graphische Übersicht der Ent-
fernungen auf den Wasserstraßen von Bremen nach
sämtlichen Binnenhäfen. Demgegenüber bekam der
Vertreter der Hamburger Hafen- und Lagerhaus Aktiengesellschaft (HHLA) in Stuttgart, der sich energisch für die Hamburger Interessen einzusetzen
versuchte, außer den regelmäßigen HHLA-Informa-
tionen keine Hamburg-Werbung.[38]

Die Bevorzugung Bremens war ab Januar 1948 Anlaß
für eine enge Zusammenarbeit zwischen dem Senat,
der Handelskammer Hamburg und führenden Hamburger Außenhandelskaufleuten. Die Kammer ver-
fertigte ein Gutachten («Hamburg und die deutschen
Einfuhren. Ungenützte Möglichkeiten für die Hafenwirtschaft, die Beschleunigung und Verbilligung der
seewärtigen Einfuhren»), das Anfang Februar 1948
als Senatsmemorandum den Militärregierungen über-
reicht wurde.[39] Bürgermeister Max Brauer schickte
dem amerikanischen Militärgouverneur General Clay
ein Telegramm, in dem er für Entscheidungen «im
echten Zweizonengeist» plädierte und die Einschaltung Hamburgs als Versorgungshafen für die britische und amerikanische Zone forderte.[40]

Diese Schritte führten zu Protesten in Bremen – Bürgermeister Kaisen sah darin einen Versuch, Hamburg
auf Kosten Bremens an der amerikanischen Einfuhr
zu beteiligen.[41] Herr Ulrich von der Handelskammer
Bremen rief in Hamburg an, um mitzuteilen, daß
«ganz Bremen tobt». Er und die Handelskammer Bremen hofften, «daß hinter dem Telegramm von Bürgermeister Brauer nicht etwa die Handelskammer Hamburg steckte».[42]

In Verhandlungen mit der Reichsbahndirektion Bielefeld, dem Ernährungs- und Landwirtschaftsrat, den
Wasserstraßendirektionen, der Wirtschaftsvereini-
gung Eisen und Stahl und den anderen deutschen See-

häfen wurde auf einer Sitzung im April 1948 vereinbart, daß sich die deutschen Stellen bei der JEIA für eine Revision der Einfuhrlenkung zugunsten Hamburgs einsetzen würden. Nach der Sitzung legte der Vertreter des Ernährungs- und Landwirtschaftsrates dem Hamburger Vertreter Dr. Köhn einen «stillen Plan» seiner Behörde vor, wonach Hamburg und Bremen in der Einfuhr von Lebensmittel-Massengütern gleichzustellen wären. «Dies würde praktisch bedeuten, daß von den noch offenen 115 000 Tons etwa 80 000 auf Hamburg und 35 000 auf Bremen verteilt würden.»[43]

Zur gleichen Zeit verstärkten sich die Bemühungen Hamburgs, direkt bei den ausländischen Reedereien zu intervenieren, um Frachten für den Hamburger Hafen zu gewinnen. Brauer beteiligte sich persönlich an Verhandlungen mit Mr. Warfield von den United States Lines um die Disposition eines Zuckerdampfers. Ein Vergleich der Hafenkosten, der auf Veranlassung von Warfield angestellt wurde, ergab, daß in Bremen unterschiedlich zu Hamburg der Staat einige Dienstleistungen – wie Überwachung der Schiffe – selbst übernahm.[44] Manche amerikanische Schiffe wurden in Bremen gebührenfrei entladen – d. h. der Staatshaushalt übernahm im Rahmen der Besatzungskosten die Hafengebühren.[45]

Den wichtigsten Bestandteil der konzertierten Kampagne um die Lenkung der Einfuhren nach Hamburg bildete in der Zeit vor der Währungsreform die Disziplinierung der Hafenarbeiter. Im Januar 1948 kam es aufgrund der schlechten Arbeits- und Lebensbedingungen zu einem viertägigen Hafenstreik (5. bis 8. Januar), der nicht gewerkschaftlich genehmigt war. Den rund 5000 unständig beschäftigten Hafenarbeitern schlossen sich zwei Tage später 5500 Werftarbeiter der Deutschen Werft, der Howaldtswerft und der Reiherstiegwerft an, nicht aber die ständig beschäftigten Hafeneinzelbetriebsarbeiter. Wie in den Streiks im Ruhrgebiet in derselben Zeit forderten die Hafenarbeiter eine 30 %ige Lohnerhöhung (der Stundenlohn betrug seit 1936 unverändert 95 Pf, der Schichtlohn 7,60 RM), Arbeitszeug, Fußbekleidung und vor allem die Lieferung der aufgerufenen Lebensmittel.[46] Erreicht wurde nur ein Versprechen der Gewerkschaft, sich für bessere Arbeitskleidung und Lebensmittelzuteilung einzusetzen. Der Hafenstreik stellt dennoch einen Wendepunkt in der Geschichte des Hamburger Hafens dar, denn er führte zum Garantielohnabkommen für die unständig beschäftigten Gesamthafenarbeiter. Zuvor hatte der Unternehmer, oder nach 1935 die Gesamthafenbetriebsgesellschaft, die Arbeitskräfte morgens um 6 Uhr für den Tag geheuert und am Ende des Tages wieder entlassen. Nach 1948 wurde dies zur Ausnahme. Das Garantielohnabkommen sicherte den Gesamthafenarbeitern, die fast geschlossen gestreikt hatten, eine Gesamtmindesteinnahme von fünf Schichtlöhnen pro Woche, wenn sie an sechs Tagen zur Arbeitsverteilung erschienen.[47]

Eine Lösung der Versorgungsprobleme konnte der Streik nicht bringen und die Einführung des Garantielohns führte nicht zu einer Erhöhung der Zahl der Arbeiter, die sich zur Arbeit meldeten. Vielmehr sank im Februar 1948 die Anwesenheitsquote unter das Niveau der ganzen Winterzeit.[48] Erst nach der Verteilung von Arbeitskleidung aus amerikanischen Beständen wurde im März eine Steigerung der Arbeiterzahlen gemeldet.[49]

Eine andere Art, die Versorgungsprobleme zu lösen, war der Diebstahl. Bis zur Währungsreform stellte bekanntlich zwar überall in den Westzonen der Diebstahl – das «Besorgen» – ein generelles Problem dar, im Hamburger Hafen jedoch scheint die Diebstahlsquote besonders hoch gewesen zu sein.[50] Dabei betrachteten die Hafenarbeiter den Diebstahl offensichtlich als eine legitime Tätigkeit: Im Oktober 1947 etwa waren 300 Hafenarbeiter, die mit der Entladung von Lebensmittelschiffen beschäftigt waren, in einen Streik getreten, um gegen die Verhaftung von 15 ihrer Kollegen wegen Diebstahls zu protestieren.[51]

Am 7. Februar 1948 rief Warfield von den United States Lines in der Senatskanzlei an, um mitzuteilen, daß in den nächsten Tagen ein Schiff mit Zucker in Hamburg einlaufen werde. «Sollte es bei der Entlöschung irgendwelche Schwierigkeiten hinsichtlich Diebstahl geben, dann werden wir nie wieder ein Schiff der United States Lines nach Hamburg bekommen, noch wird sich Mr. Warfield dann von sich aus darum bemühen wollen», wurde vom Gespräch berichtet. Warfield wußte, daß «alles von der Haltung der Schauerleute» abhing – man müsse ihnen «die Lage klar vor Augen [...] stellen, daß, wenn nämlich Diebstähle vorkommen, keine weiteren Schiffe nach Hamburg geleitet werden».[52]

Der amerikanische Druck wurde von der Hamburger Verwaltung an die Arbeiter sofort weitergegeben: Ernst Plate, Senatsbeauftragter für den Hafen, hielt am 9. Februar eine Rede vor den Hafenarbeitern. Er forderte sie zu besonderen Anstrengungen auf und betonte die Wichtigkeit von Vermeidung von Diebstählen. Innerhalb des ohnehin abgesperrten Freihafens[53] wurde ein «besonderes Sicherungsgebiet» für den Ellerholzkanal, den Ross- und den Oderhafen geschaffen. Landpolizei und Wasserschutzpolizei richteten ein «besonderes Ausweisverfahren» ein, um «alle Elemente fortzuhalten, die auf den Schuppen und auf den Schiffen nichts zu tun haben».[54] Zusätzlich zu der Wasserschutz-, Bahnpolizei und der Kripo wurden 400 uniformierte Polizisten zur Verhinderung von Lebensmitteldiebstählen eingesetzt.[55]

Die Sicherheitsmaßnahmen hatten durchaus Erfolg – am 12. Februar gratulierte Warfield Bürgermeister Brauer zur reibungslosen Entladung des Zuckerdampfers.[56] Damit waren die Probleme für die Hamburger Hafenarbeiter und für den Hafen noch nicht gelöst. Wie Wirtschaftssenator Karl Schiller feststellte, war der Hafenarbeiter «schlecht ernährt, mangelhaft bekleidet, unzureichend bezahlt und in seiner wirtschaftlichen Stellung bei schwankendem Arbeitsanfall völlig ungesichert».[57] Die geringe Arbeitsleistung und das Ausmaß der Diebstähle wundern daher nicht.

Der nur auf außergewöhnlichen polizeilichen Maßnahmen beruhende Erfolg der Behörden bei der Entladung des Zuckerdampfers konnte nicht von Dauer sein. Die Behörden mußten im Kampf gegen Diebstahl letztlich vor den realen Lebensbedingungen kapitulieren. Im Frühjahr 1948 wurden täglich mindestens 30 Arbeiter festgenommen, aber angesichts des Arbeitskräftemangels schlug der Hafenbeauftragte Plate dem Zollgrenzschutz und dem Freihafenamt vor, so bald wie möglich den Arbeitern ihre Hafenausweise zurückzugeben.[58] Er bat außerdem die Polizei, bei den Verhaftungen vorsichtiger zu verfahren, da sonst die Gefahr neuer Arbeitsniederlegungen drohte.[59] Daß sowohl Plate als auch die britische Hafenkontrollbehörde auf die deutsche Polizei einwirkten, mit mehr Takt gegen die Hafenarbeiter vorzugehen, zeigt, daß ein gewisses Maß an Diebstählen eher tragbar war als die Gefahr von Arbeitsunterbrechungen durch Streiks.

Zusammengenommen führten die Bemühungen Hamburgs im Frühjahr 1948 zu einer spürbaren Erhöhung der Einfuhren nach monatelanger Stagnation. (Vgl. Abb. 8) Mit der Währungsreform änderte sich die ganze Situation schlagartig. Die Leistung der Hafenarbeiter stieg um 25 %.[60] Die Änderung der Güterart von Stückgut zu Massengut (z. B. statt Mehl in Säcken Getreide als Massengut) brachte einen weniger arbeitsintensiven Umschlag. 2000 der 6500 Gesamthafenarbeiter wurden entlassen.[61]

Die Währungsreform brachte auch einen Wandel im Verhältnis zu Bremen. Der Grund für die Annäherung zwischen Bremen und Hamburg liegt in der Forderung Hollands nach Aufhebung der deutschen Seehafen-Ausnahmetarife und nach der stärkeren Einschaltung der Benelux-Häfen in den deutschen Außenhandel. Die Seehafen-Ausnahmetarife waren ein traditionelles quasiprotektionistisches Mittel der

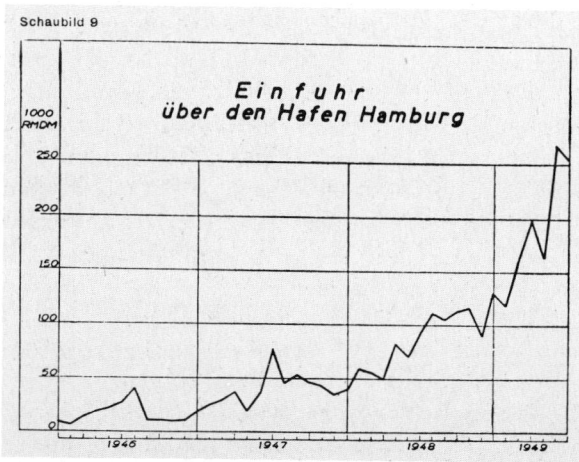

8 *Nachkriegsentwicklung der Einfuhr über den Hamburger Hafen (aus: Hamburgs Wirtschaft 1946–1949, Hamburg 1949, S. 34)*

deutschen Wirtschaft, um die Eisenbahnfrachten von und nach den deutschen Nordseehäfen mit denjenigen der Benelux-Häfen konkurrenzfähig zu machen. Gesamtwirtschaftlich brachten sie eine Deviseneransparnis und die Sicherung eines hohen Umschlagvolumens für die deutschen Nordseehäfen. Die holländische Forderung nach Aufhebung der Ausnahmetarife, schon im November 1946 in einer Note an die alliierten Regierungen aufgestellt, bedeutete bis zur Währungsreform keine konkrete Bedrohung für die deutschen Seehäfen, weil die Alliierten ohnehin aus Devisenersparnisgründen die Einfuhren über die deutschen Häfen lenkten.[62] Nach Verhandlungen zwischen Belgien, Holland, Großbritannien und den USA wurden die Seehafenausnahmetarife im Juli 1947 aufgehoben[63], ohne daß dies eine praktische Wirkung zeigte. Im März 1947 hatte der Regional Commissioner in Hamburg, H. V. Berry, eine Zusicherung des Leiters der Wirtschaftsabteilung der britischen Militärregierung erhalten, daß der Hamburger Hafen voll in den Außenhandel einbezogen werden sollte. Es sei nicht beabsichtigt, hatte der Leiter der Wirtschaftsabteilung geschrieben, den Verkehr auf die niederländischen Häfen umzuleiten.[64] Dennoch stellte die Aufhebung der Tarife eine Gefahr für die Zukunft dar. In geschickten Verhandlungen bewogen der Hamburger Senat und die Handelskammer Hamburg die Rheinschiffahrt, die Reichsbahn, die bizonalen deutschen Stellen und sogar den Bremer Senat, gemeinsam gegen die Aufhebung zu protestieren.[65] Ausgehend von den holländischen Forderungen verfaßte im März 1947 das Sekretariat Friedensvertrag der Senatskanzlei zusammen mit der Handelskammer Hamburg eine Denkschrift «Die niederländischen Forderungen zur deutschen Seehafentarifpolitik». Am 29. April 1947 wurde in Duisburg auf der Grundlage der Hamburger Denkschrift mit Vertretern aller betroffenen Handelskammern, der Rheinschiffahrt, der Industrie und der Seehäfen verhandelt – erstmals saßen Vertreter der Rheinschiffahrt und der Seehäfen an einem Tisch, um die Tarife zu besprechen. Die Rheinschiffahrt erklärte sich bereit, mit den Seehäfen gegen die holländischen Forderungen zu protestieren. Der Grund dafür war, daß nicht die deutsche, sondern nur die holländische Rheinschiffahrt und Eisenbahnen von der Aufhebung der Ausnahmetarife profitiert hätten.[66] Im Interesse einer gemeinsamen Front mit Bremen wurde die Frage, welcher Hafen «tarifbildender Hafen» sein sollte, vorerst ausgeklammert. Die Frage war, ob in Zukunft die Antwerpener Bahnfrachtsätze für Bremen oder Hamburg gelten sollten – aus Bremer Sicht für Bremen, um einen Frachtunterschied zwischen Bremen und Hamburg zu erzielen.[67]

Unterstützung erhielten die deutschen Seehäfen auch von der britischen Militärregierung, die der Aufhebung der Ausnahmetarife nur aus Gründen der Rentabilität der Reichsbahn zugestimmt hatte. Der für die Reichsbahn in der Bizone verantwortliche Besatzungs-

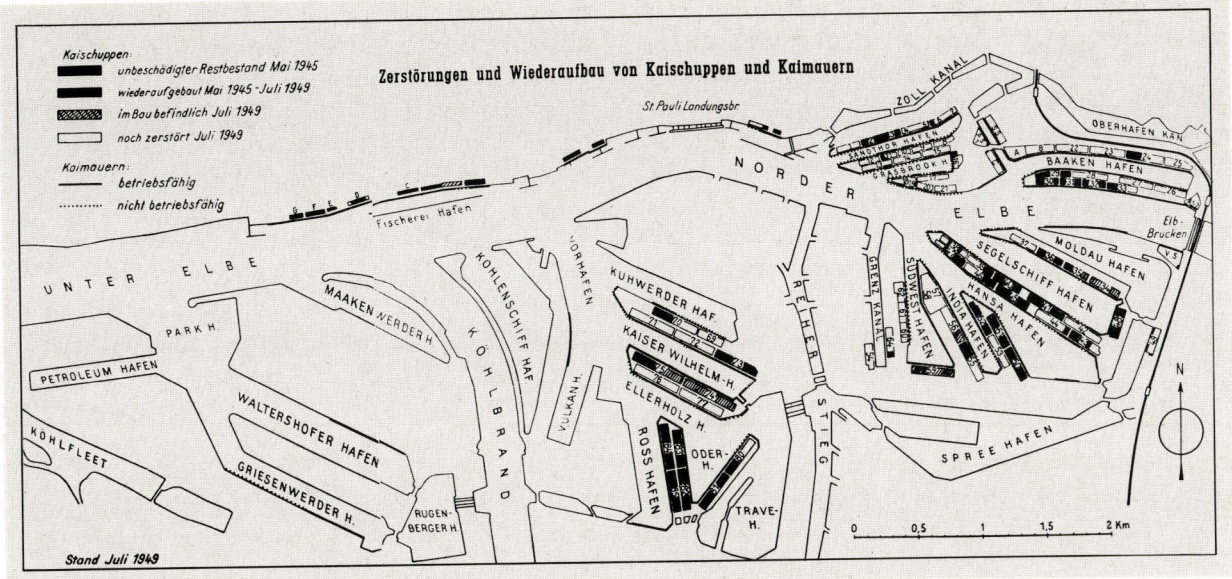

9 Aus: Hamburgs Wirtschaft 1946−1949. Ein Bericht der Behörde für Wirtschaft und Verkehr, Hamburg, Sept. 1949

offizier Mr. Dibben erklärte Vertretern der Handelskammer Hamburg gegenüber, daß er die Reichsbahn «in dem Moment der Einführung einer Währungsreform [...] für bankrott halte» und daß das veraltete Tarifsystem daher aufgehoben werden müsse. Die Aufhebung der Tarife sei nicht auf Drängen der Niederlande oder Belgiens erfolgt, und sie schaffe keine Präzedenz für einen künftigen Friedensvertrag. Ein «Industrie-Dumping» – eine Tarifbegünstigung der deutschen Exportindustrie auf Kosten der Finanzen der Reichsbahn – würde in keinem Fall mehr in Frage kommen, betonte Dibben. Prinzipiell aber hätte die Militärregierung gegen die Wiedereinführung von Ausnahmetarifen nichts einzuwenden, und er forderte die deutschen Seehafenvertreter auf, ihm ausführliche Vorschläge zur Neuregelung der Ausnahmetarife zu unterbreiten.[68]

Nach der Währungsreform stimmten die Hamburger und Bremer Interessen in bezug auf die Ausnahmetarife und die Konkurrenz der Rheinmündungshäfen überein. Für die Übergangszeit bis zur Wiedereinführung der deutschen Ausnahmetarife nach Gründung der Bundesrepublik wurde eine provisorische Vereinbarung zwischen Belgien und Holland sowie Großbritannien und den USA getroffen, wonach nur zusätzliche Lebensmittellieferungen über die Benelux-Häfen zu leiten waren.[69] Kaisen und Brauer legten dennoch im Oktober 1948 einen gemeinsamen Protest ein und erreichten in Verhandlungen mit Clay und Robertson (dem britischen Militärgouverneur) die Zusage, daß die Alliierten in keinem Fall Hamburg und Bremen ausschalten wollten. Brauer berichtete dem Senat, daß beide Generäle zugesagt hätten, «sich voll für die wirtschaftlichen Interessen der norddeutschen Häfen Hamburg und Bremen einsetzen zu wollen».[70]
Es war wohl unvermeidlich, daß die Frage der Seehafentarife eine deutschlandpolitische Bedeutung er-

langte. Max Brauer benutzte die Lage Hamburgs an der Peripherie des westlichen Deutschlands als Argument für die Subventionierung des Hafens. In einem Schreiben an die deutschen bizonalen Stellen (an den Direktor der Verwaltung für Verkehr, Prof. Frohne, und den Direktor der Verwaltung für Wirtschaft, Dr. Semler, die heute Verkehrsministern bzw. Wirtschaftsministern entsprechen) vom 2. Februar 1948 stellte er die Bedeutung Hamburgs als Welthafen vor dem Zweiten Weltkrieg und die Rolle der Seehafentarife im deutschen Verkehrssystem heraus. Das Ziel müsse die Wiederherstellung des alten Gleichgewichts zwischen Hamburg, Rotterdam und Antwerpen sein. «Ein Verzicht auf Hamburg bedeutet einen Verzicht auf Osteuropa. Die Erhaltung Hamburgs als eines Hafens erster Ordnung bedeutet, Vorsorge für eine rasche und gesunde Wiederkehr Osteuropas auf den Weltmärkten zu treffen.» Zugleich hob er mahnend hervor, daß 50 % (sic) des Hamburger Hafenverkehrs auf östliche Gebiete entfielen und daß das alte Verkehrsaufkommen aus den Ostgebieten «in absehbarer Zeit nicht im entferntesten erreicht wird».[71]
Nach Gründung der Bundesrepublik machte das Bundesverkehrsministerium sich diese grundsätzliche Haltung zu eigen. In einer Antwort an ein niederrheinisches Mitglied des Bundestages, das sich im Interesse der Rheinschiffahrt und der deutschen Rheinhäfen über die Unterstützung der Nordseehäfen durch das Bundesverkehrsministerium beschwerte, schrieb Verkehrsminister Seebohm am 22. September 1950, es könne nicht bezweifelt werden, daß die deutschen Nordseehäfen besonderer Förderung bedürften. «Sie sind infolge des Verlustes wesentlicher Teile ihres Hinterlandes, durch die schweren Kriegsschäden [...] und das bisherige, lange Zeit geltende strikte Verbot des Aufbaus einer eigenen Übersee-Handelsflotte beson-

ders schlimm betroffen worden, d. h. ohne Hilfe der Bundesrepublik nicht wettbewerbsfähig und einem wirtschaftlichen und sozialen Notstand preisgegeben. Das wäre aus politischen Gründen nicht zu verantworten.» Diese Antwort veranlaßte Brauer, an den Verkehrsminister zu schreiben: «Ich habe daraus wieder zu meiner Beruhigung entnommen, daß wir uns bei Ihnen in guten Händen befinden.»[72]

Schluß

Es sollte gezeigt werden, daß die wirtschaftlichen Einbußen durch die britische Demontagepolitik zwar hohe Verluste darstellten, andererseits aber im Zuge der Erholung der deutschen Wirtschaft schnell überwunden wurden. Die Leitlinien der britischen Hafenpolitik legten im Unterschied zur Demontagepolitik eine gesunde Wiederaufbauentwicklung des Hamburger Hafens fest. Die Erholung des Hafens wurde von britischer Seite vorangetrieben und begünstigt. Der Wiederaufbau des Hafens verlief jedoch nicht so reibungslos, wie bisher in der Literatur berichtet wird, sondern war mit vielfältigen Problemen belastet, die nur durch staatliche Maßnahmen auf Hamburger und Bundesebene sowohl im wirtschaftlichen als auch im sozialpolitischen Bereich zu lösen waren.

Anmerkungen

[1] Zur Potsdamer Konferenz siehe Ernst Deuerlein, Potsdam 1945. Quellen zur Konferenz der «Großen Drei», München 1963.

[2] Für den Wortlaut des Industrieniveauplans vom März 1946 siehe: G. W. Harmssen, Reparationen, Sozialprodukt, Lebensstandard, H. 1, Bremen 1948, S. 91–94. Zum Problem des künftigen deutschen Lebensstandards siehe: Friedrich Jerchow, Deutschland in der Weltwirtschaft 1944–1947, Düsseldorf 1978, S. 184–186 und 195.

[3] «Das Brutto-Anlagevermögen der Industrie in den Westzonen lag 1945 immer noch um gut 21 % über dem Stand des Jahres 1936»; Helga Grebing, Peter Pozorski, Rainer Schulze, Die Nachkriegsentwicklung in Westdeutschland 1945–1949. Die wirtschaftlichen Grundlagen, Stuttgart 1980 (Studienreihe Politik, Hrsg. von Hermann Giesecke, Bd. 7a), S. 62–63. Die Industrieproduktion der britisch-amerikanischen Zone hatte im Dezember 1946 jedoch nur 32 % der Produktion des Jahres 1936 erreicht; ebenda, S. 61. Zu den Engpässen in der Wirtschaft 1945–1947 ebenda, S. 65–67.

[4] Die Hamburgische Schiffbau-Versuchsanstalt war bis Januar 1946 vollständig demontiert und als Beute nach Großbritannien geschickt worden, da sie ein «gefährliches Kriegspotential» darstellte; Vermerk des Director of Naval Construction 7. 3. 1946; Vermerk von M (= Military) Branch 24. 4. 1946; Protokoll einer Sitzung am 16. 7. 1946 im Forschungszentrum der Admiralty in Haslar. Alle in: Public Record Office (PRO), London, Bestand Admiralty (ADM) 1/19770.

[5] Im Dezember 1945 war die Demontage in folgenden vier Betrieben im Gange: Hanseatische Kettenwerke (Langenhorn), Kurbelwellenwerke Glinde, Metallwerke Neuengamme und Deutsche Messapparate-Gesellschaft (Langenhorn); Hamburg Monthly Report vom Dezember 1945, in: PRO, Bestand Foreign Office (FO) 1005/1716.

[6] Neue Hamburger Presse vom 12. 12. 1945. Die Demontage der Deutschen Messapparate-Gesellschaft wurde 1946 bekanntgegeben, die Demontage von Blohm & Voss 1946–1950 durchgeführt.

[7] Die Handelskammer Hamburg verfügte über die ursprüngliche Demontageliste für Hamburg. Anscheinend hat sie diese provisorische Liste, die immer vertraulich behandelt wurde, von der deutschen Polizei erhalten. Sie findet sich in: Archiv der Handelskammer Hamburg, C 1211/11, Bd. 1. Die Kammer enthielt sogar den deutschen Behörden vor, daß sie im Besitz einer solchen Liste war. Der Grund dafür war wohl, daß die Kammer die Geschäftslage der Firmen nicht durch die Bekanntgabe einer bevorstehenden Demontage gefährden wollte.

[8] Wortlaut des Revidierten Industrieniveauplans und der Demontageliste bei Harmssen, wie Anm. 2, S. 95–109. Abgedruckt außerdem in der deutschen Presse nach dem 16. 10. 1947.

[9] StAH, Senatskanzlei II, 039.27-7 (Akte Motorenwerke Hamburg = MAN); 039.27-1/II (Akte Demontageliste für die Vereinigten Westzonen Bd. II), Zusammenstellung des Amtes für Wirtschaft vom 23. 10. 1947 über die beschlagnahmten Maschinen.

Im folgenden sind, sofern nicht anders vermerkt, alle zitierten Akten a. d. Bestand der Senatskanzlei II im Staatsarchiv Hamburg.

[10] 039.27-1/II – Zusammenstellung (wie Anm. 9). Zu den multilateral deliveries siehe auch: Alan Kramer, Demontagepolitik in Hamburg. In: Josef Foschepoth und Rolf Steininger (Hrsg.), Die britische Deutschland- und Besatzungspolitik 1945–1949. Eine Veröffentlichung des Deutschen Historischen Instituts London, Paderborn 1985, S. 267–270.

[11] 731.05-21 (Akte Deutsche Werft Reiherstieg – Demontage).

[12] Herbert Flohr, Industriepolitik im Ballungsraum – Entwicklungen zwischen 1945 und 1965. In: Gerhard Schröder, Rückkehr zum Markt. Geschichte der Handelskammer Hamburg, Bd. 3, Hamburg 1983, S. 382.

[13] Zusammenstellung des Amtes für Wirtschaft 1951. In: Archiv der Handelskammer Hamburg, C1211/11, Bd. 3.

[14] Im Jahre 1943 waren im Hauptwerk auf Steinwerder 16 335 Arbeiter beschäftigt; «General Description» von Blohm & Voss, zusammengestellt vom Industrial Disarmament Committee, o. D. In: PRO, FO 371/70987/CJ 1364. Hinzu kamen Bürokräfte sowie 2000 weitere Arbeiter in den Flugzeug-Zweigwerken. Für die Neubautätigkeit der Werft siehe: Hans Georg Prager, Blohm & Voss. Schiffe und Maschinen für die Welt, Herford 1977, S. 250–263.

[15] Zeitwert 1938, RM = DM. Zusammengestellt 1951 vom Amt für Wirtschaft (wie Anm. 13).

[16] Vgl. Bericht über die Lage und Entwicklungsaussichten des Hamburger Hafens, hrsg. von der Freien und Hansestadt Hamburg, Behörde für Wirtschaft und Verkehr, Hamburg 1967, S. 6.

[17] Hamburgs Wirtschaft. Lage und Entwicklung im Jahre 1952, hrsg. von der Freien und Hansestadt Hamburg, Behörde für Wirtschaft und Verkehr, Hamburg 1953, S. 107.

[18] Vgl. Hamburgs Wirtschaft 1946–1949. Ein Bericht der Behörde für Wirtschaft und Verkehr, Hamburg 1949, S. 56; Hamburgs Wirtschaft. Lage und Entwicklung im Jahr 1950, hrsg. von der Behörde für Wirtschaft und Verkehr, Hamburg 1951, S. 77–78; Hamburgs Wirtschaft. Lage und Entwicklung im Jahr 1951, Hamburg 1952, S. 105–108; Hamburgs Wirtschaft 1952, S. 104 bis 106. Zur Demontage in Hamburg siehe meine demnächst erscheinende Dissertation «Die britische Demontagepolitik am Beispiel Hamburgs 1945–1950».

[19] Neue Hamburger Presse 9. 6. 1945.

[20] Neue Hamburger Presse 28. 7. 1945.

[21] Aus Hamburgs Verwaltung und Wirtschaft 1947, Sondernummer 3, Juli 1947, S. 2.

[22] Hermann Benrath, Der Wiederaufbau des Hafens Hamburg an der Jahreswende 1951/1952. In: Der Hamburger Hafen. Sein Wiederaufbau von 1945 bis 1951, hrsg. v. Ludwig Schultheis, Hamburg o. J. (1952), S. 19.

[23] Friedrich Mühlradt, Wiederaufbau im Hamburger Hafen. In: Neues Hamburg 1947, S. 34.

[24] Jerchow (wie Anm. 2), S. 208.

[25] Benrath (wie Anm. 22), S. 20; Benrath, Der Aufbau und Wieder-

aufbau des Hafens Hamburg. In: Hamburg, Großstadt und Welthafen. Festschrift zum XXX. Deutschen Geographentag 1. bis 5. August 1955 in Hamburg, Schriftleitung Wilhelm Brünger, Kiel 1955, S. 251–253.

26 Hamburgs Wirtschaft 1950 (wie Anm. 18), S. 33.

27 «Hamburg und die deutschen Einfuhren. Ungenützte Möglichkeiten für die Hafenwirtschaft, die Beschleunigung und Verbilligung der seewärtigen Einfuhren.» Bericht der Handelskammer Hamburg, Februar 1948. In: 706.10-2 (Akte Lenkung der Einfuhren über die deutschen Nordseehäfen 1947–1965).

28 Hamburgs Wirtschaft 1946–1949 (wie Anm. 18), S. 26.

29 Errechnet nach Werner Klugmann, Tatsachen, Daten und Zahlen über den Hamburger Hafen, Hamburg 1966, S. 129.

30 Hamburgs Wirtschaft 1952, S. 29; Bericht über die Lage (wie Anm. 16), S. 6.

31 Hamburgs Wirtschaft 1952, S. 41.

32 Hamburg und seine Bauten 1929–1953, hrsg. vom Architekten- und Ingenieur-Verein Hamburg e. V., Hamburg 1953, S. 279.

33 Vgl. Hamburgs Wirtschaft 1952, S. 65.

34 Hans-Jürgen Daum, Die Auswirkungen der Zweiteilung Deutschlands auf die Bedeutung des Hamburger Hafens, Phil. Diss. Universität Freiburg/Schweiz 1967, S. 44.

35 Vgl. H. Leithäuser, Vertreter der Hamburger Hafen Lagerhaus-Aktiengesellschaft (HHLA) in Frankfurt, an die HHLA, 26. 7. 47. In: 706.10-2; Drucksache für die Senatssitzung Nr. 415 am 22. 9. 1948, ebenda.

36 Die «Befugnisse des bereits bestehenden Einfuhrkontors in Bremen, über das sämtliche Lebensmittel für die amerikanische Zone eingeführt und unter Ausschaltung des Handels direkt an die amerikanischen Länder verteilt wurden, [werden] nunmehr auch auf die britische Zone ausgedehnt»; Aktennotiz für Dr. Sieveking von ? (Unterschrift unleserlich) in Firma Johs. Schmidt, Altona, 18. 3. 1947. In: 706.10-2. Siehe auch Vizepräses der Handelskammer Hamburg, Blumenfeld, an Bürgermeister Brauer 13. 1. 1948, sowie vielfältige weitere Hinweise in dieser Akte.

37 Col. Haddock an Bipartite Control Office 1. 9. 1948 (Abschrift); Drucksache für die Senatssitzung Nr. 415 am 22. 9. 1948; Aktenvermerk der Senatskanzlei (Unterschrift unleserlich). Alle in: 706.10-2.

38 Reisebericht W. Teetz für die Handelskammer Hamburg 7. 8. 1947, in: 730.60-31 (Akte Bemühungen der Niederlande um Aufhebung der die deutschen Seehäfen begünstigenden Ausnahmetarife der Reichsbahn und weitere niederländische Forderungen beim Abschluß eines Friedensvertrages 1946–1948).

39 In: 706.10-2.

40 Telegramm Brauer an General Clay 31. 1. 1948, ebenda.

41 Protestmeldung Bürgermeister Kaisen 5. 2. 1948, ebenda.

42 Aufzeichnung Dr. Weising Handelskammer Hamburg 9. 2. 1948, ebenda.

43 Aufzeichnung Besprechung über Hafenverkehrsplanung in Bielefeld am 16. 4. 1948, ebenda.

44 Brauer an Wirtschaftssenator Borgner, Senatssyndikus Sieveking, Senatssyndikus Mestern und Hafendirektor Plate 5. 2. 48, ebenda.

45 Aktenvermerk Dr. Köhn über Besprechung mit Präses Platz, Bremen, am 7. 5. 1948, ebenda.

46 Die Welt 6. 1. 1948, 8. 1. 1948; Christoph Kleßmann und Peter Friedemann, Streiks und Hungermärsche im Ruhrgebiet 1946 bis 1948, Frankfurt/New York, S. 49 ff. Für den Stundenlohn: Unterlagen der Gesamthafenbetriebsgesellschaft, dem Verfasser vom Unternehmensverband Hafen Hamburg freundlicherweise zur Verfügung gestellt.

47 Die Welt 8. 1. 1948, 10. 1. 1948; Werner Klugmann, Der Hamburger Hafenarbeiter. Soziale Probleme beim Güterumschlag, Hamburg 1954, S. 71; Monthly Report (wie Anm. 18), Februar 1948, S. 46.

48 Besprechung zwischen Plate und Haddock 19. 2. 1948. In: 730.00-4 (Akte Niederschriften über Besprechungen mit dem Regional Commissioner in Hafenangelegenheiten. 1948).

49 Besprechung zwischen Plate und Haddock 1. 3. 1948, ebenda.

50 Diese Vermutung stützt sich nur auf Indizien in den Akten der Senatskanzlei. Eine genaue Aussage kann erst gemacht werden, wenn die einschlägigen Akten der Behörde für Wirtschaft und Verkehr freigegeben werden. In den übrigen statistischen Quellen der Hansestadt Hamburg befinden sich nur Zahlen für Diebstahl in ganz Hamburg.

51 Regional Commissioner's Weekly Conference with Heads of Branches, 22. 10. 47, PRO, FO 1014/8.

52 Aktenvermerk in der Senatskanzlei über einen Anruf von Mr. Warfield 7. 2. 1948, in: 706.10-2. Vermutlich ist unter «Schauerleuten» infolge der Verwechslung mit dem amerikanischen «stevedore» «Hafenarbeiter» zu verstehen.

53 Der Zugang zum Freihafen war seit dem Ende des Krieges – wie nach dem Ende des Ersten Weltkrieges – nur mit einem Hafenausweis möglich; Neue Hamburger Presse 28. 7. 1945.

54 Entwurf einer Rede von Plate (Senatsbeauftragter für den Hafen) an die Hafenarbeiter 9. 2. 1948. In: 706.10-2.

55 Monthly Report of the Control Commission for Germany, British Element, Februar 1948, S. 46.

56 Warfield an Brauer 12. 3. 1948. In: 706.10-2.

57 Hamburgs Wirtschaft 1946–1949 (wie Anm. 18), S. 28.

58 Besprechung 1. 4. 1948, ebenda.

59 Besprechung 8. 4. 1948 und 22. 4. 1948, ebenda.

60 Anlage 2 zu Plate an Sieveking 14. 6. 1948, Urheber unbekannt, Datum unbekannt, aber vermutlich vor dem 1. 9. 1948. In: 706.10-2.

61 Haddock an Bipartite Control Office, Frankfurt, 1. 9. 1948, ebenda.

62 Dr. Apelt, Senator für Häfen und Schiffahrt, Bremen, an den Generaldirektor der Hauptverwaltung der Eisenbahnen, Bielefeld, 14. 1. 1947. In: 730.60-31. Dr. Most, Heidelberg, an Prof. Ipsen, Sekretariat Friedensvertrag, Senatskanzlei Hamburg, 31. 7. 1947, ebenda.

63 Ebenda; Auszug aus der Niederschrift über die Wirtschaftsbesprechung im Rathaus am 18. 7. 1947, ebenda.

64 Regional Commissioner's Daily Conference 25. 3. 1947, PRO, FO 1014/12.

65 Vermerk Prof. Ipsen 2. 5. 1947. In: 730.60-31; Beschluß des Verwaltungsrates für Verkehr (VfV) am 19. 7. 1947, bei den Militärregierungen gegen die Aufhebung der Tarife zu protestieren; Dr. Conrad (VfV) an den Senat der Hansestadt Hamburg 12. 9. 47. In: 730.60-31.

66 Im Juni 1947 wurde die Hamburger Denkschrift auf die Interessen der Rheinschiffart abgestimmt und unter dem Titel «Holland und die deutsche Tarifhoheit» in deutscher, französischer, englischer und niederländischer Sprache veröffentlicht; Vermerk Prof. Ipsen 2. 5. 1947, ebenda.

67 Köhn, Handelskammer Hamburg an Ipsen 17. 10. 1947, ebenda.

68 Niederschrift über die Besprechung in Essen am 26. 9. 1947. Anwesend waren G. H. Teetzmann und E. Blumenfeld (Handelskammer Hamburg) und C. L. S. Dibben, Chief Control Officer, CCG Transport Division, Railway Branch, Commercial Section, ebenda.

69 Vgl. Anm. 36. Siehe auch: Aktenvermerk (Unterschrift unleserlich: Kimming?) o. D. (vermutlich Anfang Oktober 1948) über ein bevorstehendes Abkommen zwischen der JEIA, Belgien und Holland; Vermerk über eine Konferenz am 17. 12. 1948 in Bremen. Beide in: 706.10-2.

70 Anlage zu Schreiben Kaisen an Brauer 18. 10. 1948: Protokoll über Besprechung bei den Militärgouverneuren über Hafenfragen am 15. 10. 1948; Auszug aus der Niederschrift über die 76. Senatssitzung 19. 10. 1948. Beide ebenda.

71 Brauer an Frohne und Semler 2. 2. 1948, 730.60-31. Hervorhebung im Original.

72 Franz Etzel, MdB, an Verkehrsminister H. Seebohm 2. 9. 1950 (Abschrift); Seebohm an Etzel 22. 9. 1950 (Abschrift); Brauer an Seebohm 16. 11. 1950. Alle in: 706.10-2.

Die Heuern der Seeleute auf Hamburger Schiffen 1760–1860

von Walter Kresse

Die sozialen Verhältnisse der Seeleute beschäftigen den Verfasser seit 1973. Damals ging es im Museum für Hamburgische Geschichte darum, zum Deckshaus des Dampfers WERNER mit Pantry, Messe, winziger Kapitänskammer und Ruderhaus mehr Informationen anzubieten als nur Technik und Mobiliar, also auch etwas über die Schiffsbesatzung zu berichten. Die Reederei besaß nur alte Personalakten, und die waren unergiebig. Sie bot deshalb an, doch eine Rundreise der SVEALAND mitzumachen (Hamburg–Gävle–Norrsundet–Calais–Antwerpen–Bremen) und die Besatzung selbst zu befragen. So geschah es im Oktober 1973. Entstanden sind dabei ein ‹Fotoalbum› mit Lebensläufen in der Schausammlung des Museums und zwei gleichlautende Veröffentlichungen.[1]

Anlaß zu weiterem Studium dieses Komplexes bot 1980 der XV. Internationale Kongreß der Geschichtswissenschaften in Bukarest. Die Commission Internationale d'Histoire Maritime hatte als Thema «Gens de Mer en Société» festgelegt. Verf. steuerte dazu eine Untersuchung «Die Diskussion über das Hamburger Seemannsrecht um 1850 – nebst Vorgeschichte» bei. Sie ergab interessante Einzelheiten, aber noch kein klares Bild über die großen Entwicklungslinien.[2]

Gründlicher mit letzterem Aspekt hatte sich Verf. zu beschäftigen, als ihm von Hamburgs Schifferalten die Darstellung der Geschichte des Seefahrer-Altenheims übertragen wurde. Das Heim beging 1981 die 425. Wiederkehr seiner Errichtung, und es erschien die Festschrift des Verfassers.[3] Wurden hier auch viele Zusammenhänge klarer, so fehlten doch weiterhin Anhaltspunkte für die materielle Situation der Seeleute – und ein Vergleich zu derjenigen anderer Berufe.

Anlaß, die Entwicklung der Löhne, also der Heuern der Seeleute – der «Gagen», wie man vor 200 Jahren sagte – nachzugehen, bot ein Colloquium von Schiffahrtshistorikern in einer Universität an der kanadischen Atlantikküste.[4] Gefragt war nach der Entwicklung der Seeschiffahrt in den Ländern beiderseits des Nordatlantik in den Jahren 1850–1914. Über viele Seiten dieses Themas ließ sich Berichtenswertes zusammentragen, kaum dagegen über die Heuern.

Wieder in Hamburg, ging Verf. dieser Frage erneut nach und fand heraus, daß der Bestand «Wasserschout» im Staatsarchiv Hamburg die erforderlichen Daten nicht für den genannten Zeitabschnitt enthielt, wohl aber für die Jahre 1760–1860. So entstand die vorliegende Untersuchung.[5]

Eine der ersten Vorarbeiten war ein Blick in die Literatur. Und der war keineswegs unergiebig. Max Peters hatte in seiner «Entwicklung der deutschen Rhederei seit Beginn dieses [19.] Jahrhunderts»[6] angemerkt, daß um 1850 die Heuern auf deutschen Schiffen wie bei den Dänen um 20–25 % höher als auf Schweden und Norwegern und um 10–30 % niedriger als auf Holländern, Briten und Amerikanern lagen. Auch das Kapitel «Löhne» Karl Heinrich Kaufholds im «Handbuch der deutschen Wirtschafts- und Sozialgeschichte»[7] war sehr anregend: Es gebe nur wenige fortlaufende Unterlagen über Handwerkerlöhne in der ersten Hälfte des 19. Jahrhunderts; und insoweit Einzeldaten verfügbar seien, wiesen sie vielfach auf ein Dasein am oder unter dem Existenzminimum hin. Nun, für die Heuern der Hamburger Seeleute existieren diese fortlaufenden Unterlagen! Und den Verfasser befiel die Neugier, in Erfahrung zu bringen, ob auch die Seeleute ein Pauperleben hatten führen müssen.

Beim Quellenstudium verlief der erste Anlauf nicht so ertragreich wie erhofft. In den Jahren 1760–1791 wurden vom Hamburger Wasserschout nur Anmusterungsprotokolle geführt. In ihnen überwiegen bis 1775 die Seeleute der Schiffe, die auf Walfang und Robbenschlag gingen.[8]

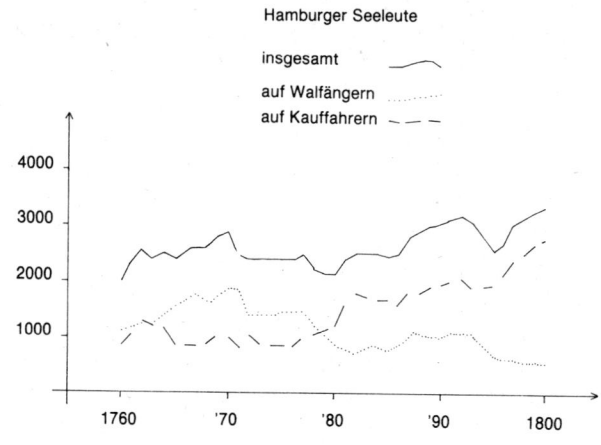

In diesen Anmusterungsprotokollen ist genau verzeichnet, welchen Lohn und Gewinn jeder zu erwarten hatte.

Am 20. Januar 1791 meldete Commandeur Hans Hanssen Tönnies die Besatzung der ANNA MARIA beim Wasserschout an *na Groenland op Robben en Walfis Vangst – 32 Quardeel* [zu 217 kg] *war op een Vis gereekend.*

	M.Crt.	Vis	Quardeel
PARTFAHRER			
Steuermann	60		24
Speckschneider	60		22
Speckschneider	45		21
Harpunier	45		21
Harpuniere	42		20
MONATSFAHRER			
Zimmermann	42		4
Zimmermann	21	3	
Bootsmann[9]	33		11
Koch[9]	33		11
Küper[9]	33		11
Küper	15	1	
Meister	54	3	
Matrose	26		5
2 Matrosen	25		6
3 Matrosen	25		5
8 Matrosen	21		3
3 Matrosen	21		2
2 Matrosen	20		1
1 Matrose	18		2
3 Matrosen	18		1
1 Matrose	15		
4 Matrosen	13		
Kochsmaat	12		
Junge	12		

Steuermann, Speckschneider und Harpuniere erhielten als Partfahrer ein Handgeld und ihren Anteil (*Part*) am gewonnenen Tran. Die übrigen Seeleute hatten als Monatsfahrer Anspruch auf eine Heuer entsprechend der Reisedauer, dazu einen bescheidenen oder gar keinen Verdienst aus der Tranausbeute. Wie Brinner berichtet,[10] war die Entlohnung der Besatzungen der Walfänger im 17. und 18. Jahrhundert nur ganz geringen Schwankungen unterworfen.

Auch für zwei weitere Gruppen von Seeleuten – Randgruppen! – geben die Anmusterungsprotokolle jener Jahre präzise Auskunft. In der nicht eben häufig erfaßten Küstenfahrt finden wir wiederholt Jahresgagen. So wird am 24. März 1791 vom Schiffer B. Wessel für seine VERWAGTENDE FORTUYN in der Hamburg-Bremer Beurtfahrt mit dem Steuermann 50Rtlr. und mit dem Jungen 16Rtlr. für ein Jahr vereinbart – entsprechend M. Crt. 150..–, bzw. 48..–.

Und am 13. April 1764 wird – einmalig in hundert Jahren – in Hamburg die Anmusterung für den Kriegsdienst protokolliert; es seien nämlich *in Ihrro Römische Keyserliche Konigliche Maystet Dinste folgende SchiffszimmerLeute als auch SchiffsLeute angenommen [...] om auf derro Keyserliche Krigs Schiffe und Galern zu arbeiten und auf der Donau zu vaaren.* Vereinbart werden für

2 Zimmerleute je M. Crt. 81..– per Monat
2 Schiffer je M. Crt. 60..– per Monat
6 Zimmerleute je M. Crt. 48..– per Monat
1 Segelmacher M. Crt. 36..– per Monat
2 Bootsleute je M. Crt. 30..– per Monat
1 Matrose M. Crt. 22..– per Monat
7 Matrosen je M. Crt. 21..– per Monat

Die Gagen der Bootsleute und Matrosen müssen als recht niedrig angesehen werden; sie liegen nur um 40 % über den Sätzen der damaligen hiesigen Handelsfahrt. Auf westeuropäischen Kriegsschiffen wurden demgegenüber um 100–150 % höhere Entgelte als auf Kauffahrten gewährt. Möglicherweise wirkten sich bei der Festsetzung der genannten Gagen im Jahre 1764 die Krise von 1763, die Demobilisierung der westeuropäischen Kriegsmarinen und Arbeitslosigkeit unter Seeleuten aus.

Doch nun zu den Besatzungen der Hamburger Kauffahrer und ihren Heuern. Die Anmusterungen auf Hamburger Schiffen der europäischen Fahrt sind 1760–1791 offenbar weitgehend erfaßt, dazu auch diejenigen etlicher auswärtiger Schiffe; man erkennt es an der vereinbarten Währung.

Die Auswertung der Heuern von jährlich 1000 und mehr Seeleuten auf 100 und mehr Schiffen war nicht ganz so mühsam, wie es zunächst den Anschein hatte. Es stellte sich nämlich nach Erarbeitung einer ersten Übersicht von je einem Schiff in den Jahren 1760–1860 heraus, daß die Heuern der Chargen auf den Schiffen in einem festen Verhältnis zueinander standen. Diese Relationen haben sich von 1760 bis zum Beginn der Dampfschiffahrt und auch nach Aufnahme der Überseefahrt nicht geändert. Es erhielten der 1. Steuermann und der Zimmermann meist die gleiche Heuer, (Voll)Matrosen und häufig auch der Koch 50 % hiervon und Kochsmaat und Schiffsjunge 25 %. Sie zusammen bilden die Mehrheit der Schiffsbesatzung. Hält man also die Heuer des 1. Steuermannes fest, kennt man auch die Einkünfte von Zimmermann, Matrosen und Jungen. Küper und Segelmacher finden sich damals nur selten an Bord von Handelsschiffen. Es bleibt der Bootsmann, dessen Heuer oft in der Mitte zwischen denjenigen des Steuermannes und der Matrosen liegt. Natürlich gibt es Abweichungen von dieser Regel; etwa, wenn während der Reise ein Seemann zu qualifizierter Arbeit aufstieg, aber nicht sogleich oder nicht in voller Höhe die angemessene Heuer bekam – oder wenn ein Verwandter des Kapitäns auf dem Schiff angemustert und überbezahlt wurde. Trotzdem erschien es Verf. ausreichend, je Schiff eine einzige Gage, eben diejenige des 1. Steuermannes, zu erfassen.

Das ergibt eine Meßeinheit und damit Vergleichsmöglichkeiten, sofern man die Heuer für einen bestimmten Zeitraum, nämlich einen Monat (seltener eine Woche) in den Protokollen findet. In den Abmusterungsprotokollen (ab 1792) ist das erfreulicherweise stets der Fall, nicht aber in den Anmusterungsprotokollen.

In diesen ist nämlich die Abschlagszahlung vor der Ausreise, das Handgeld, eingetragen, aber nur sehr selten, ob diese Anzahlung die Heuer für einen, für zwei oder drei Monate oder für die halbe Reise darstellt.

Die wenigen präzisen Angaben, insgesamt einunddreißig in den Jahren 1760–1791, weisen aus, daß für 1. Steuerleute in der Fahrt nach den Häfen der Ost- und Nordsee sowie der Biscaya Monatsheuern von M. Crt. 25..– bis 40..– gezahlt wurden und M. Crt. 36..– bis 50..– in der Fahrt nach Archangelsk oder in die piratengefährdeten Gebiete südlich des Kap Finisterre.

Ganz ohne Interesse sind auch diese Abschlagszahlungen nicht. Etwa auf Reisen nach London erhielt der 1. Steuermann normalerweise M. Crt. 60..–, in den Jahren 1782 und 1783 jedoch M. Crt. 75..–. Man möchte daraus folgern, daß Kriegsrisiko und Kriegskonjunktur auch damals zu Mehreinnahmen der Seeleute geführt haben. Was naheliegt.

Die Form und den Inhalt der Abmusterungsprotokolle der Jahre 1792–1860 mögen einige Beispiele, ohne die Namen der Seeleute, veranschaulichen.

Monatsheuern in M.Crt.

Abmusterungstag SCHIFF letzter Hafen	1. Steuermann	2. Steuermann	Zimmermann	Bootsmann	Koch	Küper	Segelmacher	Matrose	Jungmann	Kochsmaat	Junge
13. 1. 1796 VRIENDSCHAP											
von Rotterdam	54		40.8	27				5×27			12
8. 1. 1803 ELISABETH											
von London	48		48	36	36			6×24		12	12
4. 5. 1810 FORTUNA											
von Bordeaux	72		72	54	54			5×36			30
25. 3. 1820 CAROLINE											
von Oporto	48		48	36	36			6×24 1×21			2×12
29. 8. 1830 CESAR & HELE- NE											
von Kapstadt	48	36	48		36	24	27	2×24	1×21 1×18		12
9. 1. 1840 AUGUST JULIUS											
von Havanna	54	36	51		36			3×27	2×18		12
1. 2. 1850 GEORG											
von Laguayra	60		36		36			2×30	1×24 1×21		9
6. 1. 1860 AUGUST											
von Gibara/Kuba	60	45	42		48			4×36	1×21		1×15 1×12

Neu in der Zusammensetzung der Besatzungen ist ab etwa 1825 der 2. Steuermann; bei langen Reisen nach Übersee war das Risiko nicht gering, daß einer von den zweien durch einen Unglücksfall auf See oder durch Krankheit im fremden Hafen ausfiel. Vielleicht sollten wir in der Bezeichnung «2. Steuermann» auch nur einen Prestigezuwachs für den Bootsmann sehen: dieser erscheint in den Besatzungslisten nun nicht mehr. Weiter fällt auf, daß beim Zimmermann gespart wird, und ferner, daß neben den Vollmatrosen nun ein Jungmann oder mehrere und mehr Jungen angeheuert werden: Auch hier wird schärfer kalkuliert.

Auf einigen Reisen nach Havanna und Batavia wurde um 1830 wegen der Tropenkrankheiten eine etwas hö-

here Heuer gezahlt. Im übrigen sind die Heuern jedoch auf der übergroßen Mehrzahl der Hamburger Schiffe gleich. Die meisten Schiffe sind bekupfert, können daher nach Übersee segeln und tun das in der Regel auch, wenn auch eine Vorreise gelegentlich in die Ostsee und eine Rückreise manchmal zunächst ins Mittelmeer führte. Fruchtjager-Besatzungen erhielten in der Regel die gleichen Heuern, der Steuermann wurde jedoch wie ein 2. Steuermann der Überseefahrt eingestuft. Besatzungen der Küstensegler und Wattenfahrer, meist nur Bestmann und Junge, erhielten weniger; sie sind übrigens in den Abmusterungsprotokollen nicht allzu häufig erfaßt: um die Gebühren des Wasserschout zu sparen, wurde er (unzulässigerweise) meist nicht in Anspruch genommen.

Die Monatsheuer des 1. Steuermannes ist zwischen 1792 und 1860 durchweg ein durch sechs teilbarer Betrag in Courantmark zwischen M. Crt. 30..– und 84..–. Abweichungen sind sehr selten. 1817–1847 beträgt die Heuer jahrelang M. Crt. 48..–, sinkt nach 1820 vorübergehend auf M. Crt. 42..– ab und steigt 1838–1842 auf M. Crt. 60..– an. Heftigere Ausschläge der Lohnentwicklung gab es während der Kriege in der Zeit der Französischen Revolution und Napoleons und im Krimkrieg. Höhere Heuern setzten sich erklärlicherweise nur zögernd durch. Zunächst bekamen einzelne 1. Steuerleute monatlich sechs oder zwölf Courantmark mehr, manche Reeder bzw. Kapitäne zögerten und erreichten noch die Zustimmung zum alten Satz, schließlich galt die neue Heuer für alle. Herabstufungen, so nach dem Hamburger Brand, von M. Crt. 54..– auf 48..– und in der Krise von 1857 von M. Crt. 84..– auf 60..– wurden binnen weniger Tage durchgesetzt. Der Hinweis auf die veränderte Wirtschaftslage und die drohende Arbeitslosigkeit waren nicht zu widerlegen und äußerst wirksam.

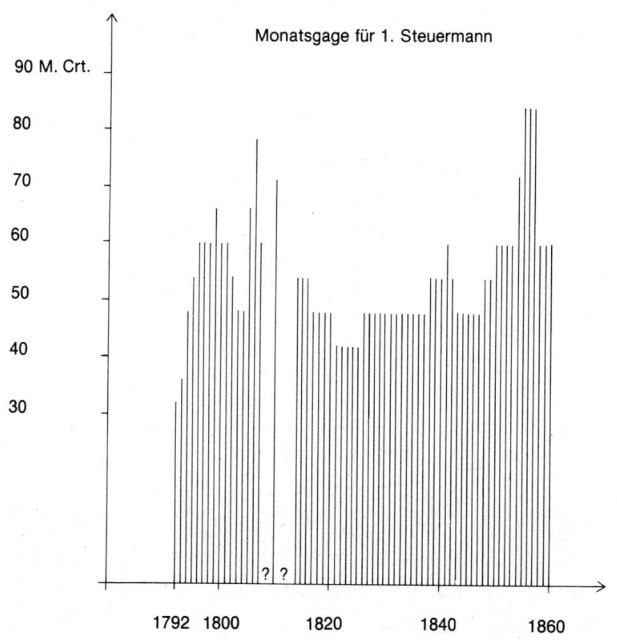

Monatsgage für 1. Steuermann

Im vorstehenden Diagramm sind die im jeweiligen Jahr häufigsten Monatsgagen für 1. Steuerleute dargestellt. Verf. erschien das sinnvoller, als eine (ein wenig genauere) Kurve der Jahresdurchschnitte zu zeichnen: So wird die etwas eckige Unbeweglichkeit in der Lohnentwicklung deutlicher.

Die Einkünfte der Seeleute der Segelschiffszeit waren der Lohn für die Schiffsarbeit unter Hinnahme extrem harter Arbeitsbedingungen: Zwölfstundentag + Freiwacheneinsatz, Siebentagewoche, die Enge an Bord, die Gefahren der See und, seit 1775 auf Überseereisen, die Tropenkrankheiten.

Allein letztere forderten um 4 % Opfer. Die Abmusterungsprotokolle vom Oktober 1821 enthalten die Abrechnung der Heuern von 73 Mann; drei von ihnen, ein Koch, ein Steward und ein Jungmann, waren im Juli 1821 im Hospital in Havanna verstorben. Und im Oktober 1842 finden sich in den Protokollen nebst 112 Abgemusterten fünf Tote: Ein Koch war auf der Rückreise von Batavia auf See gestorben das Leben zweier Matrosen endete im Hospital in Havanna, und ein Matrose und ein Jungmann waren in Bahia beerdigt worden. Zu diesen Toten kommen die Besatzungen verschollener Schiffe, Tragödien, die zwar nicht alltäglich waren, über die aber doch immer wieder in den Protokollen zu lesen ist, wenn die Auszahlung der erzielten Heueransprüche an die Erben protokolliert wird.

Warum gingen die jungen Menschen trotzdem zur See? Die in der maritimen Unterhaltungsliteratur häufig geschilderten Schicksale von Söhnen aus «gutem Hause», die wegen schlechter Schulzeugnisse oder aus Abenteuerlust über den «Heuerbaas an den Vorsetzen» auf ein Schiff kamen und sich zwanzig Jahre später als Kapitän oder reich gewordener Plantagenbesitzer daheim wieder sehen ließen, hat es gewiß gegeben – zumal im Zuge der großen Auswanderungsbewegung 1830–1880. In den Protokollen des Hamburger Wasserschout sind sie jedoch nicht erkennbar und für die Berichtszeit 1760–1860 wohl auch nicht typisch.

Die Schiffsjungen von 1780 oder 1830 kamen von der Wasserkante, und zwar oft aus Familien mit Seefahrertradition. Sie müssen die Risiken des Berufes weniger dramatisch empfunden haben als die heutigen Leser einschlägiger Bücher. Auch Großväter und Väter der Schiffsjungen hatten ja die Gefahren der See hingenommen und nahmen sie hin. – Eine weitere Bevölkerungsgruppe, die seemännischen Nachwuchs stellte, waren nachgeborene Bauernsöhne der küstennahen Landstriche, schließlich junge Leute in den Hafenstädten, unter ihnen insbesondere junge Schiffszimmergesellen, die ihre Schiffe einige Jahre lang im Seeverhalten kennenlernen sollten und wollten.

Die Schiffszimmerleute erhielten in jener Zeit die höchsten Löhne in ganz Deutschland. 1822 wurden in Hamburg je Arbeitstag 36 Schilling gezahlt.[11] Bei 260

Arbeitstagen[12] ergab das M. Crt. 580..– im Jahr. Das waren 50 % mehr als das damalige Existenzminimum einer fünfköpfigen Familie, das auf M. Crt. 400..– geschätzt wird.[13] Der Jahreslohn der deutschen Handwerker lag in den 1840er Jahren bei M. Crt. 320..–.[14] Nicht viel weniger bekam ein Matrose, nämlich M. Crt. 270..–. Und mit M. Crt. 540..– reichte der 1. Steuermann an die Spitzenlöhne der Landberufe heran.

Nun besteht ein wichtiger Unterschied zwischen den Einkünften der Menschen an Bord und an Land. Letztere bestreiten vom Lohn ihren Lebensunterhalt; sie sind jederzeit genötigt – und versucht – Geld auszugeben. Die Seeleute aber sparen auf See. «Und verjubeln ihr Geld im nächsten Hafen», so die landläufige Meinung. Und die stimmt so nicht, jedenfalls nicht für die Jahre 1790–1825.

Die Abschlagszahlungen im Ausland, die in den Abmusterungsprotokollen jener Jahre für jeden Seemann einzeln aufgeführt sind, lesen sich im Originaltext etwa so: zwei Monatsheuern vor Reiseantritt, 2–3 Rubel in Riga, ein paar Rigsbankdaler in Helsingör (für Tabak), einige Milreis in Lissabon und ein Pfund Sterling in London, die gewiß zur Erlangung irdischer Daseinsfreuden benötigt wurden – eben für den Tabak, für Bier oder Wein, für … na, «watt mutt, dat mutt!» Dieser Seemann hat sich nichts versagt und trotzdem genau gerechnet: Am Ende der Reise hat er viele Monatsheuern gut. Natürlich stößt man da und dort auch auf Abrechnungen leichtsinniger Leute, die bei der Abmusterung erheblich weniger zu beanspruchen hatten. Die sind aber in der Minderheit. Verfasser fiel immer wieder auf, daß an 1. Steuerleute und Zimmerleute nach den seit 1825 häufigeren zwei- und dreijährigen Reisen Beträge bis zu M. Crt. 1000..– abgerechnet worden sind – in einem Fall sogar weit über M. Crt. 2000..– – entsprechend um M. Crt. 500..– an Matrosen.

Mit solchen Beträgen ließ sich zum Beispiel Schiffseigentum erwerben. 1819 wechselte der neun Jahre alte Ewer DE JONGE PETER für M. Crt. 950..– den Besitzer. Und 1843 hatte J. Rachau für den Ewer ATALANTE M. Crt. 1525..–[15] zu zahlen. Auch konnte um 1850 für M. Crt. 2000..– ein Viertelpart an einem Schoner erworben werden. Diesen Weg vom Jungen und Matrosen zum Steuermann, Schiffer und Schiffseigner sind nicht wenige gegangen. Ihr Anfangskapital hatten sie aus den Heuern zurücklegen können, wenn sie sparsam waren und wenn sie am Leben und gesund blieben.

Die Segelschiffahrt war um 1860 allerdings an einer Wende angelangt; von nun an befand sie sich auf dem Rückzug vor den Dampfern.

Die Heuern auf Dampfern lehnten sich anfangs an diejenigen auf Segelschiffen an, waren z. T. jedoch höher. Vor allem aber gab es neue Berufe an Bord.

Am 3.1.1859 wurde die Besatzung des Hapag-Dampfers HAMMONIA nach seiner Rückkehr von New

Abschlagszahlungen während der Reisen in Prozent der Gesamtheuer

Abmusterungstag SCHIFF Auslandshäfen (Reisedauer in Monaten)	1. Steuermann	2. Steuermann	Zimmermann	Bootsmann	Koch	Küper	Segelmacher	Matrose	Matrose	Matrose	Matrose	Matrose	Jungmann	Jungmann	Jungmann	Kochsmaat	Junge	Steward
3. 10. 1792 NORDLICHT Bordeaux (Reisedauer?)	1		20	12	15	30		18	18								5	
5. 10. 1792 SOPHIA MAGDALENA St. Thomas (5)	0		9	44	0	16	13	19	15				0				4	
15. 10. 1792 LATONA Lissabon (3)	0		15	8	5	2	2	1	3	9	8					0	2	
16. 10. 1792 UNION Philadelphia (6)					10			10[a]	10									
17. 10. 1792 TEUTONIA Bordeaux (4)	8		1	2	2			0	6	0	3	1					10	1
17. 10. 1792 EUROPA Lissabon (3)	13		2	3	3	7		6	9	11	0	0					0	
17. 10. 1792 DE ONDERNEMING Riga-Oporto (4)	7		11					6	15								6	
18. 10. 1792 DE VROUW CATHARINA Bayonne (6)	6		0		0			0	22	0						0		
19. 10. 1792 DE WOHLFARTH Bilbao-London (7)	9		22		3			20	8									
20. 10. 1792 DE VROUW MARIA MARGARETHA Bordeaux (3)	0		0	4	5			0	6	0	18						6	
26. 10. 1792 DE TWEE GEBROEDERS Bordeaux (?)	0		4	6	10			5	4	6	0					0	0	
29. 10. 1792 DE VROUW ANNA MARIA Oporto (3)	3		3		4			11	3								6	
2. 10. 1824 CAROLINE Rio de Janeiro (8)	0		7	10	7	5		5	15	7	25	10	15	9			1 +11[b] 25	
9. 10. 1824 ECHO St. Thomas (3)	7		2	2	4			6	6	3			15	0			60	
15. 10. 1824 CESAR & HELENE St. Thomas (6)	1	0	3		3			8	5	6	12		10	0				10
15. 10. 1824 ANNA Riga-Helsingör-Rivadeo-Bordeaux (7)	3		8[c] 7		6			35[c] 5	12				3				5	
16. 10. 1824 WILHELMINE New Orleans (8)	1	14	1		1			1[d]										
28. 10. 1824 HENRIETTE ELISABETH Bordeaux (4)	3		15		40			20	5				11			3	10	
30. 10. 1824 GERMANIA Havanna (5)	2	0	9		8			9	8	3			6	9	10		0	

York abgemustert. Im Protokoll finden wir die folgenden Monatsheuern in M. Crt.:

1. Offizier	115
2. Offizier	95
3. Offizier	70
4. Offizier	50
4 Quartiermeister . . . . je	36
Segelmacher	22.8
18 Matrosen . . . . je	30
2 Matrosen. . . . . je	15
10 Jungmänner . . . . zwischen	22.8
. . . .	18
. . . . und	15
Doktor	90
Gehilfe	39
Verwalter.	94
2 Verwalter-Gehilfen . . . . je	30
Verwalter-Gehilfe	15
Koch	90
2. Koch	63
2 3. Köche . . . . je	48
Gehilfe	30
Gehilfe	18
Konditor	39
Stewardess	36
Steward	50
Steward	39
7 Stewards . . . . je	24
1. Ingenieur[17]	270
2. Ingenieur[17]	170
3. Ingenieur	100
4. Ingenieur	75
2 Assistenten . . . . je	45
Storekeeper	36
Kesselschmied	90
9 Heizer . . . . je	36
15 Trimmer . . . . je	30

Die Unterschiede gegenüber der Segelschiffahrt sind vielfältig. Die Reisen mit zwei Seetörns von je zehn Tagen sind kurz, man lernt sich kaum kennen. Die Gliederung der Besatzung in Decks-, Maschinen- und Service-Personal schafft Gruppeninteressen und -gegensätze. Und Berufswünsche und Träume zielen nicht mehr aufs Schiffseigentum, sondern auf den Aufstieg zum Kapitän oder I. Ingenieur oder auf einen «Job» an Land. Nicht nur hinsichtlich der Technik, sondern auch im Seemannsdasein und Selbstverständnis bricht mit den Dampfern ein neues Zeitalter in der Schiffahrt an.

Anmerkungen

1 Die Männer von der SVEALAND. In: Schiffahrt international, Heft 3/1978, S. 125 ff.; Die Besatzung eines kleinen Frachtschiffes. Eindrücke einer Rundreise. In: Beiträge zur deutschen Volks- und Altertumskunde 17, 1978, S. 98 ff.
2 In: ZHG 67, 1981, S. 105 ff.
3 Von armen Seefahrern und den Schifferalten zu Hamburg, (Hamburg 1981).
4 Sixth Conference of the Atlantic Canada Shipping Project, Maritime History Group of the Memorial University of Newfoundland, St. John's, April 1st to April 3rd, 1982. ‹Proceedings› 1985 erschienen.
5 Aus Anlaß des 70. Geburtstages Dietrich Kausches – ohne die vorstehende Einführung – veröffentlicht unter dem Titel «Die Heuern Hamburger Seeleute 1760–1780». In: ZHG 70, 1984, S. 167–178.
6 Jena 1899, S. 25.
7 Bd. 2, Stuttgart 1976, S. 348 ff.
8 Wanda Oesau, Hamburgs Grönlandfahrt auf Walfischfang und Robbenschlag vom 17.–19. Jahrhundert. Glückstadt, Hamburg 1955, S. 303–314. Die Durchschnittsbesatzung der Walfänger betrug 43 und die der Robbenschläger 23 Mann. Ab 1773 wurden die Schiffstypen von W. Oesau nicht mehr unterschieden; die Besatzungen hat Verf. von nun an mit 33 Mann gerechnet. – Walter Kresse, Materialien zur Entwicklungsgeschichte der Hamburger Handelsflotte 1765–1823, Hamburg 1966, S. 67. Als Durchschnittsbesatzung der Kauffahrer sind 10 Mann gerechnet worden.
9 Auch Partfahrer?
10 Ludwig Brinner, Die deutsche Grönlandfahrt, Berlin 1913, S. 68–73.
11 Ernst Baasch, Beiträge zur Geschichte des deutschen Seeschiffsbaus, Hamburg 1899, S. 41–43.
12 Karl Heinrich Kaufhold, Handwerk und Industrie 1800–1850. In: Handbuch der deutschen Wirtschafts- und Sozialgeschichte, Bd. 2, Stuttgart 1976, S. 348
13 Ebenda, S. 350.
14 Ebenda, S. 351.
15 StAH, Auktionswesen 5.
16 Man beachte bitte, daß der Landgang eines 1. Steuermannes und eines Jungen, die beide 1 £ ausgaben, bei letzterem viermal so hoch zu Buch schlägt, da seine Heuer nur 25 % derjenigen des 1. Steuermannes beträgt. Weiter: In welchem Umfang das Handgeld vor oder während der Reise oder aber überhaupt nicht ausgegeben wurde, ist den Abmusterungsprotokollen natürlich nicht zu entnehmen.
17 Engländer, die später durch Deutsche ersetzt wurden.

1 Vor dem Kontor eines Heuerbaas' (Zeichnung v. W. Stöwer, Foto MusHG)

Erlebnisse und Erfahrungen des Segelschiffseemannes im Hamburger Hafen

von Henning Henningsen

Mit seiner weltoffenen Lage war Hamburg immer ein Dorn im Auge der Dänen, deren Hauptstadt Kopenhagen trotz ihrer vorzüglichen Lage für die Ostseefahrt jedoch etwas abseits lag, jedenfalls für die Bevölkerung Jütlands. 1616 legte König Christian IV. Glückstadt als eine allerdings wenig gefährliche Konkurrenz zu Hamburg an, und das dänische Altona, das 1664 zur Stadt erhoben wurde, wuchs nach und nach mit Hamburg zusammen, ohne viel Schaden anrichten zu können.

Viele dänische, speziell jütländische Seeleute fuhren von Hamburg und Altona aus. In den 1760er Jahren führten allein 22 Kommandeure von der kleinen Insel Röm hamburgische Schiffe auf Walfang und besonders Robbenschlag, und über 200 Mann der Besatzungen kamen von derselben Insel, die kaum 1500 Einwohner hatte. Mit dem Rückgang des Walfanges führten Römmer Kapitäne auch Handelsschiffe, u. a. nach Mittelmeerländern. 1795 waren in Hamburg und Altona sogar 31 Schiffsführer aus Röm tätig.[1] Viele der großen dänischen Segler, z. B. von Fanö, gingen im 19. Jahrhundert von Hamburg auf Fahrt und kamen nur selten nach Dänemark. Nicht wenige Seeleute ließen sich in Hamburg auf dänischen oder fremden Schiffen anmustern und wurden bei der Rückkehr auch hier abgemustert. In Lebenserinnerungen und Briefen dänischer wie auch norwegischer und schwedischer Fahrleute wird Hamburg – mit Altona – deshalb oft erwähnt. Anhand dieses Materials gebe ich hier ein kurzgefaßtes Referat von den Erlebnissen der Seeleute dort, besonders im 19. Jahrhundert.

Noch ehe das einkommende Schiff seinen Liegeplatz erreicht hatte, schwärmte eine Schar von Leuten in kleinen Booten hinaus und kam an Bord, um die oft etwas naiven Seeleute zu kapern oder um ihnen etwas zu verkaufen: Schneider, Schuster, Agenten von Logishäusern, Wirtshäusern, Bordellen, Tätowierern usw. Die meisten von ihnen wurden mit Recht als «Landhaie» bezeichnet, deren Ziel es war, den Seeleuten die Heuer abzulocken. Bei allen berüchtigt waren die «Snieders», die sehr anmaßend waren und ihnen oft minderwertiges Konfektionszeug andrehten. Gleichzeitig empfahlen sie die bei ihnen angestellten «Sniederdeerns», eine harte, blutsaugende Rasse von Prostituierten. Mit Hilfe mitgebrachter Getränke und dem Versprechen eines Geldvorschusses vor der Abmusterung lockten diese Landhaie viele in ihr Netz.

Die Liegezeit im Hafen war damals ziemlich lang, und die Seeleute, die nicht abmusterten, versuchten, vom Kapitän einen Vorschuß, so groß wie möglich, von ihrer Heuer für den ihnen zustehenden Landgang zu be-

kommen. Nach monatelanger Reise hatten sie alle einen gewaltigen Appetit auf die Freuden, die sie erwarteten, speziell Alkohol, Frauen und andere materielle Genüsse. Ihr gelobtes Land war Hamburgs *Sailortown*, St. Pauli, das Vergnügungsviertel mit der Reeperbahn und ihren Seitengassen, wo eine unabsehbare Menge von Bierhallen, Spelunken, Sängerinnenkneipen, Schaubühnen, Tanzlokalen, Spielbuden, Schießhallen und Bordellen lockte. Es gab vor allem große und kleine Gasthäuser, billige Kneipen und teurere Etablissements, wo man seinen Durst stillen konnte. Lockende Namen von Lokalen werden oft genannt, z. B. ‹Eden›, ‹Zum Siebengestirn›, ‹Im siebenten Himmel›, und Schilder verschiedener Art spielten auf das Maritime an. Bekannt waren die einzigartigen Walschulterblätter aus der Walfängerzeit, von denen ein paar im Museum für Hamburgische Geschichte erhalten sind, ebenso wie die Straße Schulterblatt zwischen Hamburg und Altona noch von einem Lokal mit diesem Namen zeugt.[2]

Viele Gaststätten waren ziemlich einfach ausgestattet, mit Tischen, Bänken und Stühlen. Oft trank man sein Bier oder seinen Schnaps an der Theke stehend. Die Ausschmückung konnte maritim sein, mit Hängekompaß, Steuerrad, Laternen, Schiffsporträts. Vielfach fand man allerlei Mitbringsel: Straußeneier, Muscheln, Schildkrötenpanzer, Sägefischschnäbel, ausgestopfte Krokodile, Haigebisse, Porzellanhunde, exotische Waffen, ebenso wie Bastelarbeiten, in der Freiwache des Seemannes angefertigt, Buddelschiffe, Halbmodelle, Haispazierstöcke, Plattingsarbeiten (*fancy work*). Diese Raritäten stammten meistens von Seeleuten als Bezahlung für Getränke. Ohne Zweifel waren sie eigentlich als Geschenke für die Familie daheim bestimmt.

Ein wichtiger Bestandteil in den größeren Restaurants waren, außer den Musikanten, die Deerns, oder wie man sie so charakteristisch nannte, die Animierfräuleins. Ihre Aufgabe war es, sich liebevoll mit den Seeleuten abzugeben, so daß diese recht viel spendierten – die Damen bekamen natürlich ihre Prozente von den hohen Preisen. Sie tanzten mit ihnen, setzten sich auf ihren Schoß und waren gern dazu bereit, mit ihnen ein Liebesabenteuer gegen bar zu haben. Alles ging darauf aus, ihnen so schnell und effektiv wie möglich das Geld abzunehmen.

In den größeren Tanzsälen, glanzvoll eingerichtet mit Leuchtern, Spiegelglas, Palmen usw., spielten ganze Orchester zum Tanz auf. Hier sahen die Damen in Kleidung und Aufmachung zwar vornehmer aus als die kleinen Animiermädchen in den Kneipen, aber

ihre Absichten waren genau dieselben, hier war es bloß teurer. Wie in allen anderen Hafenstädten gab es in Hamburg zahlreiche Bordelle in allen Preislagen, nicht nur auf St. Pauli, sondern auch in vielen der kleinen «Gänge» überall in der Stadt. Agenten teilten Geschäftskarten mit Adressen von Dirnenhäusern aus.

Nicht alle Seeleute verschwendeten sofort ihr Geld. Viele nahmen mit ein paar Glas Bier in einem ruhigen Lokal vorlieb und tranken sich nicht von Sinnen, denn schließlich gab es ja noch vieles andere, das man sich denken konnte. Mancher wünschte sich z. B. eine schöne Tätowierung. Dies ließ sich auch leicht realisieren, denn die verschiedenen Tätowierer hatten ihre «Schlepper», die Reklamekarten verteilten und eventuelle Liebhaber zur Tätowierstube hinbrachten. An und für sich stand Hamburg auf dem Gebiet wohl nicht besonders hoch, bevor der weltbekannte Christian Warlich 1919 sein Atelier eröffnete.[3] Der dänische Tätowierer Hans J. Hansen («Tusch-Hans») berichtet in seinen Erinnerungen, wie er sich kurz nach 1900 für einige Zeit in Hamburg niederließ. Damals gab es nur zwei Tätowierer in der ganzen Stadt, wie er mir erzählt hat.

Ein malerischer Einschlag im Hafenbild war der Besuch fremder Kapitänsfrauen. Oft kamen die Schiffe, wie erwähnt, jahrelang nicht nach Hause, und die Kapitäne – die anderen Mitglieder der Besatzung hatten diese Möglichkeit nicht – schrieben dann ihren Frauen, daß sie während der langen Liegezeit nach Hamburg kommen sollten. Von den Frauen der Insel Fanö wird erzählt, daß sie gern in ihren hübschen Volkstrachten reisten. Die Gepäckträger und Kutscher in Hamburg wußten sofort, wenn sie sie vor dem Bahnhof sahen, daß sie nach den Landungsbrücken gefahren werden sollten. Sie sprachen kein Deutsch, aber das war auch nicht notwendig. Oft hatten sie die kleinsten Kinder mit. Sie wohnten dann bei ihren Gatten in der Schiffskajüte. Sonntag nachmittag ging die Familie auf der Reeperbahn oder auf dem Jungfernstieg spazieren. Die stattlichen Frauen in ihren schwarzen seidenen Festtrachten, mit silbernen Spangen und Filigranknöpfen, und mit vielen wippenden Unterröcken, erregten immer berechtigtes Aufsehen.[4]

Für die Seeleute, die in Hamburg abgemustert wurden, war die Stadt nur eine Station auf der Heimreise, und sie blieben normalerweise höchstens einige Tage dort, wogegen die Kameraden, die eine neue Heuer suchten, oft für längere Zeit dort aufgehalten wurden. Die Abmusterung fand meistens an Bord oder bei der Musterungsbehörde statt. Der Kapitän füllte die Seefahrtsbücher aus und zahlte jedem die Heuer in Silber- und Goldstücken aus – eine starke Versuchung

2 Seemannskneipe (Holzschnitt v. H. Förster)

3 *Spielbudenplatz mit fliegenden Bauten (Lithographie von Peter Suhr, 1835)*

für den Seemann, der, nachdem er so lange Zeit an Bord kein Geld benötigt und gebraucht hatte, sich unendlich reich fühlte. Ehe er sich umsah, war das meiste Geld jedoch verbraucht und verjubelt, wenn nicht ehrliche Logiswirte oder der Seemannspastor das Geld für ihn aufhoben oder es mit der Post nach Hause schickten.

Wollte der Seemann billig und sicher wohnen, konnte er in einem christlichen Seemannsheim eine Koje nehmen. Die deutsche Seemannsmission betrieb ein solches Heim, und 1887 wurde ein skandinavisches eingeweiht. Hier durfte man natürlich keinen Alkohol genießen, und Kartenspiel sowie unanständige Reden waren verboten. Bei jeder Mahlzeit wurden Tischgebete gesprochen, und die Gäste sollten um 10 Uhr abends zu Hause sein. Strenge Regeln für eigenwillige junge Leute! Derart rigorose Bestimmungen wirkten auf die meisten direkt abschreckend.

Von großer Bedeutung für die skandinavischen Seeleute waren die nordischen Seemannsmissionen, die in Hamburg Seemannskirchen mit Aufenthaltsräu-

men errichteten (die dänische im Jahre 1875). Hier war ein Lesezimmer, wo die Seeleute gratis Zeitungen und gute Bücher lesen oder Briefe schreiben konnten. Kaffee war zu bekommen – aber keine alkoholischen Getränke. Der Seemannspastor arrangierte oft Stadtführungen mit Besuch von Sehenswürdigkeiten, darunter vor allem Hagenbecks Tierpark, und auch Ausflüge in die hübsche Umgebung, Weihnachtsfeste usw. Jeden Sonntag wurde in der Kirche Gottesdienst abgehalten. Wenn auch nur ein kleiner Teil der Seeleute zu den rein christlichen Veranstaltungen kam, hatte die Kirche doch eine nicht zu unterschätzende Bedeutung. Langeweile war für den Seemann ein Problem, das er oft nicht selber lösen konnte. Die Arbeit des Pastors war zu 90 % sozialer Art.[5]

Ehe die Seeleute in ihre Heimat fuhren, machten die meisten von ihnen mehr oder weniger vernünftige Einkäufe. In den Konfektionsgeschäften versorgten sie sich mit Anzügen, Mänteln, Hüten und Unterwäsche, und beim Schuster kauften sie Stiefel und Schuhe. Es galt, gut aufzupassen, daß das Zeug von Qualität war und auch paßte, und daß sie nicht übers Ohr gehauen wurden. Nicht alle Verkäufer waren ehrlich und zuverlässig, es sprach sich jedoch schnell unter den Seeleuten herum, zu wem man getrost hingehen konnte. Einkäufe von Genußmitteln wie Kaffee, Tee und Zigarren, ja sogar Mehl und anderen Nahrungsmitteln, wurden auch für den Haushalt gemacht. Hamburg hatte jedoch eigentlich keine besonderen Spezialitäten, die man gern mitnahm.

Jeder Seemann wurde gewarnt, sich nicht von zufälligen Händlern auf der Straße, die oft Gauner und Bauernfänger waren, narren zu lassen. Im großen und ganzen waren die Seeleute rührend gutgläubig, obwohl die meisten sicher ein- oder mehrmals bei ähnlichen Gelegenheiten betrogen worden waren. Ein prachtvoller Goldring, der in aller Heimlichkeit als Gelegenheitskauf angeboten wurde, war wahrschein-

4 *Spielbudenplatz nach 1840*

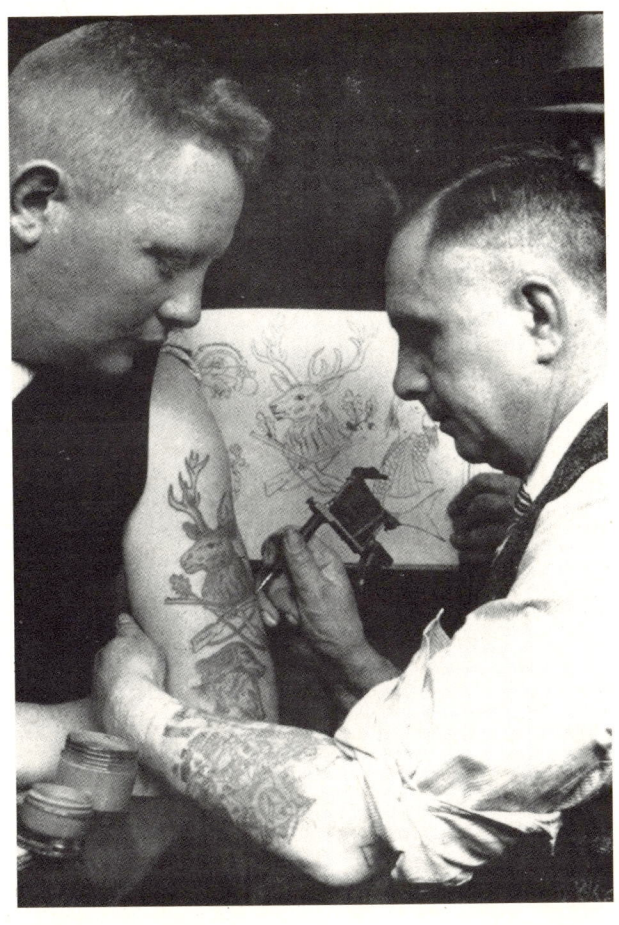

6 Tätowiermuster aus einem Musterbuch Christian Warlichs

5 Christian Warlich beim Tätowieren

lich nur aus Messing, und eine schön aussehende und billige Uhr hatte sicherlich ein ganz wertloses Werk. Kaufte man nichtsahnend gestohlene Sachen, konnte sich die Polizei einmischen, falls es entdeckt wurde. Zu Kartenspiel sollte man sich nicht locken lassen, denn viele durchtriebene Falschspieler lauerten auf ihre Beute.

Auch nette Frauen konnten gefährlich sein. Selbst ein anständig aussehendes Mädchen trat ab und zu als eine professionelle Braut auf, mit der sich der Seemann regelrecht verlobte, mit Ring und Geschenken. Unterwegs auf langen Reisen sandte er ihr regelmäßig Geld für die Aussteuer. Gleichzeitig hatte sie sich in ähnlicher Weise mit anderen verlobt, die ihr auch Geld zusandten. Nach einer gewissen Zeit löste sie die Verlobung auf und verschwand mit dem Geld. Das war ein gutes und ziemlich gefahrloses Geschäft, denn natürlich wußte keiner der Verlobten etwas von den anderen.

Nicht wenige Seeleute waren unvernünftig und verbrauchten trotz der besten Vorsätze das Geld, um zu saufen und sich zu amüsieren, anstatt sofort nach Hause zu fahren. Vielleicht hatten sie eine unerklärliche Hemmung, die Familie nach der langen Zeit wiederzusehen, und wenn das Geld sowieso alle war, schämten sie sich und suchten eine neue Heuer. Oft verkauften sie, wie erwähnt, ihre Geschenke für die Angehörigen zu Hause um billiges Geld.

Für die Seeleute, die Heuer suchten, existierten in Hamburg und Altona zahlreiche Logishäuser (*boarding-houses*), wo sie sich einmieten konnten. Wohl die meisten wurden von guten und ehrlichen Logisfamilien betrieben, die dafür sorgten, daß die Zimmer sauber waren, das Essen gut und der Ton anständig. Sie halfen den Seeleuten in jeder Weise, bewahrten ihr Geld auf und gaben ihnen täglich eine kleine Summe zum Verbrauch. Sie paßten auf ihre Seekisten und Sachen auf. Bier wurde mit Mäßigkeit getrunken, Sauferei war nicht geduldet. Die Wirtin – die Logismutter – konnte oft eine Art Ersatzmutter für die jungen Seeleute werden, die ihr von ihrem Daheim und ihren Träumen erzählten und ihr ihre privaten Sorgen anvertrauten. Sie sorgte dafür, daß sie nach Hause schrieben. Nach den langen Reisen genossen es die Seeleute, wieder in einem gemütlich-heimischen Milieu zu sein.

Die Zimmer im Logis waren einfach, meist wie ein Mannschaftslogis an Bord eingerichtet, mit Etagenkojen für mehrere Leute. Hier konnten sie ihre Seemannskisten hinstellen und sich wie zu Hause fühlen. Sie waren zufrieden, wenn alles wie auf dem Schiff sauber gehalten und wenn ihr Zeug gewaschen wurde. Meistens hatten sie Vollpension, und nach dem einförmigen Essen an Bord genossen sie besonders die gute Hamburger Kost. Oft saßen sie wie eine große Familie zusammen um den Tisch.

De Kunstapler kummt!

Jm Specksgang.

In Hamburg gab es eine ganze Reihe von skandinavischen, besonders dänischen Logishäusern, und es ist selbstverständlich, daß viele nordische Seeleute hier wohnten. Die meisten waren auch gut und erinnerten an die heimatlichen Verhältnisse. Die Seeleute legten darauf besonderen Wert, als Familienmitglieder behandelt zu werden und ihre eigene Sprache benutzen zu können.

Die Logiswirte wurden *Schlafbaase* genannt. Sie waren oft zugleich *Heuerbaase* und vermittelten die Verheuerung. Manche von ihnen waren ehemalige Kapitäne und sorgten gut für ihre Logisgäste. Leider waren auch schlimme Bösewichter darunter. Die Versuchung war oft groß, ihre Pensionäre so lange bei sich zu behalten, bis sie kein Geld mehr hatten und bei ihnen auf Kredit leben mußten; erst dann beschafften sie ihnen eine Heuer. Was der Wirt für sie ausgelegt hatte – oft zu horrenden Preisen – mußten sie natürlich vom Vorschuß auf die Heuer bezahlen. Der wohlbekannte, unheimlich lautende Ausdruck «Seelenverkoper» hat nichts mit dem Verkauf von Seelen zu tun, sondern bedeutet in Wirklichkeit «Zettelverkäufer»; der Seemann bekam nämlich bei der Anmusterung einen Zettel (*advance note*) mit Angabe des Vor-

schusses, den er dem Wirt gab, der ihn dann wieder wie eine Obligation zu einem gewissen Kurs verkaufen konnte, um sein ausgelegtes Geld zu bekommen. Wenn der Seemann seine Seekiste oder seinen Kojensack verkauft oder verloren hatte, stattete der Heuerbaas ihn notdürftig mit Aussteuer aus: Bekleidungsstücke, Ölzeug, Wäsche, Schaffensgeschirr, Muck, Decke, Matratze, Seife und Tabak, oft minderwertige Sachen, die aber teuer bezahlt wurden. Daher die Redensart: «Von'n Slopboos utrüst un von de Deerns no See to schickt».

Während des Aufenthaltes im Logis eines geldgierigen Baases wurde der Seemann dauernd aufgefordert, tüchtig zu trinken. Tauchte ein neuer Kamerad auf, mußte er eine Lage geben, und die anderen zogen mit einer weiteren nach. Fuhr einer ab, gab er natürlich auch eine Abschiedslage. Der Baas benutzte jede Gelegenheit, dadurch Geld zu verdienen, und es war für den Seemann unmöglich, sich gegen diese Prellerei zu wehren. Bereitwillig veranstaltete der Wirt – gegen Bezahlung – Feste für sie mit Sekt, Portwein, Kümmel usw., oder er bestellte Pferdekutschen für eine Fahrt von einer Kneipe zur anderen – natürlich mit Mädchen, bei denen sie während der Nacht blieben und von denen sie höchstwahrscheinlich beraubt wurden. Der Baas bekam seine Prozente.

Kam der Seemann zur Besinnung und fühlte, daß es mit der Anheuerung gar zu lange dauerte, konnte er selbst zu den Anmusterungsbehörden oder den Reedereibüros gehen. In guten Zeiten dauerte es selten lange, ehe er eine Koje auf einem Schiff bekam. Skandinavische Seeleute waren in der Regel sehr begehrt. In schlechteren Zeiten war die Hilfe des Heuerbaases meist unumgänglich. Er ließ sich natürlich auch dafür bezahlen.

Man hört in den Berichten der Seeleute äußerst selten davon, daß sie direkt *schanghait* wurden, wie es an manchen anderen Stellen in der Welt gewöhnlich war. Und doch ist das Schanghaien auch in Hamburg vorgekommen, wie ein jetzt verstorbener Seemann, H. T. Møller, es persönlich erlebt hat. Sieben Seeleute von dem Vollschiff «Mermerus» von Mariehamn (Ålandsinseln) wurden 1907 in Hamburg abgemustert und quartierten sich im Logishaus ‹Stadt Kopenhagen› in der Hopfenstraße bei der ‹Schwedischen Selma› ein. Diese Logismutter war eine durchtriebene Dame, die ihnen im Laufe von ganz kurzer Zeit das Geld ablockte. Eines Abends kurz danach wurden sie sinnlos betrunken mit Hilfe eines Heuerbaases auf einen Kap-Hoorn-Fahrer gebracht, bloß mit ihrem Hemd bekleidet. Als sie zu Bewußtsein kamen, waren sie schon auf der Nordsee. Ihre ganze Ausstattung und ihre Habseligkeiten waren gestohlen und ihre Seemannskiste statt dessen mit alten Zeitungen und Schutt gefüllt. Sie flehten den Kapitän an, ihnen etwas Zeug zu verkaufen, was dieser ungern wollte, da die Selma natürlich auch ihren Vorschuß für den ersten Monat einkassiert hatte.[6]

Trotz alledem stand Hamburg bei den meisten Seeleuten hoch angeschrieben. In allen Hafenstädten der Welt lauerten böse und weniger böse Leute auf sie, um ihnen ihr Geld abzunehmen – das wußten sie –,,und sie konnten überall dasselbe wie hier erleben. Hamburg lag aber sozusagen am skandinavischen Horizont, und man glaubte gern, daß ehrliche und hilfreiche Leute doch in der Mehrheit waren, was wohl auch stimmte.

Hier konnte ich nur gewisse Hauptlinien anführen, und zwar nach den Erzählungen der Seeleute, die man natürlich kaum verifizieren kann. Sie stimmen aber mit den Berichten nichtskandinavischer Seeleute gut überein. Sie geben einen Eindruck davon, wie reich und facettiert das Material ist, je nachdem, von welchem Gesichtspunkt aus man es betrachtet: psychologisch, kulturhistorisch, maritimgeschichtlich, soziologisch, juristisch usw. Jedenfalls ist es ein spannendes Kapitel in der Lokalgeschichte Hamburgs, das man nicht außer acht lassen darf.

Quellen

Benutzt wurden sowohl mündliche als auch handschriftliche und gedruckte Mitteilungen aus meiner Exzerptensammlung «Seemannsleben in der Segelschiffzeit». In der folgenden Liste habe ich einige gedruckte Seemannserinnerungen, speziell skandinavischer aber auch deutscher Herkunft, in denen Hamburg erwähnt wird, aufgeführt, zusammen mit einigen anderen relevanten Werken.

Ludwig Albrand, Westward-Ho! Die Zeit der großen Segelschiffe, Hamburg 1936.
Knud Andersen: Søvejen til paradis, Kopenhagen 1961.
Christian Borgland, Gennem storm og stille. En gammel dansk matros' erindringer, Privatdruck 1953.
Jens Bundesen, Erinnerungen eines Seemannes, Apenrade 1930.
P. H. Clausen, Fanøbogen. Optegnelser og erindringer, Portland, Oregon 1975.
Jens Jacob Eschels, Lebensbeschreibung eines alten Seemannes, Altona 1835.
Anton Otto Fischer, Focs'le Days, New York, London 1947.
Karl Forsell, Äventyr till sjöss, Stockholm 1945.
Hans J. Hansen («Tusch-Hans»), En tatovørs erindringer (zum Druck vorbereitet).
Heinrich Hauser, Die letzten Segelschiffe, Berlin 1930.
Havnen («Den danske Forening til Evangeliets Forkyndelse for skandinaviske Søfolk i fremmede Havne»), Kopenhagen 1871 ff. (spez. 1893, S. 130 f.; 1894, S. 23 f.; 1895, S. 16 ff.; 1896, S. 55 f., 135 f.; 1897, S. 185 ff.).
Henning Henningsen, Sømanden og kvinden, Kopenhagen 1981.
Stan Hugill, Sailortown, London 1967.
Carl Kircheiss, Wasser, Wind und weite Welt, Hamburg 1953.
Jonas Lie, Gaa paa! Christiania 1882.
Felix v. Luckner, Seeteufel. Abenteuer aus meinem Leben, Leipzig 1921.

William Mariboe, Skizzer fra en Søreise, Kopenhagen 1860.
H. T. Møller, Morfar fortæller, Kopenhagen 1964.
Arthur W. Nielsen, Mandals sjøfartshistorie fra 1850, Oslo 1941.
Jens Jacob Paludan, Ungdomserindringer, Kopenhagen 1908.
Herbert Pridöhl, Hafen- und Fischerleben, Bremerhaven 1979.
Wolfgang Rudolph, Die Hafenstadt, Leipzig 1979.
Fred Schmidt, Von den Bräuchen der Seeleute, Hamburg 1947.
Heinrich Smidt, Steuermann Johannes Smidt. I–III, Frankfurt a. M. 1840.
Andreas Sørensen, Ved det yderste hav, Kopenhagen 1953.
Richard Wossidlo, Reise, Quartier, in Gottesnaam, 7. Aufl., Rostock 1959.

Anmerkungen

[1] Fritz Joachim Falk, Rømøkaptajner i Altona omkring år 1800. In: Handels- og søfartsmuseet på Kronborg, Årbog 1984, S. 3 ff.

[2] Wanda Oesau, Schleswig-Holsteins Grönlandfahrt, Glückstadt 1937, S. 310 f.; dieselbe, Hamburgs Grönlandfahrt, Glückstadt 1955, S. 231 f.

[3] Christian Warlich, Tätowierungen. Vorlegealbum. Hrsg. v. Stephan Oettermann, Dortmund 1981.

[4] F. Holm-Petersen, Fanø-Sejlskibe, Aarhus 1956, S. 15; J. J. Eschels, Lebensbeschreibungen eines alten Seemannes, Altona 1835, S. 177 ff.; Andreas Sørensen, Ved det yderste hav, Kopenhagen 1953, S. 37 f.

[5] Henning Henningsen, Sømand og sømandskirke. Dansk Sømandskirke i fremmede Havne 1867–1967, Kopenhagen 1967.

[6] Nach persönlicher Mitteilung 1964; vgl. sein Erinnerungsbuch: H. T. Møller, Morfar fortæller, Kopenhagen 1964, S. 38 f.

Hamburg als Auswanderungshafen

von Günter Moltmann

Hamburgs Bedeutung für den Auswandererverkehr ist vor allem in den Vermittlungs- und Dienstleistungsfunktionen von Handel und Schiffahrt für durchziehende Menschen zu sehen, kaum dagegen in der Bevölkerungsgeschichte der Stadt selbst. In Hamburg haben sich viele Auswanderer eingeschifft, um jenseits des Meeres neue Siedlungsgebiete zu finden, aber diese Auswanderer kamen nur zu einem verschwindend geringen Teil aus der Hamburger Bevölkerung. Der weitaus größte Teil stammte aus dem Hinterland, dem deutschen und dem nichtdeutschen. Zwischen 1890 und 1914 betrug der Anteil der Hamburger an der Gesamtzahl der sich hier einschiffenden Auswanderer im Schnitt 1,3 Prozent, in den anderthalb Jahrzehnten vor dem Ersten Weltkrieg, als die deutsche Auswanderung allgemein stark zurückgegangen war, sogar nur 0,5 Prozent.[1]

Hamburg war also eine Auswanderungsstadt, aber für Auswanderer, die über Hamburg reisten, nicht aus Hamburg. Hamburg war, deutlicher gesagt, ein Auswanderer-«Umschlagplatz». Die Auswanderer waren «Umschlaggut», wenn man will: ein Exportartikel, der aus dem Hinterland kam, hier verladen und in überseeische Länder verfrachtet wurde. In alten Überfahrtsverträgen wurde die Passage für eine erwachsene Person als «Fracht» bezeichnet, für ein Kind als «halbe Fracht». Das Wort «Fracht» bedeutete früher allerdings soviel wie Preis für die Überfahrt, noch nicht Ladung an sich; aber bezeichnend ist doch, daß der gleiche Terminus für Überfahrtspreise bei Waren und Menschen benutzt wurde. Unteragenten der deutschen Schiffahrtsgesellschaften in Österreich-Ungarn bezeichneten Auswanderer in ihrer geschäftlichen Korrespondenz salopp als «Ballen und Kisten» oder auch etwa als «leicht erreichbare und vorzügliche Ware».[2] Die Auswanderungsverschiffung war für Hamburg primär ein Wirtschaftszweig, und erst sekundär ein Vorgang der Bevölkerungsmobilität mit sozialen Implikationen.

Über die Wirtschaft war die Stadt an der Auswanderung beteiligt. Die Eigner und Reeder der Schiffe, die Auswanderer beförderten, waren meist Hamburger Kaufleute. Das gleiche galt für Makler und Expedienten und auch für alle anderen, die mittelbar am Auswanderungsgeschäft beteiligt waren, also Beförderungsunternehmer, Gastwirte, Händler, und nicht zuletzt die sogenannten «Litzer», die kleinen Vermittler, Helfer und Gauner, die sich an Auswanderer heranmachten, Provisionen ihrer Auftraggeber einsteckten und Auswanderer nicht selten übervorteilten. So floß Geld von Auswanderern auf vielerlei Weise in die Stadt und belebte deren Wirtschaft. Die Stadtväter und das Gros der Hamburger Bevölkerung waren daran interessiert, daß die Verschiffung durchziehender Menschen florierte, auch wenn die Erträge nicht gleichmäßig in die Taschen der Bewohner gelangten.

Wie war es dazu gekommen, daß Auswanderer ein begehrtes Frachtgut der Überseeschiffahrt waren, daß sie von Reedern und Agenten geradezu angeworben wurden? Die Erklärung ist einfach. Eine Karikatur aus dem Jahre 1848 zeigt einen Schiffslandeplatz mit zwei Toren. Über dem einen steht «Herein», über dem anderen «Heraus». Aus letzterem quellen Menschenmassen, die in Boote steigen, um zum Überseeschiff gebracht zu werden, zum ersteren werden große Ballen, Kisten und Tonnen hineinbewegt. Die Überschrift lautet «Volkswirtschaftslehre für Jedermann: Freihandelssystem für Deutschland / Jahr der Beglückung», die Unterschrift: «Import und Export. Zu deutsch: Waaren herein! Menschen hinaus».[3]

Das System ist hier gut verdeutlicht. Überseeschiffe, die nach Bremen oder Hamburg kamen, brachten Stapelwaren nach Deutschland: aus den Vereinigten Staaten vor allem Tabak, Baumwolle, Reis und Tran, also Waren, die viel Schiffsraum erforderten. Schiffe, die umgekehrt von Deutschland nach den Vereinigten Staaten segelten, luden Leinen, Glas und andere Manufakturwaren, die relativ wenig Raum beanspruchten. Der Absatz dieser Exportgüter in Amerika war überdies nicht krisenfrei. Andere europäische Länder konkurrierten, zeitweilig wirkten sich auch hohe amerikanische Protektionszölle nachteilig aus. Auf den im Ost-West-Verkehr nicht ausgelasteten Schiffen bot sich also Transportraum für Auswanderer. Eingezogene Zwischendecks, die auf der West-Ost-Route herausgenommen werden konnten, erleichterten die Unterbringung von Passagieren. Bald spielte der Auswanderertransport eine wichtige Rolle im deutschen Überseehandel.

Die Konkurrenz war allerdings auch im Auswanderergeschäft nicht gering. Die beiden deutschen Überseehäfen Bremen und Hamburg mußten sich gegen nichtdeutsche Einschiffungshäfen durchsetzen, die schon früher mit dem Personentransport befaßt waren. Amsterdam, Rotterdam, Antwerpen und Le Havre hatten nicht nur zeitlich einen Vorsprung, sie boten angesichts ihrer günstigen geographischen Lage deutschen Auswanderern, die lange Zeit vor allem aus dem Südwesten des Landes kamen, Reisevorteile. Erst der Bau der Eisenbahnen, der die deutschen Häfen mit einem weiten Hinterland verband, schuf dafür einen Ausgleich.

In einem werbenden Artikel, der 1852 im *Deutschen Volkskalender* erschien, wurde – nicht ohne einen stark nationalen Unterton – auf die neuen Möglichkeiten hingewiesen: «Die deutschen Auswanderungshäfen Bremen und Hamburg haben dem *gesammten* Deutschland gegenüber eine sehr günstige Lage, um sie zum Ausgangspunkt der Übersiedlung nach Amerika zu wählen, denn nach beiden Plätzen führen von allen Seiten große, bis auf ein Geringes ganz mit Schienen belegte Straßen, auf denen der Auswanderer, größtentheils billiger und kürzer, wenigstens aber von überall her eben so billig und kurz an's Seeschiff gelangen kann, als wenn er sich nach Antwerpen, Havre oder Rotterdam wendete.» Weiter hieß es: «Daneben hat der Auswanderer die Annehmlichkeit, daß er auf dieser Tour nur mit Landsleuten verkehrt, die seine Sprache reden, wodurch er vor Prellereien geschützt wird, denen er im Ausland nie entgehen kann.» Schließlich bemerkte der ungenannte Verfasser des Artikels noch: «Fassen wir alle diese Vortheile zusammen, welche dem Auswanderer bei seiner Ueberfahrt über einen der beiden inländischen Häfen geboten werden, so muß man in Wahrheit erstaunen, daß es noch immer Deutsche gibt, die sich nach fremdländischen Häfen begeben, und läßt sich, wie vorhin schon gesagt, die Ursache nur darin finden, daß die Auswanderer durch die Vorspiegelungen und Täuschungen der fremden Agenten verlockt werden, dem Vaterlande zu frühzeitig den Rücken zu kehren, und über ihr eigenes Bestes nicht gehörig unterrichtet sind.»[4]

Ein Vergleich der Zahlen deutscher Auswanderer, die über fremde oder deutsche Häfen die Reise nach Amerika antraten, zeigt, daß eben in dem Jahr, in dem der Artikel erschien, 1852, die Waage erstmals zugunsten der deutschen Häfen ausschlug. In späteren Jahrzehnten des 19. Jahrhunderts übertrafen die Einschiffungsziffern der deutschen Häfen die der ausländischen um ein Mehrfaches (Schaubild 1). In der innerdeutschen Konkurrenz zwischen Hamburg und Bremen gab es durchgehend ein hartes Ringen um die Vorrangstellung, in das Bremen mit einem deutlichen Vorsprung einstieg. Mit Ausnahme vereinzelter Jahre blieb es immer Sieger, wenn auch oft nur knapp (Schaubild 2). Für den Rückstand Hamburgs lassen sich mehrere Gründe anführen. Zunächst muß auch hier die geographische Lage beachtet werden. Gelang es, Auswanderer von der traditionellen Rhein-Route auf deutsche Häfen zu lenken, dann lag Bremen näher als Hamburg. In der Frühphase der Konkurrenz, in den 1830er Jahren, gab die Hamburger Commerzdeputation den einengenden gesetzlichen Auflagen, die der Hamburger Senat für die Auswandererbeförderung beschlossen hatte, die Schuld für den Rückstand. Lästige Bestimmungen hielten «respectable Rheder» davon ab, in dieses Geschäft einzusteigen, zum Beispiel die Überprüfung der Seetüchtigkeit von Auswandererschiffen sowie der Menge und der Güte des geladenen Proviants, Kautionen der Reeder für eventuell entstehende Polizeikosten beim Zurückbleiben von Passagieren.[5] Indessen änderte sich am Bremer Vorsprung wenig, nachdem Hamburg ab 1847 die Kontrollbestimmungen den großzügigeren Bremens angepaßt hatte.

Leichter erklären sich Bremens Erfolge in der Konkurrenz mit Hamburg aus der Tatsache, daß seine Handelsbeziehungen zu Nordamerika intensiver waren, und dies schon vor dem Einsetzen der großen Auswanderungsströme des 19. Jahrhunderts. In den Jahren 1821–1835 trafen von Nordamerika auf der

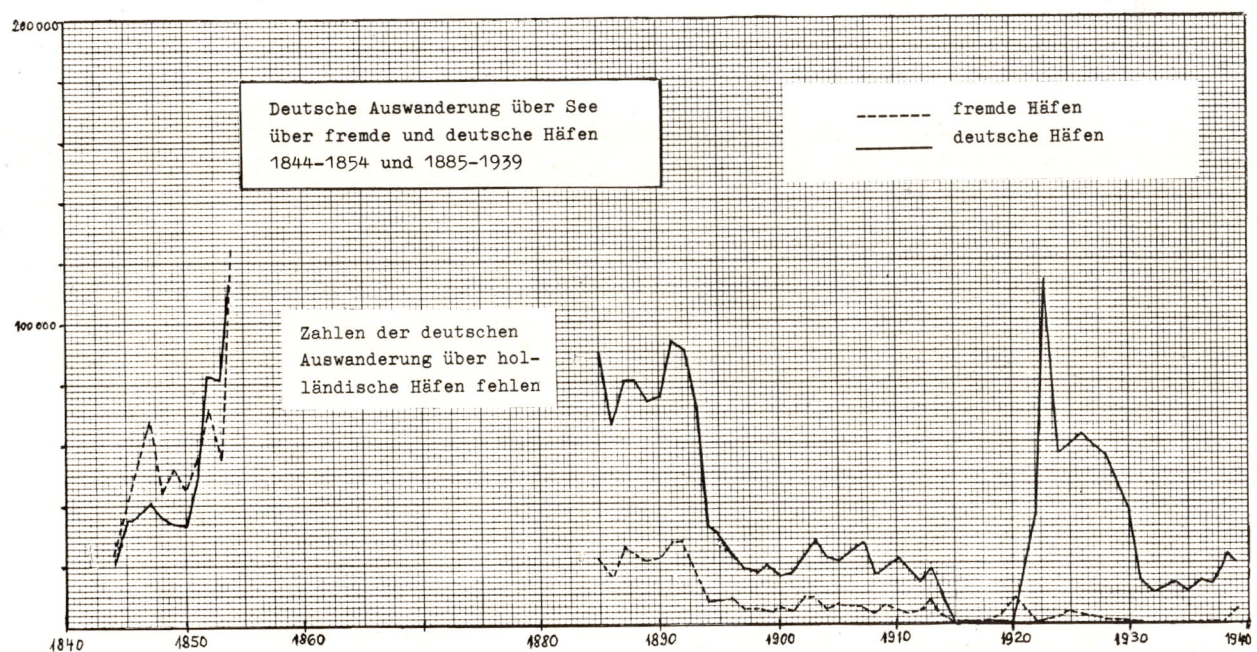

Schaubild 1; Quellen: Walter F. Willcox (Hrsg.), International Migrations, 2 Bde., New York 1929, I, S. 696 [1844–1854]; ebenda, S. 197 [1885–1921]; Statistisches Jahrbuch für das Deutsche Reich, 1929, S. 57 [1922–1928]; ebenda, 1939/40, S. 72 [1929–1939]

167

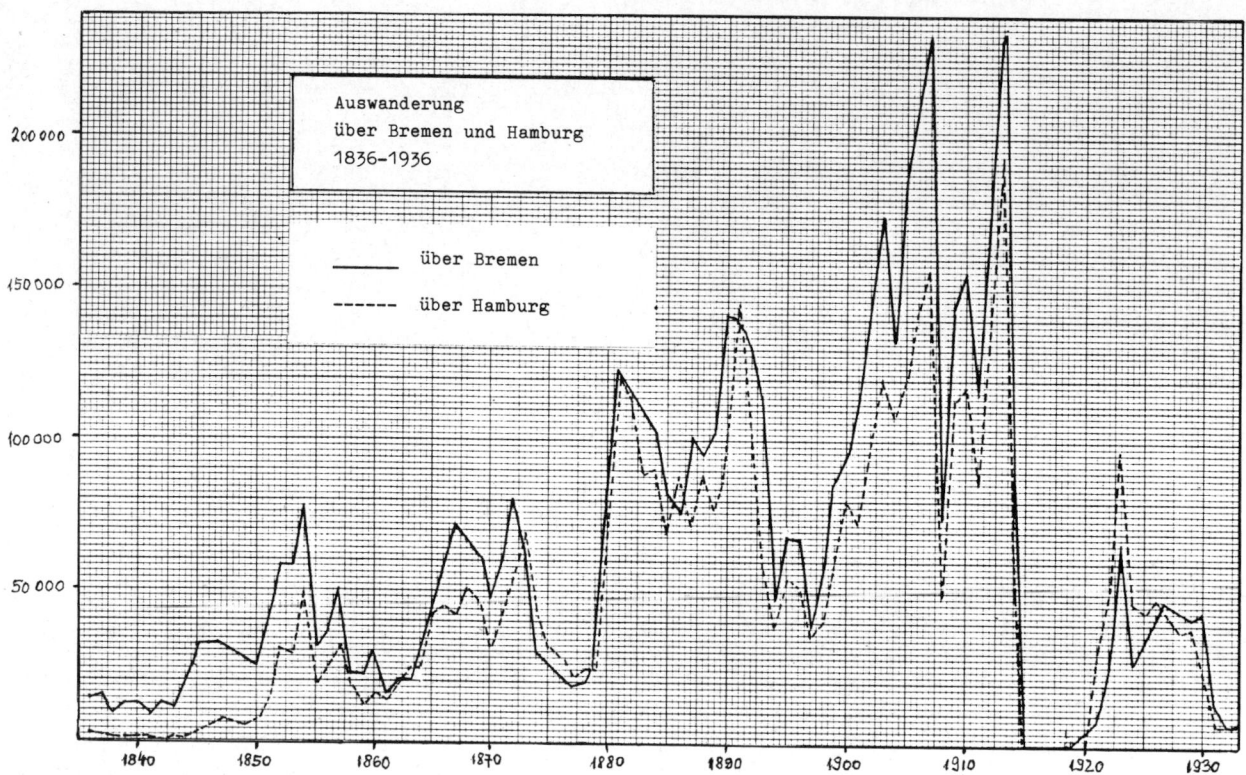

**Auswanderung
über Bremen und Hamburg
1836-1936**

——— über Bremen

------ über Hamburg

Schaubild 2; Quellen: Statistik des Deutschen Reiches, Bd. 336 (1928), S. 114 [Bremen und Hamburg 1836–1870]; Statistische Mitteilungen Freie Hansestadt Bremen, Heft 29 (April 1973), S. 6–7 [Bremen 1832–1938]; Statistisches Jahrbuch für die Freie und Hansestadt Hamburg, 1933/34, S. 33–34 [Hamburg 1856–1933]; ebenda, 1937/38, S. 33 [Hamburg 1926–1937]

Weser durchschnittlich 75 Schiffe im Jahr ein, in Hamburg nur 44, und nach Nordamerika gingen von der Weser jährlich im Schnitt 58 Schiffe ab, von Hamburg nur 32.[6] Für den Auswanderertransport bestanden dadurch in Bremen von vornherein günstigere Voraussetzungen.

Wenn Hamburg im Handelsverkehr mit Nordamerika weit zurücklag und trotzdem bald Auswandererzahlen aufweisen konnte, die nahe an die Bremens heranreichten, dann erklärte sich dies zum Teil aus der Tatsache, daß Hamburg engere Beziehungen zu lateinamerikanischen Ländern besaß und daß auch dorthin Auswanderer fuhren. Allerdings wogen diese den Rückstand im Nordamerika-Verkehr nicht auf. Die Vereinigten Staaten waren bis ins 20. Jahrhundert hinein das bevorzugte Zielland der deutschen Übersee-Auswanderer (Schaubild 3). Verstehen läßt sich die relativ hohe Hamburger Kurve erst, wenn auch die indirekte Auswanderung berücksichtigt wird. Hamburg besaß intensive Handelskontakte mit England, und die Schiffsverbindungen dorthin konnten insofern für die Amerikaauswanderung genutzt werden, als die Reise-Route mit dem Schiff nach Hull oder Newcastle, von dort über Land nach Liverpool und von Liverpool auf Baumwollschiffen nach Amerika trotz ihrer Umständlichkeit für Auswanderer gar nicht uninteressant war. Verlockend erschien vor allem der billige Preis der Überfahrt, besonders von Liverpool aus, wo zahlreiche Schiffe mit freiem Laderaum für die Ost-West-Reise zur Verfügung standen.

Auswanderer brauchten in der Regel nicht lange in den Häfen zu warten, denn es gab mehrmals in der Woche Schiffsverbindungen von Hamburg nach den englischen Häfen, und von Liverpool gingen sogar noch öfter Schiffe nach Amerika ab.[7]

Es kam vor, daß die indirekte Auswanderung mehr als ein Drittel der Gesamtauswanderung über Hamburg ausmachte, und zwar in den Jahren 1853/54, 1873/74, 1881, 1886–1889 und 1891. Das waren Spitzenjahre der Amerika-Auswanderung überhaupt. In anderen Jahren hatte sie allerdings einen deutlich geringeren Anteil (Schaubild 4). Doch stellte die indirekte Auswanderung für Hamburg ein Problem dar und brachte auch Nachteile mit sich. Die Behandlung der Reisenden auf den Schiffen war schlechter. Hamburger Behörden wollten für die kurze Strecke nach England nicht dieselben Bestimmungen über Mindestschiffsraum pro Person, Verpflegung, sanitäre Einrichtungen, ärztliche Versorgung und ähnliches erlassen, die für die langen Überseepassagen galten. Englische Passagebestimmungen für den Personentransport über See waren laxer als die festländischen.[8] So konnten die Preise niedrig gehalten werden. Das führte in Hamburg zu laufenden Beschwerden der Übersee-Reeder, die sich gegenüber den Unternehmern des England-Verkehrs im Nachteil sahen. Erst 1851 kam es zu einer Verordnung des Hamburger Senats, durch die gewisse Kontrollen für die indirekte Beförderung eingeführt wurden: Beschränkung des Geschäfts auf Hamburger Bürger, Ausschluß von Mittelspersonen beim Kon-

Schaubild 3; Quellen: Willcox (Hg.), International Migrations, I, S. 695 [1836–1870]; Tabellarische Übersichten des Hamburgischen Handels im Jahre 1871 ff., Hamburg 1872 ff., S. 94 (1871), S. 100 (1871), Tabelle 76 (1872–1887), Tabelle 69 (1888–1905) [1871–1905]

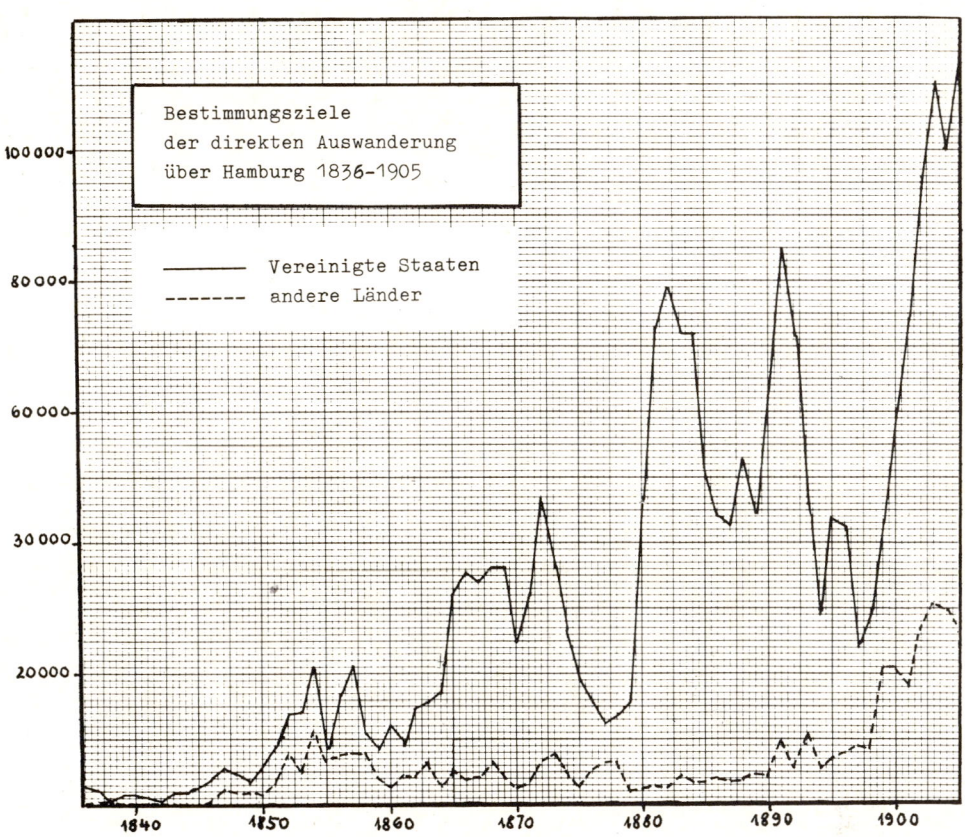

Schaubild 4; Quellen: Willcox (Hg.), International Migrations, I, S. 693 [1852–1870]; Statistik des Hamburgischen Staates, Heft XVII (1895), S. 131 [1871–1894]; Statistisches Handbuch für den Hamburgischen Staat, Bd. 5 (Hamburg 1921), S. 74 [1893–1897]

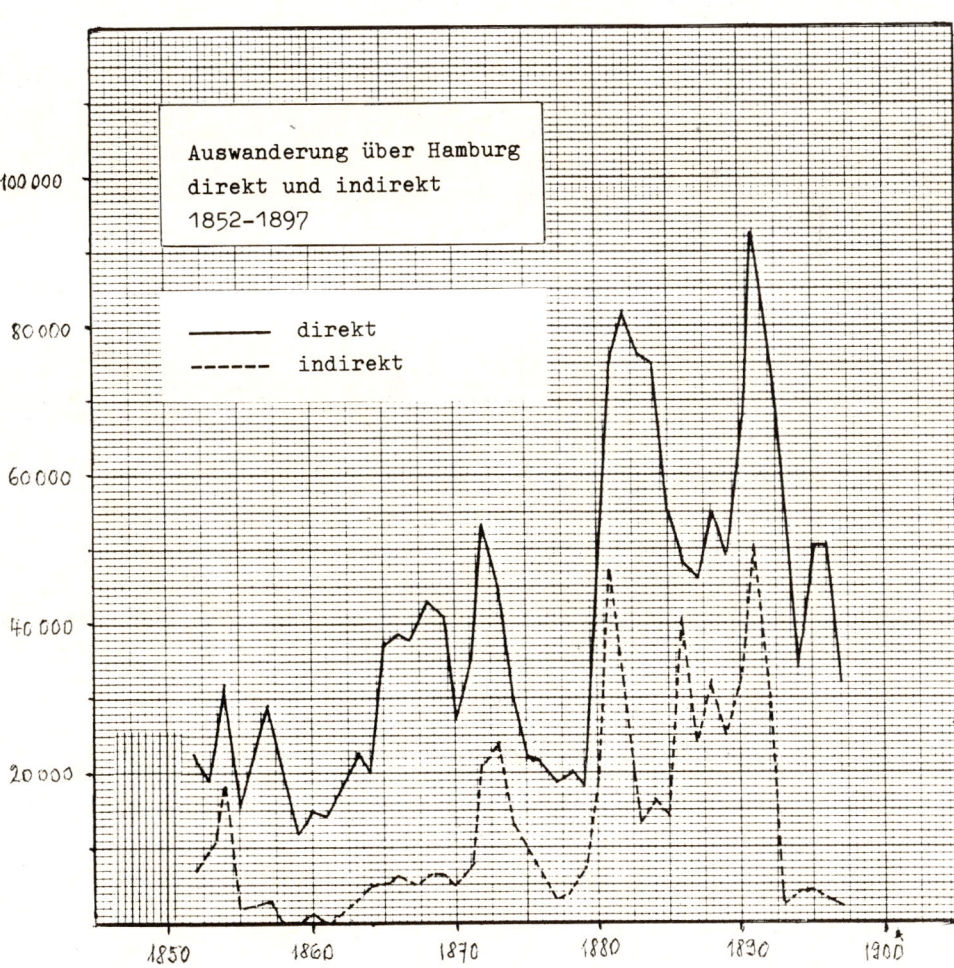

169

traktabschluß, Anfertigung und Vorlage von Passagierlisten.[9] Die Commerzdeputation war beruhigt. Die Übersee-Reeder waren es nicht. So gingen innerhalb Hamburgs Streit und Konkurrenzneid weiter.

Die indirekte Auswanderung brachte Hamburg überdies im Hinterland einen schlechten Ruf ein, zumal die Kritik der Hamburger Übersee-Reeder an ihren Kollegen von der Englandfahrt dort ein Echo fand. In den 1840er Jahren warnten zum Beispiel offizielle Stellen in Bayern vor einer Auswanderung über Hamburg und verweigerten Agenten für das Hamburger Auswanderungsgeschäft die Zulassung. Langsam nur konnte dies Mißtrauen abgebaut werden.[10]

Trotz der komplexen Konkurrenzsituation entwikkelte sich das Hamburger Auswanderungsgeschäft nicht schlecht. Seine wirtschaftliche Bedeutung für den Hafen und die Stadt läßt sich zwar schwerlich exakt messen, vor allem nicht im Vergleich mit dem Frachtverkehr. Dafür fehlen Kriterien und Maßstäbe. Die Tatsachen aber, daß die Commerzdeputation

auf «die hohe Bedeutung der Auswanderung sowohl für die Reederei als auch für den Außenhandel Deutschlands» hinwies,[11] daß Hamburger Reedereien dem Auswanderungstransport starke Aufmerksamkeit schenkten, zum Teil – wie die Hapag – durch ihn groß und mächtig wurden, und daß der Passagierverkehr für den Hamburger Hafen noch bis in die zweite Hälfte des 20. Jahrhunderts hinein eine wichtige Rolle spielte, beweisen den hohen Stellenwert dieses Wirtschaftszweiges.[12] Dabei muß man wissen, daß sich das Auswandererreservoir des Hinterlandes infolge von Verbesserungen des Zubringerverkehrs und stark ins Gewicht fallender wirtschaftlicher und politischer Push-Faktoren in Osteuropa in der zweiten Hälfte des 19. Jahrhunderts und zu Beginn des 20. Jahrhunderts außerordentlich erweiterte. Seit 1885 überstieg die Auswanderung Nichtdeutscher die der Deutschen über Hamburg zunehmend und machte von der Mitte der 1890er Jahre an ein Vielfaches derselben aus (Schaubild 5).

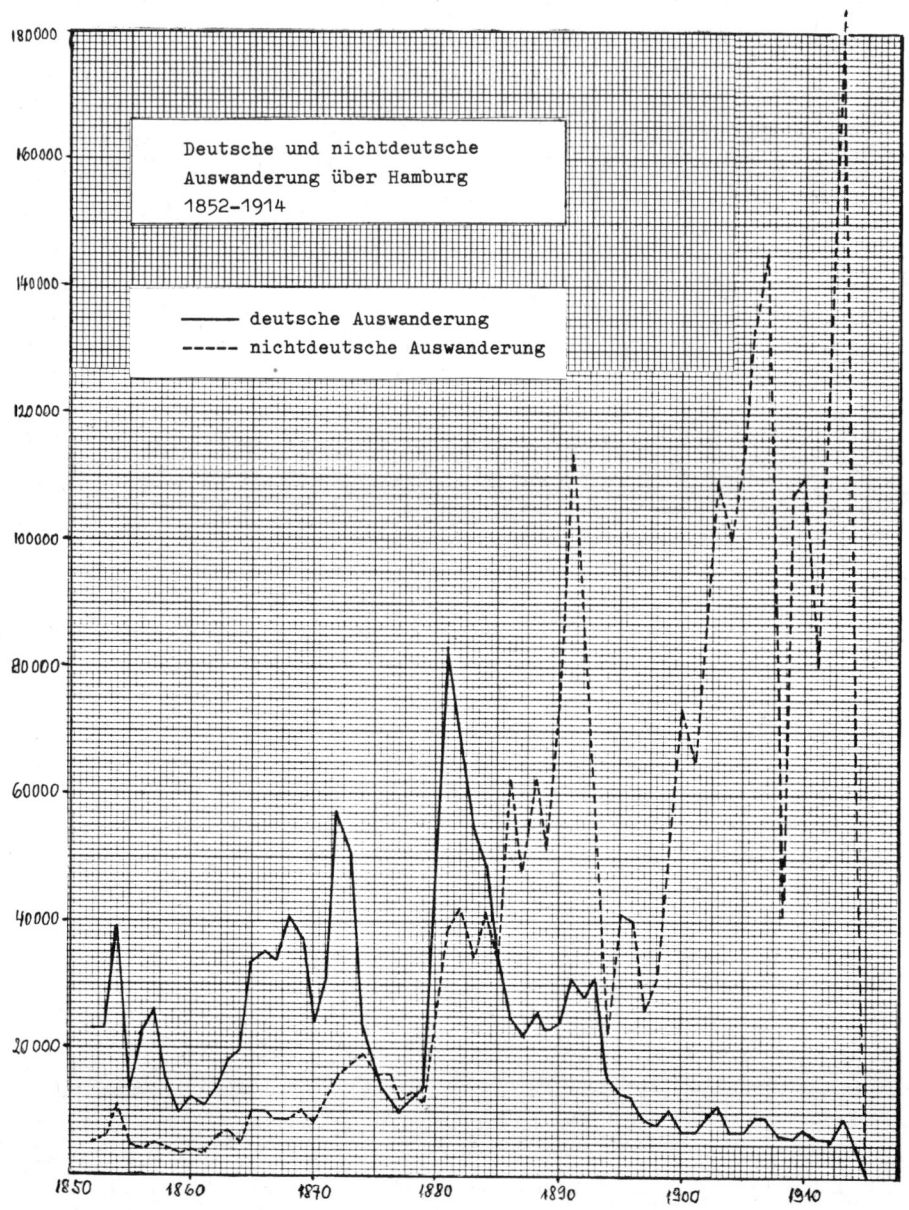

Deutsche und nichtdeutsche
Auswanderung über Hamburg
1852–1914

———— deutsche Auswanderung
----- nichtdeutsche Auswanderung

Schaubild 5; Quellen: Statistik des Hamburgischen Staates, Heft IV (1872), S. 111–113 [1852–1870]; Statistik des Deutschen Reiches, Bd. 236 (1911), S. 103 [1871–1910]; ebenda, Bd. 336 (1928), S. 115 [1901–1926]

Erwähnt sei hier, daß der Gesamtpassagierverkehr von Hamburg aus zum allergrößten Teil Auswandererverkehr war, und zwar bis 1895 in einem Ausmaße, daß die Auswandererbehörde bei den Zählungen gar keine Unterschiede zwischen Auswanderern und anderen Reisenden machte. Von 1895 bis in die Mitte der 1920er Jahre änderte sich, wie die für diesen Zeitraum vorliegenden Zahlen beweisen, nicht viel an diesem Verhältnis, und erst seit 1924 öffnete sich die Schere von Gesamtpersonenbeförderung und Auswanderereinschiffung weit (Schaubild 6).

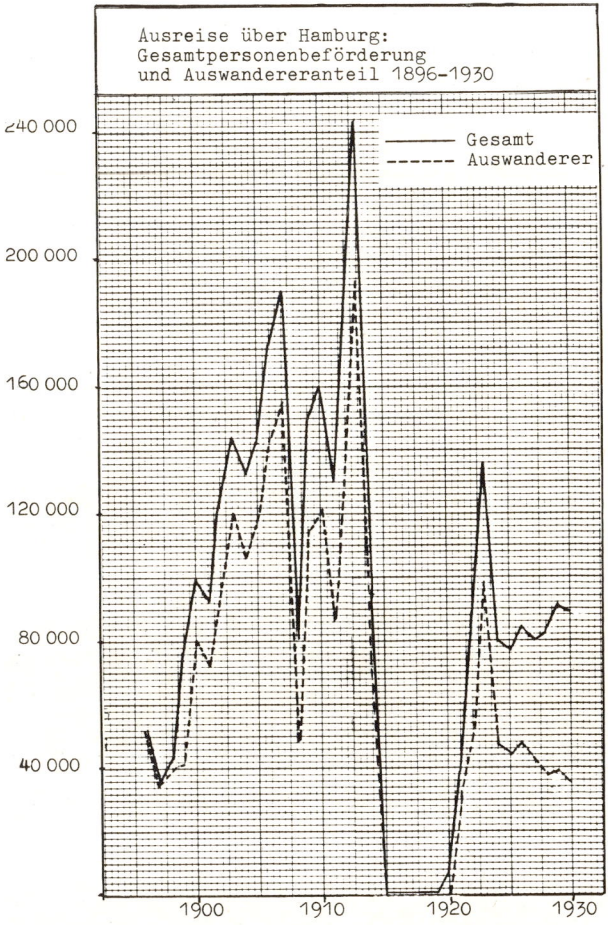

Schaubild 6; Quellen: *Statistisches Jahrbuch für die Freie und Hansestadt Hamburg, 1932/33, S. 33–34 [1896–1930]*

Technikgeschichtliche Aspekte des Auswanderungstransports sowie unternehmensgeschichtliche Aspekte des Auswanderungsgeschäftes können hier nur kurz erwähnt werden. Es gibt gute Darstellungen der Schiffahrtsentwicklung im Überseeverkehr und der Geschichte Hamburger Schiffahrtsgesellschaften.[13] Der Übergang von der Segelschiffahrt zur Dampfschiffahrt verkürzte die Reisezeit nach Nordamerika von durchschnittlich sieben Wochen auf 19 Tage. Er erfolgte sukzessiv in den 1850er bis 1870er Jahren. Der erste Dampfer auf der Hamburg-Nordamerika-Route war die «Helena Sloman», die aber 1850 auf ihrer dritten Reise unterging. Die Hapag nahm 1856

die Dampfschiffahrt nach New York auf. 1873 fuhr das letzte Segelschiff mit Auswanderern nach New York. Bis 1879 gab es noch Auswanderer-Segler der Sloman-Linie, die nach Australien und Neuseeland fuhren.[14] Mit der Indienststellung von Schnelldampfern auf der New York-Route durch die Hapag im Jahre 1889, deren Passagen allerdings nur für besser gestellte Auswanderer erschwinglich waren, konnte die Überfahrt nach Nordamerika sogar in neun Tagen bewältigt werden. Nicht nur Fahrzeitverkürzungen ergaben sich, die Transportkapazität erweiterte sich mit den Dampfschiffen beträchtlich. Hatten Segelschiffe einige hundert Auswanderer befördert, so waren die großen Auswandererdampfer, die gegen Ende des 19. Jahrhunderts gebaut wurden, für etwa 1500 bis 2400 Zwischendecker und zusätzlich für Fracht eingerichtet. Längst waren die Zwischendecks fest eingebaut und konnten auf der West-Ost-Fahrt nicht mehr in Frachtraum verwandelt werden.

Unternehmensgeschichtlich ist auf den Konzentrationsvorgang hinzuweisen, der sich in der zweiten Hälfte des 19. Jahrhunderts vollzog. Neben den zwei Hamburger Hauptkonkurrenten Rob. M. Sloman und Hapag gab es in den 1850er und 1870er Jahren weitere Linien zur Auswandererbeförderung nach Nordamerika: die Nord- und Süd-Amerikanische Schiffahrts-Gesellschaft 1848 bis 1855, Pearson und Langnese 1851 bis 1861, C. Ruebke & Woellmer 1852 bis 1858, die Adler-Linie 1873 bis 1875. Die Sloman-Linie zog sich Ende der 1870er Jahre aus dem Auswanderergeschäft zurück. 1881 stieg Edward Carr auf der New York-Route ein und stellte bis 1888 eine nennenswerte Konkurrenz für die Hapag dar. Eine aus Carr- und Sloman-Dampfern gebildete Union-Linie arrangierte sich 1886 mit der Hapag und wurde 1906 ganz von dieser übernommen. Ein 1884 von der Hansa-Linie aufgenommener Linienverkehr nach Kanada wurde in den 1890er Jahren von der Hapag übernommen.[15]

Praktisch besaß die Hapag, in die 1888 Albert Ballin als Direktor der Passage-Abteilung eingetreten war, das Monopol in der Hamburger Auswandererbeförderung nach Nordamerika. In Bremen war der Norddeutsche Lloyd in dieser Hinsicht schon 1876 vorangegangen.[16] Das große Auswanderergeschäft gegen Ende des 19. und zu Beginn des 20. Jahrhunderts wurde deutscherseits von diesen beiden Reedereien bestritten. Durch Preisabsprachen untereinander zur Ausschaltung lästiger Konkurrenten und durch internationale Poolverträge, besonders durch die Gründung des Nordatlantischen Dampfer-Linien-Verbandes im Jahre 1892, sicherten sie sich ihre Positionen ab.[17]

Für den Hafen und die Stadt Hamburg ergaben sich aus dem Zustrom der Auswanderer und ihrer Einschiffung besondere Probleme. Brauchte man für Frachtgüter Verladeeinrichtungen, so erforderte der

Passagierverkehr Abfertigungsvorkehrungen. Da Fracht- und Passagierdienst eng miteinander verknüpft waren, mußten sich die Reedereien um eine räumliche Zuordnung beider Bereiche bemühen. Besonderer Anstrengungen bedurfte dies allerdings erst, als der Auswandererverkehr größeren Umfang annahm, also seit der Mitte des 19. Jahrhunderts, der Zeit, in der auch Hafenerweiterungen vorgenommen wurden, die die Konzentration des Umschlages auf den Niederhafen durchbrachen (Bau der ersten St. Pauli-Landungsbrücken 1840).

1857 kaufte die Hapag einen Platz am ‹Jonas› bei den St. Pauli-Landungsbrücken, wo Dampfer anlegen und Güter und Passagiere unmittelbar an Bord genommen werden konnten. Bis 1867 wurde dieser Umschlagplatz ausgebaut. Es entstanden zwei Speicher und ein Wohngebäude. Für die Passagiere gab es Warteräume, die mit einer umfangreichen Gepäckabfertigung verbunden waren.[18] Mit der Errichtung des Freihafens im Jahre 1888 mußte jedoch die Hapag ihre Anlagen am Jonas räumen. Der Passagierverkehr wurde vorübergehend vom Schuppen 22 am Versmannquai (Baakenhafen) abgewickelt.[19] 1890 konnten neuerbaute Passagierhallen auf dem Großen Grasbrook in Benutzung genommen werden. Sie befanden sich zwischen der ehemaligen Gasanstalt und dem Schuppen 21 am Strandquai. Es gab dort eine An- und Abfahrt für Wagen, Wartesäle für Kajüts- und Zwischendeckspassagiere und einen besonderen Gepäckschuppen. Die Bewirtschaftung der Einrichtung lag in den Händen des Vereins für Volkskaffeehallen.[20] 1896 wurde der Gepäckschuppen erweitert, 1897 kam eine Desinfektionsanstalt hinzu, 1903 wurden die Passagierhallen durch einen Fachwerkbau erweitert, der etwa 1200 Personen aufnehmen konnte.[21] Tender brachten die Passagiere vom Grasbrook zu den Liegeplätzen der Dampfer – wenn tiefgehende Schiffe den Hamburger Hafen nicht befahren konnten, elbabwärts bis auf die Höhe von Brunshausen (Stade). Nach dem Ersten Weltkrieg verlagerte sich die Einschiffung mehr und mehr nach Cuxhaven, wo schon 1896 ein neuer Seehafen fertiggestellt worden war.[22] Die Schiffe brauchten dann nicht erst zeitaufwendig die Elbe heraufzufahren, die Passagiere wurden mit der Eisenbahn antransportiert.

Ein weiteres Problem, das sich aus dem Auswandererverkehr ergab, lag in der Beherbergung der Passagiere vom Eintreffen in der Stadt bis zur Einschiffung.[23] Dafür waren anfangs nicht die Schiffahrtsgesellschaften, sondern allein das private Beherbergungsgewerbe in der Stadt zuständig. Mit steigenden Auswandererzahlen mußte sich der Staat mit dieser Frage befassen. 1846 richtete die Commerzdeputation einen Antrag an den Senat, in dem die Beschaffung von Räumlichkeiten zur vorübergehenden unentgeltlichen Unterbringung von Auswanderern angeregt wurde, etwa auf dem Grasbrook oder auf Steinwerder. Der Senat verwies jedoch auf das private Ge-

werbe und erklärte sich nach weiteren Verhandlungen nur bereit, «daß Privaten gestattet werden sollte, auf der Bastion Erikus auf ihre Kosten geeignete Räume zur vorläufigen Beherbergung von Auswanderern herzustellen.»[24]

So bemühten sich weiterhin private Logiswirte um die Unterbringung der Durchreisenden. Das *Hamburgische Adreß-Buch für 1855* enthält eine Liste von 54 Logiswirten für Auswanderer, die bei der Polizei gemeldet waren. Sie hatten ihre Häuser meist am Hafen oder in Hafennähe, sechs allein am Johannisbollwerk, sechs weitere am Schaarmarkt.[25] Im Staatsarchiv Hamburg befinden sich noch heute Unterlagen wie Konzessionen, Polizeivorschriften und Hausordnungen. Die Firma Meyer & Co. eröffnete 1855 eine Herberge «Zum großen Auswanderer-Haus» in der Steinstraße Nr. 92. Dort gab es Räumlichkeiten für Passagiere erster, zweiter und dritter Klasse, ein Gesellschaftszimmer, eine Bierstube und ein «vollständig assortiertes Lager aller Artikel, welche Auswanderern unentbehrlich sind». An die eintausend Personen konnten hier Unterkunft finden.[26] In den 1860er Jahren veräußerte die Firma dieses Gebäude und errichtete ein neues großes Haus am Theerhof Nr. 5–7.

Das Anschwellen der ost- und südosteuropäischen Transitwanderung im Laufe der 1880er Jahre warf allerdings Unterbringungsprobleme auf, die von den privaten Wirten allein nicht mehr bewältigt werden konnten. Ein alter Exerzierschuppen vor dem Holstentor, der bereits als Lazarett, Hilfshospital und Obdachlosenasyl gedient hatte, wurde als Notunterkunft benutzt.[27] 1892 mußte die Hapag auf Anordnung des Senats am Amerikaquai/O'Swaldquai (zwischen Segelschiff- und Hansahafen), wo die Gesellschaft Schuppen und Verladeeinrichtungen gepachtet hatte, Baracken zur Unterbringung der Durchreisenden errichten. Die Stadt wollte den Transitverkehr besser kontrollieren. Die Cholera-Epidemie von 1892, deren Einschleppung – wohl irrtümlich – den Ostauswanderern zur Last gelegt wurde, verstärkte diese Tendenz nur noch. Die mit Küche und Badevorrichtungen versehenen Logierhallen boten 1400 Personen Unterkunft und lagen an der Stelle des späteren Schuppens 45. Eine christliche Kirche und ein jüdischer Betsaal wurden dort auch erbaut.[28]

Die Baracken entsprachen auf die Dauer jedoch nicht den sanitären und hygienischen Anforderungen. So wurden 1900/1901 die Auswandererhallen auf der Veddel errichtet, auf einem Gelände zwischen Harburger Chaussee und der Landesgrenze (östlich der Eisenbahn Hamburg–Harburg), das der Staat teils unentgeltlich, teils gegen Miete zur Verfügung stellte.[29] Der Staat leistete auch einen Baukostenzuschuß in Höhe von 140 000 Mark (etwa ein Drittel der Gesamtkosten), soviel wie die Hapag zuvor für die Baracken am Amerikaquai/O'Swaldquai aufgebracht hatte. Die Auswanderer wurden mit der Eisenbahn unmittelbar zu den Hallen befördert, ohne die Stadt selbst

1 (Aus Freeden und Smolka, Auswanderer, 1937)

2 Einschiffung von Auswanderern im Hamburger Hafen um 1850, Lithographie, Künstler unbekannt (G. Moltmann)

3 Umschlagplatz der Hapag am »Jonas« (heute St. Pauli-Landungsbrücken), 1867−1888 (Hapag-Lloyd)

4 Meyers Auswandererhaus am Teerhof um 1880 (StAH)

5 In der dritten Klasse eines Auswandererhauses, Holzstich nach einer Zeichnung von G. Broling (Leipziger Illustrierte Zeitung, 1882)

6 »Hutkarte« eines Hamburger Auswandererhauses (Staatsarchiv Bremen)

zu betreten. Es gab Desinfektions- und Baderäume, eine Lazarettbaracke und fünf Unterkunftshäuser mit Wohn- und Schlafsälen, Speisesäle, eine Kirche mit getrennten Räumen für Katholiken und Protestanten und einen jüdischen Betsaal, Logierhäuser, Läden und ein Büro der Hapag. Insgesamt hatten gut 1000 Personen hier Unterkunftsmöglichkeiten. Erwachsene zahlten pro Tag eine Mark (im Logierhaus 1,50), Kinder die Hälfte, Mittellose wohnten frei. Die Bewirtschaftung geschah auf Rechnung der Hapag. Schon 1904 zeigte sich, daß die Aufnahmekapazität der Hallen nicht ausreichte. Gelegentlich mußten Logisschiffe verwendet werden. 1905 wurden provisorisch acht zusätzliche Wohnbaracken für je 120 Personen errichtet, 1906 endgültige Erweiterungsbauten, die die gleichzeitige Unterbringung von 5000 Personen ermöglichten.

Ein deutscher Journalist gab seine Eindrücke von den Hallen wie folgt wieder: «Im Hafen gibt es eine Stadt für sich. Sie schien aus fremdem Land herverpflanzt [...]. Der Strom der fremden Menschen streicht wie aufgescheucht im Innern des Städtchens umher, von den Schlafhäusern in den Straßen, in die Eßlokale, in die Gepäckzimmer, an die Fahrkarten- und Reiseschalter. 5000 Menschen an einem Tag und zwei Millionen durch das ganze Jahr streichen hier so hin und her, jeder einzelne eingeschlossen in den kleinen Kreis seiner zitternden Wünsche, alle zusammen eine Masse von Völkerwanderung, Ratlosigkeit, Hoffnung.»[30]

Im Ersten Weltkrieg fanden die Veddeler Hallen als Marinelazarett Verwendung. Ab 1921 wurden sie für deutsche Auswanderer genutzt. Im Dritten Reich dienten sie der SS als Unterkünfte. Im Zweiten Weltkrieg wurden sie durch Bomben zerstört. Das Gelände wird heute nur zum Teil genutzt. Die Wilhelmsburger Reichsstraße schneidet es in zwei Hälften; auf der westlichen befindet sich ein Busbahnhof mit Parkplatz (Vorplatz des S-Bahnhofes Veddel), auf der östlichen eine Tankstelle und ein kleines Restaurant. Für Nachkriegsauswanderer standen zeitweilig Baracken auf Finkenwerder zur Verfügung.

Konnte der Staat in der Unterbringungsfrage und im Beherbergungswesen einigermaßen sicher Aufsicht führen, Kontrollen vornehmen und lenkend eingreifen, so war dies in anderen Zweigen des Dienstleistungsbereichs schwieriger. Die Bedürfnisse der Auswanderer vor der Einschiffung gestalteten sich vielseitig, und entsprechend rege und phantasiereich waren die Bemühungen der Gewerbetreibenden, die sich einträgliche Geschäfte versprachen. Als Zubringer für die Reedereien waren Makler oder Expedienten am Ort und Agenten im Hinterland tätig, wobei die verzweigten Aufgaben des Annahmegeschäftes je nach Praktikabilität auch einfacher geregelt werden konnten.[31] Manche Agenten versuchten, ihr Geschäft auszuweiten, indem sie Fahrkarten für die Weiterreise nach Amerika anboten. Wer konnte prü-

fen, ob es sich dabei um reelle Angebote handelte? Vor dem Kauf solcher Fahrkarten wurde immer wieder gewarnt.

Weitere Leistungen des tertiären Sektors lagen in der Gepäckbeförderung vom Ankunftsort zur Herberge und von der Herberge zum Schiff. Dafür wurden festgesetzte Preise berechnet, deren Höhe die Auswanderer aber nicht immer kannten. Sie wurden öffentlich mitgeteilt, um Übervorteilungen zu verhindern. Gegen Diebstähle gab es den Rat: «Die Auswanderer werden ganz besonders darauf angewiesen, dem Auf- und Abladen des Gepäcks, namentlich auf dem Schiffe selbst, persönlich beizuwohnen.»[32] Mit dem Gepäcktransport ließ sich die Lenkung der Auswanderer in bestimmte Herbergen und zu bestimmten Expedienten verbinden, wofür die «Schlepper» Provisionen erhielten. Den Auswanderern wurden Mühen abgenommen, nicht immer zu ihrem eigenen Wohl, oft mehr zum Wohl der Helfer. Kontrollen waren schwierig durchzuführen. Ferner gab es Geldwechsler, auf die die Reisenden angewiesen waren. Gaben sie die Hamburger, die englischen und die amerikanischen Kurse richtig an? Dem Kunden blieb meist nichts anderes übrig, als sich auf sie zu verlassen.

Vor der Einschiffung hatten die Reisenden Einkäufe zu tätigen. Sie brauchten Matratzen und Kissen, Steppdecken oder Wolldecken, vielleicht auch noch Koffer und Kisten, und sicher Reiseproviant zur Ergänzung dessen, was im Überfahrtskontrakt vereinbart worden war. Dazu kamen Eßgeschirre und persönliche Utensilien verschiedenster Art. Logiswirte betätigten sich auch in diesem Geschäftsbereich, daneben aber gab es unabhängige Handlungen, ebenfalls am Hafen oder in Hafennähe gelegen. Im Dienstleistungsbereich kamen Auswanderer und Stadtbewohner am engsten in Berührung. Die Stadt war der Schauplatz der Geschäfte und damit auch der Schauplatz der menschlichen Begegnungen, im Guten oder im Bösen.

Vom sogenannten «Litzer»-Unwesen war oft die Rede. Waren Betrügereien die Ausnahme, oder mußten Auswanderer stets mit ihnen rechnen? Das läßt sich heute nicht mehr beurteilen, zumal Unregelmäßigkeiten selten aktenkundig wurden. Man muß sich sowohl vor Über- als auch Unterbelichtungen hüten. Soviel läßt sich aber sagen: das Problem der Litzer wurde nicht nur von übervorteilten Auswanderern schmerzlich empfunden, sondern auch von der Stadt kritisiert und bekämpft.

Hieß es oben, Auswanderer seien für Hamburger Reeder ein willkommenes «Umschlaggut», ein «Exportartikel» gewesen, mit dem die Schiffe auf der Ost-West-Route gefüllt werden konnten, so ist spätestens jetzt hinzuzufügen, daß sie eine Fracht besonderer Art waren; sie waren Kunden mit Anspruch auf reelle Bedienung, Rechtssubjekte, Mitmenschen, sensible Wesen. Die Auswandererbeförderung war nicht nur eine wirtschaftliche Angelegenheit, sondern auch eine soziale.[33] Auswanderer bedurften des Schutzes in einer Phase persönlicher Unsicherheit, physischer und nervlicher Anspannung und menschlicher Belastung. Dafür waren Hamburger auch im 19. Jahrhundert nicht blind oder unempfindlich. Es gab persönliche, körperschaftliche und staatliche Initiativen, um den Durchreisenden das Los leichter zu machen.

Im Mai 1850 bildete sich in Hamburg der Verein zum Schutze von Auswanderern, anfänglich ein Zweig des Berliner Vereins zur Centralisation der deutschen Auswanderung und Colonisation, bald aber unabhängig.[34] Getragen wurde er von Kaufleuten, Beamten und anderen Vertretern des öffentlichen Lebens. Die Commerzdeputation unterstützte ihn gleich zu Anfang mit einer Zuwendung in Höhe von 300 Courant Mark. Später zahlte sie ihm Jahr für Jahr 1000 Mark.[35] Die Gründung des Vereins fiel in eine Zeit, als das Thema Auswanderung und öffentliche Verantwortung gerade intensiv diskutiert worden war, unter anderem in der Paulskirche und in revolutionären Zirkeln. Sie fiel in eine Zeit, als Bürgerinitiativen und Vereinsbildungen das gewachsene Selbstbewußtsein des Dritten Standes widerspiegelten. Wo der Staat versagte, ergriffen Privatleute die Initiative. Jedoch blieb der Staat nicht desinteressiert. In Hamburg wurde fünf Jahre später eine Auswanderer-Behörde

7 Auswandererhallen der Hapag auf dem Amerikaquai, 1892 (MusHG)

8 Auswandererhallen der Hapag auf der Veddel, 1909, Zeichnung (Photo Johann Hamann)

eingerichtet, die die Tätigkeiten des Vereins übernahm.

Der Verein hatte 1851 ein Nachweisungsbüro eingerichtet, das die Auswanderer-Behörde weiterführte. Es befand sich im Parterre des Hauses der Patriotischen Gesellschaft und war täglich von 9–13 und 17–19 Uhr geöffnet. 1862 wurde es in die Nähe der Einschiffungsplätze verlegt: Erste Vorsetzen Nr. 3. Ab 1877 war es am Neuen Wall Nr. 75 untergebracht; ab 1891 lautete seine Adresse: Passagierhallen auf dem Großen Grasbrook. Nach dem Ersten Weltkrieg wurde die Hauptdienststelle in die Speicherstadt, später wieder in die Innenstadt verlegt, während weitere Dienststellen in den Veddeler Auswandererhallen, am Hauptbahnhof, zeitweilig auch am Hannöverschen Bahnhof errichtet wurden. Auswanderer konnten hier zuverlässig und unentgeltlich Rat erhalten, besonders über Unterkunftsmöglichkeiten, Preise für Kost und Logis, Geldwechsler, Wechselkurse, Adressen von Expedienten, Schiffsabfahrten, Reisebedingungen, Reklamationsrechte und zuverlässige Personen im Bestimmungshafen. Sie erhielten Karten, auf denen die Durchschnittspreise für Dienstleistungen angegeben waren. Ein Auswanderungsamt und eine Auswanderer-Auskunftsstelle bestehen heute noch in Hamburg.

Von seiten der Unternehmer wurden Verein und Behörde teils bekämpft und kritisiert, teils unterstützt und gefördert. So beklagten sich zum Beispiel die Herbergsbesitzer schon kurz nach der Gründung des Vereins darüber, daß dieser einzelne Wirte und Ladenbesitzer unbillig bevorzuge und dadurch die Bildung eines wohlhabenden Mittelstandes behindere. Dagegen nahm die Commerzdeputation den Verein in Schutz: «Die Auswanderungsbeförderung sei nun einmal kein freies kaufmännisches Geschäft, daß der amtlichen Berücksichtigung entbehren könne; die durch die Humanität dringend gebotene Fürsorge für die meist unerfahrenen und unbehilflichen Auswanderer, die Rücksicht darauf, daß gewissenlose Gewinnsucht viele Menschenleben aufs Spiel setzen könne, verleihe diesem Geschäft eine eigentümliche Stellung und nötige zu außerordentlichen Maßnahmen. [...] es müsse die Fürsorge für Auswanderer sogar noch ausgedehnt und unter staatliche Aufsicht gestellt werden.»[36]

Am Beispiel des Auswandererschutzes in Hamburg läßt sich erkennen, daß wirtschaftliche Sonderinteressen und soziale Verantwortung in Spannung zueinander stehen konnten, sich aber auch nicht ausschlossen. Die großen Kaufleute und Reeder – mit denen übrigens der Verein personell verflochten war – wünschten, daß nicht nur sie selbst durch staatliche Regulierungen kontrolliert würden, sondern auch das mittelständische Gewerbe, und sie erkannten sehr deutlich, daß Auswandererschutz das Geschäft beleben konnte. Gute Behandlung war die beste Werbung. Hamburg hinkte diesbezüglich hinter Bremen

her, wo dieses Prinzip schon früher mehr Beachtung gefunden hatte. Wollte Hamburg mit Bremen konkurrieren, mußte es auf seinen guten Ruf bedacht sein.

Uneigennütziger dürften die Bestrebungen kirchlicher Stellen gewesen sein, die sich um Fürsorge und Schutz für Auswanderer bemühten. Daß die Auswanderung ein Feld für karitative Verpflichtungen war, erkannten Lutheraner, Katholiken und Israeliten zwar relativ spät, dann aber kümmerten sie sich um so mehr darum. Vorreiter war der Hamburger Verein für Innere Mission. Auf Anregung Johann Heinrich Wicherns wurden erstmals 1852/53 in Herbergen und auf Schiffen Bibeln ausgegeben. Ab 1867 wurden eigens für Auswanderer Gottesdienste veranstaltet. 1868 wurde vorübergehend ein Schiffsprediger angestellt, der einige Male mit Auswanderern nach Amerika fuhr. 1870 wurde ein Hafenmissionar eingesetzt, 1875 übernahm ein neu gegründetes Evangelisch-lutherisches Comité für Auswanderungsmission die Auswandererbetreuung.[37] Schon vorher, 1872, hatte der St. Raphaels-Verein zum Schutze katholischer Auswanderer einen Vertrauensmann nach Hamburg entsandt, der hier eine rege seelsorgerische und beratende Tätigkeit einleitete.[38] Beide Einrichtungen existieren noch heute in Hamburg. Jüdische Wohlfahrtseinrichtungen sorgten sich seit den 1880er und 1890er Jahren um die Auswanderer, so der Israelitische Unterstützungsverein für Obdachlose und das Komitee für die russischen Juden. 1904 übernahm der Hilfsverein der deutschen Juden die Auswandererfürsorge. Die Tätigkeiten dieser Vereine beschränkten sich nicht auf Glaubensfragen und Seelsorge, sondern umfaßten zunehmend auch eine Beratung allgemeiner Art und soziale Fürsorge.[39]

Die Probleme, die sich mit der Auswanderung für Stadt und Hafen Hamburg ergaben, sind mit den hier angeschnittenen Fragen keineswegs erschöpft. Weiträumige Wanderungsvorgänge lassen sich nicht örtlich isoliert betrachten. Hamburg war eingebunden in die Infrastruktur der Auswanderungsprozesse. Das fing mit den Zubringerdiensten an. Bestand Interesse, den «Umschlag» von Auswanderern zu erhalten oder zu steigern, galt es, die Flußschiffahrt und die Eisenbahnverbindungen dem Bedarf anzupassen. Eisenbahnverbindungen bestanden von Berlin seit 1846, von Kiel aber zunächst nur nach Altona und von Hannover zunächst nur nach Harburg. Erst mit der Verbindungsbahn Altona–Hamburg 1866 und mit den Elbbrücken, die 1872 gebaut wurden und die Verbindung von Harburg ermöglichten, vereinfachte sich der Zubringerdienst. Vorher gab es noch Auswandererhallen in Harburg und eine Zubringerfähre nach Hamburg. Für eine bequemere Anreise sorgten in den 1850er Jahren Auswanderer-Sonderzüge. Bis in die Bismarck-Zeit erleichterten billige Bahntarife, die mit der Preußischen Eisenbahnverwaltung abgesprochen waren, die Anfahrt der Auswanderer.[40]

Zur Infrastruktur des Auswanderungsprozesses ge-

9 Einschiffung auf der Elbe, vom Tender auf das Auswandererschiff (Harper's Weekly, 1874)

10 Empfangshalle im Überseeheim der Hapag auf der Veddel nach dem Ersten Weltkrieg
   (ehemalige Auswandererhallen) (StAH)

hörten ferner rechtliche und politische Fragen. Wieweit war Hamburg mitverantwortlich, wenn illegale Auswanderer, etwa Militärdienstflüchtlinge, von hier aus über See entwichen? Wieweit konnte in Hamburg überhaupt eine Personenkontrolle durchgeführt werden, die nicht abschreckend wirkte? Welche Rolle spielte die Hamburger Polizei bei der Abwicklung des Durchreiseverkehrs? Sollte Hamburg es dulden, daß andere deutsche Regierungen im Rahmen der Auswanderung Kriminelle nach Amerika abschoben? Hamburg selbst beteiligte sich noch bis zur Mitte des 19. Jahrhunderts an dieser Praxis und entlastete bei günstiger Gelegenheit sein Spinn- und Zuchthaus durch Abschiebungen im Zuge des Auswanderungsverkehrs. Kam dies amerikanischen Stellen zur Kenntnis, beschwerte sich der Konsul der Vereinigten Staaten beim Senat. Das konnte das zwischenstaatliche Klima im Handelsverkehr trüben.[41]

Damit ist angedeutet, daß die Infrastruktur des Hamburger Auswandererverkehrs nicht auf Europa beschränkt war. Es konnte Hamburg nicht gleichgültig sein, welche Aufnahme die Auswanderer am Ende ihrer Seereise in Amerika fanden, und amerikanische Stellen interessierten sich ihrerseits für das, was in Hamburg vor sich ging. Des öfteren wurden vom Konsul in Hamburg Berichte über die Modalitäten der Auswanderungsverschiffung eingefordert. Dem Kongreß in Washington wurden Berichte vorgelegt über die Einwanderung von Kriminellen und Verarmten, die als soziale Belastung empfunden wurden. Hamburg als einer der Hauptauswanderungshäfen des europäischen Kontinents spielte in ihnen manchmal eine Rolle.[42] Wichtiger für die Hamburger und Bremer Auswanderungsbeförderung waren aber amerikanische Gesetze über die Ausstattung der Schiffe. Hielten sich deutsche Reeder nicht an sie, liefen sie Gefahr, ihre Passagiere drüben nicht loszuwerden.[43]

Besonders weit erstreckten sich strukturelle Zusammenhänge, als seit den 1880er Jahren die ost- und süd-osteuropäische Transitwanderung riesige Ausmaße annahm. Agenten der Hapag waren bis nach Rußland und in weiten Bereichen der Habsburger Monarchie tätig. Über ihr Geschäftsgebaren gab es gelegentlich Beschwerden, manchmal auch Prozesse.[44] Damals wurden die Einwandererkontrollen in den amerikanischen Häfen strikter. Einwanderer, die weder Geld noch Bürgen hatten, oder ansteckende Krankheiten aufwiesen, wurden nicht hereingelassen.[45] Das bedeutete Rücktransport auf derselben Route, auf der sie gekommen waren. Hamburg mußte also auch für die Durchschleusung der Abgewiesenen sorgen, die wieder in ihre Heimat strebten. Sowieso gab es immer auch Rückwanderer, die in Amerika nicht bleiben wollten.[46] Und sekundär verstärkte die Auswanderung den normalen Passagierverkehr, denn das Reisen zwischen der neuen und der alten Heimat wurde beliebt.

Vielfache Effekte waren es also, die der Auswanderungsprozeß für Hamburg mit sich brachte. In der Geschichte des Hafens und der Stadt stellte dieser ein wichtiges Kapitel dar. Merkwürdig, daß es Bücher zur Geschichte Hamburgs und selbst über den Hamburger Hafen gibt, in denen kaum ein Wort von Auswanderung steht.[47] Im historischen Bewußtsein der Hamburger spielt die Auswanderung offensichtlich eine geringe Rolle. Aber sie ist auch im Rückblick noch ein faszinierendes und lehrreiches Stück der Massenmobilität und der von ihr hervorgerufenen wirtschaftlichen und gesellschaftlichen Reaktionen. Vielleicht orientieren sich Hamburger mehr an dauerhaften Traditionen und bleibenden Erscheinungen als an ephemeren Prozessen, auch wenn diese noch so sehr auf Hamburg eingewirkt haben. Was aber wären Rob. M. Sloman und die Hapag gewesen ohne Auswanderung, was der Hafen ohne den Passagierverkehr, was das Hamburger Dienstleistungsgewerbe ohne die Geschäftsimpulse des ständigen Personentransits? Sie wären sicher alle ein wenig ärmer gewesen, und bestimmt uninteressanter für den Historiker.

Anmerkungen

[1] Berechnet aufgrund der Tabelle «Die Auswanderung über Hamburg in den Jahren 1890 bis 1914», in: Statistisches Handbuch für den Hamburgischen Staat, hrsg. vom Statistischen Landesamt Hamburg, Bd. 5, Hamburg 1921, S. 74. Vgl. auch Günter Moltmann, Stand und zukünftige Aufgaben der deutschen Überseewanderungsforschung mit besonderer Berücksichtigung Hamburgs. In: Die deutsche und skandinavische Amerikaauswanderung im 19. und 20. Jahrhundert, hrsg. von Kai Detlev Sievers, Neumünster 1981 (Studien zur Wirtschafts- und Sozialgeschichte Schleswig-Holsteins, Bd. 3), S. 15–34, über die Auswanderung von Hamburgern ebenda, S. 18–25.

[2] Leopold Caro, Auswanderung und Auswanderungspolitik in Österreich, Leipzig 1909 (Schriften des Vereins für Socialpolitik, Bd. 131), S. 59, 67.

[3] «Steindruck aus Frankfurt a. M. 1848», Reproduktion ohne Quellenangabe bei Hermann von Freeden und Georg Smolka, Aus-wanderer. Bilder und Skizzen aus der Geschichte der deutschen Auswanderung, Leipzig 1937, gegenüber S. 25.

[4] «Einiges über die Vorzüge Bremens und Hamburgs vor ausländischen Seeplätzen, in Betreff der Beförderung von Auswanderern». In: Deutscher Volks-Kalender für 1852, Leipzig o. J., S. 135, 136, 139–140.

[5] Ernst Baasch, Die Handelskammer zu Hamburg 1665–1915, 2 Bde., Hamburg 1915, Bd. 2, Abt. 2, S. 288–289. Vgl. auch Ingrid Schöberl, Mandate, Verordnungen und Gesetze für Hamburgs Auswanderungsverkehr. In: «... nach Amerika!» Auswanderung in die Vereinigten Staaten, Hamburg 1976 (Aus den Schausammlungen des Museums für Hamburgische Geschichte, Heft 5), S. 33–37.

[6] Übersichten bei Heinrich Ernst Köppen, Die Handelsbeziehungen Hamburgs zu den Vereinigten Staaten von Nordamerika bis zur Mitte des 19. Jahrhunderts, Phil. Diss. [Masch.-Schr.], Köln

1973, S. 420–421, und Franz Josef Pitsch, Die wirtschaftlichen Beziehungen Bremens zu den Vereinigten Staaten von Amerika bis zur Mitte des 19. Jahrhunderts, Bremen 1974 (Veröffentlichungen aus dem Staatsarchiv der Freien Hansestadt Bremen, Bd. 42), S. 213–214, 217–218.

7 Baasch (wie Anm. 5), Bd. 2, Abt. 2, S. 291.

8 Ebenda, S. 300. Vgl. auch Günter Moltmann, Das Risiko der Seereise. Auswanderungsbedingungen im Europa-Amerika-Verkehr um die Mitte des 19. Jahrhunderts. In: Festschrift für Eberhard Kessel zum 75. Geburtstag, hrsg. von Heinz Duchhardt und Manfred Schlenke, München 1982, S. 182–211, hier 196–199.

9 Baasch (wie Anm. 5), Bd. 2, Abt. 2, S. 301.

10 Ebenda, S. 293–294.

11 Ebenda, S. 308.

12 Vgl. Gerd Weißenberg, Die Bedeutung der Auswanderung für die Hamburger Schiffahrt. In: «... nach Amerika!» (wie Anm. 5), S. 29–32.

13 Verwiesen sei hier nur auf einige wichtige Werke: Hermann Wätjen, Aus der Frühzeit des Nordatlantikverkehrs. Studien zur Geschichte der deutschen Schiffahrt und deutschen Auswanderung nach den Vereinigten Staaten bis zum Ende des amerikanischen Bürgerkrieges, Leipzig 1932; Otto Mathies, Hamburgs Reederei 1814–1914, Hamburg 1924; Kurt Himer, 75 Jahre Hamburg-Amerika Linie, 2 Teile, Hamburg 1922/23; Walter Kresse, Die Fahrtgebiete der Hamburger Handelsflotte 1824–1888, Hamburg 1972 (Mitteilungen aus dem Museum für Hamburgische Geschichte, NF, Bd. 7); Ernst Hieke, Rob. M. Sloman jr., errichtet 1793, Hamburg 1968 (Veröffentlichungen der Wirtschaftsgeschichtlichen Forschungsstelle, Bd. 30).

14 Kresse (wie Anm. 13), S. 225.

15 Vgl. Mathies (wie Anm. 13), S. 77–80, 89–97, 168–170; Kresse (wie Anm. 13), S. 130–136, 221–225.

16 Vgl. Rolf Engelsing, Bremen als Auswandererhafen 1683–1880, Bremen 1961 (Veröffentlichungen aus dem Staatsarchiv der Freien Hansestadt Bremen, Heft 29), S. 125.

17 Vgl. Erich Murken, Die transatlantischen Linienreederei-Verbände, Pools und Interessengemeinschaften bis zum Ausbruch des Weltkrieges, ihre Entstehung, Organisation und Wirksamkeit, Jena 1922.

18 Vgl. Himer (wie Anm. 13), T. 1, S. 46.

19 Ebenda, T. 2, S. 16; W[ilhelm] Melhop, Historische Topographie der Freien und Hansestadt Hamburg von 1880 bis 1895, Hamburg 1895, S. 76.

20 Nach Richters Führer durch den Hamburger Hafen, zusammengest. und bearb. von Max Glaser, Große Ausg. mit einer Karte des Hafens, Hamburg 1906, S. 150.

21 Nach W[ilhelm] Melhop, Historische Topographie der Freien und Hansestadt Hamburg von 1895–1920, mit Nachträgen bis 1924, 2 Bde., Hamburg 1925, Bd. 2, S. 87 f.

22 Ebenda, Bd. 2, S. 580–582.

23 Zum folgenden vgl. Birgit Gelberg, Auswanderung nach Übersee. Soziale Fragen der Auswandererbeförderung in Hamburg und Bremen von der Mitte des 19. Jahrhunderts bis zum Ersten Weltkrieg, Hamburg 1973 (Beiträge zur Geschichte Hamburgs, Bd. 107), S. 18–28.

24 Baasch (wie Anm. 5), Bd. 2, Abt. 2, S. 296–297.

25 Hamburgisches Adreß-Buch für 1855, S. LXXVII f.

26 Artikel über die bevorstehende Eröffnung des Hauses in: Allgemeine Zeitung (Augsburg), Ausg. vom 5. 4. 1855, S. 1507.

27 Siehe C[ipriano] F[rancisco] Gaedechens, Historische Topographie der Freien und Hansestadt Hamburg und ihrer nächsten Umgebung von der Entstehung bis auf die Gegenwart, 2. Aufl. Hamburg 1880, S. 295; Melhop (wie Anm. 19), S. 83.

28 Nach Melhop (wie Anm. 19), S. 82 f.; Melhop (wie Anm. 21), Bd. 2, S. 112.

29 Hierzu und zum folgenden: Melhop (wie Anm. 21), Bd. 1, S. 593–594; Richters Führer (wie Anm. 20), S. 150–156. Vgl. auch Hamburg und seine Bauten unter Berücksichtigung der Nachbarstädte Altona und Wandsbek 1914, hrsg. vom Architekten- und Ingenieurs-Verein zu Hamburg, 2 Bde., Hamburg 1914,

Bd. 2, S. 90. Die Durchschleusung der Transitwanderer behandelt Michael Just in einem Aufsatz: Hamburg als Transithafen für die osteuropäische Auswanderung. In: «... nach Amerika!» (wie Anm. 5), S. 49–54. Dazu demnächst Justs Dissertation: Die Transitwanderung der «New Immigration» in Deutschland und ihr Eintreffen in den Vereinigten Staaten von Amerika, Universität Hamburg 1982, Druck in Vorbereitung.

30 Norbert Jacques, Mit Lust gelebt. Roman meines Lebens. Hamburg 1950, S. 143.

31 Vgl. Engelsing (wie Anm. 16), Kap. 2, «Das Annahmegeschäft», S. 27–48. Eine größere Untersuchung von Agnes Bretting (Hamburg), Die Auswanderungsagenturen in Deutschland im 19. und 20. Jahrhundert: ihre Funktion im Gesamtauswanderungsprozeß, wird demnächst veröffentlicht.

32 Hamburgisches Adreß-Buch für 1855, S. LXXVIII.

33 Grundlegend für das folgende: Gelberg (wie Anm. 23); vgl. auch Birgit Wagner [geb. Gelberg], Die Unterbringung und Einschiffung der Auswanderer in Hamburg. In: «... nach Amerika!» (wie Anm. 5), S. 25–28.

34 Vgl. Gabriele Treppke, Der Hamburger Verein zum Schutze von Auswanderern (1850–1855). In: «... nach Amerika!» (wie Anm. 5), S. 38–42.

35 Baasch (wie Anm. 5), Bd. 2, Abt. 2, S. 298, 306.

36 Ebenda, S. 303.

37 Wichtigste Quelle hierzu sind die seit 1876 erschienenen jährlichen Berichte des evangelisch-lutherischen Comités für Auswanderer-Mission. Vgl. auch Hermann Wagner, Sechzig Jahre Evang.-luth. Auswanderermission zu Hamburg, Sonderdruck aus: Auslandsdeutsche und evangelische Kirche, Jahrbuch 1933, München 1933; ders., Auswanderung und Auswanderungsfürsorge, Festschrift zum 90jährigen Bestehen der ev.-luth. Auswanderermission in Hamburg, Hamburg o. J.

38 Vgl. St. Raphaels-Blatt, Organ des St. Raphaels-Verein zum Schutze deutscher katholischer Auswanderer, Limburg 1886ff.; Festschrift 80 Jahre St. Raphaelsverein, Hamburg 1951; Reinhard R. Doerries, Peter Paul Cahensly und der St. Raphaels-Verein. Die Geschichte eines sozialen Gedankens. In: Menschen unterwegs, Nr. 2/1981, S. 5–23.

39 Vgl. Almut Mehner, Die Tätigkeit der konfessionellen Auswanderungsvereine in Hamburg vor dem Ersten Weltkrieg. In: «... nach Amerika!» (wie Anm. 5), S. 43–48; dies., Hamburgs Auswanderungsmissionen bis zum Ersten Weltkrieg. In: ZHG 63, 1977, S. 127–165.

40 Vgl. Hartmut Bickelmann, Das Geschäft der Auswanderung. In: Zeitschrift für Kulturaustausch, 32, 1982, S. 336–341, bes. S. 339.

41 Vgl. Günter Moltmann, Die Transportation von Sträflingen im Rahmen der deutschen Amerikaauswanderung des 19. Jahrhunderts. In: Deutsche Amerikaauswanderung im 19. Jahrhundert, Sozialgeschichtliche Beiträge, hrsg. von Günter Moltmann, Stuttgart 1976 (Amerikastudien/American Studies, Schriftenreihe, Bd. 44), S. 147–196, bes. 150–155.

42 Vgl. ebenda, S. 156–168.

43 Vgl. Moltmann (wie Anm. 8), S. 186–190.

44 So wurde 1889/1890 in Wadowice, Galizien, ein großer Prozeß gegen Jakob Klausner und Simon Herz, zwei Agenten der Hapag, wegen Betrügereien und Zwangsmaßnahmen, die sie an Auswanderern verübt hatten, durchgeführt. Vgl. Caro (wie Anm. 2), S. 59–61.

45 Vgl. Just (wie Anm. 29), S. 53.

46 Vgl. Wolfgang Hell, Amerikanisch-deutsche Rückwanderung. In: «... nach Amerika!» (wie Anm. 5), S. 55–59; Günter Moltmann, American-German Return Migration in the Nineteenth and Early Twentieth Centuries. In: Central European History, 13, 1980, S. 378–392.

47 Z. B. Berhard Studt und Hans Olsen, Unser kleines Hamburg-Buch. Eine kurzgefaßte Geschichte unserer Vaterstadt, Hamburg 1954; Der Hamburger Hafen, hrsg. vom Geographieausschuß der Gesellschaft der Freunde des vaterländischen Schul- und Erziehungswesens in Hamburg, Hamburg 1922.

Leben unter Deck: Frachtdampfer 1900–1925[*]

von Jürgen Rath

‹Seefahrt› war schon immer ein ergiebiges Thema, das sich besonders für Veröffentlichungen in großformatigen Bildbänden eignete. Dargestellt werden da vorzugsweise Vollschiffe unter prallen Segeln und ein Hauch von Romantik weht durch die Seiten. Bücher, die sich mit Dampfschiffen beschäftigen, wirken da eher wie ein Kuriositätenkabinett.

Noch seltener ist die Literatur, die das Leben der Seeleute zum Inhalt hat. Zwar wurde von Knut Weibust[1] eine umfangreiche Studie über die Besatzungen von Großseglern vorgelegt, die ‹Geschichte der Dampfschiffsbesatzungen› muß aber noch geschrieben werden. Allerdings steht einem solchen Vorhaben die Quellenlage entgegen: wenig ist von den Arbeits- und Lebensbedingungen der Heizer und Dampfermatrosen übermittelt. Zwar gibt es reichlich Informationen über die Entwicklungsgeschichte der Dampfmaschine und des Dampfschiffbaus aus ingenieurstechnischer Sicht, wie diese Schiffe aber betrieben wurden und wie sich die Arbeitsbedingungen des Maschinenpersonals gestalteten, ist uns nur in Bruchstücken bekannt. In den Veröffentlichungen von Matschoss und Radunz[2] kommen Menschen nur beiläufig oder überhaupt nicht vor.

Die Dampfschiffszeit aus der Sicht des Seemannes begann im Jahre 1819, als der Schaufelraddampfer ‹Savannah› den Atlantischen Ozean überquerte. Dabei konnte man mit gutem Gewissen jedoch nicht von einem Dampfschiff sprechen – die meiste Zeit fuhr die ‹Savannah› unter Segel. Das änderte sich auch nicht, als der erste Schraubendampfer, die ‹Great Britain›, 1843 den Liniendienst zwischen den USA und England aufnahm. Bis weit in die achtziger Jahre des letzten Jahrhunderts waren diese Schiffe mit Segeln ausgerüstet, mit denen sie im Falle eines Maschinenschadens kurshalten und gegebenenfalls weitersegeln konnten. Erst seit dieser Zeit konnte man von reinen Dampfschiffen sprechen, die ausschließlich auf Maschinenkraft angewiesen waren.

Die eigentliche Blütezeit der kohlenbefeuerten Dampfer lag zwischen 1900 und 1925: die Kolbendampfmaschine war technisch ausgereift, die «rotierende Dampfmaschine» (Dampfturbine) wurde entwickelt. Nach 1918 begannen verstärkt Versuche mit flüssigen Brennstoffen, und die ersten Schiffe mit «Gasmotoren» liefen von Stapel. Um 1925 waren jedoch noch ca. 65 % der Welthandelsflotte kohlenbefeuerte Schiffe, 25 % ölbefeuerte Dampfer, weniger als 10 % Schiffe mit Gasmotoren und knapp 3 % Segelschiffe.[3]

Ausgangspunkt der folgenden Betrachtung ist ein zu dieser Zeit allgemein gebräuchlicher Schiffstyp des kohlenbefeuerten Dampfers von ca. 1000–3000 Bruttoregistertonnen und mit 1000–1500 PS Maschinenleistung in einem Fahrtgebiet der mittleren und transatlantischen Fahrt. Neben der Decks- und Bedienungsmannschaft hatten Schiffe dieser Größe je nach Fahrtgebiet eine Maschinenbesatzung von 3–4 Maschinisten und Maschinenassistenten sowie 6–8 Heizer und 3–5 Kohlentrimmer an Bord. Das gesamte Spektrum der Arbeitstätigkeit aller Maschinendienstgrade kann hier nicht behandelt werden. Als Schwerpunkt wurde deshalb die Arbeit der *Heizer* auf kohlenbefeuerten Dampfschiffen beispielhaft herausgegriffen.

1. Quellenlage und Oral History

Wie bereits erwähnt, ist die Quellenlage relativ dürftig. Die durchgesehene Literatur läßt sich wie folgt klassifizieren und bewerten: Zunächst ist da die Literatur zur Reedereigeschichte. Leider waren hier kaum Informationen zu erhalten, da sich diese Quelle fast ausschließlich mit den Leistungen der Firmengründer bzw. ihrer Erben beschäftigt und den Werdegang der Unternehmen darstellt. Die Ingenieursliteratur liefert sehr gute und detaillierte Hinweise im technischen Bereich, jedoch selten eine Beschreibung der Tätigkeiten, welche die seemännischen Arbeiter an den Maschinen vornehmen mußten. Die Gewerkschaftsliteratur steuert ebenfalls wenig zum Thema bei. Es gibt fast keine Informationen zu konkreten Arbeitsbedingungen, dagegen viele Hinweise über die Lohnbewegungen und den Kampf um den Acht-Stunden-Tag. Als weitaus ergiebiger erweisen sich die «Entscheidungen der Seeämter und des Reichs-Oberseeamtes». Für die Seeamtsverhandlungen wurden die Arbeitsbedingungen dann detailliert beschrieben, wenn dies zur Klärung des Falles beitrug. Ein Nachteil ergab sich allerdings daraus, daß die Arbeitssituationen nie im Zusammenhang geschildert sind, sondern nur der für die Entscheidung relevante Ausschnitt dargestellt ist. Auch die Abhandlungen der Schiffs- und Arbeitsmediziner vermitteln wertvolle Erkenntnisse. Hier werden die Arbeitsbedingungen und ihre Auswirkungen auf das Personal aus hygienischer Sicht sehr genau und in ihrem Gesamtzusammenhang beschrieben. Schließlich konnte ich trotz erheblicher Vorbehalte feststellen, daß in der Romanliteratur durchaus fundierte und glaubwürdige Beschreibungen der Wirklichkeit vorhanden sind. Mehr noch: Bei der Durchsicht von B. Travens ‹Totenschiff› war ich zunächst schockiert von den dort herrschenden Arbeitsbedingungen. Bei der Lektüre der Seeamtsverhandlungen mußte ich aber feststellen, daß die Wirklichkeit weit unmenschlicher war, als Traven sie beschrieben hatte.

Neben den schriftlichen Quellen wurden auch Aussagen alter Seeleute verwendet, die im Untersuchungszeitraum auf Dampfern gefahren waren. Dafür stellten sich fünf Männer im Alter von 82–92 Jahren zur Verfügung, die zwischen 1903 und 1922 mit der Seefahrt begonnen hatten. Untersuchungsmethode war das – im Rahmen der Oral History übliche – Interview. Es wurde jeweils ein Gespräch von durchschnittlich 1,5 Stunden pro Person durchgeführt. Fast alle Interviewpartner hatten recht konkrete Vorstellungen davon, wann und in welcher Reihenfolge sie etwas erzählen wollten. Alle Seeleute verstanden sich als gleichberechtigte Gesprächspartner, keineswegs als ‹Probanden›, viel eher als dominierende Teilnehmer des Gesprächs. Die Interviews hatten daher eher den Charakter einer Informations- und Wissensvermittlung vom seemännischen Fachmann zum interessierten Studenten. Gewisse Ansätze, das Gespräch wenigstens in grobe Themenbereiche zu strukturieren, riefen häufig Unwillen, aber keinen Informationsgewinn hervor. Dennoch kann festgestellt werden, daß die Interviewpartner im großen und ganzen recht eng am Thema blieben. Daher ergaben sich von dieser Seite keine Auswertungsprobleme. Die auftretenden Schwierigkeiten beim Abhören der Cassetten lagen eher in den Sprachproblemen der alten Leute. Trotz guter Aufnahmequalität waren einige Passagen schwer zu verstehen. Dies resultierte aus überstandenen Schlaganfällen, Konzentrationsschwierigkeiten oder einfach daher, daß die dritten Zähne beim Sprechen nicht ausreichend fest saßen.

Bei der Bewertung der Interviewergebnisse läßt sich folgendes feststellen: Die befragten Seeleute hatten während der Gespräche erhebliche Probleme, sich an die Einzelheiten der Arbeitsbedingungen zu erinnern. Dies dürfte drei Ursachen haben. Zunächst muß die Tatsache akzeptiert werden, daß es sich um Tätigkeiten handelt, die teilweise 70 bis 80 Jahre zurückliegen. Unter diesem Aspekt betrachtet war es immerhin bewundernswert, wieviel Informationen die Gesprächspartner noch vermitteln konnten. Weiter scheint es ein psychologisches Phänomen zu sein, daß es recht schwierig ist, sich an die genauen Handgriffe monotoner Arbeit zu erinnern, auch wenn – oder gerade weil – die gleichen wiederkehrenden Tätigkeiten über Jahre hinweg tagtäglich durchgeführt wurden. Es scheint sich hierbei um eine Art ‹bewußtlose Tätigkeit› zu handeln, die sozusagen ‹im Schlaf› verrichtet wurde. Die befragten Feuerleute waren nicht in der Lage, sich an den genauen Ablauf einer Wache im Detail zu erinnern. Sie konnten zwar einzelne Situationen beschreiben, doch war ihnen der Gesamtablauf im Gedächtnis verloren gegangen.

Schließlich hatten die alten Seeleute ein halbes Leben Seefahrt hinter sich gebracht, teilweise noch auf Segelschiffen, dann auf Kohledampfern, auf ölbefeuerten Dampfern und manchmal auch auf Motorschiffen. Im Ablauf der Jahrzehnte änderten sich ihre Arbeitsbedingungen. Aber auch von Schiff zu Schiff waren die Arbeitsabläufe unterschiedlich. Hier kann es sein, daß vorhandene Informationen im Gedächtnis durch ähnliche Informationen überlagert wurden und dadurch dem Erinnerungsvermögen verlorengingen.[4] Aus diesen Gründen wurden die Interviews nur parallel zu den schriftlichen Quellen verwendet – teilweise als Ergänzung, manchmal als Gegendarstellung, aber auch als vorsichtiger Hinweis auf Themen, zu denen die schriftlichen Quellen keine Informationen gaben.

2. Arbeitsort und Arbeitszeit

Der Arbeitsort des Maschinenpersonals gliederte sich in den Funktionsbereich ‹Fortbewegung› mit den Arbeitsorten ‹Maschinenraum› und ‹Wellentunnel› sowie in den Bereich ‹Energieversorgung› mit den Arbeitsorten ‹Heizraum› und ‹Kohlenbunker›. Der Heizraum befand sich etwa in der Mitte des Schiffes und wurde nach hinten durch das Querschott zum Maschinenraum, zur Vorderseite durch den Laderaum bzw. den Querbunker begrenzt. In diesem Raum befanden sich neben den zwei bis drei Dampfkesseln die Zugänge zu den Hauptbunkern, die Aschheißvorrichtungen und der Feuerraum als Arbeitsplatz der Heizer. Der Feuerraum war ein schmaler, halbdunkler Schacht, der vom Oberdeck bis zum Doppelboden führte. Im unteren Teil reichte er über die gesamte Schiffsbreite und hatte eine Tiefe von ca. 2,5–3 Meter. In diesem Raum gingen die Heizer ihre Wache, umgeben von Dampf- und Wasserleitungen, den Kohlen und den abzutransportierenden Schlacken, hinter sich ein Eisenschott, vor sich die brausenden Kessel. Beleuchtet wurde der Arbeitsplatz entweder durch das Tageslicht, das in großer Höhe durch die Oberlichter fiel oder nachts durch den Widerschein der Feuer. Die an den Wasserstandsgläsern angebrachten Ölleuchten bzw. die elektrischen Lampen dienten mehr zur Beleuchtung der Kontrollinstrumente als zur Verbesserung der Arbeitsplatzsituation. Seinen Eindruck bei einem Blick vom Oberdeck in den Heizraum beschreibt Traven mit folgenden Worten: «In einer unendlich erscheinenden Tiefe sah ich eine flackernde, dunstige, rauchige Helle. Diese Helle war rötlich vom Widerschein der Kesselfeuer. Mir war, als sähe ich die Unterwelt [...].»[5]

In § 36 der Seemannsordnung von 1902 wurde folgendes festgelegt: «Auf See geht die Mannschaft des Decks- und Maschinendienstes Wache um Wache [...]. Auf Dampfschiffen in transatlantischer Fahrt wird für das Maschinenpersonal der Dienst in drei Wachen eingeteilt.»[6] Das bedeutete einen Wachrhythmus von sechs Stunden Arbeitszeit und einer darauffolgenden Freizeit von ebenfalls sechs Stunden bis zur nächsten Wache, die wieder sechs Stunden dauerte. Auch auf Dampfern, die in transatlantischer Fahrt fuhren, wurde bis zum Eintritt in die Tropen häufig Wache um Wache gegangen. Erst dann arbeitete das Maschinenpersonal nach dem 3-Wachen-System. Hierbei folgte auf jeweils vier Stunden Arbeitszeit (Wache) eine Freizeit von acht Stunden. Außerhalb des Wachdienstes mußte auf Kohlendampfern das Heizraumpersonal die angefallene Asche und Schlacke beseitigen. Dazu bestimmt § 36 der Seemannsordnung: «Auf Dampfschiffen ist die ablösende Maschinenwache verpflichtet, das vor der Ablösung erforderliche Aschehieven zu besorgen.»[7] Im allgemeinen dauerte diese Tätigkeit zwischen 30 und 40 Minuten, die Heizer und Trimmer mußten jedoch in der Regel eine Stunde vor Wachbeginn antreten. Dadurch erhöhte sich die Arbeitszeit auf 2-Wachen-Schiffen auf 14 Stunden täglich, bei 3-Wachen-Schiffen auf 10 Stunden. Obwohl die Reduzierung der Arbeitszeit auf 3-Wachen-Schiffen erheblich war, dürfte die um vier Stunden kürzere Wachzeit zu keiner entscheidenden Entlastung der Feuerleute geführt haben, da die Hitze in den Tropen die Arbeit vor den Feuern nahezu unerträglich machte. Welcher Dauerbelastung die Heizer und Trimmer durch den zermürbenden Wachrhythmus von jeweils sieben Stunden

Arbeit und fünf Stunden Freizeit auf 2-Wachen-Schiffen ausgesetzt waren, beschreibt B. Traven. «Ich wusch mich nicht, sondern trat, wie ich war, meine Wache an. Als ich um sechs abends abgelöst wurde, war ich zu müde, um mich zu waschen. Das Abendessen war kalt und steif. Es rührte mich nicht. Ich schlug in meine Bunk. Das ging drei Tage und drei Nächte. Ich fühlte keinen anderen Gedanken als nur: Elf bis sechs, elf bis sechs, elf bis sechs. In diesem Begriff sammelte sich für mich der Weltbegriff und das Persönlichkeitsbewußtsein. Ich war ausgelöscht. An Stelle des Ichs stand nichts anderes als ‹elf bis sechs› [...]. Als vier Tage und fünf Nächte um waren, bekam ich Hunger, aß und begann, mich daran zu gewöhnen.»[8]

3. Dienstgrade und Qualifikation

Das Maschinenpersonal gliederte sich funktional (aber auch sozial) in das Maschinenraumpersonal (Ingenieure, Maschinisten, Maschinenassistenten, Schmierer, Lagerhalter) und in das Heizraumpersonal (Oberheizer, Heizer, Trimmer). Der Schwerpunkt der Betrachtung liegt hier bei den Heizern und Trimmern, auch Feuerleute genannt. Diese Berufsgruppe ging im Heizraum ihrer Arbeit nach und war für die Dampferzeugung zuständig. Um sich einen Überblick über die Mannschaftsstärke zu machen, seien folgende Zahlen genannt:

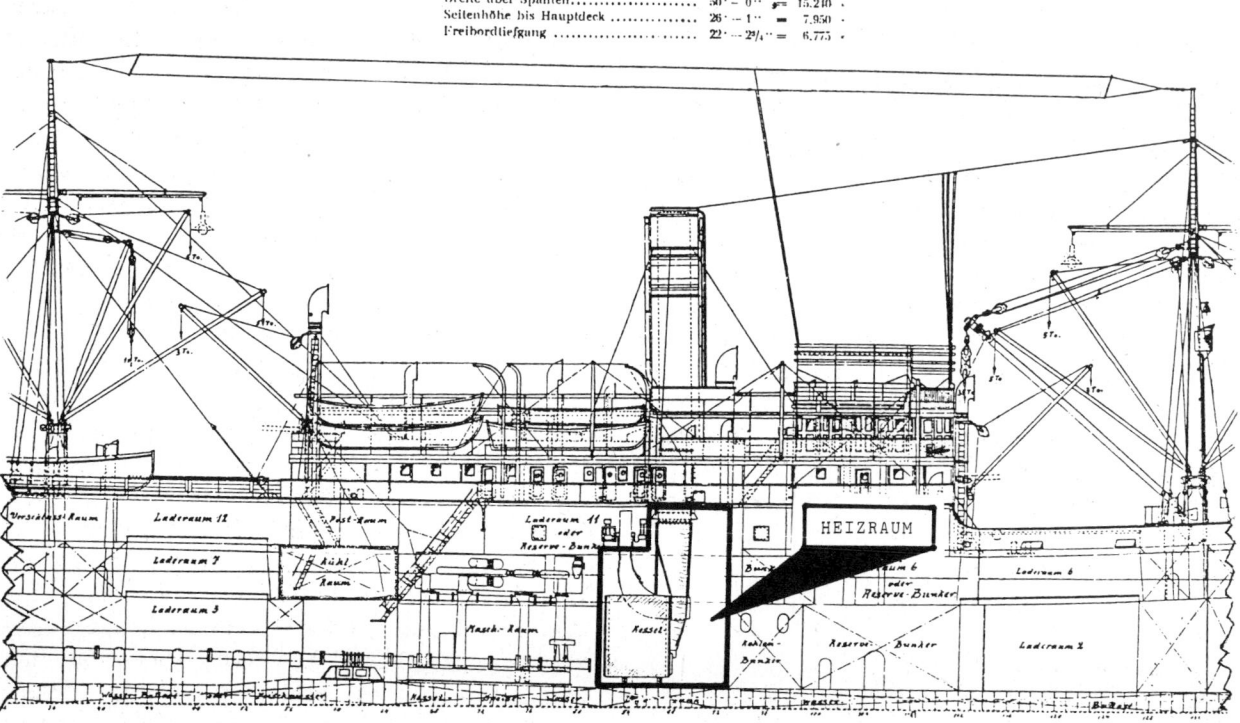

1 Mittelschiffsteil eines kohlenbefeuerten Dampfschiffs

Dampfer	Jahr	BRT	PS	Maschinen-besatzung[10]
Palermo	1911	1100	480	3 Maschinisten, 4 Heizer, 3 Trimmer (Mittlere Fahrt)
Salerno	1906	2037	1 030	2 Maschinisten, 2 Assistenten, 4 Heizer, 3 Trimmer (Mittlere Fahrt)
Denderah Rickmers	1912	3000	1 500	4 Maschinisten, 8 Heizer, 4 Trimmer (Transatlantische Fahrt)

Der Einstieg in die ‹Karriere› als Feuermann erfolgte meist über den Beruf des (unbefahrenen) Trimmers. Diese Arbeiter durften nicht jünger als 18 Jahre und sollten nicht älter als 45 Jahre sein. Außer guter Gesundheit und Körperkraft wurde keine Qualifikation gefordert. Nach einer bestimmten, zunächst nicht genau abgegrenzten Fahrzeit konnten Trimmer zum Heizer aufsteigen. Ab 1918 wurde tarifvertraglich festgelegt, daß als Heizer nur angestellt werden durfte, wer sechs Monate als Trimmer gefahren hatte. Der Beruf des Heizers war kein Lehrberuf, dennoch waren die Anforderungen an Erfahrungswissen und Geschicklichkeit nicht gering. Nicht nur, daß die verschiedenen Kessel- und Feuerungsarten eine jeweils andere Arbeitstechnik erzwangen, auch die wechselnde Beschaffenheit der Kohlen war ein Faktor, auf den sich der Heizer immer wieder neu einstellen mußte. Darüber hinaus erforderte es schon eine ziemliche Übung, bei schwankendem Schiff auf Kohlenstücken stehend, von glühender Hitze überflutet, zwanzig Kilo Kohlen mit schnellem und geschicktem Schwung durch das schmale Feuerloch auf dem 2,5 m langen Rost so zu verteilen, daß keine ‹blinden Stellen› (unregelmäßige Verbrennung) entstanden. Dadurch wurde die Geschicklichkeit des Heizers zu einem maßgebenden Faktor bei der Dampferzeugung, ein schnell und gut arbeitender Heizer konnte erheblich Kohlen sparen.

Obwohl die Berufsgruppen ‹Maschine› und ‹Heizraum› hierarchisch streng voneinander getrennt waren (im Maschinenraum die Patentinhaber bzw. -anwärter, im Heizraum die ‹schwarze Gang›), gab es in der Schiffsbesetzungsordnung doch einen Übergang vom Heizer zum Maschinisten, sozusagen als ‹zweiter Bildungsweg›: Wer fünf Jahre als Heizer gefahren war, konnte nach entsprechender Prüfung Maschinist IV. Klasse werden.[11]

4. Das Brennmaterial

Besonders wichtig für die tägliche Arbeit war die Qualität des Brennstoffes. Im allgemeinen wurde Steinkohle verfeuert, hier gab es jedoch erhebliche Unterschiede. An gute Bunkerkohle wurden folgende Anforderungen gestellt: Sie sollte ein hohes spezifisches Gewicht und eine große Festigkeit zur Vermeidung übermäßiger Grusbildung beim Transport haben.

Weiterhin waren wenig Rückstände an Asche und Schlacken gefordert. Auch durfte sie wegen der Gefahr der Selbstentzündung nicht naß und nicht eisen- oder schwefelkieshaltig sein. Gute Kohle sollte nicht zu sehr abgelagert sein (erkennbar an der grauen Oberfläche), da sich durch Lufteinfluß der Heizwert verringerte. Unter den britischen Kohlen war die walisische die beste, unter den deutschen die westfälische. Je schlechter die Kohlenqualität, desto mehr mußte verfeuert werden, um den Dampfdruck zu halten. Das wiederum bedeutet mehr Arbeit für Heizer und Trimmer. Dazu Heizer W.: «In der Türkei war das. Da haben die uns eine Kohle geliefert, das war wie so ein Schmierklumpen, der hat sich zwischen den Rosten festgesetzt, so daß die Feuer überhaupt keinen Zug hatten. Da sind wir wieder zurück [...]. Die mußten die Schmierkohle rausnehmen. Das mußten wir machen, wir hatten doch keinen Dampf. Die gab doch nichts her, die Kohle [...]. In Griechenland hatten wir was erlebt. Wie kleine Perlen waren die Kohlen. Als wenn das Fischaugen waren. Da haben wir eine Meile pro Stunde gelaufen [...].»

Aber auch bei guter Steinkohle war die Arbeit noch als schwer zu bezeichnen. Dabei darf man sich die Kohlen nicht als Hausbrand vorstellen. Die Stücke waren von recht unterschiedlicher Größe, einige so groß, daß sie erst mit dem Hammer zerkleinert werden mußten, da sie nicht in die Feuerung paßten. Die Menge der zu verfeuernden Steinkohlen war nicht unerheblich. Auf einer Vierstunden-Wache hatte jeder Heizer bei drei Feuerungen im Durchschnitt 2,4 Tonnen Kohle aufzuwerfen. Das entspricht insgesamt 120 Schaufeln oder alle 2 Minuten eine Schaufel. Zunächst erscheint dem Betrachter eine Arbeit noch nicht als besonders schwer, bei der (statistisch gesehen) alle zwei Minuten zwanzig Kilo Kohlen bewegt werden müssen. Hier ist jedoch zu berücksichtigen, daß diese Arbeit in einem Raum mit einer Temperatur von durchschnittlich 40–60° C verrichtet werden mußte. Auch war das Auffeuern der Kohlen nicht die einzige Arbeit der Heizer. Die Feuer mußten ständig kontrolliert, ‹gepflegt› und gereinigt werden, sodaß das Aufwerfen der Kohlen meist von ziemlicher Hektik gekennzeichnet war. Der tägliche Gesamtbedarf eines großen Passagierschiffes erreichte recht stattliche Zahlen: So wurden auf dem Schnelldampfer ‹Kronprinz› um 1900 pro Tag 550 Tonnen Kohlen verfeuert, was ca. 30 Eisenbahnwaggons entspricht. An Rückständen mußten 30 Tonnen Asche und Schlacken beseitigt werden. Mit dieser Arbeit waren insgesamt 96 Heizer und 94 Kohlenzieher beschäftigt.[12]

5. Die Arbeit vor den Feuern

Die Aufgabe der Feuerleute war es, so viel Dampf zu produzieren, wie benötigt wurde, um die Maschine anzutreiben und dadurch dem Schiff eine bestimmte Geschwindigkeit zu verleihen. Im Gegensatz zu allen anderen späteren Antriebsmitteln (Ölbrenner, Explosionsmotoren), bei denen sich die ‹Arbeitsleistung› auf das Regulieren des Absperrventils beschränkt, mußte auf kohlenbefeuerten Schiffen der Dampf vom Heizraumpersonal tatsächlich im Schweiße ihres Körpers *erarbeitet* werden. Hier galt die Gleichung: geringe Arbeitsleistung = wenig Dampf = geringe Schiffsgeschwindigkeit! Um die geforderte Dampfmenge erzeugen zu können, wurde von den Feuerleuten harte Arbeit verlangt. Es war die Aufgabe des Heizers, die Kesselanlage selbständig betriebsbereit zu halten und die Feuer zu versorgen. Zwar hatte der wachhabende Maschinist die Oberaufsicht und die Verantwortung auch für den Heizraum; meist beschränkte er sich jedoch auf die Kontrolle des Wasserstandes und des Salzgehalts im Kesselwasser bei Wachübergabe. Für die restliche Zeit der Wache mußte der Heizer stets ein wachsames Auge auf die Wasserstandsgläser, den Manometer und die Feuerrohre haben. Ein Speisewasserverlust im Kessel wurde durch die Zufuhr von Frischwasser ausgeglichen, der Manometer war ein ständiger ‹Antreiber›, der den Feuerleuten den sinkenden Dampfdruck unerbittlich anzeigte. Die Aufgabe des Trimmers war es, die benötigten Kohlen heranzuschaffen und die Asche und Schlacken zu beseitigen. Damit die Feuerleute ihr Arbeitspensum während der Wache erledigen konnten, mußten sie gut aufeinander eingespielt sein. Dazu gehörte auch eine gewisse Flexibilität in der Arbeitsverteilung: Die Heizer halfen bei Bedarf beim Heranschaffen der Kohlen und beim Aschehieven, während die Trimmer zur Hand gingen, wenn die Feuer gereinigt oder aufgebrochen werden mußten.

Die Bedienung der Feuer gliederte sich in fünf Tätigkeiten, die entsprechend dem Zustand des Feuers auszuführen waren. Diese Arbeiten wurden 1. Auffeuern, 2. Aufbrechen, 3. Aufschüren, 4. Reinigen und 5. Durchstoßen genannt. Voraussetzungen bei allen diesen Tätigkeiten war, daß sie so schnell wie möglich erledigt wurden, damit sich der Hitzeverlust in Grenzen hielt. Dazu schreibt Dirksen: «Die Feuertür soll zur Wärmeersparung möglichst kurze Zeit offen sein. In der kurzen Zeit muß der Mann in dem 30–40° warmen Raum, zunächst plötzlich überschüttet mit einer strahlenden Hitze von etwa 300°, die brennende Glut kritisch auf Fehler beobachten und danach schnell seine Dispositionen treffen, was, wo und wieviel er aufwerfen, ob und wie er schüren soll [...]. Die Arbeit wiederholt sich je nach der Fahrt in kurzen, eventuell nach wenigen Minuten bemessenen Zwischenräumen an 3–4 Stellen, d. h. vor seinen 3–4 Feuertüren.»[13]

Auffeuern

‹Auffeuern› bedeutet, die Kohlen in den Verbrennungsraum zu werfen. Dazu bediente sich der Heizer einer Kohlenschaufel[14] von einer Länge von 115 cm und einem Gewicht von 3 Kilo. Mit dieser Schaufel

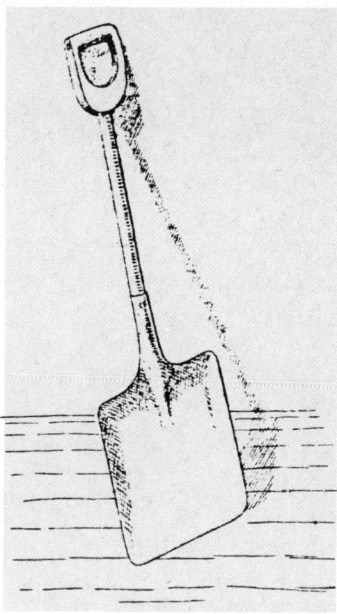

warf er ca. 20 kg Kohlen mit einem Schwung so durch das Feuerloch auf den 2–2,5 m langen Rost, daß das Feuer gleichmäßig versorgt wurde. Dabei mußten die unterschiedlichen Feuerungsarten berücksichtigt werden:

- bei natürlicher Luftzufuhr durfte die Kohle nur ¾ der Roste bedecken,
- bei Preßluftventilation mußten die Kohlen möglichst weit nach hinten an den Lufteintritt geworfen werden,
- bei Wasserrohrkesseln konnte wegen der geringen Kohlenhöhe horizontal aufgefeuert werden,
- wogegen bei Feuerrohrkesseln mehr aufwärts geschaufelt werden mußte.

Zu berücksichtigen ist, daß diese Arbeiten in einem sich im Seegang bewegenden Schiff und mit unsicherem Stand auf den Kohlenstücken im Heizraum ausgeführt werden mußten. Dies erforderte eine erhöhte Konzentration und führte zu einer zusätzlichen Arbeitsbelastung. Erschwerend kam hinzu, daß bei der runden Form der Zylinderkessel die mittleren Feuertüren ziemlich tief lagen, während die äußeren Feuerungen relativ hoch angebracht waren. Das bedeutete, daß die Heizer entweder in gebückter Stellung auffeuern oder die Kohlen erst bis Hüfthöhe anheben mußten.

Aufbrechen

Durch den Verbrennungsvorgang entwickelte sich Schlacke, die eine geschlossene Schicht über den

Roststäben bildete und dadurch die Luftzufuhr von unten verhinderte. Um die Verbrennung zu verbessern und ein Zusammenbacken der Schlacke zu verhindern, mußten die Feuer ‹aufgebrochen› werden. Hierfür benutzte der Heizer eine 18–25 kg schwere, 2,5–3 m lange Eisenstange mit lanzenähnlicher, massiver Spitze. Dieses Werkzeug wurde im Bordgebrauch ‹Schleuse›[15] genannt. Das Aufbrechen be-

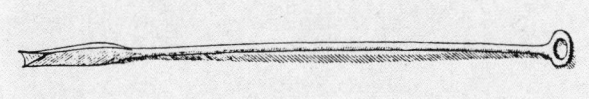

schreibt Dirksen wie folgt: Die Schleuse wird «etwa 2 m tief in die glühenden Kohlenmassen eingestoßen, dann werden die zusammengebackten glühenden Kohlen durch Herunterdrücken des äußeren Teils des Pokers, indem der Heizer sich mit seinem Körpergewicht darauf legt, durch Hebelwirkung gehoben und durchgebrochen. Wenn die Kohlenschicht bis zu 30 cm Höhe beträgt, sind zwei Heizer zum Aufbrechen erforderlich.»[16] Während dieser Arbeit wurde die Schleuse heiß, an der Spitze weißglühend. Sie konnte von den Heizern während des Arbeitens nicht mehr mit bloßen Händen gehalten werden. Zum Schutz fertigte sich Heizer W. Handlappen aus abgelegten Teppichen an, bei Traven hatten die Feuerleute ihre Hände mit Sacklumpen umwickelt und hielten das Leder eines alten Koffers zwischen Hand und Eisen, bei der Marine bediente man sich Segeltuchlappen, die von Zeit zu Zeit in kaltes Wasser getaucht wurden. Erschwerend bei der Arbeit mit der Schleuse kam hinzu, daß die Feuerräume vor den Kesseln nicht ausreichend tief waren, um mit dem bis zu 3 m langen Werkzeug frei hantieren zu können. Damit sie in das Feuerloch einfahren konnten, mußten die Heizer mit der heißen Schleuse diagonal im Heizraum jonglieren. Wie häufig ein Feuer aufgebrochen werden mußte, war abhängig von der Qualität der Kohlen. Bei festbackender Kohle mit einem hohen Fremdstoffanteil bereitete es oft Schwierigkeiten, durch die Schlacken hindurch unter den Rost zu kommen. Dazu Heizer W.: «[...] dann sind die Rosten verschmiert mit der Kohle. Dann fährt er (mit der Schleuse) auf diesen Kohlen längs und das Feuer kriegt keine Luft von unten [...]. Er muß unter das Feuer kommen, unter die Schlacke, daß die Luft von unten an das Feuer kommt.»

Aufschüren

Die Arbeit des Aufschürens entsprach in etwa der des Aufbrechens. Auch hier wurden die Schlacken gelockert, damit das Feuer mehr Zug erhielt. Dazu verwendete der Heizer ein Schüreisen[17], eine ca. 2,5 m lange Stange von etwa 19 kg Gewicht, die am Ende mit einem starken Blech versehen war. Das Werkzeug

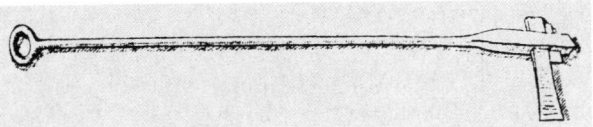

hatte ungefähr die Form einer Hacke. Mit dem Schüreisen wurde das Feuer von unten her durch den Aschfall bearbeitet, indem durch die Roststäbe hindurch nach oben gestoßen und dann hin und her gefahren wurde. «Diese Manipulation spart Dampf, weil die Feuertür nicht geöffnet wird, ist aber bei den Heizern sehr unbeliebt, weil sie trotz Fehlens der Strahlung der offenen Feuer außerordentlich anstrengend ist wegen der in tiefster gebückter Stellung auszuführenden schweren Muskelarbeit.»[18]

Reinigen

In regelmäßigen Abständen mußten die Feuer gereinigt, d. h. von den Verbrennungsrückständen befreit werden. Dazu benutzte der Heizer die Schleuse. Zunächst schob er die Kohlen auf eine Seite des Rostes. Auf der freigewordenen Seite wurden die mittlerweile nicht mehr glühenden Schlacken aufgebrochen und mit der Kratze herausgezogen. Nachdem diese Seite gereinigt war, wurde die brennende Kohle wieder auf die andere, jetzt saubere Seite des Rostes geschoben. Darauf mußte die zweite Hälfte des Feuers aufgebrochen und gereinigt werden. Schließlich wurden die Kohlen wieder auf der ganzen Fläche des Rostes verteilt. Wenn die verbliebene Kohlenmenge nicht ausreichte, mußten sofort Stückkohlen aufgeworfen werden, damit das Feuer nicht ausging. Während des Reinigens nahm die Hitze im Heizraum schnell zu. Dies lag zum Teil an der geöffneten Feuertür, durch die die Hitze in den Raum strömte. Hauptsächlich jedoch wurde die Hitze durch die heißen Schlacken verursacht, die sich vor den Feuertüren häuften. Wenn diese Verbrennungsrückstände wieder Feuer fingen oder die Hitze vor der Feuertür so stark wurde, daß der Heizer nicht weiterarbeiten konnte, mußten die Schlacken mit Seewasser abgekühlt werden. Das besorgte der Trimmer, der aus einer Pütz das Wasser darüber goß. Dazu Traven: «Endlich wurde die Hitze, die von den Schlacken ausströmte, so gewaltig, daß der Heizer fort mußte vom Feuer. Jetzt wurden die Schlacken mit Wasser, das ich aus einem Bottich nahm, gelöscht. Der explosionsartig hochgehende Wasserdampf ließ uns beide zurück an die Wand springen. Die Schlacken einzeln zu kühlen, wenn sie herauskommen, geht nicht, weil während des Kühlens der Heizer nicht arbeiten kann.»[19] Wegen des fallenden Dampfdrucks im Kessel konnte immer nur ein Feuer zur Zeit gereinigt werden und nach dieser Arbeit mußte der Heizer schnell aufwerfen, um mehr Dampf zu machen. Dazu Heizer W.: «Und dann fressen die, die waren ja sauber, die Feuer. Dann fressen die doppelt so viel Kohlen als wie in gewöhnlichem Gangtörn.» Aber nicht nur das gereinigte Feuer mußte aufgeschmissen werden, auch die anderen Feuer brauchten Kohlen, da während des Reinigens diese Feuer ja nicht bedient werden konnten. Erst wenn der normale Dampfdruck wieder erreicht worden war, konnte ein weiteres Feuer gereinigt werden. Dauerte das Reinigen zu lange, so ging der «Dampf so weit zurück, daß eine halbe Stunde wie wahnsinnig gearbeitet werden muß, um den Dampf wieder hochzukriegen. Runter geht er wie nichts, rauf nur langsam und mit mühseliger Arbeit.»[20] Die Reinigungsarbeiten wurden zu Beginn der Arbeitszeit durchgeführt, wenn die Heizer noch frisch waren. Wegen der enormen Hitzeentwicklung und weil die Arbeit so schnell wie möglich erledigt werden mußte, war dies die anstrengendste Tätigkeit während der Wache. Überanstrengung, ‹schlapp werden› und Hitzschläge traten meist beim Reinigen der Feuer auf.

Durchstoßen

Während der Reinigungsarbeiten wurde neben der Schleuse auch mit der Kratze[21] gearbeitet. Dieses Gerät war eine 9–14 kg schwere, 2,5 m lange Eisenstange mit einer daran befestigten halbkreisförmigen Scheibe. Der Heizer benutzte die Kratze einmal, um

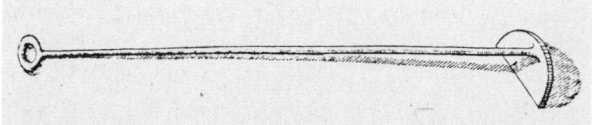

die aufgebrochenen Schlacken vor die Feuertür zu zerren, und zum anderen, um die verbliebene Glut nach dem Reinigen des Feuers gleichmäßig über die ganze Fläche des Rostes zu verteilen.

6. Gesundheitsgefährdung durch Hitze

Das Hauptproblem bei der Arbeit in den Heizräumen war die Hitze. Wo die Feuer intensiv bearbeitet wurden, wo einige tausend Liter Wasser zum Kochen gebracht werden mußten, und wo der Wasserdampf im überhitzten Zustand um 200 °C heiß war, da wurde es am Arbeitsplatz schon recht warm. Die Hitze strahlte von den Feuern in den Heizraum, aber auch von den Kesseln und den Dampfleitungen ab. Gegen diese hohen Temperaturen reagiert der menschliche Körper durch Wärmeleitung, Wärmestrahlung oder Wasserverdunstung. Die ersten beiden Möglichkeiten kommen jedoch nicht mehr zur Wirkung, wenn die Lufttemperatur gleich der Körpertemperatur oder höher ist. Um die Innentemperatur zu verringern, bleibt nur noch die Produktion von Schweiß, durch den infolge der Verdunstungskälte eine Kühlung eintritt. Je höher jedoch die umgebende Luftfeuchtigkeit, desto weniger Schweiß kann verdunsten. Er läuft am Körper herunter, ohne daß Kühlung eintritt. Wird der Kreislauf in dieser Situation durch schwere körperliche Arbeit zusätzlich belastet, kann ein Hitzestau eintreten. Schwere Fälle von Hitzschlag führten zu bleibenden Gesundheitsschäden, geistiger Verwirrung (teilweise zu Selbstmorden durch Überbordspringen) oder Tod. Derartige Probleme versuchte man durch eine zusätzliche Luftzufuhr zu den Heizräumen zu verringern. In den Tropen wurden Windsäcke zwischen den Masten aufgespannt und die Luft in den Heizraum geleitet. Künstliche Ventilation durch elektrische Lüfter setzte sich an Bord von Seeschiffen nur schwer durch. Bereits im Jahre 1907 stellte das Seeamt Hamburg fest, daß «die Schiffahrt in bezug auf die Ventilations-Einrichtungen der Heizräume gegenüber anderen Betrieben entschieden zurückgeblieben ist»[22] und forderte, neue Schiffe mit künstlicher Ventilation auszurüsten. 1928 verwies I. Schwarz auf die natürliche Lüftung der Heizräume und die Verwendung von Windsäcken. Zur Frage der künstlichen Ventilation bemerkte er, daß elektrisch angetriebene Ventilatoren nur selten angewandt wurden.[23] Besonders gesundheitsgefährdet waren die Fahrtgebiete «Rotes Meer» und «Golfstrom», wo es die meisten Todesfälle infolge Hitzestaus gab. Im Roten Meer waren die Temperaturen besonders hoch. Die Luftfeuchtigkeit lag zwar nur bei 50 %, durch den hohen Salzgehalt der Luft aber wurde die Verdunstung des Schweißes stark reduziert. Es wehte kaum Wind in diesem schmalen Einschnitt zwischen den großen Wüsten, und die Schiffe waren auf die Luftzufuhr durch den Fahrtwind angewiesen. Wie schwer die Arbeit vor den Feuern in dieser Gegend war, läßt sich aus den Seeamtsverhandlungen entnehmen: «Im Roten Meer ist es ganz besonders warm geworden, da so gut wie keine Brise wehte und der geringe vorhandene Wind von hinten kam. Die Ventilation im Heizraum wird als nicht gut geschildert. Es waren vier Luftschächte vorhanden, künstliche Ventilation fehlte aber [...]. Als es dann wärmer wurde, und speziell im Roten Meer, wurden außer den vier Windhutzen noch ein Windsack in den Heizraum geleitet und es wurde den Leuten gesagt, sie könnten den Durchgang durch die Maschine benutzen, weil der Ausgang dort bequemer und nicht so warm ist. Die Expansion wurde gemindert, um das Dampfhalten zu erleichtern, und zwar wurde von 60 Umdrehungen auf 54 hinuntergegangen [...]. Die Arbeiter auf der Wache erhielten Rotwein, Wasser und Limonade zur Erfrischung.»[24] Im Unterschied zum Roten Meer waren die Temperaturen auf der Nordatlantikroute nicht übermäßig hoch, die Luftfeuchtigkeit durch den Golfstrom jedoch erheblich. Erschwerend kam auf der Rückfahrt von Amerika nach Europa hinzu, daß der Wind in den meisten Fällen von hinten kam, so daß sich Fahrtwind und wahrer Wind aufhoben. Von einer Luftzirkulation in den Heizräumen konnte dann keine Rede mehr sein.

6 Dampfer verdrängen die Segelschiffe (Ausschnitt aus Zeichnung von C. Schildt, Ansicht des Hamburger Hafens, datiert 1882, StAH)

7 Mit geschicktem Schwung wirft der Heizer eine Schaufel Kohlen auf. Bei geöffneter Feuertür waren die Arbeiter kurzfristig einer Temperatur von bis zu 300°C ausgesetzt. (Archiv Deutsches Schiffahrtsmuseum Bremerhaven, abgedruckt in: K. Volbehr, Gesundheit an Bord, Bremerhaven 1979, S. 11)

Wenn unter diesen Bedingungen der Aufenthalt im Heizraum schon als beschwerlich bezeichnet werden konnte, so erhöhten sich die Hitzeprobleme bei den Arbeiten an den offenen Feuern. Sobald der Heizer die Feuertür öffnete, wurde er von einer Hitzewelle von ungefähr 300°C überflutet. Die Temperaturen waren dann so hoch, daß der Arbeiter nicht mit Metallteilen in Berührung kommen durfte. Wenn «ein Kneifertragender den verschobenen Kneifer zurechtrückt und dabei Metallteile desselben mit der Gesichtshaut in Berührung kommen, empfindet man heftigen Schmerz und trägt eine Brandblase davon. Kneifer, die mit der Metallfläche auf der Nase sitzen, sind unmöglich.»[25]

7. Unfälle und Berufskrankheiten

Durch das Arbeiten in dem engen Heizraum auf einem schwankenden Schiff blieben Unfälle natürlich nicht aus. Insbesondere handelte es sich dabei um Verbrennungen und Prellungen, die sich die Heizer dann zuzogen, wenn sie bei Seegang während der Arbeit die Balance verloren und gegen den heißen Kessel oder auf die Schleuse fielen. Lebensgefährliche oder tödliche Verletzungen entstanden entweder durch Kesselhavarien oder durch Brüche von Dampfrohren bzw. Verteilern. Zahlenmäßig waren die Kesselhavarien zwar häufiger, die Unfälle im Zusammenhang mit Rohrbrüchen jedoch schwerer: bei 21 Fällen von Kesselunfällen zwischen 1900 und 1912 starben 15 Seeleute, bei 7 Rohrbrüchen waren 21 Tote zu beklagen. Kesselhavarien entstanden hauptsächlich durch ausgeglühte oder eingebeulte Flammrohre. Ursache dafür war meist Wassermangel in den

Kesseln, zuviel Kesselstein oder Salzablagerungen an den Wänden. In diesen Fällen konnte die Hitze in den Flammrohren nicht mehr ausreichend oder überhaupt nicht mehr an das Speisewasser abgegeben werden, das Material ließ in seiner Widerstandskraft nach, es dehnte sich durch die Hitzeeinwirkung aus und die Rohre hingen durch. Bei weiterer Einwirkung des Feuers bildeten sich Risse, was zu Leckagen und Ausströmen von Dampf und kochendem Wasser führte. In den meisten Fällen wurde das Durchbeulen der Rohre jedoch so rechtzeitig bemerkt, daß die Feuer schnell genug herausgerissen und Katastrophen größeren Ausmaßes verhindert werden konnten. Im Gegensatz dazu kündigte sich bei Dampfrohrbrüchen die drohende Katastrophe nicht an. Das Rohr platzte mit einem Schlag und durch den unter hohem Druck ausströmenden Dampf wurde meist das gesamte Heizraumpersonal getötet. Nur selten gelang es einem Heizer oder Trimmer, sich durch einen Sprung in den Bunker zu retten. Diese Unfälle, die sich erst ab 1903 häuften, waren auf die erheblich gesteigerten Dampfdrücke zurückzuführen, denen die im Elektrolytverfahren hergestellten nahtlosen Kupferrohre nicht gewachsen waren. Während im letzten Jahrhundert die Niederdruckdampfmaschinen mit Drücken von 1–2 Atm betrieben wurden, arbeiteten die Expansionsmaschinen mit einem Betriebsdruck von 14–16 Atm. Bei Versuchen stellte das Seeamt Hamburg fest, daß das Kupfer unter diesen Drücken und Temperaturen bis 285°C bei der an Bord vorhandenen Vibration mürbe und brüchig wurde und schließlich zerfiel.[26] Welche Folgen ein solcher Unfall annehmen konnte, zeigt eine Verhandlung vor dem Seeamt Bremerhaven: Auf dem Dampfer ‹Neckar› platzte am 28. August 1903,

187

8 *Im Heizraum eines großen Ozeandampfers (Zeichnung von Max Rabes, 1897, in »Illustrierte Welt«, MusHG)*

2 Uhr 35 Minuten, das kupferne Hauptdampfrohr bei etwa 14 Atm Druck in voller Fahrt mit einem Knall und durch den Riß strömte der Dampf mit lautem Rauschen in den Kesselraum. Die Maschine wurde von Deck aus gestoppt, jedoch erst nach 20 Minuten war es möglich, in den Heizraum vorzudringen, und das Ventil des Backbordkessels zu schließen. Danach konnte der hintere Kesselraum betreten werden. «Hier fand man die ersten sechs [...] Personen tot vor. Alle lagen auf dem Bauche und Gesicht und machten nach ihrer Lage und Haltung den Eindruck, als ob sie keinen Todeskampf erduldet hätten, sondern sofort ihrer Besinnung beraubt wären. Mehrere der Getöteten hatten auch Schädelverletzungen an der Vorderseite des Gesichts, was den Schluß nahelegt, daß sie mit großer Gewalt zu Boden geschleudert sind. Die beiden Maschinisten lagen mitten im Raume, schräg unter der Bruchstelle, so daß sie vermutlich direkt vor dem Dampfstrahle niedergeworfen sind. Ein Heizer lag vor der Feuerstätte mit der Schaufel in den Händen. Der Oberheizer lag an Backbordseite unter der Verstärkung hinter dem Kessel. Sämtliche Leichen waren größtenteils verbrüht und durch Aschestaub geschwärzt. Nach dem Gutachten der Schiffsärzte Dr. Heinemann und Dr. Graf sind die sechs Totaufgefundenen sofort bewußtlos gewesen und durch Erstickung getötet [...].»[27]

Unter den geschilderten Umweltbedingungen und der Schwere der Arbeit war es nicht verwunderlich, daß

das Heizraumpersonal häufiger krank wurde als die anderen Berufsgruppen an Bord. Dies traf insbesondere auf Hautkrankheiten, Erkrankungen der Verdauungsorgane, rheumatische Krankheiten und Erkrankungen der Zirkulationsorgane zu. Feuerleute hatten mehr als alle anderen Besatzungsmitglieder unter Hautkrankheiten zu leiden. Dies war auf die Belastung der Haut durch hohe Schweißabsonderung während der Arbeit zurückzuführen. Die übermäßige Schweißproduktion durch Wärmestau unter der Kleidung führte zu einer Erkrankung der Schweiß- und Talgdrüsen, dem sog. ‹Roten Hund›, was «sehr unangenehme Begleiterscheinungen, wie unerträgliches Jucken und dadurch bedingte entnervende Schlaflosigkeit, zur Folge hat.»[28] Erschwerend kam hinzu, daß die betroffenen Stellen nur schwer heilten, da sie ständig mit dem salzigen Schweiß in Berührung kamen. Erkrankungen der Verdauungsorgane entstanden durch die großen Mengen an Flüssigkeit, welche das Heizpersonal zur Wärmeregulierung auf Wache trank. Der anhaltende Genuß von kalten Getränken führte auf die Dauer zu schweren Schädigungen der Magen- und Darmschleimhaut. Heizer W. erinnert sich, daß die Feuerleute ihre Wassergefäße unter den Windhutzen im Heizraum aufhängten, damit sie immer schön kühl waren. Obwohl es zunächst verblüffend erscheint, hatte das Heizraumpersonal trotz seiner warmen Arbeitsbedingungen häufig unter rheumatischen Erkrankungen zu leiden. Zurückzuführen war das auf den schroffen Temperaturwechsel, dem die Feuerleute beim Verlassen des Heizraums ausgesetzt waren. Reincke beschreibt die Situation der Heizer, welche von der Arbeit erhitzt, sich «dann von Zeit zu Zeit mit Wasser begießen, oder wie sie sind, von Schweiß triefend, auf das zugige Oberdeck stürzen, um Abkühlung zu suchen in einer oft um 20 und mehr Grad kühleren Umgebung.»[29] Die Erkrankungen der Zirkulationsorgane (Herz und Gefäße) wurden

9 *Der Sandtorhafen im Jahre 1906. Dampfschiffe drängen sich an den Kais, um an der Land- und der Wasserseite gleichzeitig Güter umzuschlagen. Auch im Hafen mußten die Kessel befeuert werden, denn die Ladewinden brauchten Dampf. (Schmidt/ Kofahl, Sammlung Arnemann)*

hauptsächlich durch Hitzschlag (Wärmestau) hervorgerufen. Zwar waren davon auch Decksleute betroffen, die in der prallen Sonne gearbeitet hatten, der weitaus größte Anteil entfiel jedoch auf das Maschinenpersonal. Besonders gefährdet waren Personen, die zur Fettsucht neigten, ferner Alkoholiker, Leute mit schwachem Herzen, ältere Personen über 50 Jahre, unbefahrenes Personal und Personen, die bereits einmal an Hitzschlag erkrankt waren. Die ersten Anzeichen der beginnenden Erkrankung zeigten sich durch Gleichgültigkeit, Kopfschmerzen, Augenflimmern, Ohrensausen, Schwindelgefühl und taumelnden Gang, danach traten Krämpfe in Armen und Beinen auf, es kam zu Blutungen der Lunge und aus der Nase, die häufig zu einem schnellen Tod führten. Als Behandlung wurden kalte Umschläge, Besprengen mit Wasser, ärztliche Maßnahmen zur Anregung der Herztätigkeit und Atmung, aber auch «Kaffee oder Kognak»[30] empfohlen. Wegen der nicht eindeutig erkennbaren Symptome wurde häufig selbst von Schiffsärzten eine Fehldiagnose gestellt. Gleichgültigkeit, Apathie und Teilnahmslosigkeit als erste Anzeichen von Hitzschlag wurden oft als Arbeitsunwilligkeit eingestuft. Der Kranke wurde als Simulant und Drücke-

berger abgestempelt und mit Gewalt zur Arbeit gezwungen. Es gab Fälle, bei denen Sterbende von ihren Vorgesetzten geprügelt und vor die Feuer geschleppt worden waren. Das Seeamt konnte dann nur noch Vermutungen darüber anstellen, ob der Tod durch Hitzschlag oder durch die ‹Behandlung› der Vorgesetzten eingetreten war.[31]

Während die Zahl der Hitzeerkrankungen zwischen 1903 und 1912 ständig anstieg, war bis 1926 ein Rückgang zu verzeichnen. Im Jahre 1912 waren 132 in Hamburg ankommende Seeleute an Wärmestau erkrankt, 1926 waren es nur noch 69. Das dürfte darauf zurückzuführen sein, daß zunehmend Dampfer auf Ölfeuerung umgerüstet und Motorschiffe gebaut wurden. Schwarz prognostizierte im Jahre 1928: «Wenn die Zunahme der ölbefeuerten Schiffe sich in gleichem Maße steigert wie bisher, ist es nur eine Frage der Zeit, daß der Beruf des eigentlichen Schiffsheizers und Kohlentrimmers verschwindet.»[32] Unter Berücksichtigung der schweren Arbeitsbedingungen und der hohen Unfallgefahren und Berufserkrankungen kann man nur zufrieden sein, daß diese Prognose in Erfüllung gegangen ist.

Anmerkungen

* Grundlage dieses Beitrags war eine Untersuchung über die ‹Lebens- und Arbeitsbedingungen des Maschinenpersonals auf kohlenbefeuerten Dampfschiffen› am Institut für Sozial- und Wirtschaftsgeschichte der Universität Hamburg.

1 Knut Weibust, Deep Sea Sailors, A Study in Maritime Ethnology, Stockholm 1969.
2 Conrad Matschoss, Geschichte der Dampfmaschine. Ihre kulturelle Bedeutung, technische Entwicklung und ihre großen Männer, Berlin 1901; Karl Radunz, 100 Jahre Dampfschiffahrt 1807–1907, Rostock 1907.
3 I. Schwarz, Hygiene des Heizpersonals auf Schiffen. In: Beihefte zum Zentralblatt für Gewerbehygiene und Unfallverhütung, Beiheft 11, Berlin 1928, S. 28.
4 Vgl. R. J. Grele, Ziellose Bewegung, Methodenlogische und theoretische Probleme der oral history. In: L. Niethammer (Hrsg.), Lebenserfahrung und kollektives Gedächtnis. Die Praxis der ‹oral history›, Frankfurt 1980, S. 143ff.
5 B. Traven, Das Totenschiff, Hamburg 1954, S. 119.
6 E. Loewe, Die Seemannsordnung vom 2. Juni 1902 nebst den dazu ergangenen Nebengesetzen, Berlin 1903, S. 38.
7 Ebenda.
8 Traven (wie Anm. 5), S. 136.
9 Wilhelm Thies, Handelsschiffbau, Hamburg 1920, Tafel 28. Siehe Abb. 1.
10 ‹Palermo›; Entscheidungen der Seeämter und des Reichs-Oberseeamtes, Bd. 19, Hamburg 1911, S. 631ff. – ‹Salerno›; Entscheidungen..., Bd. 17, Hamburg 1908, S. 149ff. – ‹Denderah Rickmers›; Entscheidungen..., Bd. 20, Hamburg 1912, S. 686ff.
11 Reichs-Gesetzblatt vom 7. Januar 1909, S. 201ff.; Änderung vom 13. November 1913 im Reichs-Gesetzblatt Nr. 64, S. 749f.
12 Radunz (wie Anm. 2), S. 154
13 E. Dirksen, Das moderne Kriegsschiff als Wohn- und Arbeitsraum. In: Handbuch der Gesundheitspflege an Bord von Kriegsschiffen, Jena 1914, S. 295.

14 Ebenda, S. 281. Daraus Abb. 2.
15 Ebenda. Siehe Abb. 3.
16 Ebenda.
17 Ebenda, S. 282. Siehe Abb. 4.
18 Ebenda, S. 281f.
19 Traven (wie Anm. 5), S. 126.
20 Ebenda.
21 E. Dirksen (wie Anm. 13), S. 281. Siehe Abb. 5.
22 Entscheidungen (wie Anm. 10), Bd. 17, Hamburg 1908, S. 590.
23 Schwarz (wie Anm. 3), S. 29; siehe auch: H. Steinwarz, Die Unterbringung von Mannschaften auf deutschen Schiffen, Berlin 1936, S. 52; K. Vollbehr, Gesundheit an Bord. Kleine Geschichte der Hygiene und der Arzneimittelversorgung auf Schiffen, Bremerhaven 1979, S. 13; Ursula Winkens, Unterbringung, Verpflegung und medizinische Betreuung. Über die Lebensbedingungen der Seeleute an Bord von Kauffahrteischiffen im Kaiserreich. In: A. Herzig, D. Langewiesche, A. Sywottek (Hrsg.), Arbeiter in Hamburg, Hamburg 1983, S. 309ff.
24 Entscheidungen (wie Anm. 10), Bd. 17, Hamburg 1908, S. 588ff.
25 Dirksen (wie Anm. 13), S. 334.
26 Entscheidungen (wie Anm. 10), Bd. 18, Hamburg 1910, S. 555.
27 Ebenda, Bd. 15, Hamburg 1906, S. 306
28 Schwarz (wie Anm. 3), S. 19
29 J. J. Reincke, Gesundheitspflege auf Seeschiffen mit besonderer Berücksichtigung der Handelsflotte, Hamburg 1882, zitiert nach: H. Goethe u. a., Die psycho-physische Belastung des Personals moderner Seeschiffe als aktuelles Problem der Schiffahrtsmedizin, Hamburg 1978, S. 6.
30 Deutscher Transportarbeiter-Verband, Kalender 1914 für die Binnen-, Küstenschiffahrts- und Fischerei-Bevölkerung, Berlin 1914, S. 26.
31 Entscheidungen (wie Anm. 10), Bd. 16, Hamburg 1906, S. 721ff.
32 Schwarz (wie Anm. 3), S. 27f.

Stadt und Hafen Hamburg in ausländischer Reiseliteratur vom 17. bis zum 19. Jahrhundert

von Helmut Stubbe – da Luz

«Ist Hamburg eine Reise wert?» – «Hamburg im Abseits der Touristenströme» – «Ausländer sind gern in Hamburg» – «Die Stadt muß ihr Image aufpolieren!» – Zeitungsüberschriften der letzten Jahre. Arbeitsplätze sind in Gefahr, wenn es der Hamburg-Werbung nicht gelingt, gegen weltweite Konkurrenz zahlungskräftige Touristenströme durch die Stadt zu leiten; devisenbepackte Ausländer können durch inländische Konjunkturtäler hindurchhelfen. Bekannte Hamburger, regte der Wirtschaftssenator im Sommer 1984 an, müßten im Ausland für ihre Stadt werben; elementaren sozialpsychologischen Einsichten gemäß hätten dagegen wohl Autoritäten und Idole, die der jeweils werbetechnisch anvisierten Nation angehörten und sich auf eigene, gute Erfahrungen als Hamburg-Besucher berufen könnten, größere Erfolgsaussichten.

Sintra zum Beispiel, die westlich Lissabons gelegene frühere Sommerresidenz von Hof und Adel Portugals, wirbt heute mit Aussprüchen englischer, französischer und deutscher Gäste aus der Zeit um 1800. Mit Beckford, Southey und Lord Byron haben sich drei der bekanntesten Romantiker über ihre *sentimental journeys* nach Sintra ergossen, das «glorious Eden», das «new paradise».

Der «charakteristischste Vertreter der englischen Romantik»,[1] Samuel Taylor Coleridge, suchte 1798 Hamburg auf; mit seinem Dichterkollegen William Wordsworth und dessen Schwester Dorothy erwies er in Altona dem Schöpfer des *Messias*, Friedrich Gottlieb Klopstock, seine Reverenz. Doch Coleridge nannte Hamburg fast zwei Jahrzehnte später «eine dreckige Stadt», «zusammengeworfenes Zeug von Häßlichkeit, Gestank und Pfützenwasser». Daß die Deutschen die schlechteste Küche ganz Europas führten, fand Coleridge in Hamburg nur bestätigt; ein englischer Müllwagen sei ein Schmuckstück gegen eine norddeutsche Postkutsche, und allein eine gewaltige Feuersbrunst biete Hamburg die Chance, einmal zu architektonischer Schönheit zu gelangen.[2] William Wordsworth schrieb unter dem 3. Oktober 1798 an einen englischen Bekannten. «Es ist ein trauriger Platz [...] Ich zweifle nicht, daß es in der Stadt eine Menge guter und vertrauenswürdiger Leute gibt – man müßte nur das Geschick haben, sie aufzufinden [...]. Neulich ging ich in eines Bäckers Laden, gab ihm zwei Stücke Geldes, für die ich eigentlich fünf Brote hätte bekommen müssen, aber ich dachte, daß sie nur je zwei Broten entsprachen, nahm also vier Brote. Der Bäcker wollte das nicht zulassen; also nahm ich aus seiner Hand eines der Geld-

stücke, zeigte auf zwei der Brote, hielt ihm das Geldstück wieder hin und nahm mir die zwei Brote. Er schlug mir die Brote in brutaler Weise aus der Hand. Ich bat ihn, mir wenigstens das zweite Geldstück zurückzugeben, was er ablehnte [...]. So verließ ich den Laden mit leeren Händen und er behielt das Geld.»[3] – Diese «story» war vermutlich leicht frisiert; sie tauchte nämlich – ebenfalls in der ersten Person und geringfügig variiert – auch in Dorothy Wordsworth' Tagebuch am 3. Oktober auf und gab Anlaß zu der Bemerkung: «Die Hamburger Ladeninhaber haben drei Arten von Gewichten, und ihr Geschick als Ladeninhaber besteht zum großen Teil darin, auf die Kenntnis oder Unkenntnis des Käufers zu spekulieren.»[4]

War Dänemarks führender sentimentalistischer Dichter, Jens Immanuel Baggesen, Hamburg mehr gewogen? Er besuchte 1789 Klopstock und den Schauspieler und Theaterdirektor Friedrich Ludwig Schröder und ist von einer neueren *Geschichte der Stadt Hamburg* damit zitiert worden, Hamburg sei «sozusagen das allgemeine Wirtshaus der Musen geworden».[5] Das bedeutete im Textzusammenhang allerdings etwas durchaus Abfälliges: «Hamburg», so hatte Baggesen erläutert, «ist nicht der Tempel der Musen [...], die Grazien wohnen nicht, sie logieren nur daselbst. Die edlen Künste und Wissenschaften werden in alle Ewigkeit nicht einheimisch in einem Staate werden, wo jeder, der nicht Kaufmann ist – Krämer ist».[6] Zwar lobte der Däne Hamburgs politisches System als einen «klugen Mittelweg zwischen Aristokratie und Demokratie», aber das bedeutete nicht viel nach der Einleitung, er habe «niemals Hierusalem gesehen, aber [...] die geschmacklosen Häuser, die engen Straßen, der viele Schmutz und die Menge der Juden [...] ich kann mich des Gedankens nicht entschlagen, die berühmte Hauptstadt der Juden müsse dieser Stadt sehr geglichen haben; den einzigen Tempel Salomonis nur ausgenommen, der allerdings allein schon [...] mehr wert gewesen sein mag als alle Gebäude Hamburgs beisammen».[7] Zur «großen Literatur» mag noch Jean-François Régnard gerechnet werden, der 1781 die Komödien in Hamburg «nicht schlecht» aufgeführt fand – es stand gerade Molières *Menschenfeind* auf dem Programm.[8] Der Romancier Henri Beyle alias Stendhal, von 1806 bis 1808 zu Braunschweig Intendant der kaiserlichen Domänen im Département Oker, zählte in seiner stark autobiographischen *Vie de Henry Brulard* zu den «wahrhaft schönen Dingen» die Elbe «unterhalb von Rainville bei Altona».[9] Der polnische Dichter Adam Mickiewicz legte auf seiner 1829 unternommenen Reise nach Weimar erstmals ein Tagebuch an. Es ist jedoch verlorengegangen, und so wissen wir aus wenigen Briefen nur, daß er die Natur zwischen Lübeck und Hamburg genoß und daß anhaltende Regenfälle ihn von der Stadt kaum etwas sehen ließen.[10]

Nun stellen die genannten Texte nur einen Bruchteil aller neuzeitlichen, mehr literarischen oder mehr landeskundlichen, veröffentlichten oder unveröffentlichten Berichte von Reisen nach oder über Hamburg dar. Auch ist die Suche nach reklameträchtigen Passagen in der Höhenkammliteratur sicherlich nicht das wichtigste Motiv für das Studium dieser Texte. Zunächst vielmehr sind ältere Reisebeschreibungen, fachmännisch kommentiert, eine unterhaltsam belehrende Lektüre, die am Beispiel vertrauter Lokalitäten einen Eindruck von vergangenen Epochen und von dem Wandel seither vermittelt. Ältere Reiseberichte haben weiterhin Quellenwert für die Regionalgeschichte. Sie geben Hinweise darauf, was für Personen zu welchen Zeiten aus welchem Grund anreisten, welche Reisebedingungen in der Umgebung herrschten; sie sind also Grundlage für die Geschichte des «Bereistwerdens» einer Region. Sie enthalten auch oft Beobachtungen, die von den Einheimischen gewöhnlich nicht gemacht und schon gar nicht aufgeschrieben wurden. So ist etwa die Schilderung des Hotellebens durch Magnus Hollertz aus Schweden 1853 gelobt worden: «Da Hollertz nie zuvor im Ausland war, hat ihn seine aufnahmefähige Begeisterung veranlaßt, den Lieben daheim alles Gesehene genau zu schildern.»[11] Der Anglist Wilhelm Dibelius, der 1914 – wohl einmalig bisher – eine ganze Gruppe solcher Texte untersuchte, «Englische Berichte über Hamburg und Norddeutschland aus dem 16. bis 18. Jahrhundert»,[12] hat freilich auch auf typische Mängel darin hingewiesen: Der Reisende vermische «oft Tatsachen der eigenen Beobachtung mit der manchmal nicht einwandfreien Deutung, die ihm unzuverlässige Führer übermittelt haben und die vielleicht noch durch sprachliche Schwierigkeiten entstellt worden sind». Auch wisse der Ausländer oft nicht genügend zwischen nationalen und lokalen Eigentümlichkeiten zu unterscheiden.

Auch die fehlerhaftesten Reisebeschreibungen können aber darüber informieren, welchen Eindruck Hamburg zu einem gegebenen Zeitpunkt auf Zeitgenossen machen konnte. Ähnlich wie der Eindruck interessiert, den eine «historische» Persönlichkeit wie Carl Philipp Emanuel Bach etwa 1772 auf den Musikgelehrten Burney machte, so ist die Impression, die eine «Kollektiv-Individualität» wie ein Stadtstaat bei ihren Besuchern hinterließ, Bestandteil ihres historisch zu rekonstruierenden Gesamtbildes.

Wird diesen Impressionen, deren Aussagewert wohl mit dem Grad ihrer Spontaneität steigt, die größere Bedeutung beigemessen, erscheint unter den «ausländischen» eine Auswahl der «fremdsprachigen» Reiseberichte berechtigt. Auch sollten der Authentizität halber nur solche berücksichtigt werden, denen eine *Reise* – also eine weitere und längere Fahrt von der Heimat weg sowie ein vorübergehender Aufenthalt am fremden Ort – tatsächlich zugrunde gelegen hat. Beiden Kriterien fallen zum Beispiel *Hamburgs Annehmlichkeiten, von einem Ausländer beschrieben* (1772) zum Opfer, deren Verfasser, Johann Peter Willebrand, Polizeidirektor im dänischen Altona gewesen war. Auch auf die Reiseberichte der Schweizer Albrecht von Haller und Jeremias Gotthelf muß verzichtet werden.[13] Sehr zweifelhaft ist, ob der zeitweilige Direktor der englischen Ostindienkompagnie, Lewes Roberts, der Schriftsteller Peter Heylyn und der Diplomat William Carr in Hamburg gewesen sind.[14] Die Reisebriefe eines Unbekannten, die 1738 in London unter dem reißerischen Titel *The German Spy [...]* von Thomas Lediard herausgegeben wurden, dem langjährigen Angehörigen der englischen Vertretung und zeitweiligen Operndirektor in Hamburg, stammten von diesem selbst. Schließlich sollte man dem deutschen Publizisten Johann Caspar Riesbeck nicht auf den Leim gehen, der die damals Aufsehen erregenden *Briefe eines reisenden Franzosen an seinen Bruder in Paris* (erschienen 1783, 1784 bereits in zweiter «beträchtlich verbesserter» Auflage) vorgeblich nur übersetzt, in Wahrheit jedoch eigenhändig verfaßt hatte.

Deutlich konzentrierten sich die Reisen, die zu den heute bekannten Reisebeschreibungen über Hamburg führten, in zwei Zeiträumen: Nach einigen Vorläufern Ende des 16. Jahrhunderts[15] zunächst in den gut sechs Jahrzehnten zwischen 1616 und 1681, dann wieder in dem halben Jahrhundert zwischen 1758 und 1805. In beiden Zeiträumen entstand mindestens alle drei Jahre ein Reisebericht.

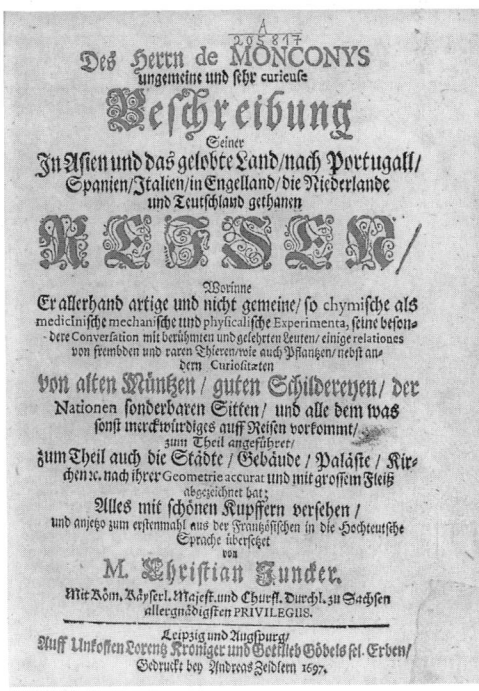

1 Titelblatt der deutschen Übersetzung des *Journal de Voyages* von Balthasar de Monconys (Lyon 1665/66, Foto SUB)

191

Lfd. Jahr d. Aufenthaltes in Hamburg, Nr. Verfasser	a) Reisebericht	b) Deutsche Übersetzung
	I. Untersuchungszeitraum 1616–1681	
1. 1616 John Taylor (1580–1653), engl. Dichter	Taylors Travels [...] from London to Hamborgh [...]. London 1617 u. in Works comprised in the folio edition of 1630. Part III., Repr. New York 1967.	C. F. Lüders, John Taylor's Beobachtungen auf einer Reise von London nach Hamburg im Jahre 1616. In: ZHG 7 (1883), S. 453–474. (Auszug)
2. 1622 Jacobus Brouwer, (?–1634), Nicolaas Janssenius (?–1637), niederl. Dominikanermönche	Itinerarium Danicum. In: Friedrich Münter, Nachrichten von den Missionsversuchen der römischen Kirche in Dännemark und Norwegen, Altona 1796, S. 31–44.	
3. 1632 Robert Sidney, Earl of Leicester (1595–1677), engl. Diplomat	(Originalmanuskript des Tagebuches im Public Record Office, London, lt. Ilsøe, Udlændinges reyser, Nr. 44, s. Anm. 15)	
4. 1636 Charles Ogier (1595–1654), franz. Diplomat	(Lateinische Originalhandschrift im Britischen Museum, London)	K. Schottmüller, Reiseeindrücke aus Danzig, Lübeck, Hamburg und Holland 1636. Nach dem neuentdeckten 2. Teil von Charles Ogiers Gesandtschaftstagebuch. In: Z. d. Westpreuß. Geschichtsvereins 52 (1910), S. 199–273. (Auszug)
5. 1637 Louis Aubéry du Maurier (1609–1687), franz. Diplomat und Schriftsteller	Mémoires de Hambourg, de Lubeck et de Holstein, de Dannemarck, de Suède et de Pologne. Par feu Messire Aubéry du Maurier, Blois 1735.	J. Giesen, ‹Mémoires de Hambourg› (1637). In: HGH 14 (1952), S. 151–156. (Auszug)
6. 1638 Karl X. Gustav (1622–1660), schwed. Prinz	Itinerarium R. Caroli Gustavi, cum prolegomenis et notis [...] praeside mag. Erico M. Fant [...], Upsaliae 1786.	
7. 1641 Peter Mundy (1600–1667), engl. Schriftsteller	The Travels of Peter Mundy in Europe and Asia 1608–1667 [...]. Ed. by R. C. Temple. 5 vols., London 1907–36.	J. Giesen, Englische Stimmen über Hamburg im 17. Jahrhundert. In: HGH 10 (1938), S. 83–95.
8. 1652 Robert Bargrave (1628–1661), engl. Reisender	(Originalhandschrift in der Bodleian Library, Oxford)	A. Rode, Robert Bargrave (ein englischer Reisender des XVII. Jahrhunderts). Mit bisher nicht veröffentlichten Auszügen aus seiner Reisebeschreibung. In: Oberrealschule in Eimsbüttel zu Hamburg. Jahresbericht 1904/05. S. 1–29.
9. 1653 Gabriel Kurck (1632–?), schwed. Student	Landshöfdingen friherre Gabriel Kurcks lefnadsminnen upptecknade af honom själf. I tryck utgifna af Finlands statsarkiv genom R. Hausen, Helsingfors 1906.	
10. 1653 Bulstrode Whitelocke (1605–1675), engl. Politiker und Diplomat	A journal of the Swedish ambassy in the years 1653 and 1654 from the commonwealth of England [...] By the ambassador the lord commissioner Whitelocke. Vol. 1,2, London 1772.	Hamburg vor 250 Jahren. Nach dem Tagebuch eines englischen Diplomaten. In: Hamburger Nachrichten, Abendausg. v. 27., 28., 31. Aug., 1. Sept. 1897. (Auszug)

11. 1654
Raimondo Montecuccoli
(1609–1680),
ital. kaiserl. Feldherr und Diplomat

Raimondo Montecuccoli, I Viaggi.
Opera inedita [...], Modena 1924.

Ausgewählte Schriften des Raimund
Fürsten Montecuccoli [...]. 3. Bd.,
Wien und Leipzig 1900.

12. 1654
Louis-Henri de Loménie, Comte de
Brienne
(?),
franz. Schüler

Ludovici Henrici Lomenii, Briennae
comitis [...] Itinerarium, Parisiis
1660.

13. 1661
Erik Johan Meck
(?),
schwed. Offizier

Erik Johan Mecks dagbok 1644–
1699. Utgiven av F. Arfwidsson,
Lund 1948.

14. 1663
Balthasar de Monconys
(1611–1665),
franz. Jurist und Gelehrter

Journal des voyages de M. de Monconys [...] publié par le Sieur de Li-
ergue, son fils [...], Lyon 1665/66.

Des Herrn de Monconys [...] Beschreibung seiner [...] Reisen, übersetzt von M. Christian Juncker, Leipzig und Augsburg 1697.
J. Giesen, Ein Franzose besucht
Hamburg im Jahre 1663. In: HGH 11
(1938), S. 141–145. (Auszug)

15. 1663
Graf Galeazzo Gualdo Priorato
(1606–1678),
venezian. Offizier und Diplomat

Relationi de' governi a stati delle città
imperiali ed ansiatiche de Colonia,
Lubecca, Bremen, ed Amburgo [...]
Descritte dal Co. Galeazzo Gualdo
Priorato, Bologna 1674.

Hudtwalcker, Des Grafen Galeazzo
Gualdo Priorato Beschreibung von
Hamburg im Jahre 1663. In: ZHG 3
(1851), S. 140–156. (Auszug)

16. 1664
Guy Miège
(1644–1718?),
engl. Schriftsteller

A relation of three embassies [...] to
the great duke of Muscovie [...] in the
years 1663 and 1664. 1664. Written by
an attendant on the embassies [...],
London 1669.

17. 1668
Cosimo Prie
(?),
ital. Höfling

(Handschriftliche Tagebücher im
Staatsarchiv zu Florenz)

H. Geisenheimer, Der Bremer und
Hamburger Aufenthalt des toskani-
schen Erbprinzen im Jahre 1668. In:
ZHG 17 (1912), S. 1–49. (Auszug)

18. 1670, 1674, 1676
Holger Jacobaeus
(1650–1698),
dän. Gelehrter

Holger Jacobaeus' Reisebog (1671–
1692). Udgivet after Originalhaand-
skriftet af Vilhelm Maar, Kopenhagen 1910.

J. Heckscher, Holger Jacobaeus' aus
Kopenhagen Mitteilungen über
Hamburg. In: MHG 10 (1911),
S. 463–467.

19. 1673
Edward Browne
(1644–1708),
engl. Arzt

An account of several travels through
a great part of Germany [...], London 1677.

Edward Brown [sic!], Reisen durch
Niederland, Teutschland [...]. Aus
dem Engl. ins Holländische und aus
diesem ins Hochdeutsche übersetzt
[...], Nürnberg 1711.

20. 1679
François Paulin
d'Aleirac, Chevalier de Beaujeu
(?),
franz. Schriftsteller

Mémoires du Chevalier de Beaujeu,
contenant ses divers voyages [...],
Amsterdam 1700.

J. Giesen, Der Chevalier de Beaujeu
in Hamburg. In: HGH 12 (1939),
S. 233–237. (Auszug)

21. 1681
Jean-François Régnard
(1655–1709),
franz. Dichter

Voyage d'Allemagne. In: Œuvres de
Régnard. Tome 5, Paris 1801.

II. Untersuchungszeitraum 1758–1805

22. 1758/59
Bengt Ferrner
(1724–1778),
dän. Astronom

Bengt Ferrner, Resa i Europa. En
astronom, industriespion och teater-
habitue genom Danemark, Tyskland
[...] 1758–1762. Utg. av Stan G.
Lindberg, Upsala 1956.

23.	1766 Thomas Nugent (1700?–1772), engl. Schriftsteller	Travels through Germany [...]. 2 vols., London 1768.	Thomas Nugents Reisen durch Deutschland [...]. Aus dem Engl. übersetzt und mit einigen Anmerkungen versehen von Friedrich Nicolai. Teil 1, Berlin und Stettin 1781.
24.	1770 Joseph Marshall (?), engl. Reisender	Travels through Holland, Flanders, Germany, Denmark [...], London 1772–76.	Joseph Marshall, Reise durch Holland, Flandern, Deutschland, Dänemark [...]. Aus dem Engl. von Samuel Wilhelm Turner, 2 Bde., Danzig 1778.
25.	1772 Charles Burney (1726–1814), engl. Musikgelehrter	The Present State of Music in Germany, the Netherlands [...]. 2 vols., London 1773.	Carl Burney's der Musik Doctors Tagebuch seiner musikalischen Reisen. Dritter Band: Durch Böhmen [...] Hamburg und Holland. Aus dem Engl. von J. J. Bode, Hamburg 1773.
26.	1789 Jens Immanuel Baggesen (1764–1826), dän. Dichter	Labyrinten eller Reise giennem Tydskland, Schweitz og Frankerig, Kopenhagen 1792/93.	Hamburg. Altona. Übersetzung aus Baggesens Labyrinth von Carl Friedrich Cramer, Altona und Leipzig 1794. Wandsbek bis Pyrmont. Übersetzung [...], 1795.
27.	1791/92 Jacques Marquet de Montbreton de Norvins (?), franz. Emigrant	Souvenirs d'un historien de Napoléon, Mémorial de J. de Norvins. Publié [...] par L. de Lauzac de Laborie, Paris 1896. (Kurzes Zitat in: Die Geschichte des Hammerhofes. 1. Teil. Aus dem Familienarchiv zusammengestellt von G. Hermann Sieveking. Hamburg 1899, S. 98f.)	
28.	1795 Mary Wollstonecraft (1759–1797), engl. Schriftstellerin	Letters written during a short residence in Sweden, Norway and Denmark, London 1796.	Hans-Günther Freitag, Hans-Werner Engels, Altona. Hamburgs schöne Schwester, Hamburg 1982, S. 158. (Kurzes Zitat)
29.	1797 Dorchen und Friederike Tutein (?), dän. Ehefrauen	(Tagebuch)	Die Geschichte des Hammerhofes. T. 1. A. d. Familienarchiv zusammengest. v. G. Herman Sieveking, Hamburg 1899, S. 106. (Kurzes Zitat)
30.	1797 Jean-Jacques Menuret de Chambaud (1733–1815), franz. Arzt und Gelehrter	Essai sur la ville de Hambourg, considérée dans ses rapports avec la santé [...] Hamburg 1797.	Jean-Jacques Menuret, Versuch über die Stadt Hamburg, in Hinsicht auf die Gesundheit betrachtet [...], verdeutscht von M. G. Hermann, Hamburg 1797.
31.	1798 Gijsbert Karel Hogendorp (?), niederl. Kaufmann	Brieven van Gijsbert Karel van Hogendorp en Willem van Hogendorp [...] en dagboek van Gijsbert Karel van Hogendorp [...], medegedeeld door dr. Leonie van Nierop. In: Economisch-Historisch Jaarboek 15. (1929), S. 1–184.	
32.	1798 Jens Wilken Hornemann (?), dän. Student	En rejse i Tyskland og Frankrig 1798–1800. Skildret i breve af Jens Wilken Hornemann, Kopenhagen 1963.	
33.	1798 Samuel Taylor Coleridge (1772–1834), engl. Dichter	Biografia Literaria. Biographical Sketches of my literary Life and Opinions. Vol. 2, London 1817.	Englischer Besuch in Hamburg im Jahre 1798 (...) Eingel., übers. u. m. zahlr. Anm. vers. v. Kurt Loewenfeld, Hamburg 1927, (Auszug) Th. Mutzenbecher, Eine Reise von Yarmouth nach Hamburg i. J. 1798. Aus den Berichten des englischen Dichters S. T. Coleridge [...], Hamburg 1946. (Auszug)

34.	1798 William Wordsworth (1770–1850), engl. Dichter	The early letters of William and Dorothy Wordsworth (1787–1805). Arranged and ed. by Ernest de Salincourt, Oxford 1935.
35.	1798 Dorothy Wordsworth (1771–1885), engl. Reisende	Journals of Dorothy Wordsworth. Ed. by William Knight. Vol. 1, London 1904.	J. Giesen, Hamburg im Jahre 1798. In: HGH 9 (1935), S. 227–232.
36.	1805/06 Louis de Boisgelin (?), engl. Schriftsteller	Travels through Danmark and Sweden to which is prefixed a Journal of a voyage down the Elbe from Dresden to Hamburgh (...). Vol. 1, London 1810.	

Gute Gründe, nach Hamburg zu kommen, gab es zu jeder Zeit. «Hamburg liegt an dem berühmten Elbfluß», bemerkte der Schriftsteller Fynes Moryson 1591, «der das große deutsche Gebiet in zwei Hälften zerlegt, dazu in der Nachbarschaft des ozeanischen Meeres [...] und man handelt mit allen Ländern Europas, ja bis nach Indien hin».[16] Der Gelehrte William Bromley nannte 1796 Hamburg den «Schlüssel zu Deutschland»,[17] und der Chevalier de Beaujeu übertrieb 1679, man könne es nach Schönheit, Reichtum und Bedeutung «le Paris de l'Allemagne» nennen.[18] Jacobaeus notierte sich Hamburg aber auch als eine «civitas munitissima»,[19] vielen Besuchern im 17. Jahrhundert wurden Arsenal und Kornkammer vorgeführt, und Bromley betrachtete als politische Garantie für eine weitere friedliche Entwicklung der Stadt die Konkurrenzangst der deutschen Fürsten, «die aus eigenem Interesse bereit sind, ihr im Falle eines Angriffs der Dänen beizustehen».[20] Priorato erklärte Hamburgs Frequentiertheit mit seiner Funktion als Hauptverbindungsort zwischen Deutschland, Polen und anderen östlichen Ländern sowie West- und Südeuropa; nicht zufällig unterhielten die wichtigsten Mächte Residenten in Hamburg: der Kaiser, die Kronen von England, Frankreich, Schweden, Portugal und den Generalstaaten. Und nicht zuletzt: «Alle Fremden werden gut aufgenommen und höflich behandelt.»[21]

Aubéry registrierte 1637 eine Bevölkerungszunahme durch Familien, die auch von weit her, etwa aus Böhmen, sich «aus der Wüstenei des Krieges» mit dem Rest ihrer Habe nach Hamburg «wie in ein gesichertes Asyl» flüchteten.[22] Menuret bereute 1796 seine «langen und beschwerlichen Wege» nach Hamburg nicht: «Mir sind dort alle Vorteile der Gastfreundschaft zuteil geworden; Freiheit, Sicherheit und Ruhe durch die Weisheit und Milde der Regierung.»[23]

Hogendorp schrieb 1798 angesichts der Hochkonjunktur in Hamburg: «Ein Tourist ruiniert sich in dieser Stadt. Ein Händler dagegen kann seine Ausgaben durch seine bloße Anwesenheit schon bei ganz gewöhnlichen Transaktionen decken.»[24] 1853 traf Hollertz eines beliebigen Abends in Wilkens Austernkeller «zufälligerweise etliche Bekannte», zwei Schweden und vier Finnen: «Wir waren somit eine ganze Clique.»[25]

Sollte die Häufung von Berichten über Reisen nach Hamburg in den beiden genannten Zeiträumen nur nicht auf Zufällen beruhen, so gäbe es dafür plausible Gründe. Der erste Zeitraum stand im Zeichen des Aufstiegs von Schweden zur zweiten protestantischen Großmacht in Skandinavien neben Dänemark. Vor allem England, zeitweise auch Frankreich intensivierten ihre Kontakte dorthin und auch nach Brandenburg, Polen und Rußland. Alle jene Mächte waren am Dreißigjährigen und/oder am Ersten Nordischen Krieg (1654–1660) beteiligt. Oft war Hamburg Station diplomatischer Missionen.

1622 wurden Brouwer und Janssenius[26] von der Propagandakongregation ins reformierte Dänemark entsandt. 1632 führte Sidney eine Gesandtschaft zu König Christian IV. von Dänemark. Ogier – als Gesandtschaftssekretär – 1636 und Aubéry 1637 waren Teilnehmer französischer Missionen in die nordischen Länder. Whitelocke kehrte 1654 von langen Verhandlungen mit Königin Christine von Schweden zurück. Montecuccoli reiste im selben Jahr halb als Privatmann, halb als Vertrauter des Kaisers nach Schweden. Priorato hatte 1663 namens der Republik Venedig in Nordeuropa zur Türkenhilfe aufgerufen. Miège begleitete 1664 einen englischen Sonderbotschafter nach Rußland, Schweden und Dänemark, der Chevalier de Beaujeu 1679 einen französischen Gesandten nach Polen.

Im zweiten genannten Zeitraum wurde insbesondere das «Wirtshaus der Musen» aufgesucht. Nugent spottete zwar über die Einstellung des Opernbetriebes in Hamburg –, vermutlich werde man gefunden haben, daß der dazu erforderliche Aufwand für einen kleinen Ort zu groß sei –, er erfreute sich jedoch am «feinen Komödienhaus». Der französische Einfluß mache sich kultivierend bemerkbar.[27] Hornemann besuchte 1798, obwohl nur auf der Durchreise, das «französische Theater» gleich dreimal kurz hintereinander.[28] Von Hermann Samuel Reimarus, der mit lateinischen Sentenzen seine «Gehörnerven traktierte», ließ sich

Nugent die Stadtbibliothek zeigen, die allerdings nur an zwei Tagen fürs Publikum geöffnet war.[29] Schon vor Baggesen und Coleridge besuchte Burney den Dichter Klopstock. Vor allem aber wollte er – von dem Gelehrten Christoph Daniel Ebeling betreut – den Kapellmeister Carl Philipp Emanuel Bach kennenlernen. Für Burney zählte Hamburg «zu den Gegenden Deutschlands, wo die Musik am weitesten kultiviert worden ist».[30]

Im 17. Jahrhundert wurde von einem kulturellen Leben in Hamburg nicht viel berichtet. Aubéry fand auch unter den vielen Flüchtlingen «nur wenige literarisch Gebildete, mit denen man sich hätte unterhalten können. Alle Welt verlegte sich auf den Handel».[31] Was drei so unterschiedlichen Autoren wie dem kleinbürgerlichen jungen Poeten Taylor, der seinen Bruder in Bückeburg besuchen wollte, dem naturwissenschaftlich gelehrten Monconys und dem Venezianer Priorato – einem der sichersten Beobachter – in Hamburg gleichermaßen auffiel, waren – außer den unvermeidlichen Wallanlagen, Kirchenbauten und Frauenmoden – die politischen und religiösen Verhältnisse, die innere Sicherheit, der Städtebau und das Verhältnis Hamburgs zu Altona.

Hamburg sei, betonte Taylor, keinem Fürsten unterworfen, sondern von 24 «Bürgermeistern» regiert;[32] Monconys notierte, daß die «24 Senatoren und 4 Bürgermeister» keinen exklusiven Stadtadel bildeten und ihre Söhne keinen Vorteil vor anderen Bürgern hätten. Der erfahrene Politiker Priorato zählte beifällig die beeindruckende Zahl der politischen Institutionen auf: die weltläufigen, polyglotten Bürgermeister etwa, die Erbgesessene Bürgerschaft oder das Kontrollorgan der Oberalten. Grundzüge der Politik nach außen seien Frieden, Ausgleich, Neutralität. Auf die innere Sicherheit und Ordnung schien Verlaß. Taylor und Monconys verwandten einigen Raum auf die Beschreibung des Scharfrichter-Domizils. Taylor bewunderte die gesellschaftliche Position und die Aufgabenvielfalt des Henkers, aber ihn schauderte vor der Palette an Torturen und Kapitalstrafen, die zur Verfügung standen. Taylor und Priorato fiel das strenge Vorgehen gegen die Prostitution auf. Nicht zuletzt deswegen, so Priorato, werde Altona von den Hamburgern so zahlreich aufgesucht, als ob ständig Jahrmarkt dort wäre. Taylor gab die nette Geschichte vom angeblichen Ursprung des Namens «Altonagh» wieder: «all-too-nigh», «allzu nah» sei der Ort für die um ihren Profit besorgten Hamburger. Monconys zählte auf, daß in Altona auch katholische, calvinistische und jüdische Gottesdienste abgehalten werden durften. Er und Taylor bemerkten an den in dieser Hinsicht so strengen Hamburgern eine gewisse Inkonsequenz: Auch am heiligen Sonntag herrsche geschäftiges Händlertreiben bis in die lutherischen Kirchen hinein, die im übrigen nicht weniger geschmückt seien als die katholischen.

Gemischt fielen die Urteile über die Häuser aus. Sie seien zwar groß und stattlich, aber von einer gewissen Einförmigkeit; (zu-)viel Holz sei verwandt worden, wenn auch nicht ungeschickt. Monconys bewunderte den Abstellraum für die Karosse gleich hinter den Eingängen, Priorato die blitzblanken Küchen. Die Wohnungen seien in der Neustadt ganz bequem, in der Altstadt allerdings nicht eben geräumig. Hier seien auch die Gassen besonders eng, wobei ein reger Karossenverkehr herrsche. Taylor war erstaunt, wie viele Leute ihren Karren selber zögen. Eine Verkehrserleichterung böten die Kanäle, auf denen man mit Booten direkt an die Häuser herankommen könne.

Die Auswahl der Hauptgesichtspunkte und die Weise der Beurteilung in diesen drei Reiseberichten sind im großen und ganzen wohl für alle Texte des ersten Untersuchungszeitraumes repräsentativ. Regelrechte Widersprüche muß man suchen: Während Monconys das Rathaus – «mit ungestalten Abbildungen von kaiserlichen Personen» – eher klein erschien – «man könnte es für ein Privathaus halten» – fand Priorato es hingegen ziemlich groß. Wenn Taylor vom Bier erwähnte, daß es gelb war wie Gold, Priorato dagegen auffiel, daß man es aus dem Wasser der Kanäle braute, machte dies zweifellos eine Nuance aus. Hygienische Kritik, wie sie Mundy über die «engen, düsteren, schmutzigen Kanäle» äußerte, war noch die Ausnahme. Mundy war auch der Ansicht, daß die Straßen nicht saubergehalten würden.[33]

Ein Jahrhundert später wurde dieses Urteil fast ausnahmslos und meist sehr viel drastischer geäußert. Welche angenehmeren Seiten der Stadt man bei näherer Betrachtung auch noch entdecken mochte – der erste, oft entscheidende Eindruck fiel meist deprimierend aus. Nugent, der sich auf die Landeskunde Mecklenburgs spezialisiert hatte, der Mediziner Menuret und der Kaufmann Hogendorp registrierten innerhalb der Umwallung gemeinsam nur einen einzigen städtebaulichen Lichtblick: den Jungfernstieg.[34] Die verkommenen Häuser seien vielleicht zu Gewerbezwecken tauglich, zum Wohnen jedoch zu feucht und zugig. Die Unzahl kleiner Fenster und die Türen schlössen schlecht; das verschlimmere die Folgen des unangenehmen Klimas: im Winter zu kalt, im Sommer heiß und – durch die Umwallung – zu stickig, immerfort feucht.

Einen angenehmen Kontrast sah man in den parkähnlichen Gärten und den Landhäusern in Wandsbek, Hamm oder Horn, dorthin gebe es denn auch allsonntäglich einen wahren Exodus. «Man könnte meinen», vertraute Hogendorp seinem Tagebuch an, «man hätte hier Land- und Stadtarchitekten»; und er träumte seitenlang davon, am Elb- oder Alsterufer zu wohnen, wie Caspar Vogt oder die anderen Händler-Könige.

Auf die Enge der Straßen und die Unmöglichkeit, überallhin mit dem Fuhrwerk zu gelangen, führte Nugent das Phänomen der Karrenzieher zurück. Daß die Hamburger buchstäblich wie die Pferde schufteten, bemerkte – teils besorgt, teils befriedigt – auch Menuret: Dieser Staat sei eine einzige ungeheure Werkstatt, aber niemand könne daher auf dumme Gedanken kommen. Arbeitslosigkeit wurde nicht festgestellt. Seine Prosperität erlaube Hamburg – darin waren sich die Beobachter einig – ein vorbildliches Sozialwesen; nirgends seien Bettler zu sehen, die Armenfürsorge verschaffe Arbeit und Brot; da seien Heime für Kranke, Alte und Waisen, sogar ein Hospital für erkrankte Reisende.

Diese Hamburg-Skizze, wie sie drei wiederum sehr unterschiedliche Besucher der zweiten Hälfte des 18. Jahrhunderts vor allem unter den Aspekten des Städtebaus und der Umgebung, des Klimas, des Arbeits- und Sozialwesens sowie der Situation der Ausländer in der Stadt zeichneten und wie sie wiederum als weitgehend repräsentativ für den gesamten Untersuchungszeitraum bezeichnet werden kann, wurde aber natürlich auch mit einigen Einschränkungen versehen.

Was das «Wirtshaus der Musen» anging, so behauptete Marshall 1770, Hamburg sei «kein Ort, wo ein Fremder um des Vergnügens willen hingehen darf».[35] Die Schwestern Tutein aus Kopenhagen, die 1797 einen Ausflug nach Hamm zum Chapeaurougenhof machten, bemängelten an der berühmten Gartenanlage, daß «alles zu nahe aufeinandergepackt und das Terrain nicht weitläufig genug» sei.[36] Nugent behauptete, die Ausländer würden von den Hamburger Krämern betrogen.[37] Zu Relativierungen waren aber nahezu alle Autoren bereit; William Wordsworth auch etwa dazu, der «story» vom bösen Bäcker etwas an Schärfe zu nehmen: «Gibt es irgendeinen Bäcker in England, der einem Ausländer so etwas angetan hätte? Ich fürchte, wir müssen das bejahen [...].» Marshall schickte aller Kritik am Detail voraus, Hamburg sei «ohne Zweifel die beste Stadt, die ich gesehen habe, seitdem ich den deutschen Boden betreten».[38] Er hatte Köln, Münster, Osnabrück, Minden und Hannover gesehen. – Derartige Vergleiche, ob nun relativierend, kritisierend, schmeichelhaft oder veranschaulichend, sind in den Reiseberichten wie das Salz in der Suppe. Nicht weniger als für die damaligen Adressaten gilt dies sicherlich für den heutigen Leser. Vergleiche erleichtern den Nachvollzug der gefällten Urteile und verweisen auf das eigene Recht vergangener Epochen gegenüber leichtfertigem Maßnahmen an den vermeintlichen oder tatsächlichen Zuständen der Gegenwart. Vergleiche sind freilich immer auch literarische Ausdrucksmittel. Wenn Hollertz 1853 seiner Schwester schrieb, daß jedes der großen, renommierten Geschäfte Stockholms in einer der besseren Straßen Hamburgs wie ein kleiner Kramladen und die Anordnung der Waren in den Hamburger Schaufenstern allein vielleicht noch von Paris (das er nicht kannte) zu übertreffen wäre,[39] so handelte es sich beim ersten Teil der Aussage um eine Karikatur, beim zweiten um einen absoluten Superlativ.

Im ersten Untersuchungszeitraum wurde Hamburg häufig mit Holland verglichen, meist in deskriptiver Absicht und in bezug etwa auf Häuserbau oder Kleidung. Ein Lob war in Prioratos Feststellung enthalten, die Schiffe aller Größen würden hier ebenso schnell und mit ebensolcher Symmetrie wie in Holland und England gebaut,[40] also in zwei erheblich größeren Staaten. Zuweilen dienten Vergleiche den Autoren zur Kritik an Zuständen im eigenen Land. So erwähnte Taylor beifällig, welch kurzer Prozeß gemeinhin in Hamburgs Justiz gemacht werde, wo «habeas-corpusses und ähnliche dilatorische law-tricks abgeschafft (!)» seien.[41] Menuret hatte zweifellos Paris vor Augen bei seiner Bemerkung, daß aus dem Hamburger Etat für das Sozialwesen nichts für unangebrachten Luxus abgezweigt würde – «wie in gewissen großen Städten».[42]

Generell dürfte bei vielen auch der «rein» deskriptiven Angaben über Hamburg des Verfassers Gedanke an seine Heimat Pate gestanden haben. Insofern muß wohl Dibelius' Ansicht, eine «nackte Aufzählung von Tatsachen interessiert [...] nicht sonderlich»,[43] widersprochen werden. Läßt sich doch bei jeder Tatsachen-Angabe fragen, ob sie eher Hamburger oder – zum Beispiel – eher Pariser Zustände reflektierte; also: warum just diese Tatsache in den Kreis der erwähnenswerten aufgenommen wurde.

Die Impressionen der Hamburg-Besucher der zweiten Hälfte des 18. Jahrhunderts waren vielfältiger und detaillierter als die des ersten Untersuchungszeitraumes, dabei jedoch kaum weniger einheitlich. Um ein paar Nuancen fielen sie ungünstiger aus.

Dies mochte an einer gewissen Ungleichmäßigkeit liegen, mit der sich die Stadt seither entwickelt hatte. Die Wälle schienen einer dem Bevölkerungszuwachs angemessenen Stadtausdehnung im Wege zu stehen. Die Wohn-, Gesundheits- und Verkehrsverhältnisse waren nicht eben besser geworden und wurden jetzt darüber hinaus an den erhöhten Erwartungen eines leicht veränderten Besucherkreises gemessen. Waren die Autoren des 17. Jahrhunderts nämlich eher noch Hamburg-Pioniere und betrieben sie das Schreiben oft neben oder im Rahmen einer anderen Aufgabe – etwa als Mitglieder diplomatischer Missionen, welche sich überdies der Aufmerksamkeit des offiziellen Hamburg zu erfreuen pflegten –, so kamen die Reisenden des zweiten Zeitraumes häufig – wissenschaftlich und künstlerisch motiviert und nicht unvorbereitet – extra des Schreibens halber. In ihren Texten wurden das damals sehr verbreitete Gegensatzpaar «Stadt – Land», aber auch andere Topoi wie «Handel – Kultur» oder «Arbeit – Vergnügen» zu Hamburgs Ungunsten verwandt. Für den Enzyklopädisten Menuret, einen Anhänger Montesquieus, war der Einfluß von Landschaft und Klima auf den Charakter einer Bevölkerung im Prinzip ebenso klar, wie es in diesem spe-

2–4 Zu Besuch in Hamburg weilten im Jahre 1798 die englischen Literaten Samuel T. Coleridge, William und Dorothy Wordsworth (Fotos SUB)

ziellen Fall auf der Hand lag, daß der hamburgische Volkscharakter bei der flachen Landschaft und dem «mehr als gemäßigten» Klima überwiegend «phlegmatisch und kühl» sei.[44] Der einzige Kaufmann, dessen Aufzeichnungen uns erhalten sind – Kaufleute waren unter den Autoren ganz und gar unterrepräsentiert – war nicht frei von Neidgefühlen.

Die Engländer zumindest hatten durch Lektüre an Spontaneität eingebüßt. Es existierte bei ihnen mittlerweile offenbar eine umfangreiche landeskundliche Primär-, aber auch Sekundärliteratur über den Kontinent, und in der letzteren vor allem konnte das von Dibelius hinreichend skizzierte britische kulturelle Überlegenheitsgefühl[45] zum Ausdruck gebracht werden; in der britischen «Kolonie» zu Hamburg, die die reisenden Landsleute meist aufnahm, dürfte es im übrigen nicht geringer gewesen sein. Burney etwa hätte seine Reise nicht unternommen, wenn ihm die «in nicht geringer Zahl» konsultierten Bücher bessere Auskunft über die Pflege der Musik auf dem Kontinent gegeben hätten. Allein, er fand diese «eines dem anderen so getreulich nachgeschrieben, daß man nur zwei oder drei lesen darf, um das wesentliche zu wissen, was in so vielen hunderten steht».[46] Nugent versuchte mit angeblichen Bedenken zu kokettieren, Näheres über Hamburg mitzuteilen – «in Anbetracht der großen Menge hamburgischer Beschreibungen, die seit kurzem gedruckt worden sind».[47] Warum auch immer Nugent das vernichtende Urteil eines namentlich nicht genannten englischen Schriftstellerkollegen über das deutsche Theater korrigierte – ob aus echter Hamburger Erfahrung, oder um dem anderen einen Hieb zu versetzen –, ob der andere überhaupt existierte oder nur eine literarische Fiktion war: Die besagte Textstelle verwies jedenfalls auf einen relativ dichten landeskundlich-literarischen Gedankenaustausch.[48]

Hier mochte sich schon die Epochenwende in der «Lesergeschichte der Neuzeit» ankündigen: In der zweiten Hälfte des 18. Jahrhunderts, so hat der Historiker Rolf Engelsing herausgearbeitet, habe ein Wechsel stattgefunden vom Typ des «intensiven Lesers, der eine kleine Auswahl von Büchern oder ein einziges Buch immer wieder las» zum «extensiven Leser, der zahlreiche Bücher las und ein einzelnes selten oder überhaupt nicht wieder vornahm».[49] Dem entsprach zweifellos die offensichtliche Existenz eines Marktes für eine größere Zahl einander recht ähnlicher und konkurrierender Bücher.

Im «Englischen Haus» in der Gröningerstraße zu Hamburg wird den Ankömmlingen vermutlich Lediards *German Spy* zur Verfügung gestanden haben. Dort traf man wohl gelegentlich den englischen Residenten, der dann einer gewissen Langeweile Ausdruck verleihen mochte – falls Hogendorps Eindruck zutraf, die Clique der ausländischen Residenten sei – wie in den Haag – hauptsächlich auf der Suche nach «Erlesenem» in der Stadt.[50] Im «Englischen Haus» verkehrte wohl auch der 1790 aus England eingewanderte Rechtsanwalt Leman Thomas Rede, dem 1801 und um 1805 zwei hamburgkundliche Bücher zugeschrieben werden, deren letzteres ausdrücklich als *the Englishman's guide to that free and imperial city* angekündigt wurde.[51] Weder Lediard noch Rede hatten Grund, Hamburg irgendwie unfreundlich gegenüberzustehen; ihre Kritik und die der anderen blieb fast immer moderat. Viele Werke wurden ins Deutsche übertragen – «alles, was nur aufs entfernteste einer Reisebeschreibung ähnlich ist» meinte Nugents Übersetzer Nicolai[52] – doch nur relativ selten machten die Übersetzer von ihrem als selbstverständlich angesehenen Recht Gebrauch, unangemessen erscheinende Stellen mit kritischen Fußnoten zu versehen. (Einiges Negative, vor allem, wenn es sich auf Perso-

198

nen bezog, ließen sie allerdings auch stillschweigend fort.)

Leichtere Schatten auf dem Hamburg-Bild der Engländer, Franzosen, Dänen oder Holländer konnten damals mit weit größerer Gelassenheit hingenommen werden als heutzutage ein Makel auf dem Hamburg-Image. Der Begriff des Image – der Sprache der amerikanischen, sozialpsychologisch ausgerichteten Absatzforschung entnommen – bezeichnet bekanntlich dasjenige Bild eines Objektes, das dessen Verkaufschancen zugrunde liegt und das es durch Werbung, vor allem über moderne Massenkommunikationsmittel, zu schaffen oder zu verbessern gilt. Mögen in der Gegenwart Befürchtungen gerechtfertigt sein, immer neue Meldungen etwa über Hamburgs gefährdete und gefährliche Umwelt seien geeignet, den Fremdenverkehr zu beeinträchtigen, so konnten um 1800 auch von noch erheblich unvorteilhafteren Hamburg-Impressionen nennenswerte Folgen für die Stadt und ihre Bewohner nicht ausgehen. Selbst wenn der «extensive Leser» in verstärktem Maße zur Aufnahme neuer Aspekte und zur Abkehr von hergebrachten Bildern bereit sein mochte, so erweiterte sich die Schicht derer, die Bücher lesen und sich beschaffen konnten, doch nur allmählich. Mit der weitgehenden Homogenität über die nationalen Grenzen hinaus, mit der «einheitlichen Gebundenheit der geistigen Verfassung»[53] dieser Schicht korrespondierte die nach wie vor ziemlich geringe Variationsbreite der Urteile in den Reiseberichten. Die potentiellen Hamburg-Besucher – die fast in jedem Fall zu dieser Schicht gehört haben dürften – hatten in aller Regel Gründe für ihr Kommen, die wohl von Nachrichten über Kriege oder Seuchen, vielleicht noch über exorbitante Teuerungen umgestoßen werden konnten, kaum aber durch literarische Impressionen von stinkenden Kanälen, einem provinziellen Kulturangebot, schlechter Küche oder dem unverschämten Auftreten von Krämern unter einem zu permissiven Regiment[54] – vor allem dann nicht, wenn zugleich auch von Sicherheit und Frieden, Wohlstand und Gastfreundschaft die Rede war. Der sensibler organisierte Gruppentourismus mit seinen typischen Einrichtungen wie Reisebüros, Reiseführern und Vertragshotels sowie dem volkswirtschaftlichen Effekt der Kaufkraftverlagerung wurde ein ernstzunehmender Faktor erst gegen Ende des 19. Jahrhunderts.

Im 19. Jahrhundert versorgten neue Satz- und Drucktechniken den «extensiven Leser» nicht nur stärker mit Zeitungen und Zeitschriften, sondern bald auch mit immer mehr Büchern in höheren Auflagen. Dennoch ist die Zahl der uns heute bekannten Bücher über Reisen nach Hamburg zwischen «Franzosenzeit» und Erstem Weltkrieg gering – obwohl Hamburg nach Schleifung der Wälle seine Beengtheit überwand und seine Vorzüge nach dem Großen Brand 1842 um ein lichteres und adrettes Stadtbild vermehrte. Es blieb auch – will man dem russischen Großgrundbesitzer

5 Ein französischer Blick auf Hamburgs Hafen, Mitte des 19. Jahrhunderts (StAH)

und liberalen Politiker Aleksandr Ivanovic Košelev folgen – eine moderate Stadt der Mitte. Košelev informierte sich 1849 über das Hamburger Gefängniswesen; am 16. Juli stand er um Mitternacht von seinem Bett auf, um an einem Fackelzug teilzunehmen. «Ganz Hamburg», schrieb er in sein posthum veröffentlichtes Tagebuch, «zehntausende von Menschen gehen singend nachts über die Straßen zu Ehren der neuen, am 13. Juli bestätigten Konstitution [...]. Ich ging mit dem Volk [...]. In der Königsgasse verbeugten wir uns vor dem Haus, in dem Klopstock gewohnt hat [...]. Am Jungfernstieg bogen wir in die Straße ein, wo der Bürger Baumeister wohnt, der mehr als alle zur Bestätigung der neuen Konstitution beigetragen hat, indem er die Demokraten zurückgehalten und die Aristokraten vorwärts bewegt hat».[55]

In wie vielen anderen Tagebüchern und Korrespondenzmappen mögen sich Reiseeindrücke niedergeschlagen haben? Die Notizen des Magnus Hollertz wurden erst 1949 publiziert. Des französischen Offiziers Henri Choppin Tagebuch seiner Kriegsgefangenschaft 1870/71 in Hamburg mochte 1912 – dem Jahr seiner Veröffentlichung – just in die politisch-publizistische «Landschaft» passen.[56]

Für das breiter gewordene Publikum war allerdings Norddeutschland kaum noch *en vogue*, nachdem Mme de Staël und nach ihr viele andere an literarischen Zeugnissen den geistig-kulturellen Unterschied zwischen dem «geselligen» Süden und dem «ernsten» Norden herausgearbeitet hatten, und in einer Studie über *Deutschland und der Deutsche im Spiegel der englischen erzählenden Literatur seit 1830* wurde 1938 zum Beispiel festgestellt: «Auffallenderweise fehlt Hamburg, das alte Einfallstor englischen Geistes in Deutschland, so gut wie überhaupt [...].»[57]

Einige Reiseberichte mögen in der Presse verbreitet worden sein; neben den großen Tageszeitungen wie der Londoner *Times* müßten heute auch einmal die aufs Ausland spezialisierten Zeitschriften wie die *Revue des deux Mondes* daraufhin untersucht werden. Der umfangreiche Reisebericht des Glasgower Journalisten John Strang *Germany in 1831*, war ursprünglich als Zeitungsserie erschienen.[58] Der französische Journalist Jules Huret wollte 1906 seine Landsleute durch das Bild eines dynamischen Deutschland zu größerer Leistung anspornen.[59]

Ein Bedeutendes hatten diese durch lange Zeiträume getrennten Texte alle gemeinsam: Sie nahmen Notiz vom Hamburger Hafen. Die Autoren des 16., 17. und 18. Jahrhunderts hatten den Hafen, wenn überhaupt, nur beiläufig erwähnt: Er sei mit einer eisernen Kette abgesperrt (Moryson); auch große Schiffe könnten sich darin bewegen (Prie, Priorato); er werde von einem riesigen, tiefen Becken zwischen Hamburg und Harburg gebildet (Menuret). Coleridges Boot zwängte sich durch «die gewaltige Menge von Fahrzeugen, welche die Elbe aufwärts von Altona beinahe verstopft».[60] Von der unmittelbaren Umgebung wurde höchstens das Baumhaus wahrgenommen. Ein naheliegender Grund für diese Gleichgültigkeit der fast sämtlich mit dem Schiff Angereisten findet sich in einer neueren *Kulturgeschichte des Hafens* so formuliert: «Zur Blütezeit der Segelschiffahrt waren die Hafenviertel der bedeutendsten europäischen Seestädte [...] einander so ähnlich wie die Dome und Kathedralen dieser Gemeinwesen.»[61] Allerdings sind die Hamburger Kirchen in den Reiseberichten so gut wie nie ausgelassen worden ...

Vermutlich gab es im 19. Jahrhundert eine gesteigerte Sensibilität für die «Szenerie» eines Hafens. John Strang, aus der Hafenstadt Glasgow nach Hamburg gesegelt, entwickelte darob schon fast romantische Gefühle angesichts der konkurrierenden Hamburg-Londoner Dampfschiff-Verbindung. Strang beschrieb den Hamburger Hafen als «eine der lebhaftesten Szenerien, die man sich denken kann. Er präsentiert einen Mastenwald aus allen Nationen und allen Erdteilen, während der Strom zugleich mit Booten bedeckt ist, die in alle Richtungen segeln.»[62] Hollertz, mit der gebührend bestaunten, aber auch mit einiger Skepsis kommentierten Eisenbahn von Lübeck angereist, hat die «Szenerie» geradezu schriftstellerisch-professionell und kitschig ausgemalt (er war bei der königlichen Zolldirektion in Stockholm angestellt): «Das Gewimmel an diesen Kais war fast noch bunter als im Stadtinneren. Große Gehege mit Ochsen, Schafen und Schweinen, die darauf warteten, nach England verschifft zu werden [...], Kommis und Makler, Flaneure, Seeleute aller Art, griechische Matrosen mit türkischem Fes, John Bulls, stutzerhafte Hamburger Matrosen in geblümten, bedruckten Hemden und Seidentüchern, armenische Kaufleute, hagere, düster blickende Gestalten in knöchellangen Gewändern und mit einer Tresse am Kragen, Neger, schwarz-gelbe Portugiesen und rotgelbe Malaien.» Hollertz hatte aber auch

einen Blick für die technische und organisatorische Abfertigung der im Verhältnis zu den vorhandenen Kais viel zu zahlreichen Übersee- und Dampfschiffe, und er lobte die Erfindungsgabe der Hamburger in ihrem «buchstäblichen *embarras de richesse*».[63] Choppin, Capitaine der Rheinarmee, per Eisenbahntransport nach Hamburg gelangt, machte sich 1870 natürlich vor allem Gedanken über die Stärke des Kriegsgegners: «Man sagt, daß die Schiffsbewegungen seit Kriegsbeginn stagnieren. Wie muß das erst in normalen Zeiten sein?» Aber etwas «Szenerie» entdeckte auch er: «Der Hafen ist großartig, bedeckt von Schiffen, einer Menge großer amerikanischer Frachter. Er erstreckt sich bis Altona.»[64] Sein Landsmann Jean Huret schließlich, 1906 mit der Eisenbahn auf einer Rundreise durch deutsche Städte unterwegs, wollte die Leistungsfähigkeit des Hamburger Hafens demonstrieren und ganz bewußt nicht romantisch sein: «Der Hamburger Hafen besteht in Wirklichkeit aus etwa zwanzig ungeheuren Becken, die zu beiden Seiten des hier 5–600 m breiten und 8 m tiefen Elbstromes angelegt sind [...]. In regelmäßigen Abständen ragen in der Nähe des Ufers Gruppen von riesigen, mit Eisengürteln verbundenen Holzpfählen aus dem Wasser hervor, die ‹Duc d'Alben› genannt werden»– die *Duc d'Alben* (Dückdalben) in den deutschen Text zu übernehmen, konnte sich Hurets Übersetzer nicht verkneifen –, «Schiffe fahren ein und fahren aus. Sirenen heulen. Nirgends eine Hemmung oder Stockung; die Ordnung ist so vollkommen, daß sie etwas Theatralisches hat [...]. Die Hamburger versichern mir, daß sie den Londoner Hafen nicht nur erreichen, sondern übertreffen werden!»[65]

Vermutlich könnte die Gruppe der hier bloß erwähnten oder in groben Zügen vorgestellten rund 50 ausländischen Reiseberichte über Hamburg – fremdsprachig wie deutsch verfaßter – auch im jetzigen Zeitpunkt bereits durch eine Reihe von schwerer zugänglichen oder schlicht übersehenen Texten ergänzt werden. Wenn diese Quellenart interessant genug für ein intensiveres Studium erscheinen sollte, wäre allerdings eine systematische Sammlung über längere Zeit hinweg notwendig; der große Bereich der Presseveröffentlichungen etwa ist offenbar unter diesem Gesichtspunkt bisher erst ansatzweise berücksichtigt worden. Interessant für die Regionalgeschichte scheinen die Texte in erster Linie dadurch, daß sie uns eine Vorstellung davon erlauben, wie Hamburg zu unterschiedlichen Zeiten seiner Vergangenheit auf ausländische Besucher gewirkt hat – eher anziehend oder eher abstoßend, typisch deutsch oder typisch hanseatisch,[66] großstädtisch oder provinziell, kleinkariert-streng oder großzügig-liberal. Dieses eingehender und – soweit es die Eigenarten der Texte zulassen – exakter herauszuarbeiten, wäre zugleich ein Beitrag zur Kulturbeziehungsforschung, der gerade in der jüngsten Zeit anscheinend wieder einige Aufmerksamkeit zugewandt wird.[67]

Anmerkungen

1 Walter F. Schirmer, Geschichte der englischen und amerikanischen Literatur von den Anfängen bis zur Gegenwart, 4. Aufl., Tübingen 1967, S. 478.

2 Nr. 33 b der Übersicht, S. 23. Coleridge starb 1834, vor dem großen Brand 1842.

3 Nr. 34 a, S. 199 f.

4 Nr. 35 b, S. 231.

5 Eckart Kleßmann 1981, S. 270.

6 Nr. 26 b, S. 48.

7 Nr. 26 b, S. 40 f.

8 Nr. 21 a, S. 23.

9 Paris 1890 (hier: 1952), S. 408. César Claude Rainville, franz. Emigrant, hatte 1799 ein Gartenrestaurant eröffnet, das Weltruhm erlangte.

10 Vgl. Mieczyslaw Jastrun, Mickiewicz. Aus d. Poln., Berlin 1953, S. 135 f.

11 Hamburg von einem Fremden gesehen. 1853. Hrsg. v. Walter Hävernick, S. 13, Anm. 14.

12 ZHG 19, 1917, S. 51–82, das folgende Zitat S. 51.

13 Albrecht Hallers Tagebücher seiner Reisen nach Deutschland, Holland und England (1723–1727). Hrsg. v. E. Hintzsche, St. Gallen 1948; Jeremias Gotthelfs Reisebericht 1821. Hrsg. v. Kurt Guggisberg, Erlenbach-Zürich 1953.

14 Roberts, Merchants map of commerce [...], London 1638. Unübers. Auszug bei R. Ehrenberg, Äußerung eines Engländers über Hamburg 1638. In: MHG 12, 1889, S. 342 f.; Heylyn, Cosmography in four books [...], London 1648. Deutsche Übers. (Auszug) bei Nr. 7 b; Carr, Remarks of the government of several parts of Germany, Denmark, Sweedland, Hamburg, Lubeck [...], Amsterdam 1688.

15 William Spelman, A Dialogue or confabulation between two travellers [...], London 1896. Deutsche Übers. (Auszug) bei J. Giesen, Ein Elisabethanischer Kaufmann in Hamburg (1570). In: HGH 10, 1939, S. 69–74; Fynes Moryson, An Itinerary [...], London 1617. Deutsche Übers. (Auszug) bei J. Giesen, F. M. über Hamburg im Jahre 1591. In: HGH 10, 1938, S. 12–19. – Johan Nyekerke, ein Jurist aus den span. Niederlanden, führte 1594 ein lat. Gesandtschaftstagebuch. Vgl. H. Ilsøe, Udlaendigers reyser i Danmark indtil år 1700. En bibliografisk fortegnelse, Kopenhagen 1963, Nr. 25.

16 Moryson (wie Anm. 15), S. 12.

17 Several years travels through Portugal, Spain, Italy, Germany [...], London 1702. Deutsche Übers. (Auszug) bei Nr. 7 b, S. 92. Bromley war einer der selteneren Hamburg-Besucher und -Autoren zwischen den beiden Untersuchungszeiträumen. Ein weiterer war der M. de Lacombe de Vrigny, der um 1700 den engl. Diplomaten James Vernon nach Dänemark begleitete: Relation en forme de journal d'un voyage fait en Danemarc [...], Rotterdam 1706.

18 Nr. 20 b, S. 235.

19 Nr. 18 a, S. 29.

20 Nr. 7 b, S. 92.

21 Nr. 15 b, S. 152.

22 Nr. 5 b, S. 153.

23 Nr. 30 a, S. 5. Über Menuret informierte ausführlich bereits Boisgelin, Nr. 36 a, S. XVIII–XXI.

24 Nr. 31 a, S. 82.

25 Hollertz (wie Anm. 11), S. 33.

26 Janssenius publizierte 1631 in Amsterdam eine ‹Defensio fidei Catholicae, opposita admonitioni necessariae Joannis Muelleri, Lutherani praedicantis Hamburgensis›.

27 Nr. 23 b, S. 69.

28 Nr. 32 a, S. 64.

29 Nr. 23 b, S. 80.

30 Nr. 25 b, S. 220.

31 Nr. 5 b, S. 153.

32 Vgl. zum folgenden Abschnitt Nr. 1 a, 1 b, 14 b (Juncker, 1697), 15 b.

33 Nr. 7 b, S. 85.

34 Vgl. zum folgenden Abschnitt Nr. 23 b, 30 a, 31 a.

35 Nr. 24 b, S. 119.

36 Nr. 29 b.

37 Nr. 23 b, S. 54.

38 Nr. 24 b, S. 105.

39 Hollertz (wie Anm. 11), S. 25.

40 Nr. 15 b, S. 150.

41 Nr. 1 a, S. 568.

42 Nr. 30 a, S. 92.

43 Dibelius (wie Anm. 12), S. 71.

44 Nr. 30 a, S. 59.

45 Dibelius (wie Anm. 12), vor allem S. 52–65.

46 Nr. 25 b, S. XIII f.

47 Nr. 23 b, S. 23.

48 Nr. 23 b, S. 69.

49 Die Perioden der Lesergeschichte in der Neuzeit. In: Archiv für Geschichte des Buchwesens 10, 1978, Sp. 959.

50 Nr. 31 a, S. 117.

51 A Sketch of Hambourg. By an english resident here [...], Hamburg 1801. – The Picture of Hambourg [...], Hamburg, London o. J. (um 1805).

52 Nr. 23 b, S. I.

53 Engelsing (wie Anm. 49).

54 Manche Autoren führten schlechte Sitten auf «demokratischen» Geist in der Stadt zurück; vgl. auch Dibelius (wie Anm. 12), S. 75.

55 Zit. nach E. A. Dudzinskaja, Die Auslandsreisen A. I. Koselevs in den dreißiger und vierziger Jahren des 19. Jahrhunderts. In: Reisen und Reisebeschreibungen im 18. und 19. Jahrhundert als Quellen der Kulturbeziehungsforschung. Hrsg. v. B. J. Krasnobaev, Gert Robel und Herbert Zeman, Berlin 1980, S. 112.

56 Journal de Captivité d'un officier de l'armée du Rhin (27 octobre 1870–18 mars 1871), Paris 1912.

57 Kurt Weineck, Halle 1938, S. 208.

58 Als Buch: London 1836. Deutsche Übers. (Auszug): John Strang. Hamburg 1831. Hrsg. u. übers. von Gesine Espig und Rüdiger Wagner, Hamburg 1981.

59 En Allemagne. De Hambourg aux marchés de Pologne, Paris 1908. Deutsche Übers.: In Deutschland. 2. Teil: Von Hamburg bis zu den polnischen Ostmarken, Leipzig 1908.

60 Nr. 33 b, S. 21.

61 Wolfgang Rudolph, Die Hafenstadt. Eine maritime Kulturgeschichte, Leipzig 1980, S. 31.

62 Hamburg, S. 26 f.

63 Hollertz (wie Anm. 11), S. 26.

64 Choppin (wie Anm. 56), S. 120 f.

65 In Deutschland, S. 152 f., 156.

66 Viele der Reisenden haben auch über Bremen (z. B. Régnard, Burney, Huret) und Lübeck (z. B. Beaujeu, Nugent, Marshall) geschrieben.

67 Vgl. etwa ‹Reisen und Reisebeschreibungen› (wie Anm. 55). – Reiseberichte als Quellen europäischer Kulturgeschichte. Aufgaben und Möglichkeiten der historischen Reiseforschung. Hrsg. v. Antoni Maczak u. Hans Jürgen Teuteberg, Wolfenbüttel 1982. – Ralph-Rainer Wuthenow, Die erfahrene Welt, Frankfurt a. M. 1980.

Der Hamburger Hafen als Ort technischer Kulturdenkmale
Probleme und Möglichkeiten der Denkmalpflege

von Manfred F. Fischer

Wer Gelegenheit hat, sich bei Veranstaltungen im Festsaal des Hamburger Rathauses bei deren bisweilen langer Dauer in die Betrachtung der ihn umgebenden Wandgemälde zu vertiefen, der wird immer wieder konfrontiert mit den Schöpfungen des Malers Hugo Vogel seit 1902, über die so viel Kontroverses geschrieben worden ist (Abb. 1). Er sieht die nach einer energischen Planänderung im vorgesehenen Dekorations-Programm ausgeführte Folge von Bildern, die auf einem durchgehenden Horizont die Geschichte der Freien und Hansestadt Hamburg in verschiedenen Epochen, in die Landschaft des Nordens eingebettet, von der Frühzeit bis zur technischen Gegenwart darstellen. Von der urgeschichtlichen Landschaft geht es in einzelnen Bildern über die verschiedenen Ereignisse der Geschichte folgerichtig über eine Darstellung der mittelalterlichen Hansestadt zur Apotheose an der Frontwand, einer Darstellung aus der Sicht des technikfreudigen späten 19. Jahrhunderts. Im fünften Bild, der alles überstrahlenden Stirnseite über dem Senatsgestühl, wo einst eine Allegorie auf die «Hammonia» geplant gewesen war, tritt der Mensch, wie Brandt sagt, «deutlich hinter sein Riesenwerk, den modernen Hafen weit zurück, so daß er selbst nicht mehr dargestellt werden kann.»[1] Mit einem dröhnenden Schlußakkord des Werftbetriebes schließt Vogel seine gemalte Bilderfolge, die in der feierlichen Stille der Elblandschaft begonnen hatte.

Trotz aller zeitgenössischen Diskussionen um das Programm der Bilderfolge ist dieses Abschlußbild zu einer Darstellung der «Hammonia triumphans» geworden, aus der Sicht des späten 19. Jahrhunderts.

Dieses Hafenbild ist im Gesamtprogramm Vogels ein Höhepunkt. Es bietet gegenüber den seit Jahrhunderten üblichen Hafen- und Schiffsbildern eine Neuerung. Bilder des Hafens waren bis dahin meistens Porträts von Schiffen oder Hafenansichten gewesen, oft dem bestaunenswerten Einzelobjekt des Schiffes gewidmet. Mit dem beginnenden 19. Jahrhundert waren die technischen Neuerungen der Dampfschiffahrt immer wieder im Kontrast zur alten Segelschiffahrt Objekt künstlerischer Bemühungen gewesen. Vogel aber machte aus seinem Hauptgemälde ein Programm-Bild, ja ein Propaganda-Bild von besonderer Bedeutung.

Hier ist, wie Vogel schrieb, die Größe Hamburgs in seinem Hafen zum Ausdruck gebracht. «Es soll diese Darstellung keine photographische Illustration sein, sondern gewissermaßen ein Extrakt dessen, was diesen von weitblickendem Geist geschaffenen Welthafen mit seinem vielgestaltigen Betrieb charakterisiert.»

Beiderseits der leeren Mitte, die in die Tiefe blicken läßt, sind die Schiffe des Hafens kulissenartig gestaffelt. Die Dampfschiffe dominieren. Links, nahe der von den Kirchtürmen überragten Stadtsilhouette ist eine dichte Gruppe von Seglern mit, wie schon Brandt feststellt, übertrieben großen Masten und Takelagen dargestellt. Die rechte Bildhälfte aber wird von einem Werftbetrieb erfüllt. Man sieht ein Schwimmdock mit dem Heck eines Dampfers, Helligen, Kräne und ein Kanonenboot. Dieses Hafenbild ist eine inhaltliche Überhöhung, ein Programm. Hier finden sich die beiden Aspekte des Hafens und der Stadt, Tradition und Fortschritt. Zwei Welten stehen einander gegenüber,

1 »Der Hamburger Hafen«, Wandgemälde von Hugo Vogel im Festsaal des Rathauses, 1909

2 *Statue des »Fortschritts«, von Friedrich Offermann, Fassade des Rathauses, Bürgerschaftsseite am Großen Burstah*

3 *Statue der »Stetigkeit«, von Friedrich Offermann, Fassade des Rathauses, Bürgerschaftsseite am Großen Burstah*

die Hamburg charakterisieren, seine Geschichtlichkeit und seinen steten Wandel: Der Hafen ist das Symbol für die Stadt.

Dieses Programm findet sich nicht nur bei den Gemälden Vogels im Festsaal. Fast identisch in der Aussage ist im reichen Skulpturenschmuck der Fassaden des Rathauses derjenige an der Bürgerschaftsseite am Großen Burstah (Abb. 2 und 3). Zwischen den drei Fenstern des Saales stehen in Nischen zwei Statuen aus Bronze, die, auf die Tätigkeit der Redner und Parlamentarier gemünzt, das gleiche Motto darstellen: «Fortschritt und Stetigkeit», von Friedrich Offermann. Den «Fortschritt» stellt ein Jüngling dar, mit ausgestrecktem rechtem Arm und dem im Sockel herausgemeißelten Motto «plus ultra». Die «Stetigkeit» wird von einem älteren Mann symbolisiert, der mit der Rechten auf die in der Linken gehaltenen Urkunden weist. Sein Motto lautet «parta tueri». Auch hier ist das ambivalente Verhalten Hamburgs, das Grundthema Bild geworden, wenn es um den Lebensnerv der Stadt geht, den Hafen und seine Zukunft, seine ständige Modernisierung, um den Anforderungen der Zukunft zu genügen.

Ein Hafen, der sich nicht stets auf neuen Flächen ausdehnen kann, ist darauf angewiesen, seine Kaianla-

gen, Becken, baulichen Anlagen und technischen Einrichtungen immer wieder zu erneuern. Er kommt damit in einen unvermeidlichen Konflikt zur Bemühung derjenigen, die wichtige Dokumente aus der Geschichte dieser Anlage, dieser Sammlung menschlichen Erfindungsgeistes, vor der Zerstörung bewahren wollen. Wie soll man auswählen? Die Schwierigkeit hat schon 1907 Gustav Schiefler beschrieben, als er den Hafen als Ganzes zu einem Denkmal der Technik erklärte, zu einem Denkmal der Kunstfertigkeit des Menschen, dem Wasser und dem Land zu gleichen Teilen abgetrotzt: «Bei uns in Hamburg ist die Gesamtheit der Hafenanlagen solch ein Monumental-Kunstwerk ersten Ranges. Wenn man auch seine Einzelheiten nicht mit einem Blick umspannen kann, so schließt sich die Summe der Eindrücke in der Erinnerung zu einem großen Bilde von organischer Einheit und konzentrierter Kraft zusammen, den Zweck des Ganzen in großartiger Einfachheit widerspiegelnd.»[2]

In ähnlicher Weise hat dies später auch Fritz Schumacher beschrieben. Auch er sah den Hafen nicht als eine zufällige Ansammlung einzelner Anlagen, sondern als ein in sich logisches Gebilde, bei dem jeder Teil den anderen ergänzt. Er schrieb rückblickend: «Wenn dann zwischen den Schiffen einzelne Lichter aufflammten, die einfallende Dämmerung alle Dissonanzen aufzulösen begann und das Ganze mehr und mehr zu einem atmenden technischen Wunderwesen zusammenwuchs, wachte der Wunsch in mir auf, in dieses unbestimmt wogende Gebilde eine feste Masse hineinsetzen zu dürfen, die wie ein unerschütterlicher Wächter darin aufragte.»[3]

Schumacher meinte damit das von ihm erbaute Lotsenhaus in Finkenwerder, das, wenn auch mit einigen Umbauten, noch heute in der sich wandelnden Hafenlandschaft als ein Festpunkt erscheint.

Wer heute in diesem pulsierenden Hafengebilde als Denkmalpfleger tätig wird, sieht sich besonderen Schwierigkeiten gegenüber. Das Denkmalschutzgesetz von 1973 definiert seine Aufgabe als die des Erforschers der Baudenkmale, also auch der technischen Kulturdenkmale, als die des Beschützers und Pflegers. Es erteilt darüber hinaus den Auftrag, die Denkmale in die Landesplanung einzubringen. Die Gefahren, die auch für alle übrigen Baudenkmale gelten, steigern sich gerade im Bereich der technischen Kulturdenkmale enorm. Da gerade sie meist für eine ganz spezifische Nutzung entstanden sind, oft auch mit einer von vornherein abzusehenden Nutzungsdauer, sind sie immer dann in Gefahr, wenn sie gleichsam betriebswirtschaftlich «abgeschrieben» sind und von der Entwicklung von Technik, Umschlag und Handel überholt sind. Der Veränderungsdruck, die Innovation im Hafen läßt sie in den Augen der Eigentümer und Betreiber als veraltet, nur noch mit Schrottwert erscheinen. Nur Kenner und Liebhaber sehen ihren Wert als Teil der Technikgeschichte. Das meiste verschwindet, ohne daß sein Wert vorher überhaupt erkannt worden wäre.

Einiges landet in Museen und Sammlungen zur Technikgeschichte. Erschwert wird die Situation dadurch, daß die Anpassung des Hafens und seiner vielfältigen Einrichtungen an neue Bedürfnisse fast immer am Ort der Kulturdenkmale geschieht, da für große Erweiterungen der Raum in Hamburg sehr eng ist. Planerisch hat die für den Hafen zuständige Behörde überdies weitgehende Sonderrechte.

Hamburgs Hafen gilt im Vergleich zu denen anderer europäischer Städte als sehr moderne Anlage. Aber trotz der Zerstörungen des Zweiten Weltkrieges, trotz der Demontage und einer zielstrebigen Modernisierung ist auch er noch immer voller geschichtlicher Zeugnisse des Industriezeitalters. Da sind zuerst die vielen Hafenbecken selbst, aus verschiedenen Zeiten stammend, mit ihren vielfach noch erhaltenen Kaimauern, Brücken und Schleusen. Da sind die Docks und Werftanlagen, Kräne und Umschlagseinrichtungen. Hinzu kommen spezifisch hafenbezogene Verkehrsbauten wie der alte Elbtunnel und die Anlagen der Güterbahn. Daneben stehen auch die Anlagen der Energie- und Wasserversorgung, der Wegesicherung im Hafen. Und schließlich fährt da oder dort noch ein alter Typ von Schleppern und Barkassen.

Für den Laien als Besucher des Hafens – etwa bei einer Hafenrundfahrt – kulminiert dies in Hamburg stets in der fast hundertjährigen Speicherstadt, wo sich das Erlebnis von Wasserbecken und Fleeten, von alter, dicht gedrängt stehender Speicherarchitektur, von Nutzung und althergebrachter Arbeit im Hafen zu einem eigenartigen Eindruck verdichtet, mit allen Sinnen erlebbar.

Der Denkmalpfleger, der dieser Fülle der Objekte gegenübersteht, erkennt sehr bald, daß er bei der Bewertung der Bedeutung eines Gegenstandes oder einer Anlage die Hilfe des Spezialisten braucht. Er selbst, meist Kunsthistoriker oder Architekt, ist in der Gefahr, ein Objekt nur von seiner optischen Erscheinung her zu beurteilen. Der Kenner jedoch wird ihn auf die Wichtigkeit einer Anlage rein aus der Seltenheit der in ihr verborgenen Technologie aufmerksam machen können. So kann sinnvolle Technik-Denk-

malpflege letztlich nur gemeinsam mit den jeweiligen Fachleuten der einschlägigen Museen geschehen. Aber auch dann wird jede Einzelentscheidung besonderer Überzeugungskraft bedürfen, da die Gegenseite fast immer mit handfesten wirtschaftlichen Argumenten auftreten wird.

Um die Vielfalt der auftretenden Probleme darzustellen, führe ich im folgenden drei spezifische Fälle aus der Arbeit des Hamburger Denkmalschutzamtes der letzten Jahre an, mit allen involvierten Interessens- und Nutzungskonflikten: eine Schleusenanlage, einen Kaischuppen und die Fischauktionshalle in Altona.

Die Hammerbrook-Schleuse

Die Hammerbrook-Schleuse wurde 1844/1847 für den Anschluß des Kanalsystems in dem für die Bebauung neu erschlossenen Hammerbrook angelegt. Sie wurde konstruiert als Kammerschleuse mit beiderseits zwei Stemmpaaren, so daß das Durchschleusen bei jedem Wasserstand der Hafengewässer möglich war.

1865/1866 wurde die Schleuse durch eine weitere Stauvorrichtung landeinwärts vergrößert, wobei die ältere Einrichtung erhalten blieb. Der wesentliche Gewinn dieser Maßnahme war, daß anstelle der relativ kleinen Schleusenkammer ein ganzer Kanalabschnitt als Schleusenbecken diente und jetzt bis zu 15 Schuten gleichzeitig geschleust werden konnten (Abb. 4). Ich zitiere aus dem Gutachten des Denkmalschutzamtes:[4]

«Von den Einrichtungen der Hammerbrookschleuse ist zum Teil noch die alte Schleusenkammer von 1844/1847 im Stadtdeich erhalten, deren Torpaare jedoch modernen Klapptoren gewichen sind. Als technisches Kulturdenkmal beansprucht dieser Teil der Hammerbrook-Schleuse jedoch besondere Aufmerksamkeit: Wartebecken und Schleusenbecken sind durch eine Verengung voneinander getrennt, in die die bewegliche Sperrvorrichtung eingesetzt ist. Mauerwerksteile und Beckenränder sind aus Backsteinmauerwerk mit Abdeckungen aus Granitquaderwerk.

4 Schleuse in Hammerbrook, Blick auf die Gesamtanlage

5 Schleuse in Hammerbrook, Drehtor

Die Absperrung der Schleusenkammer zum Wartebecken erfolgt innerhalb der Einziehung, der Dreh-
torkammer, durch ein symmetrisch ausgebildetes
Drehtor, das sich um eine in der Mitte angeordnete
Achse bewegt (Abb. 5). Es ist als Stahl-Hohlkörper so
ausgebildet, daß es mit entsprechendem Ballast im
Wasser nur ein geringes Gewicht auf das Auflager aus-
übt. Die Drehachse wird an ihrem oberen Ende vom
Schnittpunkt zweier segmentbogiger, kreuzförmig ge-
führter, als Laufbrücken ausgebildeter Träger aufgenommen. Deren frei im Wasser stehende mittlere
Auflagepfeiler und die Seitenwände der Drehtorkam-
mer sind so ausgebildet, daß sie mit Hilfe von Bohlen
und Zwischenfüllungen eine Abdichtung der Dreh-
torkammer für Arbeiten am Drehtor ermöglichen.
Das Drehtor selbst ist so konstruiert, daß mit Hilfe
zweier Klappschütze der Wasserstandsausgleich hergestellt werden kann. Gleichzeitig dienen diese
Schütze zur Bewegung des Drehtores, indem bei ein-
seitiger Öffnung und verschiedenem Wasserstand ein
Drehmoment auf das Tor ausgeübt wird, das zu einer
weitgehend selbständigen Öffnung führt. Dieser Bewegung diente ein Handantrieb (1885 verändert), seit
1955 ein elektrischer Antrieb.»

Innerhalb der Geschichte des Schleusenbaus nimmt
die ältere Gestalt der Hammerbrook-Schleuse einen
ganz normalen Platz ein. Ihre Ausführung als Stemm-
tor-Kammerschleuse entspricht der bis heute weithin
beherrschenden Form der Gattung Schleuse, ihre
Ausstattung mit gegenständigen Torpaaren der damals schon üblichen Ausbildung von Tideschleusen.
Ganz anders ist es mit der späteren Erweiterung: Sie
entstand in einer Zeit wirtschaftlichen Aufschwungs
mit stark zunehmendem Schiffsverkehr, in der sich in
allen europäischen Häfen und auf den Wasserstraßen
ein enormer Ausbaudruck bemerkbar machte. Die
Fortschritte in Industrie und Technik bewirkten eine
Vergrößerung der Schiffe und eine Vielzahl neuer
technischer Möglichkeiten für den Bau und die Konstruktion der Wasserbauwerke. Das Drehtor der
Hammerbrook-Schleuse ist ein wichtiges Zeugnis für
die Frühphase des modernen Wasserbaus, ein Dokument für die Auseinandersetzung der Ingenieure mit
neuen Aufgaben und für schöpferische Lösungen von
Problemen mit Hilfe neuer Erfindungen.
Die besondere Bedeutung der Hammerbrook-
Schleuse liegt aber auch darin, daß ihr Erbauer, Johann Hermann Maack – von 1838 bis zu seinem Tode
1868 Wasserbauingenieur – in der Hamburger Baugeschichte vor allem als Schöpfer besonders wertvoller
Hochbauten bekannt geworden ist. Zu nennen sind
die Wassertreppe an der Kleinen Alster, die Lom-
bardsbrücke und die Reesendammbrücke. Mit dem
Bau der Hammerbrook-Schleuse hat er gezeigt, daß
er auch in seinem engeren Fachgebiet des Ingenieur-
wesens und als Wasserbauer einen wichtigen Beitrag
leisten konnte.

Der Anlaß zur Befassung des Denkmalschutzamtes
mit der Zukunft dieser Anlage war an sich erfreulich.[5]
Im Jahre 1978 machte die zuständige Baubehörde aufmerksam auf die Bedeutung der Schleuse, die sie für
erhaltenswert hielt, die aber technisch nicht mehr benötigt wurde. Die betreffende Anfrage war jedoch
von Anfang an mit dem Problem belastet, daß schon
mittelfristig Gelder für eine Generalüberholung notwendig waren. So wurde 1979 das Verfahren zur Unterschutzstellung nach dem Denkmalschutzgesetz eingeleitet. Außer der Finanzbehörde waren alle Beteil-
ligten damit einverstanden. Nach einem umfangreichen Gutachten über die historischen und technikge-
schichtlichen Aspekte der Schleuse wurde im Juni
1979 der Denkmalrat, ein unabhängiges Gremium
von Fachleuten, das dem Amt zur Seite steht, mit dem
Vorgang befaßt. Er votierte einstimmig für die Schutzwürdigkeit aus geschichtlichen Gründen; die Unterschutzstellung wurde rechtswirksam mit der Verkün-
dung im «Amtlichen Anzeiger».
Doch damit war das eigentlich anstehende Problem
nicht gelöst: die Unterhaltung und die nötige Grund-
reparatur. Zwar bemühte sich die Baubehörde 1982
um die Einwerbung der Haushaltmittel, zunächst
aber erfolglos. Erst Ende 1985 gelang es, einen positiven Senatsentscheid zur Bereitstellung der nötigen
Mittel zu erhalten. Damit können die notwendigen
Maßnahmen durchgeführt werden: Korrosions-
schutzarbeiten an dem Torkörper und der dazugehöri-
gen Kreuzbrücke. Die Antriebsanlage und die seit-
lichen Feststellvorrichtungen können instandgesetzt
werden.
Ein weiteres Problem wurde dadurch aber noch nicht
gelöst. Die Anlage ist zwar den Fachleuten bekannt,
für breite Schichten der Bevölkerung jedoch so gut
wie unzugänglich nahe der neuen Großmarkthalle
versteckt. Es gilt also, hier eine Änderung zu schaffen. Wenn für die nahegelegenen früheren Blumen-
markthallen eine neue, publikumsintensive Nutzung
gefunden ist, sollte die ‹Anbindung› der Schleuse versucht werden. Dann verspräche auch die Einbeziehung in Stadtgänge und Stadtrundfahrten, auch zu
Wasser, mit dem speziellen Thema «Industriedenk-
male», Erfolg.

Schuppen 2/3 am Sandtorkai

Das zweite Fallbeispiel ist wesentlich komplexer und
für die Grundsituation der Denkmalpflege im Hafen
eher typisch. Südlich der Speicherstadt am Nordkai
des historischen Sandtorhafens stand bis vor kurzem
ein langgestreckter Lagerschuppen, dessen Tage seit
langem gezählt waren. Im Zusammenhang mit Plänen
zur Zuschüttung des Sandtorhafens und Nutzungs-
und Funktionsänderungen größeren Stils auf dem
Grasbrook stellte die Hamburger Hafen- und Lagerhaus AG als Verfügungsberechtigte 1983 einen Ab-

bruchantrag für den Bau, obwohl er schon 1981 im vorläufigen Erhaltenskonzept «Innenstadt» des Denkmalschutzamtes als erhaltenswert eingestuft worden war. An seiner Stelle sollten Parkplätze entstehen.

Dieser 1912–14 gemeinsam mit einem kleinen Kopfgebäude für Verwaltungszwecke im Westen erbaute ausgedehnte Lagerschuppen stellte das letzte historische Zeugnis dieser Baugattung im Hafen dar.[6] Er stand am ersten zwischen 1862 und 1866 angelegten künstlichen Hafenbecken Hamburgs, dem Sandtorhafen, und damit in unmittelbarer Nähe zur 1883–1888 entstandenen Speicherstadt. Er bildete also an der Übergangsstelle vom Wasserweg zum Landweg den Umschlagsort für den Warenaustausch und war ein wichtiges Dokument für den Wandel des Lösch- und Ladebetriebes in der Industrialisierung des Hafens (Abb. 6 und Umschlag-Rückseite).

«Eine streng ingenieurmäßige Bauauffassung kennzeichnet die im gleichmäßigen Stützenraster von leichten, mit eisernen Zugstäben stabilisierten Fachwerkbindern überspannte 300 m lange, stützenfreie Halle als technisches Kulturdenkmal. Die Flexibilität zur Minimierung der Umschlags- bzw. Anlegezeiten, von der das neutrale Grundriß-Layout und die verschiebbaren Wellblechtore der Ladezone zeugen, sowie die unverhüllt vorgeführte Leichtbaukonstruktion mit offenem Sprengwerk im Innern und den Fensterbändern zwischen dem Eisenskelett nach außen zeichnen den Kaischuppen als ein hervorragendes Beispiel nachhistoristischer Ingenieurbaukunst aus – funktional und räumlich untrennbar mit der Speicherstadt verbunden, zeitlich nur eine Generation entfernt, stilistisch jedoch durch Welten getrennt.»[7]

Der Backsteinbau des dreigeschossigen Verwaltungsgebäudes an der westlichen Giebelseite des Schuppens und die Schmuckverbände in den Ausfachungen an der Landseite der Halle nehmen freilich einen gestalterischen Bezug auf die Speicherstadt im Hintergrund und binden den Schuppen optisch in das Ensemble der Freihafenarchitektur ein. Gegenüber dem ‹mittelalterlichen› Eindruck der Speicherstadt finden sich jedoch hier schon die Einflüsse der seit 1909 institutionalisierten Hamburger Baupflege. Gegenüber den massiven Blockreihen der Speicherstadt zeigt sich hier eine neue ingenieurmäßige Architektursprache, die weniger ‹schmücken› als die schnellen Funktionsabläufe des Aufnehmens und Verteilens der Güter vom Schiff aufs Land und umgekehrt sichern will. So erscheint der Schuppen als niedriges, leichtes Gebilde, geplant nur für eine begrenzte Nutzungsdauer. Wie sehr diese rein ‹nützliche› Bedeutung ‹auf Zeit› sich in der Gegenwart verstärkt hatte, zeigt ein Informationsblatt der Hafen- und Lagerhaus AG vom Januar 1983 an die Mitarbeiter, in dem die Notwendigkeit des Abbruches erklärt wird. Dort heißt es unter der nostalgischen Überschrift «Abschied vom alten Schuppen» lapidar: «Die Mehrzahl der hölzernen Zeugen aus Opas Hafen fiel ohnehin dem Krieg zum Opfer. Jetzt muß der [...] dran glauben.» Dem folgte die Darlegung der neuen Pläne.

Das Denkmalschutzamt erließ im Februar 1983 eine Unterschutzstellungsverfügung wegen Gefahr im Verzug, um den Abbruch vorerst zu verhindern und Zeit für eine endgültige Abwägung der öffentlichen Interessen zu gewinnen. Dieser Bescheid wurde vom Betroffenen zurückgewiesen, wobei formale und juristische Gründe wegen der Eigentümerschaft angeführt

6 Schuppen 2/3 am Sandtorkai, Innenansicht

wurden. Dennoch bestätigte der Denkmalrat auch hier einstimmig die Schutzwürdigkeit des Schuppens. Die näheren Untersuchungen wurden freilich dadurch erschwert, daß viele Schäden am Schuppen auf Defekte an der Kaimauer selbst zurückgingen. Damit waren die Chancen für eine Erhaltung sehr vermindert. Zeitweise erwachte neue Hoffnung, als in der Verwaltung der Gedanke geprüft wurde, ob man im Zusammenhang mit einer später vielleicht möglichen Verlagerung der Englandfähre von den Landungsbrücken hierher den Schuppen in ein attraktives Gesamtkonzept einbinden könne. Während ein Hamburger Architekt diesen Gedanken prüfte, gab das Denkmalschutzamt bei einem Kenner des Hafens ein Gutachten über den gesamten Sandtorhafen in Auftrag. Aus dem ‹politischen Raum› gab es zwar noch Anträge, den Schuppen zu erhalten. Doch als schließlich die ersten Kostenschätzungen zur Instandsetzung von Kaimauer und Kaischuppen vorlagen, die nicht zu erschüttern waren, mußte das Denkmalschutzamt einsehen, daß es bei der schlechten Haushaltslage keine weiteren Verbündeten mehr finden werde. Eine politische Lösung zu seinen Gunsten durch eine Senatsentscheidung war aussichtslos. So mußte der Abbruchantrag schließlich im Mai 1984 positiv beschieden werden. Heute verläuft an der Stelle des Schuppens ein von neu gepflanzter Bäumen flankierter Fußweg, gesäumt von Parkplätzen. Die weitere Diskussion hat sich auf die Zukunft des Sandtorhafens als ältestes Hamburger Hafenbecken konzentriert, und es besteht Hoffnung, daß die Pläne zur Zuschüttung ad acta gelegt werden.

Die Fischauktionshalle in Altona

Der Altonaer Fischmarkt war zu Beginn der 1970er Jahre zwar eine am Wochenende attraktive Stätte «volksnahen» Markttreibens (Abb. 7), zugleich jedoch in der Statistik der Polizei ein Ort bedenklicher Vorgänge. Vom Ansehen her war er heruntergekommen, und es bestanden damals hochfliegende Pläne zu einer gänzlich neuen städtebaulichen Ordnung des Gebietes. All diesen Gedanken stand der damals düstere und künftig funktionslose Bau der alten Fischauktionshalle im Wege. Die verhängnisvolle Abfolge der Begriffe von «ohne künftige Nutzung» über «nutzungslos» und «nutzlos» bis zu «überflüssig» und «abgängig» unter rein fiskalischem Denken brachte den historischen Bau in der öffentlichen Diskussion in akute Gefahr. In dieser Debatte um die Zukunft des Gebäudes fertigte das Denkmalschutzamt im Januar 1981 ein Gutachten aus seiner Sicht, aus dem die wesentlichen Erkenntnisse hier kurz dargelegt werden sollen:[8]

Im Zuge des Anschlusses von Hamburg und Altona an das Zollgebiet des Deutschen Reiches 1888 wurde auch der Altonaer Hafen umfassenden Neuordnungs-

7 Fischauktionshalle St. Pauli, Innenansicht vor Aufgabe des Fischmarktbetriebes

8 Fischauktionshalle St. Pauli, Ansicht vor der Restaurierung

maßnahmen unterzogen. Parallel dazu wurde im Rahmen wirtschaftspolitischer Maßnahmen unter dem Altonaer Bürgermeister Adickes eine Fischmarktanlage geschaffen, die an Stelle eines kleinen, nur den lokalen Bedarf befriedigenden Fischmarktes aus dem raschen Aufschwung der Nordsee- und Hochseefischerei in der zweiten Hälfte des 19. Jahrhunderts einen neuen Erwerbszweig für Altona schaffen sollte. Altona wurde seit den 80er Jahren neben Geestemünde zum Hauptanlandeplatz der deutschen Fischereiflotte. Die Einrichtung neuer Landeanlagen, Umschlags- und Marktflächen führte sehr schnell zum Wunsch nach einer großen Markthalle. In den 1893 begonnenen

Neubaumaßnahmen für den Altonaer Fischmarkt wurde daher eine große Fläche für eine Markthalle ausgewiesen, die 1896 gebaut wurde und bis heute erhalten ist. Die Halle diente «den öffentlichen Versteigerungen, dem Verkauf durch sogenannte Reiseverkäufer an Mittel- und Kleinhändler, dem Verpacken der Fische zum Versand nach auswärts, dem Aufstapeln von Ausrüstungsgegenständen für Fischer, Fischereifahrzeuge und der Ausbesserung der Netze».[9]

«Das Gebäude wurde als Eisenkonstruktion mit Backsteinaußenwänden und hölzernem, pappgedecktem Dach errichtet. Die räumliche Differenzierung entsprach der vielfältigen Art der Raumbedarfe: Zwei Haupthallen werden durch ein Querschiff verbunden; niedrige Seitenschiffe mit Seitenlicht flankieren das hohe Mittelschiff, das durch einen Obergaden belichtet wird und ursprünglich durch einen Dachscheitelaufsatz entlüftet wurde. Die verglaste Kuppel am Schnittpunkt der beiden Schiffe ebenso wie die Entlüftung sind verloren. Das Raumbild des Inneren mit seinen – wie häufig im Industrie- und Gewerbebau des 19. Jahrhunderts – sakralen Assoziationen erhält seinen besonderen Reiz durch zwei umlaufende Galerien mit ornamentalen Eisengeländern und durch die korbbogigen Gurte der Dachkonstruktion.

Mit historisierenden Motiven in der Raumbildung wie im Detail bei gleichzeitiger unverhüllter Entfaltung einer neuen Bautechnik als gestaltbestimmend gehört die Fischauktionshalle zu den wichtigsten und ästhetisch anspruchvollsten, übrigens auch in den Dimensionen größten Zeugnissen der Ingenieurarchitektur des 19. Jahrhunderts in Hamburg, nur übertroffen durch die großen Bahnhofskonstruktionen von 1899/1906. Die Vereinfachung der Dachgestalt durch Verlust der Kuppel und der Belüftungsanlage kann diese Bedeutung nicht beeinträchtigen.»[10]

Schon bald wurde eine Reihe von Erweiterungsbauten nötig, so 1910 und 1911 eine Eilgut- und eine Verpackungshalle an der Grenze mit Hamburg. 1913 wurde für den Kleinverkauf von Fischprodukten an die ‹Endverbraucher› eine weitere Halle erbaut. Nach dem Ersten Weltkrieg erweiterte sich das Geschäft bis nach Neumühlen. Diese Entwicklung stand stets in Konkurrenz zum benachbarten Hamburger Fischmarkt in St. Pauli, wo seit 1871 und dann mit einem Neubau von 1898 ebenfalls eine solche Halle bestand.

Die Fischauktionshalle in Altona ist also ein besonders eindrucksvolles architektonisches Zeugnis für die seinerzeit so wichtigen Fischmarktanlagen von Hamburg und Altona, die früher den nördlichen Hafenrand zwischen den St. Pauli-Landungsbrücken und Neumühlen prägten. Sie ist ein letztes Dokument für die große Bedeutung der Fischereiwirtschaft Hamburgs und Altonas im späten 19. und 20. Jahrhundert. Aber auch städtebaulich hat die Halle besonderen Wert. Am Fischmarkt schwingt der Geesthang als nördliche Kante des Hafens unvermutet weit zurück. Er eröffnet noch heute trotz vieler Zerstörungen den Blick auf die rekonstruierte Altonaer Hauptkirche, freilich in einer Weise, die kaum noch Erinnerung an das alte, untergegangene Altona möglich macht. Gerade im Zuge der neuen Straßenführungen und der Hochwasserschutzanlagen hat die Halle zur Bewahrung von historischen Spuren in diesem Hamburger Stadtteil eine kaum zu unterschätzende Bedeutung erlangt. Sie ist Teil einer Kette historischer Bauten, die von den Deichtormarkthallen über die Speicherstadt, die Landungsbrücken in St. Pauli und den Elbtunnel bis zu den Altonaer Hafenanlagen das Bild des Hafens Hamburg prägen.

Im Zweiten Weltkrieg wurde die Halle stark beschädigt. Sie wurde dennoch wieder funktionstüchtig hergerichtet, freilich ohne Berücksichtigung der ursprünglich so prächtigen Formen im Detail. So wurde z. B. statt der zerstörten Kuppel ein einfaches Notdach eingezogen (Abb. 8). Ende der 70er Jahre stand ihre Zukunft zur Disposition. Nachdem die aus den 60er Jahren stammenden Neugestaltungspläne des gesamten Areals an Bedeutung verloren hatten, bekam der Gedanke zur Erhaltung der Halle neuen Auftrieb. Schon im Dezember 1980 entschied sich der Senat in dieser Debatte öffentlich für den Erhalt der Halle. Dies geschah trotz der Annahme, daß man den Bau nicht flutsicher machen könne, wie überhaupt damals

9 Fischauktionshalle St. Pauli, Ansicht mit restaurierter Kuppel

10 Fischauktionshalle St. Pauli, Innenansicht nach Restaurierung

die Reaktion auf die beiden großen Flutkatastrophen der letzten Jahre alle Debatten bestimmte. 1981 votierte der Senat ebenso wie die Bürgerschaft nochmals für die Erhaltung. Eine förmliche Unterschutzstellung nach dem Denkmalschutzgesetz wurde freilich ausgesetzt, da man den Ergebnissen dieser Diskussion nicht vorgreifen wollte. Das Denkmalschutzamt war wieder einmal in die schwierigen politischen Entscheidungen eingebunden, die für die Hamburger Verfassungssituation so typisch sind. Trotz der Bedenken der Finanzbehörde bewilligte die Bürgerschaft erste Mittel zur Instandsetzung. Das Ganze kulminierte schließlich in der Frage der künftigen Nutzung. Im März 1982 legte ein Hamburger Architekt ein Projekt zur Restaurierung vor. Schließlich beschloß der Senat am 13. April 1982: «Die ehemalige Fischauktionshalle wird restauriert. Der Senat hat seine Entscheidung vom Dezember 1980, die ehemalige Fischauktionshalle [...] als eines der wenigen in Hamburg vorhandenen großen Gebäude der gründerzeitlichen Industriearchitektur zu sanieren und in allen Teilen stilgerecht wiederherzustellen, in seiner Sitzung am Dienstag, 13. April bekräftigt. Die kulturhistorisch wertvolle Halle soll als baugeschichtliches Denkmal erhalten werden und im Zusammenhang mit der Neugestaltung des Fischmarktes für eine Nutzung als überdachte Marktfläche zur Verfügung stehen.»

Die förmliche Unterschutzstellung wurde 1982 eingeleitet. Im selben Jahr votierte auch der Denkmalrat für die Schutzwürdigkeit des Gebäudes. Anschließend begann die Restaurierung, wobei auch der Oberbaudirektor sich große Verdienste erwarb. Die Kuppel wurde in alter Form wiederhergestellt, ja es folgte eine bis ins Detail genaue Rekonstruktion, so daß der Bau heute in einer alle historischen Ereignisse negierenden Idealform wiedererstanden ist (Abb. 9 und 10). Für diese Leistung erhielt Hamburg 1984 einen Sonderpreis der Organisation «Europa Nostra». Er wurde schließlich am 3. Dezember 1984 offiziell in die Denkmalliste der Freien und Hansestadt Hamburg eingetragen. Heute dient der Bau Veranstaltungen verschiedener Art und hat in der Öffentlichkeit eine hohe Attraktivität.

Die drei vorgeführten Beispiele für Probleme der Denkmalpflege bei technischen Denkmälern des Hafens lagen bzw. liegen alle am nördlichen Hafenrand unmittelbar zwischen Stadt und Hafen. Gerade dieser Bereich ist gegenwärtig Objekt intensiver Bemühungen um eine dem Range Hamburgs entsprechende städtebauliche Aufwertung. Er soll sich vor allem in den Jahren 1988/89 bei den Jubiläen des Hafens und der Speicherstadt neu präsentieren können. Dies ist für viele Dokumente der Technikgeschichte Chance und Gefahr zugleich. Es gilt darauf zu achten, daß einem unreflektierten «Verschönerungswunsch» nicht solche Objekte zum Opfer fallen, die für den Fachmann wichtig sind, für den Laien aber nur unansehn-lich wirken. Darüber hinaus verbergen sich im Inneren des Hafens, weitab vom Publikumsverkehr, noch interessante Anlagen aus der Geschichte des Hafens, die es zu entdecken gilt.

Verdienstvoll ist hier eine Privatinitiative: Die Arbeitsgruppe Denkmalschutz der Patriotischen Gesellschaft hat sich jüngst dieses Themas angenommen und Informationen gesammelt, die demnächst dem Denkmalschutzamt zur Verfügung stehen werden. Damit wird uns auf einem der Problemfelder unserer Arbeit geholfen werden, auf dem der Denkmälerkenntnis. Dies schließt jedoch eine gründliche Inventarisierung nicht aus, bei der die Mitarbeit von Spezialisten nötig ist. Ein weiteres und schwierigeres Problemfeld ist aber die Frage der künftigen Nutzung abgängiger Anlagen dieser Art.

Nicht in jeder Halle oder in jedem Speicher lassen sich kulturelle Aktionen unterbringen. Die Speicherstadt ist ein gutes Beispiel hierfür. Schon seit einiger Zeit gibt es immer wieder Vorschläge, hier Wohnungen und Ateliers einzurichten, mit dem naiven Wunsch einer Belebung. Solange die Speicherstadt aber in der Lage ist, ihrer ursprünglich zugedachten Funktion weiter zu genügen, ist dies der beste Schutz.[11] Für andere Objekte wird, wenn dies technisch möglich ist, die Verbringung in ein Museum der einzige Weg zur Rettung sein. Vor diesem Hintergrund ist es außerordentlich zu bedauern, daß es Hamburg in den 60er Jahren versäumt hat, sich energischer als Standort für das dann in Bremerhaven eingerichtete Schiffahrtsmuseum zu bewerben. Es wäre hier ein idealer Ausgangspunkt zur Erforschung, Erhaltung und Betreuung der technischen Kulturdenkmäler im Hafen gewesen.

Anmerkungen

[1] Heinz-Jürgen Brandt, Das Hamburger Rathaus, Hamburg 1957, S. 102.

[2] Gustav Schiefler, Gedanken über Hamburgische Architektur. In: Hamburg, Zeitschrift für Heimat und Fremde H. 5, 1907, S. 237.

[3] Fritz Schumacher, Selbstgespräche, Erinnerungen und Betrachtungen, Hamburg 1949, S. 252.

[4] Verfaßt von Hermann Hipp 1979.

[5] Ich zitiere aus den Akten des Denkmalschutzamtes.

[6] Vgl. das ausführliche Gutachten zum Sandtorhafen und zum Schuppen 2/3 am Sandtorkai von Dieter Maass, Januar 1984 («Geschichte und Bedeutung des Sandtorhafens im Rahmen der Hamburger Hafenentwicklung und im Rahmen der heutigen Hafenlandschaft, insbesondere unter Berücksichtigung der Schuppen- und Kaianlagen»); in den Akten des Denkmalschutzamtes.

[7] Aus der Begutachtung durch Jörg Haspel, 1983; in den Akten des Denkmalschutzamtes.

[8] Verfaßt von Hermann Hipp, 1981.

[9] Hamburg und seine Bauten 1914, Bd. 2, S. 680ff.

[10] Wie Anm. 8.

[11] Sehr eindringlich hat dies Karin Maak dargestellt: Die Speicherstadt im Hamburger Freihafen. Eine Stadt an Stelle der Stadt, Hamburg 1985 (Arbeitshefte zur Denkmalpflege in Hamburg 7), S. 162ff.